OURO DE TOLO

A REGIÃO METROPOLITANA DE BELÉM, O PARÁ E A AMAZÔNIA EM FACE DAS REDES DO TRÁFICO INTERNACIONAL DE COCAÍNA

CB015022

Editora Appris Ltda.
1.ª Edição - Copyright© 2025 dos autores
Direitos de Edição Reservados à Editora Appris Ltda.

Nenhuma parte desta obra poderá ser utilizada indevidamente, sem estar de acordo com a Lei nº 9.610/98. Se incorreções forem encontradas, serão de exclusiva responsabilidade de seus organizadores. Foi realizado o Depósito Legal na Fundação Biblioteca Nacional, de acordo com as Leis nºs 10.994, de 14/12/2004, e 12.192, de 14/01/2010.

Catalogação na Fonte
Elaborado por: Dayanne Leal Souza
Bibliotecária CRB 9/2162

R375o
2025
	Reis Netto, Roberto Magno
	    Ouro de tolo: a região metropolitana de Belém, o Pará e a Amazônia em face das redes do tráfico internacional de cocaína / Roberto Magno Reis Netto, Clay Anderson Nunes Chagas. – 1. ed. – Curitiba: Appris, 2025.
	    569 p.; 23 cm. – (Ciências sociais).
	
	    Inclui referências.
	    ISBN 978-65-250-7370-5
	
	    1. Tráfico de drogas. 2. Cocaína. 3. Crime organizado. 4. Amazônia. 5. Belém, Região Metropolitana de (PA). I. Chagas, Clay Anderson Nunes. II. Título. III. Série.
	
	                                                                CDD – 364.177

Livro de acordo com a normalização técnica da ABNT

Appris _editorial_

Editora e Livraria Appris Ltda.
Av. Manoel Ribas, 2265 – Mercês
Curitiba/PR – CEP: 80810-002
Tel. (41) 3156 - 4731
www.editoraappris.com.br

Printed in Brazil
Impresso no Brasil

Roberto Magno Reis Netto
Clay Anderson Nunes Chagas

OURO DE TOLO

A REGIÃO METROPOLITANA DE BELÉM, O PARÁ E A AMAZÔNIA EM FACE DAS REDES DO TRÁFICO INTERNACIONAL DE COCAÍNA

Appris editora

Curitiba, PR
2025

FICHA TÉCNICA

EDITORIAL

Augusto Coelho
Sara C. de Andrade Coelho

COMITÊ EDITORIAL

Ana El Achkar (Universo/RJ)
Andréa Barbosa Gouveia (UFPR)
Antonio Evangelista de Souza Netto (PUC-SP)
Belinda Cunha (UFPB)
Délton Winter de Carvalho (FMP)
Edson da Silva (UFVJM)
Eliete Correia dos Santos (UEPB)
Erineu Foerste (Ufes)
Fabiano Santos (UERJ-IESP)
Francinete Fernandes de Sousa (UEPB)
Francisco Carlos Duarte (PUCPR)
Francisco de Assis (Fiam-Faam-SP-Brasil)
Gláucia Figueiredo (UNIPAMPA/ UDELAR)
Jacques de Lima Ferreira (UNOESC)
Jean Carlos Gonçalves (UFPR)
José Wálter Nunes (UnB)
Junia de Vilhena (PUC-RIO)

Lucas Mesquita (UNILA)
Márcia Gonçalves (Unitau)
Maria Aparecida Barbosa (USP)
Maria Margarida de Andrade (Umack)
Marilda A. Behrens (PUCPR)
Marília Andrade Torales Campos (UFPR)
Marli Caetano
Patrícia L. Torres (PUCPR)
Paula Costa Mosca Macedo (UNIFESP)
Ramon Blanco (UNILA)
Roberta Ecleide Kelly (NEPE)
Roque Ismael da Costa Güllich (UFFS)
Sergio Gomes (UFRJ)
Tiago Gagliano Pinto Alberto (PUCPR)
Toni Reis (UP)
Valdomiro de Oliveira (UFPR)

SUPERVISORA EDITORIAL

Renata C. Lopes

PRODUÇÃO EDITORIAL

Adrielli de Almeida

REVISÃO

Simone Ceré

DIAGRAMAÇÃO

Andrezza Libel

CAPA

Carlos Pereira

REVISÃO DE PROVA

Alice Ramos

COMITÊ CIENTÍFICO DA COLEÇÃO CIÊNCIAS SOCIAIS

DIREÇÃO CIENTÍFICA

Fabiano Santos (UERJ-IESP)

CONSULTORES

Alícia Ferreira Gonçalves (UFPB)
Artur Perrusi (UFPB)
Carlos Xavier de Azevedo Netto (UFPB)
Charles Pessanha (UFRJ)
Flávio Munhoz Sofiati (UFG)
Elisandro Pires Frigo (UFPR-Palotina)
Gabriel Augusto Miranda Setti (UnB)
Helcimara de Souza Telles (UFMG)
Iraneide Soares da Silva (UFC-UFPI)
João Feres Junior (Uerj)

Jordão Horta Nunes (UFG)
José Henrique Artigas de Godoy (UFPB)
Josilene Pinheiro Mariz (UFCG)
Leticia Andrade (UEMS)
Luiz Gonzaga Teixeira (USP)
Marcelo Almeida Peloggio (UFC)
Maurício Novaes Souza (IF Sudeste-MG)
Michelle Sato Frigo (UFPR-Palotina)
Revalino Freitas (UFG)
Simone Wolff (UEL)

Este trabalho é dedicado, em primeiro lugar, ao Papai e à Mamãe do céu, por terem conferido as moedinhas necessárias a sua elaboração e o caminho a ser trilhado, bem como o fôlego de vida imprescindível ao seu surgimento (em paralelo a tantas coisas).

Igualmente, é dedicado à minha família pequenininha. À Sra. Clarina de Cássia da Silva Cavalcante, que, se pudesse, seguraria a caneta em minhas mãos quando necessário. À Jhimmy Cavalcante Magno Reis, Francisco Cavalcante Magno Reis e Maria Cavalcante Magno Reis, pedaços de mim, presentes de vida. À minha família maiorzinha: Roberto Magno Reis Filho e Maria R. Prestes Magno Reis, meus pais, esteios, principais responsáveis por minha educação (em todos os sentidos). Ao meu irmão Gabriel Prestes Magno Reis. À Inara Mariela da Silva Cavalcante e à Maria Clara Almeida da Silva, família que o destino reservara.

A todos os familiares e amigos que torceram e oraram pela realização deste trabalho, em especial àqueles que, prontamente, ajudaram este pesquisador de alguma forma.

A todos os professores, de todos os tempos, em especial aos que perpassaram por minha história no doutorado e ao longo das fases da pesquisa e defesa.

A todas as vidas que sobreviveram aos últimos anos, bem como aos que se foram.

Que a ciência possa fazer mais por todos!

Roberto Netto

AGRADECIMENTOS

Agradeço, em primeiro lugar (e como não poderia deixar de ser), ao Papai e à Mamãe do céu, meus pais, meus criadores. Primeiramente, por terem me permitido viver e entender milhares de coisas inerentes à minha própria existência, ao longo e em paralelo à realização desta pesquisa. Em segundo lugar, porque todas as ideias e os pensamentos aqui existentes só foram possíveis em função do entendimento que me foi dado por Vós, e em razão das pessoas que (diretamente ou não) foram conhecidas e ouvidas sob Sua permissão. *"Pedimos-te o pão da vida, o pão da segurança, o pão das multidões. O pão que traz humanidade, que constrói o homem em vez de canhões"*.

Agradeço, na mesma perspectiva espiritual, a todos os Santos de devoção (São Chico, Santa Rita, Santa Terezinha, São Miguel Arcanjo e Glorioso São José), exemplos de vida e mártires de uma justiça (metavalor) em que a ciência também deveria se inspirar por muitas vezes. Aliás, o que seria da ciência sem a valorização e a compreensão do que habita o coração do humano? Ainda, a exemplo de São Chico, agradeço à irmã morte, cuja assustadora beleza não fui capaz de compreender em nosso (talvez não tão) breve encontro. Obrigado por ressignificar minha vida e meus pensamentos, bem como a inevitável repercussão disso sobre as linhas deste trabalho.

Por segundo, agradeço a mim mesmo. Que não soe egoísta! Mas o doutorado é uma fase que, para além de qualquer construção acadêmica, representa um momento de profunda reflexão. Uma *caverna sem mitos*, onde é imprescindível que se viva uma solidão tão profunda, na qual o único ser humano (tão estranho) presente é você mesmo. Noutras palavras, é necessário um processo de autodesconstrução criativa tão severo, que nasce, para além de uma tese, uma pessoa diferente em relação ao mundo e à ciência. Por certo, isso pode ser representado por uma *estrada* tão tortuosa, que, se verdadeiramente vivida, torna a pessoa produzida ao fim do processo um resultado mais relevante que a pesquisa em si ou o *"Dr."* que lhe antecederá o nome.

Por terceiro, agradeço à minha família. Minha esposa, Clarina de Cássia da Silva Cavalcante, meu *suporte*, minha companheira, meu amor. Provocadora do que há de melhor em mim. Meu apoio indispensável na saúde, na doença, na alegria, na tristeza e neste momento tão intenso chamado de *produção acadêmica*. Mesmo sem desejar, um dia ela se casou com minha tese também. É, assim, igualmente responsável, em razão das trocas tão intensas de pensamento, por praticamente todas as linhas aqui escritas (Clarina, a culpa disso também é sua! Que bom). Por seu exemplo e dedicação, o que ela deve saber, a cada dia ela me faz ir além. Amo você.

Meus filhos, meus pedacinhos no mundo: Jhimmy Cavalcante Magno Reis (presente de São Chico em minha vida), Francisco Miguel Cavalcante Magno Reis (meu amigo de tantas horas) e Maria Ester Cavalcante Magno Reis (minha flor mais cativante, minha surpresinha mais planejada nesta vida). Viveram, mesmo não desejando, as agruras da tese. Viveram cada momento de retiro e concentração em que tive que os deixar, mesmo que no quarto ao lado e ouvindo toda sua algazarra (com dor no coração). Os dois últimos até começaram a chamar suas pinturas e desenhos de *suas teses*, inclusive. Em todos os momentos, eles foram *razão para continuar* andando e lutando. *Razões de ser, de tudo*, inclusive desta luta por um mundo substancialmente melhor que me guia na ciência. Para além de pesquisador, no doutorado, eles me ensinaram também a ser pai, tendo que escrever sendo pai, ir para campo sendo pai, ser humano sendo pai. Obrigado, meus tesouros. Meus pais, Roberto Magno Reis Filho e Maria R. Prestes Magno Reis, que me ensinaram a ler e escrever, a caminhar. E me deram amor e educação dentro do limite do possível e impossível. Que, por amor, tiveram medo de minha pesquisa (ainda têm), mas que, mesmo assim, sempre torceram para que a mesma desse certo. Que são meus esteios e apoio até hoje. Obrigado! E sempre conto com sua *benção*. E, é claro, à minha *mãe* que ganhei pelo matrimônio: Maria Clara Almeida da Silva. Decerto, foi a pessoa que mais orou para que tudo desse certo. Que mais acendeu velas cuja luz iluminou a todos nós, fazendo que com chegássemos até aqui, sãos e saudáveis, neste *nó* da longa estrada. Obrigado. Àqueles que transcenderam a condição de irmãos (por sangue ou afinidade), transmutando-se em algo maior: os tios-dindos Gabriel Prestes Magno Reis (meu irmão, uma das pessoas que melhor me entende e me salvou de tantos males) e Inara Mariela da Silva Cavalcante (a quem simplesmente não tenho palavras para agradecer por tudo o que me deu nesta vida: desde uma irmã a um braço amigo num dos piores momentos). Obrigado por existirem e por todo o apoio e amor, por todos nós.

À tia Deuzarina Lima Vieira. Braço direito e esquerdo em muitos momentos de felicidade e dificuldade. Que, para além de qualquer obrigação, abraçou minha família tão forte, que passou a fazer parte dela. Valeu, tia Deuza!

A todos os familiares (padrinhos-avôs e avó, tios, primos) que direta ou indiretamente me ajudaram com minha construção enquanto ser humano e pesquisador! Especialmente àqueles cuja oração (mesmo silenciosa) me toca o coração. Especialmente, agradeço à Sheila Paula da Costa Prestes e à Tereza da Costa Prestes, que me estenderam a mão e estiveram comigo quando não podia sequer cuidar de mim. Obrigado, do fundo do meu coração.

Por quarto, aos meus amigos.

Ao meu amigo e orientador Clay Anderson Nunes Chagas. Agradeço por toda provocação, pelas ideias, pelas piadas, e, posso dizer, pela amizade! Num mundo de pós-graduações e experiências acadêmicas tóxicas, fui abençoado por tê-lo conhecido e escolhido como mentor e orientador (e também ser aceito como orientando). Obrigado por toda confiança, apoio e direcionamentos! A tese também é sua, desde o nascedouro. Ao amigo Wando Dias Miranda, igualmente, orientador e mentor de muitas horas e muitos projetos! Amigo e irmão que partilhou momentos e muita alegria e que esteve por perto quando da visita da irmã morte. Honro o amigo de guerra com quem regozijo em momentos de alegria! Certamente, uma das pessoas com que mais partilho meu ser-no-tempo-espaço. Obrigado, também, por compor minha banca! Os melhores amigos têm a obrigação de ser os maiores críticos — e nisso este amigo nunca me faltou! Força e honra sempre!

Ao amigo Jesonias Paixão, companheiro das estradas do oficialato, que vive comigo os riscos das ruas e dividiu alguns dos momentos mais perigosos e mais divertidos desta vida! Obrigado, Mano! E, na mesma oportunidade, agradeço a todos os amigos de oficialato: Abreu Caldeira, Waldir Marçal, Simone Menezes, Josué Trindade, Helder Chaves, Jaqueane Gama, Gilvandro Miranda e José Maria! *"Que a estrada venha sempre [...]"* até todos nós, *"[...] e que o vento esteja sempre a seu favor"*.

Aos amigos Tatiane Tolosa, Mauro Tolosa, Alethea Bernardo, Aline Maciel, Jorge Fabrício dos Santos, Robson Nascimento e Felipe Andrade. Vocês auxiliaram de forma imprescindível na realização de momentos deste trabalho e lhes agradeço e peço bênçãos a todo momento! *"Fica sempre um pouco de perfume nas mãos que oferecem rosas, nas mãos que sabem ser generosas"*.

Aos amigos do TJPA. Agradeço a todos na pessoa das Sras. Edilene de Jesus e Danielly Modesto, bem como das colegas Sra. Carolina Vilhena e Sra. Leide Mary do Carmo, pela compreensão e paciência com este servidor ao longo das intempéries com a realização da pesquisa. Aos verdadeiros amigos que deixei na Escola M. Celeste e na Faculdade da Amazônia. Obrigado pelo passado de muitas histórias que sempre louvo e lembro com alegria. Agradeço aos professores e colaboradores. Até mesmo agradeço aos que não me desejaram nada bom nesse local. Toda experiência nos edifica!

Agradeço a cada professor que já tive! Do Cesep, Sagrado Coração de Jesus, Escola Tenente Rêgo Barros, da Graduação em Direito da UFPA, de cada Especialização, do Programa de Pós-Graduação em Segurança Pública da UFPA, do Laboratório de Pesquisas em Geografia da Violência e do Crime da Uepa, e aos companheiros do Érgane – Pesquisadores da Amazônia. E, obviamente, aos professores do Programa de Pós-Graduação em Geografia da UFPA, especialmente àqueles com os quais convivi em sala: Professores Srs. João Nahum, Márcio Douglas, João Márcio Palheta, Christian Nunes e Clay Anderson. Minha tese é um produto de cada professor que edificou minha alma e meu espírito. Não há um pesquisador nestas linhas. Há milhares!

Aos membros avaliadores da tese da qual se originou este livro, colaboradores mais diretos dos resultados que aqui constam: Srs. Clay Anderson, João Márcio Palheta, Silas Nogueira, Wagner Batella, Marcus Alan Gomes, Wando Miranda. Obrigado, de pronto, por todos os *caminhos* e *ensinamentos*. A todos os autores e pesquisadores! Obrigado pela partilha de alma. Espero que tudo o que já escrevi e que um dia venha a escrever signifique tanto a alguém quanto seus escritos significaram a mim.

Aos profissionais da Briosa Polícia Militar do Estado do Pará; da Polícia Civil (com expressa menção à EPC Alethea Bernardo); da Secretaria de Estado de Administração Penitenciária; da Secretaria de Estado de Segurança Pública e Defesa Social, especialmente por meio do Núcleo de Gerenciamento de Resultados e da Secretaria Adjunta de Inteligência e Análise Criminal (com direta referência ao Delegado Cleyton Fernando); às Polícias Federal e Rodoviária Federal, à Universidade Federal do Pará e à Universidade do Estado do Pará, especialmente, por meio dos Programas de Pós-Graduação em Geografia e Segurança Pública, e por meio do Laboratório de Geografia da Violência e do Crime da Universidade do Estado do Pará; da Agência Brasileira de Inteligência e demais guerreiros do silêncio; ao

Tribunal de Justiça do Estado do Pará e ao Ministério Público do Estado do Pará e a qualquer outra instituição que tenha colaborado para o surgimento desta pesquisa.

A meus discentes, meus filhotes. Ser professor é aprender todo dia, a todo momento. Estas linhas são suas! Espero vê-los mais adiante nestes mesmos caminhos, mesmo que sob diferentes estradas! Obrigado por também me ensinarem muita coisa em nossa partilha! Caminhamos por um mundo melhor!

Obrigado a todos! Paz e bem!

Roberto Magno

PREFÁCIO 1

A cocaína não mente

Belém é o mundo. A metrópole, porta de entrada da Amazônia brasileira, espelha os efeitos do avanço silente do narcotráfico por todos os cantos do planeta, em um processo que é, ao mesmo tempo, inexorável e repleto de nuances e contradições. A cocaína não mente, já dizia Eric Clapton na célebre canção, e sua penetração no tecido social de determinado espaço geográfico muda para sempre a configuração das relações humanas, seja pelo aspecto econômico de uma atividade altamente lucrativa (para poucos), seja pela violência endógena gerada pela disputa sangrenta de território.

Neste estudo exemplar, Roberto Magno Reis Netto e Clay Anderson Nunes Chagas esmiúçam não só a presença do narcotráfico na Região Metropolitana de Belém como estudam em detalhes a relação desse espaço geográfico nas rotas nacionais e internacionais do comércio atacadista da cocaína, sem deixar de lado os aspectos varejistas dessa atividade econômica ilícita, sobretudo nas regiões periféricas. Porque a região de Belém exerce um papel quádruplo na teia do comércio da cocaína: é rota de passagem dos grandes carregamentos da droga com destino ao mercado internacional, sobretudo a Europa, via Porto de Vila do Conde, em Barcarena; é um "hub" relevante na logística do narcotráfico atacadista no eixo países andinos-Região Nordeste; trata-se de um mercado consumidor relevante na Região Norte do país; e sua economia diversificada possibilita a criação de estratégias variadas para se lavar o dinheiro sujo da cocaína.

Dos países andinos, a pasta-base ou o cloridrato de cocaína percorre uma longa jornada até grandes centros urbanos como Belém, com destaque para a rota do rio Solimões, da qual a capital paraense é vetor obrigatório. Seja em pequenos aviões pousando em pistas mal-ajambradas no meio da selva, seja por barcos ou lanchas, seja por caminhões vindos do sul, seja em semissubmersíveis (!!), Belém é abastecida periodicamente com porções do bálsamo destes tempos modernos, na grande "conexão amazônica" que, ao contrário do que diz a letra da canção da banda Legião Urbana, nunca se interrompe.

A denominada "rota do Solimões", da qual Belém é vetor incontornável, surgiu ainda no fim dos anos 1970 e consolidou-se na década seguinte, na esteira do crescimento vertiginoso dos cartéis de Cali e Medellín, na vizinha Colômbia. Nessa mesma época, nascia, mais ao sul, a conhecida "rota caipira", no eixo entre Bolívia, Paraguai, Mato Grosso, Mato Grosso do Sul, Triângulo Mineiro e São Paulo, desbravada, em um primeiro momento, por contrabandistas de café e, posteriormente, por atacadistas das drogas. Desde então, essas duas rotas protagonizam o tráfico de cocaína em larga escala no Brasil (com destaque, nos anos mais recentes, para a Região Nordeste).

Nada escapa ao estudo de Reis Netto e Chagas: os dois autores esgotam todos os aspectos desse mercado ilegal, seja na fabricação, seja no transporte de longo alcance ou mesmo as configurações das muitas logísticas de distribuição, sem descuidar dos grandes atores mais recentes do narcotráfico brasileiro, com destaque para as grandes facções criminosas Comando Vermelho (CV) e Primeiro Comando da Capital (PCC). Por meio da análise estatística dos dados, que, pela ótica das apreensões da droga pelas forças policiais, mensuram a distribuição do produto pelo espaço geográfico da Grande Belém, e pelo cuidado em explorar o ponto de vista dos órgãos do estado responsáveis por reprimir o comércio da cocaína, Reis Netto e Chagas oferecem um vasto panorama do funcionamento do mercado da droga, em um modelo analítico disponível para aplicação em outras realidades territoriais, em contextos diversos.

Seja o "ouro branco", a cocaína pura que rasga a região de Belém com destino aos ricos mercados ao norte do globo para enriquecer uns poucos atacadistas, seja o "ouro de tolo", a droga misturada a impurezas que alimenta as engrenagens da violência nas periferias da capital paraense (e que tão bem dá nome a este livro), muito além do vício em si, a cocaína muda para sempre tudo ao seu redor. É preciso ler as páginas a seguir para entender a complexidade dessas transformações. Belém é o Brasil, Belém pode ser qualquer lugar.

Allan de Abreu

Jornalista especializado na cobertura do crime organizado e narcotráfico e autor dos livros Cocaína: a rota caipira, O delator e Cabeça branca

PREFÁCIO 2

Falar sobre uma obra tão densa e refinada nos detalhes científicos, bem como sobre o pesquisador e amigo, tão talentoso e dedicado, é um desafio que tive o prazer de enfrentar. Sua trajetória começou em 2014, durante uma conversa na sala dos professores de uma instituição de ensino superior, que evoluiu para uma amizade e parceria profissional duradoura. Roberto Magno Reis Netto, ou simplesmente Bob, é, sem dúvida, um dos melhores pesquisadores com quem já trabalhei, além de ser uma pessoa com atributos morais e valores ímpares. Ele não é apenas um exemplo no campo da pesquisa, mas também um excelente amigo, profissional e pai de família.

Esta obra — da qual acompanhei cada etapa de construção, como debatedor dos temas e descobertas científicas e, mais tarde, como um coorientador — teve seu início há quase uma década, quando o autor participou da primeira turma de pós-graduação em Atividade de Inteligência e Gestão do Conhecimento, na qual atuei como coordenador e professor.

Desde então, percebi o diferencial de Bob em termos de compromisso com os estudos e sua obstinação em ir além. Ele se tornou um mergulhador profundo, explorando o que era discutido em sala de aula, para trazer novas discussões e abordagens sobre os temas. Foi nesse período que ele mergulhou nas águas da Atividade de Inteligência e, mesmo não concordando com o termo *meios próprios* de Joanisval Gonçalves, continuou a se aprofundar até se tornar um grande especialista na área de Lei de Acesso à Informação (LAI) e proteção de dados de inteligência.

Seu segundo mergulho foi no mestrado em Segurança Pública, no qual se aprofundou no mundo do cárcere e no universo das facções criminosas no estado do Pará e no Brasil. Compreender o crime, suas motivações e seus *modus operandi* foi um desafio, mas tinha certeza de que sua capacidade de fazer o levantamento das fontes, analisar cenários e identificar padrões geraria os resultados que ao final foram expostos. Foi um desafio, sem dúvidas! Mas não maior do que a gravidez de sua esposa, Clarina, e o nascimento do primeiro filho. Aliás, boa parte da dissertação foi escrita debaixo da rede do *Chico*, destacando uma de suas maiores virtudes: a obstinação em relação aos seus objetivos.

Finalmente, chegamos ao seu terceiro mergulho e à conquista do grau mais alto da trajetória acadêmica: o doutorado e a pesquisa que deu origem a este livro que o leitor tem em mãos. *Ouro de Tolo* apresenta a dinâmica do tráfico nacional e internacional de cocaína e o mapeamento de sua dinâmica operacional. Sem dúvidas, foi um mergulho que poucos pesquisadores teriam a coragem de realizar, não apenas pela excelente pesquisa documental, mas também pela ousada pesquisa de campo. Afinal, ciência não se faz apenas atrás de uma mesa; é necessário ter a coragem de ir além, vivenciar o campo e ter a determinação de chegar ao dado negado.

O doutorado sempre é difícil, não pela trajetória em sala de aula, mas pela solidão do pesquisador, que precisa refinar seus achados para apresentar algo inédito. Também é desafiador pelos momentos de angústia na pesquisa, aqueles em que as ideias não fluem, e é necessário parar um pouco e respirar. Lembro das nossas conversas em que eu o aconselhava: "Bob, largue um pouco sua tese e vá respirar um pouco; as coisas vão acontecer".

E aconteceram: além da tese, também veio sua filha, *Maria*, durante o processo. Um momento de grande alegria! No entanto, também veio a sombra da pandemia da Covid-19, que, mesmo diante de todos os desafios impostos pela doença, não impediu que a pesquisa continuasse ao seu ritmo. Afinal, para você, meu amigo e irmão de jornada, as coisas nunca são simples.

Enfim, a tese, sob seus desafios, nasceu e virou um livro, apresentando uma de suas maiores marcas como pesquisador: o rigor metodológico na fase de pesquisa e análise de dados. Bob buscou aquele detalhe que passa despercebido pelo leitor ocasional, mas que, para alguém com um olhar treinado, salta aos olhos nos achados. Com tanta disciplina, a história fez do bacharel em Direito um geógrafo e um doutor não só de direito, mas sobretudo *de fato*.

O refinamento dos dados e as análises correlatas, com aquele olhar adicional da inteligência, possibilitaram a produção de um material técnico na forma de uma cartografia do tráfico, não apenas na Região Metropolitana de Belém (RMB), mas também na América Latina.

O trabalho demonstra o impacto do poder econômico dessa atividade nas redes de poder local e em um sistema maior do que a grande maioria das pessoas está disposta a enxergar. Este é um dos maiores propósitos de um pesquisador: levar o rigor da pesquisa acadêmica aos cantos mais obscuros do seu objeto de estudo, iluminando algo que estava coberto pelo véu do desconhecimento. Esse é o objetivo central da obra *Ouro de Tolo: A Região Metropolitana de Belém, o Pará e a Amazônia em face das redes do tráfico internacional de cocaína.*

Tenho muito orgulho de ter contribuído com sua jornada e estou extremamente satisfeito com os resultados atingidos pela pesquisa que culmina nesta obra. Tenho certeza de que ela impulsionará novos pesquisadores a mergulharem ainda mais fundo do que o pesquisador Bob fez. Afinal, um dos propósitos da ciência é preparar o caminho para as gerações futuras; caso contrário, qual seria o sentido de todo esse esforço e dedicação, se não para construir uma sociedade melhor?

Que os passos do pesquisador Roberto Magno possam influenciar os novos pesquisadores e que sua obra sirva de bússola para novos buscadores do conhecimento. Afinal, sem ciência comprometida com o bem comum e o social, não existe futuro para a humanidade. Desejo ao leitor que aproveite cada página deste livro, que representa a coroação de uma trajetória vitoriosa e dedicada à ciência.

Wando Dias Miranda
Prof. Dr. da Universidade do Estado do Pará (Uepa)

SUMÁRIO

1

INTRODUÇÃO: ADENTRANDO NO REINO DA FRÍGIA

A presente obra consubstancia uma pesquisa realizada no âmbito da chamada geografia humana, especificamente da geografia política, compondo uma investigação em torno das dinâmicas territoriais do tráfico de cocaína na Região Metropolitana de Belém (RMB), estado do Pará, Brasil. No entanto, os resultados ao fim apresentados compuseram um conjunto muito maior de digressões sobre o estado do Pará e a Amazônia brasileira. A pesquisa se origina da ampliação de uma tese de doutorado desenvolvida junto ao programa de Pós-Graduação em Geografia, da Universidade Federal do Pará (UFPA), na linha denominada Dinâmicas Territoriais na Amazônia, com ênfase na relação entre geografia e segurança pública.

A cocaína, apresentada por muitos como *o ouro branco* do século XXI, em função dos grandes lucros que envolve seu comércio ao redor do mundo, é um produto ilegalmente comercializado em diversas regiões do globo, e que, há tempos, tem presença identificada na Amazônia, no estado do Pará e na Região Metropolitana de Belém-PA.

Igualmente, tal qual a maldição recaída sobre o *Rei Midas*[1], a cocaína tem sido o motivo de execração (pela morte ou aprisionamento) de muitos que se deixaram seduzir pelo brilho áureo deste produto e pela promessa de rápida compensação econômica que as fileiras do tráfico propiciariam[2].

---

[1] A mitologia grega oferece o mito de Rei Midas, costumeiramente apresentado como um texto de autorreflexão a respeito da ganância e sedução por bens materiais. No mito, tem-se que Midas, rei da Frígia, após salvar Sileno, companheiro e criador do deus grego Baco (à semelhança de um pai), seria recompensado por esse deus com o que bem escolhesse. Midas escolheu o dom de transformar tudo o que tocasse em ouro, o que, apesar de ter sido motivo de reprovação pelo deus, ainda assim lhe foi concedido. Não tardou para que o dom se transformasse em maldição, que impedia Midas até mesmo de se alimentar. Aturdido, o não tão sábio rei pediu a revogação de sua *(des)graça*. A falta de sabedoria de Midas foi, ainda, apontada na continuidade do conto de Ovídio (1983), quando, ao questionar decisões do deus grego Delos, no julgamento de uma competição musical, suas orelhas foram transformadas em orelhas de burro.

[2] Justamente em razão deste infeliz destino humano imputado a muitos dos cidadãos envolvidos com o tráfico de drogas, optou-se por utilizar ao longo desta pesquisa, de forma reflexiva (e igualmente lúdica), o Mito do Rei Midas (Ovídio, 1983) e diversas de suas passagens, como uma conotação da ganância que permeia o comércio de cocaína e alegoria da falta de sabedoria que levou muitos de seus agentes territoriais ao aprisionamento ou à morte, diferenciando-a de uma sabedoria próxima a do divino, que deu a outros agentes do tráfico, nos níveis mais elevados da economia desta atividade, o poder de decidir pela maldição de muitos abaixo de si. Portanto, o texto e seus capítulos se servirão de alegorias e passagens baseadas na obra, relembrando sua principal reflexão: por vezes o ouro é um "[...] dom enganoso" (Ovídio, 1983, p. 203).

Além disso, o consumo de cocaína (e seus subprodutos) tem registrado um progressivo aumento em diferentes partes do mundo (UNODC, 2020c, 2022d), inclusive no Brasil, revelando outra faceta de uma febre por sua figura áurea.

O fato é que, apesar dos diversos mitos e discursos que envolvem a temática, tem-se que o tráfico de entorpecentes, ou, simplesmente, tráfico de drogas, constitui-se como uma atividade econômica que, de diversas maneiras, mostra-se presente numa escala global, regional e local (UNODC, 2020a, 2020c, 2022a; Reis Netto; Chagas, 2021b).

Nessa senda, o tráfico configura diferentes tessituras, redes comerciais, originárias dos pontos de coleta de insumos específicos, estendendo-se por regiões inteiras de acordo com vantagens e aspectos favoráveis de cada localização e, em seguida, direcionando-se para mercados de consumo, cuja formação é explicada por múltiplas variáveis ou simplesmente estimulada pelos comerciantes. Ou seja, suas dinâmicas se comportam como as de verdadeiras atividades empresariais (Chagas, 2014), com a exceção do fato de que os agentes territoriais do tráfico trabalham sob um estatuto legal diferente: a ilegalidade (Reis Netto, 2021b).

Igualmente, o estudo destas dinâmicas territoriais pode fomentar diferentes constatações de acordo com cada comércio estudado, bem como a partir de cada tipo de substância ilícita tomada como ponto de partida, uma vez que cada um desses *produtos* pode configurar diferentes dinâmicas espaciais, decorrentes de suas especificidades.

De outro lado, pontos comuns (potencialmente indutíveis e, portanto, universalizáveis) podem ser encontrados a partir do estudo de cada rede de tráfico, uma vez que as práticas ilícitas tendem a se aprimorar, à imagem e semelhança das práticas comerciais globais de natureza lícita, a partir de experiências comuns (isso quando não se valem de redes e agentes lícitos em comum para o atingimento de seus respectivos propósitos, numa simbiose cooperativa). Nesses termos, apesar da complexidade que o estudo envolve (que não é exclusividade dos mercados ilícitos, senão de todo e qualquer fenômeno geográfico de larga escala), tem-se que a compreensão da menor das redes, da mais simples substância, pode contribuir com conhecimentos aplicáveis aos demais comércios de entorpecentes, contextos, redes e agentes da economia das drogas.

Dessa forma, com vistas a colaborar com o debate científico desta temática, esta investigação se ateve à análise das dinâmicas territoriais de uma substância em especial, a cocaína, no contexto espacial da Região

Metropolitana de Belém (RMB), estado do Pará, Brasil. Obviamente, a prática científico-geográfica impõe uma imprescindível interescalaridade, um necessário diálogo entre fenômenos ocorridos em diferentes escalas, para uma compreensão mais aprofundada do fenômeno (sem uma esquizofrênica pretensão de atingimento de sua totalidade).

Como bem afirma Lefebvre (2000, p. 155), esse recorte ou redução é um "[...] procedimento científico, diante da complexidade e do caos das constatações imediatas", mas que, ainda assim, preocupa-se "[...] [em] restituir progressivamente o que a análise afasta. Sem o que [...] passa-se ao reducionismo". Assim, deve-se deixar claro: embora o estudo tenha se atido às dinâmicas que uma droga estabeleceu de forma relacional com um *locus* específico, ainda assim, houve a preocupação de se estender a análise diante do conjunto indissociável de relações que puderam ser aferidas ao seu redor, uma vez que estas são diretamente influentes, também, na formação das dinâmicas locais.

E, como dito, o estudo se ateve às dinâmicas específicas do comércio de uma espécie de entorpecente (ou droga, conforme a dicção legal): a cocaína.

De início, deve-se ressaltar que, para além de uma substância classificada como entorpecente, a cocaína é uma "mercadoria [...]", que "[...] por excelência atrai todo restante" das relações necessárias à sua produção (Saviano, 2014, p. 323). Ou seja, trata-se de um produto cuja atividade comercial é capaz de construir toda uma rede logística, que, como dito, estende-se desde sua região de manufatura inicial (a partir da folha de coca – predominantemente encontrada na região noroeste da América do Sul), seguida do transporte a diversos destinos por meio de rotas em constante modificação, até o atingimento de seus mercados consumidores finais, em regiões como a própria América Latina, Estados Unidos, Europa, Ásia e Oceania (UNODC, 2020a).

Os números relativos a esse mercado, aliás, são significativos: levando-se em conta somente o ano de 2018, exemplificativamente, apreendeu-se no mundo um quantitativo de 1.311 toneladas de cocaína (UNODC, 2020c) – que estava, obviamente, em fluxo mercantil. Se cada grama dessa quantidade apreendida fosse vendido à importância hipotética de R$ 10,00 (dez reais) – significativamente baixo, como se verá ao longo do estudo –, a apreensão equivaleria ao importe de R$ 13.110.000,00 (treze bilhões, cento e dez milhões de reais).

Não é possível, ao passo, uma estimativa real sobre as quantidades *não apreendidas* da droga no mundo (Saviano, 2014), e, menos ainda, dos níveis de rendimento efetivo (valores reais) de seu comércio – considerando a comum possibilidade de mistura do produto com outras substâncias para redução de seu grau de pureza (questão que se resgatará à frente) e venda mais rentável em comércios mais *acessíveis*.

Por tais constatações, a literatura reafirma, a todo momento, a lucratividade da economia das drogas (Labrousse, 2010), com especial destaque para a cocaína (Saviano, 2014), justamente em razão do amplo mercado consumidor desse entorpecente.

De acordo com o Levantamento Mundial sobre Drogas, realizado pelo Escritório das Nações Unidas para Drogas e Crime (UNODC, 2020b), mais de 19 milhões de pessoas ao redor do globo teriam consumido cocaína, ao menos uma vez, ao longo do ano de 2018, destacando-se como maiores mercados consumidores a América Central, Europa, Austrália e Nova Zelândia. Mas também se observa uma centralidade do consumo em relação à América do Sul, com especial destaque para Brasil, uma das principais rotas da cocaína no globo.

Nos termos do levantamento realizado pela Fundação Oswaldo Cruz (Bastos *et al.,* 2017), em pesquisa propugnada pela Secretaria Nacional de Políticas sobre Drogas (SENAD), constatou-se que, no ano de 2015, projetando-se uma amostra estratificada de cerca de 17 mil pessoas sobre o total da população brasileira, haveria cerca de 1,3 milhão de sujeitos, entre 12 e 65 anos, que teriam consumido cocaína nos últimos 12 meses relativos à realização da pesquisa, assim como haveria 461.488 sujeitos, da mesma faixa etária, que teriam consumido cocaína nos últimos 30 dias. Considerando-se, ainda, o crack, subproduto da cocaína, a cifra daqueles que relataram contato com a droga nos últimos 30 dias correspondia a 172 mil brasileiros (Bastos *et al.,* 2017).

Embora o número de usuários represente uma quantidade proporcionalmente pequena em relação à totalidade da população brasileira, de outro lado, a questão pode ser encarada da seguinte maneira: no ano de 2015, ao longo de um período de poucos meses da realização da pesquisa, constatou-se a existência de um comércio que se mostrou capaz de disponibilizar quantidades de cocaína para mais de 460 mil brasileiros, mesmo diante da ilegalidade do entorpecente no país. Somem-se àqueles números, ainda, as cifras relativas ao subproduto *crack*, e, para além, as cifras ocultas inimagináveis do comércio de cocaína e derivados.

A pesquisa, de outro lado, ainda se mostrou bastante otimista se comparada ao mesmo levantamento anterior (o Segundo Levantamento Nacional de Álcool e Drogas) (Laranjeira *et al.*, 2012), que informou que ao menos 3,8% da população brasileira de adultos (5 milhões de pessoas) já teria utilizado cocaína ao menos uma vez na vida e 1,7% da população brasileira (2 milhões) teria consumido cocaína entre os anos de 2011 e 2012. Conforme este levantamento, proclamou-se que o Brasil constituiria o segundo maior mercado consumidor mundial de cocaína (G1, 2012).

Apesar das divergências entre os dados das pesquisas em questão, o fato é que o Brasil detém a incontestе presença de um mercado consumidor de cocaína em seu território legal e, mais ainda, de uma rede comercial capaz de abastecê-lo. Contudo, este fato é permeado por uma série de contradições bastante significativas, que tornam o estudo desta temática relevante.

A primeira — e certamente mais interessante — contradição diz respeito ao fato de que, embora o país não se apresente como um dos principais destinatários da cocaína traficada ao redor do globo (mesmo sendo um relevante mercado consumidor), é a principal rota de escoamento de cocaína via América Latina. Conforme dados da UNODC (2020c), o produto segue, majoritariamente, da Colômbia aos Estados Unidos da América, diretamente ou via América Central; e, secundariamente, via América do Sul (sendo o Brasil como principal exportador) para a Europa Ocidental e Central (diretamente ou via África), Ásia e Oceania (especialmente Austrália e Nova Zelândia).

Será que a presença da droga, então, fomentaria o surgimento de mercados consumidores locais? Será que o fato de o Brasil ser uma rota representativa o tornaria, então, uma área de fomento ao consumo? Afinal, embora o Brasil tenha destaque como país consumidor, ele não se apresenta como um dos principais importadores da droga, senão como um país pertencente a uma rota que, apesar de significativa, ainda é secundária em relação ao consumo mundial. Prioriza-se, assim, o escoamento da droga para Europa, Ásia e Oceania (UNODC, 2020c) e não sua retenção no Brasil. Em outras palavras, embora o Brasil aparente a condição (e, de fato, até seja) de um grande centro consumidor de cocaína (e respectivos subprodutos), seu destaque mundial ainda é como um *nó*, um centro exportador, numa escala comercial maior, global, daquele entorpecente.

A segunda contradição, que reforça mais ainda a primeira, diz respeito ao valor comparativo da cocaína vendida no Brasil e no mundo: segundo dados da UNODC (2020c), em 2020, o preço de mercado da cocaína nos Estados Unidos da América apresentaria uma variação entre o valor de US$ 4,00 e US$ 45,00 o grama (que, considerando o preço flutuante do dólar em torno de R$ 5,00, à época, corresponderia a uma variação entre R$ 20,00 e R$ 225,00 o grama), e na Austrália entre US$ 110,00 e US$ 154,00 (que, pelo mesmo critério anterior, atingiria o importe entre R$ 550,00 e R$ 770,00 o grama) (UNODC, 2020c).

Porém, embora não existam pesquisas específicas sobre o consumo de álcool e drogas no estado do Pará, é possível encontrar notícias apontando possíveis valores da cocaína na Região Metropolitana de Belém ou mesmo no interior do estado, segundo as quais o entorpecente seria vendido por cerca de R$ 20,00 (vinte reais) o papelote de 3 gramas, o que, por sua vez, corresponderia ao valor aproximado de R$ 6,66 o grama (Romanews, 2019).

Pelo baixo valor, observa-se que nem o Brasil nem, muito menos, a referida região metropolitana de Belém denotariam a presença de um mercado consumidor *rentável*, comparativamente ao mercado internacional de cocaína (Reis Netto; Chagas, 2021). E tal assertiva se torna mais forte ainda, se for considerado o fato de que a Região Norte é a que apresenta o menor índice de consumo de drogas dentre todas as demais regiões brasileiras (Bastos *et al.*, 2017).

Sendo assim, não haveria na Região Norte, e, muito menos, na Região Metropolitana de Belém, um mercado consumidor significativo, em termos de valores ou extensões, que justificasse a presença de agentes do tráfico de cocaína e um investimento econômico para levar a droga até esse local. O mesmo poderia ser dito de outras regiões do país. Mas, ainda assim, a cocaína é uma presença constante na RMB, assim como em diversas cidades menores, do interior do estado do Pará ou do Brasil.

Isso é confirmado diante do quantitativo de apreensões de cocaína, que tem se mostrado cada vez maior, nos últimos anos, no país. No estado do Pará, por exemplo, foram apreendidas quantidades superiores a cinco toneladas, somente no ano de 2020 (Baía, 2020). Ao que parece, há uma grande quantidade de droga atravessando o território paraense, sem um mercado consumidor local que justifique a sua presença ostensiva.

Ainda, seguindo a mesma linha de raciocínio, é de se estranhar o fato de que, se o Brasil realmente representasse um grande mercado consumidor final de drogas (em termos de relevância de valores e quantidade de destinatários finais), haveria uma presença, mesmo que rarefeita, de outros entorpecentes de significativa apresentação no mercado mundial, como, por exemplo, a heroína. Afinal, se o Brasil é atraente às drogas, estas seriam encontradas em várias espécies e apresentações. Mas não o são.

Comparativamente aos Estados Unidos da América, que são apontados como o maior destinatário de heroína no mundo, e embora 25% de entradas da droga nesse país advenham de rotas sul-americanas, tem-se que o Brasil, mesmo detendo grande participação no mercado mundial de cocaína, sequer é citado como grande consumidor ou como rota do tráfico da primeira droga (UNODC, 2020c). A lógica do mercado dos entorpecentes, como se vê, parece ser muito mais complexa do que o simples binômio fornecedores/consumidores.

O fato é que, mesmo diante dessas contradições, há uma forte presença de outras drogas, para além da cocaína (em curso ou em consumo), no território brasileiro, cuja repressão tem sido assente, nos últimos anos. Nesse sentido, analisando-se o aspecto da oferta de entorpecentes, tem-se que as medidas de combate realizadas pelo estado aos fornecedores de drogas, sob a clássica política da Guerra às Drogas, levaram ao cárcere milhares de pessoas (agentes territoriais) a cada ano. No entanto, aproximando-se, qualitativamente, dessas pessoas, é possível perceber seu pertencimento a setores mais precarizados e pauperizados da população e seus respectivos espaços fragmentários das cidades.

Nos termos analisados por D'Élia Filho (2014), tem-se que a maior parte dos encarcerados por tráfico de drogas no Brasil, por exemplo, pertencem aos estratos mais pobres e sujeitos aos menores níveis de escolaridade e, em sua maioria, são negros (ou seja, pardos e pretos). Esta realidade também foi constatada, inclusive, no próprio estado do Pará (Cardoso *et al.*, 2019).

Disso, constata-se a terceira contradição em destaque: esta parcela populacional supostamente responsável pela oferta dos entorpecentes, e que é substancialmente atingida pelas políticas públicas de segurança relativas ao combate ao tráfico de drogas, nem de longe aparenta ter condições de realizar a coordenação logística necessária ao lucrativo tráfico internacional de cocaína.

Em linha simples: trata-se de um grupo sem escolaridade, sem recursos e habitante de zonas das cidades absolutamente excluídas da economia formal e dos meios de produção. Não há como presumir, portanto, sua capacidade de coordenação de uma atividade que exige ativos e capacidade de coordenação internacional.

Certamente, trata-se de um conjunto de sujeitos (agentes territoriais) que compõem *a ponta* dos comércios de droga locais, cuja representatividade (como já dito) é questionável diante das redes internacionais do tráfico. Aparentemente, a política não detém substancial sucesso no aprisionamento de traficantes atuantes em escalas maiores que as regiões de atuação das polícias. Prendem-se, majoritariamente, os pequenos traficantes. Porém, o mercado consumidor permanece inalterado, ativo e abastecido.

Entre tantas contradições, o fato é que o mercado de cocaína, que na década de 1980 seria limitado às elites das grandes capitais brasileiras (Barbosa, 1998), com o passar do tempo, espalhou-se e se popularizou de uma maneira veemente pelo território legal nacional, tornando-se presente entre diversas classes sociais e, inclusive, em municípios de pequeno porte. Tome-se como exemplo o município de Abel Figueiredo (Agência Pará, 2015), componente da Mesorregião Sudeste do estado do Pará: sua densidade populacional de 11,04 habitantes/km² e um salário médio mensal dos trabalhadores de 1,5 salário-mínimo vigente (IBGE, 2020) nem de longe o colocariam na condição de local detentor de um público ideal para uma rede internacional do tráfico de cocaína. Mas a droga surge nesse local, ainda assim.

O tráfico de cocaína, portanto, chega a lugares bastante diversificados do território legal brasileiro, mesmo quando estes não representam um *locus* lucrativo (ao menos sob a lógica oficial do comércio). O mesmo se diga, aliás, a respeito das organizações criminosas responsáveis pela distribuição das substâncias pelo país, em muitos casos, equivocadamente reduzidas somente às facções criminosas (questão que se retomará, adiante, neste estudo). Sua presença é constatada em lugares anteriormente impensados em termos econômicos ou de segurança pública, como cidades pequenas no interior da Amazônia.

O fato é que a evolução do mercado internacional de entorpecentes, desenvolvido à semelhança de uma atividade empresarial (Chagas, 2014), estratificou-se em escalas diferenciadas, conforme lógicas próprias e alheias à oficialidade do Estado, permitindo, assim, o surgimento dessas contradições internas indicadas neste texto.

Como destacou D'Élia Filho (2014), o tráfico se organizaria, de um lado, num oligopólio transnacional, responsável pela estruturação de redes internacionais da atividade; de outro, num conjunto de varejistas, por ele denominados de *acionistas do nada*, que seriam os reais atingidos pela repressão qualificada do Estado. Destarte, embora a assertiva seja realmente convincente, ainda assim se faz necessário compreender o *elo* que motivaria a conexão entre esses diferentes conjuntos de agentes territoriais em diferentes espaços-tempo, bem como a natureza da participação de cada um dentro das dinâmicas territoriais concernentes ao tráfico.

Afinal, não é a simples existência de varejistas (como visto em relação à ausência de um mercado representativo de heroína no Brasil) que geraria uma imediata conexão entre estes e as diferentes redes internacionais da economia das drogas, em especial da cocaína (cujos principais destinatários, repita-se, não estão na América Latina).

Novamente, a realidade apresenta contradições dignas de aprofundamento, para a real compreensão do porquê: a) dessa subversão da lógica da oferta e demanda, tida como princípio básico da economia das drogas; bem como b) do tráfico de cocaína, cuja lógica seria a da busca pela maior taxa de lucro possível, se apresentar na citada base do estado do Pará, com especial destaque para a Região Metropolitana, que não representa, como visto, um dos principais mercados consumidores mundiais (mas, ainda assim, concentra muitas ocorrências do fenômeno do mercado de cocaína).

Diante desse complexo quadro, o presente estudo adotou como problema de pesquisa: qual é o papel desempenhado pela Região Metropolitana de Belém, estado do Pará, em face das redes territoriais do tráfico de cocaína?

Partiu-se da hipótese primária de que a Região Metropolitana de Belém exerceria o papel de mercado consumidor regional final do entorpecente, bem como um ponto de influxo dos lucros provenientes de agentes territoriais regionais do tráfico. Isso se daria diante do fato de que a existência de um comércio internacional de cocaína, atuante numa escala mundial (e vinculado a interesses de exportação da droga aos grandes e lucrativos centros consumidores mundiais), atuante na logística necessária ao atravessamento de insumos e da própria droga e seus subprodutos pela região amazônica (uma das principais rotas do país), permitiria o aparelhamento de diversas cidades enquanto *nós* de um território-rede mundial, nas quais, ao longo do processo de transporte do entorpecente, determinadas quantidades residuais da cocaína acabariam retidas, o que, por sua vez, permitiria a sujeição desse mesmo resíduo a uma posterior comercialização em escalas regionais e locais, ocasionando o surgimento de comércios territorializados nessas escalas.

A Região Metropolitana, *prima facie*, desempenharia um dos destinos desses resíduos comercializáveis. Como consequência, permitiria uma certa concentração dos lucros decorrentes da atividade nesta mesma região, que seriam reinvestidos em atividades lícitas, como forma de tornar os ativos *lícitos* (por meio de mecanismos, mesmo que simples, de lavagem de dinheiro)

Por sua vez, a pesquisa se justificou sob diversos enfoques metodologicamente importantes (Sampieri *et al.*, 2013).

Primeiramente, tem-se que a compreensão do funcionamento dos territórios-rede do tráfico de cocaína pode contribuir, num ponto de vista científico, para a construção de novos postulados a respeito do tráfico de drogas e sua relação com o tempo-espaço, uma vez que esta atividade é, persistentemente, encarada como um fenômeno meramente criminal, o que impede uma real verificação de suas correlações com outros fenômenos e questões sociais.

Além disso, como já firmado anteriormente, a análise das dinâmicas territoriais do tráfico de drogas pode se afigurar relevante, mesmo diante de perspectivas locais, para a extração de conclusões e hipóteses potencialmente universalizáveis e verificáveis noutros contextos e, ainda, em relação a outros tipos de entorpecentes.

Socialmente, o trabalho também pode trazer contribuições em relação à compreensão da presença da cocaína enquanto mercadoria apresentada ao consumo das comunidades locais, para além de muitos (pré)conceitos reproduzidos sem uma maior reflexão, que redundam numa percepção arbitrária sobre as figuras do *traficante* e do *usuário*, ignorando a real dinâmica do tráfico de cocaína e sua relação com os lugares e, ainda, como a atividade econômica da droga promoveria uma inserção social às avessas dos primeiros nas possibilidades de consumo e renda das sociedades de consumo dos dias atuais (Reis Netto; Chagas, 2022).

Finalmente, o trabalho pode propiciar a geração de conhecimentos sensíveis à elaboração de políticas públicas e ações concretas concernentes não só ao âmbito da segurança pública, como, sobretudo, aos âmbitos político, econômico e social, que costumam ser analisados (de maneira muito conveniente) à margem de questões como a criminalidade e o tráfico de drogas.

Ademais, o presente trabalho adotou o seguinte objetivo geral: analisar o papel desempenhado pela Região Metropolitana de Belém, estado do Pará, em face das dinâmicas territoriais do tráfico internacional de cocaína. Além disso, como objetivos específicos, pretendeu-se:

a. realizar o levantamento e análise de informações literárias relativas à geopolítica do tráfico de cocaína e suas redes, com foco sobre a realidade da Amazônia brasileira, do estado do Pará e, sobretudo, da Região Metropolitana de Belém-PA;

b. analisar as características e aparentes dinâmicas do mercado de cocaína na Região Metropolitana de Belém-PA, comparativamente ao estado do Pará, a partir de uma pesquisa documental firmada sobre dados oficiais do Governo do Estado, em torno do quantitativo de droga e ocorrências do tráfico de cocaína, registrados entre os anos de 2018 e 2021;

c. levantar informações qualitativas, por intermédio de entrevistas direcionadas a macroagentes da segurança pública e pesquisadores de referência que detenham informações a respeito do contexto das redes do tráfico de cocaína no estado do Pará, para análise e triangulação das informações colhidas em conformidade com os dois objetivos anteriores e obtenção de novos dados a respeito do fenômeno pesquisado.

Para tanto, a pesquisa foi estruturada conforme se explica a seguir.

Afora este primeiro capítulo introdutório, o estudo se ocupou, no segundo capítulo, da exposição do método adotado enquanto *caminho* e *postulado* científico propugnado, com a descrição das *abordagens* e das *técnicas* de pesquisa aplicadas para a obtenção dos resultados consignados mais à frente.

Em seguida, o terceiro capítulo se dedicou à exposição do referencial teórico do estudo, explicativo dos *conceitos* e correlações entre diversas das definições que fundamentaram a visão científica em que se baseou toda a atividade de análise, crítica e exposição dos resultados.

O quarto capítulo se dedicou à realização de uma análise literária, a partir dos critérios enunciados metodológicos, oferecendo uma maior aprofundamento e aproximação dos conhecimentos científicos previamente já produzidos, ao tempo da pesquisa, servindo como subsídio às ações realizadas nos capítulos seguintes.

O quinto capítulo propugnou por uma análise predominantemente quantitativa, firmada sobre dados secundários relativos às ocorrências de tráfico de drogas e apreensões de cocaína, capituladas pela Secretaria Adjunta de Inteligência e Análise Criminal do Estado do Pará, na qual foi possível o atingimento de primeiras conclusões e o levantamento de novas evidências a respeito do papel exercido pela RMB no contexto de estudo.

O sexto capítulo propugnou por uma análise predominantemente qualitativa, conglobando a análise das percepções dos macroagentes da segurança pública e pesquisadores de referência a respeito do contexto das redes do tráfico de cocaína no estado do Pará, com uma triangulação entre os achados nas entrevistas e as evidências colhidas nos dois capítulos de resultados anteriores, para efetiva extração das conclusões pretendidas.

Ademais, após as considerações finais, considerando o tempo havido entre a apresentação final da pesquisa e a publicação desta obra, optou-se pela inclusão de um capítulo *post scriptum*, mostrando como as dinâmicas territoriais encontradas na pesquisa se confirmaram e, igualmente, como elas se modificaram relativamente após o estudo, diante de intervenções territoriais que promoveram distúrbios em sua rede.

Como dito, as redes se encontram em constante modificação, e o acompanhamento de suas dinâmicas de maneira crítica é pressuposto essencial para a compreensão da economia do tráfico e realização de intervenções necessárias, para muito além da simples ideia de segurança pública e Guerra às Drogas.

CAMINHOS METODOLÓGICOS DA PESQUISA: EM BUSCA DA SABEDORIA DE TÍMOLO

2.1 O MÉTODO DE PESQUISA

2.1.1 O método hermenêutico e dialético

De forma direta, o método pode ser traduzido como um conjunto de procedimentos (Martins; Theóphilo, 2016), de passos, que traduzem uma verdadeira teoria da investigação (Marconi; Lakatos, 2016) conduzida pelo cientista no desenvolvimento de uma pesquisa. Embora muitos considerem desnecessária a sua enunciação expressa, uma vez que a própria natureza do ato de investigar revelaria a particularidade metodológica do pesquisador, ainda assim se deve ressaltar que o método se constitui como um *algo mais*, para além do simples ato de delinear o conjunto de medidas aplicadas numa pesquisa científica.

Como bem afirmou Alves (2013), a ética científica perpassa pela capacidade de confrontação de certezas, muitas vezes, ocultadas pelos discursos oficiais e pelos próprios círculos científicos consolidados, o que, também, exige o desenvolvimento da capacidade de autoquestionamento do próprio pesquisador em relação a suas certezas iniciais (os *topoi*). Nesse sentido, definir e esclarecer a respeito do método utilizado, constitui-se como uma atitude de honestidade intelectual, que revela a forma pela qual o cientista compreende o mundo e realiza sua investigação sob determinados passos que, eventualmente, não seriam executados, aplicados ou analisados da mesma forma (ou com a mesma imparcialidade) por outras correntes científicas diferentes (Reis Netto; Chagas, 2019d).

Indicar o método também significa permitir a crítica da própria teoria levantada, evitando que paradigmas científicos se desvirtuem em *paradogmas* (Alves, 2013), bem como que os procedimentos executados sejam confrontados desde a essência filosófica que inspirou o pesquisador. Ou seja, o método revelaria os caminhos do pensamento adotados no estudo, as inspirações epistemológicas e, em último nível, as próprias influências filosóficas que permearam a ação de investigar (Stein, 1983), tornando-as cognoscíveis e, portanto, igualmente sujeitáveis a testagens e críticas, para afirmação de sua verossimilhança ou dissociação diante de outros contextos.

Sob este intento de definição dos procedimentos adotados na pesquisa e, sobretudo, de honestidade intelectual quanto às aspirações filosóficas ora propugnadas, o presente estudo optou por deixar clara a adoção do método *hermenêutico e dialético* como percurso de pesquisa. Trata-se de uma postura procedimental oriunda de teorizações firmadas sobre as críticas levantadas por Habermas (1987), sobretudo no livro *Dialética e hermenêutica: para a crítica da hermenêutica de Gadamer*, a determinados postulados da obra *Verdade e método*, de Gadamer (2005), originalmente lançada em 1960.

No entanto, em termos práticos, o que se colocou como uma crítica, acabou por apontar diversos pontos comuns às teorias, que muito mais as complementavam do que as afastavam ou refutavam entre si, pelo que determinados autores passaram a buscar o estabelecimento de contornos metodológicos que permitissem a utilização racional de posturas hermenêuticas e dialéticas, simultaneamente, na realização de investigações científicas.

Em tempo, é importante destacar que as teorizações de Habermas se encontravam alinhadas aos círculos tardios da chamada teoria crítica frankfurtiana (Fleck, 2017), que pode ser definida como uma corrente teórica que se envolveu em ampla discussão em torno de preceitos materialistas históricos e dialéticos (Opolski; Leme, 2016), crítico-dialéticos (Martins; Theóphilo, 2016) ou, simplesmente, dialéticos (Marconi; Lakatos, 2016), originários de estudos que se debruçaram, sobretudo, sobre a "recepção heterodoxa da crítica da economia política de Marx, isto é, pela crítica ao capitalismo desenvolvida, sobretudo, em *O Capital*, mas lida de forma bastante diferente das leituras usuais" (Fleck, 2017, 101). E embora Habermas (1987) tenha se colocado como principal crítico às teorias hermenêuticas de Gadamer (2005), de outro lado, ele acabou por demonstrar pontos comuns entre as teorias, relevantes ao ato de investigação científica, conforme se passa a destacar.

Ao elaborar uma teoria filosófica, com nítida aspiração de universalidade, Gadamer (2005) destacou que o ato hermenêutico de *compreender*, que toma como cerne a ideia de *linguagem*, permitiria um diálogo entre o *ser* presente e o *ser* passado (Dantas, 2019), que se consubstanciaria no conceito de *tradição* (este um conjunto histórico de valores e preconcepções em movimento dinâmico, que sobrevém além do *querer ou fazer do ser* que busca a compreensão).

Ao surgir no tempo (e espaço), o ser humano é inserido na tradição e incorpora diversos pré-conceitos que direcionam sua cognição por meio do que aprende e diante do que já estava consolidado (autoridade), ligando-o ao que foi historicamente construído e permitindo-lhe que (re)analise e (re)construa cada uma das proposições que lhe são apresentadas, a partir do ato de compreensão (Gadamer, 2005), pelo que se afirma o caráter dinâmico e não definitivo da comunicação e da linguagem.

Deve-se dizer, em tempo, que, por *linguagem*, deve-se compreender qualquer espécie de capacidade e habilidade de transmissão de *informação humana*, incluindo, para além da ideia comum de *língua*, as artes e os símbolos, por exemplo (Dantas, 2019).

Com isso, Gadamer (2005) elevou o ato de interpretar e compreender a um nível filosófico, que apontou a práxis humana enquanto algo situado na história e influenciado pela mesma e indicou a possibilidade da perpetuação da comunicação no tempo (e espaço), por intermédio da linguagem. A esse movimento de enunciação e futura compreensão, Gadamer (2005) atribuiu um caráter universalista, capaz de revelar compreensões dinâmicas e historicamente mutáveis, mas que se consolidam em ideias histórica e relativamente estáveis (*substancialidade da tradição*).

Esta proposição foi diretamente criticada por Habermas (1987), sobretudo quanto a dois aspectos: a) a pretensão de universalidade; e b) da aceitação da tradição e autoridade como condições do conhecimento. Para Habermas (1987), em primeiro lugar, a ideia ordinária de linguagem, proposta por Gadamer (2005), ignoraria diversas tecnologias linguísticas diferenciadas (sistemas de linguagem técnica) que se afastariam da capacidade compreensiva comum. Do mesmo modo, o autor aponta que a tradição e autoridade, para além daqueles diferentes níveis de linguagem (em muito, inacessíveis ao cidadão comum), promoveriam a alienação do ser, mostrando-se como uma *linguagem sistemicamente perturbada* (Habermas, 1987), que, ao invés de questionar sistemas de dominação ou exploração social, simplesmente permitiriam a permanência deles no tempo, transformando a linguagem em um instrumento de violência (Stein, 1983; Dantas, 2019) e não de justiça e cultura.

No entanto, como bem destacou Stein (1987), para além das críticas à teoria de Gadamer (2005), Habermas (1983) promoveu uma verdadeira exortação a uma série de aspectos que aproximavam a proposição hermenêutica da proposição materialista histórica e dialética, sobretudo: a) a referência de construção da teoria a partir da práxis humana (aspecto objetivo que é central na teoria crítica); b) o caráter histórico atrelado às ideias de linguagem, compreensão, tradição e autoridade, que, de fato, revelam a dinamicidade das relações sociais; c) o questionamento à autossuficiência material das ciências do espírito, valorizando a esfera material na análise dos fenômenos; d) o questionamento aos postulados do positivismo científico, tradicional à época; e, como bem acrescentou Stein (1987), e) a capacidade de descrever estruturas que constituem a comunicação e, a partir disso, permitir a identificação das perturbações da linguagem e, mediante a negação/superação dessas perturbações, a emancipação do sujeito histórico.

O método hermenêutico e dialético, portanto, reforça determinados pressupostos do materialismo histórico e dialético, notadamente: a) a materialidade que permeia, de maneira caótica (ou sujeita a múltiplas variáveis incidentes), as relações sociais (Cover, 2010), construindo a totalidade em movimento e o constante devir (Opolski; Lemen, 2016), num complexo de processos inacabados e interdependentes (Marconi; Lakatos, 2016); b) a ideia de mudança (Opolski; Leme, 2016) ou passagem (Marconi; Lakatos, 2016) de elementos quantitativos a elementos qualitativos; e c) a ideia de unidade e luta (Opolski; Leme, 2016) ou interpenetração (Marconi; Lakatos, 2016) dos contrários (obviamente, não somente dois, mas milhares, numa realidade caótica), que, no movimento incessante da realidade, gera os processos de transformação social (Theóphilo; Martins, 2016).

As divergências entre as teorias, notadamente, residentes na centralidade da análise materialista histórica e dialética sobre o mundo material (objetivo) e a centralidade da análise hermenêutica sobre a indissociabilidade entre sujeito e objeto, em termos práticos, mesmo que sob conceitos e elaborações diferentes, encontram a comum conclusão de que os fenômenos sociais são históricos e se realizam na prática humana sob múltiplas variáveis incidentes e dinâmicas. Até mesmo a noção de *interpenetração dos contrários* (Marconi; Lakatos, 2016) do método materialista histórico e dialético, que desconstrói para identificar a realidade de fenômenos, em larga medida, identifica-se com a ideia de *mediação* (Gadamer, 2005), que reconstrói pré-conceitos para compreender a substanciação (consolidação na história) da tradição. Ambos revelam a comum conclusão de que a complexidade compõe a totalidade, bem como que ela se encontra em constante devir, tornando necessária uma atividade de interpretação pelo pesquisador para desvelar os fenômenos em análise, dentro do possível.

Mesmo o movimento de reconstrução histórica dos fenômenos materiais, como afirma Stein (1987, p. 23), típico das escolas de tradição marxista, "opera como pressuposto [...]" a aplicação do "[...] método hermenêutico", de modo que ambos se realizam mediante um ato de *reflexão* sobre o tempo (e espaço). Afinal, compreender a partir da história, perpassa pelo ato de refletir sobre a linguagem utilizada nos registros havidos no seio dos mais diversos tipos de documentos, bem como sobre *como* aquela operava conceitos num determinado momento.

É justamente por isso que Dantas (2019, p. 135) reforça a crítica habermasiana de que a pretensão filosófica da teoria hermenêutica de Gadamer "não deveria resultar em um distanciamento total entre hermenêutica e Ciência ou metodologia científica", justamente por sua mútua preocupação "tanto da hermenêutica, quanto da crítica, com o existir humano em sua concretude histórica e social, com a práxis humana, com a força tanto integradora quanto questionadora do diálogo" (Dantas, 2019, 141).

Assim, Stein (1983) apontou que a reflexão hermenêutica e dialética pode promover uma legitimação do pensamento realizado, entre outros, pela ciência, de modo que os caminhos do pensamento filosófico possam fornecer um novo substrato. Cabe a transcrição de sua afirmação, nesse sentido:

> O que importa é afirmar a legitimidade de um tipo de trabalho de pensamento que precede e acompanha o pensamento objetivista e que ao mesmo tempo seria capaz de pensar os níveis nunca inteiramente recuperáveis da práxis cotidiana. Práxis esta que guarda em seu seio os momentos mais importantes da experiência da arte, da filosofia, das ciências humanas e da história. Essa reabilitação do conteúdo propriamente filosófico e da forma filosófica de apanhar a realidade no diálogo não apenas oportuno mas necessário com as ciências humanas, é o que se leva dentro da intenção de analisar a controvérsia entre hermenêutica e dialética. Podemos dizer que toda questão do método nas ciências humanas sem a filosofia é cega; mas, ao mesmo tempo, a filosofia, nos caminhos de métodos que lhe são próprios, torna-se vazia sem o diálogo e a ocupação direta com as

> ciências humanas. Trata-se, portanto, de fazer ver aos pro-
> cedimentos científicos e de dar conteúdo aos caminhos da
> reflexão filosófica. Não se trata tanto das razões que podem
> ser exibidas quer pela dialética quer pela hermenêutica
> em favor de sua universalidade. O modo de dar-se desta
> universalidade é que irá ramificar-se nas denominações:
> dialética e hermenêutica. O que aproxima esses métodos
> filosóficos é muito maior do que aquilo que os distingue
> (Stein, 1983, p. 42-43).

Para além de qualquer aspecto filosófico, a integração dos elementos hermenêuticos e dialéticos ampliam a capacidade de análise
do cientista, obviamente desde que o mesmo aplique o método com a
devida maturidade e ética (Reis Netto; Chagas, 2019d), justamente no
sentido de buscar a realização de um esforço que se utilize de uma análise
linguística de elementos históricos, eliminando perturbações sistêmicas
inerentes à comunicação (inclusive presentes nas preconcepções do próprio pesquisador), no sentido de aproximar-se de evidências explicativas
do espaço-tempo vivenciado por ele.

Daí a preocupação de diversos teóricos como Stein (1983), Minayo
(2002, 2005), Reis Netto e Chagas (2019d), Cavalcante e Nogueira (2008),
Cavalcante *et al.* (2020), dentre outros, no sentido de buscar a instrumentalização do método, conforme discussão travada na próxima seção.

Ademais, cabe um relevante acréscimo à discussão: não obstante
o debate travado tenha se atido, em muito, ao aspecto da *historicidade*,
é relevante acrescer ao aspecto epistemológico uma referência direta à
noção de *espaço,* enquanto elemento componente da totalidade afirmada
tanto pela teoria crítica quanto pela hermenêutica. Afinal, como adverte
Santos (2017, p. 54):

> Tempo, espaço e mundo são realidades históricas, que
> devem ser mutuamente conversíveis, se a nossa preocupa-
> ção epistemológica é totalizadora. Em qualquer momento o
> ponto de partida é a sociedade humana em processo, isto é,
> realizando-se. Essa realização dá-se sobre uma base mate-
> rial: o espaço e seu uso; o tempo e seu uso; a materialidade
> e suas diversas formas; as ações e suas diversas feições

Em tom crítico, também se deve citar Lefebvre (2000, p. 47):

> Quanto ao pensamento filosófico e à reflexão sobre o espaço
> e o tempo, ela se cindiu. De um lado, eis a filosofia do tempo,
> da duração, ela própria dispersada em reflexões e valoriza-

> ções parciais: o tempo histórico, o tempo social, o tempo
> psíquico etc. Do outro lado, eis a reflexão epistemológica que
> constrói seu espaço abstrato e reflete sobre os espaços abs-
> tratos (lógico-matemáticos). A maioria dos autores, senão
> todos, se instalam muito confortavelmente no espaço men-
> tal (portanto, neokantiano ou neo-cartesiano), provando
> assim que a "prática teórica" se reduz à reflexão egocêntrica
> do intelectual ocidental especializado, e por consequência
> à consciência inteiramente separada (esquizoide).

Nesse sentido, deve-se acrescentar que a possibilidade de uma
autoridade substanciada (Gadamer, 2005) a partir de uma linguagem
sistemicamente perturbada (Habermas, 1987) é um fenômeno que não
varia uniformemente de acordo com aspectos históricos, somente. A
perturbação comunicativa é um fenômeno que ocorre no *espaço*-tempo,
portanto podendo se apresentar de maneiras diferenciadas conforme o
momento temporal e o *local* analisado. Para além disso, deve-se também
registrar uma crítica pertinente, oriunda da ciência geográfica, em relação
ao uso da *linguagem* (ponto central do método hermenêutico e dialético)
como elemento de análise científica:

> A linguagem detém uma função prática, mas não encerra o
> saber senão mascarando-o [encobrindo-o]. O lado lúdico
> do espaço lhe escapa e não é descoberto a não ser no jogo
> (bem entendido) depois na ironia e no humor. [...]
> As relações sensíveis não figuram como tais as relações
> sociais; ao contrário, elas as dissimulam. No espaço sen-
> sorial-sensual (prático-sensível) as relações propriamente
> sociais, as relações de produção, não as vemos. As contor-
> namos. É preciso descriptá-las, mas a decodificação não sai
> senão dificilmente do espaço mental para entrar no espaço
> social (Lefebvre, 2000, p. 290-291).

Em sentido semelhante ao afirmado por Habermas (1987), Lefebvre
(2000) destaca que a linguagem detém o poder de mascarar as relações
de produção do espaço (sociais, diria o primeiro). E, em digressões geográficas, atinge-se semelhante conclusão: a necessidade de desvelar as
contradições (perturbações) que se escondem por detrás do discurso:

> [...] implica, ela mesma, um esforço para trabalhar no
> paradigmático, ou seja, nas oposições essenciais, ocultas,
> implícitas, não ditas, que orientam uma prática social, mais
> que trabalhar nas ligações explícitas, no encadeamento

> operatório de termos, numa palavra, nos sintagmas (a linguagem, o discurso usual, a escrita, a leitura, a literatura etc.) (Lefebvre, 2000, p. 89).

Portanto, o autor recomenda à ciência uma preocupação em desvelar perturbações perceptíveis a partir de dados colhidos por meio da linguagem, por intermédio dos cuidados metodológicos propugnados não só pela postura hermenêutica e dialética (Reis Netto; Chagas, 2019d), mas pela própria ciência geográfica de tradição crítica, que propõe considerar o *espaço*, enquanto elemento indissociável do tempo (assim, o espaço-tempo), a partir de contradições inteligíveis que revelam sua forma percebida (Lefebvre, 2000).

2.1.2 Da instrumentalização do método

Como destacado na seção anterior, a partir do debate teórico instalado entre Gadamer (2005) e Habermas (1987), verificou-se a possibilidade de adoção de procedimentos metodológicos comuns entre o método hermenêutico e o método materialista histórico e dialético, a partir das preocupações práticas (ou seja, voltadas à práxis humana).

A instrumentalização dos procedimentos, por sua vez, foi objeto de digressões realizadas por diversos autores como Guba e Lincoln (1989), Oliveira (2001), Alencar *et al.* (2012), Cardoso *et al.* (2013) e Reis Netto e Chagas (2019d). Porém, o maior aprofundamento quanto à aplicação prática do método, certamente, foi elaborado por Minayo (2002, 2005).

Inicialmente, a autora enuncia que a dialética:

> [...] entende a linguagem como um veículo de comunicação e dificuldade de comunicação, pois seus significantes, com significados aparentemente iguais para todos, escondem e expressam a realidade conflitiva das desigualdades, da dominação, da exploração e também da resistência e da conformidade (Minayo, 2002, p. 101).

E conclui no sentido de que "[...] uma análise hermenêutico-dialética busca apreender a prática social empírica dos indivíduos em sociedade em seu movimento contraditório" (Minayo, 2002, p. 101). Ou seja, no mesmo sentido admitido por Stein (1983), Aquino (2012) e Dantas (2019), a autora afirma a plausibilidade do uso conjunto das teorias e, para além disso, que as mesmas, em sua realização prática, gerariam uma mútua complementaridade.

Essa mesma possibilidade de análise de elementos contraditórios de uma realidade espacial (que engloba a social) é incentivada na ciência geográfica por Lefebvre (2000), que entende pela necessidade de compreensão dos processos de contradição existentes no mundo material, para desvelar questões pretéritas à percepção e linguagem. Assim, embora o autor manifeste nítida adesão ao método materialista histórico e dialético, certamente ele acrescenta uma contribuição crítica semelhante à mencionada em relação a Habermas (1987), porém no âmbito da ciência geográfica (e nitidamente adaptável às demais ciências humanas, aliás).

Por sua vez, a partir da análise das contradições da realidade, Minayo (2002) passou a indicar uma série de possibilidades relativas ao emprego do método hermenêutico-dialético à investigação científica: a) na medida em que o exame linguístico típico da hermenêutica propiciaria a análise da compreensão das manifestações humanas na tradição e na linguagem, o método dialético realizaria a crítica das contradições internas e conflitos inerentes ao conhecimento/contexto consolidado, permitindo o restabelecimento da comunicação perturbada; b) a historicidade, comum aos métodos, permitiria uma análise temporal (e espacial) dos fenômenos em estudo, ligada à totalidade da dinâmica das relações sociais, que, inclusive, exige um autoquestionamento do próprio cientista, enquanto sujeito inserido nas relações instituídas e na tradição substanciada; e c) propugna uma consideração da intersubjetividade como verdadeiro lócus da compreensão.

Sob esses pressupostos, a autora afirma a possibilidade de diálogo entre as proposições teóricas hermenêuticas e dialéticas, desde que se preconize:

> a) a compreensão da consciência e das atitudes fundamentais dos indivíduos e dos grupos em análise, em face dos valores da comunidade e do universo; b) a compreensão das transformações do sujeito da ação dialética ser humano-natureza-sociedade, numa busca de síntese entre o passado, presente e projeção para o futuro; c) a compreensão das ações humanas de todos os tipos e dos diferentes lugares e do acontecimento inevitáveis ligados a elas, sejam quais forem as intenções dos atores sociais e os significados que atribuam aos eventos e a seu próprio comportamento; d) a compreensão de que as estruturas que condicionam os seres humanos em seu processo individual e coletivo são construções humanas objetivadas; e) a compreensão de que a liberdade e a necessidade se condicionam mutuamente no processo histórico (Minayo, 2002, p. 102).

Do trecho, é interessante asseverar o aspecto espacial destacado pelo uso do termo *diferentes lugares* (Minayo, 2002, p. 102). De acordo com Santos (2017), tem-se que todo *evento*, necessariamente, é uma ocorrência espaçotemporal, o que reforça a necessidade de cuidado na análise de dados pelo pesquisador, sob o método ora propugnado, uma vez que toda a perturbação a ser desvelada carrega em si aspectos temporais *e espaciais*.

Além disso, Minayo (2002) deixa clara a necessidade de que o pesquisador se utilize de técnicas e abordagens interdisciplinares em sua análise, de modo a conseguir abarcar, ao máximo, as contradições que compõem a totalidade em análise, permitindo, com isso, que a atividade científica se aproxime do ideal filosófico de emancipação humana (Aquino, 2012).

Nesse sentido, alinha-se ao método hermenêutico e dialético a utilização de abordagens mistas, qualitativas e quantitativas, sob aspectos interdisciplinares (Minayo *et al.,* 2005), bem como a realização de análises de dados por triangulação (Minayo *et al.,* 2005; Gomes *et al.,* 2005). Assim, o uso simultâneo de abordagens qualitativas e quantitativas gera "[...] possibilidades interdisciplinares de estas abordagens se combinarem, produzindo a triangulação" (Minayo, 2005, p. 59), de modo que se articulem como "[...] linguagens complementares, embora de natureza diferente" (Minayo, 2005, p. 93).

Já a ideia de triangulação nasce não como "[...] um método em si. É uma estratégia de pesquisa que se apoia em métodos científicos testados e consagrados, servindo e adequando-se a determinadas realidades" (Minayo, 2005, p. 59), no sentido de garantir uma "decomposição de um conjunto de dados, buscando as relações entre as partes que o compõem. Uma das suas finalidades é a de expandir a descrição" (Gomes *et al.,* 2005, p. 199). Ou seja, o objetivo é alinhar significados no ato de compreender, porém sob múltiplos enfoques que permitam uma crítica da realidade e uma compreensão ainda mais aprofundada sobre um fenômeno.

Assim, a instrumentalização do método hermenêutico e dialético, para além da postura filosófica, partiria da ideia de *linguagem* como núcleo central de compreensão dos fenômenos estudados (Minayo, 2002) e a complexidade que os envolve. Afinal, como afirma Simon (2010, p. 77), "o universo social é um universo simbólico e a compreensão desses símbolos, dos seus significados, só é possível a partir da inserção naquele universo que os possibilitam como fonte de sentido".

É pela linguagem, portanto, que os fenômenos do passado (mesmo que um passado recente) serão conhecidos, analisados e compreendidos pelo cientista: dados anotados, registros em áudio, escritos em geral, dentre outros, são documentos que contêm informações organizadas conforme uma semiótica, uma concatenação de significantes e significados, previamente dados pela tradição vigente no tempo-espaço (mesmo que esta seja, eventualmente, questionável).

Para além disso, Lefebvre (2000) enuncia que os signos detêm natureza verbal e não verbal, de modo que até mesmo os objetos existentes no espaço constituem um *código*, passível de ser lido pelo humano em interação. Em semelhante sentido, Santos (2017) também afirma que os objetos expressam uma intencionalidade inerente à sua criação, conforme a técnica existente num dado espaço-tempo, que, obviamente, também se expressa por uma semiótica que gera significados junto ao ser humano, o que foi denominado pelo autor de *psicoesfera*. O espaço, portanto, também escreve uma *linguagem* a ser desvelada.

A linguagem inclusive é apontada como um *recurso* que mediatiza relações de poder no espaço, num dado lugar e sob uma duração específica (Raffestin, 1993), o que denota sua significância e influência em análises que levem em conta relações de territorialidade. Justamente em razão disso, Santos (2017, p. 365) asseverou que "[...] a cada transformação social, há, paralelamente, para os fabricantes de significados, uma exigência de renovação das ideologias e dos universos simbólicos [...]", o que, no mesmo sentido apontado pela crítica de Habermas (1987), gera as perturbações sistêmicas e a substanciação de injustiças na tradição.

A linguagem, portanto, é um elemento que condiciona e é condicionado não só pelo tempo, mas, igualmente, pelo espaço e relações inseparáveis deste.

A partir dessa digressão, Gomes *et al.* (2005, p. 202) sugerem determinados passos a serem seguidos pelo pesquisador no processo de triangulação: "o primeiro passo a ser dado para a interpretação dos dados é a leitura compreensiva do material selecionado. Esta leitura ocorre antes e depois de se montarem as estruturas de análise". É o que Bardin (2011), em suas elaborações sobre a técnica de *análise de conteúdo*, denomina como *leitura flutuante*, que permite a aproximação do pesquisador de produções anteriores, conceitos e visões que se compõem no tempo-espaço, a partir da realidade.

Em seguida, após a leitura flutuante ou inicial, pressupõe-se a condição de criação de formas de organização do material em análise, seguindo-se a busca pelas "[...] ideias que estão por trás dos textos (transcrições de falas, registros de observação, e organização de outros materiais secundários)" (Gomes *et al.*, 2005, p. 202). Esta é a etapa da construção de inferências, também analisada por Bardin (2011) sob a ideia de *categorização* de espécies.

Nesse momento, é muito recomendável a utilização de procedimentos de organização de textos, dados e conteúdo da pesquisa, de modo a possibilitar análises verticais e horizontais do que já havia de preconcebido (Reis Netto, 2018) e o que foi levantado pelo pesquisador em seu esforço prático, afigurando-se de grande valia técnicas como a de análise de conteúdo (Bardin, 2011), como forma de compreender a "complexidade linguística e semiótica inquestionável nos vários âmbitos em que o fenômeno é trabalhado" (Reis Netto; Chagas, 2019d, p. 10).

Atinge-se, assim, a terceira etapa de análise:

> [...] o momento referente ao ápice da interpretação propriamente dita. Trabalha-se, então, com sentidos mais amplos que articulam modelos subjacentes às ideias. Realiza-se, na realidade, uma reinterpretação, ou seja, uma interpretação das interpretações. Enquanto os procedimentos de análise (mais próprios da segunda etapa) quebram, dividem, desconstroem, procuram desvelar, a interpretação caminha em um movimento de síntese, por meio da construção criativa de possíveis significados (Gomes *et al.*, 2005, p. 205).

Esse movimento de síntese, por sua vez, seria construído a partir de imprescindíveis diálogos entre: a) a teoria-base utilizada para estruturação dos conceitos analíticos e os dados empíricos (permitindo um movimento de mútuo enfrentamento); b) os textos e dados, em seus respectivos contextos; e c) as questões, os pressupostos, os objetivos e os dados; as informações trazidas de campo e os indicadores previamente estabelecidos, no caso de investigação avaliativa (Gomes, 2005, p. 205).

Esse movimento, inclusive, permite o questionamento das concepções teóricas inevitavelmente utilizadas ao início de um estudo pelo investigador, bem como suas próprias certezas a respeito da teoria e hipóteses. Atinge-se o ideal ético (que se pressupõe que será respeitado, aliás) de autoquestionamento do cientista a respeito de seus pré-conceitos, de modo a promover uma verdadeira crítica da tradição e autoridade (Habermas, 1987).

2.1.3 O método hermenêutico e dialético em pesquisas envolvendo a perspectiva espacial e territorial em segurança pública

Por sua vez, tem-se que, no campo do conhecimento geográfico, ainda há a predominância de análises focadas, ou somente no método hermenêutico, ou somente no método dialético — não obstante existam textos que alberguem ideias de complementaridade entre os dois métodos, a exemplo da construção de Caldas (1997, p. 28), na qual se afirmou que "[...] diálogo entre o 'sujeito' e o 'objeto' (luta de mundos, concepções, tempos, realidades, eixos) é que realiza e supera a teoria, o método, os procedimentos".

No entanto, utilização do método hermenêutico e dialético, como dito, sempre se mostrou mais comum à área das ciências da saúde, em cujo seio, ressalte-se, milita seu principal expoente: Minayo (2002, 2005).

De forma mais recente, Reis Netto e Chagas (2019d) propuseram a aplicação do método nas ciências sociais, especificamente em pesquisas interdisciplinares (como o próprio método propugna) envolvendo discussões no âmbito da segurança pública, especificamente quanto ao tráfico de drogas e seus agentes. Isoladamente, como coautores ou em produções conjuntas com pesquisadores também da área da segurança pública, os referidos autores se debruçaram sobre o fenômeno de integração dos presídios às redes territoriais externas do tráfico de drogas, bem como outros objetos de pesquisa correlatos, sob procedimentos metodológicos mistos (bibliográficos, documentais e pesquisas de campo qualitativas e quantitativas) que aplicaram os pressupostos de pesquisa antes discutidos (Cavalcante *et al.,* 2020; Reis Netto, 2018; Reis Netto; Chagas, 2018a, 2018b, 2019a, 2019b, 2019c, 2019d; Reis Netto *et al.,* 2019a, 2019b, 2020).

Nesse sentido, tem-se que os autores destacaram que a utilização do método hermenêutico e dialético poderia contribuir com diversos problemas relativos à complexidade que permeia pesquisas envolvendo o tráfico de drogas: a) a necessidade de classificação de fontes históricas literárias e documentais a respeito do tema, sob diversos e diferenciados enfoques; b) a conformação e enfrentamento de diferentes ideologias e discursos em torno do tema; c) a conformação de diversas percepções de atores territoriais diferenciados (como os traficantes, os policiais, os juristas etc.), sob diferentes formas de linguagem e normas de conduta, em relação ao mesmo tema, dentre outros (Reis Netto; Chagas, 2019d).

Ainda, cabem alguns acréscimos ao debate em questão.

Em primeiro lugar, como bem destacou Stein (1983), a busca pela compreensão dos sentidos substanciados numa tradição, em verdade, deve importar também na própria negação dessa tradição, quando manifestamente injusta e alienadora das liberdades do cidadão. Afinal, como afirma Raffestin (1993, p. 100), "[...] há conflitos mais profundos que nascem na reprodução social [...]" e espacial, "[...] e que, eventualmente, se exprimem sob uma forma linguística".

Dessa forma, perceber a forma pela qual a comunicação se revela por meio da linguagem, é perceber que esta é "[...] um instrumento de poder da mesma forma que qualquer outro, não que possa ser objeto de uma apropriação privada, mas pode ser manipulada com mais ou menos eficácia" (Raffestin, 1993, p. 107).

E deve-se lembrar, ainda, que determinados discursos políticos e jurídicos dominam totalmente o campo da segurança pública, muitas vezes repetindo, sem maiores reflexões, termos normativos (Carvalho, 2016) imprecisos e que ensejam a aplicação de decisões subjetivas sob uma suposta objetividade na aplicação da lei. Com isso, a linguagem acaba por consolidar, em desfavor do ser humano, "tradições que o apequenam e autoritarismos que o menoscabam, mesmo que, para tanto, se amparem em tradições e autoridades libertadoras" (Dantas, 2019, p. 142).

Por fim, o método, e, sobretudo, a atividade de triangulação de dados que este propõe, possibilita uma classificação de dados e saberes já produzidos de acordo com cada espaço-tempo, de modo a permitir as variações qualitativas e quantitativas, ou seja, as reais diferenças entre os *espaços* conforme "[...] a base territorial no desenrolar da história das nações" (Santos, 2008, p. 11).

Portanto, a utilização do método em questão e sua capacidade instrumental, como diria Stein (1983, p. 39), é "possível e necessária" para desvelar as diversas peculiaridades de um fenômeno de análise complexo como o do presente estudo.

2.2 ABORDAGEM DE PESQUISA

De acordo com Oliveira (2014), o procedimento de organização, explicação e análise de fatos ou fenômenos envoltos numa pesquisa é denominado de *abordagem* e pode adotar a forma *qualitativa* ou *quantitativa*, senão ambas. Trata-se de um elemento diretamente afeto à etapa de análise e exposição de dados, ou seja, à forma pela qual se dá a confrontação de informações colhidas na pesquisa para atingimento dos objetivos propostos (Martins; Theóphilo, 2016).

Assim, conforme propugnado pelo método especificado nas seções anteriores, o presente estudo se predispôs à realização de uma análise interdisciplinar do fenômeno relativo ao tráfico de cocaína, a partir de um espaço de referência específico (cuja delineação se encontra a seguir), de modo a promover uma ampla desconstrução da realidade aparente para compreensão de seus contornos territoriais efetivos.

Para tanto, a investigação se apegou a uma abordagem simultaneamente quantitativa (que lançou mão de técnicas para realização de cálculos expositivos do comportamento de determinadas variáveis, bem como de técnicas estatísticas descritivas) e qualitativa (que se predispôs a análises voltadas ao conteúdo de um determinado fenômeno, de forma paralela as suas manifestações numéricas).

Como delineado por Oliveira (2014), trata-se de abordagens não excludentes e que podem propiciar uma ampliação da capacidade de análise sobre um determinado fenômeno, justamente no sentido de permitir a triangulação de dados fomentada pela instrumentalização do método hermenêutico e dialético (Gomes *et al.,* 2005).

2.3 ESPAÇO DE REFERÊNCIA E ESCALAS GEOGRÁFICAS DE ANÁLISE

Como visto no início, o presente estudo deteve como objetivo *compreender qual é o papel desempenhado pela Região Metropolitana de Belém (RMB), estado do Pará, em face das dinâmicas territoriais do tráfico internacional de cocaína*, de modo que as *lentes* da pesquisa estiveram essencialmente voltadas para essa região (zonal e política), legalmente estabelecida, ao tempo da execução da pesquisa, por meio da Lei Complementar n.º 27, de 19 de outubro de 1995 (Belém, 1995), com última alteração estabelecida pela Lei Complementar n.º 76, de 28 de dezembro de 2011 (Belém, 2011).

À época, a RMB englobava os municípios de Belém (capital do estado do Pará), Ananindeua, Marituba, Benevides, Santa Bárbara, Santa Izabel do Pará e Castanhal, detendo um contingente populacional, estimado para o ano de 2020, de 2.529.179 pessoas, bem como a área total de 3.566,20 km² (Figura 1) (IBGE, 2010).

O quadro a seguir, por sua vez, representa um breve resumo das informações principais a respeito dos municípios que compunham a região. Destaca-se o contingente populacional de 2.547.756 pessoas, estimado para o ano de 2021, bem como a área total de 3.566,20 km².

Quadro 1 – Resumo de informações a respeito dos municípios da Região Metropolitana de Belém-PA, conforme estimativas do Instituto Brasileiro de Geografia e Estatística

MUNICÍPIO	POPULAÇÃO ESTIMADA PARA O ANO DE 2021 (hab.)	ÁREA DA UNIDADE TERRITORIAL (km²)	DENSIDADE DEMOGRÁFICA (hab2021./km²)	PRODUTO INTERNO BRUTO, PER CAPITA, ESTIMADO PARA 2019 (R$)	ÍNDICE DE DESENVOLVIMENTO HUMANO MUNICIPAL (2010)
BELÉM	1.506.420	1.059,47	1.421,87	21.708,55	0,746
ANANINDEUA	540.410	190,581	2.835,59	15.389,79	0,718
MARITUBA	135.812	103,214	1.315,83	14.695,07	0,676
BENEVIDES	64.780	187,826	344,89	24.874,67	0,665
SANTA BÁRBARA DO PARÁ	21.811	278,154	78,41	8.046,02	0,583
SANTA IZABEL DO PARÁ	72.856	717,662	101,52	11.252,79	0,659
CASTANHAL	205.667	1.029,30	199,81	20.123,38	0,673
TOTAL	2.547.756	3.566,20			

Fonte: IBGE Cidades (2022)

Como se observa do Índice de Desenvolvimento Humano Municipal, "medida composta de indicadores de três dimensões do desenvolvimento humano: longevidade, educação e renda" (PNUD, 2021, n. p.), há significativas diferenças entre as realidades dos municípios em questão, que, por sua vez, refletem em seus respectivos papéis nas diversas dimensões políticas, econômicas, culturais, de divisão do trabalho etc., da Região Metropolitana de Belém.

Figura 1 – Mapa de localização da Região Metropolitana de Belém – PA, em relação ao estado do Pará e a Amazônia Legal, com a identificação de seus municípios à época da pesquisa

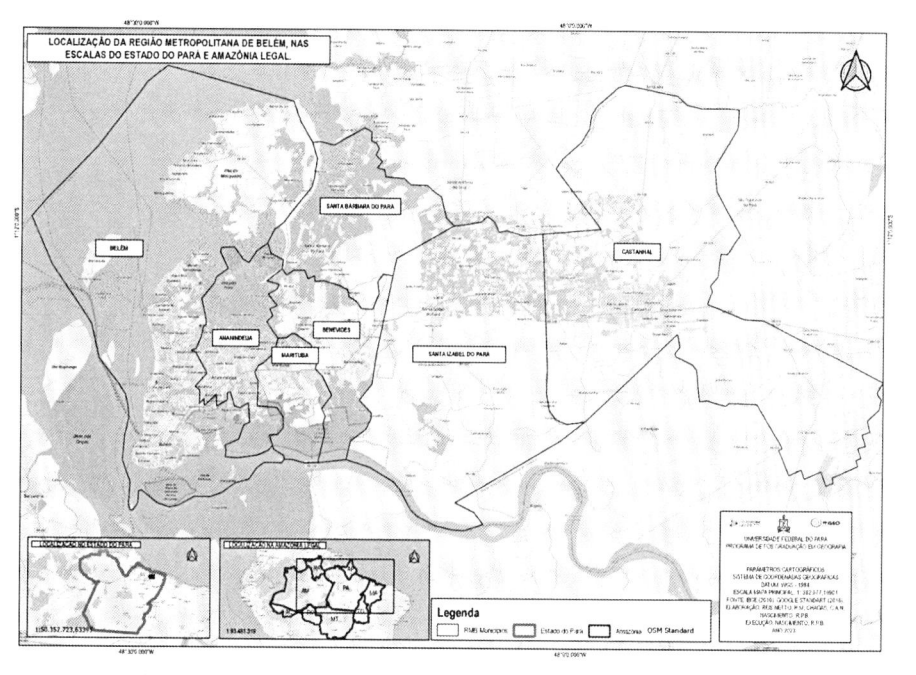

Fonte: IBGE (2010)

Por sua vez, já ingressando no objeto de interesse empírico da presente pesquisa, tem-se que essa região compreenderia um dos principais territórios do tráfico de drogas no estado do Pará, na Região Norte do Brasil e no seio da Amazônia brasileira.

Nos últimos anos, em especial, a RMB tem sido marcada por diversos eventos envolvendo agentes territoriais ligados àquele comércio ilegal, como mencionado no capítulo anterior, o que atraiu o interesse da pesquisa sobre seu respectivo território. Estudos como de Chagas (2014) e Couto (2013) apontaram para a existência de uma territorialidade de grupos criminosos envolvidos com o tráfico de drogas (dentre elas, a cocaína), na RMB, inclusive que seriam responsáveis diretos pelo aumento nas ocorrências de homicídios e outros crimes em diversos bairros dos respectivos municípios, sobretudo nos anos anteriores a 2020.

Igualmente, Reis Netto (2018), Reis Netto e Chagas (2018a, 2018b, 2019a, 2019b, 2019c, 2019d, 2021a, 2021b, 2022) e Reis Netto *et al.* (2019a, 2019b, 2020) identificaram uma forte correlação entre a atuação violenta do tráfico na região e sua vinculação à atuação de facções ambientadas no cárcere, com destacada presença de grupos de abrangência nacional e internacional, inclusive.

Viana *et al.* (2019), em semelhante sentido, demonstraram um protagonismo dos municípios da Região Metropolitana de Belém em relação às ocorrências de tráfico de drogas dos últimos anos, ressaltando possíveis fluxos direcionados do interior do estado à região, o que demonstra um relevante papel da RMB em relação às dinâmicas territoriais do tráfico regional e internacional.

Essas múltiplas variáveis, certamente, contribuíram para que a RMB fosse considerada a 10.ª área mais perigosa do mundo, no ano de 2017, com taxa de 71,38 homicídios/100 mil habitantes, conforme dados do Consejo Ciudadano para la Seguridad Pública y la Justicia Penal (2017). Embora os números tenham apresentado reduções significativas nos últimos anos, ainda assim os índices de tráfico registram elevados números de apreensões.

E, atualmente, mesmo sob fortes mudanças nas políticas de segurança pública adotadas sobre a região e da instituição de programas de atenção social mais próximos das comunidades nas quais se verificaram os piores índices de criminalidade (Oliveira *et al.*, 2020), observa-se um grande quantitativo de apreensões de drogas e de ataques a agentes de segurança pública, supostamente protagonizados por facções e organizações vinculadas àquela atividade ilícita, o que demonstra mais uma vez a persistente presença de uma economia do tráfico em seus respectivos espaços (Baía, 2020).

A RMB se constituiu, portanto, enquanto significativo *espaço de referência* para o estudo do tráfico de drogas. Como tal, colocou-se como um *ponto de partida*, do qual se buscou "[...] a articulação de fenômenos em diferentes escalas" (Castro, 2014, p. 96) no sentido de compreender as dinâmicas relativas ao tráfico de drogas, especificamente o tráfico de cocaína, correlacionadas à mesma.

Desse ponto de partida, iniciou-se a análise dos "jogos de relação entre fenômenos de amplitude e natureza diversas" (Castro, 2014, p. 96), que, socialmente, produziram as múltiplas escalas do fenômeno (Smith, 1988; Melazzo; Castro, 2007), revelando-o em toda sua complexidade. Nesse sentido, deve-se deixar claro que não se pode falar na adoção de uma única, estática, *escala geográfica* para fins de análise, o que constituiria uma "[...] violência analítica, herdada do divórcio entre o tempo e espaço [...]", que apenas distorceria "[...] a complexidade do arranjo espacial" (Silveira, 2004, p. 90).

O referido espaço de referência, como destacado no capítulo seguinte, inseriu-se em dinâmicas comerciais de natureza internacional, que articularam uma divisão internacional do trabalho (ilícito), a qual permitiu a ocorrência de fluxos de valores (droga e dinheiro) por diversas partes do planeta. Por conseguinte, em razão desses fluxos, essa região passou a ser afetada conforme papéis específicos, de modo que "[...] a dinâmica do capital [...]" criou "[...] um espaço-economia cada vez mais integrado e organizado [...]" (Melazzo; Castro, 2007, p. 139) em diferentes níveis.

Não só a RMB, mas os diferentes locais inseridos nessa dinâmica, por sua vez, também passaram a ter suas realidades igualmente alteradas, em decorrência da atuação de agentes territoriais externos, em diversos sentidos e dimensões, de modo que a transformação decorrente da presença do tráfico se deu em diferentes escalas.

Além disso, é inevitável considerar que esse conjunto de transformações multiescalares também deve levar em conta o elemento *tempo*, indissociável de qualquer fenômeno espacial (daí se falar em *espaço-tempo*). Em razão disso, Silveira (2004, p. 94) afirmou que "se uma noção de escala pode ser construída, ela será sobretudo uma noção de tempo, os tempos nos lugares, periodizações mundiais, nacionais e regionais [...]" sucessivas que, a cada momento, "[...] denotariam as funcionalizações das totalidades anteriores e nos advertem, mais uma vez, que a escala é um momento, um resultado provisório de um processo histórico".

Portanto, a análise do papel da RMB, como objetivado, pressupôs: a) o entendimento de que a produção social deste espaço, dentro da economia do tráfico de cocaína, deu-se em diferentes escalas e dimensões;

e que b) entender as dinâmicas do tráfico pressupunha um olhar que levasse em conta a "[...] flexibilidade espacial [...]" enquanto questão que demonstrava a "[...] pertinência das relações sociais como sendo também pertinência da medida na sua relação com o seu espaço de referência" (Silveira, 2004, p. 96).

Propugnou-se, portanto, pela realização de uma análise necessariamente multiescalar, que não se encerrou em uma única delimitação preestabelecida e deduzida unilateralmente pelo pesquisador. A RMB, portanto, constitui-se apenas como o *ponto de partida*: espaço de referência, repita-se, desta análise.

Como propugnado pela própria dialeticidade do método adotado pela pesquisa (conforme seções anteriores), coube uma abertura teórica e empírica que permitiu que os próprios fenômenos dessem "[...] sentido ao recorte espacial objetivado [...]", que se tornou "socialmente construído, ou seja, produto das relações sociais e da escolha o pesquisador [...]", de modo a atender à "[...] dimensão do fenômeno estudado" (Castro, 2014, p. 91).

Nesse sentido, conforme o ensinamento de Santos (2017, p. 151), compreendeu-se que "a escala é um limite e um conteúdo, que estão sempre mudando, ao sabor das variáveis dinâmicas que decidem sobre o acontecer regional ou local", e, como tal, devem, naturalmente, surgir da análise do fenômeno e não como uma impressão preestabelecida (um pré-conceito).

Afinal, os movimentos ininterruptos do/no espaço-tempo constituem processos de (re)produção do espaço que denotam formas espaciais com uma aparência de estabilidade e constância, de modo que, cada evento, ou seja, interação de vetores (Santos, 2017) ou forças (Lefebvre, 2000), gesta a realidade que pode ser sentida (e, talvez, vivida), num dado momento, sem que isso signifique constância ou permanência. Com isso, deve-se afirmar que as escalas de um fenômeno também se transformam ininterruptamente diante do mundo complexo, exigindo uma maior acurácia do observador (Silveira, 2004).

Para além disso, foi igualmente fundamental perceber, ainda conforme Santos (2017), que os eventos estudados também detinham uma escala de origem (ou seja, de produção do fenômeno), e, ao mesmo tempo, uma escala de impacto (ou seja, onde se deu a realização das consequências das variáveis decorrentes das ações). Na égide da economia globalizada do século XXI e de um capitalismo cada vez mais intensivo, que propugna por divisões do espaço, tem-se que escolhas tomadas em grandes centros, por agentes territoriais com significativo poder de influência externa, impactam significativamente os locais inseridos nas diversas dinâmicas e dimensões da economia, o que se mostrou verdade, como se vê adiante, no teor dos resultados obtidos.

Desse modo, também se mostrou prudente a compreensão de que a escala revelava territórios em rede, pelos quais se buscava o domínio de determinados espaços (constituídos como territórios de ação) voltados ao fluxo de entorpecentes ou valores (enfim, capital). Sequer importaria ao agente territorial do tráfico, nessa senda, o *estar* no lugar, efetivamente, de modo que a escala de origem e impacto também foi reveladora de dados analíticos significativos (como se verá nos capítulos seguintes do estudo) sobre o *acontecer* da vontade daqueles agentes nos diferentes espaços e suas possíveis consequências locais e sobre seus respectivos habitantes.

Dessa forma, o trabalho propugnou, repita-se, por uma análise multiescalar, que transitou por informações de abrangência internacional, nacional, regional e local, para compreensão do objeto de estudo e sua direta relação com o espaço de referência do estudo: a Região Metropolitana de Belém.

2.4 DA DELIMITAÇÃO EMPÍRICA DA ANÁLISE: O FENÔMENO DO TRÁFICO DE COCAÍNA E DERIVADOS

Por sua vez, deve-se assinalar que embora o trabalho, desde seu início, estivesse envolvido com a questão relativa ao tráfico de drogas, enquanto fenômeno geopolítico de escala global, de outro lado, a complexidade deste objeto jamais permitiria, mesmo que associado à escala da RMB, uma análise completa dos fatores e variáveis materiais que o permeavam em sua totalidade, necessitando de uma delimitação *empírica*.

Portanto, mesmo que a questão tenha sido explicitada no teor da hipótese e objetivos geral e específicos deste trabalho, bem como já tenha sido demonstrada anteriormente, sob o mesmo espírito de honestidade intelectual manifestado no teor da explicação do método, deixa-se claro que a investigação se delimita à análise das dinâmicas do tráfico internacional de *cocaína* (e subprodutos) e sua relação com a Região Metropolitana de Belém.

O motivo da delimitação se explica por uma série de motivos: atualmente, verifica-se a presença de diversos entorpecentes e psicoativos na Amazônia, no estado do Pará e na Região Metropolitana de Belém, cada um envolvendo agentes com características diferenciadas, redes variadas, escalas de origem e impacto difusas e dinâmicas territoriais que envolviam aspectos múltiplos.

Nesses termos, por mais que o estudo até tenha revelado um pouco sobre as dinâmicas territoriais inerentes a outras substâncias psicoativas em seus resultados, por questões de fiel controle e análise dos dados, o recorte se mostrou imprescindível, justamente, para que se pudesse propiciar um mergulho fiel e atencioso à dinâmica proposta, atenta às suas variáveis e complexidades.

2.5 TÉCNICAS DE COLETA, ORGANIZAÇÃO, TRIANGULAÇÃO E ANÁLISE DE DADOS UTILIZADAS PARA ATINGIMENTO DE CADA OBJETIVO ESPECÍFICO

Conforme enunciado ao longo do capítulo introdutório, o presente estudo albergou os seguintes objetivos específicos:

a. Realizar o levantamento e descrição de informações literárias relativas à geopolítica do tráfico de cocaína e suas redes, com foco sobre a realidade Amazônia brasileira, do estado do Pará e, sobretudo, da Região Metropolitana de Belém-PA.

b. Compreender as características e aparentes dinâmicas do mercado de cocaína na Região Metropolitana de Belém-PA, comparativamente ao estado do Pará, a partir de uma pesquisa documental firmada sobre dados oficiais do Governo do Estado, em torno do quantitativo de droga e ocorrências do tráfico de cocaína, registrados entre os anos de 2018 e 2021.

c. Levantar informações qualitativas, por intermédio de entrevistas direcionadas a macroagentes da segurança pública e pesquisadores de referência que detenham informações a respeito do contexto das redes do tráfico de cocaína no estado do Pará, para verificação e triangulação das informações colhidas em conformidade com os dois primeiros objetivos e obtenção de novos dados a respeito do fenômeno pesquisado.

Para atingimento desses objetivos e, em síntese, do objetivo geral da presente pesquisa, mostrou-se necessária a adoção de procedimentos metodológicos específicos, voltados às necessidades teóricas e empírico-analíticas de cada um dos objetivos específicos.

Em razão disso, as seções seguintes se ativeram à descrição dos procedimentos em questão, de modo a explicar o surgimento dos capítulos subsequentes ao referencial teórico do estudo (capítulos 4, 5 e 6) e a forma pela qual as informações foram colhidas, analisadas e expostas.

2.5.1 Procedimentos relativos ao Capítulo 4: a etapa literária

Como forma de entender a historicidade das relações que envolviam o tráfico de cocaína na Região Metropolitana de Belém, mostrou-se necessário compreender, primeiramente, como essa região se correlacionava com a totalidade do fenômeno nela encerrado. Para tanto, afigurou-se necessária a promoção de um resgate de *história científica recente* do objeto de estudo.

Diante disso, o Capítulo 4 foi construído mediante a realização de uma pesquisa literária, baseada em informações constantes de livros, artigos, *papers* e trabalhos acadêmicos (publicados após sujeição à processo editorial que garantisse sua qualidade), que objetivou o levantamento de informações sobre as redes internacionais do tráfico de drogas e sua relação com o Brasil, com especial enfoque direcionado à Amazônia, estado do Pará e Região Metropolitana de Belém.

Como procedimento de coleta, estabeleceu-se o levantamento de textos: a) publicados entre os anos de 2018 e 2022; b) constantes de repositórios *on-line* e/ou disponíveis para aquisição na própria RMB; e c) cujo idioma fosse o português, o inglês e/ou o espanhol.

O levantamento dos materiais considerou ainda: a) a busca mediante o uso correlacionado e simultâneo de indexadores como "tráfico de drogas", "cocaína", "Amazônia", "estado do Pará" e "Região Metropolitana de Belém", para obtenção dos textos em repositórios oficiais da SciELO, Google Schoolar, Research Gate, Periódicos Capes e Repositórios da UFPA; e b) a aquisição de livros disponíveis no mercado local, mediante o uso desses mesmos indexadores.

Optou-se, também, pela inclusão de relatórios e análises publicadas com ISBN ou após efetiva análise por conselho editorial de entidades nacionais ou estrangeiras, que, nessa perspectiva, apresentaram uma natureza equivalente à de livros, e, ainda, que se encontravam disponibilizadas nos referidos repositórios mencionados ou no mercado local.

Assim, desde o mês de junho de 2019, foram realizadas buscas bimestrais em livrarias públicas e privadas do estado do Pará, bem como nas plataformas mencionadas. O levantamento *on-line* se repetia sob uma periodicidade mensal, encerrando-se no mês outubro de 2022, consentaneamente ao encerramento do levantamento de dados propugnado pelos demais capítulos do estudo.

O processo de levantamento, ao final, importou na seleção de 95 obras.

Em seguida, procedeu-se à leitura flutuante das informações literárias, mantendo-se um total de 62 obras para fins de análise de conteúdo (Bardin, 2011).

Entre as 33 obras não selecionadas, os motivos determinantes ao descarte foram: a) 23 constituíam artigos de natureza sanitária, que abordavam, portanto, somente aspectos biológicos, psíquicos ou físicos inerentes à cocaína; b) 1 artigo não tratava da cocaína (objeto empírico do estudo); c) 3 artigos se mostravam meramente teóricos, ou seja, buscavam a elaboração de teorias a respeito da cocaína em determinados âmbitos científicos, sem vínculo com as dinâmicas territoriais em estudo; d) 4 artigos, embora publicados no recorte temporal da pesquisa, analisavam rotas ou comércios com dados de mais de 10 anos atrás, o que, na prática, afastava-se demais do período de análise da pesquisa; e) 1 artigo, embora propusesse uma análise literária e documental, apresentou falhas graves em suas fontes e referências, sendo, por cautela, rechaçado no processo de análise de conteúdo; f) 1 relatório já detinha uma versão mais atual (repetição), sendo descartado para maior fidelidade às atuais dinâmicas.

Após essa etapa, seguiu-se à leitura em profundidade de cada texto, para a delimitação de categorias de análise (Bardin, 2011) e transcrição dos trechos em que se destacavam os dados importantes para a análise ora propugnada (o que seguiu a ideia de *enunciado*, ou seja, de unidade de texto detentora de importante informação ao objeto em estudo — técnica típica da análise de discurso) (Brandão, 2012).

Os dados foram organizados em uma tabela de dupla entrada que: a) na horizontal, reuniu informações sobre a obra, ano de publicação, autores e referências; e b) na vertical, propugnou pela classificação dos enunciados de acordo com categorias de análise específicas, que surgiram após a triangulação interna dos dados entre si e com o referencial teórico.

Ainda quanto às categorias de análise, tem-se que as mesmas deram origem aos subtítulos do Capítulo 4, quais sejam: a) A origem produtiva da cocaína; b) Os corredores e as rotas do tráfico de cocaína na Amazônia, no estado do Pará e na Região Metropolitana de Belém e as respectivas metodologias e modais utilizados; c) Os agentes territoriais do tráfico de cocaína e peculiaridades de suas ações; d) Os principais mercados consumidores referidos e aspectos sobre a venda de cocaína no varejo; e) As marcas e sinais espaciais do tráfico de cocaína. Acrescentou-se àquela divisão, ademais, um primeiro subtítulo envolvendo aspectos numéricos da análise e um subtítulo final resumindo os dados literários relativos à RMB.

Para aferição da confiabilidade e validade das amostras, considerando seu caráter qualitativo, o procedimento de busca e seleção, bem como a classificação primária, foram submetidos à análise de um juiz de prova (Martins; Theóphilo, 2016), detentor de conhecimentos sobre o tema. Ao início, o juiz concordou quanto aos procedimentos de busca e seleção. Mais adiante, no mês de setembro de 2022, sugeriu a inclusão de uma obra, além das já albergadas ao tempo (Couto, 2019). Ao fim, o juiz manifestou concordância com as amostras na proporção aproximada de 96,16%. Dessa forma, foram selecionados 522 trechos das obras, os quais, após análise pelo juiz de prova[3], foram reduzidos para 502 unidades de informação (enunciados de análise).

Por fim, os enunciados permitiram uma análise pautada em técnicas estatísticas descritivas e, após as devidas triangulações internas e junto ao referencial teórico do estudo, uma síntese de dados que compôs o Capítulo 4, mais adiante.

2.5.2 Procedimentos relativos ao Capítulo 5: a etapa quantitativa

Por sua vez, o quinto capítulo materializou a etapa quantitativa da presente pesquisa, com a aplicação simultânea de técnicas estatísticas descritivas e de estatística espacial, assim como técnicas de análise de inteligência de imagens (IMINT) (Gonçalves, 2009; Miranda, 2018), com vistas à realização do segundo objetivo específico proposto[4].

O principal procedimento de coleta de dados se pautou numa pesquisa documental voltada à obtenção de dados secundários (Martins; Theóphilo, 2016), que expressassem números relativos a ocorrências de tráfico de drogas, especialmente de cocaína, com os respectivos registros de apreensões.

---

[3] A função de juiz de prova foi exercida pelo Maj. QOPM Jorge Fabrício dos Santos, mestre em Segurança Pública e especialista em atividade de inteligência, oficial da Polícia Militar do Estado do Pará, assim eleito por sua ampla vivência teórica e prática sobre os assuntos aqui abordados.

[4] Trata-se de uma técnica de uso de imagens para representação de conhecimentos sensíveis, decorrente de uma etapa de análise conforme terminologias previamente aplicadas. Em suma, consiste no uso do *design* de imagens, no caso, de acordo com o referencial teórico previamente abordado, para exposição de um conhecimento de forma mais direta, objetiva e cognoscível pelo leitor (Gonçalves, 2009; Miranda, 2018).

Esta etapa da pesquisa foi iniciada com a solicitação de dados junto à Secretaria Adjunta de Inteligência e Análise Criminal (SIAC), vinculada à Secretaria de Estado de Segurança Pública e Defesa Social do Estado do Pará (Pará, 2022), em novembro de 2021 (com o levantamento da totalidade das ocorrências de tráfico de drogas no estado, até aquele momento), para testagens e avaliações preliminares, inclusive com o auxílio e colaboração do Núcleo de Gerenciamento de Resultados (NGR/SEGUP).

Neste momento, após as análises preliminares, abortou-se a intenção inicial de realização de um comparativo entre os registros de tráfico de drogas e as unidades de desenvolvimento humano (PNUD, 2021) dos municípios da RMB, em razão de diversos problemas relativos aos registros dos bairros (cujas falhas, por questões didáticas, foram explicadas consentaneamente aos resultados da pesquisa).

O levantamento prosseguiu com a atualização dos dados já obtidos, complementando-se os registros inerentes ao ano de 2021 (em junho de 2022), encerrando-se esta etapa com a obtenção dos números relativos aos quantitativos de apreensões de cocaína e subprodutos (em setembro de 2022)[5].

Com base nesses dados secundários (concernentes a tabelas decorrentes da análise de boletins e inquéritos policiais), obteve-se uma base expressiva das ocorrências de tráfico de drogas e apreensões de cocaína, protagonizadas por órgãos da segurança pública paraense (e, assim, registradas no respectivo sistema integrado) no período compreendido entre 1º de janeiro de 2018 e 31 de dezembro de 2021.

Infelizmente, não obstante as tentativas de aproximação junto aos órgãos competentes para tanto, não houve êxito quanto à obtenção de dados relativos às ocorrências e apreensões protagonizadas pela Polícia Federal e pela Polícia Rodoviária Federal, no estado do Pará, o que, em muito, foi justificado em razão de *necessidades inerentes ao momento nacional* (ou seja, necessidades decorrentes da atuação dos órgãos no contexto pós-pandemia, em 2021, bem como imperativos de planejamento e ação ao longo do ano eleitoral de 2022).

Seguindo-se à etapa de análise, os dados, que já se encontravam relativamente organizados após sua concessão pela SIAC/SEGUP, foram sujeitos a processos de organização conforme *cidades* e *bairros*,

---

[5] O lapso temporal decorreu de necessidades administrativas relativas à atualização de planilhas (que, por sua vez, foram elaboradas a partir de informações do Sistema Integrado de Segurança Pública – SISP2), junto à SIAC, o que dependeu ainda de revisões dos dados pelo órgão. Além disso, a necessidade de trâmites burocráticos naturais e da tabulação dos dados solicitados, de maneira específica, promoveu uma relativa demora quanto à etapa de levantamento, a despeito da inequívoca presteza dos servidores públicos envolvidos.

permitindo reclassificações específicas, a partir de tabelas e softwares próprios – sobretudo o Microsoft Excel – para fins de elaboração de gráficos e tabelas.

Com isso, permitiu-se a verificação do quantitativo e da variação percentual de ocorrências de tráfico de drogas do estado do Pará de 1º janeiro de 2018 a 31 de dezembro de 2021, por localidade (ou seja, RMB e Interior do Estado) (Tabela 1).

Igualmente, foi possível a quantificação e comparação dos registros de tráfico de drogas na RMB e no Interior, mês a mês, a partir de gráficos específicos (Gráficos 2 e 3), bem como das oscilações havidas no recorte temporal da análise, com destaque aos períodos mais críticos da pandemia da covid-19.

A classificação das ocorrências por município, por sua vez, permitiu a elaboração de um *ranking* atinente aos municípios com maiores porcentagens de ocorrências de tráfico de drogas, ano a ano e cumulativamente, bem como de gráficos ilustrativos desses percentuais, que permitiram uma comparação entre os municípios da RMB e Interior (Gráficos 4 e 5).

Por conseguinte, por intermédio de uma triangulação dos dados de ocorrências de tráfico de drogas e de dados populacionais da Fundação Amazônia de Amparo a Estudos e Pesquisas – Fapespa (2021), relativos aos 144 municípios do estado do Pará, foi possível a elaboração de um *ranking* de cidades com as maiores ocorrências de tráfico de drogas a cada 10.000 (dez mil) habitantes, de acordo com técnica já aplicada por Viana *et al.* (2019) em estudo anterior sobre o estado[6], o que se convencionou, conforme aqueles autores, denominar Taxa de Tráfico de Drogas (TTD).

Nesse sentido, tem-se que:

$$TTD = (Q/P) \times 10.000$$

Onde Q é o número do total de ocorrências em um ano, no município, e P é a população estimada para o mesmo município, no mesmo ano (Viana *et al.*, 2019).

---

[6] Apesar de os autores do estudo terem utilizado o índice de ocorrências a cada 100.000 (cem mil) habitantes, optou-se, neste estudo, pela aplicação do índice a cada 10.000 (dez mil) habitantes, para uma melhor representação de municípios com quantitativos populacionais mais baixos, de acordo com a realidade do estado do Pará e de acordo com recomendações de estatísticos vinculados à própria SIAC, respeitando-se um padrão já trabalhado.

A partir dos resultados obtidos, permitiu-se uma comparação entre os municípios com maior TTD, com foco na RMB, ano a ano e cumulativamente (Gráficos 6 e 7). Embora presentes no *ranking*, para fins de análise, foram excluídos os municípios com população abaixo de 10.000 habitantes, como forma de eliminação de distorções dos dados).

Ainda, numa perspectiva estatística, por sua vez, tomando por base os quantitativos de cocaína a cada apreensão, realizou-se um comparativo entre os quantitativos e percentuais de cocaína apreendida no estado do Pará, ao longo da série histórica, no interior e na RMB (Tabela 2) e em cada município dessa última região (Tabela 3).

De igual maneira, a partir dos mesmos dados, atingiu-se o quantitativo e a variação percentual das ocorrências, de acordo com as quantidades de cocaína havidas a cada apreensão, levando-se em conta intervalos livres, não padronizados ou sujeitos a cálculos, para uma melhor exposição dos resultados (Tabela 4).

Procedeu-se, em seguida, a uma classificação dos quantitativos de cocaína apreendida a cada bairro dos municípios componentes da RMB, ano a ano, com os respectivos totais e porcentagens (Tabelas 5 a 11).

Mediante uma triangulação das informações relativas às Tabelas 4 e de 5 a 11, foi possível a identificação de apreensões de cocaína em determinados bairros e anos específicos, que, na prática, configuraram-se como verdadeiros pontos fora da curva, ou, como denominado por autores como Bussab e Moretin (2017), verdadeiros *outliers*.

Essa constatação proporcionou a imediata aplicação de técnicas transversais de pesquisa documental e de levantamento de dados por observação direta (explicados adiante, em tópico apropriado), que, nessa senda, permitiram constatar que os *outliers* eram, na maioria, casos de apreensões de cocaína em fluxo por redes do tráfico, capazes, portanto, de consignar importantes informações ao objeto de pesquisa. Em razão disso, procedeu-se a sua imediata análise, inclusive com técnicas de IMINT (Gonçalves, 2009) com adequações ao referencial do estudo.

Por conseguinte, os dados de apreensões permitiram a elaboração de um *ranking* dos municípios com maiores apreensões, bem como o cálculo da taxa de cocaína apreendida a cada ano e acumulada na série histórica, a cada 10.000 (dez mil) habitantes, o que se convencionou nominar de Taxa de Presença Demográfica (TPD) da cocaína. Nesse sentido:

$$TPD= (C/P) \times 10.000$$

Onde C é o quantitativo de cocaína apreendida na série histórica no município em um ano, e P é a população estimada para o mesmo município, no mesmo ano. Ao final, as TPDs de cada ano foram somadas para atingimento da TPD acumulada na série histórica, permitindo a elaboração de *ranking* nesse sentido.

Por conseguinte, os cálculos das taxas em questão permitiram a elaboração de cartografias com a representação espacial das taxas, o que permitiu sua visualização no contexto do estado do Pará (Figuras 26, 38 e 39). As cartografias foram elaboradas com auxílio de pesquisadores do Laboratório de Geografia da Violência e do Crime (LABGEOVCRIM), da Universidade do Estado do Pará (UEPA).

Na execução dos mapas, utilizou-se o software QGIS, Versão 3.16, bem como o sistema de coordenadas geográficas DATUM: WGS–1984, e ainda imagens vetoriais oriundas da base de dados do IBGE (2010) e DNIT (Brasil, 2023), relativos aos limites municipais, estradas e rios.

Em seguida, elaboraram-se mapas de natureza corocromática (Fitz, 2008), nos quais os índices foram devidamente apresentados, de acordo com intervalos de valor estabelecidos de forma livre (ou seja, não estratificada), que permitiram uma melhor apresentação dos resultados em cada mapa, de modo a tornar a discussão dos resultados mais interessante.

As cartografias, por sua vez, revelaram relações entre a RMB e as redes do tráfico de drogas em diferentes escalas (diferenciadas em cada mapa). As cartografias também permitiram uma interpretação conjunta das informações expressas em cada mapa, por intermédio de técnicas de IMINT, comparando-as em paralelo.

A aplicação das técnicas de IMINT sobre os mapas e sobre os documentos relativos aos *outliers*, por conseguinte, originou as figuras que discutem as relações de territorialidade, consignadas ao longo de todo o capítulo.

Por fim, as conclusões foram expostas no teor do Capítulo 5, após triangulação entre o resultado da análise dos dados literários, colhidos no Capítulo 4, e o embasamento exposto no referencial teórico do estudo.

2.5.3 Procedimentos relativos ao Capítulo 6: a etapa qualitativa

Por conseguinte, a etapa qualitativa do estudo tomou por base a realização de uma pesquisa de campo, por intermédio de entrevistas, cujo conteúdo se voltou à exploração e aprofundamento dos achados preliminares, oriundos das etapas literária e quantitativa da pesquisa (Flick, 2009), com vistas à realização do terceiro objetivo específico declarado na introdução do estudo e ao início deste tópico.

Como técnica de pesquisa, utilizou-se a coleta de dados por intermédio de entrevistas (Olsen, 2015), propugnando por uma interação direta entre o pesquisador e sujeitos detentores de informações, para apreensão de saberes e percepções vinculados ao objeto de pesquisa. Para tanto, restou elaborado um protocolo de entrevista (Yin, 2016), com 40 questões semiestruturadas, voltadas à compreensão de assuntos diretamente voltados ao objeto de pesquisa, cujo teor foi orientado, repita-se, pelos achados preliminares das etapas literária e quantitativa da pesquisa.

Preliminarmente, por meio da técnica transversal de observação direta (explicada no tópico a seguir), buscou-se uma aproximação de diversos órgãos e agentes públicos vinculados à área da Segurança (estaduais, no Pará e em outros estados, bem como federais) e de entidades de pesquisa ou pesquisadores de áreas afins. Com isso, promoveu-se a seleção de sujeitos que detinham relevantes conhecimentos a respeito do objeto de pesquisa, na qualidade de: a) ocupantes de funções em órgãos e/ou atividades estratégicas (de enfrentamento ao tráfico ou inteligência); b) pesquisadores familiarizados com a temática ou que já desenvolveram pesquisas em torno do objeto de pesquisa ora analisado.

Ainda, conforme recomendado por Yin (2016), houve uma aproximação cuidadosa junto ao campo de pesquisa (facilitada pela condição de docente da área do Direito, Inteligência e Segurança Pública, além da qualidade de servidor público vinculado ao judiciário, ostentada pelo pesquisador) para verificação: a) das formas de acesso aos sujeitos e eventuais obstruções a serem removidas; b) e se, de fato, os entrevistados seriam detentores das informações buscadas e poderiam contribuir com a pesquisa e suas questões.

Após esses cuidados iniciais, os 22 (vinte e dois) sujeitos das entrevistas foram definidos conforme o quadro a seguir, que, como forma de manter o sigilo, os apresenta de maneira relativamente genérica:

Quadro 2 – Sujeitos das entrevistas realizadas ao longo da etapa qualitativa da pesquisa

QUALIFICAÇÃO DOS ENTREVISTADOS NA PESQUISA	
QUANTIDADE DE ENTREVIS-TADOS	ÓRGÃO E CARACTERÍSTICAS
ENTREVISTADOS NA POLÍCIA CIVIL DO ESTADO DO PARÁ	
08 entrevistados	Entre servidores (escrivãos/invetigadores) e delegados, que estão/estiveram lotados em órgãos como o Núcleo de Inteligência Policia, Delegacia de Narcóticos, Delegacia de Homicídios, Divisão de Repressão ao Crime Organizado (Delegacia de Combate às Facções Criminosas, Delegacia de Roubos e furtos, Delegacia de Repressão de Roubo à Bancos e Antisequestros, Delegacia de Repressão a Furtos e Roubos de Veículos e Cargas, Delegacia de Polícia Fluvial), Delegacias de áreas estratégicas ao estudo (Castanhal, Capanema, Marabá, Abaetetuba), ou, que já tiveram/tem vínculos com outros órgãos externos (Assessoria de Segurança Institucional da Secretaria de Administração Penitenciária do Pará, Secretaria de Estado de Segurança Pública do Pará, Grupamento Fluvial e Secretaria Nacional de Segurança Pública).
ENTREVISTADOS NA POLÍCIA MILITAR DOS ESTADOS DO PARÁ, AMAPÁ E AMAZONAS	
04 entrevistados	Entre praças e oficiais, que estão/estiveram lotados em batalhões estratégicos à pesquisa (Breves-Pa, Soure-PA, Belém-PA, São Félix do Xingu-PA, Altamira-PA, Manaus-AM, Macapá-AP, entre outras), bem como, estão/estiveram lotados em unidades especializadas (Ronda Tática Metropolitana, Diretorias ou Divisões de Inteligência, entre outros) ou órgãos externos (órgãos de inteligência penitenciária, Secretaria Adjunta de Inteligência e Análise Criminal do Pará e Centro de Inteligência de Segurança Pública Regional Norte).
PESQUISADORES NACIONAIS ENTREVISTADOS	
04 entrevistados	Pesquisadores de abrangência nacional, que desenvolvem/desenvolveram atividades no Brasil e na Amazônia e detém/detiveram vínculos com entidades jornalísticas, com o Fórum Brasileiro de Segurança Pública, com universidades/institutos federais e estaduais, com a Agência Brasileira de Inteligência e/ órgãos policiais de diferentes estados

QUALIFICAÇÃO DOS ENTREVISTADOS NA PESQUISA	
QUANTIDADE DE ENTREVIS-TADOS	**ÓRGÃO E CARACTERÍSTICAS**
ENTREVISTADOS NO MINISTÉRIO PÚBLICO DO ESTADO DO PARÁ E DO ACRE	
04 entrevistados	Entre servidores e promotores de justiça, que estão/estiveram vinculados à órgãos especializados como o (Grupo de Atuação Especial no Combate ao Crime Organizado e Corregedoria-Geral do Ministério Público), além de promotorias de cidades relevantes à pesquisa, em cargos de direção ou não, e, detém/detiveram vínculos com observatórios específicos da segurança pública e são/foram pesquisadores específicos da área da segurança pública.
ENTREVISTADOS NA POLÍCIA FEDERAL	
02 entrevistados	Entre agentes e delegados, que estão/estiveram lotados em delegacias especializadas (Delegacia de Repressão a Entorpecentes, Diretoria de Investigação e Combate ao Crime Organizado, entre outras) e atuam/atuaram em funções especiais junto à Secretarias de Estado de Segurança Pública do Pará.
ENTREVISTADOS NA POLÍCIA RODOVIÁRIA FEDERAL	
01 entrevistados	Agente que está/esteve lotado em órgãos como o Serviço de Operações e Setor de Inteligência
TOTAL 22	

Fonte: dados da pesquisa

As entrevistas foram realizadas entre o fim de setembro e o início de novembro de 2022, na sede dos órgãos indicados, em locais escolhidos pelos entrevistados, ou por intermédio de Tecnologias da Informação e Comunicação (TICs), sempre sob a garantia de uso de salas reservadas e em horários previamente agendados, justamente para manutenção de uma situação de tranquilidade e controle de interferências, gerando, assim, um clima amistoso que permitiu manifestações comprometidas com a proposta apresentada.

Como protocolo ético, em primeiro lugar, tem-se que as entrevistas foram precedidas da leitura, explicação e subscrição de Termo de Consentimento Livre e Esclarecido (TCLE), expositivo da pesquisa, objetivos, vinculação institucional, interesses e riscos e desconfortos, bem como da total garantia do sigilo de identidades e dados.

Após a gravação das entrevistas (devidamente autorizadas mediante o TCLE), os áudios foram armazenados em suporte *off-line* e os dados foram totalmente anonimizados, para segurança dos entrevistados.

De igual maneira, durante a transcrição das falas, promoveu-se ainda a eliminação de vícios de linguagem, referências a órgãos ou agentes, nomes ou experiências que, de alguma forma, pudessem permitir sua identificação.

Ao longo da análise, os entrevistados tiveram a ordem de suas entrevistas redistribuída de maneira aleatória, a partir do que passaram a ser identificados tão somente como E1, E2, E3, [...] E22.

As falas, por conseguinte, foram sujeitas a um processo de análise de conteúdo (Bardin, 2011), sendo, após uma leitura flutuante inicial, classificadas conforme categorias de análise decorrentes dos próprios assuntos abordados. Em seguida, os dados foram fracionados em diversas unidades de linguagem (Brandão, 2012) e classificados numa tabela de dupla entrada, de acordo com os assuntos tratados.

Da mesma forma realizada no Capítulo 5, promoveu-se também na etapa qualitativa do estudo, a aplicação de técnicas de IMINT (Gonçalves, 2009) e a elaboração de uma cartografia (Figura 47), a partir dos dados coletados. Quanto à cartografia realizada neste capítulo, novamente, a pesquisa recebeu o auxílio de pesquisadores do LABGEOVCRIM/UEPA.

Foi feito uso do software QGIS, Versão 3.16, bem como do sistema de coordenadas geográficas DATUM: WGS – 1984. Também foram utilizadas imagens vetoriais oriundas da base de dados do IBGE (2010) e DNIT (Brasil, 2023), relativas aos limites municipais, estradas e rios.

Aplicou-se a técnica de georreferenciamento de imagem *raster*, gerando uma coincidência entre os pontos de produção agrícola apontados por Mallete *et al.* (2016) e pontos e linhas representativos dos nós dos territórios-rede (com suas respectivas rotas identificadas e/ou prováveis), conforme foi apontado pelos entrevistados ao longo da pesquisa e triangulação de dados com os achados dos capítulos anteriores.

As categorias de análise, por conseguinte, deram origem aos subtópicos do Capítulo 6, que sintetizou os resultados desta etapa qualitativa, conjuntamente à triangulação com os dados já obtidos nas etapas anteriores e, finalmente, de acordo com a aplicação das demais técnicas transversais de pesquisa.

2.5.4 Técnicas transversais de pesquisa

Ademais, cumpre explicar a respeito das técnicas aplicadas de maneira transversal ao longo das etapas quantitativas e qualitativas do presente estudo.

Conforme propugnado pelo método adotado na pesquisa, uma olhar dialético sobre a realidade pressupõe uma comparação de fontes para, na medida do possível, desvelar a realidade em investigação, o que, por sua vez, como também já restou explicado, pressupõe o uso coordenado de técnicas qualitativas e quantitativas.

Dessa maneira, cada etapa da pesquisa adotou procedimentos predominantes de pesquisa, que funcionaram como os *fios-guias* da análise propugnada para atingimento dos objetivos geral e específicos. Contudo, o estudo também propugnou pelo uso de técnicas transversais que permitiam uma triangulação mais efetiva e um autoquestionamento das evidências levantadas, a todo momento, a partir dos dados.

Essas técnicas de pesquisa e análise, portanto, colocaram-se como procedimentos de apoio e complementação das técnicas quantitativas e qualitativas principais, com vistas a esclarecer ao máximo, dentro das possibilidades, a natureza e as características do fenômeno em investigação.

Dessa forma, o estudo adotou como primeira técnica transversal de levantamento de dados, a realização de *visitas técnicas*, enquanto procedimento metodológico de compreensão das dinâmicas do trabalho (Monezi, 2005), no caso, de variados órgãos e unidades da segurança pública, componentes, por exemplo: das Polícias Militares dos estados do Pará, Amazonas e Amapá; da Polícia Civil do Estado do Pará; de órgãos do Subsistema de Inteligência do Estado do Pará; da Secretaria de Estado de Segurança Pública e Defesa Social do Estado do Pará; do Centro Integrado de Inteligência Regional Norte; de Secretarias de Administração Penitenciária do Pará e Amazonas; do Ministério Público dos Estados do Pará e Acre; do Tribunal de Justiça do Estado do Pará; da Agência Brasileira de Inteligência; das Polícias Federal e Rodoviária Federal; de diversas Universidades Públicas etc.

Essas visitas, realizadas progressiva e repetidamente desde o ano de 2019, por sua vez, serviram como: a) meio de aproximação de órgãos e agentes comprometidos com a ciência, que viabilizaram a obtenção de dados e documentos primários e secundários (como processos, inquéritos, relatórios, notícias etc.), voluntariamente concedidos ao pesquisador sob as necessárias autorizações; b) meio de aproximação de órgãos e agentes para conhecimento dos caminhos burocráticos para a solicitação dos dados e informações necessárias à pesquisa; c) meio de viabilidade de diálogos informais que perpassaram verdadeiras trocas de experiência de vida e interação com o espaço de referência da pesquisa e outros locais relevantes à análise; e d) meio de identificação e avaliação dos potenciais sujeitos das entrevistas (como explicado antes) e como meio de realização de um primeiro *rapport* (Martins; Theóphilo, 2016).

As visitas também permitiram o uso da técnica de *observação direta* (Martins; Theóphilo, 2016), compreendida como procedimento utilizado para a coleta de informações a partir da interação direta do pesquisador, por meio de seus sentidos, e o campo ou objeto de pesquisa.

No caso, a convivência com o sistema judiciário e diversos órgãos de segurança pública (facilitada, como dito anteriormente, pela condição de docente da área do Direito, Inteligência e Segurança Pública, além da qualidade de servidor público vinculado ao judiciário, ostentada pelo primeiro pesquisador) propiciou contato direto e constante com o espaço de referência da pesquisa, com a realidade do tráfico de drogas, com informações, saberes, vivências e experiências de diversos agentes e dinâmicas de órgãos, dentre outros.

Isso, por sua vez, propiciou a coleta de informações por meio de um *diário de campo* alimentado cotidianamente. O caderno de pesquisa, enquanto recurso metodológico propício à coleta de informações adicionais aos dados ordinariamente colhidos nas pesquisas em geral (Kroeff *et al.*, 2020), serviu como forma para consignação de impressões, nomes, casos e operações, relatos sobre locais e técnicas relativas à realidade do crime, e, sobretudo, relatos que por diversos motivos não puderam compor as entrevistas.

Por questões éticas, obviamente, as informações coletadas no diário só foram utilizadas como forma de *complementar* e como meio para *explicar* outros dados obtidos e colhidos mediante a aplicação das demais técnicas predominantes em cada etapa da pesquisa, evitando-se, com isso, que eventuais subjetivismos do primeiro pesquisador guiassem as impressões, ao invés de permitirem o exercício dialético e de autoconstrução por meio das evidências produzidas, conforme propugnado pelo método adotado.

Ou seja, o caderno de pesquisa se constituiu como uma fonte complementar às demais, sendo utilizado somente para referendar ou esclarecer as conclusões e evidências já decorrentes da aplicação das demais técnicas predominantes a cada etapa, de modo a evitar uma *esquizofrenia científica* que não permitisse a identificação a respeito de *onde* determinadas evidências foram efetivamente observadas, bem como para afastar a possibilidade da prática de *desonestidades intelectuais*.

Além disso, as técnicas de observação direta e de diário de campo também permitiram o emprego da técnica de *observação participante* (Martins; Theóphilo, 2016), especificamente quando do ingresso (por conta, risco e opção própria, ressalte-se) do primeiro pesquisador no espaço de um distrito da cidade de Belém-PA, para verificação da existência de uma forte territorialidade exercida pela facção Comando Vermelho, referida pelos entrevistados ao longo do Capítulo 6.

A observação, por sua vez, resultou na produção de fontes documentais (fotografias) primárias e evidências colhidas junto a moradores locais, novamente, no diário de pesquisa, sem a consagração de maiores riscos concretos àqueles que, voluntariamente, colaboraram com o esclarecimento do fenômeno questionado (que não poderiam, aliás, ser formalmente entrevistados sem uma demora arriscada ao pesquisador e/ou aos cidadãos, nos locais).

Para além das técnicas transversais descritas, o estudo também propugnou pela reiterada realização de pesquisas documentais, nos termos já mencionados, concernentes ao constante levantamento de boletins de ocorrência, inquéritos policiais, denúncias, autos processuais, relatórios de diversas naturezas, notícias etc.

Esses documentos, mais uma vez, foram utilizados como fontes de informações complementares aos dados obtidos mediante aplicação das técnicas predominantes em cada etapa, que, aliás, se afiguraram fundamentais à explicação dos já mencionados *outliers* identificados no Capítulo 5 da pesquisa (etapa quantitativa), por exemplo, ou à ilustração de elementos inerentes às falas dos entrevistados no Capítulo 6 (etapa qualitativa).

Como cuidado ético específico em relação a esses documentos, propugnou-se pelo levantamento de informações que se configuravam como dados abertos (ou seja, não albergados por sigilo processual). Além disso, a despeito da ampla menção de nomes e dados nos documentos (bem como em eventuais notícias correlatas), optou-se, em pleno respeito ao *direito ao esquecimento* (Divino; Siqueira, 2017) dos envolvidos (acusados, policiais etc.), por manter uma análise somente voltada a *fatos*, evitando-se, ao máximo, qualquer menção mais específica que pudesse levar à identificação dos sujeitos.

Ademais, como já mencionado nas seções anteriores, como técnica transversal utilizada para análise de dados e discussão de resultados, o estudo também se valeu de técnicas inerentes à inteligência de imagens (*Imagery Intelligence*) (Gonçalves, 2009; Miranda, 2018), como forma de buscar a representação mais direta e objetiva de conhecimentos produzidos (Farias, 2017).

Fez-se uso de softwares de construção de imagens como o Canva (2023), para transformar dados e evidências em informações visuais de fácil compreensão e comparação, conforme propugna o princípio da objetividade (Farias, 2017), após um processo de análise crítica e triangulação daquelas com a teoria do estudo, informações documentais internas e dados colhidos em cada etapa dos estudos.

Buscou-se, por meio das técnicas transversais, ao fim e ao cabo, realizar o ideal de convergência de diferentes fontes de dados, promovendo-se uma complementaridade entre informações *quantitativas* e *qualitativas*, nos termos propugnados pelo método hermenêutico e dialético (Stein, 1983; Minayo, 2002, 2005), aptas, portanto, a subsidiar não só um maior aprofundamento sobre a realidade posta, como também uma comparação mais segura entre a teoria e os achados, como pressuposto para a elaboração de eventuais conclusões obtidas, por meio de ampla triangulação de dados.

Da conjunção dos procedimentos em questão, foram elaborados os capítulos 4, 5 e 6 mais adiante, concernentes aos resultados e discussões da pesquisa.

PERCORRENDO AS PEGADAS DE SILENO: UM REFERENCIAL TEÓRICO SOBRE O TRÁFICO DE COCAÍNA ENQUANTO FENÔMENO GEOGRÁFICO

O tráfico de drogas, em especial o tráfico de cocaína, objeto da investigação aqui desenvolvida, é um fenômeno geopolítico decorrente da *totalidade* das relações espaciais, tal qual qualquer outro *evento* ou *fenômeno* que apresenta consequências em escalas locais (Lefebvre, 2000; Santos, 2017). Como tal, este fenômeno é permeado, atravessado, por inúmeras variáveis complexas decorrentes da própria realidade que o envolve e das diferenciações que é capaz de assumir, em cada espaço--tempo específico.

Dessa forma, a abordagem da temática dependeu de determinados cuidados que buscaram sua compreensão aprofundada, bem como que permitiram seu entendimento a partir de um processo que partiu da individualidade para a universalidade, ou seja, do objeto menos complexo, mais simples, à complexidade, sem desconsiderar o inseparável vínculo entre ambos (Silva, 2019).

Nesse sentido, tem-se que a compreensão histórica a respeito da construção da *cocaína* (enquanto bem de consumo ilícito, oriundo de uma atividade manufatureira de *um produto agrícola comum*, permeado por relações históricas) se mostrou fundamental para a compreensão do desenvolvimento de seu comércio e da economia em seu entorno.

Para tanto, o presente capítulo, à imagem e semelhança do processo de reconstrução das dinâmicas do capital a partir da *mercadoria* (Marx, 2020), realizou um esforço de compreensão teórica das dinâmicas territoriais do tráfico de cocaína a partir de seu insumo inicial: *a folha de coca*. Pretendeu-se, com isso, a compreensão de um conjunto de bases teóricas iniciais que permearão a análise que ocorrerá nos capítulos subsequentes.

3.1 A COCAÍNA – O OURO E O OURO DE TOLO: UMA BREVE HISTÓRIA DE SEU COMÉRCIO E SUBPRODUTOS

A cocaína e seus subprodutos decorrem da manufatura das folhas do vulgarmente chamado *arbusto de coca* (Figura 2), do gênero *Erythroxylum* (em suas espécies *Erythroxylum novogranatense, Erythroxylum truxillense* e *Erythroxylum coca*), nativo da região andina do planeta (Figura 3) (Araújo, 2012; Siqueira, 2011), cujo consumo por comunidades tradicionais locais teria mais de oito mil anos e seria fortemente ligado a aspectos religiosos e culturais (Barreto, 2013).

Conforme relata Barreto (2013), há diversos relatos históricos sobre o consumo popular da folha de coca enquanto estimulante e remédio, ainda no período colonial. Seu uso popular e cotidiano, no entanto, foi proibido pela Igreja católica ainda no mesmo período histórico, por ser tido como um obstáculo à conversão à fé cristã. De maneira muito semelhante à verificada em relação ao consumo de cachaça no Brasil (Reis Netto; Chagas, 2018c), no entanto, a proibição não surtiu efeitos concretos, uma vez que a folha era amplamente utilizada, pelos próprios colonizadores, na domesticação de autóctones submetidos à condição de escravos e meios (humanos) de produção (Barreto, 2013).

Figura 2 – Folha do arbusto de coca (*Erythroxylum*)

Fonte: ONU NEWS (2018)

Figura 3 – Localização das regiões conhecidas de plantio da *Erythroxylum*, na Região Andina (em vermelho na Colômbia, em azul na Bolívia e em verde no Peru), no ano de 2016

Fonte: Mallete *et al.* (2016)

A cocaína (como produto derivado da manufatura da folha de coca – correspondente a um alcaloide com propriedades estimulantes) (Araújo, 2012), no entanto, só foi identificada em aproximadamente 1860, pelo químico alemão Albert Niemann (Araújo, 2012; Barreto, 2013), por meio de um processo de isolamento de seu *princípio ativo*: a Benzoilmetilecgonina.

Progressivamente, seu uso passou e ser disseminado pela indústria de medicamentos e, até mesmo, para manufatura alimentar comum. De acordo com Souza (2015, p. 23), os produtos contendo o alcaloide da *Erythroxylum* "[...] eram comercializados para curar doentes, dar mais energia ou ser usado como xarope (como era o caso da Coca-Cola [...], além de integrar a indústria de bebidas, como o famoso Vinho Mariani" (Figura 4). Sigmund Freud mostrou-se um dos maiores entusiastas do uso de manufaturas da folha de coca e, inclusive, da própria cocaína, para tratamentos de saúde (Araújo, 2012).

Figura 4 – Anúncios comerciais de gêneros alimentícios (à esquerda, Vinho Mariani) e produtos farmacêuticos (à direita, drops de cocaína para dor de dentes), manufaturados a partir da folha de coca, ao longo do *século XIX)*

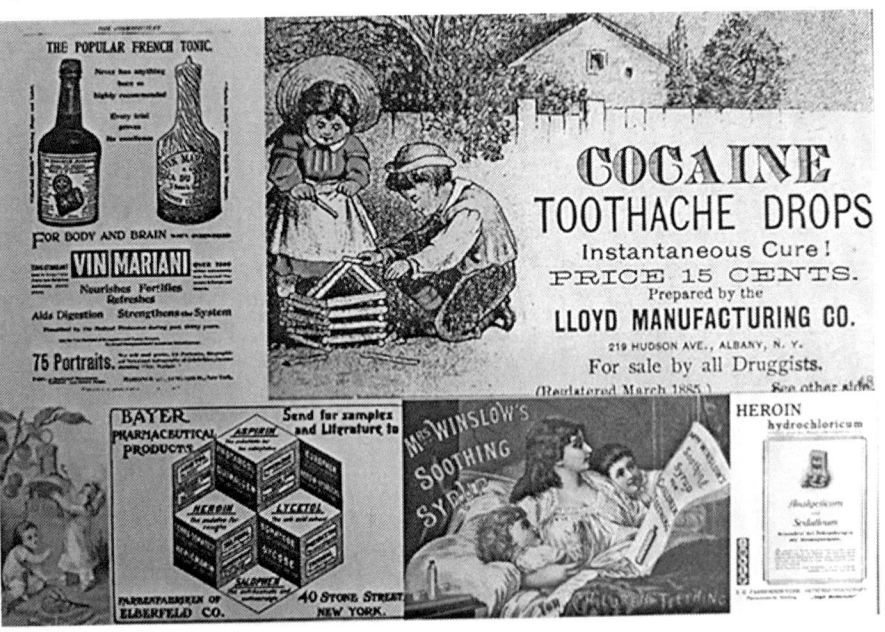

Fonte: Araújo (2012), com delimitação pelo autor

Araújo (2012) ressalta que a grande procura pelas folhas da *Erythroxylum*, ao longo da segunda metade do século XIX, ocasionou um período de pujança econômica ao estados do Peru e Bolívia especialmente, permitindo, de outro lado, que grandes laboratórios farmacêuticos se consolidassem economicamente na Europa (Merck) e nos Estados Unidos da América (Parke-Davis).

No entanto, não obstante o comércio da folha de coca e seus respectivos subprodutos tenha alcançado o referido nível de relevância mundial, este foi frontalmente obstado por um conjunto progressivo de normas político-legislativas proibicionistas, estabelecidas em nível mundial na primeira metade do século XX (Rodrigues, 2004; Araújo, 2012), as quais, aliás, também atingiram o comércio de diversas outras substâncias (como a maconha, a heroína, o ópio, dentre outros).

Em verdade, este movimento proibicionista observado no século XX mostrou-se permeado por fortes razões econômicas (Rodrigues, 2004; Araújo, 2012; Reis Netto; Chagas, 2018c), cujas origens advinham: a) da experiência de controle econômico de mercadorias e da balança comercial, decorrente da anterior proibição do ópio e do tabaco no século XVIII, e, mais adiante, do álcool, no século XIX – nos dois primeiros casos, em razão de disputas econômicas de China e Inglaterra, decorrentes de desequilíbrios e disputas econômicas entre os países, que, inclusive, ocasionaram uma guerra entre os mesmos; e, no segundo caso, em decorrência de políticas protecionistas praticadas pela Inglaterra e de batalhas comerciais entre Estados Unidos e países da Europa, em ambos os casos, sob forte influência de movimentos religiosos puritanos; b) da ascensão e fortalecimento, num plano internacional, dos movimentos puritanos inicialmente congregados nos Estados Unidos da América e Inglaterra; e c) de necessidades restritivas ao acesso a princípios ativos que, no século XX, já eram utilizados com bastante eficiência pela indústria farmacêutica de países como Alemanha e Estados Unidos da América, o que, por sua vez, representaria a constituição de um monopólio médico e industrial do uso legal daquelas substâncias e seus respectivos princípios ativos.

Nesse sentido, destaca-se que:

> [...] ainda naquele mesmo período, paralelamente ao proibicionismo do Álcool, já havia se iniciado no âmbito internacional uma empreitada norte-americana em prol das políticas de caráter proibicionista, motivada, agora, além da disseminação dos ideais puritanos na política externa, pela necessidade de enfraquecimento da economia europeia [...]. O primeiro passo foi representado pela Conferência de Xangai, em 1906, que propiciou uma aproximação comercial entre China e Estados Unidos [...]. Na prática, se tratava de esforço conjunto pela proibição do consumo de ópio, que rendia fortes lucros aos países liberais Europeus – adversários políticos e econômicos dos Estados Unidos e da China, à época (Reis Netto; Chagas, 2018c, p. 287).

Portanto, embora sejam óbvios os malefícios oriundos do uso irresponsável de entorpecentes, constata-se que a proibição de sua comercialização se deu, muito mais, em decorrência de questões econômicas e protecionistas às balanças comerciais dos países que encabeçaram o movimento proibicionista e de seus respectivos conglomerados farmacêuticos (Rodrigues, 2004; Araújo, 2012; Reis Netto; Chagas, 2018c). Não tardou para que todas as substâncias psicoativas passassem a se tornar alvo de proibições.

> Estabeleceu-se, após a Conferência de Xangai, uma primeira classificação de substâncias controladas dentro do ambiente doméstico dos EUA (o *food and drug act*, também de 1906), a qual, contudo, não restou aceita ou reproduzida pelos países Europeus, em razão dos já mencionados lucros obtidos, como dito, a partir do livre comércio do ópio [...].
> A resistência só veio a ceder mais adiante, quando houve enfraquecimento político-econômico dos países Europeus durante e após a Primeira Guerra Mundial, que, por sua vez, conferiu maior força política (apesar do enfraquecimento econômico) aos EUA [...]. Porém, de forma inesperada aos EUA, como contrapartida à aceitação (forçada) do proibicionismo pelos países do Bloco Europeu, estes passaram a cobrar uma maior extensão do rol das substâncias proibidas, contrariamente à posição norte-americana (e atingindo em cheio sua indústria farmacêutica, que obtinha fortes lucros dos derivados da Coca e Marijuana).
> O proibicionismo, assim, instituiu-se numa escala mundial por meio de seguidas Convenções e Acordos Internacionais: A Primeira Convenção Internacional do Ópio, em Haia, de 1911/1912 (marco da proibição do comércio e consumo da Morfina, Cocaína e Heroína); A Conferência de Genebra de 1924 (que ampliou o conceito de drogas, substancialmente) e o Acordo de Genebra de 1925 (que retomou e fortaleceu a postura proibitiva já adotada em Haia). Mais tarde, surgiria ainda a convenção de Genebra de 1936 (sobre a qual se comentará adiante) (Reis Netto, 2018c, p. 287-288).

No entanto, o que se observou na prática é que as medidas proibitivas não cessaram o comércio das referidas substâncias. Agora relegadas a um contexto de ilegalidade, na maior parte dos países integrantes dos pactos internacionais em questão, seu mercado prosseguiu sob o pálio da ilegalidade e clandestinidade, valendo-se, em muito, de anteriores redes de contrabando ou de outros tipos de tráfico.

À imagem e semelhança do que já havia se constatado em relação à proibição do consumo de álcool nos Estados Unidos da América, que, como consequência, ocasionou o surgimento das máfias criminosas e redes ilegais do comércio de bebidas (de péssima qualidade, por sinal), a proibição das substâncias então classificadas como *narcóticos,* apenas ocasionou o surgimento de novas redes ilegais de plantio de insumos primários, manufatura, transporte e comercialização daqueles produtos (que nos EUA, inclusive, originaram-se da adaptação das antigas redes clandestinas do álcool) (Rodrigues, 2004; Araújo, 2012; Reis Netto; Chagas, 2018c).

Aos poucos, essas redes comerciais se sujeitaram a um processo de internacionalização, sobretudo em decorrência da também internacionalização das medidas de combate ao tráfico inicialmente adotadas pelos EUA no ambiente doméstico. Este processo de internacionalização do proibicionismo adotou o *slogan* da *Guerra às Drogas* (Rodrigues, 2004).

> Paralelamente às negociações internacionais sobre os psicotrópicos, os EUA iniciaram uma nova ofensiva multilateral contra os entorpecentes, a qual resultou na adoção, em 1972, do Protocolo de Emenda à Convenção Única da ONU. Impôs-se um controle mais rigoroso sobre os poucos produtores lícitos remanescentes de narcóticos medicinais naturais, impedindo que novos países iniciassem a produção legal de morfina e derivados. Além disso, o Protocolo exortou os países a que aplicassem tratamento e reabilitação como alternativa ao encarceramento. Manteve, contudo, a ênfase na eliminação da oferta excedente de drogas narcóticas, atribuindo menor gravidade às substâncias não narcóticas, redução da demanda e relação entre controles e criminalidade. À guisa de contextualização, ressalte-se que os EUA lançaram-se contra os cultivos de coca, papoula e *cannabis* no exterior no momento em que consumiam anualmente 2 mil toneladas de drogas sintéticas (Silva, 2013, p. 128).

Logo, como dito, reforça-se que o advento da *ilegalidade* das drogas não eliminou o comércio das substâncias então defesas ao mercado formal. As redes foram (re)estruturadas sob a perspectiva da proibição, que, com isso, gerou um aumento em relação ao preço comercial dos entorpecentes (limitando os agentes territoriais capazes de investir em sua comercialização em larga escala), aumentando a lucratividade em torno da atividade (ante a incapacidade de taxação e controle pelo estado, pelo descontrole de qualidade das substâncias comercializadas – que poderiam ser livremente depuradas sem fiscalização – e, sobretudo, pelo abandono total de seu comércio nas mãos de agentes responsáveis por ele).

Uma lógica perversa se revelara por detrás da alegada preocupação sanitária, mostrando a real capacidade da *mão invisível do mercado*: o proibicionismo propiciara a grande lucratividade do empreendimento das drogas no mundo.

Em 1972, Richard Nixon declarou em emblemático discurso, guerra as drogas, sinalizando as como o inimigo número 1 (um) dos Estados Unidos, estabelecendo nesse período a associação entre países produtores e países consumidores, o que colocava os EUA em posição de vítima, enquanto um país consumidor, e os países latino-americanos como perigosos devido às suas características climáticas e históricas que proporcionaram o cultivo de substâncias psicoativas tornadas ilícitas.

A estruturação da política proibicionista em escala mundial foi fomentada pelos Estados Unidos da América (EUA), a importantes passos, até a década de 1970. O período em que o proibicionismo coloca-se como imperativo mundial, via Organizações das Nações Unidas (ONU), é o mesmo em que se conectam as instituições financeiras internacionais, pelo advento do neoliberalismo, fato que proporcionou a expansão do comércio de psicoativos, e a relação direta com os lucros gerados pelo mercado ilegal.

A intenção que busca conservar determinada moral vinculada a interdição dos psicoativos, não se constitui apenas no plano ideal, possui base material, no sistema econômico vigente e se faz para a manutenção e perpetuação do mesmo, de forma a exponenciar os lucros produzidos sob o consumo e comércio de substâncias psicoativas e através da manutenção das relações de classe, pelo controle social.

Com o proibicionismo, os Estados Unidos reafirmou seu poder, influência e dominação em todo o mundo, subsidiando a declaração de guerra às drogas em diversos territórios, inclusive no Brasil, expandiram-se os lucros através de um mercado internacional construído com base no derramamento de sangue e na dor das classes trabalhadoras mais empobrecidas, exterminadas nas periferias do mundo (Santos, 2018, p. 7).

Especificamente quanto à folha de coca, Gootenberg (2003, p. 7, tradução nossa) destaca como o proibicionismo repercutiu na escalada histórica das redes do tráfico ilegal de cocaína no Peru, a partir de uma genealogia dividida em três períodos:

> 1) 1885-1910: a promoção da coca e das redes interamericanas de cocaína (um período inicial em que os EUA e o Peru trabalharam ombro a ombro para transformar a cocaína em uma mercadoria médica moderna e global). 2) 1910-1940: uma era de transição em que os Estados Unidos mudam de ideia e lançaram uma cruzada nacional e global para proibir a droga (enquanto o Peru mostrou uma maior autonomia, ambivalência e crise cultural em relação à coca e cocaína nacionais). 3) 1940-1980: época em que as "proibições" contemporâneas da cocaína tiveram alcance global, acompanhadas por um alto grau de cooperação entre os EUA e o Peru. No entanto, esse período e processo final também testemunhou o nascimento de redes internacionais de drogas ilícitas e, com elas, os persistentes e completamente paradoxais dilemas das drogas que os Estados Unidos enfrentariam no final do século XX.

À semelhança do citado exemplo peruano, teria sido justamente a partir da repressão qualificada que, segundo Rodrigues (2004), os modernos modelos de tráfico de cocaína surgiram na Colômbia, ao longo do século XX.

Esse país, que, inicialmente, não detinha participação expressiva nos mercados mundiais da folha da *Erythroxylum*, constituiu suas primeiras redes ilegais por intermédio do tráfico de maconha – que ali se implantou ainda na década de 1970, após intervenções norte-americanas que deslocaram as redes originárias do México e Jamaica. Com o tempo, as mesmas redes e *modus operandi* passaram a ser utilizados para o tráfico de cocaína.

Progressivamente, como destacam Reis Netto e Chagas (2018c), a repressão norte-americana também passou a recair sobre Colômbia, Peru e Bolívia, com especial destaque ao enfrentamento das máfias assentadas naquele primeiro país, sobretudo os Cartéis de Cali e Medellín (Rodrigues, 2004).

> O aumento da demanda norte-americana encontrou em várias regiões da América Latina condições para que redes de suprimento fossem montadas. Pequenas áreas de cultivo tradicional foram então incorporadas

a uma nova racionalidade empresarial, que, crescendo nos interstícios da ordem legal, organizou um novo e potente ramo econômico.

Após o período de predominância da maconha, importante para a estruturação das redes de tráfico mas de curta duração, viu-se surgir com força na América Latina uma economia narcotraficante centrada na produção e na exportação de cocaína. Na divisão de funções que o mercado ilegal latino-americano estabelece, as organizações do tráfico colombianas assumem a dianteira na estruturação das etapas de refino da cocaína e na exportação da droga para grupos atacadistas atuantes nos Estados Unidos. Nas regiões de cultivo tradicional da folha de coca, no vale do alto Huallaga, no Peru, e nos Yungas bolivianos, formam-se diversos grupos, que se especializam em comprar as folhas dos camponeses e aplicar as primeiras etapas do beneficiamento da coca, até produzirem a pasta base, depois exportada para as organizações colombianas (Rodrigues, 2004, p. 174).

Nesse período, a divisão internacional do tráfico de cocaína seguia o esquema:

1) é feita a produção das folhas de coca e depois a transformação destas em pasta base (primeiro produto do beneficiamento da coca), na Bolívia e no Peru, exportada para empresários ilegais colombianos; 2) uma vez na Colômbia, a pasta base é refinada em laboratórios pertencentes às grandes organizações do tráfico, e o produto final, o cloridrato de cocaína (ou cocaína pura), é exportado para os Estados Unidos e revendido a grandes grupos de atacadistas, que depois repassam a droga a seus clientes, varejistas dos grandes centros que lidam diretamente com os consumidores; 3) os países fronteiriços ao centro produtor andino, como Brasil, Equador, Venezuela, Panamá, entre outros, figuram principalmente como áreas de trânsito (contando com grupos especializados de "atravessadores" ou intermediários entre os traficantes colombianos e os atacadistas em ação nos Estados Unidos e na Europa) e como fornecedores de insumos químicos necessários para o processamento da droga (Rodrigues, 2004, p. 176).

Por conseguinte, importa dizer que as políticas proibicionistas foram alvo de resistências por parte dos países atingidos (sobretudo Peru e Bolívia, onde a exportação da folha de coca era legal), primeiramente, diante do fato de que o consumo tradicional de folha de coca era algo comum em seus territórios (Campos, 2014), como destacado antes, e, em segundo lugar, porque a proibição passou a gerar altos lucros agregados à folha de coca e à cocaína manufaturada – o que, por sua vez, ocasionou o surgimento de grupos economicamente influentes na política, atrelados a atividades de refino e venda ilegal da cocaína, e igualmente vinculados a práticas violentas de controle territorial. Com isso:

> [...] a disputa pelo mercado ocasionou a eclosão de conflitos territoriais internos que transbordaram em violentas batalhas, com especial destaque para a Colômbia, onde a guerra entre os Cartéis (inclusive, com envolvimento da esfera político-administrativa do país), na década de 1980, acabou por chamar a atenção da comunidade internacional [...]. Já na década de 1990, com a posterior consolidação das Forças Armadas Revolucionárias da Colômbia – as FARC's – e do Exército de Libertação Nacional – ENL -, intensificou-se a intervenção Norte-Americana no Conflito (obviamente, não por força de interesses antidroga – discurso oficial, mas sim, por questões políticas relativas ao combate à expansão da frente comunista na América Latina), com a eliminação dos cartéis originariamente ali existentes (ao menos, na forma primária) (Reis Netto; Chagas, 2018c, p. 293).

E, como consequência, diante da:

> [...] lição colombiana, as organizações do tráfico de drogas ao redor do mundo compreenderam que o enfrentamento direto ao Estado não se constituía como a melhor estratégia de consolidação de seu poder, pelo que, alterando seu modus operandi, iniciaram atuações mais discretas, simbióticas com o sistema financeiro (em especial, paraísos fiscais de lavagem de dinheiro) e com grupos políticos vinculados à esfera pública (Reis Netto; Chagas, 2018c, p. 293).

Essa especialização da operação dos agentes do tráfico, para além da necessidade de maior invisibilidade diante dos órgãos de repressão, também se deu em função dos significativos lucros decorrentes do mercado internacional de cocaína. Permanecer nas redes do tráfico exigiu uma maior simbiose entre aqueles agentes e o mercado financeiro, gerando uma verdadeira progressão empresarial dos traficantes internacionais de cocaína (Rodrigues, 2004). Assim, como o consumo dessa droga não cessou em momento algum no mundo (mesmo diante das investidas inerentes à *Guerra às Drogas),* ampliando-se, pelo contrário, como bem demonstrou a UNODC (2020b, 2020c), esta demanda constante constituiu-se como forte atrativo àqueles com capacidade logística de considerável nível.

Em tempo, é prudente destacar alguns elementos relativos à atualidade do processo de manufatura da cocaína e, neste século XXI, seus derivados (igualmente vendidos nos mercados mundiais, porém sob preços mais acessíveis às camadas menos abastadas das sociedades, e com potenciais de vício e danos sanitários muito maiores). A questão é fundamental à compreensão a respeito dos atores envolvidos no empreendimento e a respeito da construção da territorialidade das redes do tráfico de cocaína.

Nesses termos, tem-se que a primeira fase do processo de produção da cocaína ocorre, como dito, nas áreas de clima e solo adaptadas à produção do gênero *Erythroxylum,* normalmente identificado nas regiões andinas do planeta (Figura 3). O UNODC (2018c) estima que, no ano de 2018, uma área de 244,200 ha (duzentos e quarenta e quatro mil e duzentos hectares) tenha sido destinada ao cultivo da folha de coca, com proeminência da Colômbia, seguida pelo Peru e Bolívia.

A despeito da ausência de menções pela UNODC (2018c), destaca-se ainda uma participação ainda não muito clara da Venezuela no processo de produção agrícola primária da *Erythroxylum.* A pesquisa mais popular que abordou o tema foi o estudo de Douglass (1992)[7], que chegou a mencionar a participação da China numa espécie de conspiração dita comunista (Douglass, 1992) e uma centralidade do protagonismo da Venezuela em relação ao plantio, manufatura e tráfico de cocaína. Embora a fonte perca substancialmente sua credibilidade diante das especulações sem evidências materiais que realiza, de outro lado, é de se concordar que a produção agrícola da *Erythroxylum* não pode ser descartada em relação à Venezuela, uma vez que clima e solo poderiam favorecer ao plantio do gênero, sobretudo na área de fronteira contígua ao norte da Colômbia (Figura 3).

---

[7] A obra em referência, a bem da verdade, carece de elementos básicos, como citação de fontes e detalhamento de referências, análise de dados concretos, dentre outros. Porém, ainda assim, circula de maneira muito popular em círculos da segurança pública brasileira, talvez por questões políticas agregadas a seu discurso. Dessa forma, primando pela dialética, ela é citada quanto as informações histórico-geográficas, embora seja negada confiabilidade às informações que lança.

Em segundo lugar, há estudos, como o de Valery (2017), que afirmam a existência de laboratórios de refino (manufatura) da droga no país, porém de forma ainda marginal em relação à Colômbia, destacando o maior protagonismo venezuelano quanto ao trânsito do produto para outras regiões do planeta, inclusive com o surgimento de organizações criminosas especializadas neste transporte e marcadas por relações substancialmente violentas.

Além disso, embora não se possa questionar o uso da cocaína enquanto *recurso* (Rodrigues, 2004) ou *trunfo de poder* (Raffestin, 1993) no seio político e econômico, como afirmado por Douglass (1992), o que, inclusive, é historicamente atribuído a ambos os lados conflitantes dos tempos de Guerra Fria (Rodrigues, 2004; Araújo, 2014), é de se estranhar, de outro lado, que a Venezuela não tenha sido alvo de investidas como as ocorridas na Colômbia, por exemplo, além de outros Estados-nação exemplificáveis. Diante disso, não se pode afirmar a centralidade do país no processo de plantio e manufatura inicial da droga.

Por sua vez, como informa a UNODC (2018c), o processo de manufatura da cocaína é bem conhecido, embora se evidenciem variações das etapas correspondentes, de acordo com as regiões em que este é realizado, em razão da necessidade direta de determinados precursores químicos essenciais, como o permanganato de potássio, metabissulfito de sódio, amônia, éter etílico e éter dietílico tolueno, ácido clorídrico, ácido sulfúrico, e gasolina, entre outros.

A primeira etapa deste processo, conforme Araújo (2014), consiste na realização da prensa (artesanalmente realizada por pisoteio ou técnica semelhante), pela qual se dá a maceração das folhas de coca junto a antioxidantes (cal ou cimento), dando origem à pasta de coca (Campos, 2014) (Figura 5). Posteriormente, a pasta de coca é adicionada a um solvente (normalmente, querosene ou gasolina), que, em seguida, é filtrado, permitindo a extração do alcaloide em sua forma neutra (COCº). Tal atividade é realizada em ambientes precários nominados de *cozinhas*, em razão da ilegalidade inerente à manufatura.

Figura 5 – Manufatura inicial para extração do alcaloide de cocaína

Fonte: Zanetti (2012a), com recortes para preservação de imagem do envolvido

Uma vez extraído o alcaloide da folha de coca, o insumo inicial é enviado para laboratórios de cristalização, normalmente anexos ou próximos às cozinhas, nas quais a mistura é purificada com ácido sulfúrico, tornando a molécula neutra (COC⁰) em molécula ativa (COC⁺), de maneira que possa ser dissolvida em água. Em seguida, o produto é separado por meio do permanganato de potássio, para eliminação de impurezas: surge a água rica, contendo cocaína. Nesta etapa, já é possível o tráfico da droga em sua forma líquida, diluída em solvente, que, entretanto, não é consumível sem altos riscos à saúde (Figura 6).

Figura 6 – Cocaína na forma líquida, ainda diluída em solvente

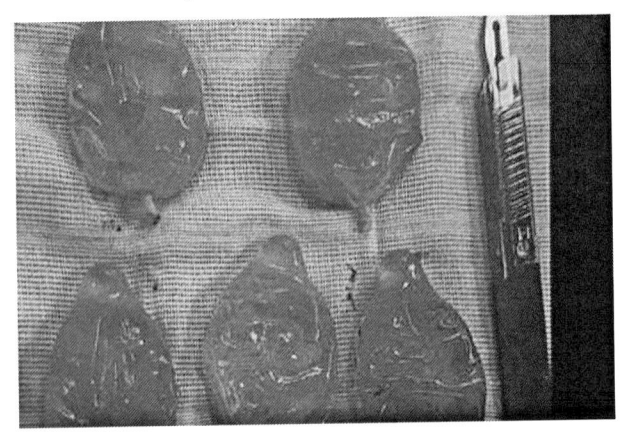

Fonte: Bertagnoli (2020)

Após esta etapa, adiciona-se amônia, para neutralização da mistura, de modo que a cocaína retorne à fase neutra e insolúvel, o que permite sua precipitação ao fundo do recipiente usado no processo, em um extrato com significativo grau de pureza: a pasta-base de cocaína (Figura 7), que já pode ser consumida desde essa etapa, como fumo (Araújo, 2014).

Figura 7 – Pasta-base de cocaína, oriunda do processo de manufatura secundária da folha de coca

Fonte: Zanetti (2012b), com recortes para preservação de imagem do envolvido

Em seguida, a pasta-base de cocaína é diluída em acetona e misturada com ácido clorídrico, resultando em um sal branco *brilhante*, o cloridrato de cocaína (COC^+), que, por ser insolúvel em acetona, acumula no recipiente utilizado, permitindo sua filtragem e secagem: surge a cocaína, pó, ou farinha de cocaína (Figura 8).

Figura 8 – Cocaína refinada, após a terceira etapa da manufatura

Fonte: Veja (2016)

Além disso, tem-se que, a partir do aproveitamento de *sobras* da produção da cocaína, ou diante da ausência das substâncias necessárias à sua manufatura, a pasta-base de cocaína e/ou restos aproveitáveis ao final do processo podem ser adicionados à água e soda cáustica, o que permite a separação de mais cocaína na forma líquida. Após resfriamento da substância, dá-se origem a um extrato sólido de alto potencial viciante, que pode ser partido em pequenas pedras: o crack (Araújo, 2014), que recebe esse nome em razão do barulho estalado emitido ao se fumar essa substância (Figura 9).

Figura 9 – Pedras de Crack, subproduto da cocaína

Fonte: OPAS (2017)

E pelas mesmas razões apontadas em relação ao crack, tem-se que a adição da pasta-base de cocaína ou restos produtivos a uma mistura de querosene e cal permite o surgimento de outro subproduto, também de alto potencial viciante e significativa nocividade à saúde: o óxi (IstoÉ, 2016). Tanto o óxi quanto o crack, deve-se repetir, exigem menores quantidades de pasta-base de cocaína ou podem aproveitar restos do processo produtivo da cocaína em sua produção, o que os torna substancialmente mais baratos.

Figura 10 – Pedra de óxi, subproduto da cocaína

Fonte: IstoÉ (2016)

A compreensão dessas espécies, como dito, é de fundamental importância para o próprio entendimento a respeito do tráfico de cocaína (e
derivados, em si). A etapa do plantio e extração das folhas de coca é a que
menos agrega valores à atividade em questão. Segundo Campos (2014),
a folha de coca variaria, em 2010, em torno de US$ 0,50 a US$ 0,80 o
quilo. Na mesma época, o preço da pasta-base de coca variaria entre US$
80,00 a US$ 250,00, e a pasta-base de cocaína já deteria preços entre US$
500,00 e US$ 1.100,00.

A cocaína, por sua vez, atingiria valores entre US$ 3.500,00 e US$
7.000,00, ainda na Colômbia (Campos, 2014). Diante disso, nota-se que
os agricultores, certamente, constituem-se como um dos grupos mais
frágeis e com menor acesso ao lucro do tráfico, ao contrário do que se
propaga em muitos discursos oficiais.

É importante ressaltar, como será aprofundado mais adiante, que
a variação do preço em questão se dá não somente pela incorporação
do trabalho humano ao insumo inicial, transformando-o em seguidas
espécies de mercadorias diferentes, senão também em decorrência do
deslocamento geográfico das mesmas até atingimento dos mercados
consumidores finais (Harvey, 2013a). Por certo, em relação a esse último
fator, deve-se dizer que, a depender da disponibilidade dos produtos
necessários às etapas da manufatura da cocaína, esta pode ser traficada

desde sua fase líquida (relativa ao processo inicial de manufatura), diluída em solventes — o que permite a realização de seu processo produtivo em diferentes locais —, em sua forma final (sal de cocaína) ou na forma de subprodutos. Isso, por sua vez, certamente interfere no preço final de cada (sub)produto.

Desse modo, há uma abissal diferença entre os preços do mercado da cocaína nos países produtores do insumo (onde normalmente o mercado envolve insumos e produtos das etapas iniciais da produção de cocaína) e o preço que é atingido nos mercados consumidores finais do produto, onde a droga é por muitos denominada *ouro branco ou petróleo branco* (Saviano, 2014).

Nesse sentido, Araújo destaca que um grama de cocaína de bons níveis de pureza, no ano de 2007, corresponderia a 3,6 vezes mais que um grama de ouro, em termos de valor. Daí a metáfora da *Alquimia*: a transformação de um produto agrícola historicamente utilizado por povos tradicionais no combustível de uma economia ilegal, ou, mais ainda, num verdadeiro representativo de poder econômico que, sob um estranho fetiche (Marx, 2020), engloba um valor reforçado não só por seu caráter de mercadoria, mas pelas normas que proíbem sua comercialização (um *duplo fetiche* da mercadoria).

Entretanto, como se viu, da mesma cadeia produtiva nascem outros insumos de menor valor, ainda assim vendidos às custas do vício de uma sociedade de consumo desenfreado (Bauman, 2001; D'Élia Filho, 2014). Isso sem falar na própria cocaína de qualidade inferior, oriunda de processos de redução do grau de pureza (pela adição de inúmeros elementos que lhe dão volume, como pó de mármore, cal, farinha de trigo, entre outros), em busca de uma *adulteração* de um produto já inteiramente recoberto pela ilegalidade, para amplificar as possibilidades de lucro diante de um mercado clandestino. Como não há controle sobre a produção de cocaína (afinal, esta é totalmente ilegal), a droga pode ser adulterada (como ocorre com a *gasolina barata*) e vendida aos *incautos* consumidores desse produto, num processo popularmente nominado como *dobragem*.

Eis, de um lado, o *ouro* branco, a cocaína de alto nível de pureza, destinada aos mercados capazes de pagar por seu peso áureo. E eis, de outro lado, o *ouro de tolo*, a cocaína de baixos níveis de pureza, adulterada para uma melhor vendagem, ou, ainda, seus subprodutos mais tóxicos e viciantes: o óxi e o crack.

Dessa forma, a compreensão do tráfico de cocaína e sua economia pressupõe o entendimento das etapas da manufatura deste produto atualmente ilegal, e que, certamente, passou a compor uma realidade geográfica mais complexa, pela qual o insumo agrícola se transforma numa mercadoria, disponível para consumo (mesmo que de forma ilegal), e, assim, passa a ser sujeito por diferentes relações econômicas e de poder.

Como se debaterá no tópico a seguir, em diferentes contextos, a cocaína pode representar diferentes significações geográficas, de modo que seu valor áureo acaba por assumir uma função social muito próxima à da própria *moeda*. Para além disso, a cocaína também se coloca como um verdadeiro *recurso* ou *trunfo de poder* nas mãos daqueles que podem coordenar suas redes econômicas.

3.2 NAS MÃOS DE MIDAS: A COCAÍNA ENQUANTO MERCADORIA, MERCADORIA-DINHEIRO, RECURSO E TRUNFO DE PODER

O mercado de folha de coca (proveniente das espécies de *Erythro-xylum*), de cocaína refinada e seus derivados é um fenômeno que precede a superveniente ilegalidade que lhe foi imposta a partir da década de 1930. Não obstante a ascensão de leis e ampliação de penas pelo então chamado tráfico de drogas, ainda assim a cocaína se apresenta como um produto disponível à venda, por sinal, de forma extremamente lucrativa: só no ano de 2018, repita-se, foi apreendido um total de 1,311 toneladas de cocaína no mundo (UNODC, 2020b), sendo que se estima ter sido produzida uma quantidade de cocaína pura (100% de pureza) em torno de 1,723 tonela-das, o que denota a relevância deste produto no mercado ilegal (UNODC, 2020c). Neste caso, para a oferta, parece ainda haver significativa demanda.

Ainda conforme a UNODC (2020b), o consumo de cocaína se mostrou significativo ao redor do mundo, ao passo que, na América Latina, o Brasil despontaria como maior mercado consumidor. Além disso, registrou-se um aumento do consumo de pasta-base de cocaína, para além dos países conhecidos por sua manufatura, o que é indicativo de que o produto tem transitado e sido ofertado no mercado na forma de insumos iniciais, além dos subprodutos derivados, sem se descartar sua suposta *melhor* forma vendável: a cocaína refinada.

O fato é que a cocaína é uma mercadoria. O mesmo se diga de seus derivados e insumos antecedentes. Logo, como tal, nos termos definidos por Marx (2020, p. 57), constitui-se como um "[...] objeto externo, uma coisa que, por suas propriedades, satisfaz necessidades humanas, seja qual for a natureza, a origem delas, provenham do estômago ou da fantasia". Dessa forma, a mercadoria é um objeto dotado de um *valor de uso*, assim compreendido como "[...] a utilidade de uma coisa [...]", ou seja, algo que se realiza com a "[...] utilização ou consumo [...]", voltada ao atendimento de uma necessidade humana (Marx, 2020, p. 58).

No regime capitalista de trocas, entretanto, tem-se que, para além de um valor de uso, as mercadorias também registram um *valor* em si, compreendido como uma representação de um "[...] trabalho humano simplesmente, dispêndio de trabalho humano geral" (Marx, 2020, p. 66), já que, para a produção de qualquer espécie de mercadoria (seja ela um produto de consumo final ou um insumo a ser utilizado num processo subsequente de produção), lícita ou não, é necessário que se deposite *trabalho* sobre a natureza ou sobre um produto já existente (insumo), para sua transformação em algo potencialmente comercializável.

Pelo processo de produção desaparece "[...] o caráter útil dos produtos do trabalho [...]" e, ao mesmo tempo, "[...] o caráter útil dos trabalhos neles corporificados. Desvanecem-se as diferentes formas de trabalho concreto, elas não se distinguem mais umas das outras [...]", transmutando-se em "[...] trabalho humano abstrato". (Marx, 2020, p. 60). Ou seja, um trabalho humano *presumido, em tese*, capaz de equiparar os diferentes tipos de trabalho como uma coisa só, uma igualdade idealizada, construída a partir do pensamento.

Afirma Harvey (2013a, p. 59) que "todo trabalho é concreto no sentido de que envolve a transformação material da natureza. Mas o intercâmbio de mercado tende a obliterar as diferenças individuais tanto nas condições de produção [...]", lícitas ou não, salubres ou não, "[...] quanto por parte daqueles que realizam o trabalho". Assim, o autor arremata afirmando: "o trabalho abstrato é definido então como um 'tempo de trabalho socialmente necessário'" (Harvey, 2013a, p. 59).

Com isso, as mercadorias passam a representar a "[...] força de trabalho humana gasta em sua produção, o trabalho que neles se armazenou. Como configuração dessa substância social que lhes é comum, são valores" (Marx, 2020, p. 60). Segundo Marx (2020), é daí que surge a ideia de *valor-mercadoria*, ou seja, uma mercadoria que, em si, carrega um valor, uma quantidade plasmada, cristalizada de trabalho humano equiparado, imaginado, abstrato.

> A mercadoria é misteriosa simplesmente por encobrir as características sociais do próprio trabalho dos homens, apresentando-as como características materiais e propriedades sociais inerentes aos produtos do trabalho; por ocultar, portanto, a relação social entre os trabalhos individuais dos produtores e o trabalho total, ao refleti-la como relação social existente, à margem deles, entre os produtos do seu próprio trabalho. Através dessa dissimulação, os produtos do trabalho se tornam mercadorias, coisas sociais, com propriedades perceptíveis e imperceptíveis aos sentidos (Marx, 2020, p. 94).

Contudo, por ser tratar de uma *abstração*, o valor do produto não pode ser materialmente tocado, visto ou efetivamente medido pelo ser humano. Como destaca Harvey (2013b, p. 41), "o valor é uma relação social, e não podemos ver, tocar ou sentir diretamente as relações sociais; no entanto, elas têm uma presença objetiva". Ele prossegue afirmando que "[...] os valores, sendo imateriais, não podem existir sem um meio de representação".

Assim, embora o valor não possa ser diretamente mensurado ao ser considerado o objeto em si, é possível representá-lo por meio de uma relação estabelecida com outras mercadorias, pelas quais o primeiro será capaz de expressar seu valor relativamente a outro, portanto um *valor relativo*. Por exemplo, se uma unidade de um produto A vale somente o mesmo produto A, isso nada revela. Entretanto, quanto posto em relação, em comparação com outra coisa (outra forma relativa), uma unidade do produto A valerá 3 unidades de um produto B, ou meia unidade de um produto C, ou quinze unidades de um produto D. Assim, revela-se o valor. O valor de uma mercadoria só surge quando ele é comparado em relação a outras mercadorias.

Surge, assim, a figura do *valor de troca*, que funciona como uma externalização do *valor* de uma mercadoria, por meio de sua comparação com outras. Conforme Marx (2020, p. 103), o valor de troca surge como "[...] uma maneira social de exprimir o trabalho [abstrato] empregado numa coisa". É ele, ao fim, que permite o estabelecimento de uma relação de troca entre diferentes coisas.

> O valor de uma mercadoria só adquire expressão geral porque todas as outras mercadorias exprimem seu valor através do mesmo equivalente, e toda nova espécie de mercadoria tem de fazer o mesmo. Evidencia-se, desse modo, que a

> realidade do valor das mercadorias só pode ser expressa pela totalidade de suas relações sociais, pois essa realidade nada mais é que a "existência social" delas, tendo a forma do valor, portanto, de possuir validade social reconhecida.

E, nesse contexto:

> A forma relativa do valor, simples ou isolada, de uma mercadoria torna a outra equivalente singular. A forma extensiva do valor relativo exprime o valor de uma mercadoria em todas as outras que recebem a forma de equivalentes particulares diferentes. Por fim, uma espécie particular de mercadoria adquire a forma de equivalente geral, em virtude de todas as outras mercadorias converterem-na em material da forma única e geral de valor que consagraram (Marx, 2020, p. 89).

A ideia de uma mercadoria que sirva como *equivalente geral* (Marx, 2020) refere-se a um objeto que possa expressar, em si, o valor de todos os outros, servindo, assim, como *mercadoria-dinheiro* que destrave uma inimaginável possibilidade de trocas de produtos diferentes entre si, em diferentes locais, de maneira livre. Segundo Harvey (2013a, p. 55):

> A mercadoria-dinheiro, como qualquer outra mercadoria, tem um valor, um valor de troca e um valor de uso. Seu valor é determinado pelo tempo de trabalho socialmente necessário em sua produção e reflete as condições sociais e físicas específicas do processo de trabalho sob o qual ele é produzido. Os valores de troca de todas as outras mercadorias são mensurados em relação ao parâmetro formado por essas condições de produção específicas da mercadoria-dinheiro. Desse ponto de vista, o dinheiro funciona como uma medida de valor, e o seu valor de troca deve presumivelmente refletir esse fato.

A mercadoria-dinheiro, portanto, serviria como uma *antessala* do surgimento da figura do dinheiro, em si, compreendido por Marx (2020, p. 111) como "[...] um cristal gerado necessariamente pelo processo de troca, e que serve, de fato, para equiparar os diferentes produtos do trabalho e, portanto, para convertê-los em mercadorias".

À medida que as mercadorias passam a ser trocadas, de uma forma mediada pelo dinheiro em si, sem efetiva consideração do *momentum a quo* (a mercadoria-dinheiro) da sua produção, o dinheiro acaba por ocultar todas as anteriores relações (bem como abusos e explorações) inerentes à cadeia produtiva.

> A igualdade dos trabalhos humanos fica disfarçada sob a forma da igualdade dos produtos do trabalho como valores: a medida, por meio da duração, do dispêndio da força humana de trabalho, toma a forma de quantidade de valor dos produtos do trabalho; finalmente, as relações entre os produtores, nas quais se afirma o caráter social dos seus trabalhos, assumem a forma de relação social entre os produtos do trabalho.
>
> A mercadoria é misteriosa simplesmente por encobrir as características sociais do próprio trabalho dos homens, apresentando-as como características materiais e propriedades sociais inerentes aos produtos do trabalho; por ocultar, portanto, a relação social entre os trabalhos individuais dos produtores e o trabalho total, ao refleti-la como relação social existente, à margem deles, entre os produtos do seu próprio trabalho. Através dessa dissimulação, os produtos do trabalho se tornam mercadorias, coisas sociais, com propriedades perceptíveis e imperceptíveis aos sentidos.

Com isso, Marx (2020, p. 94) define o conceito de *fetichismo da mercadoria*, a partir do qual as relações sociais de trabalho, a divisão territorial do trabalho (Harvey, 2013a), em suma, todo processo produtivo e suas reais condições seriam ocultados pela troca, e, posteriormente, por preços abstratamente apostos sobre as coisas:

> Uma relação social definida, estabelecida entre os homens, assume a forma fantasmagórica de uma relação entre coisas. Para encontrar um símile, temos de recorrer à região nebulosa da crença. Aí, os produtos do cérebro humano parecem dotados de vida própria, figuras autônomas que mantêm relações entre si e com os seres humanos. É o que ocorre com os produtos da mão humana, no mundo das mercadorias. Chamo a isso de fetichismo, que está sempre grudado aos produtos do trabalho, quando são gerados como mercadorias. É inseparável da produção de mercadorias. Esse fetichismo do mundo das mercadorias decorre, conforme demonstra a análise precedente, do caráter social próprio do trabalho que produz mercadorias (Marx, 2020, p. 94).

E conclui:

> A determinação da quantidade do valor pelo tempo do trabalho é, por isso, um segredo oculto sob os movimentos visíveis dos valores relativos das mercadorias. Sua descoberta destrói a aparência de casualidade que reveste a

determinação das quantidades de valor dos produtos do trabalho, mas não suprime a forma material dessa determinação (Marx, 2020, p. 95).

Por meio do dinheiro, que assume a função de viabilizador da troca de mercadorias, por excelência, se "dissimula o caráter social dos trabalhos privados e, em consequência, as relações sociais entre os produtos particulares, ao invés de pô-las em evidência" (Marx, 2020, p. 97). Mas, para além disso, o dinheiro permite o próprio funcionamento do sistema capitalista de trocas (e os lucros dele decorrentes), uma vez que o seu investimento decorrente (ocultando relações pretéritas) e o ciclo que se inicia com sua aplicação em um processo produtivo é o que gera a circulação do capital. Afinal, o capital é justamente representado pela ideia de *valor em movimento*, o qual é ocasionado pelo reiterado processo de troca de mercadorias e diferentes formas que assume ao longo deste ciclo (Harvey, 2018).

Porém, deve-se afirmar que a presença do dinheiro (apesar de extremamente facilitadora a tal) não é imprescindível à circulação de capitais nos espaços.

Como mencionou Santos (2011), em relação aos pontos mais pobres dos espaços de uma cidade ou nação, mesmo na ausência de dinheiro *de crédito* ou *papel*, considerando-se que a ideia de capital é muito maior do que a de dinheiro, pode-se afirmar que as próprias mercadorias podem ser usadas como moeda, como nas anteriores relações de escambo, e, ainda assim, gerarem substanciais lucros àqueles que às recebem enquanto forma de pagamento, justamente, por conterem *valores* dentro de si.

O processo merece explicação.

Como afirma Harvey (2018, p. 21), dispondo de dinheiro, um capitalista individual se dirige ao "[...] mercado e adquire dois tipos de mercadoria: força de trabalho e meios de produção". O dinheiro desaparece e o valor nele expresso adquire a forma daquelas duas mercadorias, que serão destinadas a um processo produtivo (processo de trabalho) de uma nova mercadoria (Harvey, 2018). Essa relação se expressa pelo enunciado: D – M (onde D é dinheiro e M mercadorias adquiridas).

Por meio do processo produtivo, emprega-se a força de trabalho (capital variável – *v*) sobre os meios de produção (capital fixo – *c*). Entretanto, a força de trabalho é paga conforme unidades de tempo e não conforme seu real *valor*, já ocultado por relações de trabalho (Harvey, 2013a;

Marx, 2020). Afinal, no sistema capitalista, os trabalhadores labutam em prol de um salário, que, em tese, deveria atender suas necessidades básicas e é prefixado por meio de legislações promulgadas pelo Estado (e, acrescente-se, cada vez mais flexibilizadas neste século XXI) e não corresponde material e necessariamente ao tempo de serviço prestado.

Com isso, o processo produtivo não corresponde a uma simples soma aritmética do capital fixo e capital variável que gera o valor de uma mercadoria. Como afirma Marx (2020), o trabalho humano (concreto) anima (dá vida) o novo produto, de modo que ele se torna uma nova mercadoria que agrega valor *a maior* àqueles insumos iniciais, justamente em decorrência do tempo *a maior* trabalhado em sua produção. Ultrapassado o necessário para pagamento do valor do trabalho, o trabalhador permanecerá exercendo atividades em razão da carga horária pactuada, gerando lucros ao capitalista para além de seu investimento, o que é denominado por Marx (2020) como mais-valor. Ao final, a mercadoria produzida (M') corresponderá à seguinte equação (Harvey, 2013a):

$$M' = c + v + m$$

Onde M' é a mercadoria final, c é o capital fixo (os insumos, equipamentos, energia etc. necessários ao processo de trabalho), v é o capital variável (força de trabalho) e m é o lucro representado pela apropriação da mais valia.

O processo produtivo, desse modo, agrega o valor de *exploração do trabalho* como forma de geração de lucros, tornando M (mercadorias inicialmente investidas no processo, de um valor) em M' (mercadoria final, de valor superior). Assim, o processo produtivo adquire a seguinte feição:

$$D - M - P - M'$$

Onde, D é dinheiro, M correspondente às mercadorias necessárias à produção (Força de trabalho e insumos), P é o processo produtivo e M' é a mercadoria final, esta, composta por $M + m$, onde m é a mais-valia gerada pelo processo de trabalho.

Com isso, o capital (valor em movimento) submetido ao processo produtivo gera o lucro do capitalista individual, que é o motivador de seu próprio investimento neste processo. Segundo Harvey (2018, p. 24):

> No fim do dia, os capitalistas se importam apenas com o mais valor que será realizado na forma de lucro monetário. São indiferentes às mercadorias que produzem. Se há mercado para gás venenoso, eles produzirão gás venenoso. Esse momento na circulação do capital abarca não apenas a produção de mercadorias mas também a produção e reprodução da relação de classe entre capital e trabalho na forma de mais-valor. Enquanto a ficção da troca individualista de equivalentes no mercado (onde tudo é transparente) é mantida (o trabalhador recebe o valor justo da força de trabalho), um incremento de mais-valor é produzido para a classe capitalista num processo de trabalho que não é transparente e que o capitalista se empenha para manter longe de vista.

Cumpre assinalar que, de acordo com o desenvolvimento tecnológico do empreendimento, é possível produzir muito mais mercadorias, em menos tempo de trabalho, a partir do uso de uma mesma quantidade de força de trabalho, ou seja, de capital variável (Harvey, 2018). Desse modo, o Tempo de Produção (T) é diretamente diminuído conforme a qualidade dos Meios de Produção (Mp), e, consequentemente, permite uma maior *taxa de exploração do trabalho.*

Figura 11 – Processo de circulação do capital

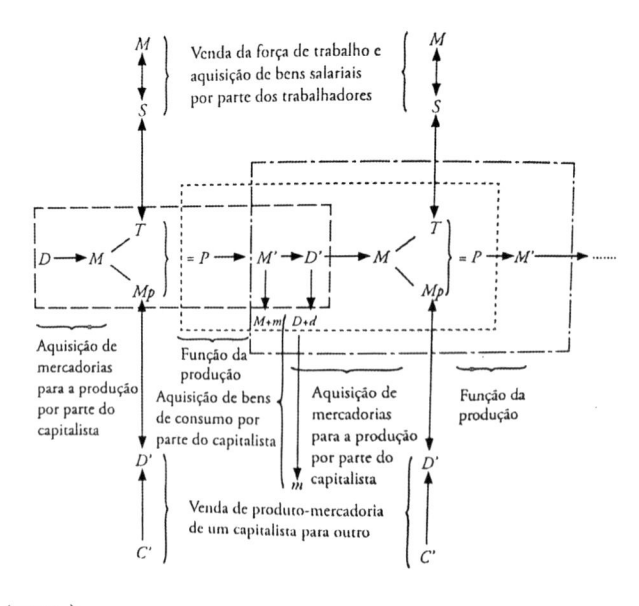

Fonte: Harvey (2013a)

Assim, este *processo de circulação do capital* (Harvey, 2018) gera lucros ao capitalista na medida em que ocorre a sua transformação de *capital monetário* (forma-dinheiro do capital) em *capital produtivo* (transformação do capital ao longo do processo de trabalho) e, finalmente, em *capital-mercadoria*, a mercadoria final, que deterá um valor ampliado em relação àquele originariamente usado para a aquisição de mercadorias e, até mesmo, pode atingir valores maiores ainda, conforme aspectos (fluidos) de demanda e oferta.

Este processo de sucessivas transformações do valor explica o próprio processo capitalista de trocas e como o lucro se dá ao longo da própria produção, expressando-se por meio de enunciado específico, produzido por (Marx, 2020) e ampliado por Harvey (2013a), antes reproduzido.

Da compreensão deste ciclo, é possível se traçar um paralelo relativo aos comércios de substâncias ilícitas: apesar da óbvia consideração de diferenças inerentes ao contexto de ilegalidade em que é exercida, tem-se que o processo de manufatura de cocaína (assim como de outras drogas igualmente comercializáveis) em nada difere da produção de uma mercadoria comum, sujeitando-se aos mesmos postulados mencionados antes.

A rigor, os grupos responsáveis pela manufatura inicial da folha de coca adquirem as mercadorias necessárias à realização do processo produtivo (a alquimia do ouro) já explicada em momento anterior (item 3.1). Para tanto, utilizam força de trabalho e meios de produção (insumos e equipamentos) para produção de pasta-base de cocaína, produto que já agrega valor em relação ao insumo originário, a folha do coca (Campos, 2014). Nalgumas ocasiões, estes mesmos agentes territoriais já manufaturam a própria cocaína em pó, conforme a disponibilidade de insumos e os acordos comerciais pretendidos ou realizados.

Deve-se ressaltar, ainda, que há nítida desvantagem competitiva imposta aos atores responsáveis por essa primeira etapa, em decorrência do sistema de *oligopsônios* apontados por Fox (2019), pelos quais os compradores das folhas de coca (normalmente vinculados a um capital internacional) prefixam um valor-padrão para aquisição deste insumo no mercado andino, entre os diferentes produtores da planta. Assim, em contradição ao discurso oficial da Guerra às Drogas, que os denota enquanto perigosos traficantes, observa-se que a exploração dos agricultores envolvidos no cultivo da *Erythroxylum* amplia a margem de lucro dos grupos de manufatura e capitalistas responsáveis por sua importação, agregando valor a todo o restante da cadeia, sem, no entanto, promover qualquer enriquecimento significativo daqueles atores territoriais primários.

Numa etapa subsequente, a droga (pasta-base de cocaína ou cocaína refinada) será adquirida por organizações de atravessadores e distribuidores, já ingressando num novo circuito regional, para ser destinada à comercialização interna e/ou para negociação externa com os oligopólios internacionais do tráfico – isso quando aqueles grupos já não são previamente agenciados por estes últimos para transporte de quantidades de drogas destinadas a outros continentes.

Este processo depende do sucesso, de um lado, de um sistema de transportes dessas *mercadorias* ao longo dos territórios dos países envolvidos, que se utiliza: a) de um lado, da movimentação de uma série de estruturas e meios de transporte do entorpecentes ao longo de pontos nodais específicos; e, b) de outro, como contrapartida natural do *serviço prestado*, de meios diversos para garantir a mobilidade de valores destinados ao pagamento do produto adquirido junto aos responsáveis pela manufatura inicial da folha de coca, seja por meio de dinheiro (situação em que a mobilidade do capital financeiro por meio do sistema bancário e gestores de criptomoedas revela uma grande importância, desde as fases iniciais do ciclo produtivo da cocaína) ou por meio de outros produtos quaisquer, que representem valores aceitáveis pelos atravessadores (como se verá à frente, a própria droga é um exemplo).

Constata-se que a análise do fenômeno perpassa pelo conceito de *mobilidade do capital*, proposto por Harvey (2013a, p. 480), assim explicado:

> A troca de mercadorias é uma condição necessária, e também o é a disponibilidade de um "equivalente universal" (por exemplo, o ouro) como a base monetária do intercâmbio mundial. As barreiras físicas ao movimento das mercadorias e do dinheiro sobre o espaço têm de ser reduzidas a um mínimo.

E acrescenta:

> O capital pode se mover como mercadoria, como dinheiro ou como um processo de trabalho que emprega capital constante e variável de diferentes tempos de rotação. Além disso, a relação entre a mobilidade do capital variável e aquela dos próprios trabalhadores introduz outra dimensão

> à luta de classes, embora o problema ligado à circulação
> do capital no ambiente construído também requeira uma
> atenção especial (Harvey, 2013a, p. 481).

Em tempo, deve-se afirmar que a análise específica sobre os possíveis pontos nodais da rede antes mencionada ocorrerá somente nos capítulos seguintes, conforme a metodologia já apresentada anteriormente. Por ora, o estudo se aterá aos contornos teóricos fundamentais à compreensão dos elementos a serem posteriormente analisados e discutidos.

Dito isso, tem-se que a manufatura inicial da cocaína (já refinada, ou ainda na forma da pasta-base) será sujeita a um procedimento de transporte, ou seja, trabalho humano utilizado em paralelo a determinados conjuntos de objetos fixos ou móveis (notadamente meios de transporte — carros, aviões, barcos etc. — e imóveis, normalmente alugados ou comprados em nome de terceiros, para estocagem do produto ilícito, além de estradas, rios, os céus etc.). Isso envolve uma busca constante e ininterrupta por localizações mais favoráveis à atividade (Harvey, 2013a).

Contudo, ao contrário do levantado por Harvey (2013a) em relação aos agentes da economia lícita (que sempre buscam uma melhor localização como forma de otimizar os meios de produção e o transporte, aumentando assim a taxa de lucro, por vezes, pela incorporação e construção de estruturas), no caso das economias ilícitas, é assente a necessidade de *não incorporar capital ao solo, definitivamente, pela compra de bens*. Em muitos casos, há uma preferência (como apontado pelos casos descritos por autores como Abreu [2017, 2021]) por imóveis alugados ou arrendados, afinal, a perda do bem significa uma perda de investimento no solo, para os agentes territoriais do tráfico. Outrossim, quando imprescindível ao tráfico direto ou à lavagem de capitais decorrentes daquele, costuma-se utilizar a figura de laranjas, terceiros envolvidos (ou não) com a atividade de transporte das drogas, em cujos nomes serão registrados os bens adquiridos a título de capital fixo (Abreu, 2017, 2021).

Além disso, a contratação eventual gera a possibilidade de locação ou arrendamento simultâneo de diversos bens, o que facilita a mudança de rotas (dificultando a repressão pelos órgãos oficiais) e a fragmentação dos produtos em transporte (diminuindo, assim, prejuízos de eventuais apreensões pelas polícias) (Abreu, 2017, 2021). Novamente, afastam-se os sujeitos reais da negociação dos bens envolvidos no ciclo produtivo. Dificulta-se o exercício do *jus puniendi* e da persecução penal do Estado.

O segredo, nessa perspectiva, impõe menores níveis de contato entre os componentes das organizações criminosas e os pontos nodais em que se estabelecem suas redes de transporte da cocaína e derivados, justamente pelo caráter sensível que *a informação* assume para o sucesso de seus empreendimentos (Rodrigues, 2004).

É interessante afirmar que a constituição de pontos nodais nas redes do tráfico, portanto, de acordo com a lógica de Santos (2017), gera vetores de verticalidade e horizontalidade, sobre esses pontos, a despeito da ilegalidade da atividade ali realizada (conforme se estudará no tópico seguinte), movimentando a economia local como um todo, mesmo que a partir de atividades ilícitas que, a princípio, seriam socialmente inde-sejadas. Ou seja, a compra, o aluguel ou arrendamento de bens (móveis ou imóveis) inserem rendas pelo uso do solo e valores diversos no local que se coloca como nó na rede, servindo como uma invariável força de agregação à economia local.

O capital circula pelos locais, gerando diferenciações de consumo e comportamento nestas áreas. E isso ocorre, justamente, porque é natural que os membros envolvidos na atividade do tráfico acabem consumindo bens das imediações por onde perpassam suas merca-dorias, o que, repita-se, influi na economia e dinâmicas das áreas em questão, sobretudo se estas forem utilizadas como ponto de manufatura da pasta-base em cocaína ou em seus demais subprodutos comercia-lizáveis (crack ou óxi).

A teoria da *localização* (Harvey, 2013a), por sua vez, também revela pontos em comum entre os empreendimentos lícitos e ilícitos: a) ambos buscam o afastamento de barreiras à circulação de suas mercadorias (que representam, por sua vez, um indesejado aumento dos custos dos meios de produção); b) ambos buscam se aproveitar de estruturas naturais (rios navegáveis, por exemplo) ou estruturas construídas pelo Estado (por-tos, estradas, rodoviárias); e c) finalmente, podem se valer, como dito, de estruturas privadas terceirizadas que, sob colaboração direta com o tráfico ou não, são utilizadas mediante contratos de parceria, locação ou arrendamento e, com isso, lucram a partir da ilicitude, por vezes, sem se preocuparem com a origem (dissimulada) da atividade (surgem como exemplos os barcos de transporte particular, transporte privado, imóveis alugados, estruturas de empresas destinadas a outras atividades externas ao tráfico, porém úteis ao mesmo etc.).

Todos esses elementos passam a integrar o valor da mercadoria em transporte, pelo que a droga se valoriza (como qualquer mercadoria) ao longo do seu processo de circulação pelos pontos nodais de sua rede comercial. Além disso, inclui-se no custo de transporte das mercadorias ilícitas, enquanto *meio de produção*, todos os valores necessários ao eventual *custeio de cadeias de suborno e compra de informações privilegiadas*, tudo no sentido de antecipar e evitar ações do poder público destinadas à apreensão dos produtos. Vale, até mesmo, o uso de parte da mercadoria como chamariz, para que a real quantidade cruze o território sem maiores dificuldades, técnica conhecida como *boi de piranha* (Abreu, 2017).

A questão é que a teoria da localização deixa claro que "[...] a indústria do transporte produz valor, porque é uma 'esfera da produção material' que realiza uma mudança material no objeto do trabalho – uma mudança espacial, uma mudança de lugar" (Harvey, 2013a, p. 481). No caso, não há mudança efetiva *da mercadoria* em transporte, mas seu transcurso material entre diferentes pontos no espaço, o que se constitui como um valor comercializável: "a indústria do transporte vende a localização do produto" (Harvey, 2013a, p. 481).

Portanto, tem-se que o deslocamento geográfico dos entorpecentes, no caso, a cocaína, já a torna um produto mais valorizado em relação ao ponto anterior no espaço, por agregar trabalho concreto e meios de produção (necessários para o transporte e custeio de qualquer valor inerente), ao longo do processo de mudança de localização. Ao fim do transporte, de Mercadoria inicial (M), a cocaína (ou a pasta-base) se torna uma Mercadoria com um *valor adicional agregado* (M'), ou seja, passa a deter um valor de troca ampliado no mercado.

O deslocamento espacial, dessa forma, é determinante à ampliação do valor da cocaína, ponto a ponto, em seus respectivos mercados e redes. Esse fenômeno, como visto, decorre da agregação de valor, na localização final de cada fase do transporte, em decorrência: a) dos custos necessários ao seu (clandestino) transporte e armazenamento (capital fixo); b) da necessidade de acréscimo de um custo decorrente da corrupção do sistema (que também poderia ser equiparável a uma espécie de capital fixo); e, finalmente, c) dos lucros que serão incorporados pelos transportadores da mercadoria, que abarcam tanto uma margem normal de lucro oriunda do *serviço prestado* (e extração da *mais-valia*) como, especialmente, uma supervalorização decorrente do exercício desta atividade num contexto de clandestinidade e sob a garantia de sigilo, em relação aos adquirentes do produto em seu destino.

Figura 12 – O deslocamento geográfico e a agregação de valores

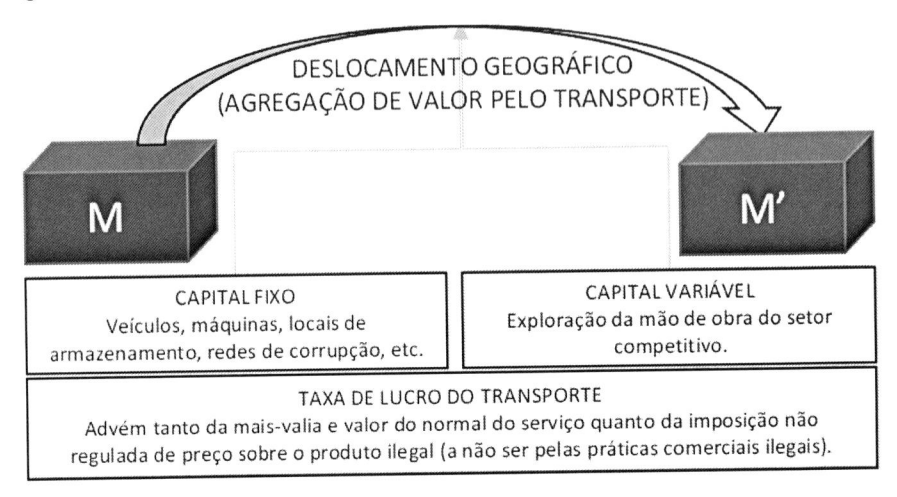

Fonte: elaboração do autor

De outro lado, deve-se lembrar, também, de que o custo do transporte da cocaína, que se eleva a cada etapa, é facilmente recuperável pelos responsáveis por sua comercialização, uma vez que inexiste qualquer regulação quanto ao preço final que esta irá atingir nos mercados consumidores finais. Isso, certamente, permite uma fácil compensação daqueles custos diante dos consumidores, especialmente em razão da possibilidade de aumento da quantidade de mercadoria pela redução do percentual de pureza.

Repita-se: embora a cocaína seja considerada como um produto facilmente perecível, de outro lado, constata-se que ela não é sujeita a qualquer espécie de fiscalização quanto à qualidade final de comercialização. Quando muito, os sujeitos envolvidos nos níveis mais altos desse comércio detêm meios de avaliação e negociação (tanto materiais quanto decorrentes do poder de violência necessário para exigência de uma eventual adequação de preços) da droga, de acordo com seus possíveis graus de pureza. Porém, ao consumidor final resta apenas a avaliação quanto às possibilidades de entorpecimento e nada mais.

Com isso, tem-se que a droga pode ser facilmente adulterada e, ainda assim, conservar seu valor de troca em patamares comerciais lucrativos e que compensem os altos custos do seu atravessamento pelo espaço.

A título de exemplo, McDermott (2018) apontou que, no ano de 2018, após a produção agrícola, manufatura inicial e obtenção da cocaína pura, ainda em terras colombianas, o valor da droga atingiria o importe de US$ 2.000,00 a US$ 3.000,00 (dois a três mil dólares americanos) o quilo, o equivalente, em 2018, a no mínimo US$ 2 (dois dólares americanos o grama — ou, no mesmo mês e ano de publicação de seu estudo, em maio de 2018, R$ 7,60 — sete reais e sessenta centavos — o grama de cocaína pura).

Após transporte, o valor atingiria importes semelhantes aos verificados por Sá (2018), que, no ano de 2018, apontou que a cocaína transportada pela Rota Caipira (Abreu, 2017) — concernente à região do Mato Grosso e Mato Grosso do Sul, predominantemente — atingiria o preço de R$ 5.000,00 (cinco mil reais) por quilo, em Cáceres — estado do Mato Grosso (MT), e, mais adiante, o valor de R$ 25.000,00 (vinte e cinco mil reais) por 1 kg (o quilo), ao chegar nos estados do Rio de Janeiro e São Paulo. Isso, à época, corresponderia a um valor de R$ 25,00 (vinte e cinco reais) o papelote de 1g (um grama).

Mediante uma alteração substancial da qualidade da cocaína (Figura 13), tem-se que aquela quantidade inicial de 1 kg (quilo), reduzida ao patamar de 70% de pureza mediante a mistura com outras substâncias variadas (pós de mármore, trigo, cal, dentre outras substâncias de baixo custo), renderia aproximadamente o *quantum* de 1,500 kg (um quilo e quinhentos gramas). Essa quantidade final, se vendida a hipotéticos R$ 20,00 reais por grama, ainda assim, resultaria no valor final de R$ 30.000,00 (trinta mil reais) aos traficantes. Se reduzida, de forma mais radical, a um grau de pureza de 50%, seriam obtidos 2 kg (dois quilos) de entorpecente, o qual, mesmo se vendido ao custo de R$ 15,00 (quinze reais) o grama, ainda assim, resultaria nos mesmos R$ 30.000,00 (trinta mil reais).

Figura 13 – Redução do grau de pureza da cocaína e consequente agregação de valor ao produto de menor qualidade a ser comercializado (ouro de tolo – quantitativos meramente hipotéticos)

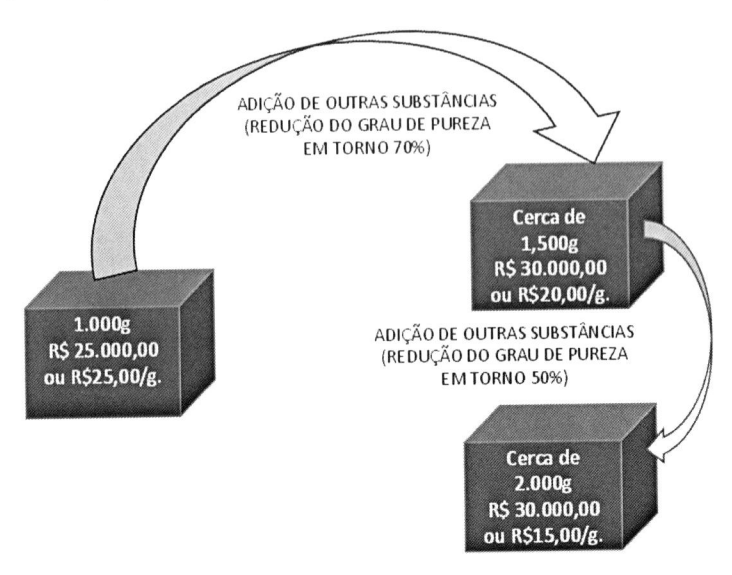

Fonte: elaboração do autor

Ainda segundo McDermott (2018), a principal destinação da cocaína seria a Europa, onde a droga poderia atingir um importe acima de US$ 60.000,00 o quilo, ou seja, US$ 60,00 o grama (mais de R$ 231,00 — duzentos e trinta e um reais — o grama). Isso sem se considerar a já demonstrada redução de pureza e lucro subjacente.

Desse modo, conforme destacou Saviano (2011), embora a cocaína seja inicialmente produzida com altos índices de pureza, sua versão de consumo final, possivelmente, não conservará esta característica, uma vez que, mesmo nos mercados consumidores prioritários, como nos Estados Unidos, por exemplo, a cocaína deteria uma pureza de somente 85% a 73%, sendo assente a adição de outras substâncias para ampliar o rendimento da mercadoria. Certamente, em mercados consumidores menos exigentes, o nível de pureza poderá apresentar adulterações maiores ainda e níveis de pureza e qualidades ínfimos.

E mais: os refugos da produção de cocaína refinada (ou seja, restos produtivos) podem ainda ser utilizados para manufatura dos subprodutos mais baratos (e mais tóxicos) daquela (o crack e o óxi). Em ambos os casos, esta cocaína de menor qualidade (*ouro de tolo*) ainda será comercializável por valores livres de qualquer controle efetivo (Araújo, 2012), que serão os instituídos pelos próprios traficantes, ao passo que os subprodutos podem atingir outros nichos de consumidores, mesmo em áreas mais pobres das cidades (onde, por seu poder viciante, geram lucros pela *quantidade* e não pela qualidade).

Assim, como visto, tanto o deslocamento geográfico quanto a ampliação quantitativa do produto, mediante a redução do grau de pureza, explicam a grande oscilação dos valores do entorpecente ao redor do globo e a ampla variação do lucro estimado nos diferentes comércios.

Este processo, denominado de *escaladas dos ganhos*, também foi identificado e descrito por Labrousse (2010, p. 90-91), ao tratar da relação política entre os lucros e conflitos que se estabelecem em torno do entorpecente:

> a) O que favorece as relações entre drogas e conflitos é uma característica do comércio das drogas: a escalada dos ganhos. As drogas de origem natural, em particular a cocaína extraída da folha de coca e a heroína obtida a partir do ópio produzido da papoula, são o resultado de certo número de transformações (três ou quatro no caso da cocaína; meia dúzia no da heroína). Em cada etapa dessas transformações, o valor do produto aumenta de maneira substancial.
>
> b) A primeira causa da escalada dos ganhos, e isso também vale para os subprodutos da Cannabis (maconha, haxixe, óleo) e, em um grau menor, para as drogas sintéticas, é a superação de obstáculos físicos e, principalmente, políticos (fronteiras) nas rotas que levam dos países produtores aos países consumidores. Observa-se, por exemplo, que o preço da cocaína triplica depois que passa da fronteira que separa o México dos Estados Unidos.
>
> c) A outra causa da escalada dos ganhos é, quando a droga chega aos mercados consumidores, seu fracionamento em pequenas doses, com forte presença de aditivos sem valor.
>
> d) Em suma, pode-se dizer que em cada uma dessas etapas (elas mesmas fracionadas em diversas sequências intermediárias) da produção, da transformação e da comercialização das drogas, as margens de lucro são consideráveis. No caso da cocaína e da heroína, do produtor ao consumidor a multiplicação se situa em um intervalo de 400 a 1.500 vezes. [...]

A partir dessas constatações, outras hipóteses podem ser levantadas.

Em primeiro lugar, ao menos num nível teórico, constata-se que pode ser bastante lucrativo aos atravessadores negociar parte da cocaína transportada junto aos demais comerciantes internacionais, diante dos eventuais valores que ela pode vir a assumir, em posteriores ofertas junto aos mercados consumidores locais. É possível, nessa esteira, que uma *parte residual da cocaína transportada* seja retida pelos atravessadores ou negociada enquanto contrapartida pelo serviço prestado. Após, a droga seria facilmente sujeitável a um novo processo de manufatura para ampliação do produto (mediante a redução do grau de pureza) ou geração dos subprodutos e, assim, revenda local.

Além disso, a depender da capacidade dos atravessadores em exercer um controle final de preços nos pontos de venda, sob práticas monopólicas (o que comumente é atribuído à atuação das facções criminosas no Brasil, por exemplo) (Reis Netto; Chagas, 2018a), torna-se fácil colocar aquele resíduo em circulação comercial a preços expressivos, principalmente levando-se em conta a taxa de exploração que ainda pode ser extraída do trabalho dos pequenos varejistas (questão abordada mais à frente).

A hipótese se reforça, também, diante da natural dificuldade de pagamento dos valores do transporte por meio de capital-monetário ou de utilização do sistema financeiro para custeio do transporte. Driblar os mecanismos oficiais de controle financeiro dos estados, bem como envolver outras metodologias para inserção ilícita de capital estrangeiro para pagamento dos atravessadores, é uma atividade muito mais difícil (e rastreável) do que a utilização direta da droga, como forma de pagamento pelos serviços, nos termos já discutidos anteriormente.

Afinal, comparando-se a afirmação de Santos (2011) em relação a espaços onde o dinheiro em papel (ou em ativos financeiros) se mostra ausente pela precariedade e isolamento dos locais, tornando o escambo uma prática comum, tem-se que a ilegalidade do tráfico também dificulta essa presença, em razão da visibilidade que se gera sobre os seus negociantes ou detentores. Assim, o escambo de cocaína se torna uma alternativa muito viável ao negócio.

Basta, para tanto, que se fomente o surgimento de novos mercados consumidores, preferencialmente em locais próximos aos pontos nodais da rede de transporte ou que a droga seja destinada aos locais com maior contingente populacional (as metrópoles ou cidades médias, por exemplo).

Dessa constatação, decorre a segunda hipótese aqui ventilada: a retenção residual da cocaína pelos grupos atravessadores, como parte da negociação, acaba fomentando o surgimento de novos mercados locais. Como afirma Harvey (2018), o capitalista individual (o comerciante do entorpecente, no caso) buscará o fomento de desejos/necessidades junto aos consumidores. Logo, como o entorpecimento é algo que acompanha as sociedades humanas historicamente, o consumo de drogas não é tão difícil de se estimular em uma sociedade na qual o consumo irresponsável é *incentivado* (Reis Netto; Chagas, 2018c).

Por terceiro, torna-se muito provável que haja substancial diferença qualitativa quanto à cocaína apreendida em diferentes contextos espaciais nas diversas ações e operações desempenhadas pelos órgãos de segurança pública: é possível que a cocaína apreendida na atividade de varejo, nas grandes cidades e já sujeita ao processo de *dobragem* (divisão em peque-nos papelotes para venda), seja de níveis, significativamente, menores de pureza; em contrapartida, tem-se que a cocaína apreendida nos pontos iniciais de manufatura, ou, ainda, junto aos pontos nodais de sua rede de transporte, em deslocamento para seus principais mercados ou já retida, para posterior redução de seu nível de pureza e comercialização regional/ local, apresentaria níveis maiores de pureza.

De tudo isso, constata-se que a cocaína assume o papel de um objeto geográfico carregado de intencionalidades que vão muito além da simples lógica de sujeição, como produto, a um mercado consumidor.

Para além da simplicidade de uma relação de escambo, verifica-se que a cocaína assume a feição de uma verdadeira *mercadoria-dinheiro* (Harvey, 2018; Marx, 2020). Como tal, é *capital-mercadoria* (Harvey, 2018) que permite a circulação do capital investido e, assim, é igualmente capaz de gerar riqueza aos envolvidos. No dizer de autores como Saviano (2011), torna-se um verdadeiro *ouro branco*, em nítida comparação à anterior utilização deste metal como equivalente universal – razão pela qual o simbolismo áureo se encontra espalhado por todo este trabalho.

E a história do tráfico de cocaína brasileiro, em larga medida, reforça as hipóteses destacadas. Conforme Barbosa (1988), nos anos 1980, a cocaína sequer representava um produto popularizado no país e era identificada como uma *droga de elites,* bastante incomum no cotidiano do Rio de Janeiro. A posterior *nevasca nos morros cariocas* (Barbosa, 1988), se apresentou enquanto um fenômeno consentâneo ao surgimento e consolidação das primeiras rotas comerciais de cocaína à Europa, África e Ásia. A função de transporte, por sua vez, era exercida por organizações independentes, normalmente protagonizada por grandes nomes do tráfico internacional e nacional.

Progressivamente, o papel de fornecimento local das drogas foi assumido pelas primeiras formações das facções criminosas de maior expressividade nacional, nos dias de hoje (Comando Vermelho – CV, no estado do Rio de Janeiro, e Primeiro Comando da Capital – PCC, em São Paulo), que, nas décadas subsequentes, passaram a se expandir pelo país inteiro (seja de forma direta, ou, mediante a associação a grupos criminosos locais) e, mais recentemente, pela América Latina, passando a exercer, diretamente, a função de atravessamento da mercadoria pelo país (Reis Netto, 2018; Chagas; Reis Netto, 2018c; Manso; Dias, 2018; Abreu, 2021).

Em verdade, as organizações de traficantes, ao longo do tempo, vislumbraram o potencial lucro associado à consolidação de um mercado consumidor local de drogas (especialmente, a cocaína) (Amorim, 2011, 2015), e, assim, trataram de executar a receita bem explicitada por Harvey (2018, p. 82):

> Que circunstâncias poderiam impossibilitar a realização do valor no mercado?
> Para começar, se ninguém quiser, precisar ou desejar um valor de uso em particular, oferecido em determinado lugar e momento, isso significa que o produto não possui valor". Não é nem sequer digno de ser chamado de mercadoria. Compradores em potencial também precisam ter uma quantidade suficiente de dinheiro para pagar pelo valor de uso em questão. Se uma dessas duas condições não se cumprir, o resultado é valor nulo. [...] Mas, de modo geral, a produção e a gestão de novas vontades, necessidades e desejos é algo que tem um enorme impacto na história do capitalismo, transformando aquilo que se costuma chamar de natureza humana em algo necessariamente mutável e maleável, ao invés de constante e dado. O capital mexe com nossa cabeça e nossos desejos.

Como já afirmado, o capitalista fomenta o surgimento de necessidades de consumo — lógica que em nada difere da receita aplicada pelos comerciantes de drogas. Afinal, numa sociedade na qual o desejo de entorpecimento, além de ser identificado como um fator histórico, ainda é associado à individualização excessiva das pessoas (Bauman, 2001; Weigert, 2010), não é difícil prospectar um potencial mercado consumidor em ascensão, no qual a cocaína poderia se enquadrar facilmente (sem exclusão das demais espécies de entorpecentes, como a também popular maconha) (Reis Netto; Chagas, 2021).

À medida que as redes de circulação tornavam a cocaína presente em diferentes pontos do território nacional, a permanência de resíduos (como dito, enquanto possível dinheiro-mercadoria colocado à negociação pelos serviços de transporte) tornou o tráfico interno viável, a preços adequados à materialidade de um país subdesenvolvido.

Com o tempo, o Brasil foi alçado ao já mencionado *status* de maior mercado consumidor de cocaína da América Latina (UNODC, 2020b). Afinal, a cocaína presente é, igualmente, cocaína passível de manufatura e comercialização – ao contrário do que se verifica em relação a outros entorpecentes que não atravessam o território nacional, como a heroína (UNODC, 2020c), raramente encontrada no país.

De igual forma, iniciou-se uma concorrência entre as facções criminosas (Manso; Dias, 2018; Abreu, 2017), em prol do domínio dos mercados de consumo varejista e, mais à frente, pelas próprias rotas comerciais da cocaína. Controlar essas rotas colocaria o controlador em posição de proeminência e em vantagem diante de eventuais compradores internos e externos.

Isso demonstra um segundo caráter assumido pela droga, para além da feição mercadoria-dinheiro, antes explicitado: a droga se torna um verdadeiro *recurso territorial*, almejado, desejado e disputado pelos agentes territoriais componentes do circuito comercial do tráfico. Ou seja, a droga, no dizer de Silveira (2011), assume a feição de um fator explorável, que se constitui como um verdadeiro ativo, capaz, por sua vez, de ser transmutado numa posição de vantagem econômica, política, social etc. Ou, como afirma Raffestin (1993), a droga, enquanto *recurso*, constitui-se como um possível horizonte de possibilidades de ação àqueles agentes territoriais.

Por certo, a razão disso é simples: controlar o fluxo desta mercadoria significa, de igual maneira, controlar o fluxo de capital contido no produto (capital-mercadoria). Significa também controlar a oscilação de seu valor a partir das consequências decorrentes da oferta-demanda. Em último caso, significa controlar a possibilidade de seu retorno à forma--dinheiro, nos mercados consumidores locais ou junto aos exportadores para a África, Ásia e Oceania.

A droga é dinheiro em potencial. Nesses termos, como afirma Santos (2011, p. 17):

> Nunca na história do homem houve um tirano tão duro, tão implacável quanto esse dinheiro global. É esse dinheiro global fluido, invisível, abstrato, mas também despótico, que tem um papel na produção atual da história, impondo caminhos às nações. O equivalente geral torna-se afinal o equivalente real mente universal.

Ao fim, da soma desses aspectos surge o terceiro caráter inerente à droga, ao longo de sua relação comercial: ela se constitui como um *trunfo de poder* (Raffestin, 1993).

Como se verá no tópico seguinte, embora a cocaína seja compreendida como um problema global e, obviamente, represente um comércio de igual escala, de outro lado, é inquestionável que as consequências do tráfico operam diversos efeitos no âmbito dos locais atravessados por suas redes. Desse modo, é no cotidiano, nas comunidades, nas cidades, nos bairros, com suas culturas, pessoas, códigos, peculiaridades e realidades diferentes, que as particularidades decorrentes da presença da droga nos diferentes espaços se realizam.

Assim, para os agentes que se fazem presentes nestes locais ou cuja capacidade de ação é capaz de atingi-los em diferentes escalas, é assente que o controle sobre o mercado das drogas, enquanto *recurso*, permite o enquadramento das últimas enquanto *trunfos*, que, por suas qualidades, "[...] são mobilizados simultaneamente, em diversos graus" conjuntamente à população e território, com vistas "[...] à dominação sobre os homens e coisas" (Raffestin, 1993, p. 198).

Um forte exemplo dessa assertiva foi identificado por Reis Netto (2018), Reis Netto e Chagas (2018a, 2019c), em relação à territorialidade estabelecida pelas facções criminosas no cárcere: dominar o comércio de drogas, dentro das cadeias, também significava exercer poder sobre a massa carcerária, controlando não só as dinâmicas comerciais internas, mas também determinando o próprio comportamento dos encarcerados, por meio da quantidade e espécie de droga, momentaneamente disponibilizada para consumo.

Nessa perspectiva, a cocaína foi identificada como a droga preferida para momentos de enfrentamento ao poder público, em festas, rebeliões, greves e motins. A droga dada, vendida a baixos preços ou, até mesmo, vedada ao consumo ou comércio, portanto, alteraria a qualidade comportamental da massa carcerária com que passava a se relacionar (Reis Netto, 2018; Reis Netto; Chagas, 2018a, 2018c).

Outro exemplo do uso das drogas enquanto trunfos de poder, numa escala transnacional, foi apontado por Rodrigues (2004), no diz respeito ao uso do comércio de drogas como forma de fomentar grupos econômicos opositores a enfrentar governos estabelecidos. Essa técnica foi apontada em relação aos EUA, num modelo de *Guerra Suja* realizado, por exemplo, no Panamá, na década de 1960, e foi igualmente apontada (de forma mais genérica e sem dados) em relação à Venezuela, na já referida obra de Douglass (1992).

Em todo caso, deve-se reconhecer o potencial das drogas enquanto *trunfo político*, nos moldes já argumentados, de modo que o controle de seu comércio acaba gerando recursos para além do dinheiro, em si. Afinal, como bem explica Harvey (2018, p. 69), o dinheiro é um forte mecanismo de poder, que pode funcionar "como medida de valor, uma forma de economia, um padrão de preços, um meio de circulação, [...] unidade de conta, dinheiro de crédito e, por fim, [...] meio de produção para produzir capital".

De todo o exposto, deve-se compreender, em primeiro lugar, que a dinâmica da droga revela relações puramente comerciais, que, no entanto, encontram-se regidas por um estatuto de ilegalidade que não obsta, senão modifica suas relações e formas-de-ser no espaço.

Em segundo lugar, o processo de manufatura das drogas (discutido no tópico anterior) mostra como ela se coloca como uma mercadoria e, principalmente, como uma mercadoria-dinheiro, muito útil ao seu próprio processo de comercialização e lucrativa àqueles que conseguem realizar sua manufatura e comercialização, inclusive fomentando o surgimento de mercados consumidores finais.

Com isso, a droga se constitui como um verdadeiro *recurso* disputado por diferentes agentes territoriais em múltiplas escalas, justamente por conta dos substanciais lucros que é capaz de gerar. Por fim, tem-se que controlar a droga significa ter em mãos um significativo *trunfo de poder*, capaz de gerar posições de vantagem numa multiplicidade de relações econômicas, políticas e sociais.

É em razão desses fatores que exsurge uma multiplicidade de agentes territoriais em disputa por uma fatia do mercado internacional de entorpecentes, destacando-se, aqui, o da cocaína. Como se verá a seguir, não se trata necessariamente de um circuito econômico diferente dos demais circuitos instalados ao redor do globo, à exceção da clandestinidade, que, por sua vez, impõe um funcionamento por intermédio de mecanismos como a violência e a corrupção. Trata-se de uma *economia multiescalar*, que, como tal, organiza-se em diferentes setores, cada um com capacidade de atuação em escalas diferenciadas, dentro das possibilidades de seus recursos preliminares ou adquiridos, e que permitem, nessa perspectiva, o surgimento de uma parcela *visível* e uma parcela *invisível* do empreendimento que é o tráfico de drogas.

3.3 OS AGENTES E AS REDES DO TRÁFICO (OU ECONOMIA) DE COCAÍNA E AS MÚLTIPLAS ESCALAS DE UM FENÔMENO GLOBAL, REGIONAL E LOCAL

3.3.1 A economia da cocaína no século XXI

Como tratado nos tópicos anteriores, tem-se que o tráfico de cocaína, ainda num período de formação originária de suas redes, era constituído por "[...] grupos de narcotraficantes [...]" que "[...] controla[va]m regiões inteiras de determinados países, em particular, áreas de difícil acesso [...]" (Campos, 2014, p. 68), os quais, em seguida, deram origem aos grandes cartéis colombianos e *visíveis* organizações do tráfico, que foram duramente combatidas pelas políticas de *Guerra às Drogas*.

Esta imagem, no entanto, não espelha mais a realidade do tráfico de drogas deste início de século XXI, não obstante ainda se conheça uma série de frações materialmente visíveis deste empreendimento, a exemplo das facções criminosas brasileiras – que deixaram uma significativa marca às duas últimas décadas atuais da história brasileira – e pequenos revendedores locais (Reis Netto; Chagas, 2018a).

Em verdade, uma análise mais próxima das realidades dos cartéis, como bem propôs Rodrigues (2004), mostrou que os mesmos não eram estruturas realmente tão arraigadas a um ponto específico do território colombiano (já que havia territorialidades manifestas em diversas cidades, por organizações diferentes, que, conjuntas, compunham o que se designava como cartel) nem, tampouco, eram absolutamente antagônicas entre si, conquanto a própria história demonstrou a união dos cartéis, em diversos momentos, para a realização de grandes remessas de cocaína ao mercado norte-americano e para o controle dos preços finais do produto naquele país (Campos, 2014). Afinal,

> A manutenção e o desenvolvimento das atividades depen-
> dem da combinação do número de redes clandestinas a
> que a organização tem acesso, da qualidade das conexões
> estabelecidas com ambientes legais (instituições financeiras,
> instâncias governamentais etc.) e da perícia no manejo de
> um leque fundamental de recursos econômicos, coercitivos,
> políticos e de legitimação junto às populações das áreas
> onde atuam (Rodrigues, 2004, p. 192).

Progressivamente, as medidas repressivas, protagonizadas, sobretudo, pelos Estados Unidos da América, não só falharam em inibir a atuação das organizações do tráfico de drogas, como, ao revés, impeliram-nas
à busca por uma especialização de sua atividade, bem como à assunção
de formas e feições cada vez mais complexas, em busca de uma relativa
invisibilidade, muito mais caracterizável como uma espécie de *enraizamento
social* (territorial) (Dino, 2010), que permitiu seu ingresso numa relação
de simbiose com o sistema econômico legal, sob relações mutuamente
benéficas (Machado, 1996).

Como já restou denunciado por Chagas (2014), essa modificação
se deveu ao fato de que o tráfico de drogas funcionaria de uma maneira
análoga a uma empresa. Desse modo, tem-se que os "[...] narcotraficantes
atuam como empresários de um setor econômico ilegal [...]", no qual se
busca, "[...] apesar de todas as particularidades impostas por tal situação
jurídica, [...] acumular capital, conquistar mercados, diversificar investimentos e reinvestir em seu ramo principal" (Rodrigues, 2004, p. 194).
Diante de outros agentes antagônicos ou de desafios do mundo empresarial ilegal, é natural que estas organizações busquem novas formas e
metodologias de trabalho, ou seja, busquem constante *inovação*.

A postura de enfrentamento direto por parte dos Estados-nação,
portanto, forçou-as a uma nova formatação, sobretudo porque desacom-
panhada de uma reflexão mais profunda sobre o problema das drogas e
as consequências sociais do tráfico em cada comunidade, para além do
discurso oficial de que *drogas matam*. Atacou-se o problema com uma
solução beligerante, sem, no entanto, serem avaliadas as causas reais e
múltiplas do problema da criminalidade e do consumo de entorpecentes.

A política, portanto, foi *reducionista*.

Aliás, deve-se ressaltar que a declaração de *ilegalidade* da manufatura, transporte, comercialização etc. dessas substâncias foi e ainda é
uma *opção legislativa* (portanto, política) manifesta pelos Estados e suas
instituições oficiais.

Porém, ao contrário do que se imagina, esta opção política não deixou as drogas à margem da lei, senão acabou por atribuir um conjunto de regras *extraoficiais* à sua comercialização, como uma espécie de estatuto paralelo, que passou a reger seu funcionamento. A *mão mágica do mercado,* destarte, passou a atuar livremente perante esta economia, como bem explica Rodrigues (2004, p. 196):

> A economia do tráfico de cocaína opera dentro dos marcos da ordem econômica, ou seja, do capitalismo transnacional, mesmo que transite à margem da ordem legal. Ainda que à margem, um mercado ilegal não pode ser minimamente entendido sem um parâmetro de legalidade; em outras palavras, não há ilegal sem legal. Um ambiente ilegal só pode ser assim compreendido se um corpo jurídico dessa maneira o define: portanto, qualquer mercado ilegal é uma criação jurídica. O controle crescente pelo qual o consumo e a produção de drogas psicoativas passou desde princípios do século processou-se pela incorporação aos ordenamentos jurídicos de todo um rol de substâncias antes isentas de fiscalização ou de repressão estatais. Desse modo, podemos sustentar que relações não mediadas pela lei são paulatinamente enquadradas em marcos normativos. A Proibição das substâncias psicoativas é, deste ponto de vista, a verdadeira legalização das drogas.

A este respeito, prossegue:

> O mercado ilegal da cocaína não é a face oposta da racionalidade capitalista. Mas é a forma mais descarnada que podem adquirir esses valores, é a radicalização da lógica capitalista que não suporta contraditores ou oposições para a realização de seus fins. Importante lembrar que o capitalismo comercial, ou mercantilismo, que levou as potências europeias a todos os ermos do planeta, promovendo a acumulação que propiciaria o surgimento do capitalismo industrial e da economia em conformidade com a ordem legal, também se sustentou no tráfico de sedas, drogas e pessoas (Rodrigues, 2004, p. 195).

No mesmo sentido afirmado por Carvalho (2016), tem-se que a lei brasileira antidrogas — Lei n.º 11.343/2006 (Brasil, 2006) — apenas engloba um conjunto de proibições voltadas a uma prática comercial de determinadas substâncias. Trata-se, portanto, de uma proibição de um comércio até então existente no espaço-tempo. A experiência prática da proibição, no entanto, não ocasionou a cessação do mercado de drogas nos diversos territórios legais dos países, senão resultou numa espécie de delimitação jurídica de que o uso das matérias-primas dos entorpecentes poderia ser legalmente explorado por uns (notadamente a indústria farmacêutica), e, à própria sorte, continuaria sendo ilegalmente empreendido por outros.

Numa análise genealógica do tráfico de drogas no século XXI, Reis Netto e Chagas (2018c) identificaram, em igual sentido, que, para além de razões médico-sanitárias (realmente relevantes, considerando-se o potencial danoso das drogas em geral), a proibição do comércio de determinadas substâncias sempre se mostrou enquanto um fenômeno diretamente atravessado por questões econômicas, sendo estas, em verdade, as principais determinantes da existência das listagens sanitárias restritivas, ao invés de uma suposta preocupação concreta com a saúde da população.

Desse modo, o proibicionismo (e a política de Guerra às Drogas) representou uma forma político-legislativa de tratamento do mercado de substâncias psicoativas ou entorpecentes em geral, bem como uma opção política que interferiu, diretamente, na cadeia produtiva de seus insumos, em suas redes, suas práticas, na vida de seus agentes territoriais, no *modus operandi*, preços e práticas de consumo.

Não se trata de uma escolha, portanto, consistente em deixar o comércio de drogas à margem da lei, como bem disseminam discursos oficiais pouco reflexivos a respeito do problema, mas uma intervenção política direta que, na prática, abandonou o problema às raias de um mercado absolutamente *livre* de qualquer espécie de controle, e cujos lucros acabaram por ser interessantes aos agentes territoriais dos locais que são atravessados pelas redes do tráfico de drogas (como se verá mais adiante, neste estudo). O punitivismo, dentro de seus limites, é a política pública. Às polícias, parece caber o único esforço, a despeito da amplitude social do problema das droga e suas consequências sanitárias, econômicas, sociais etc.

Por tais motivos, deve-se reafirmar que os atuais moldes do empreendimento do tráfico, certamente decorrem, diretamente, das políticas públicas praticadas em relação ao mesmo, que apostam num regime de repressão direta (D'Élia Filho, 2014), (talvez) sem uma aparente reflexão em torno de causas e consequências.

Como resultado, no âmbito da legalidade, grandes conglomerados econômicos da indústria farmacêutica passaram a deter o monopólio do manejo e comercialização de substâncias oriundas dos princípios ativos dos entorpecentes, cuja negociação é livremente exercida no mercado global (rendendo cifras inestimáveis), ao passo que, de outro lado, houve uma reconfiguração dos agentes territoriais do comércio ilegal de drogas – o assim denominado tráfico, que passou a se estratificar de maneira diferenciada, no âmbito da ilegalidade (também sob lucros expressivos).

Acreditava-se, ao longo dos contornos iniciais desta pesquisa, que essa nova (re)configuração poderia ser explicada à luz da teoria dos sistemas econômicos e geográficos defendida por autores como Santos (2008) e Silveira (2011, 2013), uma vez que a realidade do comércio de drogas confronta uma economia superior, internacionalizada, com alta capacidade negocial e, de outro lado, um sistema menor, com capacidade de atuação em escalas regionais ou locais somente. Contudo, uma leitura acurada da realidade econômica a partir dos postulados propostos por autores como Harvey (2016, 2018), por exemplo, compreendeu-se que a economia (lícita ou ilícita) passou por intensas transformações neste início de século XXI, que tornaram os fluxos financeiros e relações de troca mais intensas e estratificadas do que se poderia compreender a partir da lógica da teoria dos sistemas.

Hoje, embora ainda exista uma relativa separação entre pequenos comerciantes e os grandes conglomerados econômicos, não se pode olvidar a facilidade e simplicidade com que aqueles primeiros acessam o capital e o crédito (a juros), num verdadeiro sistema de capilaridade desempenhada pelas instituições financeiras na atualidade. De igual maneira, há diversas formas de relacionamento direto entre os grandes conglomerados e as pequenas economias locais, mediante regimes de franquia, estocagem diferenciada, associativismo etc., assim como uma maior capacidade de atuação escalar por parte de agentes locais, em decorrência da disseminação das tecnologias da informação e comunicação, sobretudo após o advento da pandemia da covid-19, a partir do ano de 2020.

Assim, embora, de um lado, não se possa abolir totalmente a estratificação das economias em circuitos de um nível superior (ou de lucros globais ou nacionais) e de níveis inferiores (com efeitos mais locais e lucros comparativamente mais restritos), conforme as teorias de Santos (2008, 2017) e Silveira (2011, 2013), de outro lado, deve-se admitir que a ideia de *totalidade* (Santos, 2017; Lefebvre, 2000) foi alçada a níveis inéditos de entrelaçamento espacial, pelo que seria imprudente tentar compreender a realidade dos diversos locais a partir de um único modelo (inerente a modelos do século XX), especialmente ao se considerar a realidade das redes de tráfico de drogas na atualidade.

O já mencionado fenômeno de enraizamento social (Dino, 2010), que ocasiona o funcionamento de organizações multinacionais do tráfico por intermédio de mecanismos inerentes ao sistema financeiro e de bens e serviços dos Estados-nação, numa simbiose entre lícito e ilícito, bem como a multiplicidade de atividades ilícitas desempenhadas por semelhantes agentes e redes, dando origem ao que denomina de poli-tráfico (Labrousse, 2010; Campos, 2014), não mais permite uma análise meramente setorizada do fenômeno.

Nesse sentido, há razão na afirmativa de Neumann[8] (2018, p. 37) de que:

> Redes mais horizontalizadas contam também com táticas de sobrevivência muito mais adaptáveis e com uma complexidade estrutural maior, dificultando o trabalho das autoridades que pretendem destituí-las. A operação no molde de uma trama formada por células frouxamente conectadas dá uma flexibilidade organizacional maior a cada uma delas, reduz o risco de infiltração de agentes da lei, garante uma eficiência mais elevada e protege as lideranças.
> [...]
> Esse processo constante de ruptura, movimentação, reconexão, expansão e novas rupturas faz com que essas organizações se comportem como um organismo vivo e vibrante, reativo aos estímulos do dinheiro e poder.

Ousa-se acrescentar: esse mecanismo vivo é um comércio. Global, efetivo, que atende a uma demanda ininterrupta e cujos mecanismos de controle, como já afirmado, se pautam na mera repressão, que, ao fim e ao cabo, atinge somente uma parcela seletiva desse empreendimento econômico internacional.

---

[8] A bem da verdade e honestidade intelectual, deve-se explicar o "há razão na afirmativa" em razão de ser a autora Neumann (2018) uma defensora das políticas de Guerra às Drogas, por ora criticada à luz de teóricos de diversas ciências, igualmente referidos neste trabalho. Ainda assim, sua experiência e contato com o fenômeno transnacional do tráfico, traz à baila discussões e pontos de reflexão que devem, por obrigação, ser reconhecidos e refletidos, como na passagem acima, num justo exercício (hermenêutico-dialético).

É necessário vislumbrá-lo, portanto, em interação e enquanto um fenômeno que interliga, a todo momento, o local e o global. Como adverte Harvey (2016, p. 59), "[...] é estupidez tentar entender o mundo do capital sem levar em conta os cartéis de drogas, os traficantes de armas e as várias máfias e outras formas criminosas de organização [...]", que, pelas trocas simbólicas cotidianamente realizadas, entram em uma inseparável simbiose entre si e junto ao mercado e sistemas oficiais.

Afinal, explicando uma das possíveis *razões do sucesso* das práticas de lavagem de capitais ilícitos no mundo, acrescenta o autor:

> Em princípio, os banqueiros não se importam, por exemplo, que seus lucros e bônus exagerados tenham origem em empréstimos a proprietários de terras que extraem aluguéis exorbitantes de inquilinos oprimidos, em comerciantes que enfiam a faca em seus clientes, em operadoras de cartões de crédito e companhias telefônicas que enganam os consumidores, em caixas hipotecárias que executam ilegalmente um imóvel ou fabricantes que exploram impiedosamente seus trabalhadores (Harvey, 2016, p. 60).

O dinheiro não fede – *non olet*[9].

Desse modo, a tentativa de compreensão das redes de tráfico de cocaína, depende, como elemento preliminar, da compreensão das etapas da circulação do capital decorrente desta atividade, que, como visto, atravessa os âmbitos legais e ilegais da economia dos diferentes lugares, de modo a revelar que a *economia da droga* não se realiza somente nos locais onde a mesma, efetivamente, faz-se presente em sua forma-mercadoria, mas, também, nos locais onde o capital decorrente dessa economia é (re)investido.

Obviamente, há uma grande dificuldade de persecução dos valores e perfeita designação do que detém origem lícita ou ilícita, de modo a deixar claro o papel de cada local dentro das dinâmicas territoriais do tráfico de drogas. De outro lado, um esforço possível, certamente, diz respeito à identificação dos agentes que atuam nessa economia e, a partir de suas relações, realizar o estabelecimento de possíveis caminhos relativos ao capital que perpassou por suas mãos.

---

[9] A expressão, inclusive, designa um princípio do direito tributário (portanto, inerente não só ao âmbito econômico da legalidade, como, sobretudo, ao Estado), que informa "que embora o tributo só decorra de atividade lícita, não quer dizer que atividade tida por ilícita não possa ser tributada", ou seja, "[...] quem auferir renda deverá pagar imposto de renda, tornando-se irrelevante para o surgimento da obrigação tributária a forma como tal renda foi auferida" (Coelho, 2010, p. 1).

Nessa esteira, para a compreensão das redes, perfaz-se necessária também a análise de quem são os agentes territoriais do tráfico de drogas e, por sua vez, como sua atuação (com diferentes capacidades e consequências na escala dos locais, regiões e do globo) garante o funcionamento da economia da cocaína.

3.3.2 Os agentes territoriais do tráfico de cocaína, sua visibilidade e diferenciada capacidade de atuação escalar

Como tratado no tópico anterior, a (re)configuração da economia do tráfico de drogas assumiu uma feição diferenciada neste início de século XXI, como consequência da repressão aplicada pelas políticas de Guerra às Drogas, da necessidade de invisibilidade das organizações, da especialização dos empreendimentos, do enraizamento social, e em decorrência das novas tecnologias da informação e sua integração às mais diversas atividades (incluindo o tráfico). Com isso, observou-se também uma transformação da atuação dos agentes e sua efetiva organização, bem como sua capacidade de atuação escalar.

De pronto, deve-se afirmar que ainda é possível uma delimitação desses agentes territoriais conforme dois setores: um transnacional; outro mais regional ou local. Nesse sentido, Rodrigues informa que:

> Dois setores que conformam a economia narcotraficante: o setor oligopólico e o competitivo. O primeiro reúne as empresas ilegais que controlam as etapas do refino da pasta base em cocaína e que dominam as rotas que fazem a droga chegar aos centros consumidores; são grupos extremamente hierarquizados, diminutos em número de homens, muito organizados e poderosos. O setor competitivo compreende as extremidades da economia da cocaína: numa ponta, os inúmeros grupos que controlam a compra de folhas de coca e a transformação primeira das folhas em pasta base; no outro terminal, as organizações varejistas que disputam diariamente o mercado dos centros consumidores (2004, p. 188).

Em relação aos mencionados setores da economia do tráfico — o *oligopólico* e o *competitivo* —, tem-se que sua formatação assume aspectos próprios em cada Estado-nação (Rodrigues, 2004; Neumann, 2018) — o que é um fenômeno geográfico natural, como se verá na seção seguinte. Contudo, tomando-se por base a escala geográfica de análise deste estudo e seu (imprescindível) diálogo com as escalas maiores e menores correspondentes, é possível a delimitação de agentes territoriais atuantes na realidade brasileira, em especial a amazônica. Porém, preliminarmente à efetiva descrição, também é importante destacar que estes agentes assumem diferentes níveis de visibilidade e capacidades de atuação escalar, o que é relevante para a sua correta descrição e classificação.

Em primeiro lugar, compreenda-se por *visibilidade* o quanto um determinado agente territorial pode ser percebido, ou não, em sua atuação corriqueira, em razão do conjunto de bens que possui, valores que movimenta ou, simplesmente, capacidade de poder que possui sobre outros agentes e sobre o Estado. A visibilidade é o absoluto contrário do que pretendem as organizações do tráfico na atualidade, uma vez que, quanto maior for sua discrição no espaço em que atuam, menor é a possibilidade de serem atingidas pelas políticas de Guerra às Drogas e atuação comum dos órgãos de segurança dos Estados-nação.

Em segundo lugar, compreende-se por *capacidade de atuação escalar* o quanto um determinado agente é capaz de emitir vetores (forças, decorrentes de suas intencionalidades) a partir de uma "escala de origem", realizando-os, eventualmente, "[...] em diversos lugares, próximos ou longínquos" (Santos, 2017, p. 152). Um agente territorial, ao exercer sua relação com o espaço e na busca pela realização de suas intencionalidades, emite vetores (forças, energias etc.) de um ponto de origem que, ao se disseminarem pelo espaço, combinam-se "[...] para solidariamente constituir uma área comum de ocorrência, que é a escala de sua realização", a qual corresponderá a outros lugares, cujo atingimento poderia ser pretendido, ou não, pelo agente (Santos, 2017, p. 152).

Dessa forma, por exemplo, pode-se afirmar que a capacidade de atuação escalar de um agente internacional do tráfico pode condicionar uma série de objetos e ações de outros agentes em diferentes lugares do globo, inclusive de forma independente de sua vontade, uma vez que os eventos resultantes dessa intencionalidade variarão conforme sua combinação com as demais intencionalidades de outros agentes e demais intencionalidades carregadas pelos objetivos existentes ao longo desse mesmo espaço. O mesmo já não é facilmente afirmado em relação a um agente local que, sem maiores recursos ou capacidades econômicas, dificilmente conseguirá uma atuação para além da escala do próprio local.

Assim, Santos (2017, p. 153) explica que:

> Assim, a escala de origem do evento tem que ver com a força do seu emissor. É raro que o governador de um estado ou o prefeito de um município tenham condições para criar outra coisa além de, respectivamente, eventos regionais ou locais. Enquanto isso, no âmbito geográfico de uma região ou de um lugar, as escalas superiores de ação estão frequentemente enviando vetores. Esses vetores de diferentes níveis hierárquicos se combinam para solidariamente constituir uma área comum de ocorrência, que é a sua escala de realização.
>
> [...] há ações capazes de ter efeitos de abrangência mundial, no sentido de que, num dado momento, sua eficácia se faz sentir além dos níveis local, regional ou nacional, interessando pontos numerosos situados em diversos países e continentes. É só nesse sentido que se pode falar em eventos mundiais, eventos nacionais, eventos regionais e eventos locais.

A questão é fundamental para discussão que será realizada em tópico posterior, relativa à construção das diferentes territorialidades do tráfico de drogas. Por ora, de todo modo, já se afigura possível tratar dos setores, âmbitos e níveis dos agentes vinculados ao tráfico internacional de cocaína.

Tomando-se por base os estudos de Rodrigues e Araújo (2012), Reis Netto (2018), Reis Netto e Chagas (2018a, 2018b, 2019c), Dias e Manso (2018), por exemplo, tem-se que os agentes territoriais vinculados ao tráfico de cocaína (explicação também aplicável, eventualmente, a outros tipos de entorpecentes) podem ser classificados da seguinte forma: A) No setor oligopólico, primeiramente, podem ser divididos: A.1) no âmbito da ilegalidade: A.1.1) agentes internacionais do tráfico de drogas; A.1.2) organizações nacionais ou internacionais de atravessadores e distribuidores; A.2) no âmbito da semilegalidade: A.2.1) responsáveis pela atividade de lavagem de capitais; A.2.2) agentes públicos ou privados cooptados pelos agentes do tráfico; A.3) no âmbito da legalidade: A.3.1) agentes envolvidos com o sistema financeiro oficial; A.3.2) agentes do sistema financeiro extraoficial; B) No setor competitivo, poderiam ser divididos: B.1) no âmbito da ilegalidade: B.1.1) agentes responsáveis pela manufatura agrícola da matéria-prima base da cocaína; B.1.2) agentes utilizados na atividade direta de transporte e manufatura secundária da droga; B.1.3) organizações locais de distribuição e revenda de drogas; B.1.4) pequenos varejistas de drogas; B.2) no âmbito da semilegalidade:

B.2.1) responsáveis pela lavagem de capital num âmbito local ou regional;
B.2.2) agentes públicos ou privados cooptados pelos agentes do tráfico num âmbito local.

Como resta ilustrado a seguir, a forma de atuação de cada um desses agentes complementa o complexo sistema do tráfico de cocaína no Brasil (e, invariavelmente, por suas conexões, repercute também na escala mundial), contudo a partir de diferentes locais e escalas, assim como por meio de ações específicas. A seguir, observa-se um organograma desses agentes.

Figura 14 – Organograma dos níveis, âmbitos e escalas de atuação dos agentes territoriais do tráfico de cocaína no Brasil

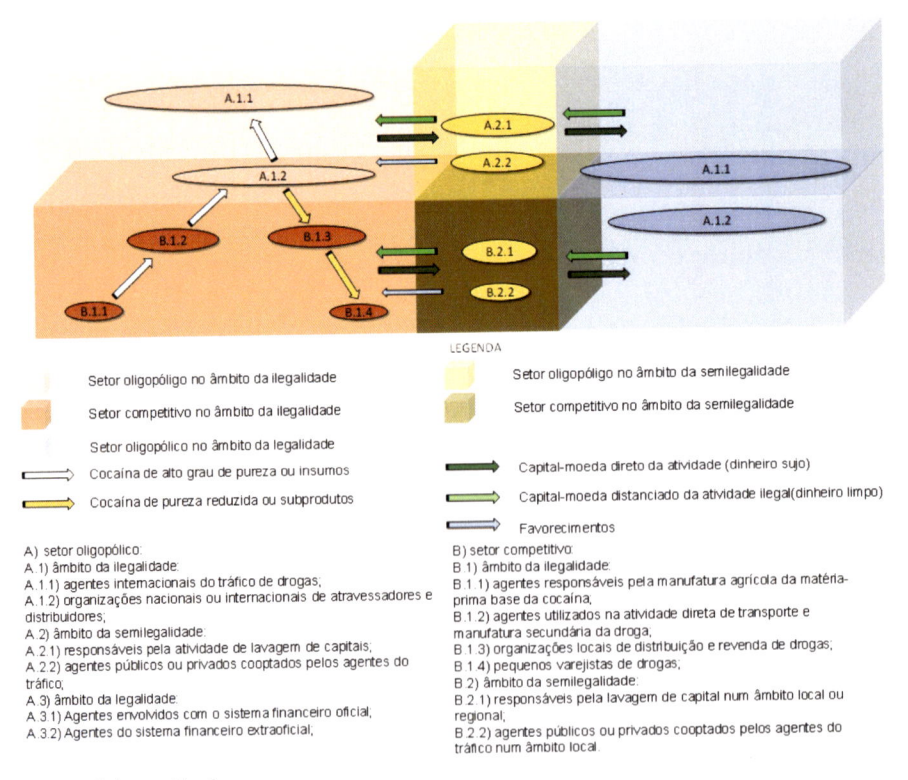

Fonte: elaboração do autor

Conforme esta classificação, observa-se, primeiramente, os agentes internacionais do tráfico de drogas (A.1.1). Trata-se de agentes com capacidade de atuação escalar internacional, ou seja, que conseguem, por meio de seus recursos financeiros e técnicos, mobilizar outros agentes em diferentes países, para escoamento de entorpecentes para os grandes mercados mundiais, nos quais os valores atingem os potenciais máximos de lucratividade.

Tem-se, como exemplos desses agentes, as grandes máfias italianas e asiáticas (Dino, 2010; Labrousse, 2010; Campos, 2014), que negociam a cocaína diretamente com grupos responsáveis pelo seu atravessamento na América Latina, para aquisição de grandes remessas que abastecem os mercados europeu e asiático. Há exemplos, inclusive, de muitos desses agentes que se deslocam para a América Latina (em países como o Brasil), para garantia de uma intermediação mais segura e próxima das negociatas do produto, como relatado em casos abordados por diversos autores na literatura (Saviano, 2014; Abreu, 2017, 2021; Neuman, 2018).

No entanto, esses grandes *chefes* ou *capos* (Saviano, 2014; Abreu, 2021) também podem surgir na América Latina e expandir relações ao longo do planeta, como no caso do mítico traficante brasileiro *Cabeça Branca*. Porém, essa situação tem se mostrado cada vez menos comum, em razão de uma grande concentração histórica de medidas repressivas inerentes à Guerra às Drogas, justamente nos países que se constituem como os polos agrícolas ou detêm os locais que se configuram como os *nós* das redes de transporte.

Igualmente, deve-se afirmar que aqueles não se especializam numa única espécie de tráfico (Naim, 2006), mas, neste século XXI, têm expandido sua atuação por diversos *ramos* de atividades ilícitas, como o contrabando ou, até mesmo, a corrupção e o envolvimento com o (conceitualmente complexo) terrorismo, caracterizando o que se nomina *politráfico*.

A tônica de sua atuação é a invisibilidade. Há uma grande preocupação, por parte dos agentes deste nível, de realizar qualquer espécie de contrato direto com os entorpecentes comercializados, de modo que buscam a coordenação de agentes de escalas menores, para execução de suas atividades (Rodrigues, 2004). Igualmente, valem-se dos agentes do âmbito da semilegalidade e da legalidade para ocultar os lucros obtidos, por meios de mecanismos de lavagem de dinheiro que promovem a reinserção de valores lícitos (de forma bastante conveniente, aliás) nas economias dos lugares em que se encontram ou investem, bem como promovem a ocultação da ilicitude de sua atuação.

Com isso, conseguem concentrar capitais (em diversas modalidades) ao longo do tempo, tornando-se pessoas potencialmente interessantes às cidades em que vivem ou investem, uma vez que, ao longo do processo, precisam deter atividades econômicas oficiais que justifiquem o capital adquirido. Assim, tornam-se empresários bem-sucedidos (e lícitos geradores de empregos), pessoas que incentivam investimentos sociais e políticos e, especialmente neste último caso, conseguem alçar sua influência aos níveis máximos de influência nas políticas locais (e, talvez, até regionais ou nacionais).

Ou seja, promovem o que Dino (2010) compreende por *enraizamento social*, que representaria um conjunto de ações e práticas consistente na criação e manutenção de uma presença histórica e um consenso quanto à sua existência e capacidade econômica e de investimento, que, por sua vez, tornaria desinteressante a muitos outros agentes territoriais sua efetiva eliminação ou desmantelamento (mesmo que sua real atividade seja ilícita).

No mesmo sentido, Pereira (2016, p. 32) informa que:

> As organizações criminosas, portanto, passam a ter como aliados agentes do poder público, em razão dos recursos destinados até mesmo a campanhas eleitorais, podendo ainda oferecer serviços que deveriam ser prestados pelo próprio Estado, como segurança e saúde, e, dessa forma, ganhar respaldo popular e poder constituir até um Estado paralelo O fabuloso fluxo de capitais lavados permite a conquista de espaços de poder, a ocasionar gradual destruição do tecido econômico do Estado. De tal sorte, as organizadas associações transnacionais passam a interferir na vida econômica, social e política das comunidades em que atuam. Com o grande poderio econômico que o crime organizado adquiriu, tornou-se conveniente eliminar a maior ameaça ao seu desenvolvimento: a persecução penal estatal. Nesse sentido, é pela corrupção que a organização criminosa encontra poderio político, garantidor de sua estabilidade, de forma a passar a ter influência nas investigações e julgamentos dos crimes praticados.

A capacidade de atuação escalar desses agentes é internacional, e, como dito, pressupõe ações concatenadas em uma complexa rede, conectada às ações de outros agentes territoriais no âmbito da legalidade, semilegalidade e ilegalidade. E, como atuam num âmbito internacional, as escolhas desses agentes ocasionam uma movimentação de uma verdadeira engrenagem transnacional, que motiva a produção agrícola nos países originários dos insumos da cocaína, com a realização de sua manufatura e transporte, materializando o que Santos (2017) compreende por *vetor de horizontalidade* (questão explicada adiante).

Como os valores concentrados nesse setor, igualmente, são bastante significativos (Labrousse, 2010; Campos, 2014), sua capacidade de acumulação tem permitido às organizações ilícitas o financiamento e a contratação de outros grupos territoriais regionais, garantindo: a) o controle da compra dos insumos básicos da produção de cocaína (Campos, 2014), permitindo o tabelamento de preços de compra e a caracterização da figura dos oligopsônios, sobretudo da folha da coca (Fox *et al.*, 2020); b) a especialização de redes de transporte das drogas, em muito aproveitando-se de estruturas lícitas de logística e transporte ou financiando seus próprios meios experimentais (como os submarinos do tráfico), de acordo com o nível dos lucros gerados pela atividade (Rodrigues, 2004; Araújo, 2012; Campos, 2014; Fox, 2020); c) o controle dos preços finais do produto em diversos mercados consumidores finais (variável, conforme critérios nada claros de oferta e semana, que não levam em conta níveis de pureza ou qualidade dos produtos finais) (Araújo, 2012; Campos, 2014; Saviano, 2014).

Esses agentes atuam de forma muito próxima das (A.1.2) organizações nacionais ou internacionais de atravessadores e distribuidores, que constituem grupos regionais, nacionais ou internacionais (porém, neste último caso, adstritos ao mesmo continente), com capacidade de atuação escalar reduzida em comparação a dos agentes internacionais. Estes agem ou mediante acionamento pelos agentes internacionais ou de maneira espontânea (diante da naturalidade e constância das demandas daqueles), no sentido de agenciar toda a logística necessária (junto ao setor competitivo) ao escoamento da droga dos países andinos até as portas de saída do Brasil (ou outros países que se constituam como rotas).

Para além do transporte, podem também realizar a atividade de manufatura da pasta-base de cocaína em cocaína de alto grau de pureza, desde que detenham redes para acesso aos insumos e a logística necessária para o processo de depuração da pasta-base em pó de cocaína (a *alquimia do ouro branco*), valendo-se, para tanto, de (B.1.3) organizações locais de distribuição e revenda de drogas.

Por sua atuação em escalas menos abrangentes (repita-se, se comparada a dos agentes internacionais do tráfico) e por sua maior proximidade com o setor competitivo, estes se tornam alvos relativamente mais detectáveis por parte dos órgãos de segurança pública e, por tais motivos, tornam-

-se potencialmente atingíveis pelas operações e investigações. Ainda assim, estes agentes são reprimidos em proporções significativamente inferiores do que costuma ocorrer em relação aos agentes do setor competitivo do tráfico, conseguindo preservar seus atores de cúpula, como praxe ou, ainda assim, mantê-los em suas funções mesmo num contexto de encarceramento (o que é comum no Brasil) (Reis Netto, 2018).

Como exemplos desse tipo de agentes territoriais, no Brasil, encontram-se organizações mais hierarquizadas, centradas na figura principal de um grande narcotraficante, como os grupos comandados por traficantes famosos, como o Tio Patinhas e o Libanês (Abreu, 2017), ou, desde o final do século XX, por organizações agregadoras de criminosos simples, estratificadas em regimes celulares (como o Primeiro Comando da Capital – PCC) (Manso; Dias, 2018), ou em regimes assemelhados a franquias (como o Comando Vermelho – CV) (Amorim, 2011, 2013), assim nominadas *Facções Criminosas*.

Essas organizações, como dito, desempenham um papel central no agenciamento e financiamento de agentes do setor competitivo, que desempenharão toda as atividades que necessitam de um *contato mais direto* com o entorpecente. É por meio delas que a mão de obra do tráfico é efetivamente adquirida, sob promessas de lucros numa economia que, de fato, movimenta quantias não obtidas facilmente no âmbito formal, ou, ainda, sob apelos ideológicos de paz entre os ladrões ou de irmandades, neste caso, comuns às facções (Feltran, 2018).

Ademais, desempenham também estratégias de ocultação de suas atividades e aproximação de diversos setores das sociedades e economias locais, por meio de diversos mecanismos de associação a agentes públicos e privados, chegando a atingir certos níveis de enraizamento social (Dino, 2018), que, em última instância, lhes confere níveis de poder que permitem até mesmo um enfrentamento direto ao Estado (Reis Netto, 2018; Reis Netto; Chagas, 2018a, 2018b, 2018c, 2019a, 2019b, 2019c, 2019d; Reis Netto *et al.*, 2019a, 2019b, 2020), como meio de barganha por uma maior liberdade de suas atividades.

Por conseguinte, tanto essas (A.1.2) organizações nacionais ou internacionais de atravessadores e distribuidores quanto os (A.1.1) os agentes internacionais do tráfico de drogas valem-se de um conjunto de (A.2.1) responsáveis pela atividade de lavagem de capitais e (A.2.2) agentes públicos ou privados cooptados, para o sucesso de suas atividades.

A atuação dos agentes pertencentes a essas duas últimas categorias se dá mediante o uso de diversos mecanismos e prerrogativas inerentes a funções legais (ínsitas a cargos públicos, privados, ligados ao sistema financeiro etc., conforme o caso), contudo exercidas sob nítido desvio de finalidade, de modo a favorecer não o interesse público, senão interesses vinculados aos dois primeiros grupos de agentes territoriais do tráfico.

Esse agentes mesclam sua atuação ilícita com atividades legais, até mesmo como forma de disfarçá-las. Daí falar-se em sua inclusão num âmbito de semilegalidade (já que, ao menos oficialmente, o âmbito da licitude ainda é a ocupação principal desses agentes, embora colaborem — e lucrem — significativamente com as atividades ilegais).

Em primeiro lugar, tem-se que os (A.2.1), responsáveis pela atividade de lavagem de capitais, assumem a função de realizar o:

> [...] conjunto de operações e procedimentos - que objetiva dar aparência de origem lícita a bens economicamente mensuráveis, provenientes de condutas ilícitas, fazendo com que esse patrimônio possa ser usufruído e introduzido na economia formal sem levantar suspeitas das autoridades (Pereira, 2016, p. 46).

Em linhas mais simples, eles são responsáveis pela ocultação da origem do capital – o dinheiro sujo, como é vulgarmente chamado – originário das atividades ilícitas, pouco importando sua forma (dinheiro, mercadoria, finanças etc.), mediante o uso de uma série de operações de inserção destes valores no sistema econômico (oficial ou extraoficial), por intermédio de técnicas que dificultam a identificação de sua procedência, seguindo-se à realização de transferências e transações voltadas a confundir os órgãos oficiais quanto ao *caminho* percorrido pelo capital, de modo a permitir, finalmente, sua integração *formal* ao sistema econômico (Rizzo, 2013, p. 27).

Há diversos exemplos de metodologias inerentes à lavagem de dinheiro, no nível oligopólico do tráfico de drogas, os quais, cada vez mais, utilizam-se de técnicas mais complexas e de difícil detecção.

Saviano (2011), por exemplo, cita a aquisição de obras de arte, bens de alto valor (como carros e artigos de luxo, como relógios), que permitem a transformação do capital-monetário ilícito em mercadorias-dinheiro, cujo valor sempre será estimado conforme complexos critérios abstratos (afinal, o valor de uma obra de arte remete muito mais ao valor de uso do que, necessariamente, ao valor decorrente do trabalho) e sua posterior revenda por importes declarados como muito maiores do que aqueles verdadeiramente cobrados.

O Conselho de Controle de Atividades Financeiras (Brasil, 2016) destaca também a aquisição de imóveis no Brasil, por meio da simulação de transferência de moeda estrangeira ilicitamente inserida via fronteira; a utilização de empresas de fachada, que justificariam a falsa celebração de contratos de compra e venda não facilmente mensuráveis (como lojas de eletrônicos, restaurantes etc.); uso do sistema dólar-cabo, entre outros.

Já Anselmo (2013, p. 47-48) destaca a:

> [...] negociação de direitos sobre contratos relacionados a atividades desportivas, transporte de valores, comercialização de bens de origem rural, ou ainda a atuação nos serviços de assessoria, consultoria, contadoria, auditoria, aconselhamento ou assistência, que tem sido utilizadas com frequência para a lavagem de dinheiro.

Enfim, inúmeras são as possibilidades, variando conforme as brechas observadas nos mecanismos de controle e a criatividade dos agentes especializados em técnicas de movimentação no sistema financeiro, que, melhor que quaisquer outros, passam a se tornar *experts* no desenvolvimento de novas metodologias de ocultação.

A escala de atuação desses agentes, por sua vez, costuma variar significativamente conforme cada caso, configurando desde pequenas agências de viagem financiadas pelos agentes internacionais do tráfico (Neuman, 2018) para ligação entre pequenos grupos de diferentes países, a grandes empresas nacionais ou estrangeiras, com vínculos em diversos locais do mundo, que usam do volume de suas atividades para a ocultação de capitais de origem ilícita (Brasil, 2016). Ainda assim, trata-se de uma escala de abrangência, no mínimo, regional, conforme apontam os exemplos literários consultados.

Por conseguinte, tem-se os (A.2.2) agentes públicos ou privados cooptados pelo tráfico de drogas. Trata-se de um conjunto de agentes que exercem atividades de natureza diversa, num âmbito legal, porém cuja atuação propicia uma miríade inimaginável de favorecimentos aos agentes do âmbito da ilegalidade, em troca de benefícios diversos decorrentes do capital ilícito destes últimos.

Há diversos exemplos albergados por Saviano (2014) e Abreu (2017), que demonstram a identificação de autoridades políticas com o tráfico de drogas. De representantes políticos nacionais, regionais e locais a membros das próprias forças incumbidas do combate ao tráfico (policiais e fiscais, em geral), e, inclusive, membros do próprio sistema judiciário. No Brasil, já se identificaram diversos casos de envolvimento, até mesmo, das próprias forças armadas com o crime organizado (Abreu, 2017).

Na esfera privada, identifica-se o envolvimento de bancas de administração, contabilidade e advocacia com grupos criminosos em geral, assim como diversas empresas que fornecem bens para facilitação de atividades do tráfico, não obstante tenham conhecimento direto da atividade-fim desempenhada por seus clientes (Abreu, 2017; Neumann, 2018).

Reis Netto e Chagas (2018a) destacam, por sua vez, que essa cooptação de agentes externos amplia a capacidade de atuação escalar dos traficantes sobre o espaço, não só garantindo a preservação de uma *lei do silêncio*, decorrente da participação econômica dos agentes corrompidos junto aos lucros do empreendimento ilegal, como, sobretudo, garantindo a efetividade do enraizamento social dos agentes dessa atividade, num processo já descrito anteriormente. No mesmo sentido, Pereira (2016, p. 31) assevera:

> Por isso mesmo, a subsistência do crime organizado depende, sobretudo, da infiltração de seus agentes nos meios políticos, sociais e econômicos, além de outras esferas do poder. A estratégia é perfeitamente lógica, uma vez que uma das características do crime organizado é a obtenção de lucro por meio da oferta de bens e serviços escassos, proibidos ou moralmente repelidos, de forma que a manutenção de uma rede de conexões que preserve a discrição de seu empreendimento é fundamental.

Justamente pela ampliação dessa *rede de conexões* afirmada pelo autor, é que se amplia, também, a capacidade de atuação escalar das (A.1.2) organizações nacionais ou internacionais de atravessadores e distribuidores, bem como dos (A.1.1) agentes internacionais do tráfico de drogas, descrita por Reis Netto e Chagas (2018a), sob a lógica do território-rede.

Já a capacidade de atuação escalar desses (A.2.2) agentes públicos ou privados cooptados pelo tráfico de drogas, por sua vez, é variada. Contudo, no nível oligopólico, por seus recursos e capacidade técnica, certamente ela representa uma atuação que se dá, pelo menos, num nível regional e que também se afigura capaz de se ampliar progressivamente, de acordo com a continuidade da participação junto aos negócios (e lucros) das organizações nacionais ou internacionais.

Por conseguinte, abaixo do (A) setor oligopólico, e de maneira substancialmente mais visível e sensível em relação a este, encontra-se o (B) setor competitivo do tráfico de cocaína. Rodrigues (2014, p. 188) explica as características desse setor:

> Setor competitivo: composto por duas fases, ambas nos terminais do mercado ilegal, este setor compreende o início do circuito da droga (plantadores de coca e traficantes que concentram o primeiro processamento da folha, convertendo-as em pasta base) e a ponta última, representada pelas organizações que recebem a cocaína dos grandes atacadistas e a revende aos consumidores. Esses terminais congregam um grande número de atores que disputam, frequentemente de maneira violenta, espaços para prover os grandes oligopólios ou para manter o posto de revendedor (varejista) da cocaína processada por uma em presa narcotraficante. Cada organização do setor competitivo maneja um volume ínfimo de cocaína/pasta base com relação à quantidade global de coca (refinada ou em semi-refinada) que é manipulada pelas empresas oligopólicas, e suas atividades, dispersas numa infinidade de redes e conexões, tendem a ser menos "clandestinas" que as ações conduzidas pelas grandes empresas do tráfico.

Como se observa, a visibilidade é, certamente, a característica principal deste setor, justamente por englobar os agentes territoriais que manifestam um contato direto com a droga e/ou com o dinheiro diretamente decorrente de sua venda ao consumidor final.

É justamente em razão dessa visibilidade que esta categoria de agentes territoriais se coloca como a mais suscetível de sofrer uma maior repressão (por vezes veemente e violenta) por parte dos órgãos de segurança, desvirtuando qualquer possibilidade de efetivo sucesso inerente à política internacional de Guerra às Drogas (Reis Netto; Chagas, 2018c). Esse fenômeno, compreendido como uma atuação seletiva do sistema penal, ocorreria, conforme D'Élia Filho (2014), em decorrência de dois motivos essenciais: a) os naturais limites territoriais (legais) de atuação dos estados ou unidades federativas e seus respectivos órgãos; assim como

b) dos limites inerentes à capacidade material de atuação das forças de segurança pública[10] (que, além disso, demonstram sérias dificuldades de diálogo mútuo).

Esses dois fatores, conjugados, revelam um problema de distribuição de competências e recursos que refreia a qualidade de ação do próprio sistema de segurança pública (no Brasil e no mundo)[11], fazendo com que somente o nível competitivo seja facilmente atingido, sem maiores danos ao nível oligopólico do tráfico (este o real responsável pela gestão de demanda e oferta das drogas).

Por sua vez, sob um olhar mais cuidadoso em torno dos *representantes* desse setor, é possível constatar que ele congloba um conjunto de pessoas socialmente excluídas do mercado formal de trabalho e das possibilidades de crescimento dentro de uma economia predatória (comum aos países capitalistas deste século XXI).

São, portanto, um conjunto de *consumidores falhos* (Bauman, 2001), que encontraram no tráfico uma possibilidade de se inserirem na sociedade de consumo, seja por puro deleite ou por necessidade de prover os mais simples dos benefícios (legalmente não garantidos ou insuficientemente providos pelo Estado). Em linhas mais simples: trata-se, no geral, de pessoas *não enquadráveis no mercado* ou, em sua maioria, *pobres* no sentido *lato*.

---

[10] No caso específico do Brasil, estas forças de combate ao tráfico de drogas, ou, simplesmente, os órgãos brasileiros de segurança pública, ou estão delimitados a bases estabelecidas diante de uma competência nacional (Polícia Federal, Rodoviária Federal e Forças Armadas) ou se encontram distribuídos em bases no âmbito das unidades federativas (Polícias Civil e Militar), ou, mais recentemente, passaram a incluir um protagonismo de despreparadas unidades municipais no combate a problemas da criminalidade (conforme o atual Plano Nacional de Segurança Pública – Lei n.º 13.675/2018) (Brasil, 2018) e suas respectivas guardas municipais.

[11] Exsurge um dos principais problemas enfrentados pelos estados em relação ao combate ao tráfico no século XXI, na percepção de Bauman (1998, 2001), não restrito somente ao âmbito da segurança e defesa: o enfrentamento de problemas transnacionais (fenômeno típico do capitalismo da atualidade e sua forte transnacionalização da economia, o que inclui, certamente, as atividades ilícitas) por Estados-nação ainda vinculados aos limites de suas (cada vez mais fragilizadas) capacidades territoriais e fronteiras. Afinal, "o crime não obedece à limitação de fronteira [...]", enquanto os Estados ainda teimam em legislar sobre "[...] criminalidade organizada sem conhecer e fenômeno e as peculiaridades locais" (Maierowich, 2010, p. 18). A segurança pública, nesse sentido, acaba manifestando uma atuação bastante restrita (aos referidos limites territoriais de competência e de capacidade material de atuação) e insuficiente, diante das condições transnacionais de atuação das organizações internacionais do tráfico. Nesse contexto, é natural que seus resultados se produzam de uma maneira mais setorizada, residual, atingindo muito mais o setor varejista do tráfico de drogas, e somente de maneira mais restrita e menos corriqueira as grandes redes do tráfico internacional. Ainda, por mais que se possa afirmar que nos últimos anos diversos esforços foram envidados pelos Estados-nação, inclusive, pelo próprio Brasil, no sentido de buscar uma maior integração das forças de segurança pública, nos seus diversos níveis (inclusive, no plano internacional), não se pode afirmar a existência de uma atuação eficiente (Pereira, 2016). Acrescente-se, ainda, que neste início de século XXI "[...] a queda das fronteiras comerciais, o comércio eletrônico e a globalização do mercado e das bolsas [...]", fenômeno intensificado pela pandemia da covid-19, registrada durante os anos de 2020-2022, "[...] geraram não só alianças estratégicas entre grupos criminosos, mas, também, extraordinária flexibilidade para delinquir" (Pereira, 2016, p. 28).

Sendo os mais atingíveis pelas ações de repressão ao tráfico, gera-se a falsa imagem de que este contingente de pessoas seria o *inimigo social* ou *traficante médio* (o modelo a ser socialmente reprimido, portanto), o que, por sua vez, somente reforça a estigmatização ou *etiquetação* desses atores territoriais específicos, como um *mal social* a ser fortemente combatido (D'Élia Filho, 2014; Carvalho, 2016).

De uma análise desse conjunto populacional (que, repita-se, representa o maior contingente de aprisionados por crimes associados aos tipos penais previstos pela Lei Antidrogas — Lei n.º 11.343/06) (Brasil, 2006), tem-se que sua maioria se encontra representada por pessoas de *baixa escolaridade*, *negras* (ou seja, pretas e pardas) (IBGE, 2010), provenientes de *áreas de baixos índices de desenvolvimento humano* das cidades, cuja participação no mercado lhes representava uma forma (senão a única) de inclusão na (doentia) economia de consumo deste século XXI, diante da qual o *ter* representa um elemento cada vez mais essencial à modulação da própria *identidade* (Bauman, 2001), ou seja, a constituição do *ser*; ou, ainda, coloca-se como uma questão diretamente vinculada ao desejo ou sentimento de fuga de uma realidade na qual o consumo representa prazer (Weigert, 2010).

Em razão disso, D'Élia Filho (2014, p. 108) afirma que:

> A exclusão de grande parcela da população do mercado de consumo, faz surgir na sociedade pós-moderna os "consumidores falhos", aqueles a quem Zigmunt Bauman denominou os "estranhos da era do consumo". Excluídos como trabalhadores e estimulados como consumidores estes novos estranhos – "aqueles cujos meios não estão à altura dos desejos", formam a nova clientela do sistema penal.

Ainda em relação a esta categoria de agentes territoriais, denominada por D'Élia Filho (2014, p. 111) como *acionistas do nada*, tem-se que o *medo*, imputado pelos discursos oficiais de Guerra às Drogas, ocasiona a adoção de políticas de (lei e) *ordem social*, que, em termos práticos, resultam em verdadeiras segregações territoriais. A "[...] 'ordem', no entanto, se mantém como meta intangível, identificando fronteiras para os novos estranhos [...]", os quais se constituiriam "[...] como o setor mais fraco e inofensivo do comércio ilícito de drogas" (D'Élia Filho, 2014, p. 113).

De forma bastante próxima, Morais (2019, p. 226) afirma que "é nessa racionalidade neoliberal que tudo vai girar em torno de competências, habilidades e aptidões, e o mercado será um tribunal para avaliar o valor do capital humano [...]" e, por sua vez, "[...] políticas públicas e intervenções do Estado direcionadas a crianças e jovens pobres no Brasil irão aprofundar o entrelaçamento entre o penal e social [...]" (2019, p. 227).

Numa perspectiva geográfica, tem-se que essas práticas de controle ocasionam o que Haesbaert (2014) compreende como efeito de *fechamento*, por meio do qual parcelas das cidades são, literalmente, compreendidas como *zonas de risco e/ou zonas vermelhas* e, sob esta designação simbólica, são isoladas por meio de diversas tecnologias de controle e, assim, tornam-se progressivamente sujeitas a diferentes formas de atuação (especialmente no que toca à questão da segurança pública). A atuação seletiva, portanto, também abarca um inseparável elemento espacial, para além do social destacado pelos autores citados.

Além disso, embora se possa pontuar, juntamente com Morais (2019), que é a resistência às tecnologias de poder que torna essa classe não tão *inofensiva* às polícias e comunidades — de maneira relativamente contrária ao que insinua D'Élia Filho (2014), que parece crer em seu *pequeno potencial danoso* —, ainda assim, é nítido que se trata de um conjunto de agentes territoriais totalmente alijados de qualquer capacidade efetiva de articulação e controle de redes internacionais do tráfico.

A violência, pelo bem ou pelo mal, é sua única forma de atuação, ao passo que sua escala de atuação dificilmente ultrapassa o âmbito local.

Dessa forma, aliando-se o conjunto de limitações impostos às forças de segurança e à visibilidade desta parcela mais vulnerável do empreendimento global do tráfico de drogas, é natural que estes constituam o conjunto mais afetado, mais sensível e mais atingido dentro da economia global do tráfico de cocaína[12].

---

[12] Por ora, embora o objeto do estudo não englobe o tema, cabe uma rápida digressão a respeito das atuais teorias sobre *racismo policial*. Como se vê, a seletividade penal denota nítidos aspectos racistas. No entanto, afirmar um *racismo* inerente à atuação das polícias é algo que demanda muito cuidado e um longo aprofundamento empírico. Primeiramente, porque muitos componentes das praças ou agentes da atividade direta se originam, também, de setores mais pobres (sobretudo nas polícias militares). Segundo, porque a atuação policial em certos locais decorre de processos políticos complexos nem sempre associados somente aos comandos policiais, senão a diversas arenas, inclusive econômicas (que, como visto, envolvem âmbitos de legalidade e ilegalidade). Ademais, antes de se afirmar um *racismo policial*, é prudente que se reconheça a existência de um *racismo*, por vezes, *estrutural*, que relega contingentes populacionais imensos a situações precárias que, por sua vez, desembocam em contextos de violência, criminalidade e fragmentação social, que, ao fim e ao cabo, serão objeto de tratamento direto pelas polícias (queiram elas, ou não). Diante disso, reafirma-se a necessidade de um extremo cuidado ao se raciocinar sobre um *racismo* inerente às polícias, sob pena de se reduzir um problema social muito grave a *uma* de suas manifestações concretas.

Dentro desse setor, em primeiro lugar, encontram-se os (B.1.1) agentes responsáveis pela manufatura agrícola da matéria-prima base da cocaína.

Trata-se da origem da rede internacional de escoamento da droga. Este grupo age mediante a provocação (demanda por produto) realizada pelos (A.1.1) agentes internacionais do tráfico de drogas e das (A.1.2) organizações nacionais ou internacionais de atravessadores e distribuidores, e, diante da constância da necessidade de abastecimento do mercado ilegal, já surge com uma relativa espontaneidade nos locais onde é possível o plantio das espécies utilizáveis para produção do entorpecente.

Os agentes territoriais responsáveis pela manufatura agrícola da matéria-prima base da cocaína, por sua vez, correspondem a grupos de pessoas consideravelmente vulneráveis, as quais, em larga medida, utilizam-se do plantio, colheita e manufatura inicial do arbusto da *Erythroxylum* como mecanismo de sobrevivência, sem garantia de grande participação nos lucros do comércio internacional do entorpecente (como dito em momento anterior).

São representados por agricultores originários de processos de migração e ocupação territorial resultantes de políticas agrícolas frustradas, como ocorreu em relação ao Vale do Huallaga, no Peru (Araújo, 2012), e diversos pontos do território da Bolívia (Labrousse, 2010), ou, ainda, da influência (em muito, violenta) de grupos paramilitares que cooptam esses agentes para fins de exploração econômica das etapas iniciais da produção de cocaína, como se observou, por sua vez, na Colômbia, em relação às Forças Armadas Revolucionárias da Colômbia (FARC) (Sierra--Zamora *et al.*, 2020).

Detém capacidade de atuação escalar meramente local, justamente por sua baixa potencialidade de ação e de acumulação de recursos (já que, repita-se, são agentes vulneráveis em diversos sentidos). Por esse motivo, são facilmente atingidos pelas políticas de Guerra às Drogas manejadas pela comunidade internacional e por seus respectivos Estados-nação. Inclusive, sua vulnerabilidade é tão marcante que sofrem outros agravos decorrentes da ação institucional, como a contaminação por substâncias tóxicas, decorrentes da pulverização de agrotóxicos nocivos ao arbusto de Coca, política manejada em países como a Colômbia, sob o pretexto de combate às plantações ilegais, que, na prática, acaba se travestindo de um envenenamento progressivo – ou genocídio (Sierra-Zamora *et al.*, 2020).

Além disso, como apontou Labrousse (2010), esses agentes são controlados progressivamente por outras organizações violentas maiores (cujas características variam de país em país), por meio da promoção da expropriação de terras e cobrança de taxas ou contribuições, em muitos casos, sob a ideologia de promover a proteção de comunidades. Impõe--se um verdadeiro oligposônio aos agricultores, impeditivo de qualquer ascensão a outros patamares no mercado internacional (Fox, 2019).

Desse modo, embora estejam em contato com a matéria-prima base de produção do *ouro branco*, ainda assim, só conseguem acesso aos outros meios de produção necessários à manufatura e refino da droga por intermédio dos (B.1.2) agentes utilizados na atividade direta de transporte e manufatura secundária da droga. Ou seja, certamente detêm as folhas utilizadas na produção (etapa mais barata do produto na sua cadeia produtiva). No entanto, raramente detêm a pasta-base de cocaína ou, até mesmo, a cocaína já refinada, que, neste caso, já se encontrará sob o controle comercial de outros agentes territoriais, com clara destinação ao mercado internacional, pelo que o lucro da atividade dificilmente é retido por esses agentes (Labrousse, 2010).

Além disso, a cocaína (em pasta-base ou refinada), neste ponto do território, ainda não agregou os altos valores decorrentes de sua movimentação espacial, representando, ainda, uma cocaína barata em comparação com os valores atingidos pelo produto nos demais pontos do território-rede. Por tais motivos, é considerável a sua vulnerabilidade material diante dos demais agentes, o que, por sua vez, ocasiona sua fácil substituição por outros agricultores que se encontram em igual medida de pobreza e sujeição, como afirmado por Rodrigues (2004), sobretudo diante das constantes ações repressivas realizadas pelos órgãos de segurança pública nacionais ou pela comunidade internacional (Sierra-Zamora *et al.*, 2020).

Esses agentes, após a etapa inicial, repassam a cocaína em suas formas produtivas primárias para os (B.1.2) agentes utilizados na atividade direta de transporte e manufatura secundária da droga. Estes, por meios próprios, ou valendo-se de relações junto aos primeiros — (B.1.1) agentes responsáveis pela manufatura agrícola da matéria-prima base da cocaína —, realizam a atividade de transformação das folhas de coca em pasta-base ou cocaína refinada, para destinação aos grandes agentes do mercado internacional, com quem se relacionam.

A depender dos países onde se encontrem, esses agentes adquirem diferentes feições. Na Colômbia, por exemplo, este papel era historicamente representado pelas FARC, que faziam o transporte direto da cocaína às fronteiras e sua negociação com outras organizações criminosas (Labrousse, 2010; Neuman, 2016). Outro exemplo diz respeito às organizações médias, também chamadas de *cartelitos*: uma formatação posterior aos grandes e visíveis Cartéis de Cali e Medelín, que, após as medidas repressivas da comunidade internacional, assumiram formatações menos visíveis e com um enraizamento social mais eficiente (Labrousse, 2010). Valery (2017), por sua vez, apontou para a existência de uma *delincuencia organizada* na Venezuela, vinculada a grupos mexicanos e que, sobretudo, assumira a função de escoamento da cocaína colombiana ao longo de seu território até as fronteiras dos Estados Unidos da América.

No Brasil, atualmente, esta função é especialmente exercida pelos estratos mais baixos das facções criminosas, notadamente pelos faccionados agenciados sob a promessa de proteção e integração a algo como uma *associação* (Reis Netto; Chagas, 2019c), *irmandade do crime* (Feltran, 2018) ou *empresa* (Chagas, 2014), em troca de oportunidades no mundo do crime — uma espécie de reinserção social às avessas (Reis Netto; Chagas, 2022) — ou de outros benefícios assistenciais fornecidos pelas organizações criminosas aos associados, parentes ou suas respectivas comunidades (Reis Netto; Chagas, 2018a, 2019c).

Normalmente, trata-se de um conjunto de agentes territoriais vinculados às facções mediante processos de batizado (às vezes coletivo, como é atualmente observado no Comando Vermelho – CV) ou de autorização do uso do nome, que estabelece lideranças locais, porém ainda bastante distantes das cúpulas (e dos altos lucros) dos estratos favorecidos das facções.

Por conseguinte, a integração desses agentes enquanto subalternos dessas organizações, justamente, ocorre por conta do interesse relativo aos potenciais serviços que eles podem prestar na manufatura secundária e transporte das drogas ao longo do território correspondente à rede comercial. Como contrapartida, esses grupos passam a ter acesso privilegiado à própria parcela da droga transportada, para fins de comércio local (a seu próprio custo e risco), assim como aos lucros decorrentes das atividades prestadas (transporte e manufatura). Ainda assim, são lucros menores, se comparados aos obtidos pelas cúpulas das facções ou agentes internacionais (mas expressivos aos economicamente excluídos), os quais exercem diferentes formas de controle sobre os primeiros, para que seu crescimento não importe em independência, e, com isso, prejuízos aos agentes internacionais.

Sua capacidade de atuação escalar é regional e potencialmente visível, justamente, pela necessidade de contato direto com fornecedores/transportadores do entorpecente a partir das regiões andinas, contato com os fornecedores dos insumos utilizados na manufatura secundária da pasta-base em cocaína refinada, contratação de eventuais envolvidos na atividade de transporte, manufatura e, finalmente, contato com os demais agentes responsáveis pelo transporte das drogas à Europa, África e Ásia, sob a coordenação dos demais agentes territoriais do setor oligopólico.

Nota-se, portanto, que as facções criminosas, enquanto espécie de agente territorial de maior porte, colocam-se entre os dois setores aqui estudados (oligopólico e competitivo). Sob um discurso ideológico que as defende como um *corpo único*, em verdade, as facções se dividem, de um lado, em conjuntos de indivíduos que atuam no nível oligopólico, exercendo funções junto às altas cúpulas das organizações; e, de outro, numa massa de pequenos criminosos cooptados, que, como empregados de uma *empresa*, exercem as atividades mais braçais e vinculadas à *finalidade* do empreendimento criminoso, sem significativo acesso aos lucros finais. São justamente esses últimos, a bem da verdade, que exercem as atividades em análise no nível competitivo.

Porém, para além dos faccionados, há também outros agentes que, de maneira independente ou vinculada a outras organizações criminosas igualmente independentes das facções nacionais, ou, ainda, pertencentes a grupos de âmbito local (as popularmente conhecidas gangues ou coletivos), também exercem estas atividades de transporte e manufatura secundária da cocaína.

Como exemplo destes segundos, pode-se citar, na realidade do estado do Pará, as *equipes*, assim identificadas pelos órgãos de segurança pública estatais na Região Metropolitana de Belém, que, embora ligadas (em alguns casos) a facções, ainda assim detinham relativa independência em relação às mesmas, por exemplo, era o caso da *Equipe Rex* (atuante no Bairro da Terra Firme, em Belém-PA) ou a organização criminosa de Adriano Gordo (atuante no Bairro das Águas Lindas, Ananindeua-PA) (Reis Netto; Chagas, 2019b).

Em termos de capacidade de atuação escalar, tem-se que o presente grupo de agentes territoriais não difere dos estratos mais baixos das facções criminosas e, portanto, não consegue manifestar uma ação para além dos respectivos âmbitos regionais, normalmente, estendendo sua influência por vários municípios próximos, na forma de rede. Em termos de visibilidade, diga-se o mesmo: por seu contato direto com o produto (a droga, o *ouro branco*), são potencialmente atingíveis pelas políticas de repressão ao tráfico, desempenhadas pelos órgãos de segurança pública.

Após o processo de transporte e refino da cocaína, ainda em altos graus de pureza, estes grupos perpassam o produto para o comércio internacional, na qualidade de subalternos das (A.1.2) organizações nacionais ou internacionais de atravessadores e distribuidores. Por intermédio daqueles, também se dá a retenção de parte da mercadoria para submissão ao, anteriormente descrito, processo de diminuição dos níveis de pureza (e, consequentemente, aumento quantitativo), para posterior revenda nos mercados locais.

Surge, neste momento da cadeia comercial, a figura das (B.1.3) organizações locais de distribuição e revenda de drogas. Este grupo de agentes pode ser representado pelos mesmos (B.1.2) agentes utilizados na atividade direta de transporte e manufatura secundária da droga ou, ainda, ser composto por outras organizações ou agentes existentes nos níveis locais.

Dessa forma, o papel de diminuição do grau de pureza da cocaína (*dobragem*), de *dolagem* (assim compreendido como o processo de envelopamento, de empacotamento ou de embalagem em pequenos papelotes de quantidade variável[13]) e distribuição entre as diversas bocas de fumo das cidades, é novamente desempenhado pelos estratos mais baixos das facções ou grupos batizados/franqueados por elas, ou, ainda, por grupos independentes que agem em cooperação ou não com os primeiros.

A atuação escalar desses agentes, novamente, é no máximo regional, não se estendendo para além de municípios coligados em rede. Do mesmo modo, sua visibilidade é alta, ante o contato direto com o produto armazenado para distribuição.

---

[13] É importante salientar que, embora a quantidade seja variável, já que, em muitos casos, o processo de dolagem é extremamente artesanal e utiliza técnicas decorrentes da mera prática diária, ao longo da pesquisa, identificou-se, empiricamente, o uso de *pinos* ou *papelotes* contendo uma média de 1 grama na Região Metropolitana de Belém, conforme evidenciado diretamente por este pesquisador em sua presença em delegacias e outros órgãos de segurança pública (caderno de pesquisa).

Logo, é mediante a atuação desses agentes, ressalte-se, que ocorre o já descrito processo de alquimia do *ouro* em *ouro de tolo* (cocaína de baixo grau de pureza e/ou seus respectivos subprodutos), para submissão aos comércios locais, por intermédio dos (B.1.4) pequenos varejistas de drogas.

Esses últimos agentes, por sua vez, são os responsáveis diretos pela gestão local das chamadas bocas de fumo, biqueiras, pontos de venda etc., onde a droga finalmente chega a seu consumidor final, o cidadão comum, que, por apetições de qualquer natureza, adquire-o em seus respectivos mercados. Representam, portanto, os pontos terminais locais, que surgem a partir de uma espécie de capilaridade (ou rizoma) criada pelas redes internacionais do tráfico de cocaína, nos locais que atravessa. De acordo com Rodrigues (2004, p. 188):

> Esses terminais congregam um grande número de atores que disputam, frequentemente de maneira violenta, espaços para prover os grandes oligopólios ou para manter o posto de revendedor (varejista) da cocaína processada por uma em presa narcotraficante. Cada organização do setor competitivo maneja um volume ínfimo de cocaína/pasta base com relação à quantidade global de coca (refinada ou em semi-refinada) que é manipulada pelas empresas oligopólicas, e suas atividades, dispersas numa infinidade de redes e conexões, tendem a ser menos "clandestinas" que as ações conduzidas pelas grandes empresas do tráfico.

Novamente, a marca principal é a visibilidade dos agentes, de maneira idêntica à ocorrida em relação aos (B.1.1) agentes responsáveis pela manufatura agrícola da matéria-prima base da cocaína. É, portanto, um grupo extremamente marginal da economia do tráfico, que é composto por

> [...] atores [que] são facilmente substituídos quando eliminados na luta com competidores ou com as forças estatais. O grande número de redes em operação simultânea dificulta que a atividade cesse diante dos ataques dos aparatos repressivos. Em outras palavras, a desarticulação de um grupo que vende cocaína nas ruas de uma grande cidade não significa o fim do abastecimento da droga na região; durante certo tempo, os preços se elevarão, até que o espaço deixado pela antiga organização seja ocupado por uma nova (Rodrigues, 2004, p. 189).

Como é destacado por boa parte da literatura (Rodrigues, 2004; Weigert, 2010; Araújo, 2012; D'Élia Filho, 2014; Reis Netto, 2018; Reis Netto; Chagas, 2018c; Morais, 2019), esses agentes territoriais correspondem a pessoas tipicamente habitantes dos locais mais pobres e marginalizados das cidades, chamados, por D'Élia Filho (2014), de *acionistas do nada* ou, por Bauman (2001), de *consumidores falhos*.

Representam pessoas naturalmente excluídas do mercado formal de trabalho e, com isso, de qualquer possibilidade de integração ao mercado de consumo. São indivíduos constantemente *tentados* — conforme explica Weigert (2010) — a sobreviver a partir da lógica da ilegalidade e dos lucros prometidos pelo tráfico. Obviamente, a experiência diária na segurança pública também mostra a presença de pessoas pertencentes a outros estratos sociais mais abastados, como da classe média ou alta, nesse grupo de *varejistas finais* do tráfico.

Contudo, seja qual for o conjunto de motivações que os leva (por adrenalina ou mais fácil acesso ao produto que também consomem, dentre outras variáveis), é nítido que o grande contingente de revendedores finais é composto por pessoas pobres, de baixa escolaridade e negros (ou seja, pretos ou pardos), normalmente habitantes das regiões mais pobres das cidades (D'Élia Filho, 2014), repita-se, que são justamente destinadas a servir como *locus da miséria* (Haesbaert, 2014). Em todo caso, são figuras atraídas por algo que se poderia chamar de *febre do ouro:* a possibilidade de participação num comércio de difíceis ganhos fáceis (Batista, 2003).

Por serem, como regra, pessoas desprovidas de significativos recursos materiais ou capacidades de exercício de influências de outros gêneros (senão a decorrente do exercício da violência), tornam-se extremamente visíveis, não só pelo contato direto com a droga, mas, sobretudo, diante da necessidade de *divulgar o produto que vendem* ilicitamente, o que os torna, sem dúvidas, a parcela menos *estável* da cadeia de valor do trabalho no tráfico e, assim, facilmente substituíveis em face do consequente aprisionamento ou morte, causados pela ação do Estado ou pelo cotidiano das próprias organizações do tráfico (que os torna elimináveis, em decorrência de dívidas, confrontos diretos com outros grupos, desavenças etc.).

Além disso, o contexto de ilegalidade em que vivem os impede de rogar qualquer benefício oficial pelas funções exercidas no empreendimento do tráfico (afinal, a justiça não garante direitos trabalhistas ou comuns, em relação a atividades ilícitas), o que, além de servir de desincentivo ao abandono deste mercado, ainda garante o livre exercício da violência por parte das organizações (afinal, como *ilegais*, dificilmente esses atores conseguirão qualquer apoio ou proteção oficial do Estado).

Isso, certamente, explica e reflete a grande quantidade de pessoas vulneráveis que compõe esse setor, os quais, atualmente, representam a grande massa de encarcerados no sistema penitenciário brasileiro (D'Élia Filho, 2014; Reis Netto; Chagas, 2018c; Morais, 2019).

Ainda, deve-se destacar que estes agentes não chegam a estabelecer um literal *livre comércio* de entorpecentes nas cidades, já que tanto a escala de sua atuação quanto o próprio preço de seus produtos, atualmente, são controlados, em diversos locais, pelas (A.1.2) organizações nacionais ou internacionais de atravessadores e distribuidores, notadamente as facções criminosas, como forma de eliminar os conflitos entre revendedores locais e, sobretudo, garantir uma espécie de pacifismo e controle territorial, interessante ao mercado de entorpecentes, conquanto afasta a presença e atuação das forças policiais e está ligada a diversos mecanismos de controle de comunidades pela via do associativismo (Reis Netto; Chagas, 2018a). Igualmente, o tabelamento garante níveis mínimos de lucro às facções.

Todos esses agentes territoriais componentes do setor competitivo, por conseguinte, também concentram valores em suas mãos e, igualmente, precisam, a todo tempo, garantir uma certa invisibilidade e enraizamento social de suas atividades, o que, em ambos os casos, certamente, ocorre em níveis substancialmente menores em comparação com o setor oligopólico. Necessitam, portanto, interagir com (B.2.1) responsáveis pela lavagem de capital num âmbito local ou regional, bem como com (B.2.2) agentes públicos ou privados cooptados pelos agentes do tráfico num âmbito local.

Novamente, trata-se de pessoas ou profissionais que, em escalas de atuação e níveis de capacidade econômica menores, também ofertam serviços aos componentes do setor competitivo, para ocultação de valores e obtenção de favorecimentos, respectivamente. Surge o (B.2) âmbito da semilegalidade no setor competitivo.

Os (B.2.1) responsáveis pela lavagem de capital, num âmbito local ou regional, são representados por indivíduos responsáveis pela gestão de diversas atividades mais simples, como bares, lanchonetes ou restaurantes, pequenas boates, lojas de roupas, produtos eletrônicos, cosméticos, dentre outros bens de fácil comercialização, que, em verdade, servem para ocultação dos valores obtidos no tráfico e, nalguns casos, até podem servir como ponto comum para o varejo de drogas. Acrescente-se à lista, também, revendas de veículos ou peças, pontos de jogo de azar e as populares máquinas caça-níqueis, que também são destacados como locais que tentam, diante da falta de fiscalização por parte do Estado, dissimular a origem ilícita de valores, permitindo sua reinserção (e acúmulo) na economia oficial.

Contudo, a atuação destes agentes se dá em escalas mais tímidas, normalmente vinculadas no máximo a âmbitos regionais. Em muitos casos, confundem-se até mesmo, em qualidade, com os agentes pertencentes ao setor varejista, antes descrito, não detendo alta especialidade em sua atuação, e, portanto, também se tornam comumente visíveis.

Já os (B.2.2) agentes públicos ou privados, cooptados pelos agentes do tráfico num âmbito local, representam uma diversidade de agentes que concorrem para o sucesso do empreendimento do tráfico no setor competitivo, novamente sem que sua atuação principal seja o comércio de entorpecentes, mas se utilizando desta última como uma forma concorrente de obtenção de valores.

Exemplos que variam desde os fiscais, guardas municipais, agentes penitenciários ou policiais penais, ou ainda policiais de qualquer força, de uma determinada área, que recebem subvenções (ou extorquem) de traficantes para permitir a continuidade do tráfico, a feirantes, vigias particulares, comerciantes, autônomos que desempenham qualquer espécie de serviço ou toleram, simplesmente, a presença dos traficantes em troca de qualquer benefício.

É por meio desses que, de forma mais frágil e durante curtos períodos, o setor competitivo consegue consagrar pequenos níveis de enraizamento social, por vezes, permitindo que estes grupos alcem suas atividades ao nível de (B.1.3) organizações locais de distribuição e revenda de drogas. A rigor, são bastante visíveis, por seu vínculo aos agentes criminosos do setor que compõe e detém uma capacidade de atuação escalar que, no máximo, atinge níveis regionais, sem influência verdadeiramente significativa no tráfico internacional.

O setor competitivo e o oligopólico se encontram, por sua vez, em constante e ininterrupta interação. As demandas geradas pelo segundo geram vetores (conceito que será discutido na seção seguinte) que movimentam toda a rede composta pelos agentes do primeiro, de modo que, a todo momento, os dois se encontram funcionando de maneira dinâmica, permitindo diversos fluxos relativos à circulação da droga e dos demais valores decorrentes de seu comércio, ao longo dos respectivos territórios-rede.

Ademais, para além disso, a revenda do *ouro de tolo* (a droga de baixa qualidade, de qualidade reduzida para ampliação quantitativa) incentiva os setores (especialmente o competitivo) a *fomentar* necessidades nos centros urbanos geograficamente acessíveis às organizações, nos melhores modelos empresariais de oferta de produtos. Aos poucos, angariam novos clientes e tornam o comércio da droga lucrativo para os envolvidos com a rede internacional, que, aos poucos, iniciam suas atividades de enraizamento social.

Progressivamente, os mercados-consumidores podem ascender em números, tornando pontos das redes verdadeiros polos de atração econômica, a exemplo do que atualmente se vivencia em grandes megalópoles como São Paulo e Rio de Janeiro, tornando possível a ascensão dos *comerciantes* a outros níveis de poder e capacidade de atuação escalar, como se constata em relação à história das facções criminosas no Brasil e sua escalada internacional nos últimos 40 anos.

Por fim, não se pode olvidar que a economia mundial da cocaína também se torna bem-sucedida em função da atuação de um grupo especial de agentes territoriais cuja ação, embora legal — permitindo sua classificação no (A.3) âmbito da legalidade do setor oligopólico —, ainda assim, permite o fluxo massivo de valores decorrentes de atividades ilegais: são os (A.3.1) agentes envolvidos com o sistema financeiro oficial e os (A.3.2) agentes do sistema financeiro extraoficial.

Em primeiro lugar, a definição brasileira das entidades pertencentes ao Sistema Financeiro Nacional está prevista no teor do art. 1.º, §1.º[14], da Lei Complementar n.º 105/2001 (Brasil, 2001), que dispõe sobre o sigilo das operações financeiras e dá outras providências. Embora o dispositivo legal não conceitue esse sistema, ele prevê uma série de instituições privadas, com fins lucrativos, cuja atuação está voltada a intermediar serviços de inúmeras espécies, aos diversos agentes existentes em uma base de atuação (pretensamente nacional), o que reflete uma ideia central a seu respeito.

---

[14] Art. 1º. [...] § 1o São consideradas instituições financeiras, para os efeitos desta Lei Complementar: I – os bancos de qualquer espécie; II – distribuidoras de valores mobiliários; III – corretoras de câmbio e de valores mobiliários; IV – sociedades de crédito, financiamento e investimentos; V – sociedades de crédito imobiliário; VI – administradoras de cartões de crédito; VII – sociedades de arrendamento mercantil; VIII – administradoras de mercado de balcão organizado; IX – cooperativas de crédito; X – associações de poupança e empréstimo; XI – bolsas de valores e de mercadorias e futuros; XII – entidades de liquidação e compensação; XIII – outras sociedades que, em razão da natureza de suas operações, assim venham a ser consideradas pelo Conselho Monetário Nacional. § 2o As empresas de fomento comercial ou factoring, para os efeitos desta Lei Complementar, obedecerão às normas aplicáveis às instituições financeiras previstas no § 1º.

Os agentes do sistema financeiro oficial, portanto, compõem o que Osório (2017, p. 326) denomina de sistema financeiro-corporativo, enquanto um dos paradigmas da globalização, ou, ainda, o que Harvey (2013, p. 411) define como um conjunto de agentes:

> [...] envolto em um mistério que se origina da sua absoluta complexidade. Ele abrange o mundo intrincado do banco central, das instituições internacionais remotas (o Banco Mundial, o Fundo Monetário Internacional), de todo um complexo de mercados financeiros interligados (bolsas de valores, mercados futuros de mercadorias, mercados hipotecários etc.), de agentes (corretores de valores, banqueiros, atacadistas etc.) e de instituições (fundos de pensão e seguros, bancos mercantis, associações de crédito, bancos de poupança etc.). E, acima de tudo, ele inclui uma série de bancos privados extremamente poderosos (o Bank of America, o Crédit Agricole da França, o Barclays da Grã-Bretanha).

Ainda conforme Harvey (2013, p. 374), o sistema financeiro se coloca como o principal responsável pela gestão mundial do crédito, ou seja, pela coordenação da concessão de ativos disponíveis para que qualquer interessado promova a aquisição/investimento do que quer que seja, colocando em circulação um capital que, apenas por sua simples movimentação, rende juros (e lucros) àquele sistema, constituindo-o, portanto:

> [...] uma espécie de sistema nervoso central por meio do qual a circulação total do capital é coordenada. Ele permite a realocação do capital monetário entre as atividades, firmas, setores, regiões e países. Promove a articulação de diversas atividades, uma divisão incipiente do trabalho e uma redução nos tempos de rotação. Facilita a equalização da taxa de lucro e arbitra entre as forças que contribuem para a centralização e descentralização do capital. Ajuda a coordenar as relações entre os fluxos de capital fixo e capital circulante. A taxa de juros reduz os usos atuais em contraposição às exigências futuras, enquanto formas de capital fictício vinculam os fluxos do capital monetário atual com a antecipação dos frutos futuros do trabalho.

Esse sistema não se afigura interessado — ao menos, não oficialmente interessado — na participação direta das atividades concernentes à gestão e abastecimento do mercado internacional de cocaína. De outro lado, os milhões que este último movimenta, desde que submetidos a processos (de lavagem) que lhe garantam a adesão a um certo conjunto de *regras do jogo* (o que se poderia convencionar como *simulação de legalidade*), certamente, tornam-se objeto de várias disputas pelas instituições financeiras, que os vislumbram como possíveis ativos capazes de torná-las mais interessantes ao mercado internacional, conferindo-lhes maior reserva disponível para futuras negociações.

Portanto, este sistema estará interessado na atração e retenção de agentes territoriais (legais ou ilegais, desde que revestidos de uma aparente legalidade) que, por sua ampla capacidade de disposição de capital, demonstrem uma maior capacidade de escolha de áreas privilegiadas das cidades para implantação de seus empreendimentos, o que aumenta o próprio controle e influência do sistema financeiro sobre o território (Silveira, 2013), justamente no sentido de melhor explorar "[...] recursos genéricos e específicos e de transformá-los em ativos em seu favor", o que, certamente, pressupõe "[...] um exercício político tanto dentro da corporação como, sobretudo, fora dela, no âmbito do poder público" (Silveira, 2011, p. 249).

Afinal, onde há um bem em garantia de um agente do sistema financeiro, este potencialmente estará lá, capilarizando os diversos espaços conforme seus possíveis interesses. De igual forma, aqueles que são capazes de acessar o crédito disponível junto ao sistema financeiro, tornam-se capazes de manejar seus planos de poder com maior facilidade sobre os demais agentes territoriais envolvidos na mesma escala de produção e mercado, conseguindo, dessa maneira, formar grandes agrupamentos capazes controlar preços e atingir níveis de negociação e barganha de interesses sobre os demais agentes e, inclusive, sobre o próprio Estado (Santos, 2008), mesmo que por intermédio da corrupção.

O crescimento das instituições financeiras, certamente, também é o crescimento de determinados conglomerados econômicos — e vice-versa —, sobretudo atualmente, quando a presença dos bancos *virtuais*, muito mais *acessíveis* em termos de gestão, se tornou uma realidade assente no mundo, com destaque para o Brasil.

Santos (2008) explica, por sua vez, que esse processo de agrupamento de agentes territoriais com considerável poder econômico é o que faz surgir, ao longo do tempo, o fenômeno dos *oligopólios*, o que, em larga medida, pode explicar também a formação do setor oligopólico no mundo do crime. Afinal, a *concentração de riquezas* e capacidade de movimentação rápida de capitais, gerada pelo acesso ao sistema financeiro, possibilita uma posição de *controle* sobre o desenvolvimento dos locais, sobretudo quando estes são atravessados por precariedades históricas (Santos, 2008; Silveira, 2013).

Do mesmo modo, o processo explicaria a facilidade do setor oligopólico em realizar o já referido *enraizamento social* e, com isso, uma retroalimentação (com capitais lavados) do próprio sistema de crédito, que se torna diretamente interessado no *sucesso* dos empreendedores das economias ilícitas.

Nessa toada, Osório (1996, p. 4) destaca que:

> Os mecanismos criados pelas instituições financeiras e pelos bancos de investimento permitem que essas instituições atuem de maneira independente no mercado de dinheiro, constituindo-se no meio através do qual o dinheiro "sujo" é transformado em "hot money", em crédito para investimentos produtivos, ou em divisas, quando da captação de recursos externos por parte de um governo nacional.

Assim, os bancos se aproveitariam dos mecanismos legais de cada país, sobretudo aqueles permissivos ao surgimento de paraísos fiscais ou *zonas de exceção de legalidade*, nas quais se torna possível a captação de (significativas) quantias de origem ignorada porém incorporáveis ao sistema, sob o rótulo de legalidade (Osório, 1996, 2017). Para estas instituições, ao fim, o que importa é o fluxo de ativos que é incorporado e as valoriza no mercado, desde que obedecidos os requisitos necessários para tanto (2013).

Essa construção de porosidades nos controles legais, entretanto, não se trata de um processo historicamente voltado ao favorecimento de empreendimentos ilegais. Naím (2006) destaca que a adoção facilitadores de transações à distância e por intermédio de tecnologias da informação, na verdade, constituiu-se em uma transformação decorrente da própria evolução tecnológica que objetivava a redução dos custos de operação bancária, a qual, aliada ao menor controle e ampla possibilidade de conversão cambial nas transações entre instituições internacionais, e ao novo modelo competitivo do mercado financeiro que surgiu a partir do final do século XX, tornou possível o surgimento de novas brechas no controle de movimentações desenvolvido por cada país.

Tudo, por sua vez, possibilitou que agentes envolvidos com atividades ilícitas conseguissem incorporar dinheiro ilegalmente obtido no sistema, distanciando-o de sua origem (etapa inicial do processo de lavagem) (Naím, 2006).

Acrescente-se também, a partir de Silveira (2009), que as institui-ções do sistema financeiro se tornaram cada vez mais onipresentes nos mais variados espaços das cidades, ao longo deste início de século XXI. Trata-se de um processo de expansão de suas relações financeiras, por meio do microcrédito e de serviços mais rápidos e efetivos disponibiliza-dos às camadas economicamente mais simples da sociedade brasileira, mas que, em sua totalidade, representam um significativo conjunto de ativos aos bancos. Novamente, o processo foi marcado por uma menor burocracia quanto às exigências formais para efetivação de contrato, abrindo, mais ainda, as possibilidades criativas de utilização de brechas para lavagem de dinheiro, porém agora junto aos setores competitivos do tráfico de drogas.

Por meio dessas facilidades, os agentes (A.2.1) responsáveis pela atividade de lavagem de capitais no setor oligopólico ou (B.2.1) no setor competitivo, passaram a obter um maior sucesso na subversão de meca-nismos de controle financeiro (repita-se, bastante porosos na atuali-dade), para inserção e movimentação do dinheiro da economia do tráfico no âmbito da legalidade. É dessa forma que, mesmo não participando ativamente da gestão do tráfico de drogas, o sistema financeiro se torna crucial ao seu funcionamento em quaisquer de seus setores, justamente porque possibilita, simultaneamente, novos níveis de viabilidade de negociações (obviamente simuladas) e, sobretudo, de incorporação de capitais de origem ilícita à economia legal.

Por fim, deve-se destacar um conjunto de agentes que aqui se optou denominar de (A.3.2) agentes do sistema financeiro *extraoficial*, nota-damente representado pelos gestores de criptoativos. Primeiramente, sua classificação no âmbito da legalidade se deu não pela existência de permissivos legais a seu funcionamento ou normativas regentes de seu funcionamento, senão pela *ausência de proibições* (ao tempo da realização da pesquisa), que, num regime político-jurídico de características liberais, incorre na regra constitucional do *ninguém é obrigado a fazer ou deixar de fazer, senão em virtude de lei* — Art. 5.º, II, da Constituição Brasileira de 1988 (Brasil, 1988).

Em segundo lugar, trata-se de um sistema classificado como extrao-ficial por não estar contido nas já apresentadas disposições do art. 1.º, §1.º, da Lei Complementar n.º 105/2001 (Brasil, 2001) e outras normativas que preveem o funcionamento do sistema financeiro e de crédito no Brasil.

Contudo, a despeito disso, ainda assim este conjunto de agentes é capaz de promover movimentações financeiras existentes no mundo material (mesmo que por intermédio de um suporte virtual, na *internet*)[15].

Para além disso, sua existência é reconhecida no Brasil no teor da Instrução Normativa RFB n.º 1.888, de 3 de maio de 2019 (Brasil, 2019), que institui e disciplina a obrigatoriedade de prestação de informações relativas às operações realizadas com criptoativos à Secretaria Especial da Receita Federal do Brasil (RFB). Como única normativa nacional que prevê qualquer tratamento legal da espécie, a instrução elenca os seguintes conceitos:

> Art. 5º Para fins do disposto nesta Instrução Normativa, considera-se:
> I - criptoativo: a representação digital de valor denominada em sua própria unidade de conta, cujo preço pode ser expresso em moeda soberana local ou estrangeira, transacionado eletronicamente com a utilização de criptografia e de tecnologias de registros distribuídos, que pode ser utilizado como forma de investimento, instrumento de transferência de valores ou acesso a serviços, e que não constitui moeda de curso legal; e
> II - exchange de criptoativo: a pessoa jurídica, ainda que não financeira, que oferece serviços referentes a operações realizadas com criptoativos, inclusive intermediação, negociação ou custódia, e que pode aceitar quaisquer meios de pagamento, inclusive outros criptoativos.
> Parágrafo único. Incluem-se no conceito de intermediação de operações realizadas com criptoativos, a disponibilização de ambientes para a realização das operações de compra e venda de criptoativo realizadas entre os próprios usuários de seus serviços (Brasil, 2019, n. p.).

---

[15] Não se pretende, com o comentário, ingressar numa discussão sobre a (não) plausibilidade do conceito de *extraterritorialidade*, defendido por determinados autores, diante do fenômeno da internet. Se, de fato, se partisse da consideração de um território como uma delimitação legal da soberania de um ente, isso tornaria o próprio sistema financeiro oficial como algo que, por irromper os limites das soberanias dos Estados-nação, manifestaria uma extraterritorialidade, como bem explica Osório (1996). Contudo, este não é o conceito de território abordado neste trabalho (conforme se verá no tópico seguinte). Igualmente, deve-se deixar claro que o exercício de qualquer ação capaz de repercutir em qualquer lugar do mundo (o que é significativamente comum no mundo da internet e da disseminação massiva de informações), ainda assim, pressupõe um agente real. Ou seja, depende da existência daquele que age, concretamente, e que, de fato, se encontra materialmente em algum lugar do mundo (ao menos, no atual momento da história da humanidade, em que as inteligências artificiais ainda não atingiram total autonomia). Há, portanto, um suporte material de sua existência e uma territorialidade concreta, ainda que exercida simbolicamente ou em rede (Raffestin, 1993).

Um criptoativo, portanto, é algo classificável como *valor* — (que, em movimento, pode ser tornar *capital*) (Marx, 2020) — que assume uma forma digital semelhante à de uma moeda, embora não seja juridicamente coerente classificá-lo como tal, seja pela falta de reconhecimento legal nesse sentido (ou seja, não há uma lei o instituindo como moeda de curso possível ou forçado no território brasileiro), seja por não exercer as funções de reserva de valor, unidade de contagem e meio de pagamento, típicas das moedas, sendo que, em termos práticos, estas funções não são totalmente exercidas no Brasil, uma vez que o processo de compra e venda desses ativos é feito, muito mais, como uma espécie de mercado especulativo ou de investimentos (Bueno, 2021).

No entanto, os criptoativos foram responsáveis por movimentações financeiras da ordem de 127 milhões de reais, no ano de 2020, conforme dados da Receita Federal, razão determinante para a inclusão dos mesmos enquanto objeto de declaração anual do imposto de renda, como visto na instrução normativa citada, e para a criação de projetos de lei buscando sua regulamentação no país (Brasil, 2021a).

Contudo, a regulamentação da matéria é uma atividade dificultosa, pois, como afirmam Silva *et al.* (2019, p. 2018), "[...] torna-se difícil, para não se dizer inviável, que regulamentações governamentais [...] de diversos países interfiram de maneira significativa, a não ser que haja um acordo global de regulação jurídica". A questão se explica pelo fato de que qualquer operação de criptoativos, realizada on-line, é feita por meio de um aplicativo gerador de um código, lançado de forma simultânea em um livro contábil registrado em inúmeros computadores ligados em rede, em diferentes lugares do mundo (obviamente, cada qual com um conjunto específico de regras jurídicas que não podem ser afetadas pelas normas unilaterais de um Estado-nação) (Sichel; Calixto, 2018).

Essas transações ainda são inseridas em cadeias em cada bloco do livro de registros, para que a posterior dependa dos números da anterior (*blockchain*), de modo que um país não conseguirá simplesmente alterar ou apagar alguma dessas transações, repita-se, por normas unilaterais (Sichel; Calixto, 2018).

De outro lado, todas as transações são públicas e, em razão disso, os seus responsáveis são potencialmente identificáveis (Bueno, 2021), o que, de qualquer forma, não inibe o uso dos criptoativos para fins de lavagem de dinheiro, sobretudo considerando que não há obrigações no sentido de os gestores de criptomoedas (as *exchange*) manterem registros aprofundados sobre seus clientes (exceto quando o *compliance* se coloca como um de seus princípios ou é exigido pelas normas de determinado país).

Contudo, a facilidade de contratação de gestores de qualquer lugar do planeta facilita a evasão de divisas e simultâneas operações de transformação dos criptoativos em ativos financeiros, gerando a ocultação das origens ilícitas dos valores (Pires, 2017; Bueno, 2021), novamente permitindo uma ampla atuação pelos agentes (A.2.1) responsáveis pela atividade de lavagem de capitais no setor oligopólico ou (B.2.1) no setor competitivo. Afinal, sua capacidade de atuação escalar é inegavelmente global, no mais amplo sentido da afirmação, em razão da acessibilidade garantida pela rede e capilaridade das *exchange*.

Inclusive, diante do comentado processo de aproximação das entidades do sistema financeiro das camadas mais pauperizadas das cidades e, igualmente, da facilidade de acesso aos criptoativos, é que surgiram novos níveis de simbiose entre todos os níveis de sistemas econômicos e o sistema financeiro oficial ou extraoficial, tornando questionáveis as separações mais ou menos controláveis da teoria dos circuitos econômicos superior e inferior propostas por Santos (2008) e Silveira (2013), ao menos, sem uma atualização profunda de seus respectivos postulados, razão pela qual se abandonou a ideia inicialmente pensada para explicar os setores do tráfico de cocaína no Brasil conforme tais teorias.

Os atuais modelos econômicos, sobretudo os relativos aos criptoativos e sua gestão descentralizada, demonstram o surgimento de movimentos cada vez maiores de reação de setores das sociedades internacionais ao domínio dos meios de crédito pelo sistema financeiro, mesmo diante de sua agregação de todos os níveis sociais atingíveis (Pires, 2017), sobretudo após as crises econômicas de 2007 e 2008. Com isso, a sociedade mergulha em novos níveis de complexidade, os quais, sem dúvida, serão acompanhados pelas atividades ilícitas, que se utilizam até mesmo de serviços de correio públicos ou privados, após negociação *on-line*, para venda de toda sorte de bens contrabandeados ou traficados, mediante negociações simples feitas por agentes do setor competitivo (Naím, 2006).

Por isso, deve-se deixar claro que a presente classificação dos agentes territoriais do tráfico de cocaína representa uma classificação possível, um recorte da realidade apreendida a partir do conhecimento produzido até o presente momento, mas que, de maneira dinâmica, sofrerá mudanças contínuas e ininterruptas que dependem de constante sensibilidade científica para aprimoramento e compreensão.

Ademais, após este esforço de compreensão dos agentes territoriais, suas capacidades de atuação escalar e, ao cabo, de seus papéis no comércio do entorpecente diante da realidade brasileira, cumpre analisar, cientificamente, o fenômeno no tráfico de cocaína, explicando-o enquanto *fenômeno geográfico*.

3.3.3 Espaço, território e sua relação com o tráfico de drogas

3.3.3.1 O espaço enquanto totalidade

A análise de qualquer fenômeno no espaço-tempo (o que inclui o objeto desta pesquisa) pressupõe, primeiramente, o entendimento de que sua compreensão perpassa por um cuidadoso exame de todo um "[...] conjunto coerente de elementos de ordem econômica e social, política e moral, que constituem um verdadeiro sistema", o qual, por sua vez, desdobra suas consequências para eventuais "[...] subsistemas subordinados" (Santos, 2008, p. 31). Ou seja, entender um fenômeno no espaço-tempo pressupõe a compreensão de sua invariável ligação a um conjunto de elementos complexos e em constante interação.

Santos (2017, p. 117) compreende esse fenômeno como *totalidade*, afirmando-a enquanto "uma realidade fugaz, que está sempre se desfazendo para voltar a se fazer. O todo é algo que está sempre buscando renovar-se para se tornar, de novo, um outro todo". Seria, portanto, a conjunção de inúmeras possibilidades que, num espaço e num tempo específicos (indissociáveis entre si, portanto espaço-tempo), realizam um *evento*, um acontecer específico, a partir da soma das *diversas* variáveis, que, logo em seguida, alteram-se numa nova fração de tempo, possibilitando a assunção de outros eventos, outras possibilidades, mesmo que ainda semelhantes à realidade anterior.

Santos (2017, p. 124) ainda afirma:

> A totalidade como latência é dada pelas suas possibilidades reais, mas histórica e geograficamente irrealizadas. Disponíveis até então, elas se tornam realizadas (historicizadas, geografizadas) através da ação. É a ação que

une o Universal ao Particular. Levando a universal ao Lugar, cria uma particularidade. E esta sobrevive como Particular, ao movimento do Todo, para ser ultrapassada pelos novos movimentos. [...]

A particularidade resultante combina algumas das possibilidades atualmente oferecidas pelo Todo e mais o que resta da particularidade ultrapassada.

Lefebvre (2000) também compreende, em sentido semelhante, que a complexidade do mundo permite a assunção de determinadas e múltiplas possibilidades que, num dado ponto do espaço, permitiriam o advento do que denomina de *forma do espaço social*. Nesse sentido, o autor leciona que:

A forma do espaço social é o encontro, a reunião, a simultaneidade. O que se reúne? O que é reunido? Tudo o que há no espaço, tudo o que é produzido, seja pela natureza, seja pela sociedade, seja por sua cooperação, seja por seus conflitos. Tudo: seres vivos, coisas, objetos, signos e símbolos. O espaço-natureza justapõe, dispersa; ele coloca uns ao lado dos outros, os lugares e o que os ocupa. Ele particulariza. O espaço social implica a reunião atual ou possível em um ponto, em torno deste ponto. Logo a acumulação possível (virtualidade que se realiza em certas condições) (Lefebvre, 2000, p. 149).

Utilizando-se de diferentes alegorias em suas obras, porém de maneira relativamente convergente, ambos os autores entendem que o espaço representa o *locus* da complexidade, no qual diferentes forças convergem para a criação de diversas possibilidades apreensíveis a partir de uma realidade sensível aos sentidos.

Santos (2007) se vale da imagem de vetores contrapostos no espaço-tempo, como uma maneira de ilustrar essa complexidade. Já Lefebvre (2000) usa a alegoria de ondas em encontro num dado suporte físico de sua existência, como fluidos em interação. De ambos, no entanto, é possível abstrair a já mencionada existência de forças em encontro (e choque) no espaço-tempo, que moldariam realidades a partir de sua conjugação (seja por movimentos de convergência ou divergência) e que, nessa interação, permitiriam a assunção de diferentes resultados, intencionais ou não, capazes de manter ou mudar aquilo que é percebido pelo olhar de um observador.

O todo é um movimento perpétuo.

Até mesmo o que se afirmaria como algo estável, em verdade, seria um produto da convergência de forças que ocasionam uma *ilusão de permanência* no espaço-tempo. Logo, numa atualidade de relações aceleradas pela técnica, ciência e informação, para muito além de um todo sólido que se desmancha no ar (Engels; Marx, 1999), tem-se que o mundo mais se aproxima da ideia de liquidez, exposta por Bauman (2001), que descreve um mundo marcado por relações e instituições que simplesmente fluem com uma maior liberdade e desprendimento possível[16].

É justamente nesse contexto, de uma incomensurável totalidade, na qual os eventos são marcados pela complexidade das variáveis envolvidas, que surge a compreensão a respeito do que seria o *espaço*. De acordo com Santos (2017, p. 63), trata-se de um "conjunto indissociável, solidário e também contraditório de sistemas de objetos e sistemas de ações, não considerados isoladamente, mas como o quadro único no qual a história se dá". O conceito merece explicações.

Em primeiro lugar, as *ações* seriam compreendidas como *movimentos* voltados ao atingimento de um propósito, que condicionariam os objetos e seriam paralelamente condicionados por uma intencionalidade anteriormente imprimida aos mesmos, quando de sua criação, refletida nas relações futuras.

A ação, por sua vez, depende de um dispêndio de energia em prol da busca por um determinado fim, que tanto pode estar voltado a propósitos racionais de um agente, quanto, de outro lado, pode ser vinculado a vontades "cegas, porque obedientes a um projeto alheio" (Santos, 2017, p. 81).

As ações adviriam de necessidades, reais ou criadas, constituindo, em todo caso, uma faculdade do ser humano (Santos, 2017). E, ademais, estariam condicionadas por *normas*, códigos que as regem, sob diversos aspectos, em função dos espaços em que estão e são (ou tentam ser) realizadas.

Os *objetos*, por sua vez, diriam respeito a "[...] tudo o que existe na superfície da Terra, toda herança da história natural e todo resultado da ação humana que se objetivou" (Santos, 2017, p. 72), representando algo que vai muito além da ideia de coisa. Um objeto, uma vez inserido no

---

[16] Prudentemente, deve-se apor uma observação ao autor. Ao contrário do que ele afirma, as relações atuais estariam mais propensas ao tempo que ao espaço, por meio do qual a modernidade simplesmente *fluiria* de maneira desprendida, o preenchendo somente por um momento (Bauman, 2001). Obviamente, como se discute neste trabalho, o espaço não é um *objeto* passivo, ou desprovido de forças que o tornam ativo e condicionante da própria fluidez. A liquidez é uma metáfora que descreve bem a velocidade das relações atuais, decerto. Porém, nem de longe estas se encontram libertas de uma espacialidade e, menos ainda, de uma territorialidade.

mundo, passaria a expor uma *intencionalidade* inerente à racionalidade que o criou (Santos, 2017) e que, ainda, pode ser objeto de diferentes ressignificações, diante das racionalidades já anteriormente imprimidas aos diferentes objetos preexistentes.

Nesse sentido, Santos afirma que:

> O enfoque geográfico supõe a existência dos objetos como sistemas e não apenas como coleções: sua utilidade atual, presente ou futura vem exatamente do seu uso combinado pelos grupos humanos que os criaram ou que os herdaram das gerações anteriores. Seu papel pode ser apenas simbólico, mas geralmente é também funcional (2017, p. 73).

Santos (2017), ainda, afirma que os objetos se tornam *objetividade,* de modo que, uma vez imprimida uma intencionalidade humana sobre eles, também passariam a ser um ponto de origem de vetores condicionantes do espaço, que se tornam influentes em sua complexidade e, inclusive, nas ações humanas posteriores. Mesmo objetos naturais, quando interpretados pela criatividade (racionalidade) humana como uma ameaça ou, simplesmente, quando *animados* por simbolismos vinculados à cultura ou religião, tornam-se capazes de emanar vetores condicionantes da ação, deve-se ressaltar.

Daí se dizer que a ação humana, o uso, assim como a racionalidade que interpreta a realidade, (res)significa os objetos, permitindo afirmar que estes nunca são simples *coisas imóveis* no mundo, mas, como dito, objetividade, movimentada pelos vetores da complexidade. Do mesmo modo, deve-se repetir que a ação, atingida pelas influências, é condicionada pelo movimento que os objetos também geram no mundo.

Ao contrário do que afirma Bauman (2001), as relações não discriminam o espaço em sua fluidez. O espaço é imprescindível à fluidez. Do contrário, esta não ocorreria. O espaço é parte indissociável das relações dialéticas do tempo. Novamente, se diga: uma análise deve considerar os fenômenos como inerentes a um *espaço-tempo*.

A dialeticidade do espaço, por conseguinte, também é uma característica marcante das conjecturas de Lefebvre (2000), que o compreende a partir da complexa interação entre ações (mas, também, permissivo das mesmas) e objetos (coisas) em (cor)relação. Nesse sentido, o autor afirma que:

> Ora, o espaço (social) não é uma coisa entre as coisas, um produto qualquer entre os produtos; ele engloba as coisas produzidas, ele compreende suas relações em sua coexistência e sua simultaneidade: ordem (relativa) e/ou desordem (relativa). Ele resulta de uma sequência e de um conjunto de operações, e não pode se reduzir a um simples objeto. Todavia, ele não tem nada de uma ficção, de uma irrealidade ou "idealidade" comparável àquela de um signo, de uma representação, de uma ideia, de um sonho. Efeito de ações passadas, ele permite ações, as sugere ou as proíbe. Entre tais ações, umas produzem, outras consomem, ou seja, gozam os frutos da produção. O espaço social implica em múltiplos conhecimentos (Lefebvre, 2000, p. 111).

Nesse sentido, prossegue:

> Não há um espaço social, mas vários espaços sociais, e mesmo uma multiplicidade indefinida, da qual o termo "espaço social" denota o conjunto não-enumerável. Nenhum espaço não desaparece, no curso do crescimento e do desenvolvimento. O mundial não revoga o local. Não se trata de uma consequência da lei do desenvolvimento desigual, mas de uma lei própria. A implicação dos espaços sociais é uma lei. Tomados isoladamente, cada um é apenas uma abstração. Abstrações concretas, eles existem "realmente" para redes e filiais, leques ou feixes de relações. [...] O espaço social e sobretudo o espaço urbano aparecem, a partir de então, em sua multiplicidade, comparável àquela de um "folheado" (a do doce denominado "mil-folhas"), bem mais que à homogeneidade-isotropia de um espaço matemático clássico (euclidiano-cartesiano).

É sobre este espaço(-tempo), complexo, construído a partir de incessantes movimentos relacionais, que uma pesquisa deve se debruçar de maneira consciente, ao analisar um determinado fenômeno ou objeto geográfico, sob pena de ignorar importantes variáveis condicionantes dos produtos em análise.

Além disso, também é imprescindível que se considere que a realidade a ser averiguada (sobretudo desde a segunda metade do século XX) é nitidamente marcada por (nocivas) práticas neoliberais plenamente vigentes (Souza, 2005).

A expansão da globalização econômica impôs ao mundo uma *racionalidade global* — leia-se: das grandes empresas, do mercado internacional — que age em total desprezo aos limites territoriais dos Estados-nação e em detrimento de seus respectivos territórios jurídico-legais, e que, de forma mais violenta ainda, impõe-se sobre os *locais*, independentemente da racionalidade, cultura, interesses, políticas, economias, racionalidades etc., das comunidades destes últimos. Como bem ilustrou Bauman (2001, p. 188-189):

> A política hoje se tornou um cabo de guerra entre a velocidade com que o capital pode se mover e as capacidades cada vez mais lentas dos poderes locais, e são as instituições locais que com mais frequência se lançam numa batalha que não podem vencer. Um governo dedicado ao bem-estar de seus cidadãos tem pouca escolha além de implorar e adular, e não pode forçar o capital a vir, e, uma vez dentro, a construir arranha-céus para seus escritórios em vez de ficar em quartos de hotel alugados por dia. E isso pode ser feito ou tentado (para usar o jargão comum à política da era do livre comércio) "criando melhores condições para a livre empresa", o que significa ajustar o jogo político às regras da "livre empresa" – isto é, usando todo o poder regulador à disposição do governo a serviço da desregulação, do desmantelamento e destruição das leis e estatutos "restritivos às empresas", de modo a dar credibilidade e poder de persuasão à promessa do governo de que seus poderes reguladores não serão utilizados para restringir as liberdades do capital; evitando qualquer movimento que possa dar a impressão de que o território politicamente administrado pelo governo é pouco hospitaleiro com os usos, expectativas e todas as realizações futuras do capital que pensa e age globalmente, ou menos hospitaleiro que as terras administradas pelos vizinhos mais próximos. Na prática, isso significa baixos impostos, menos regras e, acima de tudo, um "mercado de trabalho flexível". Em termos mais gerais, significa uma população dócil, incapaz ou não desejosa de oferecer resistência organizada a qualquer decisão que o capital venha a tomar. Paradoxalmente, os governos podem ter a esperança de manter o capital em seu lugar apenas se o convencerem de que ele está livre para ir embora – com ou sem aviso prévio.

No mesmo sentido, Silveira e Santos (2014, p. 294-295) afirmam:

> As empresas mais poderosas escolhem os pontos que consideram instrumentais para a sua existência produtiva. É uma modalidade de exercício de seu poder. O resto do território torna-se, então, o espaço deixado às empresas menos poderosas.

> [...]
> A noção de espaço corporativo deriva de tal mecanismo, que inclui uma utilização privilegiada dos bens públicos e uma utilização hierárquica dos bens privados. É dessa forma que maiores lucros são obtidos por alguns agentes, ainda que trabalhem sobre os mesmos bens e embora estes sejam nominal mente públicos. Quando as corporações encorajam, segundo várias formas de convicção, a construção de sistemas de engenharia de que necessitam, e quando os governos decidem realizar tais obras, o processo de produção do espaço corporativo se fortalece.
> A partir desses dados, as maiores empresas passam a desempenhar um papel central na produção e no funcionamento do território e da economia. Mediante a colaboração ou a omissão do Estado, acabam por se tornar parte e juízes em conflitos de interesse com empresas menos poderosas, não mais necessitando buscar acordo com os outros níveis empresariais, pois sua hegemonia impõe uma acomodação forçada.

Aos locais, dentro dessa lógica que apregoa sua sujeição aos interesses globais, como contraponto, subsiste a possibilidade (mesmo que limitada) de resistência: "cada lugar é, ao mesmo tempo, objeto de uma razão global e de uma razão local, convivendo dialeticamente" (Santos, 2017, p. 339). Os locais, deve-se também afirmar, são igualmente geradores de *forças* condicionantes da realidade (Lefebvre, 2000), que não desaparecem numa escala global de relações, apesar da força *desconstrutiva* desta última em relação às forças produzidas num plano local.

> A ordem global funda as escalas superiores ou externas à escala do cotidiano. Seus parâmetros são a razão técnica e operacional, o cálculo de função, a linguagem matemática. A ordem local funda a escala do cotidiano, e seus parâmetros são a copresença, a vizinhança, a intimida de, a emoção, a cooperação e a socialização com base na contiguidade (Santos, 2017, p. 339).

Dessa maneira, Santos (2017) afirma que a ordem global, hegemônica, cria processos que unem pontos distantes sob semelhantes lógicas produtivas, emitindo vetores (horizontalidades), que criam (des)ordens na escala local, não só por suscitar mudanças funcionais e estruturais, mas por carregar propósitos divorciados daqueles da população, cultura, organizações e políticas locais.

Nesse contexto, os vetores globais (provenientes das ações dos grandes centros econômicos e de agentes territoriais com capacidade de atuação numa escala global) realizariam seus efeitos diante do *cotidiano da contiguidade*, ou seja, dentro de um conjunto de objetos e agentes relativamente próximos, que passariam a ser readaptados aos conclames externos e a um trabalho solidário e conflitivo.

Por sua vez, "a esse recorte territorial [...]", denominado por Santos (2017, p. 334) de "*horizontalidade*", contrapõe-se, numa relação contraditória, a um "[...] outro recorte, formado por pontos [...]", denominado "[...] *verticalidade*".

Conforme Souza, "[...] mundo e lugar se constituem num par indissociável, tornando-se *o lugar*, no entanto, como a categoria real, concreta [...], o palpável que recebe os impactos do mundo. O lugar é controlado remotamente pelo mundo" (2005, p. 253), cujos vetores "[...] em cada período produz[em] forças de aglomeração e dispersão, resultado da utilização combinada de condições técnicas e políticas [...]" (Silveira, 2011, p. 5).

As verticalidades, portanto, seriam "[...] vetores de uma racionalidade superior e do discurso pragmático dos setores hegemônicos, criando um cotidiano obediente e disciplinado" (Santos, 2017, p. 286), que, integrados aos locais, gerariam "[...] forças centrífugas [que] podem ser consideradas um fator de desagregação, quando retiram à região os elementos de seu próprio comando, a ser buscado fora dali", o que é possibilitado, num período histórico técnico-científico-informacional, pela "informação [...]" que se torna "[...] o verdadeiro instrumento de união entre diversas partes do mundo" (Santos, 2005, p. 257).

Essas verticalidades, por sua vez, decorreriam dos interesses do *mercado* (Santos, 2002, p. 259) e de um conjunto de agentes que as realizariam em diversas escalas diferentes, expressando demandas do "[...] comércio internacional [...], da grande indústria, as necessidades do abastecimento metropolitano, o fornecimento de capitais, as políticas públicas ditadas nas metrópoles nacionais ou estrangeiras" (Santos, 2017, p. 287), entre outros.

Além disso, pela atuação em diferentes escalas, deve-se dizer que essas forças centrífugas que agem sobre o local, também se manifestam de uma maneira *universal* (fluxos universais), expressivos das forças oriundas dos vetores advindos das cidades mundiais, sobre as escalas regionais, suprarregionais, nacionais e continentais (Santos, 2017).

Por sua vez, os vetores de *horizontalidade* seriam caracterizados por Santos (2017, p. 286) como "o teatro de um cotidiano conforme, mas não obrigatoriamente conformista, e, simultaneamente o lugar da cegueira e da descoberta, da complacência e da revolta", no qual são geradas forças centrípetas, de agregação, que surgem como fatores de convergência: "elas agem no campo, agem na cidade e agem entre cidade e o campo [...]" como "[...] fatores de homogeneização e de aglomeração" (Santos, 2017, p. 286). Nesse sentido, veja-se a figura.

Figura 15 – Organograma dos vetores de verticalidade e horizontalidade, decorrentes da relação espacial entre global e local

Fonte: elaboração do autor, a partir de Santos (2017)

A interseção conjunta desses vetores geraria diferentes formas classificadas por Santos (2005, p. 257) sob a categoria *acontecer*:

> O acontecer homólogo é aquele das áreas de produção agrícola ou urbana, que se modernizam mediante uma informação especializada e levam os comportamentos a uma racionalidade presidida por essa mesma informação que cria uma similitude de atividades, gerando contiguidades funcionais que dão os contornos da área assim definido. O acontecer complementar é aquele das relações entre cidade e campo e das relações entre cidades, consequência, igualmente de necessidades modernas da produção e do intercambio geograficamente próximo. Finalmente, o acontecer hierárquico é um dos resultados da tendência à racionalização das atividades e se faz sob um comando, uma organização, que tendem a ser concentrados e nos obrigam

> a pensar na produção desse comando, dessa direção, que também contribuem à produção de um sentido, impresso na vida dos homens e na vida do espaço.

A informação, deve-se destacar, ganha uma importância especial na discussão sobre a formação da complexidade que se realiza na sistemática conceitual do espaço. A informação permitiria a operacionalização de ações e de normas decorrentes de interesses internacionais, realizando um papel que possibilita um menor dispêndio de *energia* (Santos, 2005), que é igualmente dispersa, utilizada, consumida pelos diversos agentes envolvidos nas dinâmicas inseridas no espaço.

É inevitável lembrar, em tempo, da elaboração (mesmo que sob bases epistemológicas absolutamente diferentes) propugnada por Raffestin (1993), que também explica a possibilidade de integração do espaço (sob o designativo das relações de territorialidade — num debate retomado adiante) a partir de usos equacionados de energia e informação, colocando-as como elementos essenciais à realização dos variados planos de poder (sintagmáticos) dos agentes territoriais.

Analisando a questão por outro olhar, pode-se conceber a construção de imagens da totalidade espacial, ainda, a partir do conflito de forças, que poderiam ser descritas como ondas ou vibrações sobrepostas, conflitantes ou convergentes, como proposto por Lefebvre (2000), nos termos já anteriormente comentados. O caos da complexidade e da interação entre as forças produzidas numa escala mundial e seu choque com as forças produzidas em diferentes escalas locais, pode ser abstraído a partir da imagem a seguir.

Figura 16 – Organograma da interseção de forças mundiais e locais no espaço

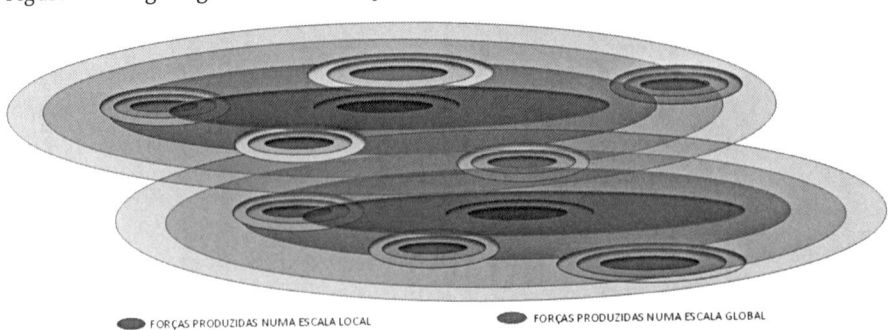

FORÇAS PRODUZIDAS NUMA ESCALA LOCAL   FORÇAS PRODUZIDAS NUMA ESCALA GLOBAL

Fonte: elaboração do autor, a partir de Lefebvre (2020)

A partir da abstração, é possível imaginar a existência de forças oriundas de cidades mundiais (que, obviamente, são resultado das ações de agentes locais presentes nas cidades mundiais [Santos, 2017]), decorrentes do mercado, da racionalidade global, que são capazes de atingir escalas muito maiores do que as geradas em cada local ou região (constituindo, assim, zonas ou redes, a partir das escalas nas quais as suas ações conseguem gerar consequências específicas).

Essas forças, com uma maior capacidade de atuação escalar, impactam os outros locais, gerando, numa relação dialética, oposições, conflitos, conjunções, que transformam os lugares sob diversas e incomensuráveis lógicas.

Nesse sentido, afirma Lefebvre (2020, p. 229) que:

> Os lugares diversificados tanto se opõem, quanto se completam ou se assemelham. O que introduz uma classificação (grade) por topias (isotopias, heterotopias, utopias, ou seja, lugares análogos, lugares contrastantes, lugar do que não tem ou não tem mais lugar, o absoluto, o divino, o possível), mas também e sobretudo uma oposição altamente pertinente entre os espaços dominados e os espaços apropriados.

Assim, arremata:

> Somente o estudo crítico do espaço permite elucidar o conceito. De um espaço natural modificado para servir as necessidades e as possibilidades de um grupo, pode-se dizer que este grupo dele se apropria. A possessão (propriedade) não senão uma condição e, o mais frequente, um desvio desta atividade "apropriativa" que atinge seu auge na obra de arte. Um espaço apropriado assemelha-se a uma obra de arte sem que dela seja o simulacro. Freqüentemente, trata-se de uma construção, monumento ou edifício. Nem sempre: um sítio, uma praça, uma rua podem se dizer "apropriadas". Tais espaços abundam, ainda que não seja sempre fácil dizer em que e como, por quem e para quem, eles foram apropriados.

Comparando as teorias, constata-se que Santos (2017) e Lefebvre (2020), sob digressões conceituais diferentes, apontam para um sentido semelhante: os vetores ou forças originam-se das diferentes relações entre os agentes e o espaço, que passam a repercutir uns sobre os outros ao longo do tempo, (re)construindo os lugares, paisagens, regiões etc., sob diversas lógicas variáveis. Toda ação, portanto, será exercida *dentro do mundo* sujeito a esta *complexidade de forças ou vetores existentes no espaço*, os quais decorrem de ações ou da intencionalidade já impressa nos objetos, além dos naturais condicionantes do espaço natural, que também podem limitá-los.

Qualquer fenômeno geográfico (ou seja, absolutamente tudo que exista no tempo e no espaço) nascerá dentro de um *espaço geográfico*, enquanto algo que "participa igualmente da condição do social e do físico, um misto, um híbrido" (Santos, 2017, p. 86).

Contudo, é importante que se diga que as transformações em constante devir no mundo, como consequência dessa complexidade de forças ou vetores em interação, certamente, não se erigem como um fenômeno meramente *natural* e, menos ainda, *ocasional*. A complexidade é fruto de incontáveis disputas, relações, conflitos, interações, que se realizam em múltiplas dimensões, mas sempre no espaço e dentro das condições permitidas pelo espaço. Assim, são as relações humanas que reverberam, ao longo da história, as forças e vetores em constante interação, animando o espaço e tornando-o, conforme afirma Santos (2017), o já referido *espaço geográfico*. Um fenômeno, portanto, só pode ser *sentido*, apreendido, quando produto da interação em múltiplas escalas, perante as quais as forças locais e globais se encontram em interações (relações dialéticas), ocasionando o surgimento de uma diversidade de fenômenos, que, por fim, constituem o que se toma como *a realidade*.

Deve-se destacar que é justamente nesse espaço no qual o ser humano projeta seus desejos, sua cultura, sua religião, sua linguagem, sua (re)produção, seu trabalho, que se encontra o nascedouro dos *jogos de relações* (Silveira, 2004), que, por sua vez, transformam o *espaço* num verdadeiro *espaço que o ser humano usa*: *o território usado*, o território da vida, o território do ser-no-espaço-tempo (Santos, 2005, 2017; Santos; Silveira, 2014; Silveira, 2010, 2011).

Nota-se um processo de passagem da complexidade, o *espaço*, enquanto totalidade, para realidades mais palpáveis, mensuráveis, sensíveis, embora indissociáveis daquele primeiro, *o território*. Nestas últimas, é possível perceber (embora de maneira limitada pelos sentidos e [in] capacidades humanas) o surgimento dos jogos de relações que constroem as forças ou vetores propugnados pelos autores e, à medida que o olhar se distancia, passam a compor inúmeras relações dialéticas que voltam a constituir a totalidade.

Há uma passagem do espaço para o território. Uma passagem que permite apreender processos nos quais o humano projeta suas necessidades sobre o espaço, em processos pelos quais este buscará uma (instável) *dominação* ou *apropriação* (Lefebvre, 2000) do primeiro, para realização de seus propósitos racionais (ou não).

Se a complexidade é inteligível, é neste *ponto observável da realidade* que o olhar científico se torna capaz de compreender determinados fenômenos que se propõe a estudar. Sobre ele, debruçou-se o debate da seção seguinte, tomando-se como ponto de partida o já referido conceito de *território usado*, propugnado por Santos (2017) e autores que reverberam suas teorias sobre este conceito.

3.3.3.2 Do espaço ao(s) (múltiplos) território(s).

Santos (2005), Santos e Silveira (2014) e Silveira (2010, 2011) compreendem o *território* enquanto *território usado*. Este, por sua vez, seria um *sinônimo do espaço geográfico*.

Silveira (2011, p. 4), especialmente, descreve esse último conceito como o "espaço concreto dos homens, como espaço de todos e como todo o espaço", justamente porque o *território* (para esta autora), isoladamente considerado, seria somente um conjunto de formas, ao passo que "[...] o território usado [...]" manifestaria o verdadeiro conjunto em movimento de "[...] objetos e ações, sinônimo de espaço humano, de espaço habitado" (Santos, 2005, p. 255). Seria, assim, o espaço-tempo, movimentado, avivado, significado pela ação humana.

É interessante registrar, quanto a este aspecto, a crítica formulada por Souza (2020) de que não seria prudente destacar o *território usado* enquanto um *sinônimo de espaço geográfico*, uma vez que este seria uma *instância*, um *conceito geral*, *central* para a geografia. Ao passo que o *território* representaria a historicização desse conceito, ou seja, sua consideração diante de um tempo-espaço específico. Veja-se, esta ideia em digressão anterior da mesma autora:

> Daí o entendimento aqui de que o espaço geográfico é uma instancia social, tanto quanto a economia, a cultura e a política, isto é, algo que se impõe a tudo e a todos e, que o território usado seja sua expressão histórica. Então, aqui ele – o espaço geográfico – é uma instância, um conceito abstrato constituinte central do Método geográfico

> e seu objeto e, este – o território usado – sua historiciza-
> ção específica, em função das dinâmicas das formações
> socioespaciais, ou seja, as particularidades que o modo
> de produção vigente – o capitalista – assume diante dos
> processos particulares, resultantes das relações sociais
> de cada formação territorial pela dinâmica da divisão
> internacional do trabalho (Souza, 2019, p. 7).

Embora a crítica seja pertinente, enquanto refinamento teórico da lição de Santos (2017) e, mais ainda, enquanto uma preocupação e um prestígio ao esforço epistemológico realizado pelo autor, de outro lado, considerando a ideia de totalidade propugnada pelo mesmo, seria despiciendo afirmar o caráter de historicidade, aparentemente implícito na afirmação de sinonímia, porém explícito na consideração do quadro conceitual do autor.

Não à toa, ao explicar o conceito, Silveira (2011, p. 4, grifo nosso) inicia sua digressão afirmando que "[...] a cada momento histórico, o território de um país pode ser visto como um campo de formas 'naturais' e artificiais". A afirmação deixa assente a (indissociável) relação entre território e espaço-tempo, historicizado.

Deve-se deixar assente, portanto, que o território usado é um conceito que leva em conta a já mencionada indissociabilidade entre espaço-tempo.

O conceito em questão, por sua vez, é descrito por Santos (2005) enquanto algo observável dentro do complexo contexto de interação entre vetores da verticalidade e vetores da horizontalidade, anteriormente tratado neste trabalho, como bem explica:

> É a partir dessa realidade que encontramos no território,
> hoje novos recortes, além da velha categoria região; e isso
> é um resultado da nova construção do espaço e do novo
> funcionamento do território, através daquilo que estou
> chamando de horizontalidades e verticalidades. [...]
> O território, hoje, pode ser formado de lugares contíguos
> e de lugares em rede: São, todavia, os mesmos lugares que
> formam redes e que formam o espaço banal. São os mesmos
> lugares, os mesmos pontos, mas contendo simultaneamente
> funcionalidades diferentes, quiçá divergentes ou opostas
> (Santos, 2005, p. 256).

Embora a clara intenção de Santos (2005), quando destinou a integralidade de um texto à discussão de um conceito pouco presente em sua obra geral (o território), fosse levantar a ideia de um *território banal*

enquanto um *mecanismo de resistência* e ressignificação da globalização
em nome dos mais prejudicados por este processo – conforme explanado
por Souza (2020) –, tem-se que o autor, de outro lado, acabou por realizar uma significativa contribuição à compreensão da própria discussão
geográfica do *conceito de território*.

A ideia central, exposta por Santos (2005), é a de que o território
usado representaria o espaço do banal, do dia a dia, das práticas corriqueiras, culturais etc., que marcariam a vivência cotidiana do ser humano, em
contraposição às investidas do mercado e capital global em suas tentativas
de desagregação daquelas práticas para readequação (uniformização) do
espaço, utilitariamente subvertendo-o aos seus respectivos interesses.

O território usado surge como resultado dessas disputas e resistências.

Dessa forma, Santos (2005, p. 259) afirma que "a arena da oposição
entre o mercado – que singulariza – e a sociedade civil – que generaliza – é
o território, em suas diversas dimensões e escalas". E deixa claro que sua
teoria não se debruça sobre um conceito meramente legal ou sobre uma
mera delimitação física: "a categoria de análise é o território utilizado"
(Santos; Silveira, 2014, p. 247), de modo que:

> [...] quando quisermos definir qualquer pedaço do território,
> deveremos levar em conta a interdependência e a insepa-
> rabilidade entre a materialidade, que inclui a natureza, e
> o seu uso, que inclui a ação humana, isto é, o trabalho e a
> política (Santos; Silveira, 2014, p. 247).

Souza (2019, p. 7) acrescenta à explicação:

> Assim, o uso do território se constitui em uma categoria
> social de análise. Seu estudo nos permite verificar a forma
> como a sociedade produz e se organiza pelo uso do território,
> seus objetos geográficos, hoje cada vez mais tecnificados,
> a partir das ações realizadas por sujeitos, em função de
> seus interesses. São esses usos, por sua vez, constituídos
> pelas dinâmicas dos lugares, instituídos por aconteceres
> solidários que revelam interesses específicos.

E, buscando uma ampla interpretação do conceito, Fuini (2015, p.
267) conclui:

> Assim, o território, como espaço geográfico qualificado
> por seus usos, se define através do conjunto formado pelos
> objetos técnicos, as ações, as atividades e as normas, que

> ora se expressam (em processos e ações sociais) por suas territorialidades e territorializações, ou no sentido contrário, com as desterritorializações e desterritorialidades, lembrando que as escalas e lógicas ideológicas de atuação se pautam na dialética do território.

Nota-se que os autores qualificam o *território* pelo uso humano (Santos, 2005, 2017; Silveira, 2014; Fuini, 2015), não o caracterizando a partir de *relações de poder*, como é tradicionalmente encontrado em outros autores como Haesbaert (2014) e Raffestin (1993), por exemplo.

Ao tratarem da construção de territórios empresariais, entretanto, Santos e Silveira (2014, p. 295) afirmam claramente que "o poder de uso do território é, pois, diferente conforme a importância das empresas. Tal poder tanto se exerce em frente ao processo direto da produção [...] quanto ao que se refere aos processos políticos". Ou seja, os autores não ignoraram a existência do elemento *poder* na construção da ideia de territorialidade. Apenas não o tomaram como elemento central na construção do conceito.

Contudo, não se pode ignorar que a capacidade de *marcar* o espaço com os códigos, os sinais do vivido, como diria Lefebvre (2000), de outro lado, também depende da *capacidade* de um determinado agente em *fazer valer* sua vontade (seja cultural, religiosa, histórica ou pessoal), sua intencionalidade e suas ações, de modo que estas possam, efetivamente, *inscrever-se* sobre um objeto ou um conjunto de objetos, fazendo que este reverbere forças ou vetores decorrentes dessa racionalidade ou vontade, dali em diante.

As ações, por mais despretensiosas que sejam em relação ao exercício de um reputado *poder*, só atingirão o espaço e outros agentes, em função daquele. Por mais difícil que seja sua delimitação conceitual (Raffestin, 1993), é inquestionável, de outro lado, que *o poder estará lá*, marcando as relações no espaço e a construção do território enquanto "*arena de oposições*" (Santos, 2005, p. 259).

Ignorar o poder, certamente, retiraria do debate a própria (in)capacidade da ação humana em (re)produzir uma vontade ou racionalidade efetiva sobre outros agentes e/ou objetos, que, simplesmente, em muitos casos as neutralizam, evitando com que a intencionalidade do agente, seus planos de vida — ou seus planos de poder, como diria Raffestin (1993) — consigam se efetivar no espaço.

Assim, sem discordar da digressão de Santos (2005) de que o território é o *espaço usado*, *significado*, *avivado* pelas práticas do dia a dia, ousa-se acrescentar, no entanto, que esse *uso*, condicionado por vários propósitos da vida, só se realiza em função de um *poder relacional de cada agente*, no mesmo espaço. A capacidade de cada agente de se *territorializar*, portanto, só se realizaria em função de sua capacidade de mobilizar energia e informação no espaço-tempo, para atingimento de seus respectivos planos.

Estes, por sua vez, podem ser despretensiosos, simples, vinculados a práticas corriqueiras, do dia a dia (Santos, 2005), ou, de outro lado, como destacado em relação às empresas (Santos; Silveira, 2014), podem se revelar como verdadeiros planos de dominação econômica dos lugares, muito próximos da ideia de *planos sintagmáticos*, tratada por Raffestin (1993), ou podem revelar planos vinculados à ideia de *dominação* do espaço, exposta por Lefebvre (2000) em sua obra.

A constante tentativa de *dominação* pelas forças globais modifica o banal, e ele resiste, como contrapartida, de acordo com as possibilidades decorrentes de suas forças (Santos, 2005). Num caso ou noutro, é o *poder* que (des)equilibra a balança.

Urge, portanto, um maior aprofundamento (construtivo) sobre a categoria *território usado*, de modo a explorar o elemento poder, que, embora não abordado por Santos (2005), é um elemento invariavelmente intrínseco e fundamental ao conceito.

Igualmente, deve-se ter em conta que esse poder está ligado a relações estabelecidas pelos agentes existentes no espaço, em múltiplas escalas, e, até mesmo, em múltiplas dimensões da vida humana. A análise não pode prescindir dessas considerações, sob pena de constituir recortes arbitrários da realidade.

Nesse sentido, tem-se que Coelho Neto (2013; 2014), em considerável contribuição ao conceito, informou um conjunto de elementos certamente que podem aclarar, substancialmente, a análise e explicação do fenômeno da territorialidade e da construção do(s) território(s):

> Em síntese, o debate sobre o território como categoria espacial da análise geográfica da sociedade, indica pelo menos quatros componentes constitutivos que lhe permitem operacionalizar suas possibilidades de compreensão de mundo e que definem sua base conceitual, em nosso entendimento.

> Trata-se da **multiescalaridade, da relação espaço-poder, da multidimensionalidade e da relação território-rede** (2014, p. 134, grifo nosso).

Acompanhando o raciocínio do autor, diga-se, primeiramente, sobre a multiescalaridade. Nesse sentido, pode-se afirmar que, enquanto a "[...] vida se reproduz no que faz uso do espaço [...]" (Lefebvre, 2020, p. 196), este espaço, no dia a dia de cada agente, de cada pessoa, passa a se (re)produzir e ser (re)produzido para além das forças decorrentes das lógicas mundiais, do mercado e dos agentes territoriais que atuam numa escala global, manifestando uma série de *micrológicas* locais que, somadas, constituem forças maiores ainda.

Cada pequena ação se conjugaria a outros imensuráveis conjuntos de forças no contexto da complexidade, do espaço geográfico (Santos, 2017), fazendo surgir, em diferentes escalas, múltiplos territórios nos quais certas *intenções, interesses, vontades* etc. conseguiriam prevalecer sobre outras e, até mesmo, sobre as tentativas de imposição de territorialidades por outros agentes, inclusive aqueles que atuam na escala mundial.

Isso explica, por exemplo, por que os locais, muitas vezes, conseguem se constituir com um território consistente (e, como tal, gerar um conjunto favorável de forças), capaz de resistir às investidas do mercado ou dos interesses globais.

De acordo com a capacidade de atuação escalar de cada um (o que, mais adiante, será problematizado sob a ideia de poder), surgem agentes locais, mas com influência global (que, portanto, atuam a partir das capitais mundiais, dos grandes centros econômicos), que, por diferentes estratégias e meios, conseguem sobrepor suas práticas (comerciais, políticas e econômicas, especialmente) perante outros agentes, no mesmo ou em diferentes lugares, ao seu redor ou em outros pontos específicos do espaço, sujeitando estes últimos a seus interesses, condicionando assim suas práticas e ações.

De outro lado, a esses últimos agentes atingidos nos locais para onde se direcionam os intentos dos atores globais, para além da possibilidade de *se sujeitar*, cabe como opção o *resistir*, por intermédio do manejo de estratégias de oposição, mesmo que sob forças limitadas, contrárias aos interesses do mercado (Santos, 2005). Assim, o que é tratado como uma guerra entre o global e o local (Santos, 2017), na prática, revela-se um verdadeiro conflito de interesses, vontades, planos, culturas etc., protagonizado pelas forças de agentes com capacidade de atuação global e agentes com capacidade de resistência num nível local.

A mencionada resistência, por sua vez, pode surgir tanto a partir de meios de revalorização econômica do local ou da criação de novas formas de solidariedade contíguas ou verticais, entre diferentes lugares (Santos, 2005; Coelho Neto, 2014), como também pode decorrer de fatores alheios, encontrando nascedouro em práticas culturais, religiosas, históricas etc., que, de certa forma, também manifestam sucesso em consubstanciar formas de oposição (revelando a questão da *multidimensionalidade*, sobre a qual se tratou adiante).

Naquele primeiro caso, constata-se a constituição de territórios de resistência a partir da agregação de agentes em torno de um propósito comum. No segundo, tem-se uma resistência propugnada por territórios preexistentes ou que se fortalecem, a partir de outras dimensões da vida (que não são necessariamente políticas ou econômicas), mas que, num caso ou noutro, constituem-se num conjunto de forças, que, de maneira complexa, possibilitam que o local não seja totalmente sufragado por forças oriundas de capacidades de atuação mais amplas, numa escala global. Surgem territórios (múltiplos territórios, em verdade) onde os intentos dos agentes ganham diferentes níveis de força em relação nos espaços.

Contudo, diante de um eventual desequilíbrio destes jogos de força que permitem a resistência dos locais, tem-se que estes podem ser simplesmente *engolidos* (e, portanto, fortemente influenciados) pelas forças de outros agentes com capacidade de atuação escalar global ou regional, que, assim, se tornam capazes de modificá-los (destruindo-os e/ou reconstruindo-os), ressignificando os modos de ser e viver no espaço, independentemente da vontade de seus agentes.

Decai a territorialidade anterior, constrói-se uma nova territorialidade.

Mas, como se vê, não se trata de uma relação estabelecida no mesmo nível escalar: as forças que se somam para resistência dos locais, certamente, só o conseguem por conta de relações que se estabelecem em diferentes escalas que, no plano global, se mostram capazes de (ou seja, tornam possível) anular as forças ou vetores decorrentes do mercado internacional, dos agentes globais.

É nesse nível que se revela a *multiescalaridade*: em escalas menores, as forças globais obscurecem as relações locais e as ações dos agentes locais, constatando-se a complexidade e a chamada *guerra entre global e local* (Santos, 2017). Em escalas maiores (portanto, mais focadas nos locais), no entanto, torna-se mais perceptível a ação dos agentes territoriais nos níveis locais, em contraposição às ações de outros agentes, aos sistemas de objetos já instituídos ou às forças (Lefebvre, 2000) ou vetores (Santos, 2017) globais ou regionais, propugnados por outros agentes com maior capacidade de atuação escalar e que se somam à multiplicidade existente no espaço.

Aproximando-se ou afastando-se as lentes de percepção da realidade, a configuração de forças que se constata é alterada, permitindo a percepção da complexidade (em seu caos) ou das diferentes tessituras territoriais que se configuram diante da multiplicidade das relações instituídas nos variados níveis.

Nesse sentido, Vieira (2012, p. 166) é categórico em afirmar que "[...] os fenômenos sociais, que se desdobram por múltiplas escalas espaciais, apresentam características específicas e diferenciadas em cada uma delas", de modo que "[...] cada escala desnuda distintos elementos quantitativos e qualitativos dos fenômenos socioespaciais [...]" e, sobretudo, de forma "[...] não hierárquica, sem a prevalência de uma determinada escala sobre as demais [...]" (2012, p. 168).

O espaço complexo, ou seja, o *espaço geográfico*, assim avivado pelas relações humanas desenroladas no tempo (Santos, 2017), quando é sujeito a uma aproximação do olhar, a uma alteração do foco e alcance das lentes científicas, acaba por revelar um conjunto de diversas tessituras decorrentes da ação de inúmeros agentes, em múltiplas escalas, que se sobrepõem, somam-se, subtraem-se, num movimento dialético perpétuo de (re)produção da vida. A territorialidade é um fenômeno que se constrói, dessa forma, a partir de cada microescala, a partir da ação de cada agente territorial envolvido com as relações no espaço-tempo, resultando, ao fim, na configuração do já referido espaço geográfico (Santos, 2005; Fuini, 2015).

Cada agente territorial, por sua vez, buscará impor seus planos respectivos ao espaço, conforme seus interesses e dentro de suas capacidades de atuação e de suas respectivas forças, modificando-o em confronto/ conformação com os interesses dos demais agentes concorrentes. O espaço passa, assim, a ser atravessado por múltiplos territórios criados pela ação de múltiplos agentes, sob várias lógicas, atividades, culturas, vontades etc., e, assim, torna-se um mosaico, repita-se, de diversas tessituras que desafiam até mesmo a possibilidade de mensuração ou delimitação pela mente e tecnologia humana (Haesbaert, 2014).

Surge a multiterritorialidade (Haesbaert, 2014) constituída por diversas espécies de territórios, destacando-se, na esteira dos elementos trabalhados por Coelho Neto (2013, 2014), a dicotomia entre territórios--rede e territórios-zona.

As tessituras territoriais, nesse sentido, não se estabelecem somente como *zonas* (polígonos, em tese) onde um agente consegue estabelecer suas relações de maneira mais eficiente. Primeiramente, porque o que se chama de território-zona não se constitui enquanto algo fixo, imutável, senão enquanto uma *fluidez* que induz a uma ilusória aparência de estabilidade poligonal. Trata-se de uma delimitação meramente aparente, diante dos constantes movimentos da complexidade.

Até mesmo o território legalmente estabelecido (o território legal, conceito jurídico que costuma balizar os limites das atividades executivas, legiferantes e jurisdicionais dos entes estatais), na prática, tem contornos meramente hipotéticos que são totalmente ignorados pelos territórios-de--fato e pelas ações de múltiplos agentes, revelando os problemas práticos enfrentados pela gestão das fronteiras, sobretudo em campos como o da segurança pública (Reis Netto *et al.*, 2022).

Como enunciado, os territórios também se estabelecem como *redes* (Coelho Neto, 2013, 2014; Haesbaert, 2014), que se consubstanciam por intermédio de *pontos no espaço,* pelos quais a relação decorrente da ação de muitos agentes apenas *flui* de maneira mais objetiva de um ponto a outro (Haesbaert, 2014).

Como explicita Haesbaert (2014, p. 68):

> O território passa, gradativamente, de um território mais zonal ou de controle de áreas (lógica típica do Estado-nação) para um território-rede ou de controle de redes (típico da grande lógica empresarial capitalista). Aí o movimento ou a mobilidade (e seu controle) passa a ser um elemento fundamental na construção do território.

E sobre o assunto, prossegue:

> Assim, o modelo dos territórios-zona estatais que marcam a grande colcha de retalhos política, pretensamente uniterritorial (no sentido de só admitir a forma estatal de controle político-espacial) do mundo moderno, e que nunca esteve tão universalizado como nos nossos dias, deve conviver não só, internamente, com as redes que

> concedem maior solidez ou integração interna a esses territórios, como também, externamente, com novos circuitos de poder que desenham complexas territorialidades em rede, como no caso dos territórios-rede do narcotráfico e do terrorismo globalizados.
>
> Ao contrário de algumas interpretações, contudo, não se trata da imposição inexorável de uma lógica reticular dentro de uma genérica "sociedade em rede". Não se trata de defender, de forma simples, a preponderância dessa forma de organização territorial. [...] A lógica zonal, embora admitindo distintas formas de delimitação (limites com maior ou menor grau de definição) e imersa em distintas relações de poder, teve sua especificidade ressaltada em meio a uma dominância dos processos marcados pela lógica espacial reticular. Parece recorrente na história humana a existência de relações sociais (de poder) que demandam o domínio de espaços contínuos e mais ou menos delimitados onde se "legisle" em nome de todos os integrantes desses espaços ou territórios." As organizações em rede, como sabemos, nunca preenchem o espaço social em seu conjunto, inserindo-se assim, de alguma forma, dentro de dinâmicas sociais excludentes (Haesbaert, 2014, p. 88).

Somente a (relativa) estabilidade dos territórios-zona que se estabelecem sobre um determinado local, permite o advento de condições pelas quais ela pode se constituir enquanto ponto em determinados territórios-rede, que, por sua vez, também passam a influenciar aqueles primeiros. A dialética que se estabelece entre ambos, ainda, é fortemente influenciada pelos sistemas de objetos já consolidados no espaço em que se encontram, de modo que este, também, é fator de (des)estabilidade dos territórios (relativamente) estabelecidos.

Essas múltiplas tessituras sobrepostas (como redes ou zonas), portanto, se influenciam dialeticamente entre si (Haesbaert, 2014) e, ao mesmo tempo, são diretamente influenciadas pelo espaço, como lugar do todo, da complexidade (Santos, 2017).

Assim, ao analisar-se um fenômeno geográfico, deve-se ter em mente a noção de que este se coloca como produto de múltiplas relações de territorialidade que se desenrolam no espaço (nada passivo às mesmas, como já dito).

Porém, há mais um elemento que deve ser vislumbrado na análise.

Para além da multiescalaridade e das múltiplas configurações territoriais, deve-se observar que as ações realizadas pelos agentes territoriais, na execução de seus mais diversos planos e intentos, realizam-se em múltiplas *dimensões*.

É por isso que, para além da multiescalaridade, as análises que envolvam a territorialidade de um fenômeno também devem levar em consideração a questão da *multidimensionalidade* (Coelho Neto, 2014), como elemento componente da ideia de território.

Explique-se: a influência exercida por um determinado agente territorial sobre diferentes locais, não leva em conta somente a questão escalar, mas, igualmente, as múltiplas dimensões da realidade que este é capaz de influenciar, a partir de sua atuação. Uma ação, portanto, não se realiza somente em uma única dimensão da vida humana (no espaço).

Isso se dá, primeiramente, porque a atuação de um determinado agente territorial dificilmente carrega propósitos de uma única índole (econômica, por exemplo), mas também materializa outros intentos culturais, políticos, sociais etc.

Mais ainda, a racionalidade que fundamenta uma ação nem sempre pode prever, ao certo, os limites dimensionais que pode, efetivamente, atingir ao ser realizada. Desse modo, por mais que um agente planeje uma ação econômica, certamente, esta pode gerar repercussões em quaisquer planos, independentemente da vontade daquele e de maneiras absolutamente imprevisíveis.

Assim, repita-se: uma única ação, mesmo que voltada à realização de propósitos em uma dimensão especifica, pode gerar influências sobre os locais e demais agentes territoriais em outras dimensões de sua vida, os quais, desta forma, podem ser potencialmente atingidos sob diversas outras perspectivas (morais, religiosas, étnicas etc.) e, a partir disso, reagir, como forma de resistência.

Lefebvre (2000, p. 57-58), nesse sentido, preleciona que:

> Com o capitalismo, e sobretudo com o neocapitalismo "moderno", a situação se complica. Três níveis se imbricam, o da reprodução biológica (a família) – o da reprodução da força de trabalho (a classe operária como tal) – o da reprodução das relações sociais de produção, ou seja, das relações constitutivas da sociedade capitalista, cada vez mais (e progredindo) desejadas e impostas como tais. O papel do espaço nesse triplo arranjo deve ser estudado especificamente.

Para tornar as situações mais complexas, o espaço também contém certas representações dessa dupla ou tripla interferência de relações sociais (de produção e de reprodução). Por representações simbólicas, ele as mantêm em estado de coexistência e de coesão. Ele as exibe transpondo-as, portanto, dissimulando-as de maneira simbólica, com a ajuda e sobre o fundo da Natureza. As representações das relações de reprodução consistem em símbolos sexuais, do feminino e do masculino, com ou sem os das idades {gerações}, juventude e velhice. Simbolização que dissimula mais do que não mostra, visto que essas relações se dividem em relações frontais, públicas, declaradas e portanto codificadas – e relações veladas, clandestinas, reprimidas e definidoras desde então de transgressões, em particular no que concerne não tanto ao sexo como tal, mas à fruição sexual, com suas condições e consequências.

As divisões do trabalho, por exemplo, não são somente divisões espaciais do trabalho, mas, também, divisões sexuais, culturais, religiosas, enfim, divisões multidimensionais do trabalho. Assim, invariavelmente, o que se tem por divisão do trabalho, certamente, consubstanciará cada uma daquelas dimensões, e – por meio dos símbolos, códigos, sinais gravados nos espaços, inteligíveis pelos agentes em interação – informará, concretizará, consolidará, em cada objeto espacial (conforme a intencionalidade imprimida aos mesmos), normas de conduta que influenciarão a interação entre os agentes e entre estes e o espaço.

A título de exemplo, considere-se que uma divisão do trabalho que seja hostil à figura feminina (considerando-se, aqui, a dimensão de gênero), certamente, reproduzirá códigos espaciais que consubstanciarão objetos gravados com informações que reverberarão normas, informações, sinais receptivos à figura dos homens e repulsivos a práticas culturais e sociais femininas, transmitindo mensagens de que aquele espaço pertence ao masculino.

Como se pode imaginar a partir do exemplo, não é difícil conceber ações voltadas à realização de planos na dimensão das relações de trabalho, que, no entanto, constroem uma territorialidade que também reverbera na perspectiva do gênero e cultura, denotando a multidimensionalidade ora discutida.

Isso porque o espaço é atravessado por múltiplas relações de territorialidade, sendo, assim, gravado em seus objetos de maneira igualmente múltipla. Aliás, é desse âmbito *multidimensional* que, para além das intenções diretas, o espaço também é gravado de maneiras indiretas, permitindo a criação dos aspectos simbólicos propostos por Haesbaert (2014) em sua teoria. Os códigos gravados no espaço a partir das relações de territorialidade manifestadas pelas ações, desejados ou não, evidentes ou não, estarão lá, marcando os objetos em sistema, revelando os significados do *possível*, do certo e do errado.

Esses sinais, por sua vez, informam aos seres-no-espaço-tempo sobre *como* deve ocorrer a (re)produção da vida naquele local, no sentido de (tentar) condicionar-lhes a atuação. De uma forma multidimensional, cada território carregará, portanto, símbolos, códigos, evidentes e não evidentes, que advêm como produto do conflito entre as forças que os atravessam, não só em múltiplas escalas, mas, frise-se, em múltiplas dimensões da vida humana.

É por meio dessa afetação dos objetos, gravados pela intencionalidade da atuação dos agentes territoriais que os criaram ou modificaram, que se constrói uma realidade que, para além do material, também adquire a referida dimensão simbólica e, assim, é capaz de continuar espraiando informações, dali em diante, para outros agentes que detenham contato com estes objetos. A multidimensionalidade não é só das ações, portanto, também atingindo o sistema de objetos existentes nos espaços atravessados pelas relações de territorialidade.

A territorialidade, enquanto uma *intencionalidade que age sobre o espaço*, coloca-se enquanto uma relação que grava o sistema de objetos, desde as pequenas práticas comuns ou banais do cotidiano (Santos, 2017) até os mais complexos planos de *dominação* (Lefebvre, 2000) do espaço, para realização de propósitos próprios, planos de poder (Raffestin, 1993). O território passa a expressar um forte aspecto simbólico, repita-se, decorrente desse fenômeno.

Assim, multiterritorialidade e multidimensionalidade se produzem de forma semelhante e simultânea, a partir dos jogos de relações havidos no espaço, na tentativa de construção dos territórios, pelos mais variados agentes.

Como afirma Haesbaert (2014, p. 60), "todo território é, ao mesmo tempo e obrigatoriamente, em diferentes amalgamas, funcional e simbólico [...]", uma vez que, nas múltiplas dimensões das possíveis ações, "[...] as relações de poder têm no espaço um elemento indissociável tanto na realização de funções quanto na realização de significados". De acordo com uma interpretação da teoria de Lefebvre (2000), Haesbaert (2014) informa que, mesmo não tendo aquele autor se debruçado sobre a categoria território com o mesmo significado propugnado pelo segundo autor, ainda, assim, sua construção a respeito da ideia de apropriação e dominação é precisa para explicar seus respectivos contornos.

> Território, assim, em qualquer acepção, tem a ver com poder, mas não apenas com o tradicional poder político. Ele diz respeito tanto ao poder no sentido mais explícito, de dominação, quanto ao poder no sentido mais implícito ou simbólico, de apropriação. Lefebvre distingue apropriação de dominação ("possessão, propriedade"), o primeiro sendo um processo muito mais simbólico, carregado das marcas do vivido, do valor de uso, o segundo mais objetivo, funcional e vinculado ao valor de troca (Haesbaert, 2014, p. 57).

Enquanto alguns agentes estariam preocupados com a consagração de uma dominação voltada à realização de uma funcionalidade do espaço (e respectivos recursos), conforme seus propósitos, consagrando uma territorialização despreocupada com a criação de vínculos noutras dimensões para além da econômica (por exemplo); de outro lado, outros agentes se dedicariam a uma apropriação do território, buscando um vínculo para além das funcionalidades, num âmbito mais simbólico, cultural, e, talvez, afetivo, propriamente dito (Haesbaert, 2014).

Para os primeiros, sequer é necessário *estar*, de fato, num determinado local, desde que este se configure como um *nó*, um ponto de ligação, pelo qual o fluxo de energia e informação possa permitir a potencial realização de seus planos e interesses, pouco importando os impactos práticos de sua atuação perante os espaços atingidos – exceto se prejudiciais aos propósitos do dominador. Para os segundos, a construção de simbolismos com o território é algo tão importante quanto a própria funcionalidade do espaço para sua (sobre)vivência. Para os primeiros, o simbolismo é uma forma de aperfeiçoamento da funcionalidade, na qual os símbolos são úteis apenas à dominação. Em todo caso, o exercício de ações com vistas à territorialidade também age no campo simbólico.

As informações que gravam o espaço, por sua vez, também serão sentidas, lidas, decifradas, de diferentes formas, de acordo com os diferentes níveis de *pertencimento* atingidos pelos agentes, em contato com os espaços atravessados pelas relações territoriais.

Lefebvre (2000, p. 196), nesse sentido, afirma que o *espectador* (o ser distante do espaço) observaria um mero *fantasma* de um lugar (uma parábola para dizer que sem *estar*, este não *existe* no lugar, em tese); já o *turista* sentiria somente a sombra do mesmo e apenas aquele cuja "[...] vida se reproduz no que faz uso do espaço [...]" seria capaz de captá-lo em "[...] seu vivido".

Afinal, só quem *vive*, dentro das possibilidades e a partir das diversas dinâmicas que atravessam os locais, pode, de fato, compreender mais profundamente, sentir em sua própria pele, em seu corpo (é claro, o que só pode ser percebido dentro de certos limites cognitivos e materiais) o jogo de forças, os códigos informados pelo espaço e pelas relações de territorialidade e, assim, inevitavelmente, participar dos processos relacionais, impactando e sendo impactado por eles, inclusive independentemente de sua vontade.

Para Lefebvre (2020), sequer seria prudente admitir uma efetiva diferenciação entre humano e espaço, senão numa indissociabilidade do humano-espaço, já que aquele só pode ser sentido enquanto ser-no-espaço, que também é espaço do ser:

> O 'outro' [o espaço] está lá, diante do Eu (corpo diante de um outro corpo). Impenetrável, salvo pela violência - ou pelo amor. Objeto de um dispêndio de energia, agressão ou desejo. Mas o externo é também interno, enquanto que "o outro" é também corpo, carne vulnerável, simetria acessível (Lefebvre, 2000, p. 242).

Assim, da interpretação dos autores, pode-se compreender que: a partir do (indissociável) contato do ser humano com o espaço (dotado de signos, de códigos), significados explícitos ou implícitos seriam automaticamente produzidos na esfera material e mental daquele primeiro, o que, certamente, (res)significaria suas ações, sob variadas perspectivas. Os objetos carregam informação (advinda dos códigos), e as informações nutrem as ações ou, como diria Raffestin (1993, p. 144), "todo projeto é sustentado por um conhecimento e uma prática, isto é, por ações e conhecimentos que, é claro, supõem a posse de códigos, de sistemas sêmicos".

Essa informação, por sua vez, será recebida pelo agente em contato com o espaço, que, como bem lembra Santos (2017), é também um sistema de objetos, e, com isso, um conjunto de códigos, de informações, trará novas perspectivas para as relações humanas que seguem para além de uma lógica *agente com/contra agente*, revelando uma relação de *ser-no-espaço com/contra ser-no-espaço* (Lefebvre, 2000)[17]. As informações atingirão a chamada *psicoesfera* dos agentes, compreendida por Santos (2017, p. 256) como o "[...] reino das ideias, crenças, paixões e lugar da produção do sentido [...]" que fornece significados, regras que ditarão o funcionamento do espaço à racionalidade, também estimulando o imaginário.

O espaço se torna, como ilustra Lefebvre (2000), um *estranho nas sombras*, um verdadeiro agente ativo, que está ali, a todo tempo, significando e sendo ressignificado pelas relações que o atravessam (Reis Netto *et al.*, 2022). É por isso que as relações de territorialidade encontram no espaço um fator limitador, condicionante ou, como diria Raffestin (1993), *a prisão original*.

Contudo, é importante que se diga: nem todos os agentes detêm a mesma capacidade de fazer suas forças repercutirem em diferentes escalas e dimensões, de igual forma. Mais ainda, nem todos detêm a mesma *potência* para fazer valer suas vontades, seus planos, seus desejos de gravarem códigos sobre os objetos do espaço, ou reverberarem informações e simbolismos passíveis de ser sentidos pelos demais agentes.

É a partir dessa perspectiva que surge a discussão a respeito do *poder* enquanto elemento componente das relações de territorialidade, conforme propugnado por autores como Raffestin (1993), Coelho Neto (2014) e Haesbaert (2014), compondo um conceito longe de atingir qualquer consenso ou unicidade entre autores e filósofos.

Inspirado por Foucault (2015), Raffestin (1993) dedicou grande parte de sua atenção à relação entre poder e território, concluindo pelo caráter arredio daquele primeiro a delimitações teóricas. Porém, uma das mais importantes conclusões do autor foi a de que "o poder está em todo lugar; não que englobe tudo, mas vem de todos os lugares [...]. O poder se manifesta por ocasião da relação" (Raffestin, 1993, p. 53). O poder, portanto, não é algo que se "[...] dá, não se troca, nem se retorna, mas se exerce, só existe em ação [...]" (Foucault, 2015, p. 275).

---

[17] Aqui cabe uma reflexão: assim como é pertinente a afirmação de Lefebvre (2000) que não há externalidade do humano em relação ao espaço, permitindo a afirmação *sou-espaço* e *sou-no-espaço*, o mesmo deve ser dito em relação ao tempo. Também equivocadamente percebido a partir da (limitada) sensibilidade humana como algo externo ou apropriável, e não como algo *imanente* à vida, o tempo simplesmente transcorre com o humano, aviva sua existência e, sem ele, não haveria o existir. Daí a afirmação de Bukerman (2022, p. 53) de que faz sentido a "[...] estranha afirmação de Heidegger [...]" de que "[...] somos uma quantidade limitada de tempo. É assim que nosso tempo limitado nos define completamente". Isso ajuda a entender, mais adiante, uma afirmação sobre a relação entre *poder* e *tempo*. Mas, de pronto, se pode afirmar, complementarmente a Lefebvre, que o ser-no-espaço é um *ser-no-espaço-tempo*. Contudo, não se investirá (neste trabalho) nessa digressão, para não desfocar dos objetivos principais.

Em extensa análise, Foucault (2015, p. 369) informou que o poder poderia ser ilustrado como "[...] um feixe de relações mais ou menos organizado, mais ou menos piramidalizado, mais ou menos coordenado". A palavra *feixe*, por sua vez, poderia ser compreendida como "uma grande proporção de algo" (Ferreira, 2010, p. 344), sendo esse *algo*, no caso do poder, uma espécie de conjunto de condições favoráveis à realização de uma determinada vontade.

Seria o poder, assim, a reunião, o conjunto ou uma grande proporção de *condições especiais* que repercutiriam na possibilidade de realização de uma vontade, normalmente, por meio de uma ação perpetrada por um ou vários agentes. Esta ação, por sua vez, só seria possível em função de um "campo das correlações de força" que permitiria o surgimento de "[...] mecanismos de poder" (Foucault, 1999, p. 91), potencialmente favoráveis àquele que busca exercê-lo.

A afirmativa, por sua vez, deve ser compreendida no sentido de que o poder "[...] se exerce a partir de inúmeros pontos e em meio a relações desiguais e móveis" (Foucault, 1999, p. 89). Ou seja, o poder não surge de um ponto isolado, não é algo que se detém ou possui, mas é exercido sempre em relação, na qual a possibilidade de realização de uma ação decorre da situação de outros agentes no espaço, que se relacionam de forma favorável ou antagônica àquele que busca o exercício da ação, condicionando ou não as possibilidades de esta surgir como um evento.

Esse fenômeno, repita-se, variaria conforme a condição de cada agente no espaço. Como já se discutiu anteriormente, há locais onde se encontram agentes que detêm capacidade de resistência, justamente porque um conjunto multidimensional de condições lhes confere essa possibilidade diante das relações estabelecidas ou, simplesmente, lhes confere *esse poder*. Já outros, como também dito, são simplesmente engolidos pelas forças ou vetores decorrentes de outros locais (originários das ações de outros agentes). O poder poderia, assim, ser ilustrado como um jogo complementar de forças positivas e negativas que, em confronto, possibilitam condições de que a ação se realize em certos locais, diante de certos agentes e em diferentes (e múltiplas) escalas, transformando cada vontade numa efetiva materialidade.

As possibilidades favoráveis ou desfavoráveis decorreriam de diversos fatores que compõem a própria interação dos agentes com o espaço. Ou seja, o poder, enquanto conjunto de condições favoráveis, adviria da capacidade de obtenção de energia e informação (Raffestin, 1993) junto a outros agentes ou diante de estoques próprios ou conjuntos de recursos. Decorre também da capacidade de manejo desses recursos no espaço e, sobretudo, da efetiva dominação ou da apropriação daqueles, decorrente das relações de territorialidade (pré)estabelecidas.

Por conseguinte, o poder, enquanto conjunto de condições favoráveis, pode advir de qualquer dimensão do espaço (diante das múltiplas formas de relações instituídas com outros agentes), seja este uma zona (onde a contiguidade marca as relações estabelecidas), seja este uma rede (onde a relação se estabelece por meio de nodosidades no espaço) (Haesbaert, 2014). Por sua vez, o poder, que advém do território, também permite a permanência da relação com esse território, seja em forma de dominação, seja em forma de apropriação (Lefebvre, 2000).

O *poder* de territorialização, igualmente, pode resultar em melhores possibilidades, repercutindo num aumento da capacidade de geração de condicionantes positivas às ações, ou seja, num *poder* ampliado. Mas o contrário também pode ser admissível: a dominação, o jogo de forças podem resultar no advento de novas dificuldades, resistências, fatores desfavoráveis de toda sorte, que, mesmo diante de uma ampliação de uma territorialidade de um agente sobre o espaço, podem subtrair-lhe a capacidade de gerar condições favoráveis às suas ações.

Para além desse aspecto espacial, também deve ser acrescida a afirmação de Bukerman (2022) de que o tempo também influi, substancialmente, nas relações de poder. Afinal, o poder é algo que se realiza de forma relacional no *espaço-tempo*. Ou seja, o tempo da ação ou inação, o tempo das forças oriundas das racionalidades imprimidas sobre o sistema de objetos no espaço, enfim, o tempo em si também é algo que influencia as relações. Uma ação sincronizada amplia um conjunto de possibilidades ou resistências. O tempo, portanto, influi no poder (Bukerman, 2022).

O poder, portanto, é algo sujeito a uma série de variáveis externas ao agente, como se vê dos postulados destacados. Foucault (1999, p. 89), nesse sentido, afirma que:

> [...] as relações de poder não se encontram em posição de exterioridade com respeito a outros tipos de relações (processos econômicos, relações de conhecimentos, relações sexuais), mas lhes são imanentes; são os efeitos imediatos das partilhas, desigualdade e desequilíbrios que se produzem nas mesmas e, reciprocamente, são as condições internas destas diferenciações; as relações de poder não estão em posição de superestrutura, com um simples papel

de proibição ou de recondução; possuem, lá onde atuam, um papel diretamente produtor.

Como se vê, o poder, exercido em relação, não se encontra livre, senão sujeito a

> [...] correlações de força múltiplas que se formam e atuam nos aparelhos de produção, nas famílias, nos grupos restritos e instituições, servem de suporte a amplos efeitos de clivagem que atravessam o conjunto do corpo social (Foucault, 1999, p. 89).

Dessa forma, embora não haja poder exercido "[...] sem uma série de miras e objetivos" (Foucault, 1999, p. 90), este se submeterá a uma série de encontros (simétricos ou dissimétricos, favoráveis ou antagônicos) com outros *feixes* externos a si, que o transformarão no contexto da complexidade do mundo.

Além disso, o poder não é livre nem unidimensional (Raffestin, 1993). Exercido em relação, choca-se com a complexidade do mundo, decorrente de inúmeras outras relações de territorialidade instituídas no espaço-tempo, com diferentes capacidades de exercício do poder em correlação contínua e, finalmente, em diferentes dimensões da vida.

Esse choque, ainda, não ocorreria somente com os poderes relacionais em exercício por parte de outros agentes no espaço, mas, também, com os poderes que os primeiros já consolidaram em face do último, em ações voltadas à dominação ou apropriação (Lefebvre, 2000), por meio da aposição de suas intencionalidades e racionalidades sobre os objetos existentes (Santos, 2017), que passam a fornecer informações decorrentes dos códigos, sinais, já gravados nos mesmos (como anteriormente debatido, nesta digressão, ao se tratar da territorialidade simbólica).

Como explica Santos (2017, p. 86):

> Objetos não agem, mas, sobretudo no período histórico atual, podem nascer predestinados a um certo tipo de ações, a cuja plena eficácia se tornam indispensáveis. São as ações que, em última análise, definem os objetos, dando-lhes um sentido. Mas hoje, os objetos "valorizam" diferentemente as ações em virtude de seu conteúdo técnico. Assim, considerar as ações separadamente ou os objetos separadamente não dá conta da sua realidade histórica. Uma geografia social deve encarar, de modo uno, isto é, não separado, objetos e ações "agindo" em concerto.

A respeito disso, deve-se também esclarecer que:

> A ação humana, pois, inclui um retroefeito de parte das coisas das coisas que ela própria, ação humana, vivifica [...]. A intencionalidade seria uma espécie de corredor entre sujeito e objeto. Assim, as coisas não são apenas externas, já que atingem o agente "clandestinamente". [...] A perda do sujeito se daria na própria coisa que começou por possuir, e agora absorve o senhor que havia pensado controlá-la (Santos, 2017, p. 91).

Destarte, como também já restou mencionado anteriormente, a noção de intencionalidade passa a gravar os objetos, garantindo que estes também a reflitam, a posteriori, em relações subsequentes tanto com o próprio sujeito (agente territorial) da ação realizada quanto com terceiros que passem a se relacionar com aqueles. Com isso, os objetos também se tornam, como recursos, como trunfos ou como condicionantes no espaço, fontes ou retentores de poderes exercidos em relação. Nesse sentido, afirma-se:

> A noção de intencionalidade não é apenas válida para rever a produção do conhecimento. Essa noção é igualmente eficaz na contemplação do processo de produção e de produção das coisas, considerados como um resultado da relação entre homem e mundo, entro homem e seu entorno (SANTOS, 2017, p. 90).
> [...]
> A ação é tanto mais eficaz quanto os objetos são mais adequados. Então, a intencionalidade da ação se conjuga à intencionalidade dos objetos e ambas são, hoje, dependentes da respectiva carga de ciência e técnica presente território (Santos, 2017, p. 94).

É nesse sentido que deve ser lida a afirmativa de Raffestin (1993, p. 153), de que:

> Todos nós combinamos energia e informação, que estruturamos em códigos em função de certos objetivos. Todos nós elaboramos estratégias de produção, que se chocam com outras estratégias em diversas relações de poder.

Essas estratégias, repita-se, não decorrem somente de ações de outros agentes antagônicos, mas, também, do próprio espaço (chamado pelo autor de *prisão original*, conquanto suporte e condicionante da ação), cujos objetos já se encontram gravados por códigos expressivos das intencionalidades anteriores. Raffestin (1993), portanto, admite que o espaço (e, consequentemente, todo o conjunto de objetos nele existente) seria capaz de gerar efeitos condicionantes das ações dos diversos agentes territoriais ali atuantes, em múltiplas dimensões, muito embora não tenha delimitado o *porquê* deste fenômeno em sua teoria.

O poder é favorecido/limitado pelo sistema de objetos que compõem o espaço e são, ininterruptamente, atingidos pelas relações de territorialidade. Esse é o fenômeno que constitui a *prisão original* de Raffestin (1993).

Ainda, ao trabalhar a ideia de tessitura, Raffestin (1993) informa que esta seria uma área dentro da qual um poder poderia se manifestar, de acordo com as capacidades de atuação de cada agente. Admite, com isso, que há um *limite escalar* do poder, que seria adstrito às ações contrárias, mas, também, ao próprio espaço, enquanto condicionante e condicionado. Nesse sentido, afirma:

> A tessitura é sempre um enquadramento de poder ou de um poder. A escala da tessitura determina a escala dos poderes. Há poderes que podem intervir em todas as escalas e aqueles que estão limitados a escalas dadas. Finalmente, a tessitura exprime a área de exercício dos poderes ou a área de capacidade dos poderes (Raffestin, 1993, p. 154).

É possível se falar, a partir da digressão comparativa dos autores, que o exercício das ações (e consequentemente a possibilidade de sua realização, o efetivo *poder,* em relação) revela *limites escalares*, ou seja, limites materiais de realização da ação de um determinado agente territorial. Para além da ideia inicial de tessitura (que contém a compreensão de uma área, sem, no entanto, incluir o elemento tempo e a intencionalidade dos objetos), esses limites revelam uma verdadeira *capacidade de atuação escalar*, que, por sua vez, significa a possibilidade de atingimento de diferentes locais, a partir da ação de um agente territorial.

Embora inicialmente expressa nas figuras anteriores (por razões meramente didáticas) por meio de elipses, tem-se que, na verdade, essa capacidade de atuação escalar dos agentes não revela uma forma única e estável. Eis os motivos.

Como bem afirma Foucault (2015, p. 370), "[...] o poder na realidade é um feixe aberto, mais ou menos coordenado (e sem dúvida mal coordenado) de relações [...]" que busca "[...] miras e objetivos" (1999, p. 90), por meio de ações. Contudo, esse poder seria nitidamente sujeito a limites impostos por diversas estratégias de denominação social que o condicionam e o limitam (Foucault, 2015).

Analisando a questão sob as lentes da geografia, tem-se que esses limites são expressos, justamente, pelas demais ações e objetos (Santos, 2017), envoltos noutras relações de territorialidade, que criam feixes outros, favoráveis ou antagônicos, que favorecerão o poder ou o limitarão. Assim, em relação, o poder resultante permitiria que uma ação avançasse (ou não) sobre determinados locais, de maneira diferente de outros, mesmo que imediatamente contíguos. Diante de relações desfavoráveis, a ação seria alvo de resistências, justamente pela ausência de condições favoráveis naquele local (poderes), refreadas por outros conjuntos de relações (poderes antagônicos, negativos) que as impedem.

Assim, diferentes formas materiais surgiriam no espaço, a partir do exercício da ação (lastreada pelo poder). À medida que a ação se espraia no espaço, no exercício concreto de uma relação de territorialidade, a difusão desta mesma ação ocasionaria o hipotético surgimento de diferentes formas em constante modificação (como uma *aurora boreal*), diante das resistências encontradas. As relações de poder, assim, construiriam diferentes "[...] 'imagens' territoriais" (Raffestin, 1993, p. 152).

Por sua vez, deve-se ter em mente a já afirmada *multidimensionalidade* das relações territoriais: exercida a ação, tem-se que a *descoordenação do poder* (Foucault, 2015) não se mostra somente como um aspecto *direcional* da intenção do agente, mas, também, *dimensional*. Uma ação pode repercutir em diferentes dimensões da vida humana, mesmo que o atingimento de uma dada dimensão não fosse a intenção inicial do perpetrador da ação. A ação, portanto, encontrará diferentes resistências ou fatores favoráveis, em múltiplas dimensões (previsíveis ou não pela racionalidade do agente), que atuarão como instâncias influentes no poder (ou seja, nas condicionantes que possibilitam a ação e sua escala de manifestação).

Daí a já afirmada possibilidade de resistência, num campo político, por exemplo, oriunda de aspectos ligados a outras dimensões, como a cultural, religiosa, étnica, econômica etc. O poder que geraria as condicionantes de uma ação política, assim, poderia, diante da realidade, não se mostrar suficiente para confrontar os demais poderes evidenciados naquelas outras dimensões relacionais (como em relação a certos grupos religiosos, por exemplo), que, por sua vez, seriam eventualmente capazes de mitigar a primeira ou, até mesmo, neutralizá-la.

Daí a afirmativa de Raffestin (1993, p. 53) de que "[...] toda relação é o ponto de surgimento do poder e isso fundamenta sua multidimensionalidade".

O poder, assim, seria o conjunto (um feixe) de condições de realização dos planos territoriais (planos sintagmáticos, diria Raffestin [1993]), que advém de todas as relações estabelecidas pelo agente territorial: junto aos agentes, objetos e todas as forças da complexidade que os atravessam; junto ao território estabelecido e todo o conjunto de informações e energia que este confere ao agente; junto às múltiplas dimensões da vida humana que se encontram em seu entorno; junto à territorialidade em zona e em rede, assim como da dimensão simbólica de cada uma destas. Enfim, todos os pontos são geradores de condições favoráveis. Geradores de *poder*.

O poder, portanto, é fator-chave para compreensão da territorialidade e da capacidade de atuação escalar de cada agente. A ação realizada no espaço, com vistas ao estabelecimento de uma relação de territorialidade voltada à dominação/apropriação daquele primeiro, conforme os planos de cada agente territorial e sua capacidade de atuação escalar, poderia ser representada pela imagem adiante, mas que compõe todo o conjunto de possibilidades que permitem (poder) aquela referida ação.

Deve-se, novamente, advertir que as formas elípticas são meramente didáticas, uma vez que os vetores assumem formas absolutamente imprevisíveis diante das resistências que podem ser encontradas na realidade. Porém, ainda assim, a imagem fornece uma abstração explicativa das relações de territorialidade, a partir de interseções que buscam uma relativa conformação entre os autores estudados.

Figura 17 – Organograma representativo da ação territorial, a partir de seus condicionantes, bem como dos vetores/forças multidimensionais da ação

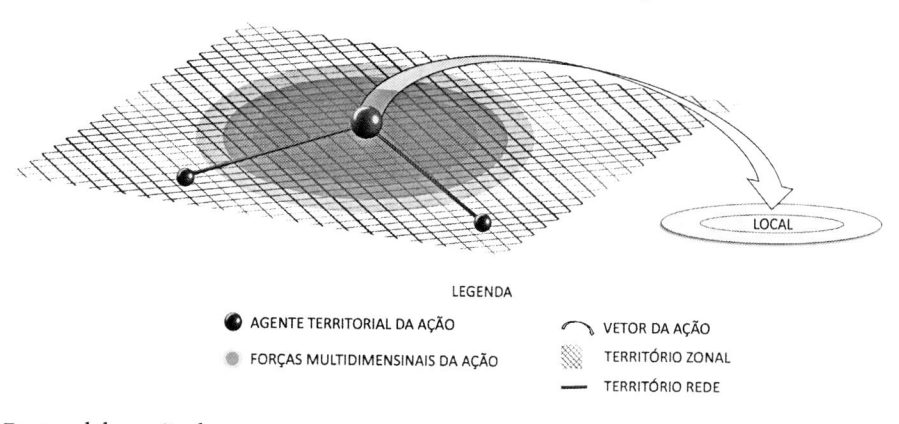

Fonte: elaboração do autor

Ao fim, ao se discutir a passagem de um espaço, em sua total complexidade, a um conjunto de territórios que expressam as relações do espaço concreto ou, como diria Santos (2017), do efetivo *território usado*, qualificado pelo uso, avivado pelo estabelecimento de inúmeras relações, buscou-se uma delimitação teórica que permitisse a análise do tráfico internacional de cocaína em sua real complexidade.

Este, enquanto objeto de estudo do trabalho, surge como um fenômeno que se alinha a relações territoriais específicas, mas que, também, liga-se ao caos da realidade. É um fenômeno cujos agentes atuam em múltiplas dimensões, para além da esfera de segurança pública dentro da qual a questão é normalmente analisada. Sobretudo, é um fenômeno que expressa poderes que advêm de uma miríade de variáveis que condicionam a dinâmica das relações territoriais, nas mais variadas escalas com as quais aquele possa se relacionar.

3.3.3.3 Por uma (nova) geografia do tráfico de drogas

Não é nova, no campo da geografia política, a compreensão de que os diversos *traficantes de drogas*, em verdade, se apresentariam como *agentes territoriais* desta atividade ilícita. A questão, há anos, é tratada por autores como Machado (1996), Colares (2013), Chagas (2014), Reis Netto (2018), Reis Netto e Chagas (2018a, 2018b, 2018c, 2019a, 2019b, 2019c, 2019d, 2021a, 2021b, 2022) e Reis Netto *et al.* (2019a, 2019b, 2020a, 2020b, 2022), dentre outros.

De fato, a construção do tráfico de drogas enquanto um comércio ilícito, amplamente discutido neste capítulo, denota claramente um interesse dos agentes dessa atividade no estabelecimento de relações de domínio sobre os espaços (relevantes à atividade) para instituição e manutenção do fluxo de mercadorias aos respectivos mercados consumidores de cada produto específico.

Contudo, à luz de tudo o que foi discutido até aqui, deve-se apor novas considerações sobre o fenômeno e a complexidade que o envolve.

Em primeiro lugar, apesar de constituir um mantra reiteradamente repetido por muitos pesquisadores (e ainda pouco ouvido no âmbito político), tem-se que o tráfico de drogas não é um fenômeno material cujas variáveis e compreensões se encontrariam restritas somente ao campo da segurança pública. Como visto no tópico anterior, qualquer ação realizada no espaço para instituição de territorialidades é capaz de repercutir em diversas dimensões diferentes.

Assim, uma ação realizada por um agente do tráfico de drogas, em qualquer nível ou escala, é uma ação que repercutirá em dimensões e campos que não se restringem à análise somente da segurança, mas cujos efeitos se espraiarão sobre áreas econômicas, sociais, políticas, dentre outras. O tratamento do problema, nesta mesma senda, também depende de olhares inter e transdisciplinares sobre o problema, especialmente porque há outras dimensões, para além das condições afetas ao campo da segurança que, como já argumentado em tópico anterior, podem favorecer a ação dos agentes territoriais do tráfico.

Os locais mais precarizados das cidades, por exemplo, para além da simples afirmação de ausência dos órgãos e agentes do Estado, podem configurar ambientes onde se congreguem condições populacionais resultantes em vulnerabilidades, fragilidades econômicas e educacionais e, especialmente, subemprego, que, atuando de forma conjunta aos interesses dos agentes do tráfico (relativas à localização desses locais, sua posição estratégica à dispersão do varejo, estocagem de produtos ou para fins de transporte, por exemplo), podem torná-los pontos muito interessantes ao estabelecimento da atividade (ilícita) em comento.

Além disso, como a economia do tráfico acaba repercutindo em poderes aquisitivos de diferentes níveis, de acordo com cada agente, suas ações também fazem a *engrenagem* da economia girar, facilitando suas táticas de enraizamento social, como também já foi discutido em tópico anterior.

Esses fatores apenas ilustram como a questão inerente ao estudo científico do tráfico de drogas (no caso, de cocaína) demanda olhares atentos não só a fenômenos inerentes ao campo da segurança em si, mas, também, a outras variáveis que consolidam condições na complexidade do mundo e facilitam o seu surgimento, concretização e desenvolvimento.

É sob esta perspectiva que se afirma: o tráfico de drogas é um fenômeno geográfico multifacetado, de complexidade significativa e que, portanto, demanda um olhar multidisciplinar para desvelar as realidades que o compõem.

Trata-se de uma premissa indispensável à realização de qualquer estudo sobre a temática, verdadeiramente comprometido em compreender minimamente suas nuances e características. Uma postura tradicional, seja política ou científica, não será capaz de solucionar um problema complexo e multifacetado como o tráfico de drogas.

Sob esta compreensão, é que o estudo optou por se aliar a *uma nova geografia* – em paráfrase à Santos (2017) – comprometida em desvelar, dentro do máximo permitido pelas possibilidades prementes, os saberes decorrentes da complexidade do mundo. Obviamente, há uma série de limites inerentes a cada espaço-tempo, que, decerto, sempre serão objeto de críticas consentâneas e, ressalte-se, corretas. Contudo, deve-se lembrar, a partir de Lefebvre (2000), que a busca por um fenômeno não deve importar numa *esquizofrenia científica*, uma vez que é impossível, pelas limitações, a compreensão do *total* que cerca qualquer fenômeno.

Assim, partindo-se de uma pluralidade de técnicas de pesquisa e análise, os capítulos seguintes se propuseram à realização de uma pesquisa *por etapas*. Estas, por sua vez, buscaram a compreensão do estado da arte produzido até então (etapa literária), uma aproximação, predominantemente, quantitativa (etapa quantitativa), seguida por uma aproximação, predominantemente, qualitativa do objeto de estudo (etapa quantitativa).

Foi um percurso longo, admite-se. Contudo, um percurso comprometido, nos termos propostos por Santos (2017, p. 330), em lançar um olhar "[...] para o passado" em busca de uma "[...] nova consciência que olha para o futuro", mesmo diante de um presente "[...] concluído e inconcluso". Um compromisso que obriga o pesquisador a um "novo aprendizado e uma nova formulação", não necessariamente uma *nova geografia*, mas um *novo compromisso com a geografia e com as ciências* e sua capacidade de interagir com múltiplas metodologias e revelar, com os melhores propósitos, a *realidade possível*.

4

"PEGA UM TORRÃO DE TERRA E AO CONTATO O TORRÃO TORNA-SE METAL": AS ROTAS DO TRÁFICO DE COCAÍNA À LUZ DA LITERATURA

O presente capítulo materializa o primeiro objetivo específico pretendido pela pesquisa, concernente à realização de uma revisão literária para obtenção de informações sobre as dinâmicas territoriais do tráfico de cocaína e a sua relação com a Região Metropolitana de Belém-PA, a partir de obras publicadas no interstício entre 2018 e 2021, conforme metodologia descrita no item 2.5.1 da seção metodológica.

Os resultados em questão foram subdivididos numa seção com uma breve exposição a respeito de aspectos numéricos relativos à literatura consultada, seguida de uma seção de exposição dos resultados conforme classificação obtida na fase de tabulação e categorização dos dados, conforme o que segue.

Buscou-se uma análise do papel concernente à RMB nas dinâmicas internacionais do tráfico de cocaína a partir de uma análise que conglobasse as múltiplas escalas do fenômeno e seus respectivos agentes, pelo que se partiu da origem produtiva da cocaína, perpassando pelas respectivas redes e fluxos (com descrição dos modais, cidades e metodologias identificadas), até se atingir os mercados consumidores finais, buscando-se, ainda, possíveis identificadores, marcas territoriais decorrentes da multidimensionalidade das redes dessa economia.

Afinal, como propugnado no referencial previamente abordado, sendo o tráfico uma atividade que se territorializa no espaço, gerando, assim, consequências nas múltiplas dimensões do possível, é necessário que o olhar lançado sobre o fenômeno resguarde uma certa amplitude, para que, adequadamente, seja possível retirar as corretas inferências a respeito do objeto central de análise, a RMB.

4.1 ASPECTOS NUMÉRICOS

Em primeiro lugar, o processo de levantamento literário importou na seleção de 95 obras, entre artigos, livros e documentos oficiais (que foram listados pelas plataformas de pesquisa, conforme descrito no tópico metodológico). As pesquisas selecionadas foram sujeitas à análise preliminar e ao processo de leitura flutuante, sendo, dessa forma, selecionadas 62 obras para fins de análise de conteúdo.

Entre as 33 obras não selecionadas, os motivos determinantes ao descarte foram: a) 23 constituíam artigos de natureza sanitária, que abordavam, portanto, somente aspectos biológicos, psíquicos ou físicos inerentes à cocaína; b) 1 artigo não tratava da cocaína (objeto empírico do estudo); c) 3 artigos se mostravam meramente teóricos, ou seja, buscavam a elaboração de teorias a respeito da cocaína em determinados âmbitos científicos, sem vínculo com as dinâmicas territoriais em estudo; d) 4 artigos, embora publicados no recorte temporal da pesquisa, analisavam rotas ou comércios com dados de mais de 10 anos atrás, o que, na prática, se afastava demais do período de análise da pesquisa; e) 1 artigo, embora propusesse uma análise literária e documental, apresentou falhas graves em suas fontes e referências, sendo, por cautela, rechaçado no processo de análise de conteúdo; f) 1 relatório já detinha uma versão mais atual, sendo descartado para maior fidelidade às atuais dinâmicas.

Quanto às 62 obras selecionadas e analisadas, observou-se, primeiramente, uma distribuição bastante equilibrada em relação ao ano de publicação, que, ao fim, resultou numa média aproximada de 12 obras por ano. O ano de 2019 representou o que mais deteve publicações selecionadas e utilizadas (15 obras) e o ano de 2022 o que deteve menos (8 obras), conforme se observa do gráfico a seguir.

Gráfico 1 – Quantitativo de obras selecionadas e analisadas, de acordo com o ano de publicação

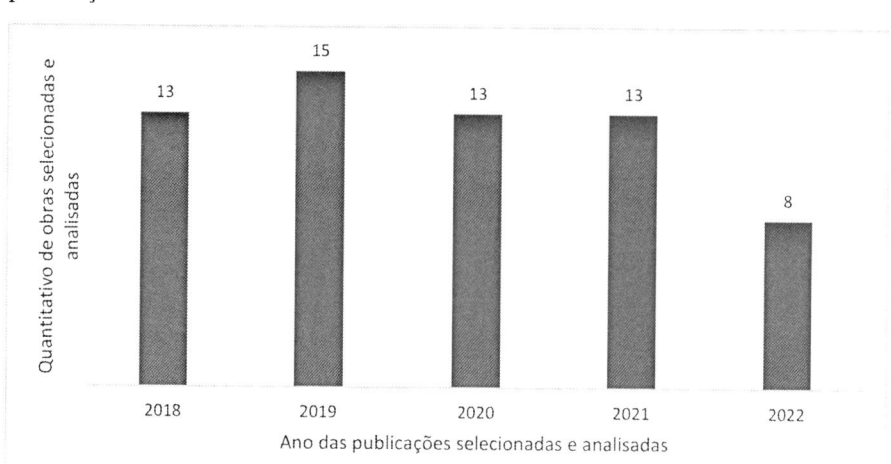

Fonte: dados da pesquisa

Quanto aos enunciados selecionados, ao longo do processo de leitura aprofundada e análise de conteúdo, tem-se que foram selecionados 522 trechos das obras, os quais, após análise pelo juiz de prova, foram reduzidos para 502 unidades de informação.

Destas, tem-se que 78,49% dos enunciados advieram de um grupo específico de autores, que, dessa forma, podem ser elencados como aqueles que mais forneceram referências para a compreensão das dinâmicas territoriais do tráfico de cocaína nas escalas nacional, regional e local. Nesses termos, as referências mais significativas se encontram sintetizadas no quadro a seguir.

Quadro 3 – Principais obras selecionadas e analisadas no estudo e referências

AUTOR(ES)	PORCENTAGEM DE ENUNCIADOS E OBRAS	REFERÊNCIA
United Nations Office for Drug And Crime – UNODC e Centro de Excelência para a Redução da Oferta de Drogas Ilícitas – CDE	De forma isolada ou em conjunto com outros autores, compreenderam 17,73% das informações coletadas, em 5 obras	CDE (2021, 2022), UNODC e EUROPOL (2021), UNODC (2022e), UNODC e CDE (2022)

AUTOR(ES)	PORCENTAGEM DE ENUNCIADOS E OBRAS	REFERÊNCIA
Roberto Magno Reis Netto e Clay Anderson Nunes Chagas	De forma isolada ou em conjunto com outros autores, compreenderam 13,55% das informações coletadas, em 15 obras	Reis Netto (2018), Reis Netto e Chagas (2018a, 2018b, 2019a, 2019c, 2021a, 2021b, 2020, 2022), Reis Netto et al. (2018, 2020, 2021), Viana et al. (2019), Cavalcante et al. (2020), Gomes et al. (2021)
Camila Nunes Dias e Luis Flávio S. Paiva	De forma isolada ou em conjunto com outros autores, conglobaram 11,35% das informações, em 3 obras	Paiva (2019), Manso e Dias (2018), Dias e Paiva (2022)
Aiala Colares do Couto	Conglobou 8,17% das informações em 3 obras	Couto (2018, 2019, 2020a, 2020b)
Allan de Abreu	Conglobou 7,37% das informações em uma obra	Abreu (2021)
Jeremy McDermott	De forma isolada ou em conjunto com outros autores, conglobou 7,17% das informações em 2 obras	McDermott (2018) e McDermott et al. (2021).
Carolina Sampó	De forma isolada ou em conjunto com outros autores, conglobou 6,97% das informações em 3 obras	Sampó (2019, 2020), Sampó e Troncoso (2021)
Ana Lía Guerrero e Lorena C. Espasa	Conglobou 3,19% das informações em 1 obra	Guerrero e Espasa (2021)
Vanessa Neumann	Conglobou 2,99% das informações em 1 obra	Neumann (2018)

Fonte: dados da pesquisa

Por sua vez, das 62 obras analisadas, 40 eram produções realizadas por autores brasileiros (65%), ao passo que 22 foram produzidas por autores estrangeiros (35%).

No mais, após processo de leitura aprofundada dos textos e categorização de informações, tem-se que as referências foram organizadas, classificadas e sujeitas ao processo de categorização de dados. Ao fim, respeitando-se a linguagem originária e literatura referencial do estudo, foram elaboradas as seguintes categorias de análise de informação: a) A origem produtiva da cocaína; b) Os corredores e as rotas do tráfico de cocaína na Amazônia, no estado do Pará e na Região Metropolitana de Belém e as respectivas metodologias e modais utilizados; c) Os agentes territoriais do tráfico de cocaína e peculiaridades de suas ações; d) Os principais mercados consumidores referidos e aspectos sobre a venda de cocaína no varejo; e) As marcas e sinais espaciais do tráfico de cocaína.

Assim, uma vez sintetizadas as informações conforme os tópicos a seguir, ao fim, procedeu-se à reanálise qualitativa dos dados, dessa vez, com foco sobre o objeto específico de estudo, a Região Metropolitana de Belém, o que deu origem à seção final deste capítulo.

A seguir, eis a síntese das informações literárias colhidas.

4.2 A ORIGEM PRODUTIVA DA COCAÍNA

A literatura mostrou-se unânime em afirmar a região andina enquanto origem da cadeia produtiva da cocaína, por consubstanciar a principal região de plantio, colheita e beneficiamento primário de seu insumo básico: a folha da *Erythroxylum*. A produção estaria concentrada nos estados da Colômbia, Peru e Bolívia (Manso; Dias, 2018; Oliveira; Krüger, 2018; Adorno, 2019; Castro, 2019; Paiva, 2019; Sampó, 2019; Couto, 2020a; Moura, 2020; Abreu, 2021; Reis Netto; Chagas, 2021a; Teixeira, 2020; Zúñiga, 2021; Guerrero; Espasa, 2021; UNODC, 2022d; UNODC; Europol, 2021; UNODC; CDE, 2022; CDE, 2022; Nascimento; Siqueira, 2022; Sampó; Troncoso, 2022), sendo o Peru o mais importante produtor e a Colômbia a principal responsável pela manufatura e exportação do produto ilícito pelo globo (Castro, 2019; Manrique-López; Pastor-Armas, 2019; UNODC; Europol, 2021)[18].

---

[18] De acordo com Vargas (2020), as condições ambientais (especialmente clima e solo) são as determinantes dessa concentração produtiva. No entanto, até mesmo na Região Norte do Brasil haveria a presença de espécies de *Erythroxylum*. No entanto, por seu baixo teor de concentração do princípio ativo da cocaína, estas não seriam interessantes ou utilizáveis pela atividade do tráfico, além do que, pelos anos de experiência acumulada, a atividade é desempenhada de forma mais efetiva pelos países acima referidos.

Segundo dados do UNODC (2022d), não obstante a área de cultivo das espécies comercializáveis da planta tenha se mantido estável nos últimos anos, registrou-se um decréscimo produtivo na Colômbia (cerca de 7%), seguido de um aumento produtivo equitativo nos Estados-nação do Peru e Bolívia.

Hirata (2019) destaca que a repressão ao plantio das espécies de *Erythroxylum* em terras colombianas foi o principal fator responsável pelo crescimento e atual destaque ocupado pela produção da folha de coca no Peru[19].

Inclusive, autores como Casas (2021) apontam para um deslocamento da faixa de plantio para a borda amazônica do país, o que demonstraria um aumento das relações com agentes territoriais do tráfico que se utilizam de redes em países como o Brasil e Colômbia, especialmente na região da tríplice fronteira.

Em razão da experiência histórica dos agentes e das redes então formalizadas ao longo do tempo, a Colômbia ainda seria a principal protagonista das atividades de refino, que ainda seriam comparativamente menores no Peru (Hirata, 2019). Para além disso, o fato de a Colômbia deter fronteiras com o Equador e a Venezuela (países que detêm exportação petrolífera), haveria uma maior facilidade de os agentes utilizados na atividade direta de transporte e manufatura secundária da droga (B.1.2) obterem derivados que facilitariam o processo de manufatura da pasta-base e da cocaína em pó, comparativamente ao Peru e a Bolívia (Guerrero; Espasa, 2021).

Inclusive, McDermott (2018) informou que a maior concentração produtiva de cocaína colombiana se concentraria na região do norte de Santander (como discutido no capítulo anterior), justamente pela proximidade estratégica com a fronteira da Venezuela e a possibilidade de escoamento da droga por esse país e em razão de potencialidades produtivas decorrentes do solo e clima da região.

No entanto, a despeito da reputada estabilidade produtiva nos últimos anos, McDermott (2018), a UNODC (2022d) e o CDE (2022) apontaram a ocorrência de um aprimoramento das técnicas de manufatura

---

[19] Nesse sentido, Casas (2021) indica que as principais regiões produtivas do Peru estariam concentradas em 14 zonas espalhadas por 13 dos 24 departamentos do país, que se concentrariam, especialmente, na região da Amazônia peruana, quais sejam: Aguaytia, Alto Chicama, Bajo Amazonas, Huallaga, Inambari-Tambopata, Kosñipata, La Convención-Lares, Marañón, Calleria, Contamana, Pichis Palcazu-Pachitea, Putumayo, San Gabán, e VRAEM (Valle de los ríos Apurímac, Ene y Mantaro).

inicial e secundária do produto, responsáveis pelo atingimento de níveis mais significativos de pureza do entorpecente, bem como um aumento na quantidade de produto já manufaturado (a cocaína e seus subprodutos) à disposição no mercado internacional. Em 2020, estima-se que a produção de cocaína tenha atingido a marca de 1.982 toneladas de cocaína de alto nível de pureza (UNODC, 2022d).

McDermott (2018) destacou, ainda, que as melhorias teriam ocorrido desde as fases de plantio da *Erythroxylum,* que agora seria realizado em conjunto com outras variedades que propiciariam sombra e, assim, melhores condições de crescimento (além de um disfarce eficiente para eventuais observações via satélite e aéreas), bem como relativas ao aprimoramento das *cocinas* (cozinhas) e laboratórios de cristalização (estes, inclusive, com a possibilidade de mobilidade territorial), mediante o uso de maquinários mais eficientes e de melhor manufatura (inclusive com reciclagem) de substâncias químicas.

Essas mudanças permitiram não só uma maior economia no processo de produção do *ouro puro*, o cloridrato de cocaína, bem como uma potencial redução do tamanho dessas segundas instalações (permitindo, também, uma ocultação mais eficiente de suas atividades ilícitas) (McDermott, 2018).

Com isso, se vivenciaria um estágio de produção de cocaína de altíssimo grau de pureza e transportável em menores quantidades, o que, além de facilitar o deslocamento do produto, permite que a droga seja *dobrada* (ou seja, acrescida de outras substâncias que lhe aumentem o quantitativo final de venda) com mais eficiência, em outros pontos de sua cadeia de transporte ou comercialização, tornando, assim, mais fácil a sua ocultação ao longo das remessas a cada ponto da rede comercial (Manso; Dias, 2018; McDermott, 2018).

Como contrapartida, essas modificações no processo produtivo teriam gerado um substancial aumento relativo às emissões de CO_2 na atmosfera, ampliando a inserção do tráfico internacional de cocaína em discussões sobre danos ambientais e desmatamento (UNODC, 2022e)[20].

A literatura também apontou, de maneira interessante, que os produtos oriundos da cocaína (para além do cloridrato), como a pasta-base, por exemplo, apresentariam um antigo histórico de presença,

---

[20] Segundo o UNODC (2022e), a produção de 1 kg de cocaína em pó, sem levar em conta as alterações geradas pela eliminação de espécies nativas para o cultivo da folha de coca, geraria o equivalente a 590 kg de CO2. Isso seria equivalente às emissões de um carro alimentado à gasolina durante cerca de 2,358 km, ou ao consumo de 220 litros de óleo diesel.

comercialização e consumo em países latino-americanos (Abreu, 2021; Paiva, 2019). Certamente, isso leva à hipótese de que a presença de agentes e locais responsáveis pela atividade de refino do entorpecente, que transformariam sua pasta em cocaína pura, e, posteriormente, os restos produtivos em subprodutos mais baratos como o crack e o óxi, tornariam mais *popular* a presença destes entorpecentes, sobretudo, como afirma a UNODC (2022d), entre as populações mais vulneráveis e pobres dos pontos de circulação da droga e, com isso, igualmente presentes os problemas sanitários decorrentes deste consumo.

Um dado substancialmente novo, em relação à literatura geral produzida a respeito do tráfico de drogas (especialmente, o de cocaína), refere-se à ampliação do quantitativo de agentes e redes formadas na origem produtiva.

Segundo autores como McDermott (2018), UNODC e Europol (2021), com a crescente fragmentação dos grupos que compunham o oligopólio colombiano de produção e comércio da cocaína, novos pequenos grupos teriam surgido e permitido o advento de novas redes junto a agentes territoriais de língua ou origem albanesa e/ou atuantes nos Bálcãs Ocidentais Europeus. Isso sem deixar de mencionar o rompimento das conexões tradicionalmente conhecidas com organizações criminosas mexicanas, que compõem a rota destinada aos Estados Unidos da América, que há tempos funcionariam em paralelo (e de forma relativamente concorrente) com os grandes oligopólios internacionais já estabelecidos, como as máfias italiana (especialmente a N'drangueta), inglesa e espanhola.

Assim, registrou-se o advento de novas redes de contatos que possibilitaram a eliminação dos grandes oligopólios como intermediários do processo de aquisição de grupo, possibilitando que novos grupos ascendessem ao patamar de agentes internacionais do tráfico de cocaína (UNODC; Europol, 2021). Mas a transformação se deu para muito além disso. Igualmente, ampliou-se também o número de agentes territoriais envolvidos com as cadeias de suprimento e atravessamento na América Latina (UNODC; Europol, 2021).

Conforme a UNODC e Europol (2021), a fragmentação dos grandes oligopólios produtivos da cocaína na Colômbia teria gerado, também, uma compartimentalização das diferentes funções desempenhadas no processo produtivo da cocaína, como, por exemplo, ao longo do processo de plantio, guarda das plantações, manufatura da coca, preparação e transporte, de modo que não há mais um agente (ou uma organização) dominando todos os processos. Isso, certamente, teria estimulado uma maior concorrência e, com isso, o barateamento da cocaína na origem.

Este dado, certamente, reforça a informação, já levantada no referencial deste estudo, de que os países produtores seriam, atualmente, os que menos retêm os lucros oriundos do comércio internacional de cocaína (Manrique-López; Pastor-Armas, 2019; Guerrero; Espasa, 2021; Reis Netto; Chagas, 2021a), que seria reservado muito mais aos agentes internacionais do tráfico de drogas (a.1.1) e organizações nacionais ou internacionais de atravessadores e distribuidores (A.1.2), em comparação com os primeiros (Neumann, 2018; Guerrero; Espasa, 2021; Reis Netto; Chagas, 2021a).

Inclusive, Reis Netto e Chagas (2021a) apontaram essa situação mediante uma comparação direta entre a evolução do plantio de folha de coca e o PIB decrescente dos países produtores do insumo agrícola do mercado de cocaína.

Ao passo, dois motivos seriam determinantes a essa hipótese.

Em primeiro lugar, conforme o CDE (2022), estaria em curso no planeta um processo de expansão das localidades aptas à realização de processos de transformação dos produtos originários da folha de coca (notadamente a pasta-base) em cloridrato de cocaína, além das demais manufaturas noutros subprodutos, em outras regiões e países externos à região produtora. Na prática, isso significaria a compra do entorpecente ainda nas fases iniciais de manufatura, portanto a preços menores e que, certamente, permitiriam uma maior retenção de lucros em outros pontos da rede de comércio internacional.

Para além disso, o fato também é presumível a partir da informação propugnada por autores como Reis Netto (2018), Viana *et al.* (2019) e o CDE (2022), que destacaram que as facilidades de circulação e troca propiciadas pela globalização do século XXI, aliadas, ainda, a processos de redução de custos de transporte e redução da *comissão de venda* (*ticket*) destinada aos varejistas finais (considerando, sobretudo, sua baixa condição de vida e a grande disponibilidade de mão de obra), teriam ocasionado uma redução significativa dos preços finais de comercialização dos entorpecentes.

Esse fenômeno, repita-se, propiciaria uma maior concentração dos lucros nas mãos dos agentes internacionais do tráfico, sobretudo aqueles que obtêm meios para manufatura do produto – o processo de alquimia do ouro.

Em segundo lugar, a literatura também reforçou a hipótese citada, ao destacar que os agricultores da folha de coca, sobretudo na Colômbia, além de serem sujeitos a oligopsônios relativos aos preços de venda do quilo daquele produto, ainda, estariam sujeitos a diversas taxações (cobranças extorsivas) por grupos armados (ex-FARC), em troca de suposta proteção e garantia de aquisição dos produtos (McDermott, 2018; Nellemann *et al.*, 2018; Hernandéz *et al.*, 2020; Reis Netto; Chagas, 2021a; UNODC; Europol, 2021). Inclusive, somente no ano de 2019, essas extorsões teriam rendido o importe de 33 milhões de dólares americanos aos agentes territoriais que detêm hegemonia local (UNODC; Europol, 2021)[21].

Já em terras peruanas a mesma estratégia, que, inicialmente, manifestara aspectos mais cooperativos entre os diversos envolvidos, teria sido violentamente quebrada após políticas de erradicação das produções, as quais intensificaram conflitos entre os diversos agentes locais (Manrique-López; Pastor-Armas, 2019), gerando o mesmo contexto de exploração dos agricultores relatado antes em relação à Colômbia (Casas, 2021, Guerrero; Espasa, 2021; UNODC; Europol, 2021).

Em todo caso, essas áreas corresponderiam a locais de substancial ausência do Estado e predominância de pobreza (Casas, 2021; Reis Netto; Chagas, 2021a), assim denominadas *zonas cinzentas* (Sampó, 2019; Guerrero; Espasa, 2021), as quais, por aspectos relativos à geografia local, dificuldades de acesso a produtos e serviços e de uma histórica ausência de mecanismos de promoção social, acabaram por se tornar ambientes de fácil cooptação (ou domínio) por organizações criminosas em geral.

Assim, apesar de cientes das consequências criminais e da violência associada à produção e manufatura inicial, os agentes responsáveis pela manufatura agrícola da matéria-prima base da cocaína (b.1.1) a exerceriam pela facilidade de venda do produto, que, num contexto de pobreza, representaria a sua própria sobrevivência (Casas, 2021; Reis Netto; Chagas, 2021a) dentro de um modelo de mercado (mesmo que ilegal) que não lhes rende maiores opções.

Por sua vez, a literatura apontou que, a despeito de já terem sido encontradas áreas de plantação das espécies utilizadas para a produção de cocaína em território brasileiro, o país, ainda assim, não é considerado

---

[21] Nellemann *et al.* (2018), aliás, referiram que a cobrança se estende também sobre demais atividades vinculadas à ideia de politráfico, notadamente sobre o garimpo ilegal. Inclusive, noticiaram que o pagamento das taxas, em muitos casos, seria realizado mediante a cessão de produtos vinculados à manufatura primária da cocaína, reforçando a hipótese de sua utilização como mercadoria-dinheiro, referida ao longo da seção referencial deste estudo, bem como por autores como Viana *et al.* (2019); Reis Netto (2018) e Reis Netto e Chagas (2021a).

como origem produtiva pela literatura ou órgãos de segurança nacionais (Vargas, 2020; Paiva, 2019; Dias; Paiva, 2022). Em relação ao Brasil, a cocaína e seus subprodutos primários ainda se constituem como um produto *exógeno*, em essência. De todo modo, os contatos do Brasil com a região de origem produtiva, embora tenham adquirido uma recente ressignificação em razão de fenômenos próprios do (violento) comércio internacional de entorpecentes, já detêm registros que mostram sua existência desde a década de 1970 (Paiva, 2019; Abreu, 2021).

Obviamente, o mesmo não se pode falar a respeito dos produtos oriundos de um refino de caráter secundário, destinado à geração de subprodutos (como o crack e o óxi), uma vez que o CDE (2022) reconheceu claramente a ocorrência da produção e venda destes subprodutos, entre outros, no território legal brasileiro.

Mas, repita-se, a produção primária ainda é típica dos referidos países andinos.

Após a produção agrícola e manufatura inicial nas cozinhas, a droga, a rigor, seria sujeita ao processo de purificação em cloridrato de cocaína e enviada por intermédio de mulas aos pontos de remessa nos países de origem – locais estratégicos e bem protegidos, a partir dos quais seria transportada em quantidades maiores sob responsabilidade das organizações nacionais ou internacionais de atravessadores e distribuidores de entorpecentes (A.1.2) (McDermott, 2018). Este é o momento em que a droga passaria a ingressar nos diversos corredores do tráfico de cocaína (os quais são analisados na seção a seguir).

Ademais, no que toca à Venezuela, constatou-se que, embora esta até detenha áreas potencialmente utilizáveis para fins de plantio e manufatura básica da folha de coca, o país acaba por sofrer a mesma influência exercida pela Colômbia sobre o Brasil e o Peru, figurando, assim, muito mais como um país de trânsito do que um expressivo coordenador das atividades, ao menos, conforme a literatura analisada (McDermott, 2018; Sampó, 2019; Guerrero; Espasa, 2021).

Essa condição, inclusive, é apontada, por autores como McDermott (2018), Neumann (2018) e Sampó (2019), como diretamente atrelada a fatores envolvendo a corrupção direta do atual governo nacional e organizações do tráfico de drogas, que teriam manejado redes de envio direto do entorpecente oriundo da Colômbia à África (via aviões modificados) e aos Estados Unidos. Assim, embora McDermott (2018) e Neumann (2018), explicitamente, se refiram à Venezuela enquanto um grande centro de corrupção e de organização de atividades criminosas transnacionais, certamente, ela não é apontada como origem produtiva agrícola da cocaína destinada ao comércio internacional.

4.3 OS CORREDORES E AS ROTAS DO TRÁFICO DE COCAÍNA NA AMAZÔNIA, NO ESTADO DO PARÁ E NA REGIÃO METROPOLITANA DE BELÉM E AS RESPECTIVAS METODOLOGIAS E MODAIS UTILIZADOS

Quanto às rotas comerciais do produto, destacou-se a existência de determinados fluxos adotados pelos agentes responsáveis pelo transporte da cocaína produzida na região andina, que seguiria por diferentes corredores: 1) um fluxo que seguiria da costa do oceano Pacífico em direção à América Central e, daí, para os Estados Unidos da América ou Europa (McDermott, 2018; Adorno, 2019; Rodrigues; Esteves, 2018; Reis Netto; Chagas, 2021a; UNODC; Europol, 2021; UNODC, 2022d); 2) um segundo fluxo, que seguiria diretamente de portos colombianos, por intermédio de *containers* embarcados diretamente à Europa (McDermott, 2018; McDermott *et al.*, 2021; UNODC, 2022d); 3) um terceiro fluxo, via oceano Atlântico, que fluiria especialmente do Brasil (sem a exclusão de outros países, como Venezuela, Suriname e as Guianas, por exemplo), em direção aos Estados Unidos da América, Europa e África e, daí, para a Ásia (Manso; Dias, 2018; McDermott, 2018; Nellemann *et al.*, 2018; Adorno, 2019; Sampó, 2019; Rodrigues; Esteves, 2018; Couto, 2020a; Abreu, 2021; McDermott *et al.*, 2021; Reis Netto; Chagas, 2021a; Reis Netto *et al.*, 2021; UNODC; Europol, 2021; Zúñiga, 2021; UNODC, 2022d) e, residualmente, voltaria aos Estados Unidos da América (Sampó, 2019); 4) um quarto fluxo, que seguiria para mercados consumidores sul-americanos, no Brasil e na Argentina, notadamente (McDermott, 2018; Adorno, 2019; Abreu, 2021; UNODC, 2022d); e, finalmente, 5) um fluxo, de menores proporções, que sairia dos Estados Unidos para a Europa (notadamente a França) (Adorno, 2019; UNODC; Europol, 2021).

Deve-se advertir, no entanto, que os fluxos em questão, embora costumem preservar determinados corredores, constituídos, por sua vez, de redes-territoriais formadas por diversos *nós* relativamente fixos (em razão das necessidades de estocagem, estrutura de transportes, pessoal cooptado para a atividade, dentre outros fatores relativos à divisão espacial do trabalho do tráfico etc.), de outro lado, apresentariam uma grande flexibilidade e capacidade de adaptação em relação às possíveis rotas que ligam aqueles nós entre si (as quais seriam variáveis de acordo com a maior/menor fiscalização pelos órgãos de segurança pública, maior/ menor permissividade pelo sistema jurídico-legal de cada país[22], disponibilidade de agentes, meios de transporte e estocagem, oferta/demanda e, até mesmo, variações climáticas ou fenômenos geográficos) (Neumann, 2018; Adorno, 2019; Magliocaa *et al.*, 2019; Couto, 2019, 2020; Reis Netto; Chagas, 2021a; Reis Netto *et al.*, 2021; Guerrero; Espasa, 2021; CDE, 2022)[23].

Em segundo lugar, deve-se registrar a observação de Reis Netto e Chagas (2021a) no sentido de que há uma divisão hierárquica e geográfica desigual dos lucros inerentes à atividade em questão, de modo que o fato de um local se constituir como um *nó* nas redes de tráfico nem de longe significa que este seria um ponto de *retenção de capital* inerente à atividade, necessariamente. Mais uma vez, observa-se a multidimensionalidade do fenômeno, cuja materialidade atravessaria determinados locais, mas, inversamente, geraria o surgimento de lucros noutros, nos quais haveria as repercussões econômicas concretas do fenômeno em estudo (Reis Netto; Chagas, 2021a).

Além disso, Adorno (2019) advertiu que os corredores e redes do tráfico seriam compreendidos e delimitados pela literatura e órgãos de segurança a partir de dados oficiais e, em razão disso, seriam, eventualmente, adstritos a saberes sujeitos a vieses inerentes ao olhar dos órgãos de segurança e sua capacidade de visibilidade dos agentes territoriais do tráfico. Assim, constituiriam saberes limitados pelas capacidades dos primeiros e pela invisibilidade dos segundos, além de outros fatores como corrupção dos sistema e as dissimulações dela decorrentes (Adorno, 2019).

Além disso, autores como Manso e Dias (2018), Neumann (2018), Steinko (2019), Sampó (2019), Viana *et al.* (2019) e Abreu (2021) destacam que as rotas costumariam surgir, também, em função de conhecimentos tradicionais de muitos dos agentes que figuram no setor competitivo (B)

---

[22]   De forma exemplificativa, Neumann (2018) cita que a taxação do comércio de cigarros em muitos países tornou a lucratividade decorrente do contrabando equivalente à do comércio de cocaína, de modo que o próprio estatuto de (i)legalidade de um determinado produto em determinado espaço-tempo, como comentado no referencial deste estudo, pode gerar mudanças multidimensionais nas rotas do tráfico, inclusive atingindo os fluxos de outros produtos ilícitos.

[23]   Autores como Adorno (2019), inclusive, propõem a adoção de metodologias mais próximas de um contexto etnográfico, considerando uma forte influência de saberes locais sobre as condições espaçotemporais, na formação de redes territoriais do tráfico internacional de drogas.

da atividade do tráfico. Assim, para a realização material do tráfico, aqueles agentes territoriais se utilizariam de anteriores (ou atuais) experiências de vida ou de trabalho legais (como o trabalho formal nas áreas que são atravessadas por redes comerciais lícitas) ou ilegais (como anteriores experiências no contrabando e garimpo, ou outras atividades ilícitas que movimentariam fluxos locais), de modo que o sucesso da atividade depende diretamente de seu conhecimento dos locais e regiões.

Inclusive, os corredores e rotas seriam polivalentes a várias atividades, conforme destacaram Neumann (2018), Viana *et al.* (2019) e Abreu (2021), de modo que uma rota do tráfico de cocaína, em seu sentido contrário, poderia ser usada para contrabando, tráfico humano ou outras atividades igualmente ilegais. Os conhecimentos *tradicionais* das rotas ilegais se somam, portanto, para sucesso dos diversos empreendimentos que fluem pelo espaço territorializado pelo crime.

Logo, ainda em sede preliminar, tem-se que Manso e Dias (2018), Reis Netto *et al.* (2021), Reis Netto e Chagas (2021a) também manifestaram a compreensão de que a expansão progressiva de redes do tráfico de drogas, no sentido enunciado no referencial deste estudo, estimularia o surgimento de novos mercados locais da cocaína, ampliando, assim, a demanda pelo produto. Assim, as redes multiplicariam o consumo de entorpecentes pelo simples fato de atravessarem os territórios, nos quais resíduos da droga estimulariam o surgimento de novos comércios. Prosseguindo na análise, tem-se que a figura a seguir apresenta aqueles que seriam os atuais fluxos de cocaína, identificados pelo UNODC (2022d), em relação à escala mundial.

Figura 18 – Principais fluxos de cocaína no mundo, conforme a UNODC

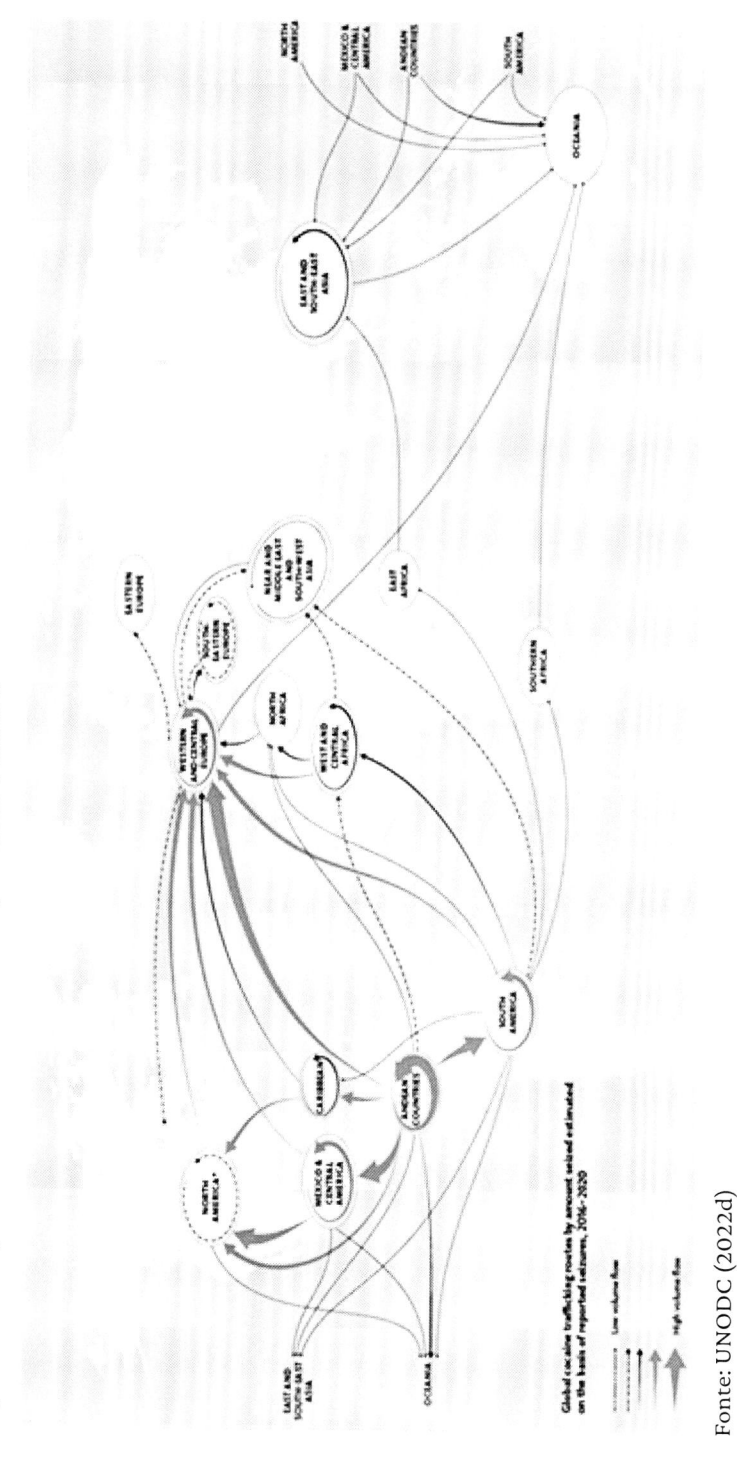

Fonte: UNODC (2022d)

Quanto aos diversos modais e metodologias utilizados para o transporte de cocaína, os autores foram expressivos em consolidar possibilidades aplicáveis a todos os contextos dos países produtores e atravessadores (McDermott, 2018; Sampó, 2019; Abreu, 2021; McDermott *et al.*, 2021), dentre os quais vários foram identificados por outros autores (mais adiante expostos), inclusive em relação à realidade brasileira.

Nesse sentido, foram elencados como possíveis modais e métodos o transporte: a) via *containers* carregados em embarcações de grande porte, em grandes portos dos países produtores/atravessadores; b) via embarcações comuns, como lanchas particulares, barcos pesqueiros e, até mesmo, cruzeiros, que sairiam de portos menores ou, até mesmo, poderiam ser abastecidos em alto-mar; c) via *torpedos*, que seriam estruturas adaptadas para submersão após abastecimento com certos quantitativos de droga e que seriam rebocadas por outras embarcações e, efetivamente, liberadas acaso estas últimas se deparem com fiscalizações, ou, ainda, liberadas de forma proposital, ao atingir os locais para resgate das remessas pelos destinatários, que, em ambos casos, localizariam as estruturas por meio de GPS embutido; d) via lanchas rápidas, que costumariam transitar no horário noturno, recobertas com lonas especiais que enganariam fiscalizações digitais e o olhar humano; e) via *narcossubmarinos*, como são popularmente chamados, que seriam estruturas semissubmersíveis de fibra de vidro (movidas a diesel e que não seriam vislumbráveis facilmente a olho nu, mas tão somente por meio de detectores de sinais de calor) ou submersíveis (pequenos submarinos capazes de submergir a profundidades de em média 15 metros, detectáveis somente por sonares navais), que, em quaisquer dos casos, transportariam cerca de 7 toneladas de entorpecente; f) via veículos automotores de diferentes naturezas e portes; g) via caravanas de mulas (denominadas de tráfico de *formiga*), que poderiam se valer de qualquer dos outros modais referidos; h) via aviões de pequeno porte (que se valeriam, em muito, de rotas e pistas clandestinas)[24] ou aeronaves comerciais ou de aviação civil (McDermott, 2018; Sampó, 2019; Abreu, 2021; McDermott *et al.*, 2021).

Obviamente, a utilização desses modais variaria conforme diversos critérios de custo-benefício inerente a cada corredor e rotas potencialmente utilizáveis (Magliocaa *et al.*, 2019), aspectos geográficos de cada espaço e aspectos relativos a experiências dos agentes envolvidos.

---

[24] Abreu (2021) mencionou que os pilotos chegariam a receber valores entre R$ 150.000,00 a R$ 190.000,00 por viagem em aviões Cessna 210, totalmente adaptados e que poderiam ser abastecidos em pleno ar, para atingir maiores distâncias com relativas quantidades de cocaína.

Conforme a UNODC e Europol (2021) e Sampó (2019), a América Latina, a África e a Europa manteriam estreitas relações comerciais, com forte presença mútua de agentes territoriais de um território em outro. Isso se explicaria pela necessidade de os agentes territoriais do tráfico internacional de cocaína da América Latina manterem contato para formalização de consórcios junto a agentes de semelhante nível presentes na Europa, para escoamento da droga para aqueles mercados consumidores, sobretudo em função dos altos valores que o entorpecente atingiria na Europa. Igualmente, as correlações ajudariam no estabelecimento de meios eficientes de lavagem de dinheiro em cada uma daquelas regiões.

É por meio dessas relações de oferta e demanda de entorpecentes que os agentes internacionais do tráfico de drogas presentes em diferentes espaços do globo realizariam as ações geradoras de *verticalidades* (Santos, 2017), capazes de movimentar a máquina produtiva e de transporte do tráfico em diferentes regiões do mundo, inclusive no Brasil.

Aliás, grande parte das menções literárias apontaram o Brasil como importante área de trânsito de cocaína à África, Ásia e Europa (Rodrigues; Esteves, 2018; Viana *et al.*, 2019; Guerrero; Espasa, 2021; McDermott *et al.*, 2021; UNODC, 2022d; UNODC; CDE, 2022; Dias; Paiva, 2022), bem como aos Estados Unidos, de maneira secundária (Castro, 2019; Couto, 2019; Sampó, 2019; Sampó; Ferreira, 2020; Castro *et al.*, 2020; PERU, 2020b). Terciariamente, o país foi apontado como importante mercado consumidor, demonstrando que a literatura recente ainda não verificou uma substancial mudança do papel anteriormente reportado, não obstante o aumento progressivo do consumo interno (UNODC, 2022d; UNODC; CDE, 2022; Dias; Paiva, 2022).

Para além disso, é interessante a menção de Castro (2019) de que o Brasil se constituiria como um país de *ciclo completo* da cocaína, no qual se registraria a produção, a venda, o consumo e atividades relativas à lavagem de dinheiro. O autor divergiu, portanto, da literatura geral, no que toca à produção, normalmente apontada em relação aos países andinos, manifestando um entendimento minoritário, neste aspecto.

Em todo caso, há unanimidade em reconhecer o Brasil como um país de trânsito da cocaína, ao menos, desde a década de 1970 (Paiva, 2019; Abreu, 2021), como anteriormente dito, quando a cocaína ainda era rarefeita para fins de consumo interno. Esse fluxo, no entanto, se intensificou ao longo dos anos, colocando o Brasil na condição de um dos principais protagonistas mundiais do transporte da droga.

Insta salientar que esse fluxo mundial de cocaína não teria apresentado qualquer suspensão, mesmo ao longo das primeiras medidas restritivas decorrentes da pandemia da covid-19, no ano de 2020, quando os órgãos de segurança do mundo inteiro registraram uma rápida interrupção nos dados relativos a apreensões, tanto em função do fechamento excepcional de órgãos e do adoecimento de agentes, quanto em decorrência da própria mudança das dinâmicas de transportes que se impuseram aos agentes do tráfico no mundo em alerta (UNODC; CDE, 2022).

Como resta discutido mais à frente, a importância do Brasil permaneceu assente no mercado, mesmo diante das transformações mundiais. De outro lado, as restrições de circulação aparentam ter favorecido, temporariamente, a ação de muitos órgãos de segurança pública nacionais, que passaram a registrar um aumento no quantitativo de apreensões locais de cocaína, mesmo que em baixas quantidades, ao longo dos meses que sucederam o início da pandemia, intercaladas com algumas apreensões de quantitativos significativos da droga (UNODC; CDE, 2022).

Contudo, não tardou para que os números voltassem a se estabilizar e cair, em relação ao cenário do início da pandemia. Mesmo após a implantação do programa VIGIA[25], pelo Governo Federal brasileiro, registraram-se quedas nas apreensões de entorpecentes, desde o último quadrimestre de 2020 e início do ano de 2021 (UNODC; CDE, 2022), o que indicaria, a contrassenso da literatura protagonizada por órgãos oficiais brasileiros, que o aumento de apreensões, seguido de quedas expressivas, não decorreria diretamente das ações de repressão qualificada, senão em decorrência de distúrbios nas redes do tráfico, decorrentes da pandemia, seguidos da adoção de novas metodologias pelos agentes territoriais do tráfico de cocaína ante a mudança de cenário e maior visibilidade repentina de suas ações (afinal, com a menor circulação, tornou-se mais fácil a fiscalização).

Isso, como dito, leva à hipótese de que o papel brasileiro na cadeia de exportação da droga não aparenta ter diminuído em termos de importância no mercado internacional, bem como de que a restrição temporária à circulação teria importado num acúmulo de cocaína, que, com as pos-

---

[25] O Programa Nacional de Segurança nas Fronteiras e Divisas (VIGIA) é um programa permanente do Ministério da Justiça e Segurança Pública do Governo Federal Brasileiro, que congloba medidas de inteligência e repressão qualificada a ilícitos desenvolvidos nos estados e municípios que compõem a faixa de fronteira brasileira (Brasil, 2021b), embora, na prática, ainda não tenha se estendido sobre todos eles, efetivamente, destinando recursos e atenções especializadas no combate a diversas modalidades criminosas, dentre as quais o tráfico de entorpecentes.

teriores liberações e reativações das redes, permitiu o retorno dos fluxos ainda ao longo do primeiro semestre de 2020 (UNODC; CDE, 2022), o que justificaria as apreensões em maior quantidade registradas.

Os grandes corredores de entrada da cocaína no Brasil, por sua vez, apresentariam um fracionamento (já apontado no referencial deste estudo) entre um *eixo norte* e um *eixo sul*, conforme se pode observar, a seguir, a partir das elaborações do UNODC e CDE (2022), que, igualmente, destacaram um aumento da utilização de aeronaves para o transporte interno da droga, possivelmente em decorrência de dificuldades de utilização dos modais rodoviários mais corriqueiros (justamente em função do referido aumento de fiscalizações nos países de origem e no Brasil, paralelos às restrições de circulação que se impuseram em 2020 e 2021).

Figura 19 – Principais rotas de transporte (entrada e saída) de cocaína no Brasil, apuradas pelo UNODC e CDE

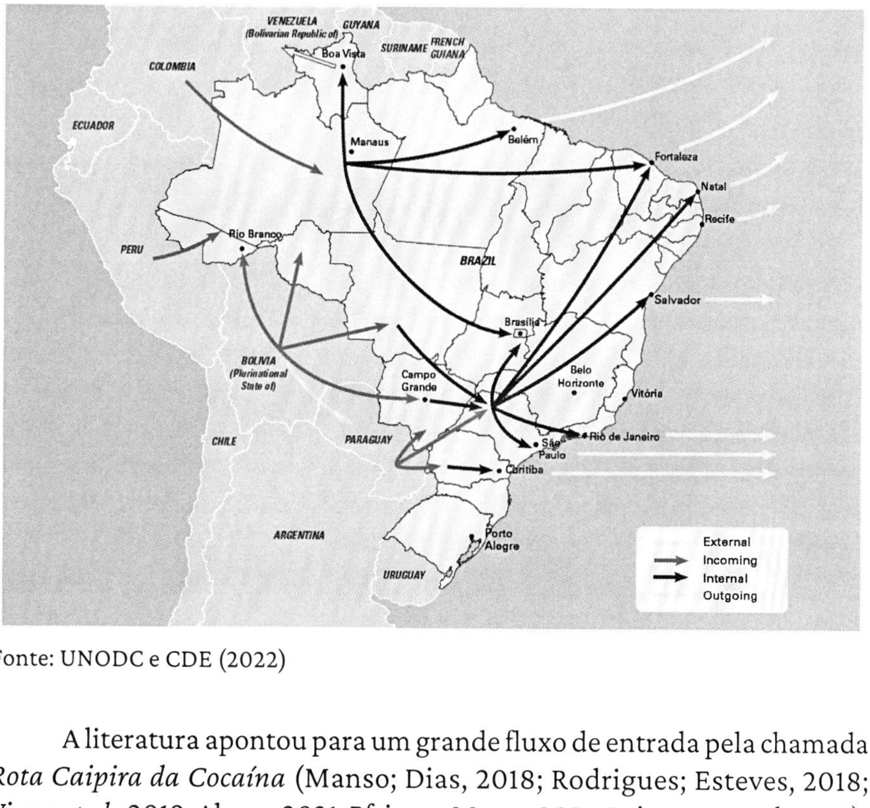

Fonte: UNODC e CDE (2022)

A literatura apontou para um grande fluxo de entrada pela chamada *Rota Caipira da Cocaína* (Manso; Dias, 2018; Rodrigues; Esteves, 2018; Viana *et al.,* 2019; Abreu, 2021; Pfrimer; Motta, 2021; Reis Netto *et al.,* 2021), assim mencionada no referencial deste estudo em referência ao corredor do *eixo sul* do país, com significativo registro de apreensões nos estados contíguos a São Paulo, Paraná e Minas Gerais, desde antes do advento da pandemia da covid-19 (até então).

Especial destaque, por sua vez, deu-se à entrada do entorpecente pela fronteira dos estados do Mato Grosso (com destaque para o município de Cáceres), Mato Grosso do Sul (sobretudo na região vinculada às cidades de Ponta-Porã e Corumbá) e Rondônia (com destaque para Guajará-Mirim) (Castro, 2019; Abreu, 2021).

Esta cocaína seria originária da Bolívia (após produção em áreas contíguas ao Peru) (Rodrigues; Esteves, 2018) e ingressaria naquele corredor via Paraguai (este configurando-se como principal entreposto de transporte daquele primeiro país), com fluxo destinado a portos e aeroportos nos estados de São Paulo (notadamente o Porto de Santos), Rio de Janeiro e Paraná (com destaque para o Porto de Paranaguá) (Dias; Manso, 2018; Neumann, 2018; Sampó, 2019; Teixeira, 2020; CDE, 2021; UNODC; CDE, 2022; Dias; Paiva, 2022).

Igualmente, a literatura apontou um forte uso do modal rodoviário no corredor em questão, com notado aumento da utilização de aeronaves de pequeno porte e helicópteros na região fronteiriça a oeste, sobretudo após a pandemia (Manso; Dias, 2018; Abreu, 2018; CDE, 2021).

No entanto, apesar da relevância da *Rota Caipira*, apontou-se uma progressiva redução do número de apreensões realizadas nos estados que a compõem, sobretudo a partir de 2020, com o paralelo surgimento de largas apreensões em outros estados-membros, como Santa Catarina, e, no eixo norte, no Ceará, Pará e Bahia, demonstrando uma possível diversificação dos pontos de saída da droga do país (Abreu, 2021; UNODC; CDE, 2022). Igualmente, apontou-se para uma possível rota da cocaína boliviana via Argentina, que ingressaria no Paraná, pela região do Rio da Prata (em navios e aviões), sendo escoada para os portos da região (UNODC; CDE, 2022).

Em paralelo, houve menções do UNODC e CDE (2022) relativas a portos internacionais de carga, como o de Pecém, no Ceará, e de Vila do Conde, no Pará. Nota-se, uma ressignificação das rotas ao norte do país, como se passa a analisar.

Especificamente, em relação à cocaína transportada pelo *eixo norte* do Brasil, aqui nominado como *Corredor Amazônico* (o qual detém um maior foco de interesse em função do objetivo do presente trabalho), constatou-se o apontamento de diversos caminhos e fluxos da cocaína no Brasil: a) determinados autores afirmam que a cocaína que adentraria a região amazônica do pais adviria, principalmente, da Colômbia (após manufatura), não obstante a existência de fronteiras com a Bolívia e com o Peru[26], sendo que os quantitativos de cocaína originários desses últimos países ingressariam na Amazônia em níveis comparativamente inferiores aos da droga colombiana (McDermott, 2018; Manso; Dias, 2018; Rodrigues; Esteves, 2018; Sampó, 2019; Peru, 2019; UNODC; CDE, 2022); b) de outro lado, há achados no sentido de informar que a cocaína peruana ingressaria na Amazônia em maior quantidade ou, ao menos, que o Peru seria o elo central de entrada de cocaína, sobretudo na tríplice fronteira (Manrique-López; Pastor-Armas, 2019; Paiva, 2019; Dias; Paiva, 2022); c) há autores que informam que a cocaína peruana seria manufaturada em terras bolivianas e, em seguida, enviada para o Brasil, via Amazônia, possivelmente, pelos estados de Rondônia e Acre (Moura, 2020; Guerrero; Espasa, 2021).

Em verdade, compreende-se que os quantitativos de cada rota e origem variariam conforme diferentes períodos, demandas e facilidades relativas ao processo produtivo e de transporte, o que, de certa forma, pode explicar as divergências em relação à literatura, sem, no entanto, refutar a verossimilhança de qualquer dos estudos.

Assim, é muito mais provável se concluir que todas as rotas em questão existiriam e funcionariam, obviamente, alternando caminhos entre os nós e permitindo fluxos da droga em maior ou menor grau, conforme a demanda internacional pela cocaína e/ou subprodutos, facilidades ou fatores relativos a maior ou menor repressão.

Especial destaque se deu no contexto amazônico, por sua vez, à chamada *Rota Solimões*, que atravessaria a tríplice fronteira Brasil (Tabatinga-AM) – Colômbia (Letícia) – Peru (Santa Rosa) e se configuraria como principal porta de entrada da cocaína na região (Rodrigues; Esteves, 2018; Hirata, 2019; Paiva, 2019; Sampó, 2019; Couto, 2019, 2020a; Moura, 2020; Reis Netto *et al.,* 2021; Dias; Paiva, 2022).

A partir deste ponto de entrada, a droga seguiria em diferentes direções ao encontro de diversos compradores, cada um com diferentes propósitos de alimentação do mercado nacional ou internacional. Segundo

---

[26] Segundo o governo peruano (Peru, 2020b), as principais rotas de saída da cocaína para a Bolívia e o Brasil encontram sua origem e trânsito nos departamentos de Ayacucho, Loreto, Cusco, Junín, Pasco, San Martin, Ucayali, Puno e Madre de Dios, onde também teriam sido localizados diversos laboratórios clandestinos de refino da cocaína e subprodutos.

Hirata (2019), os órgãos de segurança pública locais indicariam um fluxo variável entre 100 e 150 toneladas de cocaína cruzando o município de Tabatinga-AM, por ano.

Além disso, como questão estratégica inerente à *Rota Solimões*, Moura (2020) destacou a presença de uma grande área autóctone, a Terra Indígena do Vale do Javari, que, por uma série de limitações naturais e relativas à ausência de políticas de apoio, representaria uma região de fácil cooptação de indígenas em situação de vulnerabilidade, enquanto atravessadores ou facilitadores das atividades de tráfico, que confeririam transporte seguro à droga no seio daquele espaço. Dentro do Corredor Amazônico, portanto, esta seria a rota mais significativa para o tráfico de cocaína.

De acordo com a literatura consultada (Sampó; Ferreira, 2020; Teixeira, 2020; Gomes *et al.,* 2021; Pfrimer; Motta, 2021; Reis Netto *et al.,* 2021; Nascimento; Siqueira, 2022; Dias; Paiva, 2022; FBSP, 2022), o *Corredor Amazônico* e todas as suas rotas teriam sofrido uma ressignificação quanto a sua importância: a) em razão da ampliação das fiscalizações realizadas em estados-rota do eixo sul, desde antes da pandemia; e b) em razão da declaração de guerra entre as duas principais facções brasileiras (Comando Vermelho – CV – e Primeiro Comando da Capital – PCC), que, até então, trabalhariam em parceria na importação da droga e que – após a derrubada de Jorge Rafaat, o rei da fronteira, e a assunção pelo PCC à condição de principal negociante na fronteira entre Mato Grosso e Paraguai – teriam entrado em disputa pela fronteira vinculada ao eixo norte do Brasil.

Como dito, até o início do século XXI, essas rotas seriam dominadas por agentes territoriais originários da Colômbia, que, progressivamente, foram cedendo posições a outros agentes territoriais nacionais em razão do enfrentamento internacional ao tráfico naquele país (Paiva, 2019; Moura, 2020), questão que restou tratada na seção seguinte deste estudo. Consequentemente, passou-se a registrar uma presença cada vez menor dos grandes cartéis, que teriam sido sucedidos por outros grupos menores, até o início da década de 2010.

Em 2015, identificou-se o surgimento de uma grande organização criminosa originária no estado do Amazonas, que teria assumido um grande protagonismo na *importação* de cocaína pela região, sobretudo na *Rota Solimões*: a Família do Norte – FDN, classificada como uma *facção criminosa* (que chegou a ser a terceira maior do país, atrás do Comando Vermelho – CV – e do Primeiro Comando da Capital – PCC) (Paiva, 2019; Moura, 2020; Sampó; Ferreira, 2020).

Até meados de 2019, a FDN consagrou uma proeminência nos contatos relativos à *Rota Solimões*, passando a ser, dessa forma, envolvida em diversos conflitos relativos ao controle do fluxo da cocaína no Brasil (Paiva, 2019; Couto, 2019; Moura, 2020; Pfrimer; Motta, 2021; Nascimento; Siqueira, 2022; Dias; Paiva, 2022; FBSP, 2022), o que teria sido possibilitado por uma associação decorrente dos contatos entre diferentes agentes territoriais do tráfico no ambiente carcerário (Reis Netto, 2018; Reis Netto; Chagas, 2018b, 2019c), que possibilitou, assim, o advento de novas rotas e metodologias entre traficantes brasileiros e redes formadas na tríplice fronteira (Paiva, 2019; Sampó, 2019; Sampó; Ferreira, 2020).

Na atualidade, entretanto, surge uma divergência quanto às informações literárias mais recentes consultadas: a) segundo alguns autores, a FDN dividiria territórios com o CV e o PCC, nas disputas pelas redes de ingresso e fluxo da cocaína no Amazonas (Dias; Paiva, 2022)[27]; b) segundo o FBSP (2022), de outro lado, as rotas do Estado, sobretudo a Rota Solimões, seriam dominadas pelo CV, que teria saído vitorioso após os diversos conflitos recentemente travados pelo território em questão.

Analisando a divergência quanto à origem da cocaína que ingressaria na Amazônia, tem-se que, embora o governo peruano informe que a maior parte de sua cocaína ingressaria no Brasil pelo *eixo sul*, por meio de rotas que seguem via Bolívia e Argentina àquela região (nas quais as áreas de refino estariam concentradas) (UNODC; CDE, 2022), ainda assim há a clara menção sobre a existência de rotas de escoamento de cocaína manufaturada ainda em seu respectivo território, por meio de modais marítimos e aéreos (com o uso de pistas de voo clandestinas) nas fronteiras a leste, que fazem limite com os estados-membros brasileiros do Amazonas, Rondônia e Acre (Peru, 2020b; Guerrero; Espasa, 2021)[28].

A principal rota peruana, destinada à Amazônia brasileira, foi identificada ainda em 2018, partindo de Loreto (região peruana situada ao norte do país e que se liga ao Brasil na tríplice fronteira a oeste do Brasil) em direção a Manaus, estado do Amazonas (Peru, 2020b), via rio Napo (Peru,

---

[27] Embora a Família do Norte – FDN tenha manifestado uma importante parceria com o Comando Vermelho, cisões internas geraram seu enfraquecimento e um desequilíbrio de sua força originária (Dias; Paiva, 2022).

[28] Inclusive, a droga peruana registraria percentuais compreendidos entre 81,2% e 41% de pureza, sendo os níveis mais elevados destinados à exportação à Europa (Peru, 2019).

2020a), ligando-se à chamada Rota Solimões, por intermédio de grupos organizados de traficantes, que se utilizariam de grandes embarcações que escoariam a droga por rios da região, sem se olvidar o uso, menos comum, de aeronaves de pequeno porte (Peru, 2019).

Essas operações de ingresso da cocaína seriam realizadas mediante acordos de cooperação — que em muitos casos desembocariam em conflitos armados — entre grupos colombianos (com destaque para remanescentes das FARC e novos grupos independentes), peruanos (sobretudo o Novo Sendero) e brasileiros, com destaque para as facções brasileiras (notadamente FDN, CV e PCC) (Hirata, 2019; Moura, 2020; Peru, 2020b; McDermott *et al.,* 2021).

Além disso, a droga originária do Peru também seria deslocada às terras brasileiras por intermédio de mochileiros e sacoleiros (mulas), em quantidades menores, se comparadas às movimentadas por voos clandestinos e pela via marítima (Hirata, 2019; Manrique-López; Pastor-Armas, 2019; Peru, 2020a), e renderiam valores em torno de R$ 1.500,00 (mil e quinhentos reais) para cada 20 kg (quilos) de entorpecente transportado. Pelo valor, nota-se a cooptação de pessoas substancialmente pobres, para o exercício da atividade.

De outro lado, o Brasil foi apontado pelo governo peruano como um potencial fornecedor de produtos necessários aos processos químicos de manufatura da cocaína peruana (Peru, 2020a), indicando que os processos de manufatura inicial, de fato, não ocorreriam em terras brasileiras. Por sua vez, parte das folhas de coca peruanas seriam beneficiadas na Bolívia e, posteriormente, transportadas para a Amazônia e para o eixo sul do país (Guerrero; Espasa, 2021).

No que toca à Colômbia, Sampó (2019) destaca que a cocaína produzida neste país escoaria ao Brasil, sobretudo, por meio de aeronaves que se utilizariam de pistas de pouso (tanto oficiais quanto clandestinas) e aviões de pequeno porte, barcos e veículos privados, assim como da técnica de mulas, que se valeriam de diferentes meios de transporte para escoamento da droga pelo território amazônico. Ademais, Sampó (2019) destacou o uso, até mesmo, do correio oficial, para transporte de entorpecentes para o território brasileiro. Em relação ao escoamento de ambos os países originários, o FBSP (2022, p. 38-39) destacou a utilização de diversos rios como possíveis fluxos, sendo um dado digno de transcrição literal:

Assim, de modo breve, vale destacar que, por exemplo, o rio Amazonas é um grande corredor para a fluidez da droga (em especial cocaína e skank) entre polos produtores e consumidores, sejam eles nacionais ou transnacionais. Ele se conecta a outros rios promovendo uma ampla integração fluvial como a que se conecta ao rio Solimões e serve para escoar drogas por rotas que partem do Peru, mais especificamente utilizando o rio Javari e o rio Içá, mas também integrando a Colômbia por meio das cidades gêmeas de Letícia (Colômbia) e Tabatinga (Amazonas). Essa rota sobe o rio passa, pelas cidades de Tefé e Fonte Boa e segue em direção a Manaus, integrando-se ao rio Amazonas. Também há a interação que se dá pelo rio Purus, atravessando o estado do Acre, conectando-se ao Peru e a Bolívia por meio da cidade de Assis Brasil e seguindo em direção a Manaus.

Já o rio Madeira atravessa Rondônia conectando-se à Bolívia por meio da cidade de Guajará Mirim e pelo rio Abunã chega até a cidade de La Paz.

Há uma grande dificuldade de se mensurar a magnitude e/ou o envolvimento de 'milícias' no controle ilegal e violento dos territórios. Muitos dos entrevistados evitaram falar do assunto ou, quando muito, sinalizaram para que o fenômeno de criação de milícias nos padrões do Rio de Janeiro ocorreria mais fortemente no Pará, enquanto no Amazonas, o problema era o segundo emprego dos policiais militares, muitos dos quais contratados como seguranças privados e para servirem como 'pistoleiros' de grupos privados. Mas tais falas não puderam ser completamente validadas.

O rio Juruá também é importante para a rota que parte do Peru através da cidade de Porto Valter seguindo em direção ao rio Amazonas. Todavia, o rio Japurá é rota que recebe cocaína, skank e maconha em território brasileiro, pois essa rota segue em direção ao rio Solimões tendo como destino Manaus que representa um grande distribuidor. Ainda no Amazonas, ocorre a conexão rio Uaupés na Colômbia até o rio Negro no Brasil e o rio Branco no Acre por meio da cidade de Pacaraima até a cidade de Manaus. Ou seja, o Amazonas é a grande porta de entrada das drogas e a capital Manaus o grande centro distribuidor.

A seguir, observa-se um mapa elaborado a partir de dados conjuntos da UNODC (2022d), UNODC e CDE (2022), a respeito dos possíveis fluxos de cocaína nos destacados eixos.

Figura 20 – Rotas da cocaína no Brasil, a partir de fluxos dos países andinos, conforme diferentes modais

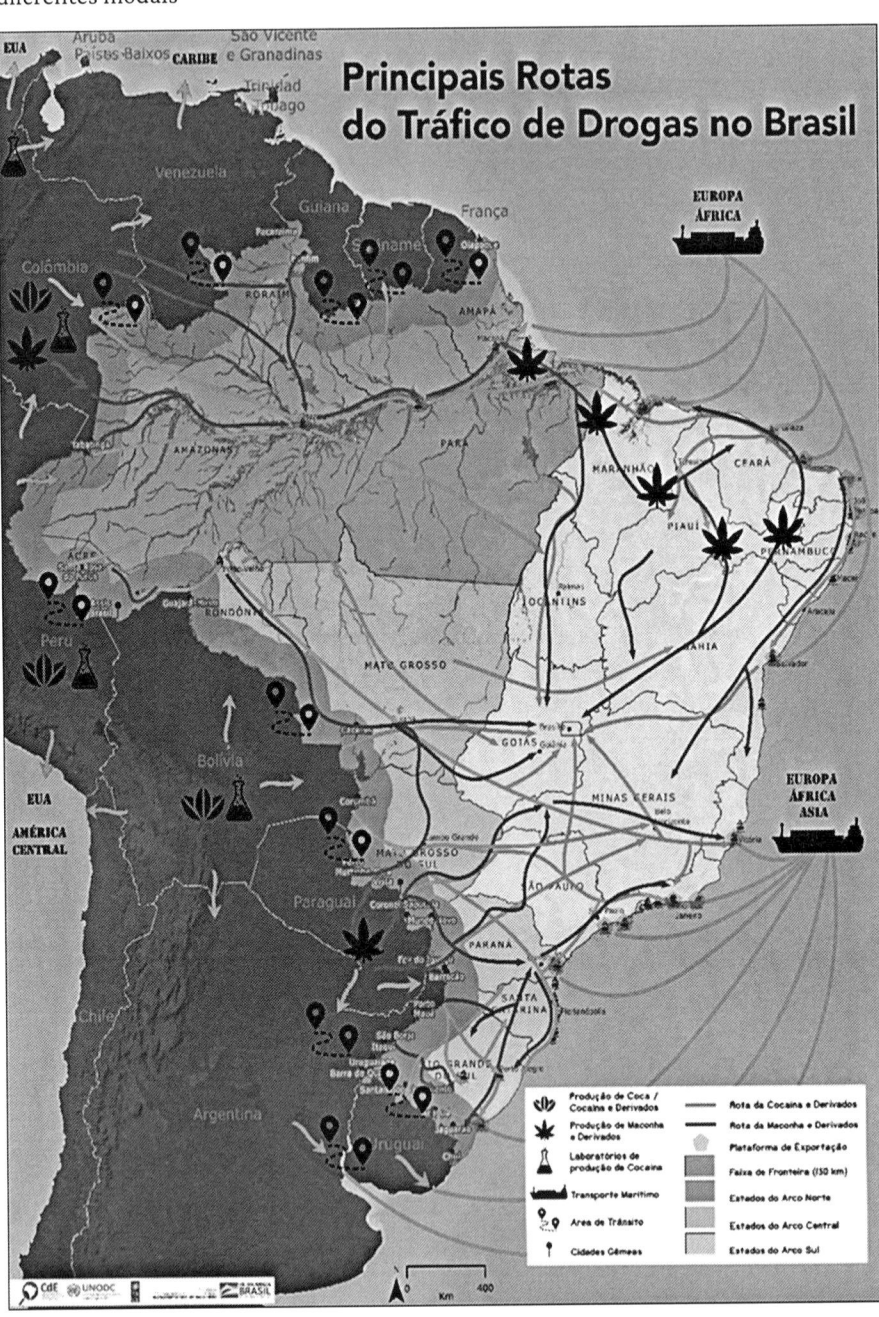

Fonte: UNODC e CDE (2022)

Por conseguinte, tem-se que a literatura apontou um caráter estratégico da Amazônia para o tráfico internacional de cocaína, decorrente: a) da proximidade geográfica com os países produtores e do compartilhamento de rios e estradas que permitem os fluxos do *produto ilícito* pela região (Viana *et al.*, 2019; Couto, 2020b; Guerrero; Espasa, 2021; Pfrimer; Motta, 2021; Reis Netto *et al.*, 2021; UNODC 2022d; UNODC; CDE, 2022; FBSP, 2022); b) da fragilidade da fiscalização de suas respectivas fronteiras, pelas forças de defesa, segurança e polícia administrativa (Rodrigues; Esteves, 2018; Couto, 2019, 2020a, 2020b; Moura, 2020; Guerrero; Espasa, 2021; Pfrimer; Motta, 2021; Reis Netto *et al.*, 2021; UNODC, 2022d); c) de fatores como vastidão de áreas utilizáveis para o tráfico, com uma série de limitadores geográficos naturais à fiscalização dos Estados-nação envolvidos com as áreas (Moura, 2020; Reis Netto *et al.*, 2021; UNODC, 2022d; UNODC; CDE, 2022); d) da falibilidade de programas de atenção e desenvolvimento das cidades fronteiriças (Reis Netto *et al.*, 2021), que ocasionariam verdadeiras integrações perversas das cidades a uma economia do crime (Couto, 2020b); e) dos baixos níveis de desenvolvimento humano, que, ao fim, repercutiriam na facilidade da cooptação de agentes, em decorrência de fatores como pobreza e dificuldade de acesso ao mercado de trabalho formal (Couto, 2020a; Gomes *et al.*, 2021; Reis Netto *et al.*, 2021, 2022).

Contudo, é relevante o registo de Hirata (2019), que refutou a fragilidade de fiscalização das fronteiras em decorrência de problemas estruturais e de pessoal relativos aos órgãos de segurança pública. Conforme o autor, ocorreria uma generalização do problema em relação a todo o território amazônico, quando, em verdade, trata-se de uma dificuldade relativa a algumas cidades e regiões, somente. Afinal, nem todas careceriam de agentes de segurança, órgãos estruturados para essa função e tecnologias razoáveis.

Desse modo, o autor concluiu que, para além do problema de segurança, a inserção de cidades nas atividades do tráfico consolidariam dinâmicas que associariam aspectos de oportunidade e possibilidade de ascensão econômica pelo mundo do crime que se tornariam interessantes até mesmo a agentes do próprio Estado (inclusive da área da segurança), assim cooptados pelo crime, permitindo a consolidação de níveis significativos de enraizamento social e sucesso das atividades das organizações criminosas (Hirata, 2019).

Em todo caso, conforme a literatura, a Amazônia seria atravessada por diversos territórios-rede da atividade ilegal em análise (dentre outras atividades ilegais), que, ao transpassá-la, promoveriam substanciais alterações nas dinâmicas dos locais e região, como um todo (Couto, 2019), não só em decorrência direta da atividade de transporte e comércio da droga, mas em razão das dinâmicas econômicas que esta altera (a partir da lavagem de dinheiro, por exemplo) (Reis Netto *et al.*, 2021).

Quanto aos modais utilizados para o tráfico no interior da Amazônia, sem exclusão das possibilidades já assinaladas, predominou o apontamento do uso de: a) *mulas*, que se utilizariam de bagagens ou do próprio corpo para transporte de quantidades menores de entorpecente (Manrique-López; Pastor-Armas, 2019; Paiva, 2019); b) embarcações, de diferentes espécies e tamanhos (predominando a contratação de agentes meramente eventuais para a atividade) (Viana *et al.*, 2019; Paiva, 2019; Couto, 2020a); c) aviões de pequeno porte, que se valeriam de pistas clandestinas e de sua menor capacidade de detecção por radares (UNODC, 2022d; Couto, 2020a); d) veículos em geral, que se valeriam da malha rodoviária dos estados, aliada a um alto fluxo de circulação e baixa capacidade de fiscalização pelos órgãos de segurança locais (Viana *et al.*, 2019; Couto, 2020a).

Figura 21 – Rotas da cocaína na Amazônia, conforme diferentes modais

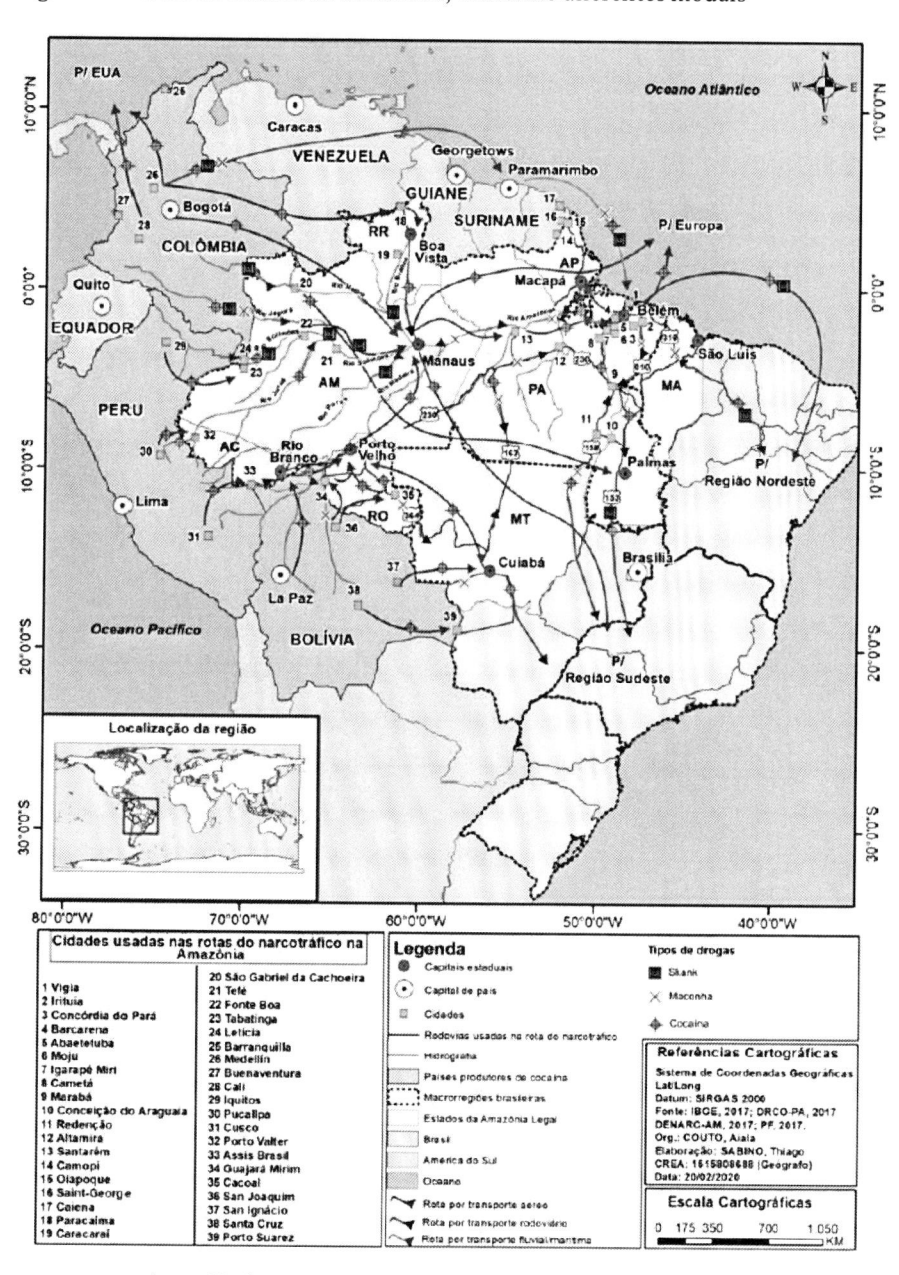

Fonte: Couto (2020b), fielmente replicado por FBSP (2022)

Em relação às rotas que seriam utilizadas pelos traficantes de cocaína no eixo norte, o chamado *Corredor amazônico*, tem-se que os trabalhos de Couto (2019, 2020a, 2020b) e do FBSP (2022)[29] se mostram como os mais expressivos quanto ao estudo e descrição de *nós* e *fluxos*, apresentando modais fluviais, aéreos e rodoviários, conforme se observa na Figura 21.

Couto (2020b), em tentativa reputadamente não exauriente de descrição das possíveis rotas componentes do que aqui se nomina de *Corredor Amazônico*, elencou as seguintes possibilidades de deslocamento do entorpecente pela Amazônia (com a devida vênia à transcrição longa, em função da necessidade de manutenção da integralidade da informação):

> A organização espacial do narcotráfico na Amazônia produz uma geografia em redes que obedece aos seguintes corredores de transporte da cocaína:
>
> 1) Corredor Bolívia – Brasil
> • A droga sai de La Paz em direção ao estado brasileiro do Rio Branco no Acre, segue em direção à Capital Porto Velho utilizando a rodovia BR-364 e segue em direção ao estado do Mato Grosso. Os rios Madeira e Purus também são utilizados como corredores para a passagem da cocaína em direção ao estado do Amazonas. A capital Manaus é o destino da cocaína, pois é a partir dessa cidade que são feitas outras conexões, inclusive utilizando-se do rio Amazonas.
> • Da Bolívia, a droga sai de Santa Cruz a Porto Suarez na fronteira com o Brasil, seguindo em direção à cidade de Cuiabá, capital do estado do Mato Grosso; dessa cidade o destino é a região Sudeste do Brasil. Nessa região, narcotraficantes fretam empresas de pequenas aeronaves para transportar a droga até esse estado, onde, de sua capital, a droga segue pelas estradas em direção ao seu principal destino.
> • Existe uma rota bem simples e arriscada. Pilotos de pequenas aeronaves exercem o papel de mulas do tráfico de drogas, ou seja, as mulas dentro das redes são aquelas pessoas encarregadas de transportar a droga. Nesse caso, as aeronaves devem sair de San Ignácio em direção a Cuiabá num percurso bem rápido para que não haja interceptação pelas Forças Armadas e pela Polícia Federal.
> • De San Joaquim a Cacoal, em Rondônia, nessa rota, há num primeiro momento uma entrada da cocaína no Brasil utilizando-se de aeronaves e posteriormente a BR-364. Do estado de Rondônia, a droga segue em direção ao estado do Mato Grosso e deste último em direção ao seu destino.

---

[29] É prudente e digno que se diga que Couto (2019, 2020a, 2020b) serviu como referência direta ao trabalho desenvolvido pelo FBSP (2022), tendo, inclusive, sido um dos organizadores da pesquisa.

• De Guajará Mirim, utilizando as aeronaves até o estado de Rondônia, posteriormente, o trajeto segue pelo rio Madeira até chegar ao estado do Amazonas, seguindo em direção à cidade de Manaus. Ressalta-se que de Manaus a cocaína pode seguir pelo rio até o estado do Pará, mas também ela pode ser transportada por aeronaves para outras localidades do Brasil. Em direção à Europa e EUA, narcotraficantes podem utilizar vôos comerciais criando as mais variadas estratégias e habilidades de carregamento da cocaína.

2) Corredor Peru – Brasil

• A droga é transportada por aeronaves saindo da cidade de Cusco, no Peru, até Assis Brasil, no estado do Acre. Nesse sentido, a cocaína que entra em território brasileiro utilizando essa rota segue pelos rios Madeira e Purus em direção ao estado do Amazonas, para que possam ser realizadas outras conexões em redes.

• Da cidade de Pucallpa até a cidade de Porto Valter, no Acre, utiliza-se o rio Juruá em direção ao rio Solimões com destino à capital amazonense, Manaus. Assim, da cidade de Manaus as conexões das redes do tráfico de drogas utilizam várias formas de transporte da droga, as quais vão em direção à cidade de Santarém e Belém, no estado do Pará. Pelo rio Amazonas, a rota segue de barco pelo rio Branco até chegar à cidade de Pacaraima, em Roraima. Por fim, a droga atravessa a fronteira chegando às Guinas e ao Suriname, podendo seguir para a Europa.

• A cocaína sai de Iquitos até a cidade de Letícia, no estado do Amazonas. O rio Solimões é utilizado como rota, pela qual a droga passa pelas cidades de Fonte Boa e Tefé até chegar à cidade de Manaus. E de Manaus são realizadas múltiplas conexões e articulações em redes para que os fluxos continuem.

3) Corredor Colômbia – Brasil

• Da cidade de Bogotá, os narcotraficantes de aeronaves vão em direção à Manaus no Amazonas.

• Da cidade de Letícia, a droga chega até Tabatinga, no Amazonas, para que pelo rio Solimões ela siga em direção à Manaus e conexões.

• A cocaína sai da Colômbia e entra no Brasil pelo rio Japurá chegando à cidade de Fonte Boa. A partir daí a rota segue pelo rio Solimões até chagar à cidade de Manaus.

• A droga sai de Medellín de aeronaves até Pacaraíma e segue pela estrada ou pelo rio Branco em direção à Manaus.

> • A droga sai de Medellín na Colômbia e chega de aeronaves em Paramarimbo no Suriname. Em seguida, pela costa atlântica a cocaína chega até Belém e desta última segue destino ao mercado europeu (Couto, 2020b, p. 382-384).

A esse respeito, é interessante registrar que as inferências de Couto (2020a) convergem, favoravelmente, em relação aos dados do governo peruano (Peru, 2020b), bem como, com os dados de Pfrimer e Motta (2021), do FBSP (2022) e do CDE (2022). Também convergem em relação aos dados apontados por Viana *et al.* (2019), de forma específica em relação ao estado do Pará.

Inclusive, confirmando questão que se encontra comentada no tópico seguinte, a respeito da utilização das mesmas rotas do tráfico de cocaína para o chamado *politráfico*, deve-se afirmar uma considerável semelhança entre as rotas do tráfico ilegal de madeira, identificadas pelo FBSP (2022), e as rotas delineadas em relação àquela primeira atividade, que, obviamente, detém variações quanto à origem, preservando, de outro lado, grande semelhança quanto aos *nós* necessários à remessa aos mercados de destino (especialmente o internacional).

Ao que parece, não há uma repulsa entre as diferentes atividades ilícitas, sendo as rotas utilizadas de forma aparentemente cooperativa e convergente, entre os vários agentes territoriais e respectivas atividades criminosas correlatas.

Por conseguinte, ainda em relação à fronteira amazônica, Gomes e Cantanhede (2018), analisaram uma multiplicidade de rotas de politráfico envolvendo o estado de Rondônia, no qual identificaram fluxos de entrada via rios (com especial destaque para o rio Juruá, que desemboca, adiante, no rio Solimões) e rodovias (BR-364, BR-425, BR-429 e BR-399) que cortam a fronteira do estado. Ainda, coletaram importantes menções relativas tanto ao *Corredor Amazônico* quanto à *Rota Caipira*, como se vê:

> Corredor Bolívia-Brasil: A droga boliviana tem, principalmente, quatro possibilidades de entrada em território brasileiro: a) A droga sai de Guayaramerín, no lado boliviano, em direção a Porto Velho (RO), passando por Guajará-Mirim e Abunã. b) A droga proveniente de San Joaquín, na Bolívia, entra em Costa Marques por estrada e segue para Cacoal. A rodovia que liga San Joaquín a Costa Marques foi apelidada de "Transcoca" pela população e foi construída por máquinas e equipamentos da prefeitura de Costa Marques.

A droga também é comumente transportada através da fronteira por pequenos aviões, que dispõem para aterrissar de inúmeras pistas de pouso clandestinas. c) Através de Cáceres, a droga penetra em Mato Grosso em direção a Cuiabá. Pode seguir para Goiânia e Brasília, passando por Barra do Garsas ou ser levada para São Paulo, passando por Uberlândia (MG) e Ribeirão Preto (SP). d) De Puerto Suarez, na Bolívia, a droga alcança Campo Grande (MS) via Corumbá e Ladário. Daí em diante, pode entrar em São Paulo ou por Andradina, passando por Três Lagoas (MS) ou por Presidente Epitácio, São José do Rio Preto, Bauru etc. (Gomes; Cantanhede, 2018, p. 13-14).

Numa escala relativa ao estado do Pará, Couto (2020a) é um dos autores mais assertivos em relação ao papel do estado do Pará em relação ao tráfico internacional de entorpecentes, apontando a unidade federativa como uma rota *obrigatória* de passagem da droga, sobretudo de origem colombiana.

Figura 22 – Rotas da cocaína no estado do Pará, conforme diferentes modais

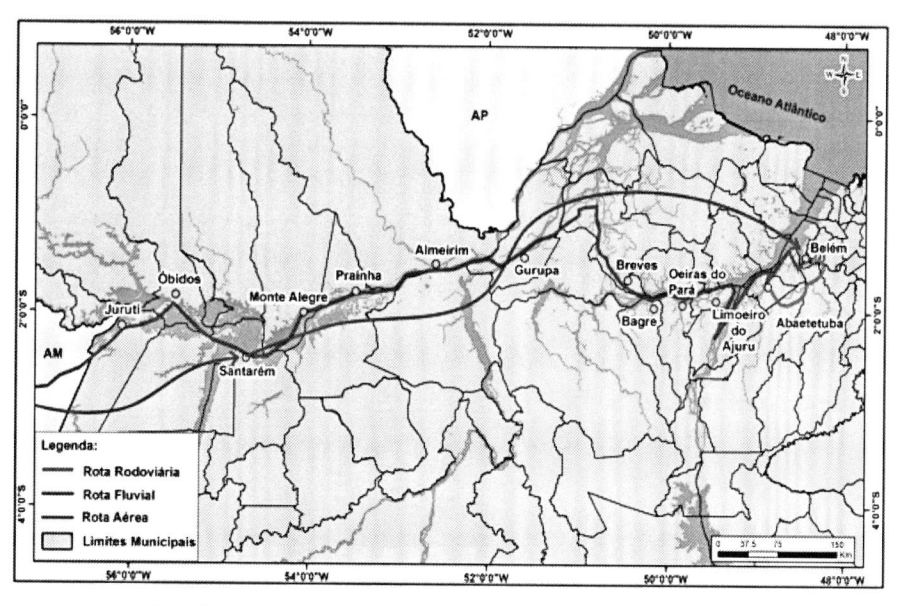

Fonte: Couto (2022)

Em sentido semelhante, o FBSP (2022) aponta fluxos em direção à cidade de Belém-PA, a partir do rio Amazonas, seja diretamente, a partir de Manaus-AM, seja pelas conexões via rio Xingu (pela cidade de

Altamira) e rio Tocantins (pelas cidades de Cametá, Abaetetuba, Barcarena, Moju e Igarapé Miri). Os estudos de Gomes *et al.* (2021) e Viana *et al.* (2019) também destacaram a relevância da cidade de Altamira para o tráfico na região.

Já Viana *et al.* (2019), embora sem maior diferenciação quanto às rotas de maconha ou cocaína, trazem relevantes informações sobre os possíveis fluxos de entorpecentes na escala do estado do Pará, destacando as cidades com maior índice de ocorrências de tráfico por habitantes (denominada de TTD – taxa de tráfico de drogas – no estudo). Novamente, com a devida *vênia*, pela relevância das menções, perfaz-se a citação direta do texto, sem recortes:

> Como se observa da Figura 2, seis dos municípios com maior TTD pertencem à atual Região Metropolitana da Capital (Belém, Marituba, Benevides, Santa Bárbara do Pará, Santa Izabel do Pará e Castanhal), que, por sua vez, compreende a porção final do Rio Amazonas (importante rota hidroviária [CAMPOS, 2014]), o Término da Rodovia BR-316 (Belém-Maceió), conectada à Rodovia BR-010 (Belém-Brasília), de extrema importância comercial. E, igualmente, a área compreende o Aeroporto Internacional de Belém, com conexões diretas à Europa e Estados Unidos. Trata-se, portanto, de rota comercial assim reconhecida na literatura sobre o tema. [...]
>
> Considerando que a região em questão alberga cerca de 35% da população do Estado inteiro (IBGE, 2010), certamente, a área também representa o maior mercado consumidor a ser abastecido em sua porção territorial.
>
> Na junção das referidas rodovias federais (BR-316 e BR-010), por conseguinte, constata-se a presença do município de Santa Maria do Pará (penúltima colocada, entre as 20 cidades com maior TTD). Interpretando os dados fornecidos por Campos (2014), verifica-se que esta cidade, possivelmente, representaria um importante papel de nó, numa rede rodoviária do tráfico que se bifurcaria, de um lado, para a região metropolitana da Capital, e, de outro, para os demais estados da Região Nordeste (também detentores de portos e aeroportos internacionais e apontada como um importante mercado consumidor nacional [BRASIL, 2009]), perpassando, ainda no território paraense, pelo município de Bragança (também identificado como um dos maiores TTD).

A rede, ainda, apresenta uma possível ramificação para as cidades costeiras de Salinópolis e São João de Pirabas, que apresentaram substanciais aumentos de TTD ao longo do período estudado. Não há referência que explique este aumento. Porém, é importante ponderar que seu considerável potencial turístico, bem como, o fato de se encontrarem à margem do Oceano Atlântico, constituem fatores que podem revelar sua importância estratégica como mercado de consumo ou rota marítima clandestina, sendo um fato digno de atenção por parte das políticas de segurança a serem firmadas no futuro. A importância desta assertiva é reafirmada, ainda, diante da identificação de alta TTD nas cidades de Santo Antônio do Tauá, ligada à Rota da BR-316 por meio de possível nó existente na cidade de Santa Izabel do Pará, que, por sua vez, se liga às cidades costeiras de São Caetano de Odivelas e Vigia, em regiões que também desembocam no Oceano Atlântico (porém, com potencial turístico muito menor, se comparado à Salinópolis).

E, mais uma vez, reafirma-se a hipótese diante da alta TTD registrada pelo Município de Terra Alta, que se liga à já mencionada cidade de Castanhal, por meio da Rodovia PA-136. Mais adiante, o município se liga a cidades costeiras de Curuçá e Marapanim (novamente, situadas às margens do oceano e com considerável potencial turístico).

Trata-se de fato, que, portanto, merece especial atenção por políticas de segurança, uma vez que aponta um fluxo de drogas para cidades costeiras do nordeste do Estado,

Por sua vez, ao longo da Rodovia BR-010, identifica-se ainda o município de Mãe do Rio, com o possível papel de entreposto rodoviário do tráfico, para posterior acesso à Santa Maria, ao norte desta cidade. Igualmente, constata- -se como possíveis entrepostos hidroviários, as cidades de Breves e Soure, situadas na porção final do Rio Amazonas, compondo uma rota apontada por Campos (2014).

Outro importante nó, é constatado na cidade de Marabá, no sudeste do Estado do Pará. Como cidade que apresentou a maior TTD, constata-se que a cidade, além de se encontrar às margens do Rio Tocantins (interligado, mais adiante, ao rio Amazonas), é cortada, ainda pela Rodovia PA-150 (que constitui rota para a Região Metropolitana, porém, de condições que talvez não a tornem interessantes ao tráfico), que, mais adiante, se liga à mencionada BR-010

> (rota comercial mais viável) pela Rodovia BR-222 (outra rota para o Nordeste do País) no centro do município de Dom Eliseu
>
> Igualmente, Marabá é cortada pela BR-155, que, via Redenção e outras estradas, se liga ao Estado do Mato Grosso, fronteira com a Bolívia, bem como, via PA-160, se liga à cidade de Canaã dos Carajás (que também apresentou alta TTD). A leitura territorial denota forte configuração das cidades de Marabá e Canaã dos Carajás, nesta perspectiva, como nós de uma rede comercial de drogas originária do Estado do Mato Grosso (e, por meio das ligações com a fronteira do pais, da Bolívia). Isso se confirma por meio da interligação de Marabá à cidade de Altamira (detentora de alta TTD), por meio da BR-230 (Rodovia Transamazônica), e, assim, ao Estado do Amazonas.
>
> As rotas parecem convergir à região metropolitana e nordeste do país, como foi apontado por Campos (2014), Couto e Oliveira (2017). Contudo, não se deve também ignorar que a cidade de Altamira, especialmente, foi diretamente afetada pelo projeto de Belo Monte, sobretudo, num aspecto populacional, o que possivelmente à alçou a um potencial mercado consumi- dor de entorpecentes, além de a colocar na condição de uma das cidades mais perigosas do país, conforme destacado por Reis e Souza (2016) (Viana *et al.*, p. 210).

Especificamente quanto à Altamira, o estudo converge com as informações apresentadas por Gomes *et al.* (2021), ao perfazer uma análise do processo de expansão do Comando Classe A (CCA), facção paraense que, então vinculada ao Primeiro Comando da Capital (PCC), protagonizou um massacre no Centro de Recuperação Regional de Altamira em 2019, em disputas territoriais com o Comando Vermelho (CV) — tendo sido substancialmente neutralizada, após intervenção federal havida no Pará, desde o mesmo ano até meados de 2021.

Em relação à escala da Região Metropolitana de Belém, deve-se salientar que há autores que apontam para sua relativa centralidade enquanto destino da cocaína traficada na Amazônia (Viana *et al.,* 2019, Sampó, 2019; FBSP, 2022; Couto, 2018, 2022), bem como enquanto um *hub* (polo) de organizações criminosas responsáveis pelo controle dos fluxos de cocaína no estado do Pará (Viana *et al.,* 2019, Sampó, 2019; Reis Netto *et al.,* 2021 FBSP, 2022; Couto, 2022), sobretudo no que se refere ao controle de redes protagonizadas por facções (Reis Netto, 2018a; Reis Netto; Chagas, 2019c; Gomes *et al.,* 2021). Couto (2018) propôs, inclusive, uma cartografia das redes que atravessariam a cidade, conforme figura a seguir.

Figura 23 – Rotas da cocaína na cidade de Belém, conforme diferentes modais

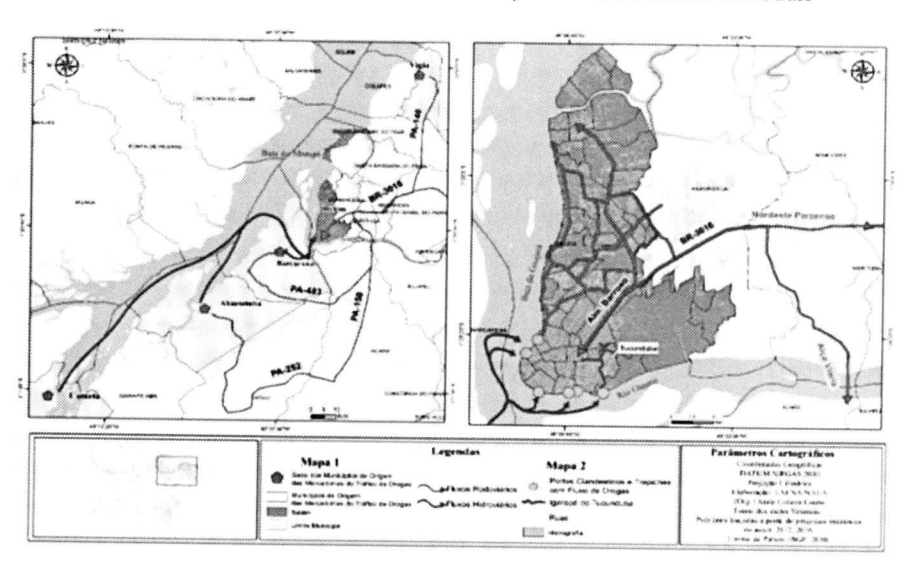

Fonte: Couto (2018)

No estudo mais aprofundado sobre a realidade de Belém, Couto (2018) indicou que a cocaína ingressaria na Região Metropolitana de Belém: a) por modais fluviais, com destaque para portos clandestinos que existiriam ao longo da Baía do Guajará, sobretudo por embarcações comuns da região, após ingresso na região pelo estreito de Breves-PA, no Marajó; b) pelo modal rodoviário, em acesso direto à cidade pela Alça Viária e Rodovia BR-316. Já em relação às dinâmicas do tráfico em Belém, o autor perfaz longa descrição, integralmente transcrita a seguir (com a devida vênia, pelo caráter estratégico da menção e seus detalhes):

> Na Zona Sul de Belém, mais precisamente nas áreas de baixada, que obedecem ao caráter inicial da formação da metrópole confinada, tem-se os bairros Condor, Cremação, Guamá e Terra Firme. Nestes bairros, destaca-se a relação que estabelecem com o rio, os portos e as rotas do tráfico de drogas em uma escala intraurbana. Os portos, ou trapiches, desempenham o papel de áreas receptoras, misturando a droga com as mais diversas mercadorias que, historicamente, fazem parte do cotidiano destes bairros. O tráfico encontra assim locais privilegiados para camuflar a droga.

Na Zona Oeste de Belém, ainda dentro da formação confinada da metrópole, destacam-se os bairros Barreiro, Pedreira e Sacramenta. Na região do Barreiro há um destaque maior, pois o bairro apresenta uma complexa organização espacial, onde as áreas de difícil acesso – em função da precarização da habitação e dos serviços urbanos – permitem a formação de locais estratégicos para o tráfico de drogas, como as ruelas e os becos em torno dos canais, que foram ocupados por uma população que não se enquadra nos padrões normais de habitação. Assim, uma rede de delinquentes que praticam assaltos pela Avenida Pedro Álvares Cabral pôde se estabelecer nessas áreas estratégicas.

Nesse sentido, destacam-se: o Canal da São Joaquim, que liga os bairros Barreiro, Sacramenta e Telégrafo; a Passagem São Benedito e a Passagem Santa Rosa, localizadas nos bairros Sacramenta e Pedreira. Também há pontos dispersos em áreas de canais ou áreas que caracterizam ocupações informais. O controle do tráfico sobre estes bairros concentra-se somente na distribuição da droga, os comandos internos realizam suas atividades e prestam contas ao fornecedor. Não há evidências de grandes traficantes ou "chefões" do tráfico residindo nestes bairros ou "tomando conta" destas áreas, o que significa dizer que existe um controle de fora dos bairros.

Na Zona Leste, os bairros do Benguí e Cabanagem apresentam-se enquanto zonas territoriais do tráfico de drogas, com um destaque muito maior para o bairro Cabanagem e a conexão deste com o bairro Una. O crescimento destes bairros obedece à dispersão populacional para além da Primeira Légua Patrimonial da cidade. É a fase de formação da metrópole dispersa, a partir da expansão em direção à Rodovia Augusto Montenegro, em sentido a Icoaraci e Outeiro.

Na Zona Oeste localizam-se os bairros Tapanã e Paracurí, no Distrito de Icoaraci: o tráfico de drogas desponta nestas áreas de tal forma que os conflitos se manifestam na área de limite entre um bairro e outro. O controle chegou ao ponto de os moradores aceitarem tal realidade, alimentando o estigma que se cria em relação à realidade periférica: bairros que surgem em função de processos de ocupação informal e apresentam precariedade nos serviços de infraestrutura urbana.

Finalmente, na Zona Norte de Belém encontram-se o Buraco Fundo, a Invasão do Tocantins, a passagem Fé em Deus e a Rua Uxiteua, também pertencentes ao Distrito de Icoa-

raci. Esses locais completam o mapeamento das áreas, que
estão sob o controle do tráfico, como resultado de nossas
pesquisas. Ressaltando que, no caso da Zona Norte, não
se pode deixar de considerar a importância dos rios para a
articulação do tráfico de drogas; bem como o processo de
ocupação informal, que também favoreceu a criação de uma
organização espacial que facilita as ações de "aviãozinhos"
ou traficantes (Couto, 2018, p. 9-11).

Sampó (2019), por sua vez, referiu-se, expressamente, à cidade de
Belém-PA como ponto de despacho da droga para cidades do Nordeste,
Centro-Oeste e Sudeste do País, além de se configurar como um ponto de
despacho para África e Europa, reforçando a compreensão de que a mesma
representaria um *nó* dentro de uma rede articulada em âmbito nacional,
o que também pode ser presumido (embora não seja expressamente
mencionado) de uma cartografia apresentada na obra de McDermott *et
al.* (2021) – adiante inserida neste estudo.

Contudo, deve-se referir que, em relação à totalidade dos dados
coletados, ainda há poucas menções e estudos na literatura internacional
e nacional, específicos sobre a capital paraense (Belém) e sua respectiva
Região Metropolitana, comparativamente às menções e aprofundamentos
sobre outras regiões metropolitanas e cidades do Centro-Oeste, Sul e
Sudeste do Brasil. Atualmente, tem-se conferido maior destaque ao
Porto de Vila do Conde, no município de Barcarena-PA (UNODC, 2022d;
UNODC; CDE, 2022; FBDP, 2022), enquanto nó das redes internacionais
do tráfico e ponto de despacho da cocaína no estado do Pará, em direção
a outros continentes.

Ainda em relação à Região Metropolitana de Belém, Viana *et al.*
(2021) apontam que, embora esta área aparente ser o principal centro
consumidor do estado do Pará, ela não seria um mercado tão expressivo
em comparação com metrópoles de outras regiões do país. Informam,
assim, que seria muito mais prudente considerá-la enquanto ponto de
passagem (um nó), que, ao longo do fluxo de cocaína, acaba por reter
quantidades da droga que alimentariam o consumo local. Essa retenção, inclusive, fomentaria o surgimento de novas áreas de consumo
interno na RMB, no sentido também insinuado por autores como Reis
Netto (2018) e Reis Netto e Chagas (2021a), o que, ao fim, retroalimen-
taria a economia num sentido mais subalterno, nas escalas de bairros
e localidades.

Ainda quanto à questão, tem-se que, também residualmente, Reis Netto *et al.* (2018) realizaram um estudo sobre o município de Benevides-PA, pertencente à RMB, no qual evidenciaram que, para além da coexistência de um mercado de cocaína e maconha (vendidos paralelamente no local), haveria a prevalência quase que absoluta de apreensões de drogas comercializadas por aparentes varejistas, em quantidades consideradas baixas.

Embora não se possa realizar uma generalização arbitrária em relação a toda a RMB, pode-se presumir que, se o estudo demonstrou a existência de um comércio varejista de cocaína capaz de se sustentar naquele município (de desenvolvimento e economia mais modestos, em comparação com Ananindeua e Belém, por exemplo), é provável, também, a existência de outros comércios de varejo igualmente sustentáveis nas demais cidades da RMB (sobretudo aqueles de economia e consumo mais funcionais).

Confirma-se, em todo caso, a necessidade já declarada na introdução deste estudo de um maior aprofundamento sobre as características específicas desta região, referendando, também, a justificativa do presente estudo.

Por sua vez, quanto ao caminho percorrido pela cocaína após sua passagem pela Amazônia, a literatura apresentou os seguintes fluxos: a) a maioria dos apontamentos registraram que a cocaína que ingressaria no Brasil, via Amazônia, escoaria, na atualidade, por portos em estados--membros do Norte e Nordeste, para fora do país e para mercados internos (Viana *et al.*, 2019; Couto, 2019, 2020a; Hirata, 2019; Pfrimer; Motta, 2021; UNODC, 2022d; Reis Netto *et al.*, 2021; Siqueira; Nascimento, 2022); b) há registros que apontam a entrada no Brasil (especificamente via Manaus), para escoamento a partir das Guianas e Suriname em direção ao Caribe e Estados Unidos da América (Couto, 2019, 2020a; Guerrero; Espasa, 2021); c) há registros residuais relativos à entrada no Norte para fins de escoamento via Sul e Sudeste do Brasil (Couto, 2019, 2020a).

Fala-se em residualidade do último registro, uma vez que seria menos comum que a droga, que ingressa pela Amazônia, cruzasse o Brasil inteiro até atingir os portos do Sul e Sudeste do país, os quais já são tradicionalmente alimentados por fluxos inerentes ao *eixo sul*, a *Rota Caipira*. Além disso, verificou-se, na literatura, apontamentos de fluxos no sentido contrário àquele último, de modo que a droga ingressaria via Rota Caipira e seguiria em direção ao Pará, via Mato Grosso, e, assim, tomaria rumos em direção a portos no Norte e Nordeste (Viana *et al.*, 2019; Santos *et al.*, 2022).

Ainda assim, não se pode discriminar qualquer das hipóteses em questão, haja vista a natural dinamicidade inerente aos fluxos do mercado ilegal. Além disso, deve-se levar em conta que o Distrito Federal (DF) foi expressamente mencionado como uma plataforma interna de distribuição de cocaína entre diferentes organizações criminosas em diferentes cidades brasileiras, para abastecimento de mercados consumidores internos (CDE, 2021), o que poderia explicar o fluxo da Amazônia para o Centro-Oeste.

Quanto à *Rota Solimões* (considerada a mais significativa do *eixo norte*), registrou-se que o fluxo de cocaína seguiria a partir da tríplice fronteira, por modais marítimos, em direção à Região Metropolitana e imediações de Manaus-AM, que, por conseguinte, fluiria em direção à Região Metropolitana e imediações de Belém-PA, donde seria remetida diretamente à Europa e África, por portos locais (Rodrigues; Esteves, 2018; UNODC, 2022d). Além disso, essa droga também poderia seguir mais adiante para o entorno de cidades, como Fortaleza-CE e Recife-PE (Hirata, 2019; Couto, 2019 UNODC, 2022d; Reis Netto; Chagas, 2021a; Siqueira; Nascimento, 2022), e daí para mercados nacionais e internacionais.

Nessa mesma esteira, por sua vez, analisando-se os principais pontos de despacho da cocaína que atravessaria o Estado-nação brasileiro rumo ao estrangeiro, tem-se que a literatura conferiu especial destaque ao Porto de Santos, no estado de São Paulo, ao Porto do Paranaguá, no Paraná, e ao Porto de Itajaí, em Santa Catarina (Neumann, 2018; Sampó, 2019; Teixeira, 2020; Abreu, 2021; CDE, 2021; McDermott *et al.,* 2021; Sampó; Troncoso, 2022; UNODC, 2022d; UNODC; CDE, 2022).

A cidade de São Paulo, aliás, foi referida (a despeito da redução das apreensões mais recentes) (UNODC; CDE, 2022) como *um ponto central* de reunião das rotas de cocaína no país (Teixeira, 2020), especialmente da *Rota Caipira*. Assim, justamente em função desse protagonismo, infor-mou-se também que haveria um substancial aumento de fiscalizações no Porto de Santos-SP e de Paranaguá-PR, que alçaram outros portos brasileiros à condição de novos protagonistas dos despachos mundiais de cocaína (Sampó, 2019; Teixeira, 2020; UNODC, 2022d; UNODC; CDE, 2022; Nascimento; Siqueira, 2022).

De acordo com Manso e Dias (2018), o referido aumento de fiscalizações, aliado, ainda, à diversificação de agentes territoriais do tráfico tratada no tópico anterior, teria gerado modificações nas dinâmicas das redes comerciais da droga, as quais teriam passado a inserir cidades médias e pequenas em seus destinos, como receptáculos de menores quantidades de cocaína, que, uma vez concentradas e agregadas, seriam despachadas em quantidades maiores a partir de portos secundários e de fiscalização mais frágil e/ou facilmente corruptível.

A literatura, nesse sentido, destacou a identificação, mais recente, do aumento de despachos de cocaína realizados a partir de portos situados no *eixo sul* do país, nos estados do Rio Grande do Sul e Santa Catarina (CDE, 2021), e no *eixo norte,* nas cidades de Natal-RN, João Pessoa-PB, Recife-PE (CDE, 2021; Siqueira; Nascimento; 2022; Santos *et al.,* 2022) e Salvador-BA (Abreu, 2021; McDermott *et al.,* 2021). Inclusive, esse aparente protagonismo nordestino quanto às remessas de cocaína ao estrangeiro, seria a principal explicação para os evidentes conflitos entre facções criminosas registrados na região, nestes últimos anos (Siqueira; Nascimento, 2022; Santos *et al.,* 2022).

A imagem a seguir demonstra os principais portos latinos, inclusive os brasileiros, de onde se daria o despacho da cocaína na América do Sul e Central, conforme diferentes modais, com destino à África e Europa.

Figura 24 – Principais pontos de despacho da cocaína na América Latina e Central, conforme diferentes modais, com destino à Europa e África

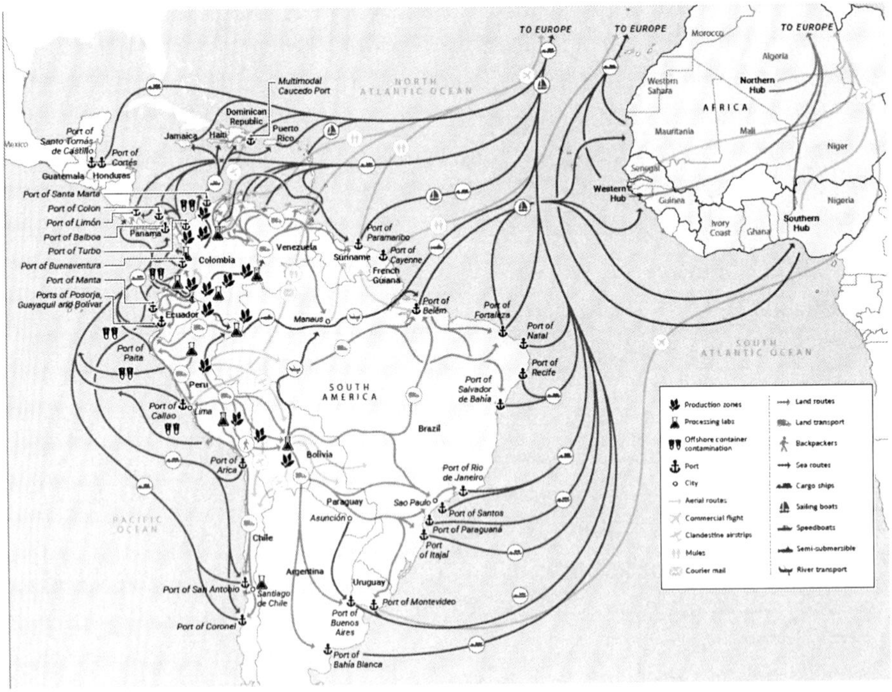

Fonte: McDermott *et al.* (2021)

Entidades oficiais brasileiras (CDE, 2021; UNODC; CDE, 2022), inclusive, apontaram que, após o ano de 2020, teria ocorrido uma redução das apreensões relativas à saída de cocaína pelos estados da costa leste do Brasil. Porém, essa mesma tendência de diminuição foi diretamente contrastada pelo aumento do número de apreensões de quantidades menores da droga na África, Ásia e Europa, que detinham o Brasil como principal remetente (UNODC, 2022c). A princípio, conforme o discurso de autoridades nacionais (CDE, 2021), a referida diminuição dos quantitativos encontrados no estrangeiro (mesmo diante da ampliação do número de apreensões) seria decorrente do sucesso da repressão realizada no território nacional, especialmente na calha oeste do país (onde as interdições foram mais evidentes) — o que, por sua vez, também teria decorrido das mudanças nas dinâmicas das redes, ao longo da pandemia da covid-19, e de uma maior facilidade de ação dos órgãos de segurança (CDE, 2021; UNODC; CDE, 2022).

No entanto, diante da manutenção dos níveis de oferta da cocaína nos mercados consumidores finais dos países estrangeiros, não se pode, simplesmente, descartar a hipótese de que tenham ocorrido *aperfeiçoamentos nas metodologias de saída da droga do país*.

Esses aperfeiçoamentos, por sua vez, envolveriam: a) um maior sucesso nas medidas de disfarce dos entorpecentes em seus modais de exportação ou, ainda, a adoção de novas formas de despacho (como o uso de embarcações semissubmersíveis ou submersíveis e voos clandestinos, além do uso de técnicas como o abastecimento dos grandes barcos em alto-mar, por embarcações pequenas – técnica do *piolho* – e a derrubada em mar aberto — *drop off* — da carga, para ser capturada por embarcações menores, por exemplo[30]) (McDermott, 2018; Abreu, 2021; McDermott *et al.,* 2021; UNODC; CDE, 2022); b) o uso de novas formas de exploração de eventuais redes de corrupção, sem mudança das metodologias anteriores, conferindo aos traficantes maior capacidade de ocultação de seus produtos (UNODC; CDE, 2022); c) o uso de novas formas de ocultação da chegada do entorpecente nos continentes destinatários (UNODC; CDE, 2022); d) a

---

[30] Segundo o UNODC e o CDE (2022), autoridades brasileiras apontaram que o uso de voos clandestinos configura uma modalidade bastante utilizada e bem estabelecida no eixo sul do país, com despachos originários da Bolívia e Paraguai, para os estados da faixa de fronteira. Nesse contexto, o uso de aviões de pequeno porte e helicópteros (em muitos casos, roubados pelos próprios agentes territoriais do tráfico) configuraria uma metodologia de transporte ágil, de grande capacidade de carga e com fácil burla ao monitoramento das autoridades, pelo voo exercido em baixas altitudes (que não é detectado com facilidade por muitos radares) e pela possibilidade de desembarque em pistas clandestinas ou rodovias.

utilização de uma maior diversidade de portos de saída do entorpecente no Brasil (CDE, 2021) ou na América Latina (McDermott *et al.*, 2021; Sampó; Troncoso, 2022)[31], evitando-se os portos mais monitorados, bem como a diversificação dos portos de destino, sobretudo mediante o uso de locais menores e secundários (CDE, 2021; UNODC; CDE, 2022); e) a utilização de voos particulares, para despacho de grandes quantidades de cocaína, valendo-se do disfarce de grandes empresários, em supostas relações comerciais ou internacionais (UNODC; Europol, 2021)[32].

Além disso, McDermott (2018) também denunciou a possibilidade de ocorrência do fracionamento da cocaína após a chegada nos países de destino, o que explicaria sua apreensão em maior frequência e em quantidades menores. As apreensões, nesse sentido, referiram-se somente a uma parcela da cocaína efetivamente atravessada em menores quantidades aos mercados consumidores, explicando a constância do abastecimento nos destinos.

A hipótese é reforçada, ainda, em face das conclusões obtidas por Magliocaa *et al.* (2019), cuja explicação a respeito das dinâmicas do tráfico, na América Central, e o fluxo de entorpecentes, para o México e Estados Unidos, pode ser aplicada ao caso europeu[33]. Insinuaram os autores que a opção por rotas bem consolidadas surgiria como natural preferência dos agentes territoriais do tráfico. No entanto, em contextos adversos (como o da pandemia, por exemplo) essas dinâmicas poderiam ser alvo de rápidas adaptações e alterações (mesmo diante da ampliação de custos de capital fixo ou variável), para manutenção do sucesso no transporte dos produtos ilícitos, mediante a adoção: a) de novas rotas, menos comuns

---

[31] Sampó e Troncoso (2022), inclusive, referem que a utilização de portos alternativos, incomuns para o tráfico, tem sido apontada por agentes de segurança pública brasileiros e colombianos como estratégias para fugir de fiscalizações, e, assim, obter mais sucesso e lucro no empreendimento.

[32] Esta possibilidade, inclusive, explicaria os motivos da reputada queda das apreensões de cocaína em voos comerciais, apontada pela CDE (2021) nos últimos anos, cujos registros mais expressivos, no entanto, ainda se concentram na costa leste do país, com destaque para estados das regiões Nordeste e Sudeste do Brasil.

[33] Conforme Magliocaa *et al.* (2019), a atuação das forças de segurança, historicamente analisadas sob as *lúdicas* imagens dos efeitos *balão e barata*, em verdade, se sujeitadas aos postulados da *teoria econômica dos custos de produção*, revelariam que as mudanças de quantidades de transporte (centralizadas ou descentralizadas) de produtos e a opção pela utilização de uma rota bem consolidada ou várias rotas menores que permitam o escoamento fragmentado da produção, certamente, seriam opções voltadas à minimização de custos de *exportação* das drogas, diante dos riscos do empreendimento no espaço-tempo. É interessante dizer que os autores concluem, nesse ponto, que: "Em outras palavras, o narcotráfico é tão difundido e difícil de erradicar como é, por causa da interdição, e, o aumento da interdição continuará a espalhar os traficantes em novas áreas" (Magliocaa *et al.*, 2019, p. 7788). Ou seja, a interdição quebraria as rotas comuns e espraiariam a ação dos traficantes por diversas outras, mesmo que temporariamente, como medida voltada à manutenção da taxa de lucro de suas atividades.

(englobando cidade menores, por exemplo); e/ou b) mediante a utilização de diversos agentes que transportariam o entorpecente em quantidades menores (Magliocaa *et al.*, 2019).

Em todo caso, o custo final, ainda assim, seria compensado pela alta lucratividade do mercado ilegal de drogas, o que, a despeito da redução da taxa de lucro (Steinko, 2019), tornaria essas mudanças uma alternativa viável diante do aumento da fiscalização pelos órgãos de segurança (Magliocaa *et al.*, 2019)

Assim, considerando-se que os (A.1.1) agentes internacionais do tráfico de drogas poderiam, individualmente ou em colaboração, minimizar perdas mediante a pulverização da droga ao longo de sua operação de transporte num contexto adverso como o da pandemia (mesmo presumindo que uma parte do mesmo possa ser alvo de apreensões), faz sentido a hipótese relativa à fragmentação dos quantitativos de drogas, tanto antes do despacho no Brasil quanto após a chegada nos continentes de destino, resultando no contexto evidenciado pela UNODC (2022d).

Para além dessas possibilidades, essa disseminação de rotas e agentes em novos pontos do espaço significaria, também, presença do entorpecente em novos espaços ou regiões. Ao longo deste processo, é possível que a cocaína, ao entrar em contato com agentes do setor competitivo (B), seja como moeda de troca por serviços prestados, seja para comercialização de frações menores para compensação de custos, acabe por fomentar o surgimento de novos pontos de consumo, fenômeno que foi evidenciado pela UNODC (2022d) na África, após sua progressiva inserção nas redes do tráfico internacional, ou, ainda, conforme proposição de Reis Netto e Chagas (2021a), em relação à Amazônia.

Em resumo, os registros da UNODC (2022d) possivelmente apontam para uma mudança na lógica de escoamento da cocaína ao longo de seus corredores, decorrente, por sua vez, das dificuldades da pandemia e da intensificação da ação dos órgãos de segurança, a qual nem de longe deve ser interpretada como uma interrupção ou diminuição do fluxo de cocaína advinda do Brasil (ou dos demais países que se configuram como rotas da droga).

A maior prova disso é que, em 2020, foi estimado o maior quantitativo de fluxo de todos os tempos, no mundo: 1,982 toneladas de cocaína de alto nível de pureza na escala mundial (UNODC, 2022d). Para além disso, observou-se uma redução nos preços de atacado do produto na Europa (UNODC; Europol, 2021), o que, normalmente, ocorre em contexto de grande oferta do produto.

Quanto às metodologias utilizadas para a saída da droga do país, por sua vez, especial destaque se deu ao uso: a) do modal marítimo, sobretudo mediante a ocultação de grandes quantidades de drogas em *containers* de produtos diversos (alimentos, *commodities*, minério etc.) transportados em grandes embarcações; e b) de mulas, no modal aéreo comercial internacional (Sampó, 2019; Teixeira, 2020; Abreu, 2021; CDE, 2021; McDermott *et al.*, 2021; UNODC, 2022d; UNODC; CDE, 2022).

Em relação ao primeiro modal, tem-se que sua adoção se torna mais comum entre os agentes do tráfico, em decorrência: a) da necessidade de movimentação rápida das cargas (seja pelo risco de perecimento, seja em razão dos transtornos e prejuízos que podem decorrer de sua retenção); e b) do baixo quantitativo de agentes e tecnologias para fiscalização do grande quantitativo de cargas em trânsito nos portos, sobretudo nos de menor porte (CDE, 2021; McDermott *et al.*, 2021). Apesar de ser um método relativamente mais demorado para o transporte da cocaína, o quantitativo que pode ser despachado e a constância das remessas certamente compensariam o fator tempo e tornariam o modal marítimo mais interessante.

Como principais destinos da droga transportada pela via marítima, nos anos de 2020-2021, foram destacados os portos comerciais da Antuérpia (Bélgica), Rotterdam (Países Baixos) e Hamburgo (Alemanha) (Neumann, 2018; Teixeira, 2020; UNODC, 2022d; UNODC; Europol, 2021; Abreu, 2021; Casas, 2021; McDermott *et al.*, 2021). No entanto, não restou apagado o protagonismo da Espanha (sobretudo na região da Galícia e de Algeciras), de Portugal e da França (sobretudo na região de Le Havre), dentre outros, que ainda se colocariam como importantes destinos da cocaína latina no continente europeu (Naumann, 2018; McDermott *et al.*, 2021).

Especificamente a Antuérpia, na Bélgica (cujo recorde de apreensões foi atingido em 2020), foi apontada como um dos principais destinos da cocaína despachada a partir do Brasil, a partir do ano de 2019, seguido pelos despachos diretos oriundos da Colômbia.

Esta mudança teria ocorrido em função da já mencionada assunção de novos agentes territoriais do tráfico internacional de cocaína, notadamente grupos de origem albanesa e marroquina, que fariam a extração das drogas naquele porto (UNODC; Europol, 2021), associada a uma preferência dos agentes internacionais do tráfico pela Europa, haja vista a repressão nesse continente ser inferior (aumentando as possibilidades de sucesso) em comparação aos Estados Unidos da América (McDermott *et al.,* 2021).

Contudo, neste mesmo período, também se registrou um aumento significativo das apreensões individuais de cocaína na África e Ásia, sobretudo nas regiões costeiras. Em relação ao primeiro continente, destacou-se a ocorrência de apreensões em Cabo Verde (Peru, 2019), Serra Leoa, Senegal, Gâmbia, região de Mali e do Sahel, Golfo de Benin e Guiné-Bissau (Nellemann *et al.,* 2018; Sampó, 2019; Sampó; Teixeira, 2020; Zúñiga, 2021), ao longo do Golfo da Guiné e no Norte da África, o que levou o UNODC (2022c) à conclusão de que essas áreas configurariam rotas de transporte da droga advinda da América do Sul em direção à Europa. Inclusive, Sampó (2019) mencionou que o abastecimento africano seria responsável por mais de 30% da cocaína disponível nos mercados europeu e asiático.

Igualmente, a literatura levou a crer a ocorrência de um fenômeno já mencionado antes: a configuração de novas rotas na África, paralelamente, estaria ampliando as áreas de varejo e os mercados de consumo nesse continente (Sampó, 2019; UNODC, 2022d).

Ademais, estas informações a respeito do tráfico de cocaína na África reforçam a hipótese já levantada de que, a despeito das quedas das apreensões nos estados-membros da costa leste do Brasil (UNODC; CDE, 2022), ainda assim, as rotas de cocaína continuariam fluindo livre e constantemente pelo país (dentre outros, na América Latina), com significativo sucesso, em direção à Europa e à África.

Quanto à Ásia, verificou-se uma concentração de apreensões nas regiões centro-leste, leste e em partes do sul, destinadas a mercados locais, e no sudoeste do continente, com especial destaque para a Malásia, de onde carregamentos partiriam em direção à Austrália (UNODC, 2022d).

Novamente, o Brasil foi apontado como o mais importante despachante de cocaína, acompanhado por países como Peru e Equador, na América Latina, e, ainda, do Panamá, na América Central, e, de forma residual, na África do Sul, da Etiópia e Nigéria (UNODC; Europol, 2021; UNODC, 2022d).

Por fim, volvendo novamente à escala nacional, foram identificados alguns estudos que trataram dos valores que a cocaína poderia atingir, ao longo dos *nós* que compõem suas respectivas redes.

Primeiramente, em relação ao corredor do *eixo norte*, com destaque à *Rota Solimões*, verificou-se que, em meados de 2018/2019, um quilo de cocaína (1 kg) poderia custar o importe de R$ 1.000,00 (mil reais) a R$ 2.000,00 (dois mil reais) na tríplice fronteira (Hirata, 2019), atingindo de R$ 7.000,00 (sete mil reais) a R$ 12.000,00 (doze mil reais) em Manaus, e cerca de R$ 20.000,00 (vinte mil reais) em estados do Nordeste do país (Paiva, 2019).

De forma aproximada, porém, numa série histórica mais recente (maio e agosto de 2022), o CDE (2022) apontou valores de varejo e atacado da cocaína em 4 estados Brasileiros: a) Mato Grosso (apontado como porta de entrada da cocaína no Brasil), no qual 1 kg (quilo) de cloridrato de cocaína custaria em média R$ 23.800,00 e 1 kg (quilo) de pasta-base custaria R$ 18.000,00; b) Paraná, no qual 1 kg (quilo) de cloridrato de cocaína custaria em média R$ 23.500,00 e 1 kg (quilo) de pasta-base custaria R$ 15.000,00; c) Pernambuco, no qual 1 g (grama) de pasta-base custaria em média R$ 50,00; e d) São Paulo, no qual 1 g de cloridrato de cocaína custaria em média R$ 10,00, 1 g de pasta-base custaria em média R$22,00 e, finalmente, 1 g de crack custaria R$ 14,00.

Segundo o CDE (2022), a variância dos valores estaria diretamente afeta a aspectos de oferta e demanda, bem como relativos ao tamanho da população de cada estado, acessibilidade à droga e nível de pureza do entorpecente.

Às portas de saída do país, por sua vez, tem-se que o produto atingiria importes expressivos em comparação aos praticados no mercado brasileiro: a) no varejo, 1 g (grama de cocaína), atualmente, corresponderia a um valor variável entre 33 euros (R$ 173,92, conforme o valor cambial utilizado no estudo) e 104 euros (R$ 548,12); no atacado, por sua vez, 1 kg (quilo) de cocaína variaria de 26.660,00 euros (R$ 140.101,80, conforme o valor cambial utilizado no estudo) a 51.300,00 euros (R$ 270.396,91) (CDE, 2022).

Em semelhante sentido, Hernandéz *et al.* (2020) informaram que, após o produto chegar à Europa, o lucro ocasionado pelo deslocamento espacial da cocaína (de alto nível de pureza) poderia atingir cerca de 111% por vias marítimas e mais de 489% pelo modal aéreo, representando lucros substanciais também evidenciados por Abreu (2021), em diversos casos concretos citados em sua investigação.

Ainda no mesmo sentido, McDermott *et al.* (2021) também apontaram que: a) nos Estados Unidos da América, 1 kg (quilo) de cocaína atingira o valor de até US$ 28.000 (equivalente a R$ 145.320,00, à época) no atacado; e em média US$ 40.000 (o que equivaleria a R$ 207.600,00, à época).

Inclusive, sem fornecer muitos detalhes sobre o dado, tem-se que o CDE (2022) afirmou que os valores descritos se mantiveram relativamente constantes, a despeito da redução observada quanto ao grau de pureza da cocaína no exterior do Brasil. Isso leva à hipótese de que processos de *dobragem* poderiam estar em prática no mundo, como uma forma de compensação de custos do transporte e manutenção de níveis de lucro da atividade, no sentido afirmado por Reis Netto e Chagas (2021a), em sua obra.

Nesse sentido, identificou-se que amostras de cloridrato de cocaína oriundas de apreensões realizadas pela Polícia Federal, no Brasil, teriam apresentado um nível de pureza médio de 92%, entre 2020 e 2021, ao passo que a pasta-base de cocaína, em igual série histórica e origem de apreensões, teria registrado níveis de pureza médios de 78% (CDE, 2022). Contudo, como bem destacado, trata-se de apreensões realizadas pela Polícia Federal, que, certamente, representam uma cocaína destinada à exportação, ou, ao menos, ainda não sujeita a processos de redução de pureza para comércio no varejo.

Afinal, como o próprio CDE (2022) apontou, o nível de pureza da cocaína evidenciado na Europa apresentou substanciais reduções em comparação com a droga apreendida no Brasil, o que sugere a ocorrência da *dobragem* nos países de destino do entorpecente. Isso, somado à possibilidade, já comentada no tópico anterior, de que as localidades aptas à manufatura da cocaína estariam em expansão pelo mundo, torna possível que a produção de cocaína e subprodutos noutras regiões do planeta tornem o tráfico de pequenas quantidades de alta pureza um bom negócio aos agentes territoriais do tráfico. O transporte e estocagem seriam facilitados, permitindo um barateamento dos custos e uma maior taxa de lucros nas mãos dos (A.1.1) agentes internacionais do tráfico de drogas e (A.1.2) organizações nacionais ou internacionais de atravessadores e distribuidores.

Em todo caso, pelo menos, é inegável a ampliação do valor de troca da cocaína em função do transporte e da transposição das barreiras geográficas e legais, conforme apontado no referencial deste estudo. Igualmente, é muito provável que a margem de lucro também decorra da redução de seus níveis de pureza, no sentido apontado por Reis Netto e Chagas (2021a).

Por sua vez, ainda em relação ao valor da cocaína no comércio, deve-se acrescer que autores como McDermott (2018), Paiva (2019), Hernandéz *et al.* (2020), Reis Netto e Chagas (2021a) e o CDE (2022) compreendem que os custos dos entorpecentes englobariam não só o valor inerente ao processo produtivo da cocaína e seu transporte, mas, também, os valores inerentes à rede de corrupção eventual mantida e mobilizada para fins de facilitação do escoamento da droga nos diversos territórios atravessados pelo produto.

Acresça-se, ainda, a afirmativa de Paiva (2019), que exemplificou que o valor da droga também se destinaria à cobertura de *investimentos colaterais* à própria atividade criminosa, ao apresentar informações de que a Família do Norte (FDN), por exemplo, destinou parte de sua receita à compra de armamentos mais pesados, após ter parte de seu produto roubado por *piratas* que interceptavam suas redes para revender a droga (obviamente sem os custos e redes acessadas pelos criminosos *vitimados* por sua ação).

Nota-se, portanto, que a definição do valor comercial da cocaína é constituída por uma série de variáveis bastante complexas, incluindo, para além dos aspectos de demanda e oferta normalmente discutidos pela literatura, diversos outros custos decorrentes da tensão territorial, decorrentes de conflitos com agentes estatais ou outros agentes territoriais do mundo do crime e de questões inerentes ao processo produtivo e de logística de transporte.

4.4 OS AGENTES TERRITORIAIS DO TRÁFICO DE COCAÍNA E PECULIARIDADES DE SUAS AÇÕES

Para além das rotas e de questões envolvendo a produção originária de cocaína, a literatura também elencou uma série de informações a respeito dos agentes potencialmente envolvidos com o tráfico desta substância, realizando digressões teóricas e empíricas, que foram elencadas nesta seção.

Preliminarmente, é importante referir que os agentes territoriais do tráfico em estudo atuariam em redes justapostas e intercruzadas entre si, mediante ações que podem surgir tanto de forma concorrente quanto colaborativa, de acordo com os interesses em jogo. Muitas vezes, esses agentes desempenhariam suas atividades, também, de maneira simplesmente indiferente, entre si.

De acordo com as vantagens em jogo, a literatura apontou que até mesmo agentes antagônicos poderiam se associar, em verdadeiros *consórcios,* para aquisição e transporte da cocaína para atendimento de suas finalidades, valendo-se de diferentes corredores e redes mais vantajosos em um certo momento. Assim, as escolhas econômicas dos agentes e sua eventual cooperação também se mostram enquanto fatores influentes na dinâmica das redes e sua funcionalidade (Reis Netto, 2018; Viana *et al.*, 2019; Paiva, 2019; Couto, 2019, 2020a).

Por conseguinte, é importante ressaltar a afirmativa de Adorno (2019) de que o surgimento dos diversos tipos de agentes territoriais do tráfico de drogas identificáveis no espaço é um fenômeno decorrente de incontáveis variáveis e de diferentes conjuntos de singularidades sociais e políticas, que, por sua vez, variam conforme o contexto espaçotemporal de cada local.

Assim, é natural que surjam agentes mais/menos violentos, mais/menos organizados, mais/menos competitivos, de acordo com cada espaço-tempo e sua diferente sujeição aos vetores do mercado global do tráfico. Portanto, o autor compreende que a complexidade de cada local, em contato com a economia global do tráfico, possibilitaria o advento de todo um conjunto de condições aptas a propiciar o surgimento de agentes territoriais com características e formas de atuação peculiares (organizações, facções, *brokers* etc.), que assumiriam diferentes papéis, por sua vez, dentro da divisão territorial do trabalho no mundo do crime (Adorno, 2019).

Em uma leitura geográfica da assertiva, poderia se dizer que é a complexidade do espaço-tempo, somada à capacidade de ação escalar e às verticalidades decorrentes da demanda global de entorpecentes, que propiciaria o surgimento de diferentes agentes no espaço, que, assim, realizariam sua territorialização em cada contexto específico, de acordo com as possibilidades concretas de ação.

Quanto aos agentes, *per se*, tem-se que alguns estudos se aproximaram de maneira eminentemente teórica do fenômeno do tráfico, buscando estabelecer tipologias aplicáveis aos contextos estudados.

O CDE (2022, p. 40), primeiramente, buscou definição de um conjunto de características próprias a esses agentes, sobretudo no sentido de caracterizá-los como uma espécie de componente de um grande empreendimento (violento e ilícito), como se vê a seguir:

> São diversos os atores envolvidos que podem ser caracterizados por: (i) sua capacidade de resiliência, manifestada através da manutenção e crescimento de suas atividades,

> apesar dos controles legais; (ii) empreendimento e inovação que lhes têm permitido transformar seus modelos de negócios de estruturas organizacionais verticais na rede do Crime Organizado Transnacional (COT), com a qual operam hoje e que se assemelha a uma rede de franquias, no estilo das grandes empresas transnacionais legalmente estabelecidas; (iii) uma rede comercial entre traficantes, que inclui trocas de drogas por outros bens ilícitos, tais como outros tipos de drogas, armas e outros bens oriundos de atividades ilícitas; (iv) elaboração de esquemas de lavagem de ativos financeiros e o exercício de mecanismos de corrupção; e (v) o incremento de uma sociabilidade violenta, por meio da resolução não pacífica de conflitos ou do uso da força para o estabelecimento de controle sobre territórios.

Destaque-se que a semelhança a organizações empresariais, referida pelo CDE (2022) como característica dos agentes do tráfico, também foi encontrada nas obras de vários autores como Viana *et al.* (2019), Couto (2019, 2020a), Reis Netto (2018), Reis Netto e Chagas (2018a; 2021a, 2021b) e Abreu (2021), na mesma toada já propugnada, há tempos, por Chagas (2014).

Já Paiva (2019), por sua vez, buscou definir tipologias específicas aplicáveis ao seu contexto de estudo (a Tríplice Fronteira), diferenciando as figura dos: a) *donos da droga* (os responsáveis pelo agenciamento e aquisição do produto ilícito); b) dos *pequenos agricultores,* vinculados à produção da folha de coca (normalmente relegados a uma situação de pobreza e vulnerabilidade); e c) das *mulas* e *comerciantes* (responsáveis pelo contato direto com o produto na sua etapa de transporte e venda final). Referiu-se aos dois últimos como aqueles que, normalmente, seriam atingidos pelas ações de segurança, enquanto os primeiros se manteriam numa relativa distância da droga, que, por sua vez, dificultaria sua identificação e punição (Paiva, 2019).

Esses *donos da droga* (Paiva, 2019), de certo modo, também são referidos em estudos como o de Niño (2021), que indica a presença de diversos *negociadores*, que representariam interesses de grupos ou agentes pertencentes a países com forte mercado consumidor de cocaína (notadamente nos Estados Unidos da América e Europa), os quais agiriam como intermediários da compra de cocaína junto aos países produtores. Sua ação, na qualidade de *brokers* do tráfico, evitaria o contato direto entre adquirentes e países produtores, em troca de comissões específicas.

Paiva (2019), ainda, destacou a anterior existência da figura dos *grandes traficantes*[34] da Amazônia (a seu ver, representados por agentes *colombianos* dos extintos cartéis e das FARC), que, após as diversas ações da Guerra às Drogas, teriam dado lugar, paulatinamente, a diversos outros grupos de atravessadores menores, atuantes, especialmente, na tríplice fronteira. Referiu, ainda, que esses agentes de menor porte, por sua vez, teriam progredido aos poucos na formação de alianças com outros grupos criminosos, como forma de se manter no mercado do tráfico. Atualmente, esses seriam os principais contatos, por exemplo, de grupos criminosos como a FDN, que funcionaria como principal intermediária do ingresso da cocaína no Brasil, via Manaus (Paiva, 2019).

Esta informação se mostrou de acordo com o apontamento da UNODC e CDE (2022), de que, no âmbito internacional, teria ocorrido uma fragmentação dos abrangentes grupos de traficantes anteriores (sobretudo na Colômbia), seguindo-se a uma ampliação do número de novos grupos componentes do processo produtivo inicial e de atravessamento da droga (como já comentado no tópico anterior).

Explicam, ainda, que este fenômeno seria uma decorrência da pandemia havida desde o ano de 2020, que, por sua vez, teria gerado uma intensa modificação nas dinâmicas territoriais do tráfico de cocaína (UNODC; CDE, 2022).

Quanto aos agentes, essas modificações teriam importado num fortalecimento dos (A.1.1) agentes internacionais do tráfico de drogas (UNODC; CDE, 2022), que passaram a se valer de diferentes grupos de agentes territoriais pertencentes ao setor competitivo (B), como forma de garantir a constância do fluxo de entorpecentes pela pulverização de remessas (conforme já explicado em momento anterior). Como consequência, surgiram novas (A.1.2) organizações nacionais ou internacionais de atravessadores e distribuidores, necessárias ao agenciamento do processo logístico de transporte da droga pelo globo.

McDermott (2018), por sua vez, manifestou a compreensão de que ainda existiriam grandes traficantes colombianos atuantes no circuito internacional do tráfico de cocaína, os quais, no entanto, após a experiência das Guerras às Drogas – em igual sentido aos apontamentos de Araújo

---

[34] Em sentido semelhante ao indicado no referencial deste estudo, aliás, Paiva (2019) identificou que figuras *míticas* de narcotraficantes, como a de Pablo Escobar, deixaram progressivamente de existir, em razão de sua visibilidade atuar como um facilitador à sua prisão, em ações realizadas por órgãos de segurança pública. Assim, a ocultação e discrição passou a ser uma regra entre as figuras dos grandes traficantes.

(2012), por exemplo – e do processo de progressiva rendição das FARC, teriam adotado uma postura de invisibilidade social, de modo a preservar um ação por intermédio de terceiros, que lhes preservaria segurança e lucratividade em seu empreendimento.

Em tese, sua afirmativa não se encontra relativamente oposta à de Paiva (2019), que também reconheceu essa ocultação como princípio básico dos atuais agentes territoriais do tráfico internacional de cocaína. Contudo, como a análise de McDermott (2018) é anterior à pandemia da covid-19 e aos estudos do UNODC e CDE (2022) e da UNODC (2022d), deve-se compreender pela não extinção de grandes traficantes internacionais entre os colombianos, mas, igualmente, que eles já não são mais os únicos *brokers* de maior porte desse mercado internacional.

Isso se confirma diante da afirmativa de diversos autores, que explicaram que o processo de desmantelamento da organização paramilitar nominada Autodefesas Unidas da Colômbia (AUC)[35] – a partir de 2006, por meio da assinatura de acordos de paz com o governo – e, mais recentemente, os acordos de rendição dos membros das Forças Armadas Revolucionárias da Colômbia (FARC) teriam ocasionado o advento de diversos grupos criminosos menores (normalmente chamados de *Bandas criminais*), que, como já comentado, diversificaram os contatos e redes antes dominados, exclusivamente, por oligopólios mais antigos do tráfico de cocaína (como as máfias italianas e mexicanas)[36] (Sampó; Ferreira, 2020; UNODC; Europol, 2021).

No mesmo sentido, o UNODC e a Europol (2021) informaram que o acordo de paz firmado com as FARC teria resultado, em relação à origem produtiva, na quebra de um monopólio sobre uma grande área de plantio, que, por sua vez, resultou tanto na diversificação dos grupos produtores e de responsáveis pela manufatura primária como, especialmente, dos grupos de atravessadores (Paiva, 2019; Zúñiga, 2021), em semelhante sentido ao apontado antes.

Ainda em relação à origem produtiva, teria ocorrido uma diversificação do número de *Rescasistas, Chirripatos* e *Paseros*[37] (negociantes intermediários, que atuariam junto aos agricultores da folha de coca, assim denominados, respectivamente, na Bolívia, na Colômbia e no Peru) (UNODC; Europol, 2021).

---

[35] Grupo paramilitar originado no ano de 1997, após a dispersão dos cartéis de Medellín e Cáli.

[36] McDermott *et al.* (2021), inclusive, afirmaram a existência de atuais acordos entre a máfia italiana, no Brasil, com o Primeiro Comando da Capital, para formação de novas redes atravessando a Amazônia brasileira.

[37] De acordo com Paiva (2019), os *Paseros* também seriam chamados de *Traqueteiros*.

Igualmente, indicou-se o surgimento de agentes especializados nas etapas da manufatura da cocaína: a) os *reoxidaderos* (responsáveis pela transformação da base de cocaína e de quantidades de pasta-base de qualidade variada, em pasta-base de alto grau de pureza); e os b) *cristalizaderos* (que se situariam em locais geograficamente próximos àqueles primeiros e seriam os responsáveis pela produção do *ouro puro*, o cloridrato de cocaína) (UNODC; Europol, 2021).

Embora esses agentes, historicamente, realizassem essas atividades de maneira conjunta nas *cocinas* do tráfico, tem-se que a quebra dos modelos de oligopólio, anteriormente existente, teria gerado, também, a fragmentação do ciclo químico da produção de cocaína, como forma de conferir menor visibilidade aos envolvidos (UNODC; Europol, 2021).

Destarte, seria justamente a partir desta diversificação, na origem produtiva, que teriam surgido as novas alianças envolvendo outros grupos de atravessadores, que, diante da *globalização* da cocaína, passaram a incluir novas organizações de traficantes de língua e/ou origem albanesa, bem como grupos atuantes nos Bálcãs Ocidentais Europeus e na África, para além das tradicionalmente conhecidas organizações mexicanas (que já compunham a rota destinada aos Estados Unidos da América), espanholas, inglesas e italianas (classicamente vinculadas ao tráfico à Europa e Ásia) (Neumann, 2018; Sampó, 2019; Abreu, 2021).

Hirata (2019), por sua vez, analisando o contexto da *Rota Solimões*, buscou o estabelecimento de uma tipologia que diferenciasse a figura de *produtores*, *distribuidores* e o *revendedores*, submetidos a agentes denominados como *lideranças* das organizações, que, ao contrário dos primeiros, tenderiam a se instalar nos grandes centros econômicos próximos às regiões atravessadas pela rota, sem contato direto com estas, seus agentes ou com as drogas transportadas.

Assim referiu, a título exemplificativo, que conflitos por posições de liderança das organizações criminosas da *Rota Solimões* ocorreriam no município de Manaus-AM, mas suas consequências repercutiriam diretamente nas regiões de tráfico relativas às fronteiras. Com isso, o autor indicou que as funções de coordenação e articulação se conglobariam em áreas externas das regiões de fluxo direto da droga, normalmente, em áreas mais centrais do ponto de vista econômico (como Manaus, no Amazonas, Brasil; Iquitos, no Peru; e, Letícia, na Colômbia) (Hirata, 2019).

Nessa perspectiva, sob um grupo um pouco maior de categorias, o CDE (2022) propugnou uma classificação dos agentes territoriais do tráfico de drogas em *agricultores* (responsáveis pelo plantio de espécies e colheita da folha de coca), *produtores-processadores* (responsáveis pela manufatura inicial do produto), *traficantes* (responsáveis por todo o processo de transporte e atravessamento, dentro da logística necessária), *atacadistas* (responsáveis pela distribuição nos territórios de consumo) e *dealers* (responsáveis pela venda a varejo do produto).

Em suma, tem-se que as categorias em questão embora diferentes em sua essência, ainda podem ser, tranquilamente, enquadradas na proposta apresentada ao longo do referencial deste estudo, que buscou uma análise mais abrangente das etapas lícitas e ilícitas da atividade, bem como sua integração com o sistema financeiro. Triangulando os dados, dessa forma, confirma-se a plausibilidade da configuração anterior, proposta a partir de uma análise dos textos do referencial de base do estudo (Figura 14, no capítulo 3).

Por conseguinte, ainda quanto à diversificação dos agentes e rotas, tem-se que autores como Neumann (2018), Zúñiga (2021) e Sampó (2019) apontaram, como decorrência daquele fenômeno, o suposto surgimento de alianças entre grupos tradicionais de traficantes e grupos terroristas (fenômeno denominado pela primeira como *narcoterror*). Esses grupos seriam representados, principalmente, pelos adeptos à *Jihad* (guerra santa) – sendo o Hezbollah, inclusive, o mais citado (Neumann, 2018; Teixeira, 2020; McDermott *et al.*, 2021).

O Hezbollah, além disso, comporia redes recíprocas de tráfico (de drogas e armas) e de contrabando junto a diversos grupos latino-americanos, dentre os quais se destacaram as facções criminosas brasileiras, notadamente o Primeiro Comando da Capital (Teixeira, 2020; McDermott *et al.*, 2021).

Em todo caso, observa-se um fenômeno de ampliação da quantidade de agentes territoriais do tráfico de drogas e rotas no mundo inteiro (UNODC; Europol, 2021; UNODC, 2022d). Isso, certamente, demonstra a força dessa economia neste início do século XXI, bem como sua capacidade de financeira de fomentar o surgimento de novas redes e a cooptação de agentes.

Em relação aos (A.1.1) agentes internacionais do tráfico de drogas, tem-se que a literatura, em diversos momentos, destacou-lhes na qualidade de *brokers* (corretores) (UNODC; Europol, 2021) ou de *invisíveis* (McDermott, 2018), ou seja, pessoas ou organizações dotadas de grande capacidade econômica e relacional de articulação de redes, contatos e outros conjuntos de (A.2.1) responsáveis pela atividade de lavagem de capitais, que, em diferentes escalas, arregimentariam toda a *cadeia visível do tráfico de drogas*, para promover o transcurso geográfico da cocaína pelo mundo (McDermott, 2018; Abreu, 2021; UNODC; Europol, 2021).

Estes (A.1.1) agentes internacionais do tráfico de drogas atuariam: a) por iniciativa própria, fomentando a alimentação de mercados com demanda constante; b) mediante a contratação por parte de outros *brokers*, de diferentes pontos do globo; c) mediante demandas apresentadas por (A.1.2) organizações nacionais ou internacionais de atravessadores e distribuidores dos mercados finais; d) ou, ainda, diante de verdadeiros *consórcios*[38] entre qualquer um destes últimos (McDermott, 2018; Abreu, 2021; UNODC; Europol, 2021).

A título de exemplo, Abreu (2021) destacou diversos casos em que, notadamente, observou-se o acionamento de (A.1.1) agentes internacionais do tráfico de drogas atuantes nos países de origem produtiva (e com capacidade de atuação relativa àquela escala), que, por sua vez, movimentariam, no setor competitivo (B), os (B.1.1) agentes responsáveis pela manufatura agrícola da matéria-prima base da cocaína e os (B.1.2) agentes utilizados na atividade direta de transporte e manufatura secundária da droga, para atendimento de demandas de outros (A.1.1) agentes internacionais do tráfico de drogas atuantes no Brasil (com capacidade de atuação escalar em relação a algumas regiões específicas, como a Amazônia ou os estados do Centro-Oeste ou Sudeste do país).

Estes últimos, por sua vez, atenderiam a demandas oriundas de (A.1.2) organizações nacionais de atravessadores e distribuidores nas cidades brasileiras (como ocorre com as facções criminosas em suas áreas de domínio), ou a demandas de outros grupos de (A.1.2) organizações internacionais de atravessadores e distribuidores agenciados por outros (A.1.1) agentes internacionais, no estrangeiro.

---

[38] É relevante destacar que o UNODC e a Europol (2021) identificaram o estabelecimento de consórcios entre esses *brokers* do tráfico internacional e outros agentes, para formação de capital suficiente para a compra de grandes quantidades de cocaína junto a demais *brokers* da América Latina, demonstrando que as organizações do tráfico, como comentado anteriormente, costumam agir não só em competição, mas em regimes de estreita cooperação. Afinal, cooperando para diminuir custos produtivos, em paralelo com a utilização de rotas consolidadas (Steinko, 2019; Magliocaa *et al.*, 2019), seria possível ampliar a taxa de lucro obtida pela operação de comercialização da cocaína nos mercados finais.

Ou seja, os diversos (A.1.1) agentes internacionais do tráfico de drogas diferiram, entre si, apenas quanto a sua capacidade de atuação escalar e econômica, configurando-se como uma cadeia empreendedora do tráfico, que conectaria a origem produtiva aos destinatários das exportações internacionais (UNODC; Europol, 2021). A literatura aponta que estes agentes costumam esconder suas atividades ilícitas sob diversificados (e, em muitos casos, sofisticados) sistemas empresariais igualmente utilizados para lavagem de dinheiro (McDermott, 2018).

Abreu (2021), por sua vez, os descreveu como verdadeiros *investidores* do tráfico internacional de drogas, que angariariam recursos investindo em estruturas fixas ou não, bem como no agenciamento de diversos outros agentes territoriais, para efetivo deslocamento dos produtos da origem até os mercados consumidores finais ou pontos de despacho. O mesmo autor aponta que, noutras ocasiões, estes *brokers* somente *alugariam* sua estrutura, para que outros agentes perfaçam o comércio internacional de cocaína, retirando parcelas de lucro ao longo do processo.

Segundo a UNODC e Europol (2021), por conseguinte, estes *brokers*, que teriam forte presença em países da América Latina, corresponde-riam tanto a agentes independentes do tráfico quanto a organizações criminosas de diferentes estratificações, confirmando o enquadramento já realizado ao longo do referencial deste estudo. Sua ação conglobaria momentos contraditórios de *cooperação* e *disputa*, conforme diversas variá-veis decorrentes do mercado, contatos, ação dos órgãos de segurança e disponibilidade dos produtos ilícitos (UNODC; Europol, 2021), podendo desencadear episódios de significativa violência.

A despeito disso, a tônica de sua função é a busca por relativos níveis de invisibilidade (McDermott, 2018; Abreu, 2021; UNODC; Europol, 2021) e enraizamento social (Reis Netto; Chagas, 2021a), imprescindíveis à manutenção de seus empreendimentos ao longo do tempo.

Registra-se, em tempo, afirmativa em sentido diverso cunhada por Steinko (2019), que afirmou que, ao menos em relação à realidade do tráfico espanhol, os agentes territoriais do tráfico internacional não conseguiriam se consolidar por longos períodos na atividade, sendo relativamente inevitável sua detenção/prisão após certo período médio de atuação.

Embora, de fato, seja assente e real a interdição de determinados agentes territoriais, como bem mencionou o autor, de outro lado, essa realidade só pode ser mensurada a partir de dados oficiais, sendo obscura a realidade dos assim chamados *invisíveis* (McDermott, 2018), que permanecem por anos na clandestinidade, como se observa de vários agentes que perduraram décadas na atividade.

Portanto, não se pode afirmar, de maneira inequívoca, a plausibilidade da assertiva de Steinko (2019), ao menos, a partir da atual realidade dos dados existentes. Afinal, o próprio autor reconhece a existência de diversos perfis de traficantes, comedidos ou não, ostensivos ou não, que, portanto, podem gerar diferentes repercussões espaciais a partir de sua presença e, assim, tornarem-se potencialmente mais/menos detectáveis pelos órgãos de segurança.

Como se observa, nos termos relatados pela UNODC (2022d), há uma multiplicidade de agentes e organizações que, a exemplo das grandes operações de despacho e exportação de bens comuns, promovem a movimentação da economia da cocaína (contudo, no âmbito da ilegalidade) — o que torna substancialmente difícil o enfrentamento do tráfico sem um esforço conjunto internacional.

Por conseguinte, é interessante dizer que a *proximidade linguística e étnica* também foi destacada como uma variável influente na formação de conexões entre agentes territoriais na América Latina, na África e na Europa (McDermott, 2018; UNODC; Europol, 2021; UNODC; CDE, 2022), não só nas décadas passadas (com destaque para os laços familiares e sentimentais estabelecidos pelas máfias italianas), mas também nas atuais (destacando-se grupos de linguagem comum e com vínculos étnicos, como agentes brasileiros, portugueses e de alguns países africanos; ou, ainda, entre colombianos e grupos de origem albanesa).

Esta informação foi referendada, ainda, por dados presentes nas obras de autores como Paiva (2019), que relatou achados de pesquisa, relativos à existência de organizações criminosas brasileiras na tríplice fronteira amazônica, cujos vínculos internos eram pautados em questões exclusivamente familiares; e Abreu (2021), que apontou achados de natureza semelhante, em relação ao eixo sul do país.

No entanto, Dias e Paiva (2022) registraram um fenômeno em sentido inverso, em relação às facções criminosas: com a aproximação destas das faixas de fronteira brasileira, teria ocorrido justamente uma *quebra* das anteriores redes familiares e étnicas de grupos vinculados ao tráfico, alinhando-se um novo conjunto de agentes cujos laços seriam a *solidariedade no mundo do crime*. Diante desse novo elemento ideológico, outras modalidades criminosas (como o roubo, o furto, o homicídio por encomenda etc.) teriam sido agregadas às atividades do tráfico, tornando a violência uma marca assente da ação das facções.

Ainda, destacou-se o surgimento de conexões decorrentes do fator *colaboração histórica*, que explicaria a forte presença de agentes internacionais do tráfico mexicano na Colômbia e a troca de conhecimentos entre as respectivas organizações/agentes (UNODC; Europol, 2021).

Quanto aos países de destino da cocaína, também se apontou uma espécie de fragmentação de agentes responsáveis pelo agenciamento do transporte de cocaína para a Europa, com o surgimento de diversos grupos novos, de origem africana, albanesa, belga, britânica, alemã, holandesa, marroquina, francesa, irlandesa, sérvia e turca, para além de já conhecidas organizações espanholas e, sobretudo, as tradicionais máfias italianas e suas diversas ramificações (Sampó, 2019; UNODC; Europol, 2021; McDermott *et al.,* 2021; UNODC, 2022d).

Com isso, a presença de tais grupos teria se tornado cada vez mais marcante em todos os países envolvidos com o tráfico internacional de cocaína, especialmente na América Latina (Sampó, 2019; UNODC; Europol, 2021).

Para além disso, é importante relembrar que a literatura apontou para uma diversificação de atividades entre os agentes territoriais do tráfico de drogas: os traficantes de drogas não costumariam utilizar de suas redes e contatos para mediação de uma única economia, de modo que também manejariam outras atividades ilícitas como o contrabando (de produtos e madeira), o tráfico humano (voltado à escravidão, extração de órgãos e prostituição) e o tráfico ilegal de minérios, metais e pedras preciosas (Neumann, 2018; Adorno, 2019; Sampó; Ferreira, 2020; Couto, 2020a; 2020b; Abreu, 2021), ingressando no conceito de *politráfico* (Labrousse, 2010; Campos, 2014), comentado no referencial deste estudo.

Steinko (2019) explica que essa diversificação de atividades, de outro lado, também seria uma forma de minimizar os custos econômicos do tráfico e eventuais perdas decorrentes de apreensões, gerando uma margem de lucros relativamente constante, a partir do ingresso de capitais diversificados nas organizações do tráfico.

Quanto à natureza e características dos agentes territoriais do tráfico internacional de cocaína no Brasil e na Amazônia, por sua vez, identificou-se uma diversidade de informações a partir da literatura selecionada no estudo.

De um lado, autores como Manso e Dias (2018) Couto (2019, 2020a, 2020b), Dias e Paiva (2022), Sampó e Ferreira (2020)[39] e Teixeira (2020) apontam para um significativo protagonismo das Facções Criminosas na atualidade brasileira (especialmente as de maior porte, como o Comando Vermelho – CV, o Primeiro Comando da Capital – PCC e a Família do Norte – FDN).

De outro, há autores como Abreu (2021), McDermott (2018), Reis Netto e Chagas (2021a) e McDermott *et al.* (2021), que, para além daqueles referidos grupos, denotam a existência de outros *Brokers*, tanto antigos quanto atuais, que preservariam uma atuação independente das facções brasileiras (embora, eventualmente, também possam atuar cooperativamente com aquelas, em muitos casos) e teriam uma atuação tão expressiva quanto discreta.

Em todo o caso, segundo autores como Viana *et al.* (2019), Couto (2019, 2020a), Abreu (2021) Reis Netto (2018), Reis Netto e Chagas (2018a; 2021a, 2021b) e Reis Netto *et al.* (2022), esses agentes territoriais do tráfico internacional de cocaína na Amazônia: a) teriam como foco de atuação a realização de integrações entre diferentes pontos da região amazônica, integrando os países produtores aos mercados consumidores internos (sobretudo na Região Norte e Nordeste do país) e estrangeiros; b) explorariam diversas fragilidades econômicas, políticas, geográficas etc., relativas ao contexto amazônico (já destacadas em tópico anterior).

No caso específico das facções criminosas, tem-se que suas relações de territorialidade envolvem, de maneira significativa, o ambiente carcerário.

Nesse sentido, Manso e Dias (2018), Abreu (2021), Reis Netto (2018), Reis Netto e Chagas (2018b, 2021b) e Reis Netto *et al.* (2020) destacaram que, para além do ambiente das cadeias representar um comércio lucrativo à atividade, a circulação de drogas nesses locais representaria um trunfo de poder que colocaria as lideranças destas organizações em melhores condições de mando e controle das massas carcerárias, sob diversas perspectivas. Assim, esses ambientes devem também ser considerados, ao se analisar o comércio de drogas e a atuação dos agentes territoriais do tráfico de cocaína.

A literatura também convergiu ao considerar que esses agentes promoveriam uma forte exploração da pobreza (McDermott, 2018; Viana *et al.*, 2019; Paiva, 2019; Couto, 2020a; Reis Netto, 2018; Reis Netto; Chagas,

---

[39] Sampó e Ferreira (2020) chegam a afirmar que as facções brasileiras sofreram seu processo de crescimento e internacionalização como decorrência da já mencionada fragmentação de anteriores cartéis colombianos, inclusive classificando o Primeiro Comando da Capital sob um conceito de protomáfia, em função de sua posterior internacionalização.

2018b, 2021a, 2021b; Reis Netto *et al.*, 2018, 2019)[40], que, ao fim, permitiria diferentes formas de territorialização nas cidades amazônicas, em muitos casos, por intermédio de formas que alternariam *violência e assistencialismo* (Manso; Dias, 2018; Reis Netto, 2018; Reis Netto; Chagas, 2018a, 2018b, 2021b; Paiva, 2019), para instalação e viabilização do tráfico (Couto, 2020a; Reis Netto *et al.,* 2019).

Igualmente, apontou-se que o fenômeno seria multiescalar, apresentando diferentes configurações de redes e agentes, de acordo com os níveis analisados (Couto, 2019; Magliocaa *et al.,* 2019; Guerrero; Espasa, 2021), conforme, inclusive, já restou debatido no referencial deste estudo.

Por conseguinte, os achados relativos à atuação de agentes do tráfico no âmbito da semilegalidade se apresentaram de maneira mais modesta. Embora alguns autores tenham mencionado, genericamente, a existência de casos de corrupção de agentes públicos e privados, em verdade, poucos buscaram a explicação e exemplificação de casos concretos, bem como a efetiva indicação dos papéis e ações dos agentes. Residualmente, há relatos nas obras de Abreu (2021) e Hirata (2019), que elencam casos de cooptação de agentes públicos no âmbito da segurança e sistema judiciário, especialmente no sentido de facilitar as ações do tráfico, sem, contudo, aprofundar os relatos em termos científicos, no máximo relatando características do *modus operandi* (no caso do primeiro autor).

Igualmente, Hirata (2019) também indicou a formação de verdadeiros grupos *paramilitares*, inclusive com a participação e protagonismo, até mesmo, de agentes da segurança, que, a pretexto do exercício de atividades de segurança privada ou do combate ao crime, em verdade, perfariam o esbulho de cocaína ao longo de seu transporte, para fins de revenda a outros traficantes, com os quais manteriam contato. Em verdade, o exemplo representa *um passo além* daqueles agentes públicos, que acabariam saindo do âmbito da semilegalidade (A.2), para exercício direto de atividades no mundo do tráfico (algo *mais ilegal ainda*), tornando-se, assim, verdadeiros agentes diretos da atividade econômica ilícita, ou seja, traficantes, subvertendo por completo o sistema jurídico-legal.

---

[40] Inclusive, de maneira paralela à pobreza, Couto (2020a), Reis Netto (2018) e Reis Netto *et al.* (2018, 2022) apontaram uma forte vinculação das funções subalternas do tráfico ao elemento raça e baixa escolaridade, diretamente refletidos por números do sistema carcerário paraense.

Ademais, também se observou uma preocupação de alguns autores com a perspectiva de gênero dentro das relações do tráfico de drogas.

Conforme o CDE (2022), o tráfico de drogas seria a principal determinante do encarceramento de mulheres no Brasil, sobretudo em função de seu envolvimento em funções subalternas na atividade em questão. Em igual sentido, Cavalcante *et al.* (2020) também fizeram referência semelhante em relação ao papel da mulher, no contexto das facções criminosas brasileiras.

Notadamente, pode-se observar, da literatura citada, que a divisão do trabalho na economia mundial do tráfico de drogas costuma reproduzir estereótipos também encontrados no mercado formal de trabalho, sendo, assim, uma divisão sexual (desigual) do trabalho, no âmbito da ilicitude.

4.5 OS PRINCIPAIS MERCADOS CONSUMIDORES REFERIDOS E ASPECTOS SOBRE A VENDA DE COCAÍNA NO VAREJO

Os principais continentes consumidores de cocaína no globo, individualmente considerados, seriam a Oceania (com destaque para Austrália e Nova Zelândia), a América do Norte (com destaque para os Estados Unidos da América e Canadá), bem como a Europa, em sua região oeste e central (com especial destaque para os países da União Europeia) (UNODC, 2022d; UNODC; Europol, 2021).

Em todo caso, o consumo do entorpecente tem registrado um substancial aumento ao redor de todo o globo (UNODC, 2022d; UNODC; Europol, 2021). Conforme o UNODC (2022d), a despeito da ocorrência mundial da pandemia da covid-19, a partir do ano de 2020, o consumo de cocaína teve apenas reduções pontuais, conforme medidas restritivas foram impostas a cada país, retornando a níveis normais (e até crescendo) logo em seguida.

De outro lado, se integralmente considerado, o continente americano representaria o maior mercado consumidor global de cocaína (UNODC, 2022c), o que indica a necessidade de novos olhares sobre o tráfico interno em seus países. Nesse sentido, observam-se os principais mercados consumidores na figura a seguir.

Figura 25 – Números estimados de usuários de cocaína no mundo, conforme pesquisas estimuladas captadas pela UNODC

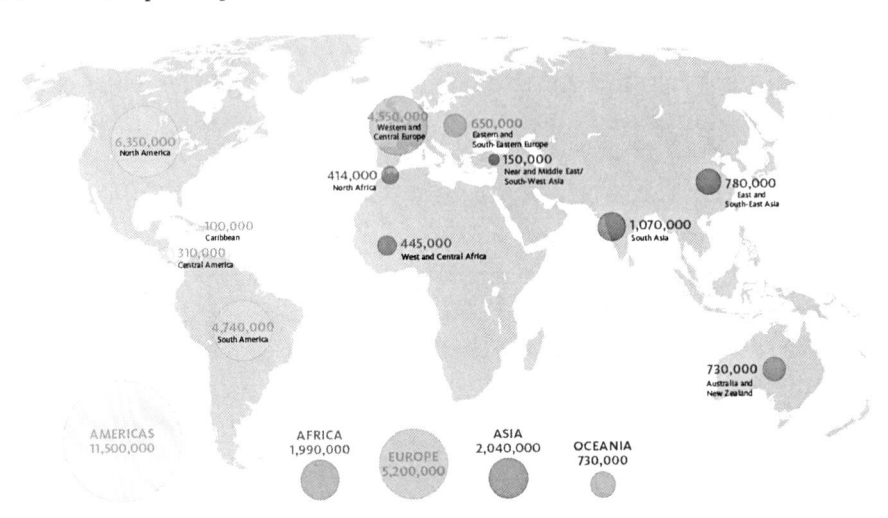

Fonte: UNODC (2022d)

A verificação desses indicadores, por sua vez, é de fundamental importância à compreensão do mercado desse entorpecente (UNODC, 2022d), uma vez que, em termos geográficos, é deles que se originam os vetores de horizontalidade de demanda que se direcionam às regiões produtivas e de atravessamento da droga, resultando, como consequência, numa série de vetores de horizontalidade em cada local (Santos, 2017).

Além disso, conforme discutido nos tópicos anteriores, a literatura tem insinuado que esses mesmos vetores de horizontalidade gerariam novos mercados consumidores subalternos, ao longo dos locais atravessados pelas redes de transporte de cocaína, como sugerido em relação ao Brasil e à Amazônia e, mais recentemente, em relação à África (Reis Netto; Chagas, 2021a; UNODC, 2022d).

Portanto, atentar aos mercados em surgimento, igualmente, pode ser algo relevante à própria compreensão a respeito de mudanças nas dinâmicas do comércio, mesmo diante de mercados pouco expressivos do entorpecente.

Inclusive, é relevante citar a informação literária de que seria justamente nos mercados consumidores finais, portanto mais afastados da origem produtiva, que o valor da cocaína assumiria os maiores valores de mercado, gerando, assim, um maior lucro aos comerciantes destas regiões (Neumann, 2018; Guerrero; Espasa, 2021), conforme já discutido em momento anterior.

Nos destinos, a cocaína seria adquirida por diversos grupos de revendedores locais, no atacado, e sujeita a um processo de *dobragem* (mistura com outras substâncias para ampliação em volume, a despeito da redução dos níveis de pureza) para revenda a preços mais lucrativos (McDermott, 2018), salvo diante de mercados mais exigentes, que podem pagar pela cocaína em seus níveis mais altos de pureza.

No entanto, conforme McDermott (2018), o lucro, mesmo diante desse processo de diminuição da pureza, ainda seria inferior àquele obtido pelos agentes internacionais que agenciam a atividade e orquestram o transporte do produto. A grande fatia de lucro comercial, portanto, ficaria retida junto aos (A.1.1) agentes internacionais do tráfico de drogas e (A.1.2) organizações nacionais ou internacionais de atravessadores e distribuidores, que nem de longe mostram-se como os principais atingidos pelas medidas de interdição por parte dos órgãos de segurança.

Por sua vez, autores como Reis Netto (2018), Reis Netto e Chagas (2018a, 2018b) apontaram, em relação ao Brasil e ao Pará, que, nos pontos de varejo dominados pelas facções criminosas, haveria uma prática de tabelamento de preços de venda da cocaína no varejo, que serviria como mecanismo para desestimular a concorrência entre traficantes de diferentes regiões, evitando, assim, violentos confrontos entre líderes de *bocas de fumo*.

Igualmente, o controle serviria como uma forma de equilibrar a taxa de lucro final pelo entorpecente que seria fornecido de forma coordenada pelas organizações a cada ponto de venda no varejo, controlando, também, os níveis de poderes de agentes subalternos ou arregimentados pelas facções. Inclusive, Reis Netto *et al.* (2020) destacaram que essa prática seria bastante comum no âmbito do tráfico realizado dentro das cadeias.

Ainda quanto à venda de cocaína no varejo, a literatura apontou que a pandemia da covid-19 e o distanciamento social propugnaram um aumento das vendas, com a disseminação, inclusive, de novas técnicas de *delivery* do entorpecente e mecanismos de comércio baseados no uso da internet e aplicativos[41], que, embora já fossem empregadas nos últimos anos (McDermott, 2018; UNODC; CDE, 2022), tornaram-se mais assentes desde as restrições de circulação de pessoas.

---

[41] É interessante destacar que, para além das plataformas sociais mais comuns (Instagram, Facebook, Telegram e WhatsApp), registrou-se o uso de aplicativos de paquera, por exemplo, como mecanismos para dissimular a venda de drogas (incluindo a cocaína), a preços apontados como um pouco mais altos que nas ruas (UNODC; CDE, 2022).

No Brasil, inclusive, paralelamente ao aumento da pobreza registrado nos últimos anos, registrou-se, também, um aumento do consumo de cocaína entre a população mais vulnerável, especialmente no que toca ao consumo de subprodutos, como o *crack* (UNODC; CDE, 2022). Igualmente, a modalidade de envio por correios (mais comum na Europa) passou a ser evidenciada também em terras brasileiras, no mesmo período (UNODC; CDE, 2022), sobretudo por intermédio de negócios realizados na *darknet*[42] e em aplicativos de mensagens.

Ao passo, Brasil e Argentina têm sido, recorrentemente, apontados como principais consumidores da cocaína que circularia na América Latina (Silva *et al.*, 2019; Castro *et al.*, 2019; Couto, 2019; Moura, 2020; UNODC; CDE, 2022) – o que ocorreria, reputadamente, em razão da grande concentração populacional em suas grandes metrópoles e cidades médias (Pfrimer; Motta, 2021).

Além disso, é fato que o período pandêmico trouxe uma maior restrição de circulação das pessoas em geral, tornando, assim, mais visíveis as movimentações suspeitas nas ruas. Com isso, houve uma maior consolidação de distribuidores locais ou regionais que tiveram sucesso na efetivação medidas de enraizamento social nas comunidades e cidades (seja pela corrupção ou pela eficiência comercial), ao passo que vários pequenos varejistas teriam enfrentado maiores dificuldades de sobrevivência (o que, certamente, também pode ter refletido na ampliação do número de apreensões com poucas quantidades de drogas, já mencionado e discutido em tópico anterior) (UNODC, 2022d) e, com isso, teriam sido, presumidamente, presos ou eliminados do mercado (pela ausência de recursos ou morte).

No mais, houve poucos estudos que tenham se debruçado sobre a Região Metropolitana de Belém, para fins de verificação de sua expressividade enquanto mercado consumidor. Como analisado no tópico passado, há fortes indícios de que a RMB seja o mercado consumidor mais expressivo do estado do Pará, em função de sua reputada centralidade quanto aos fluxos de cocaína (Viana *et al.*, 2019, Sampó, 2019; FBSP, 2022; Couto, 2022).

As poucas evidências colhidas nesse sentido, no entanto, referem-se a um único estudo, realizado sobre o município de Benevides-PA (Reis Netto *et al.,* 2018). Tendo este último apresentado um comércio, apa-

---

[42] Sites não indexados, acessíveis por navegadores específicos e somente via link direto.

rentemente, sustentável de cocaína, pode-se levantar a hipótese sobre a presença de mercados igualmente sustentáveis nas demais cidades pertencentes à RMB, especialmente aquelas com economia mais aquecida e maior número de habitantes.

Além disso, os estudos de Reis Netto (2018), Reis Netto e Chagas (2018b, 2020) e Gomes *et al.* (2021), por exemplo, apontaram para a existência de mercados consumidores de drogas (entre elas a cocaína), no âmbito do sistema prisional paraense, ao menos até antes da intervenção federal havida em 2019, bem como que a droga era usada como um mecanismo de mediação e controle das massas carcerárias, conforme propósitos de facções criminosas ali presentes. Essa inferência, além de reforçar a hipótese a respeito de outros mercados consumidores na RMB, induz à crença de que a presença de cocaína (e, portanto, sua aquisição de outros agentes) seria imprescindível ao domínio exercido pelas facções criminosas identificadas em presídios de diversas cidades paraenses, inclusive da Região Metropolitana de Belém.

Em todo caso, há que se falar na necessidade de maiores estudos sobre a região, o que, como dito, confirma a justificativa apresentada em relação a este estudo. O capítulo seguinte, por sua vez, surgiu como contributo ao tema, ressalte-se.

4.6 AS MARCAS E SINAIS ESPACIAIS DO TRÁFICO DE COCAÍNA

Para além das informações já apresentadas, é interessante frisar que a literatura forneceu determinados indicadores capazes de permitir vislumbres da presença territorial de redes de cocaína nas cidades e regiões brasileiras. Obviamente, são achados que dependem de aprofundamentos específicos e adaptações para cada contexto e realidade. Porém, ainda assim, constituem-se como informações que podem iluminar novas metodologias de detecção da presença de redes e da atuação de agentes territoriais do tráfico de cocaína e, assim, contribuir científica e profissionalmente com a questão.

Como *primeiro indicador*, diversos autores apresentaram a *violência* como um forte sinal da presença de organizações criminosas envolvidas com o tráfico de entorpecentes no Brasil, seja em áreas pobres das cidades (Dias; Manso, 2018; Neumann, 2018; Reis Netto, 2018; Reis Netto; Chagas, 2018a, 2022; 2018b; Adorno, 2019; Guerrero; Espasa, 2021; Pfrimer; Motta,

2021; Couto, 2018, 2020a; Reis Netto *et al.,* 2021), seja no ambiente do cárcere (Adorno, 2019; Paiva, 2019; Reis Netto, 2018; Reis Netto; Chagas, 2018b, 2019c, 2022).

Uma possível explicação inerente à visibilidade desse indicador foi fornecida por autores como Dias e Paiva (2022), Reis Netto (2018), Reis Netto e Chagas (2018b), que, nos termos já referidos antes, asseveraram que a atuação de grupos violentos, como as facções, sobretudo na faixa de fronteira, teria quebrado relações que permeavam a convivência entre grupos de traficantes anteriores, passando a instituir uma *solidariedade no crime* como vínculo entre seus componentes.

Assim, o tráfico teria passado a se associar a diversas outras modalidades criminosas socialmente mais sensíveis, o que, por sua vez, teria gerado o aumento do número de ocorrências dessas espécies criminais e, consequentemente, da sensação de violência na sociedade como um todo, sobretudo em zonas de tensão e conflito entre aqueles agentes.

Inclusive, à medida que as organizações consolidassem progressivamente suas relações de territorialidade, as mesmas passariam à tomada de medidas mais ousadas de domínio do espaço, como a aquisição de armas e a cooptação (pelo medo ou coação) de agentes territoriais das comunidades atingidas por suas ações e, em níveis mais elevados ainda de poder, a tomada de medidas de enfrentamento direto ao próprio Estado e suas instituições (Couto, 2018; Manso; Dias 2018; Reis Netto, 2018; Reis Netto; Chagas, 2018b, 2019a; Adorno, 2019).

No entanto, deve-se registrar a proposição de Adorno (2019) de que, embora a presença da violência seja um fenômeno comum aos comércios ilícitos em questão, há, igualmente, contextos em que a presença dessa atividade não desembocaria na ocorrência daquele indicador – o que, por sua vez, poderia ser resultado de diferentes variáveis e possibilidades, dentre as quais algumas foram destacadas pela literatura.

Em primeiro lugar, as próprias condições espaçotemporais, conforme explicado no referencial deste estudo a partir de Chagas (2014), poderiam propugnar a presença de territórios tanto de tensão quanto de colaboração. Ou seja, a complexidade de cada local, em interação com a atividade ilícita global, poderia ocasionar o surgimento de regiões de cooperação pacífica entre agentes territoriais, que, por sua vez, poderiam manifestar os contextos expostos na inquietação manifestada por Adorno (2019), sob diferentes formatações.

Como segunda possibilidade, tem-se que autores como Reis Netto (2018), Reis Netto e Chagas (2018a, 2018b) apontaram que os conflitos excessivos representariam instabilidades indesejáveis para as redes comerciais dos agentes do tráfico, seja no cárcere, seja nas ruas – razão pela qual as organizações passariam a buscar meios de controle biopolítico dos associados e/ou da população das áreas sob seu controle.

Surgiriam, assim, as já citadas medidas de tabelamento de preços de venda das drogas no varejo, delimitação de áreas de mercado e criação de mecanismos de solução de conflitos (Reis Netto; Chagas, 2018a, 2018b), dentre outros. Nestes contextos, novamente, a baixa ocorrência de fatos violentos decorreria diretamente da consolidação de territórios por agentes do tráfico de drogas, e não de sua ausência.

Os mesmos contextos de colaboração, por sua vez, também foram expostos por autores como McDermott (2018) enquanto consequência da *pax mafiosa* colombiana, que seria um fenômeno concernente a uma grande associação de agentes e grupos traficantes, para uma melhor gestão dos negócios e transportes conjuntos, a qual, por sua vez, representaria uma garantia de invisibilidade daqueles e um maior sucesso em suas medidas de enraizamento social.

Para além do controle pela força ou pelo medo, Manso e Dias (2018), Feltran (2018), Reis Netto (2018), Reis Netto e Chagas (2018a, 2018b) e Reis Netto *et al.* (2020, 2021) também destacaram que as facções criminosas, após domínio dos territórios das cidades brasileiras e/ou do ambiente carcerário, teriam passado a estabelecer diversas medidas de simbiose com as comunidades locais, por meio de práticas assistencialistas que aproximariam os grupos criminosos da população, por meio de relações simbólicas e de pertencimento.

Por sua vez, conforme já destacado no tópico anterior, também foram identificados apontamentos literários no sentido de que a cocaína seria potencialmente utilizável enquanto um *instrumento* para agitação das massas carcerárias pelas facções, em momentos que isso representasse um trunfo estratégico em revoltas ou rebeliões, por exemplo, demostrando uma faceta utilitária do tráfico e do uso da droga como instrumento efetivo de poder (Reis Netto, 2018; Reis Netto; Chagas, 2018; 2019c). Neste contexto, a violência associada à droga pode indicar não só a presença de redes dentro das cadeias, como, sobretudo, a detenção de níveis elevados de poder por organizações criminosas (Reis Netto, 2018).

Como *segundo indicador*, verificou-se que ocorrência de casos de corrupção, conforme apontado por autores como Manso e Dias (2018), Reis Netto (2018), Reis Netto e Chagas (2018a, 2018b, 2020), McDermott *et al.* (2021) e Abreu (2021), seria um resultado avançado da consolidação dos poderes das organizações do tráfico nos territórios e, assim, se constituiria como um dos maiores sinais da presença desses agentes territoriais e da consolidação de suas redes. Foram destacados, nesse sentido, exemplos inerentes à facilitação da passagem de drogas e de burla às fiscalizações (Abreu, 2021). Apontou-se, também, que a corrupção seria um dos meios efetivos de realização de embarques de droga, via portos no mundo inteiro, para escoamento da cocaína aos mercados consumidores finais (UNODC, 2022d).

Em relação ao cárcere, por exemplo, Reis Netto e Chagas (2019a) demonstraram que a corrupção viabilizou a consolidação de redes de comércio e comando do tráfico, a partir dos agentes encerrados, bem como a facilitação para o tráfico dentro das cadeias do estado do Pará, tanto por intermédio do *medo* quanto por meio da concessão de *favorecimentos*, a rigor, financeiros, aos cooptados.

Por sua vez, um *terceiro indicador* corresponderia à verificação da existência de esquemas de lavagem de dinheiro, materializados por diversas das modalidades (Abreu, 2021; McDermott *et al.*, 2021; Guerrero; Espasa, 2021)[43].

Foram relatados, nesse sentido, exemplos envolvendo a abertura e manutenção de empreendimentos de comércio e serviços (Paiva, 2019), a aquisição de bens de luxo e imóveis de considerável valor, a dissimulação da origem dos capitais por meio de casas físicas ou *on-line* de apostas, abertura de agências de turismo voltadas não só ao branqueamento dos capitais, mas, igualmente, à facilitação do fluxo de pessoas (portando drogas ou valores) (Neumann, 2018) e, até mesmo, o uso dos recursos ilícitos para financiamento de campanhas eleitorais (Reis Netto, 2018; Reis Netto; Chagas, 2018b, 2019a; Paiva, 2019; Abreu, 2021).

A aquisição de fazendas, gado e madeira ganhou um destaque especial em relação à *Rota Caipira*, como destacado por Abreu (2021) em sua obra, justamente pela possibilidade de uso dos imóveis para ocultação

---

[43] Abreu (2021), a título de exemplo, menciona em sua obra o esquema de dólar-cabo, que se utiliza de doleiros que detêm moedas no Brasil e Exterior e, efetivamente, consolidam reservas para trocas informais, sem ingresso no sistema financeiro oficial dos países, ocultando as movimentações. Igualmente, exemplifica o esquema de subfaturamento de compras e superfaturamento de vendas, comumente utilizado com veículos e imóveis, para lavagem de dinheiro.

das drogas em seu transporte, bem como dos móveis para fins de lavagem de capitais. Abreu (2021) também destacou, até mesmo, o uso de um garimpo como mecanismo de lavagem, em determinado caso envolvendo o *Corredor Amazônico*.

No entanto, em relação a esses dois últimos indicadores, como já mencionado em momento anterior, não foram encontrados estudos demais aprofundados a respeito da corrupção de agentes públicos ou privados e/ou esquemas de lavagem de dinheiro, para além dos exemplos citados, que destrinchassem, detalhadamente, fenômenos ou realizassem aproximações sobre a correlação com o tráfico de drogas.

Em verdade, por envolverem frontalmente o âmbito da semilegalidade, e, com isso, importarem no conhecimento sobre esquemas ilegais em potencial funcionamento ou que, mesmo já encerrados, possam prejudicar a imagem de pessoas e instituições, os temas, certamente, devem ser objeto de restrições para fins de pesquisa e investigação, explicando o baixo índice encontrado nesta pesquisa.

Some-se a isso a necessária cautela tomada por muitos órgãos quanto à divulgação de detalhes e informações que, em mãos erradas, poderiam subverter o conhecimento científico propugnado em benefício de criminosos.

Por sua vez, a riqueza surgiu como um *quarto indicador,* que permitiria a detecção da presença de redes do tráfico de cocaína em determinados locais. Para além de uma consequência do desempenho de atividades ilícitas nas redes do tráfico ou da participação em esquemas de corrupção e/ou lavagem de dinheiro, tem-se que os fluxos de cocaína nos espaços, invariavelmente, espraiariam vetores numa dimensão econômica, que atingiriam tanto a totalidade de agentes envolvidos na atividade quanto os locais em si.

Nesse sentido, Guerrero e Espasa (2021) destacaram que a participação efetiva nas economias do tráfico, certamente, ocasionaria resultantes econômicas nas condições naturais de vida dos agentes envolvidos. Num primeiro momento, a tomada de medidas de acompanhamento da progressão anômala do patrimônio pessoal ou de incrementos no estilo de vida de supostos agentes do tráfico (ou atividades correlatas no âmbito da semilegalidade ou legalidade) e de seus familiares, de eventuais sócios ou funcionários, já seria uma primeira forma de se utilizar a riqueza para detecção das redes em questão.

Mas, para além disso, elevando-se o olhar para a escala geográfica dos locais, tem-se que estas mesmas progressões patrimoniais individuais, se observadas em relação ao conjunto de todos os agentes eventuais ou permanentes do tráfico em uma cidade ou região, resultariam em vislumbres de verdadeiros fluxos econômicos massivos, absolutamente incompatíveis com o nível de vida e econômico daquelas, em comparação, por exemplo, com o número de instituições bancárias ali instaladas, empreendimentos em funcionamento, redes de mercado e comércio, dentre outros.

Em outras palavras, comparando-se as cidades atravessadas por redes do tráfico com outras cidades médias ou mesmo metrópoles, por exemplo, seria possível detectar a presença de muito mais capital, investimentos e movimentações financeiras do que, naturalmente, seria esperado da localidade ou região, sem nenhuma atividade formal que justifique esse fato. Nesse sentido, Guerrero e Espasa (2021), ao fim e ao cabo, acabam por fornecer pistas para a mensuração de oscilações econômicas decorrentes do tráfico, que podem ter manifestações direitas ou indiretas, tanto na vida dos agentes quanto nas dinâmicas dos próprios locais.

Essas consequências do tráfico numa dimensão econômica, inclusive, já foram destacadas no referencial deste estudo a partir da obra de Osório (1996, 2017), que demonstrou o surgimento de incompatibilidades entre as características de determinados locais atravessados por economias ilícitas e o quantitativo de movimentações financeiras ali realizadas, o que, ainda, foi objeto de testagens no estudo realizado por Reis Netto e Chagas (2023, no prelo)[44].

O aspecto multidimensional decorrente das ações na economia do tráfico, portanto, revela incrementos não só individuais como coletivos, que acabariam por repercutir na própria dinâmica dos locais, tornando, assim, possível mensurar a presença de redes da atividade por intermédio da *riqueza*.

Por sua vez, ainda em relação ao plano multidimensional decorrente do tráfico, Neumann (2018) apontou, como um possível *quinto indicador*, o surgimento de elementos de identificação cultural da comunidade com

---

[44] Deve-se salientar que esta obra, não obstante seja conhecida e trate do objeto de estudo, ainda assim, não foi utilizada como fonte de dados no presente capítulo literário, pelos seguintes motivos: a) como a mesma se encontra no prelo, com previsão de publicação no início do ano de 2023, encontra-se fora do período temporal de seleção de obras; b) Em segundo lugar, como a mesma não é acessível pelas plataformas de pesquisa científica elencadas na metodologia, nem tampouco, repita-se, se configure uma obra já publicada, seria desonesta sua seleção ao arrepio dos critérios de inclusão e exclusão propugnados na metodologia. Portanto, ela é aqui citada como *referencial teórico*, para fins de triangulação de dados, conjuntamente à pesquisa de Osório (1996, 2017), tão somente, no sentido de referendar a inferência realizada a partir da inteligência das informações oriundas de Guerrero e Espasa (2021), respeitando-se, assim, a ética na seleção de dados.

traficantes ali presentes (destacou, em sua obra, a divulgação de músicas), exaltando elementos de sua atividade ilegal, suas ações e a linguagem adotada pelas organizações, bem como suas regras e normas internas. Nominou o fenômeno de *narcocultura*.

Reis Netto (2018), Reis Netto e Chagas (2018b, 2019c), de forma assemelhada, identificaram que a territorialidade de agentes do tráfico, sobretudo no cárcere, também fomentaria a adoção de uma série de elementos simbólicos e ideológicos no sentido de gerar um *espírito de corpo* entre os associados à atividade. Essa ritualística, por sua vez, se constituiria também como um marcador cultural passível de gerar a identificação de determinados atores no espaço.

Por sua vez, o politráfico também pode ser compreendido como um *sexto indicador* da presença da territorialidade de redes do tráfico nos espaços. Como já discutido nos tópicos anteriores, os traficantes de drogas não utilizariam suas redes e contatos para viabilização de uma única economia ilegal (Neumann, 2018; Adorno, 2019; Sampó; Ferreira, 2020; Couto, 2020a; 2020b; Abreu, 2021), até mesmo como forma de otimizar lucros e minimizar perdas.

Embora a inferência não deva ser aplicada de forma automática a qualquer contexto, ainda assim, tem-se que a identificação de redes de outras formas tráfico e de contrabando pode revelar a existência de estruturas aptas, também, para o tráfico de cocaína (Manso; Dias, 2018; Neumann, 2018), sendo coerente, portanto, sua observação em relação à totalidade das atividades ilegais potencialmente envolvidas.

Por conseguinte, como *sétimo indicador*, deve-se recordar a inferência também já destacada nos tópicos anteriores, formulada por Reis Netto e Chagas (2021a): a cocaína, em determinados contextos, pode ser usada como uma forma de pagamento pelos serviços prestados na atividade de transporte ou estocagem, servindo, assim, como uma mercadoria-dinheiro capaz de dissimular relações comerciais (detectáveis pelos órgãos de segurança), sem a necessidade de circulação de dinheiro em espécie.

Dessa forma, pode-se inferir dos autores que a verificação da circulação de cocaína, em cidades com um mercado consumidor incomum ou subalterno, poderia denunciar a presença de um circuito comercial de menores proporções, ainda em fase de estímulo — o que, por conseguinte, também poderia estar em contato com uma rede maior, onde resíduos da cocaína restassem retidos como forma de pagamento por relações estabelecidas entre os diversos agentes (Reis Netto, 2018; Reis Netto; Chagas, 2021a).

Assim, a presença de mercados consumidores em áreas econômicas inexpressivas ou incomuns, certamente, pode ser um dado capaz de revelar a variação de rotas do tráfico, nos termos explicados por Magliocaa *et al.* (2019), que, assim, tornaria mais evidente a passagem de rotas de tráfico por determinados locais.

Ademais, deve-se registrar a crítica de Paiva (2019), que refuta a ideia de que o *biótipo* (ou seja, conjunto de identificadores pessoais, como raça, vestimenta, estilo etc.) poderia funcionar como um indicador em potencial, para identificação da presença das redes do tráfico de drogas, como propugnado em determinados círculos científicos ou de segurança pública, sob a ideia de *fundada suspeita* ou *perfil criminal.*

O biótipo, nesse sentido, até permitiria a identificação de pequenos traficantes em regiões mais pobres, porém, na maioria dos casos, sob uma série de critérios, potencialmente seletivos e preconceituosos, na mesma toada já discutida no referencial deste estudo, a partir das proposições de D'Élia Filho (2014). Ao passo, tem-se que os traficantes de maior porte fugiriam totalmente dos estereótipos aplicáveis à hipótese.

Como bem ressaltou Abreu (2021), a atuação dos *brokers* do tráfico, por exemplo, estaria diretamente comprometida com a manutenção de altos níveis de inviabilidade social (McDermott, 2018), de modo que eles buscariam a construção de um efetivo disfarce de grandes empresários e o estabelecimento de medidas de enraizamento social profundas, de modo a se tornarem pessoas relevantes à economia e sociedade locais e, portanto, socialmente desejáveis.

Assim, o biótipo seria um indicador que, embora até seja aplicável na atual prática de muitos órgãos e cientistas, de outro lado, acabaria por reproduzir preconceitos e estigmas que não contribuem, profundamente, com a detecção das redes efetivas do tráfico de drogas.

4.7 VOLVENDO AS LENTES PARA A REGIÃO METROPOLITANA

Ademais, com atenção ao objetivo geral do estudo, cumpre salientar que o presente capítulo literário consolidou algumas informações relevantes sobre a RMB, que devem ser colocadas em foco, a despeito de eventuais repetições.

Em primeiro lugar, não há que se falar na RMB enquanto um local de plantio ou manufatura primária da cocaína, embora não se possa descartar que a mesma albergue eventuais pontos de manufatura secundária da droga (na produção de cloridrato), de *dobragem* da droga ou de produção de seus respectivos subprodutos, sobretudo em razão da expansão dessas atividades noutros pontos do globo, denunciada por autores como McDermott (2018), por exemplo.

Em segundo lugar, é notório que a RMB, a despeito da observação já realizada a respeito da residualidade de estudos, detém nítidos vínculos com a rede de tráfico internacional de cocaína na Amazônia, cujo esclarecimento, decerto, ainda depende de maiores aprofundamentos empíricos.

Nesse sentido, foram identificados autores que apontaram essa região enquanto efetivo destino da cocaína traficada na Amazônia (Viana *et al.,* 2019, Sampó, 2019; FBSP, 2022; Couto, 2022), de forma concomitante ou não à compreensão de que ela também seria um *hub* (um polo) de coordenação da atividade na Amazônia, especialmente no Pará (Viana *et al.,* 2019, Sampó, 2019; Reis Netto *et al.,* 2021 FBSP, 2022; COUTO, 2022).

Igualmente, identificou-se uma forte presença de facções criminosas em seu território legal sobretudo, a partir de inferências do ambiente carcerário, que, também, estariam vinculadas a ações do tráfico de cocaína na região, no varejo e no atacado (Reis Netto, 2018; Reis Netto; Chagas, 2019c; Gomes *et al.,* 2021).

Para além disso, a região também foi apontada (de forma não tão clara) como um ponto de despacho, tanto internacional de cocaína para o mundo (McDermott *et al.,* 2021) quanto nacional, para cidades do Nordeste, Centro-Oeste e Sudeste do País (Sampó, 2019; Viana *et al.,* 2019; Sampó, 2019).

Ademais, identificou-se a presença de comércios varejistas de cocaína, tanto na cidade de Benevides-PA (Reis Netto *et al.,* 2018) – inferência potencialmente extensível às demais cidades da RMB, como já discutido em ponto anterior – quanto no ambiente carcerário da região (Reis Netto, 2018; Reis Netto; Chagas, 2019c; Gomes *et al.,* 2021).

Nota-se, portanto, que os vetores de verticalidade globais inerentes à economia da cocaína, que advêm dos mercados consumidores mundiais até as regiões produtoras, no mínimo, gerariam outros vetores de horizontalidade que reverberariam nas dinâmicas territoriais da Região Metropolitana de Belém. Isso se aqueles vetores de verticalidade não a atingirem diretamente, como se pode presumir se, de fato, for verossímil sua qualidade de *hub* do tráfico na região amazônica.

De igual forma, como a RMB desempenha uma centralidade financeira em relação ao estado do Pará, decerto, é muito provável que ela também seja atingida por vetores multidimensionais do tráfico, sobretudo num aspecto econômico, de modo que as reverberações da atividade acabem por influenciá-la substancialmente, quanto àquele aspecto.

Essas inferências, portanto, embora ainda não permitam um esclarecimento mais profundo a respeito do papel da RMB nas dinâmicas territoriais do tráfico internacional de cocaína, representam significativos pontos de aprofundamento em investigações empíricas e, certamente, constituíram-se como o ponto de partida da investigação levada a cabo nos capítulos seguintes.

Como registro final, deve-se asseverar que a investigação recaiu, obviamente, sobre um processo *dinâmico*, que sofreu substanciais transformações ao longo da pandemia (UNODC, 2022d) e ainda pode estar vivenciando alterações neste exato momento. Dessa forma, não se pode descartar que a RMB esteja oscilando entre os diferentes papéis que lhe foram apontados pela literatura, ou, ainda, desempenhe-se de maneira concomitante.

A complexidade do mundo, como referido por Santos (2017), propicia diferentes relações entre os espaços e os agentes, que, nas diferentes escalas, podem revelar múltiplas territorialidades conformáveis entre si (Haesbaert, 2014).

Dessa forma, qualquer investigação sobre a RMB (e sobre qualquer espaço) não pode olvidar o fato de que a multiterritorialidade pode revelar um papel predominante, sem a exclusão de outros mais ou menos subalternos ou secundários.

Assim, finalmente, não se pode olvidar que um papel específico, dentro da ideia de multidimensionalidade, não gere repercussões em diferentes escalas, de modo que a ausência de um papel de centralidade nas redes, de outro lado, não possa significar a presença de uma centralidade política ou econômica.

Alinhados ao método elencado para o estudo, a atenção a esses vários aspectos norteou a pesquisa, para atingimento dos resultados que passam a ser expostos no capítulo seguinte, como dito, a partir das inferências encontradas na literatura, conhecimento prévio que se coloca como ponto de partida essencial de qualquer pesquisa, como norte e como promessa de continuidade da ciência.

5

"A ABUNDÂNCIA NÃO LHE MATA A FOME; UMA SEDE DEVORADORA O ATORMENTA, E ENCONTRA O CASTIGO NO DETESTADO OURO": UMA ANÁLISE QUANTITATIVA DAS APREENSÕES DE COCAÍNA NA REGIÃO METROPOLITANA DE BELÉM (PA)

O presente capítulo conglobou os resultados inerentes ao segundo objetivo específico deste trabalho, qual seja: compreender as características e aparentes dinâmicas do mercado de cocaína na Região Metropolitana de Belém-PA, comparativamente ao restante do estado do Pará, a partir de uma pesquisa documental firmada sobre dados oficiais do Governo do Estado, em torno do quantitativo de droga e ocorrências do tráfico de cocaína, registrados entre os anos de 2018 e 2021.

Nos termos propugnados no teor da seção metodológica, o estudo lançou mão de técnicas estatísticas descritivas (Bussab; Moretin, 2017), cartográficas e de IMINT, no sentido de visualizar as manifestações espaciais e territorialidades das ocorrências de tráfico de drogas bem como, quantitativos de cocaína apreendidas, na Região Metropolitana de Belém, no período referido antes.

Os dados ainda foram triangulados com os anteriores achados literários do estudo, dados abertos relativos a processos em andamento e notícias, bem como com achados oriundos da técnica transversal de observação direta e diário de campo, nos termos também explicados na metodologia do estudo.

Os resultados, assim, apresentaram-se de acordo com o exposto nas seções seguintes, que se subdividiram em três frentes: a) a análise global das ocorrências de tráfico no estado (metodologia comumente utilizada por órgãos de segurança e pela UNODC) (UNODC, 2022d); b) a análise dos quantitativos de cocaína (e subprodutos) apreendidos e da presença demográfica da droga na RMB; e c) uma análise dos quantitativos de cocaína e subprodutos apreendidos, bem como da presença demográfica da droga, em múltiplas escalas no estado, com foco nas relações mantidas com a RMB. Seguem os resultados da análise.

5.1 DADOS RELATIVOS ÀS OCORRÊNCIAS DE TRÁFICO NO ESTADO DO PARÁ E MUNICÍPIOS DA REGIÃO METROPOLITANA DE BELÉM

Seguindo metodologia usada pelo CDE e UNODC (2022) e pela UNODC (2022d) como forma de mensurar a presença do tráfico nas cidades, a presente seção perfez a exposição dos dados relativos às ocorrências de tráfico de drogas (na literatura, também nominadas de *interdições*), relativas ao estado do Pará e Região Metropolitana de Belém.

Em primeiro lugar, observou-se que o interior do estado do Pará, entre 2018 e 2021, manteve-se sempre em patamar numérico superior de ocorrências de tráfico de drogas, em comparação com a Região Metropolitana de Belém, como se depreende da tabela a seguir.

Tabela 1 – Quantitativo e variação percentual de ocorrências de tráfico de drogas do estado do Pará, de 1º janeiro de 2018 a 31 de dezembro de 2021, por localidade

Localidade	2018	2019	2020	2021	Variação 2018/2019	Variação 2019/2020	Variação 2020/2021
RMB	1638	2541	2275	1907	55,13%	-10,47%	-16,18%
Interior	3770	3785	3011	3167	0,40%	-20,45%	5,18%
Estado	5408	6326	5286	5074	16,97%	-16,44%	-4,01%

Fonte: Pará (2022), adaptado pelo autor, com destaques

Além disso, foi possível constatar que as ocorrências de tráfico de drogas na RMB, que haviam aumentado em 55,13% no ano de 2019 em relação ao ano de 2018, passaram a manifestar quedas em seus respectivos números em 2020 (-10,47%) e 2021 (-16,18%). Já em relação ao interior, verificou-se um tímido aumento das ocorrências no ano de 2019 (0,40%), seguido de uma queda no ano de 2020 (-20,45%) e um novo aumento em 2021 (5,18%), mas cujos números de registros, ainda assim, permaneceram baixos em relação a 2018 e 2019.

Por sua vez, o aumento de ocorrências evidenciado no ano de 2019, na RMB, possivelmente se deu em decorrência de três hipóteses: a) a mudança de governo estadual, que também significou uma alteração no padrão de investimentos e da política estadual de segurança pública no Pará (com intensas transformações orgânicas nas polícias, secretarias, trocas de comando e notados investimentos em efetivo e material); b) a implantação dos projetos das Usinas da Paz (UsiPaz), em territórios apontados como de alto nível de ocorrências de espécies criminais (sobretudo crimes violentos letais intencionais – CVLI), que se iniciou com um forte processo de saturação (ocupação e presença constante) Policial, inclusive, a partir de março de 2019, com o auxílio da Força Nacional (Agência Pará, 2019); c) a intervenção no sistema penitenciário paraense, iniciada em agosto de 2019, após a ocorrência do *massacre de Altamira* (Gomes *et al.*, 2021) e que permaneceu ativa até 25/8/2020 (Saavedra, 2020).

Como se observa do gráfico a seguir (Gráfico 2), o aumento das ocorrências de tráfico de drogas foi sensível na RMB, sobretudo a partir dos meses de maio e de agosto de 2019, que coincidiram com os eventos mencionados e, nessa esteira, apontaram para a possível influência daqueles fatores em relação ao números de ocorrências em geral.

Gráfico 2 – Quantidade de registros de tráfico de drogas, na Região Metropolitana de Belém (RMB), estado do Pará, de 1º janeiro de 2018 a 31 de dezembro de 2021, por ano e mês

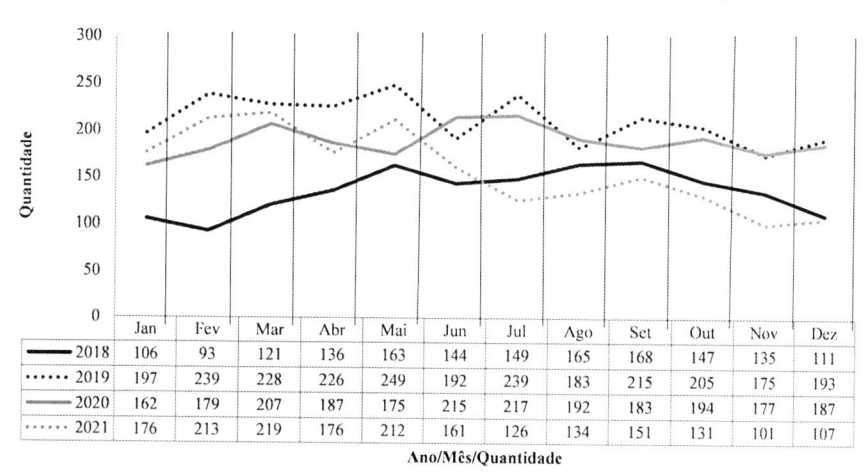

	Jan	Fev	Mar	Abr	Mai	Jun	Jul	Ago	Set	Out	Nov	Dez
2018	106	93	121	136	163	144	149	165	168	147	135	111
2019	197	239	228	226	249	192	239	183	215	205	175	193
2020	162	179	207	187	175	215	217	192	183	194	177	187
2021	176	213	219	176	212	161	126	134	151	131	101	107

Ano/Mês/Quantidade

Fonte: Pará (2022), adaptado pelo autor

Já o gráfico a seguir demonstra o padrão comportamental dos registros de ocorrências de tráfico no interior, ao longo da série histórica em análise. Como os números denotam comportamentos relativos a todas as demais regiões do Estado, por óbvio, há oscilações a cada ano, mas, ainda assim, permitem a indicação de certos padrões, como se discutiu a seguir.

Gráfico 3 – Quantidade de registros de ocorrências de tráfico de drogas nas demais regiões (interior), no estado do Pará, de1 janeiro de 2018 a 31 de dezembro de 2021, por ano e mês

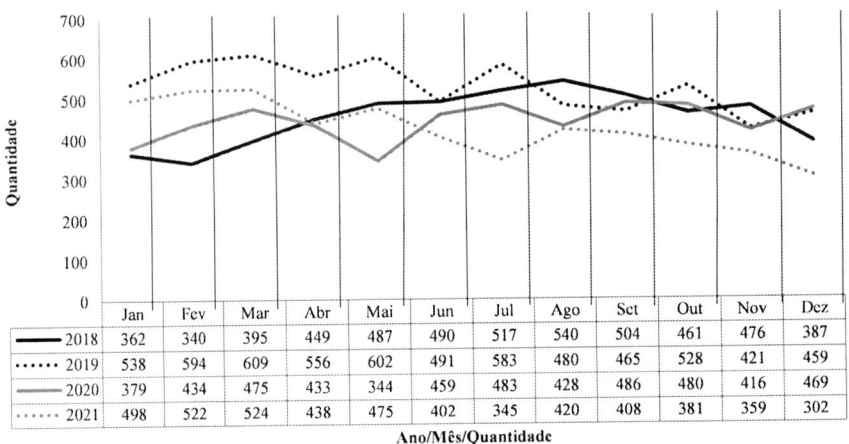

	Jan	Fev	Mar	Abr	Mai	Jun	Jul	Ago	Set	Out	Nov	Dez
2018	362	340	395	449	487	490	517	540	504	461	476	387
2019	538	594	609	556	602	491	583	480	465	528	421	459
2020	379	434	475	433	344	459	483	428	486	480	416	469
2021	498	522	524	438	475	402	345	420	408	381	359	302

Ano/Mês/Quantidade

Fonte: Pará (2022), adaptado pelo autor

Em todo caso, pode-se observar as seguintes tendências, tanto na capital quanto no interior do estado do Pará: a) da ocorrência do 1.º caso da covid-19 no estado do Pará (e o pânico social subsequente) até o momento de decretação do 1.º *lockdown* estadual (em 10 municípios), seguido por várias restrições impostas por cada governo municipal, em maio de 2020, notou-se uma queda de registros, seguida por uma breve alta em junho e julho do mesmo ano e de uma relativa padronização dos números; b) uma nova queda, após o início da segunda onda da covid-19 no estado do Pará em março de 2021, até o 2.º *lockdown* estadual, decretado em 15/3/2021 (na RMB), que deu origem a restrições noutros municípios, seguido de nova alta dos registros em maio e, ao fim, uma tendência de queda (com uma única variação positiva no interior) até o fim de 2021.

Note-se que os números seguiram o padrão apontado pelo UNODC e CDE (2022) e UNODC (2022d), em relação ao mundo. Após o momento crítico das medidas de restrição de circulação, diante de uma presumida visibilidade dos agentes territoriais do tráfico, registrou-se um breve aumento das ocorrências, seguido de um padrão de normalidade ou queda, possivelmente explicado, a partir da literatura, pela adaptação rápida das redes e agentes do tráfico em relação à sua atividade e visibilidade (UNODC; CDE, 2022; UNODC, 2022d). Note-se que, neste ponto, o estado do Pará aparenta ter seguido a tendência mundial relativa às interdições de tráfico (ocorrências de tráfico).

Por conseguinte, tem-se que o gráfico a seguir (Gráfico 4) apresenta os 20 municípios com maiores números percentuais de ocorrências de tráfico de drogas, no estado do Pará, por ano, na série histórica de 2018 a 2021.

Como se pode observar, a cidade de Belém, capital do estado do Pará, liderou o quantitativo de ocorrências, figurando sempre em primeiro lugar ao longo de todos os anos, com uma média percentual de 21,34%, ao longo de 4 anos.

Na segunda colocação, ao longo da série histórica, verificou-se a presença constante da cidade de Ananindeua, contígua ao município de Belém e também pertencente à RMB, com uma média percentual de 7,06% das ocorrências.

Quanto aos demais municípios componentes da Região Metropolitana de Belém, tem-se que, à exceção do município de Santa Bárbara do Pará (que não é destacado nesta série histórica) e Benevides (que foi evidenciado somente no intervalo compreendido entre os anos de 2019 e 2021, com média percentual de 1,37%, nesse período), todos se fizeram presentes no *ranking*, como se pode verificar adiante.

Nesses termos, tem-se os seguintes comportamentos quanto às cidades restantes da RMB: a) Marituba, que saiu da 18.ª posição em 2018 para a 5.ª nos anos de 2019 e 2020, caindo para a 7.ª em 2021 (com média percentual de 2,35% das ocorrências no período); b) Santa Izabel do Pará, que saiu da 9.ª colocação em 2018 para a 7.ª em 2019, caindo para 14.ª em 2020 e voltando para a 11.ª em 2021 (com média percentual de 2,07% das ocorrências); c) Castanhal, que saiu da 5.ª posição em 2018 para a 6.ª em 2019, e, após, manteve-se na 4.ª posição de ocorrências em 2020 e 2021 (com média percentual de 3,16% na série histórica).

Gráfico 4 – Vinte municípios com maior percentual de ocorrências envolvendo o tráfico de drogas, no estado do Pará, nos anos de 2018 a 2021

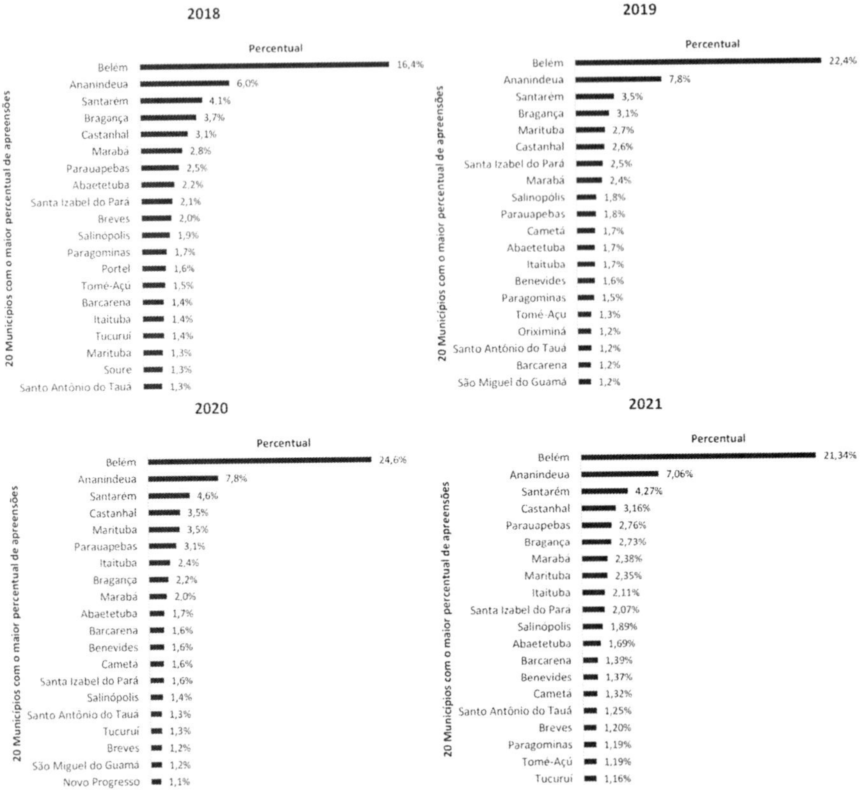

Fonte: Pará (2022), adaptado pelo autor

Como se pode observar, a Região Metropolitana sempre deteve uma presença constante, em termos de ocorrências, a despeito da baixa quantidade de unidades policiais existentes nos municípios de Marituba, Benevides, Santa Bárbara do Pará, Santa Izabel do Pará e Castanhal, comparativamente à capital e Ananindeua[45].

---

[45] Conforme apurado pelo pesquisador em suas pesquisas técnicas, em relação à Polícia Militar, até o momento de encerramento desta pesquisa, apurou-se a existência em Belém: a) de 2 Comandos de Policiamento da Capital (CPC I e II), além de vários outros Comandos Operacionais Intermediários nela sediados (que, por essa condição, atendem à capital com mais eficiência); b) 9 batalhões em atividade (1.º, 2.º, 10.º, 20.º, 24.º, 25.º, 26.º, 27.º e 28.º Batalhões de Polícia Militar), 2 em ativação (37.º e 38.º), além de vários Batalhões Especializados nela sediados. Há um Comando de Policiamento da Região Metropolitana (compreendendo Ananindeua, Marituba, Benevides, Santa Izabel e Santa Bárbara), enquanto Comando Operacional Intermediário da área. Já Ananindeua, conta com 3 batalhões em atividade (6.º, 29.º e 30.º Batalhões de Polícia Militar) e 1 em ati-

Isso restou claro, aliás, da análise percentual global de ocorrências de tráfico de drogas, registradas entre 2018-2021, na qual, novamente, somente o município de Santa Bárbara do Pará se mostrou ausente entre os que compõem a RMB.

Gráfico 5 – 20 municípios com maior percentual acumulado de ocorrências envolvendo o tráfico de drogas, no estado do Pará, nos anos de 2018 a 2021

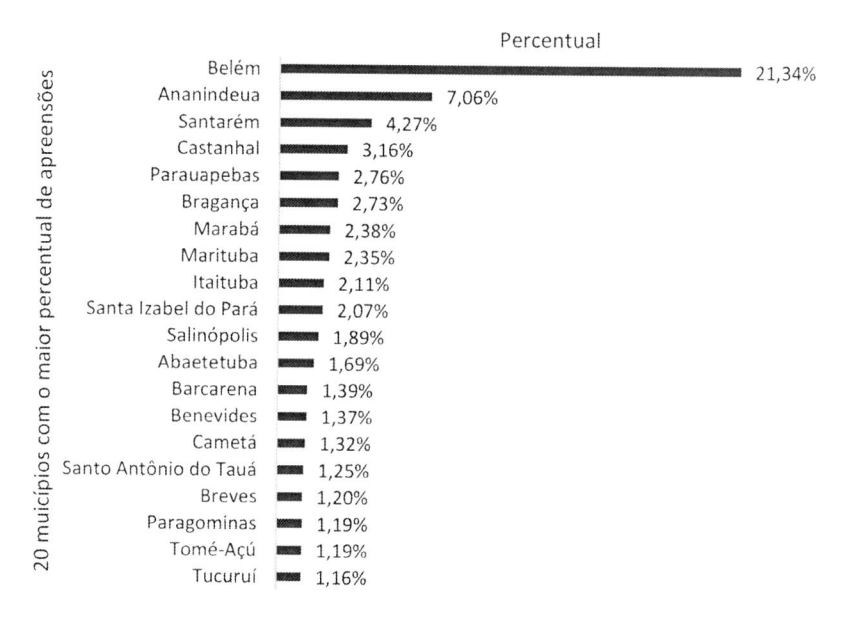

Fonte: Pará (2022), adaptado pelo autor

vação (43.º BPM). Marituba detém um Batalhão (21.º BPM). Benevides e Santa Bárbara encontravam-se em processo de transformação da 2.ª Companhia Independente de Polícia Militar (sediada em Benevides), em 39.º BPM, com funcionamento do 39.º Pelotão em Santa Bárbara e um Posto Avançado no Murinim. Santa Izabel contava com o 12.º BPM e o 46.º Posto Policial Destacado (em Americano). Castanhal compunha a área do Comando de Policiamento Regional III, detendo um batalhão (5.º BPM) e, em implantação, sediaria o Batalhão de Polícia Rural. Em relação à Polícia Civil, verificou-se que Belém, além de sediar 37 Divisões Especializadas (entre unidades administrativas e de atividade-fim), dentre as quais, uma Delegacia de Narcóticos (com atuação sobre a RMB), possuía, ainda, 45 Unidades (delegacias especializadas ou não, unidades em Usinas da Paz e unidades administrativas). Já Ananindeua contava com 16 unidades (delegacias especializadas ou não, seccionais e unidades em Usinas da Paz). Marituba contava com 2 unidades (entre delegacias e seccionais). Benevides contava com 2 unidades (delegacias, sendo uma, com funcionamento limitado ao fins de semana). Santa Bárbara do Pará contava com 1 delegacia (com funcionamento limitado ao fins de semana). Santa Izabel do Pará contava com 3 unidades (entre delegacia e seccionais). E, finalmente, Castanhal detinha 6 unidades (entre seccionais e delegacias, especializadas ou não). Ademais, todos os municípios, à exceção de Santa Bárbara do Pará, detinham guardas municipais.

Num primeiro momento, pode-se afirmar que a RMB demonstrou uma forte presença de ocorrências de tráfico de drogas (incluindo cocaína, como se discute mais à frente) em seus respectivos municípios, permitindo concluir, no mínimo, que ela se apresentaria como uma área de consumo, haja vista a constância e disseminada presença de drogas em seus bairros. Essa questão foi objeto de maiores aprofundamentos na seção seguinte.

Ainda em relação às ocorrências de tráfico no estado do Pará, em sentido relativamente semelhante ao analisado por Viana *et al.* (2019) e nos termos assinalados na metodologia do estudo, propugnou-se pela verificação do quantitativo de ocorrências em razão da população (a cada 10 mil habitantes), extraindo-se, assim, o que se convencionou como Taxa de Ocorrências de Tráfico de Drogas (TTD).

Assim, o gráfico a seguir apresentou os 20 (vinte) municípios que registraram as maiores TTD, entre os anos de 2018 e 2021.

Gráfico 6 – Vinte municípios com maior TTD (ocorrências de tráfico de drogas a cada 10 mil habitantes), no estado do Pará, nos anos de 2018 a 2021

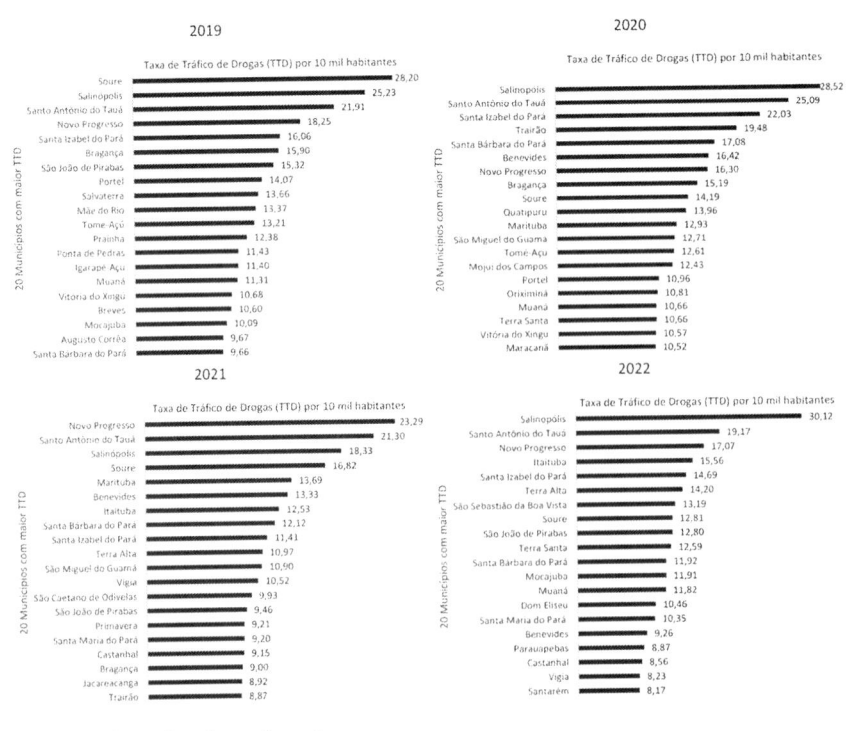

Fonte: Pará (2022), adaptado pelo autor

OBS.: para evitar distorções relativas à baixa quantidade populacional, conforme mencionado na metodologia, foram excluídos do gráfico os municípios com menos de 10 mil habitantes, uma vez que uma quantidade baixa de ocorrências, ainda assim, os ranquearia entre os 20 municípios com mais ocorrências, a despeito da participação incomum em relação aos dados, como um todo.

Gráfico 7 – Vinte municípios com maior taxa acumulada e taxa média de tráfico de drogas (TTD), no estado do Pará, nos anos de 2018 a 2021

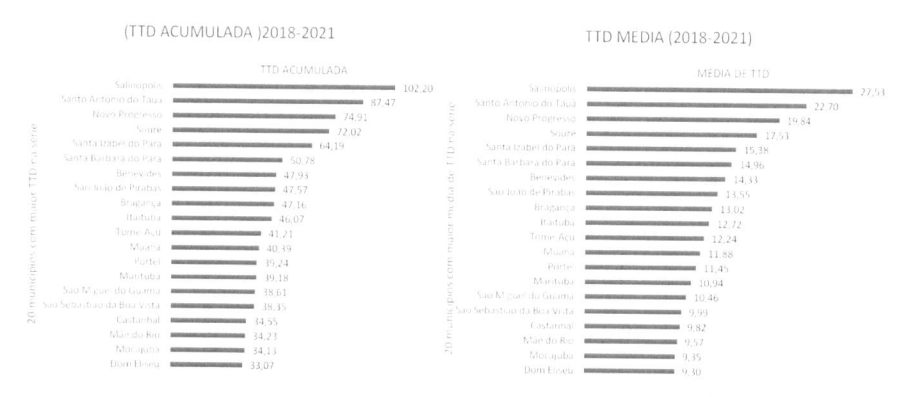

Fonte: Pará (2022), adaptado pelo autor

OBS.: para evitar distorções relativas à baixa quantidade populacional, conforme mencionado na metodologia, foram excluídos do gráfico os municípios com menos de 10 mil habitantes, uma vez que uma quantidade baixa de ocorrências, ainda assim, os ranquearia entre os 20 municípios com mais ocorrências, a despeito da participação incomum em relação aos dados, como um todo.

Em relação à RMB, ao analisarem-se os dados sob a perspectiva da TTD, constatou-se que o município de Santa Izabel do Pará passou a apresentar proeminência em relação às demais cidades da região (com taxa média de 15,38 ocorrências a cada 10 mil habitantes, ao longo da série histórica).

Igualmente, o município de Santa Bárbara do Pará, que não se destacava no *ranking* dos 20 municípios com maiores números de ocorrências, ganhou destaque em termos de TTD, com o registro médio de 14,96 ocorrências de tráfico de drogas a cada 10 mil habitantes, ao longo da série histórica. Já o município de Benevides apresentou uma média de 14,33 ocorrências a cada 10 mil habitantes, na série histórica, figurando na 7.ª colocação do *ranking*.

Os municípios de Castanhal e Marituba, apesar de terem apresentado destaque em relação ao quantitativo simples de ocorrências, figuraram em 17.ª e 14.ª colocações no *ranking* de TTD, respectivamente, com 9,82 e 10,94 ocorrências de tráfico de drogas a cada 10 mil habitantes. Belém e Ananindeua, por sua vez, não figuraram no *ranking*, detendo TTD média de 8,10 e 7,30 ocorrências a cada 10 mil habitantes, figurando na 30.ª e 35.ª colocações, respectivamente.

Para além da escala da Região Metropolitana, deve-se destacar, igualmente, a situação de outros municípios paraenses que detiveram significativos registros de TTD, conforme se observa no mapa a seguir.

Figura 26 – Mapa de distribuição da TTD (taxa de ocorrências de tráfico de drogas) média, por município da Região Metropolitana de Belém e estado do Pará

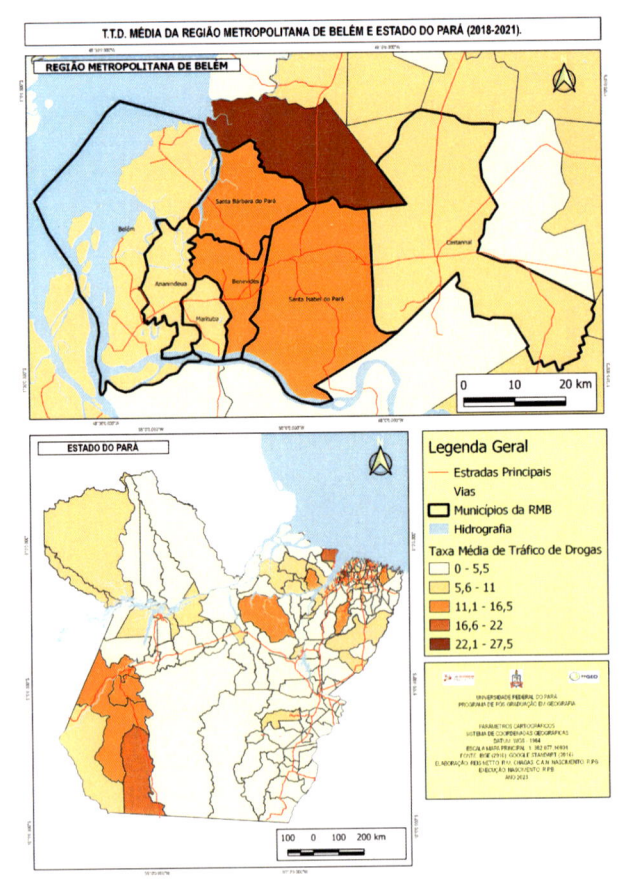

Fonte: Pará (2022), adaptado pelo autor a partir de dados do IBGE (2010) e Fapespa (2022)

Primeiramente, observou-se o destaque de alguns municípios contíguos à RMB, que apresentaram alto TTD no período de análise.

O primeiro foi Santo Antônio do Tauá (com média percentual de 1,3% das ocorrências de tráfico no estado e TTD média de 22,70 ocorrências por 10 mil habitantes, na série histórica, na qual figurou em 2.º lugar), contíguo, ao norte, a Santa Izabel do Pará, que já tinha sido destacado nos estudos de Viana *et al.* (2019) em relação à taxa.

Também se evidenciou o destaque de Barcarena (com média percentual de 1,4% e TTD média de 6,12 a cada 10 mil habitantes, na série histórica), contígua à cidade de Belém e localizada na porção final do rio Amazonas, que detém um dos portos apontados pela UNODC (2022d) como estratégicos para escoamento da cocaína para África e Europa, a oeste da RMB (porto de Vila do Conde). Além disso, é uma das cidades situadas na região de junção do rio Pará e rio Tocantins, que detiveram especial destaque, como ser verá a seguir.

Segue-se, ainda entre os municípios contíguos à RMB, ao destaque obtido por Vigia (com TTD média de 8,33 ocorrências a cada 10 mil/hab.) e São Caetano de Odivelas (com TTD média de 9,17 ocorrências a cada 10 mil/hab.) contíguos a noroeste de Castanhal; assim como Santa Maria do Pará (com TTD média de 8,13 ocorrências a cada 10 mil/hab.) e São Miguel do Guamá (com TTD média de 10,19%), respectivamente, a sudeste e sul de Castanhal.

Considerando ainda o alto índice de Salinópolis (1.º lugar em TTD média, com 27,53 ocorrências a cada 10 mil/hab.), São João de Pirabas (com TTD média de 13,65 ocorrências a cada 10 mil/hab.) e Bragança (com 13,37 ocorrências a cada 10 mil/hab.), constatou-se uma tendência de alta de ocorrências de tráfico, em razão da população, desde a RMB até a costa nordeste do Estado, com especial destaque para os municípios componentes da região turística ali existente. Essa mesma evidência, por sua vez, já tinha sido apontada por Viana *et al.* (2019), que informaram que a alta local poderia advir de fatores decorrentes do tráfico varejista em regiões turísticas ou próximas, ou, ainda, em função de rotas de escoamento marítimo clandestino na Região, sendo dado digno de aprofundamento, pela relativa proximidade com a RMB.

Por sua vez, notou-se que vários municípios apresentaram alta TTD na região de encontro entre o rio Tocantins e o rio Pará e ao longo destes. Nas margens do rio Tocantins, evidenciou-se alta TTD entre os municipios de: a) Abaetetuba (que deteve 5,87 ocorrências a cada 10 mil/hab.); b) Igarapé-Miri (que deteve 7,09 ocorrências a cada 10 mil/hab.); e, mais ao sul, c) Mocajuba (que deteve 8,64 ocorrências a cada 10 mil/hab.).

Às margens do rio Pará, evidenciou-se alta TTD nos municípios de: a) Portel (11,11 ocorrências a cada 10 mil/hab.); b) Breves (5,87 ocorrências a cada 10 mil/hab.); c) Curralinho (5,87 ocorrências a cada 10 mil/hab.); d) São Sebastião da Boa Vista (5,87 ocorrências a cada 10 mil/hab.); e) Muaná (5,87 ocorrências a cada 10 mil/hab.); e f) Ponta de Pedras (5,87 ocorrências a cada 10 mil/hab.).

Seguindo o curso de encontro dos mencionados rios, ao final da Baía do Guajará, encontrou-se forte ocorrência de TTD nos municípios de Salvaterra (com média de TTD de 9,74 ocorrências a cada 10 mil/hab.) e Soure (4.º colocado no *ranking*, com média de com média de TTD de 17,53 ocorrências a cada 10 mil/hab.).

A partir dessas evidências, pode-se perceber um movimento, um fluxo, que parece acompanhar o sentido dos rios (sobretudo do rio Pará), espraiando-se pelo sudeste, leste e nordeste da Ilha do Marajó e, ainda, pela RMB e nordeste do Pará.

Essa evidência, por conseguinte, parece indicar uma dinâmica capaz de influenciar as cidades vinculadas a esses rios, de modo a denotar uma certa territorialidade do tráfico nesta região, aparentemente, formada por uma rede que ocasiona as altas de TTD e parece também se prolongar pela RMB e além. A evidência em questão, no entanto, foi mais bem aprofundada e discutida mais adiante, após análise de outros dados igualmente relevantes.

Outras três áreas também ganharam evidência a partir do mapa de TTD.

A primeira diz respeito aos municípios próximos a Santarém (que apresentou TTD média de 7,79 ocorrências a cada 10 mil/hab.), no noroeste do Estado, os quais, sem exceção, são margeados pelo rio Amazonas: a) Faro (TTD média de ocorrências a cada 10 mil/hab.); b) Terra Santa (TTD média de 8,27 ocorrências a cada 10 mil/hab.); c) Oriximiná (TTD média de 8,29 ocorrências a cada 10 mil/hab.); e d) Prainha (TTD média de 6,00 ocorrências a cada 10 mil/hab.).

Conforme delineado por Couto (2019, 2020a, 2020b), essa área corresponderia à porta de entrada da Rota Solimões no Pará, significando um possível nó na rede do tráfico internacional de cocaína (e outras drogas), que, portanto, também geraria fortes influências nas dinâmicas daquelas cidades.

Em segundo lugar, evidenciou-se uma alta relativa ao sudoeste do Pará, especificamente nos municípios de Jacareacanga (TTD média de 6,95 ocorrências a cada 10 mil/hab.), Itaituba (TTD média de 12,89 ocorrências a cada 10 mil/hab.), Novo Progresso (TTD média de 19,84 ocorrências a cada 10 mil/hab., que figurou como 4.º no *ranking* da taxa) e Trairão (TTD média de 12,52 ocorrências a cada 10 mil/hab.).

Os municípios em questão, ao que parece, sofrem influência direta de algum vetor que parece atravessá-los por meio da BR-230 (a Rodovia Transamazônica), também mencionada por Viana *et al.* (2019), e/ou pela BR-163 (popularmente conhecida como Santarém-Cuiabá, na Região Norte) — esta que pode ligar os municípios a relações com a Rota Solimões, ao norte, em Santarém, ou à Rota Caipira, ao sul, no estado do Mato Grosso.

Em terceiro lugar, na paralela entre a BR-010 (Belém-Brasília) e a PA-140 (que se estende de Tomé-Açu até São Caetano, no nordeste paraense – e já foi apontada por Couto [2018] como uma entrada de entorpecentes na RMB), as quais são interligadas, na região, pela PA-252, constatou-se uma alta TTD nos municípios de: a) Dom Eliseu (TTD média de 8,43 ocorrências a cada 10 mil/hab.); b) Paragominas (TTD média de 5,78 ocorrências a cada 10 mil/hab.); c) Mãe do Rio (TTD média de 8,96 ocorrências a cada 10 mil/hab.), na extensão da primeira rodovia; c) Tomé-Açu (TTD média de 12,23 ocorrências a cada 10 mil/hab.); e Concórdia do Pará (TTD média de 6,43 ocorrências a cada 10 mil/hab.), na extensão segunda rodovia. Os municípios parecem ser afetados pelas dinâmicas inerentes às duas rodovias, que dão acesso à RMB, ao norte, e que, via PA-252, ligam-se a já comentada área vinculada ao rio Tocantins, por meio da PA-475, em Moju (que dá acesso a Abaetetuba).

Alguns desses municípios, inclusive, também foram apontados por Viana *et al.* (2019), com nítida referência à BR-010, pela qual fluiriam redes do tráfico de drogas em direção à RMB e região costeira do Nordeste.

Contudo, quanto às duas últimas, não há clareza quanto às possíveis direções dos fluxos ou suas exatas origens, sendo, novamente, dado digno de aprofundamento. Em todo caso, a presença de ocorrências de tráfico, em níveis mais elevados (comparativamente à população residente), demonstra que esses municípios estão recebendo aportes de drogas que, nos casos das cidades com menores níveis de desenvolvimento, não se justificam somente pela lógica do varejo, em razão do nível econômico mais modesto dos locais.

Essa lógica, aliás, também se aplica à grande parte das cidades mencionadas em relação à primeira área analisada, especialmente na região costeira do Marajó, pelo que se mostra necessário analisar o problema sob outras perspectivas, também.

O olhar metodológico, ora materializado a partir das ocorrências de tráfico de drogas (tanto em termos simples quanto via taxas em razão da população), deve-se ressaltar, foi um dos principais orientadores de políticas públicas no estado do Pará, sobretudo nos anos anteriores a 2019. De fato, o mesmo olhar é capaz de colocar em evidência os municípios onde há a circulação (mesmo que modesta) de drogas, ao enunciar as ocorrências envolvendo sua apreensão, sendo, portanto, um relevante indicador.

Contudo, embora haja uma notada concentração de ocorrências nos municípios da RMB e próximos à mesma, ainda assim, é imprescindível que se busque um olhar mais específico em relação ao tráfico de cocaína, haja vista que os indicadores utilizados, até então, não analisam especialmente as redes desse entorpecente.

Portanto, na seção seguinte, as lentes metodológicas foram ajustadas especificamente ao objeto de pesquisa do estudo, ou seja, às quantidades de cocaína apreendidas no estado do Pará, com foco na região metropolitana e escalas diretamente envolvidas, em comparação com o restante da unidade federativa.

5.2 DADOS RELATIVOS ÀS APREENSÕES DE COCAÍNA NA REGIÃO METROPOLITANA DE BELÉM E ESTADO PARÁ

Analisando-se as apreensões de cocaína realizadas no estado do Pará, tem-se, primeiramente, que, apesar de a RMB ter correspondido, em 2019, a um valor próximo de 2/3 da quantidade apreendida no restante do Estado, nos anos subsequentes, houve uma nítida inversão do quadro inicial, com o registro de apreensões maiores no interior, como se verifica da tabela a seguir.

Tabela 2 – Quantidade e percentual de apreensão de cocaína (kg) no estado do Pará, de 1º janeiro de 2018 a 31 de dezembro de 2021, por localidade

Localidade	2018	%	2019	%	2020	%	2021	%
RMB	265,122	62,79%	288,131	31,45%	2.452,619	35,67%	1.479,541	30,13%
Interior	157,136	37,21%	627,988	68,55%	4.423,876	64,33%	3.430,588	69,87%
Estado	422,258	100,00%	916,118	100,00%	6.876,495	100,00%	4.910,130	100,00%

Fonte: Pará (2022), adaptado e com destaques do autor

A partir de 2019, portanto, o interior do estado do Pará passou a liderar os números de apreensões de cocaína, possivelmente em razão das hipóteses já avançadas no primeiro tópico, quanto às mudanças das políticas de segurança no estado e relativas às intervenções vivenciadas pelo sistema.

Especificamente em relação à RMB, os números oficiais apontaram o cenário delineado na tabela a seguir.

Tabela 3 – Quantidade e percentual de apreensão de cocaína (kg) na Região Metropolitana de Belém-Pará, de 1º janeiro de 2018 a 31 de dezembro de 2021, por município

Municípios da RMB	2018	%	2019	%	2020	%	2021	%
Ananindeua	18,489	6,97%	49,684	17,24%	19,826	0,81%	49,804	3,37%
Belém	223,466	84,29%	176,019	61,09%	2.389,041	97,56%	121,572	8,22%
Benevides	1,278	0,48%	9,844	3,42%	4,122	0,17%	697,143	47,13%
Castanhal	15,403	5,81%	10,914	3,79%	23,302	0,95%	598,427	40,46%
Marituba	4,881	1,84%	33,354	11,58%	7,258	0,30%	3,441	0,23%
Santa Bárbara do Pará	0,728	0,27%	0,850	0,29%	1,279	0,05%	0,710	0,05%
Santa Izabel do Pará	0,878	0,33%	7,466	2,59%	3,847	0,16%	8,127	0,55%
Σ	265,122	100,00%	288,131	100,00%	2.448,674	100,00%	1.479,223	100,00%

Fonte: Pará (2022), adaptado e com destaques do autor

Como se vê, o quantitativo de apreensões registrou aumentos substanciais nos anos de 2020 e 2021, em relação aos anos anteriores. Contudo, deve-se assinalar que esses aumentos, em muito, foram representados por grandes apreensões pontuais dos órgãos de segurança do estado do Pará, pelo que, em termos gerais, o grande quantitativo visualizado a partir dos números da seção anterior correspondeu a uma grande quantidade de ocorrências envolvendo pequenas quantidades de drogas, ou seja, ocorrências que denotaram a presença de um tráfico varejista nas cidades.

Nesse sentido, tem-se que, ao longo da série histórica da análise, imperou o registro de apreensões de cocaína não superiores a 100 g (88,28% dos casos), no Estado, situação que se mostrou invariável na escala dos municípios e bairros. Apreensões superiores a 50 kg de cocaína representaram 0,15% dos casos. As grandes apreensões, superiores à meia tonelada, corresponderam a 0,05%, somente.

Tabela 4 – Quantitativo e variação percentual da quantidade de cocaína apreendida a cada ocorrência, de 1º janeiro de 2018 a 31 de dezembro de 2021, no estado do Pará

Intervalos de apreensões	Qtd. de ocorrências	Porcentagem (%)	Porcentagem acumulada (%)
0,000 g a 0,100 g	16493	88,28	88,28
De 0,101 g a 0,500 g	1530	8,19	96,47
De 0,501 g a 1 kg	336	1,80	98,27
De 1,001 kg a 5,000 kg	234	1,25	99,52
De 5,001 kg a 10 kg	22	0,12	99,64
De 10,001 kg a 50 kg	39	0,21	99,85
De 50,001 kg a 100 kg	7	0,04	99,89
De 100,001 kg a 500 kg	12	0,06	99,95
De 500,001 kg a 1000 kg	7	0,04	99,99
Acima de 1000,001 kg	2	0,01	100,00
Total (Σ)	18682	100	

Fonte: Pará (2022), adaptado pelo autor, com destaques

Nesses termos, tem-se que as grandes apreensões podem ser interpretadas como verdadeiros *outliers*, ou seja, registros fora da normalidade, longe do comum[46], portanto dignos de estudo e aprofundamento, por sua representatividade.

Por conseguinte, constatou-se que esses dados se colocaram como um forte indício de que as ações desempenhadas pelos órgãos de segurança pública, em termos práticos, têm promovido um amplo atingimento do tráfico (tem-se uma média de mais de 4.500 apreensões ao ano), porém atendo-se, predominantemente, ao setor competitivo, ou seja, varejista, no mesmo sentido já apontado por D'Élia Filho (2014) em pesquisa anterior.

Em linhas mais simples, pode-se constatar, a partir dos dados, uma ampla concentração de esforços e recursos (públicos) em torno do enfrentamento de um conjunto de agentes territoriais facilmente substituíveis, justamente em razão dos altos índices de vulnerabilidade social, que tornam grande parte da população cooptável pelo tráfico (D'Élia Filho, 2014; Reis Netto, 2018; Reis Netto; Chagas, 2021b, 2022; Couto, 2019, 2022).

De outro lado, não se observou um atingimento substancial do setor oligopólico, o tráfico atacadista, que, assim, parece ter condições de repor, sem maiores dificuldades, as quantidades de drogas massivamente apreendidas pelas operações que atingem o competitivo, sem que isso gere maiores percalços comerciais ao tráfico.

Noutras palavras, não se parece coibir, de maneira significativa, o setor que é o principal abastecedor de drogas nos territórios, representado, justamente, pelos agentes garantidores da *oferta* no mercado internacional de cocaína. Como consequência, pode-se verificar que o grande contingente de pessoas aprisionadas pelas modalidades de crime tráfico representaria uma parcela populacional de pobres, com baixa escolaridade e pertencentes a áreas mais precarizadas e fragmentadas das cidades, no sentido identificado por Cardoso *et al.* (2019), em estudo específico sobre o estado do Pará.

Assim, para compreensão da realidade dos municípios da RMB, faz-se necessário analisar o quantitativo de apreensões, que, certamente, expressa a presença da droga nos espaços. Porém, para um efetivo vislumbre do território do tráfico, é necessário ir além: focar também o olhar nas exceções, nos *outliers*, que, como visto, são os expressivos do atingimento do tráfico atacadista e suas redes.

---

[46] Ponto fora da normalidade (Bussab; Moretin, 2017).

As seções seguintes apresentam os resultados encontrados a partir dos esforços empreendidos nessa perspectiva.

5.2.1 Quantitativos e porcentagens relativas ao município de Santa Izabel do Pará, RMB, estado do Pará

Iniciando a averiguação pelos municípios com menores índices de apreensão, observou-se o quantitativo registrado em relação a Santa Izabel do Pará-PA, que, infelizmente, não levou em conta a divisão de bairros deste município, a despeito da existência de lei prevendo essa ordenação.

Tabela 5 – Quantidade e percentual de apreensão de cocaína (kg) do município de Santa Izabel do Pará, de 1º janeiro de 2018 a 31 de dezembro de 2021, por localidade

Bairros	2018	%	2019	%	2020	%	2021	%
Centro	0,878	100,0%	7,466	100,0%	3,847	100,0%	8,127	100,0%
Σ	0,878	100,0%	7,466	100,0%	3,847	100,0%	8,127	100,0%

Fonte: Pará (2022), adaptado pelo autor

Em todo caso, constate-se que, ao ano, o município teve muitos registros de tráfico de drogas (de diversas espécies), mas as apreensões de cocaína não ultrapassaram 9 kg de droga, ao longo de cada ano da série histórica.

Nota-se que as apreensões expressam uma gama de ocorrências que atingiram um tráfico aparentemente varejista, ante a baixa quantidade de cocaína comercializada nesta cidade, que parece predominar em sua realidade inicialmente sensível. No entanto, mais adiante, constatou-se um papel da cidade enquanto *nó* na rede internacional do tráfico de cocaína, a partir de situação específica registrada quanto ao município de Benevides-PA.

5.2.2 Quantitativos e porcentagens relativas ao município de Santa Bárbara do Pará, RMB, estado do Pará

Por conseguinte, também sem a especificação de bairros (sendo que, neste caso, não há divisão legal no município), analisou-se o quantitativo de apreensões relativas a Santa Bárbara do Pará, conforme gráfico a seguir.

Tabela 6 – Quantidade e percentual de apreensão de cocaína (kg) do município de Santa Bárbara do Pará, de 1º janeiro de 2018 a 31 de dezembro de 2021, por localidade

Bairros	2018	%	2019	%	2020	%	2021	%
Centro	0,728	100,0%	0,850	100,0%	1,279	100,0%	0,710	100,0%
Σ	0,728	100,0%	0,850	100,0%	1,279	100,0%	0,710	100,0%

Fonte: Pará (2022), adaptado pelo autor

Novamente, tem-se que o município, embora tenha apresentado uma significativa TTD (15,38 ocorrências de tráfico a cada 10 mil habitantes), de outro lado, não superou a marca 1,300 kg de cocaína em cada um dos anos da série histórica. Isso lhe rendeu a média anual de 0,409 kg de cocaína ao ano, durante a série.

Novamente, constata-se uma grande quantidade de ocorrências que, porém, em seu aspecto global, não resultaram em grandes apreensões de cocaína, expressando muito mais a configuração de um tráfico varejista neste município.

5.2.3 Quantitativos e porcentagens relativas ao município de Ananindeua, RMB, estado do Pará

Iniciando-se a análise quanto ao município de Ananindeua-PA (que preservou a correta divisão legal dos bairros, nos registros, à exceção de um bairro de Marituba — São João — equivocadamente elencado nos dados da SIAC como se fosse de Ananindeua — que impendeu de ajustes), foram encontrados os seguintes quantitativos.

Tabela 7 – Quantidade e percentual de apreensão de cocaína (kg) do município de Ananindeua-Pará, de 1º janeiro de 2018 a 31 de dezembro de 2021, por bairro

Bairros	2018	%	2019	%	2020	%	2021	%
Águas Brancas	0,154	0,83%	0,627	1,26%	1,680	8,47%	1,044	2,10%
Águas Lindas	1,004	5,43%	5,602	11,27%	0,317	1,60%	5,816	11,68%
Atalaia	0,275	1,49%	1,398	2,81%	0,756	3,81%	1,005	2,02%
Aura	2,785	15,06%	1,126	2,27%	0,217	1,10%	5,993	12,03%
Centro de Ananindeua	0,526	2,84%	3,072	6,18%	3,303	16,66%	0,994	2,00%

Bairros	2018	%	2019	%	2020	%	2021	%
Cidade Nova	1,889	10,22%	7,139	14,37%	2,172	10,95%	0,887	1,78%
Coqueiro Ananindeua	0,585	3,17%	4,304	8,66%	2,730	13,77%	2,666	5,35%
Curuçambá	0,041	0,22%	0,323	0,65%	0,271	1,37%	0,814	1,63%
Distrito Industrial	5,117	27,68%	1,567	3,15%	1,394	7,03%	0,303	0,61%
Guajará	0,000	0,00%	0,000	0,00%	0,000	0,00%	0,021	0,04%
Guanabara	3,447	18,64%	14,780	29,75%	0,665	3,35%	2,697	5,41%
Icuí-Guajará	2,185	11,82%	7,486	15,07%	1,470	7,42%	2,580	5,18%
Icuí-Laranjeira	0,017	0,09%	0,002	0,00%	0,002	0,01%	0,387	0,78%
Jiboia Branca	0,015	0,08%	0,034	0,07%	2,906	14,66%	0,600	1,21%
Levilândia	0,153	0,83%	0,093	0,19%	0,022	0,11%	0,157	0,31%
Maguari	0,149	0,81%	0,299	0,60%	0,840	4,24%	0,130	0,26%
Paar	0,000	0,00%	0,466	0,94%	0,266	1,34%	1,500	3,01%
Quarenta Horas	0,148	0,80%	1,366	2,75%	0,817	4,12%	22,211	44,60%
Σ	18,489	100,00%	49,684	100,00%	19,826	100,00%	49,804	100,00%

Fonte: Pará (2022), adaptado e com destaques pelo autor.

Como se pode observar, a cidade de Ananindeua-PA manteve uma oscilação de quantitativos de cocaína apreendidos, com baixas em 2018 e 2020, e altas em 2019 e 2021. Além disso, como visto na seção anterior, esse foi o segundo município com maior quantidade simples de registros de ocorrências envolvendo o tráfico de drogas no Pará.

Os registros encontrados, por sua vez, mostraram-se expressivos em relação aos dos municípios até então analisados, sem, contudo, colocar Ananindeua-PA entre aqueles que obtiveram as maiores apreensões na série histórica analisada (como constou mais à frente).

Ao longo da série, também, não houve registros expressivos o suficiente para caracterizar *outliers*, a despeito dos indicativos (em destaque na tabela) nos bairros da Cidade Nova, 40 Horas e Guanabara. Porém, conforme ocorrências policiais acessadas e informações colhidas em visitas de campo, as somas decorreriam de apreensões vinculadas ao varejo local. Em todo caso, os registros demonstram a força do comércio de cocaína, bem consolidado nesta cidade.

Esta consolidação do varejo, por sua vez, decorreria da territorialidade de dois fatores específicos. O primeiro diz respeito ao contingente populacional do município, que, aliado ao aumento progressivo de seus indicadores econômicos, passou a albergar um potencial mercado consumidor em exploração.

O segundo fator é que a consolidação também decorreria da significativa presença de organizações criminosas locais, como apontado, por exemplo, por Reis Netto e Chagas (2019b), que demonstraram a territorialidade de grupos locais, à época, comandados diretamente do âmbito carcerário e que estariam vinculados a facções criminosas de nacionais e a outros grupos atuantes na RMB, cuja principal atividade, por fim, seria o tráfico de drogas.

Igualmente, tem-se que, no ano de 2018, foi deflagrada uma grande operação protagonizada por órgãos do sistema de segurança pública paraense, voltada à derrocada de uma organização criminosa que se estabelecera na totalidade de um residencial popular do município (Saavedra, 2018). Apesar de não terem ocorrido grandes interdições de drogas na oportunidade, de outro lado, diversas armas foram apreendidas e várias pessoas foram presas, inclusive um vereador local que seria vinculado à facção Comando Vermelho (CV) e exerceria a liderança da organização naquele residencial (Saavedra, 2018).

O *lado sul* deste município (como se costuma denominar os bairros situados ao sul da BR-316 – que corta Ananindeua de leste a oeste), conforme apurado pelo pesquisador em suas observações diretas, ainda enfrentaria sérios problemas decorrentes da territorialidade de grupos criminosos locais, o que, ainda, se repetiria em outras regiões do município, como nos bairros do Icuí-Guajará e do Curuçambá (este primeiro, inclusive, recebeu a instalação de uma Usina da Paz, projeto social do Governo do Estado, voltado à redução dos índices criminais e promoção social) (Oliveira *et al.*, 2020).

Ademais, como se verá mais adiante, em análise concernente ao município de Castanhal-PA, constatou-se que Ananindeua-PA representou um *polo econômico* para atividades de lavagem de dinheiro oriundo do tráfico, de modo que, como componente da RMB, sua relevância à atividade não pode ser discriminada, a despeito da aparência de mera cidade varejista que decorreria dos registros.

5.2.4 Quantitativos e porcentagens relativas ao município de Marituba, RMB, estado do Pará

Por conseguinte, constatou-se que os quantitativos de cocaína e subprodutos apreendidos no município de Marituba-PA (cuja classificação respeitou a divisão legal de bairros, à exceção do bairro São João, que impendeu de ajustes dos dados da SIAC, como já mencionado no tópico anterior) não apresentaram uma realidade muito diferente da evidenciada nos municípios até então analisados, como se vê a seguir.

Tabela 8 – Quantidade e percentual de apreensão de cocaína (kg) do município de Marituba-Pará, de 1º janeiro de 2018 a 31 de dezembro de 2021, por bairro

Bairros	2018	%	2019	%	2020	%	2021	%
Almir Gabriel	0,000	0,0%	0,000	0,0%	0,954	8,5%	0,483	12,8%
Bairro Novo	0,000	0,0%	0,000	0,0%	0,005	0,0%	0,000	0,0%
Bela Vista	0,000	0,0%	0,000	0,0%	0,460	4,1%	0,049	1,3%
Boa Vista	0,000	0,0%	0,000	0,0%	0,023	0,2%	0,133	3,5%
Centro	3,125	64,0%	29,470	88,4%	3,100	27,7%	1,003	26,7%
Decouville	0,296	6,1%	0,239	0,7%	0,318	2,8%	1,385	36,8%
Dom Aristides	0,000	0,0%	0,000	0,0%	0,066	0,6%	0,008	0,2%
Marituba	1,172	24,0%	3,166	9,5%	0,000	0,0%	0,000	0,0%
Mirizal	0,000	0,0%	0,000	0,0%	0,000	0,0%	0,014	0,4%
Nova Marituba	0,000	0,0%	0,000	0,0%	0,189	1,7%	0,000	0,0%
Nova União	0,000	0,0%	0,000	0,0%	0,000	0,0%	0,000	0,0%
Novo	0,000	0,0%	0,000	0,0%	0,008	0,1%	0,000	0,0%
Novo Horizonte	0,000	0,0%	0,000	0,0%	0,244	2,2%	0,087	2,3%
Pato Macho	0,289	5,9%	0,329	1,0%	0,000	0,0%	0,000	0,0%
Pedreirinha	0,000	0,0%	0,000	0,0%	0,002	0,0%	0,000	0,0%
Santa Clara	0,000	0,0%	0,000	0,0%	0,010	0,1%	0,072	1,9%
Santa Lucia	0,000	0,0%	0,000	0,0%	0,044	0,4%	0,007	0,2%
São Francisco	0,000	0,0%	0,140	0,4%	0,957	8,5%	0,012	0,3%
São Joao	0,000	0,0%	0,011	0,0%	3,979	35,5%	0,319	8,5%
São Jose	0,000	0,0%	0,000	0,0%	0,053	0,5%	0,000	0,0%

Bairros	2018	%	2019	%	2020	%	2021	%
União	0,000	0,0%	0,000	0,0%	0,786	7,0%	0,000	0,0%
Uribóca	0,000	0,0%	0,000	0,0%	0,008	0,1%	0,189	5,0%
Σ	4,881	100,0%	33,354	100,0%	11,203	100,0%	3,760	100,0%

Fonte: Pará (2022), adaptado e com destaques pelo autor

A despeito de Marituba ter apresentado uma alta TTD (10,91 ocorrências a cada 10 mil hab.), observou-se, de outro lado, que, à exceção de um *outlier* detectado no ano de 2019 (em destaque com cor mais forte, na tabela), as apreensões não ultrapassariam o máximo de 12 kg ao ano, distribuídos por todos os bairros do município.

De pronto, isso permite a afirmação da existência de um tráfico de varejo na cidade, à imagem e semelhança do evidenciado nos demais municípios da RMB, até então, com maior concentração do tráfico no bairro *Centro*, da cidade.

Essa concentração se explicaria pelo fato de que o Centro, contíguo ao também destacado bairro do Decouville (no ano de 2021), compõe uma área significativamente habitada da cidade, bem como alberga grande concentração comercial e ampla circulação de pessoas. Por essas características, a área se colocaria como um potencial mercado consumidor de entorpecentes.

Quanto ao *outlier*, investigando a fundo o teor das ocorrências havidas no ano de 2019 em Marituba-PA, verificou-se que o aumento quantitativo se deu em função de uma apreensão de óxi em junho de 2019, em plena etapa de refino para redução de pureza e aumento de quantidade (*dobragem*), onde foi apreendida uma lata de argamassa com 18 kg do entorpecente. Além deste caso, houve também a apreensão de cerca de 4 a 6 kg de cocaína (em 4 tijolos), pertencentes a um agente territorial do tráfico que fazia o refino secundário e distribuição a vários bairros locais.

Como se vê, trata-se de dois casos envolvendo (B.1.2) agentes utilizados na atividade direta de transporte e manufatura secundária da droga, que a distribuiriam para a cadeia de (B.1.4) pequenos varejistas de drogas.

Em função da eficiência das apreensões no bairro, portanto, surgiu o *outlier* analisado, que, em verdade, não expressa um caso mais profundo de tráfico internacional de cocaína envolvendo Marituba-PA. No entanto, como se verá adiante, na análise dos casos do município de Belém-PA, a cidade já se constituiu como um *nó*, mesmo que efêmero, no contexto de uma rede de tráfico no estado do Pará.

Ademais, como já verificado em relação ao município de Ananindeua-PA, pode-se afirmar pela consolidação de um comércio de cocaína na cidade de Marituba-PA.

Igualmente, identificou-se, a partir das visitas de campo e notícias, a presença de grupos criminosos com consideráveis níveis de controle social já estabelecidos em determinados conjuntos habitacionais e bairros locais (A Província do Pará, 2021) — o que reforçou a afirmativa de consolidação do mercado do tráfico local.

Inclusive, o município também recebeu uma Usina da Paz, à imagem e semelhança do município de Ananindeua-PA, em função dos elevados índices criminais registrados em diversos bairros, sobretudo ao norte da BR-316.

5.2.5 Quantitativos e porcentagens relativas ao município de Benevides, RMB, estado do Pará

Prosseguindo com a análise, verificou-se que há problemas quanto à classificação dos dados em relação ao município de Benevides-PA. Embora este já detenha lei municipal com o fracionamento de seu território legal (em relação a bairros e aos distritos de Benfica, Murinim e outros, inclusive), esta divisão foi adotada nos dados oficiais apenas de forma parcial (que não especifica, por exemplo, os bairros centrais). Ainda assim, realizou-se a análise dos dados.

Na tabela a seguir, constam os quantitativos atinentes a este município.

Tabela 9 – Quantidade e percentual de apreensão de cocaína (kg) do município de Benevides-Pará, de 1º janeiro de 2018 a 31 de dezembro de 2021, por bairro

Bairros	2018	%	2019	%	2020	%	2021	%
Centro de Benevides	0,965	75,50%	3,135	31,84%	2,675	64,89%	1,075	0,15%
Centro de Benfica	0,008	0,63%	0,159	1,61%	0,547	13,27%	0,058	0,01%
Murinim	0,102	8,01%	6,533	66,37%	0,895	21,70%	696,010	99,84%
Zona Rural	0,203	15,86%	0,018	0,18%	0,006	0,14%	0,000	0,00%
Σ		1,278	100,00%	9,844	100,00%	4,122	100,00%	697,143	100,00%

Fonte: Pará (2022), adaptado e com destaques pelo autor

Como se pode observar, Benevides-PA manteve uma relativa normalidade de apreensões entre os anos de 2018 e 2020, que, a rigor, o colocaria na qualidade de aparente cidade varejista de cocaína, por não ultrapassar um patamar quantitativo de 7 kg, ao ano, até então. Contudo, houve um aumento abrupto de 696,010 kg em relação à localidade do Murinim, no ano de 2021.

O *outlier* em questão se referiu a uma grande apreensão protagonizada por uma operação conjunta de órgãos de segurança paraenses e cearenses, em 16/2/2021, num sítio situado em Benevides-PA (G1 Pará, 2021), cuja carga de cocaína estaria avaliada em 9 milhões de reais.

Figura 27 – Carregamento de cocaína apreendido no distrito do Murinim, em Benevides-PA, no ano de 2021, em operação conjunta de órgãos da segurança pública paraense e cearense

Fonte: G1 (2021)

A grande apreensão de cocaína e crack, que se encontrava organizada em diversos tabletes com diferentes colorações de embalagens, pertenceria ao Comando Vermelho (CV) e, por sua vez, seria transportada pelo modal rodoviário para o Nordeste do Brasil, para membros da facção naquela região (não tendo sido esclarecido se a região seria o destino final da droga, ou não). De acordo com informações repassadas ao pesquisador ao longo de suas visitas de campo, as diferentes colorações das embalagens do entorpecente diriam respeito à forma de diferenciação de variados destinatários (os quais não teriam sido identificados nas investigações, até o término da pesquisa).

A remessa, por sua vez, adviria da Colômbia e do Peru e teria ingressado na RMB pelo modal marítimo, após percorrer o rio Pará e, já na Baía do Guajará, ingressar no rio Guamá, posteriormente aportando em Bujaru-PA e Santa Izabel do Pará-PA, retornando pela PA-140 a Benevides-PA, via modal rodoviário.

No entanto, ao chegar a Benevides-PA, a droga não teria sido depositada na região do Murinim (ao contrário do que restou equivocadamente lançado em registro no sistema de segurança pública — por razões que não restaram esclarecidas a este pesquisador), senão em um residencial que contém diversos sítios, às proximidades da BR-316, ainda no início da PA-406 (em Benevides, denominada de Rodovia Joaquim Pereira de Queiroz)[47]. Pela classificação dos dados, seria correto que o registro constasse, então, da região *Centro de Benevides*.

Para além dos locais mencionados, informou-se, ainda, que uma parte da droga teria sido descarregada na região portuária de Belém (possivelmente no bairro do Jurunas), numa das possíveis regiões clandestinas apontadas por Couto (2018), antes de atingir seu destino final em terra, na cidade de Santa Izabel do Pará (não tendo sido possível a apreensão em flagrante, naquele momento). Outra parte da droga (cerca de uma tonelada), por sua vez, também fora levada ao município de Bujaru-PA (contíguo, ao sul, a Benevides-PA), sendo apreendida dias depois.

O entorpecente, ainda conforme dados colhidos em campo, teria sido transportado à Região por meio da *Rota Solimões* — tendo percorrido, assim, o rio Amazonas, ingressando no rio Pará pelo estreito de Breves-PA — para ser guarnecida em Benevides-PA por alguns dias e, em seguida, ser enviada ao Nordeste do País, notadamente, para o estado do Ceará.

---

[47] Apesar da obtenção da coordenada precisa, esta não será destacada, tanto em respeito ao direito ao esquecimento (Divino; Siqueira, 2017) relativo aos envolvidos no caso, quanto para evitar que o estudo gere repercussões imobiliárias ou estigmas sobre os locais, para além daqueles que o tráfico de drogas já ocasiona, naturalmente, por sua simples presença.

Figura 28 – Cerca de 1.500 kg de cocaína e subprodutos carregados em dois veículos (picape e SUV) apreendidos em Bujaru-PA, com relação direta à operação conjunta realizada em Benevides-PA, no ano de 2021

Fonte: G1 Pará (2021)

Além disso, é importante ressaltar que a operação conjunta também resultou na prisão de líderes locais do Comando Vermelho, dentre os quais um que se encontrava residindo em apartamento de luxo na cidade de Belém-PA (bairro do Umarizal), em região absolutamente diversa daquela que envolveu o transcurso do entorpecente.

Os reputados criminosos detinham vínculos, repita-se, com a facção Comando Vermelho (CV), com nítidos contatos com o estado do Ceará, onde outros presos abrigavam consigo mais cerca de R$ 75.000,00 (setenta e cinco mil reais) em espécie, além de bens de elevado valor econômico (G1 Pará, 2021), e com o estado do Rio de Janeiro (origem do agente territorial preso em Belém) (Ceará, 2021).

Figura 29 – Dinheiro e bens de elevado valor econômico apreendidos no Ceará, com relação direta à operação conjunta realizada em Benevides-PA, no ano de 2021

Fonte: Ceará (2021)

A situação demonstrou, portanto, que os municípios de Benevides-PA e Santa Bárbara-PA (caracterizados pela concentração de áreas rurais e pela baixa presença do Estado — com reduzido policiamento em comparação à capital e ausência de outros órgãos de controle social) serviram como *nós* de uma rede internacional do tráfico de cocaína, construída a partir de uma relação de territorialidade mediada por agentes de uma facção criminosa, atuante em diferentes estados.

Essa territorialidade foi responsável pela conexão da RMB à *Rota Solimões*, permitindo que o entorpecente adentrasse o estado do Pará e fosse albergado, para posterior transferência a outros pontos do território nacional, gerando nítidas repercussões materiais nos municípios de Benevides, Santa Bárbara e na área contígua à RMB, em Bujaru.

Além disso, constatou-se que a cidade de Belém serviu como um *hub* do funcionamento da organização criminosa, cujo líder, repita-se, se encontrava em condomínio de luxo na cidade de Belém-PA, especificamente no bairro do Umarizal. Por sua vez, a mesma situação restou evidenciada em relação aos líderes presos do estado do Ceará (Ceará, 2021). Ambos os *hubs* de comando se conectavam, por sua vez, a outros, no Rio de Janeiro, onde se encontravam demais líderes da organização (conforme informações obtidas ao longo das visitas de campo).

O caso forneceu detalhes interessantes, a respeito das dinâmicas territoriais do tráfico internacional de drogas e suas repercussões, em estudo.

Figura 30 – Relações de territorialidade do tráfico relativas à apreensão de drogas em Benevides-PA e Bujaru-PA, em 2021, e suas repercussões espaciais

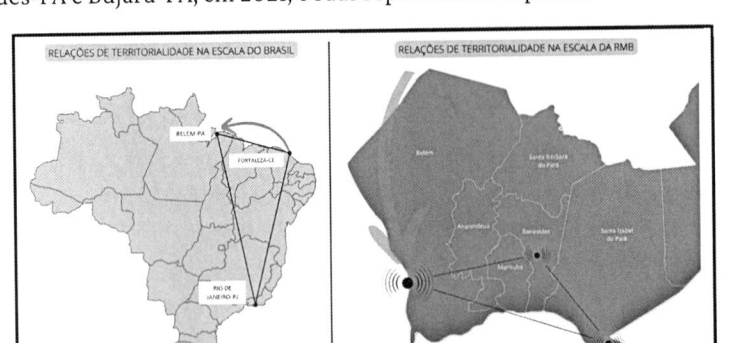

Fonte: elaboração do autor

Em primeiro lugar, foi nítida a formação de um território-rede entre os diversos componentes da facção — caracterizável, por sua capacidade de ação escalar, como uma (A.1.2) organização nacional de atravessadores e distribuidores — nas cidades de Belém-PA, Ceará-CE e Rio de Janeiro-RJ. Esta territorialidade permitiu o surgimento de vetores de ação entre essas diferentes cidades, para viabilidade da atividade econômica do tráfico.

Ilustrou-se, na imagem, um vetor de horizontalidade decorrente da demanda pela aquisição do entorpecente, que, por sua vez, adviria do Nordeste e atingiria o *polo* da rede em Belém-PA. Este, por sua vez, ocasionou a movimentação da rede de (B.1.2) agentes utilizados na atividade direta de transporte da droga.

Para tanto, previamente à demanda, a organização precisou se instalar num bairro nobre de Belém, em determinado momento do tempo, o que, certamente, passou a gerar uma série de vetores de horizontalidade locais, relativos às relações que passaram a se estabelecer em seu entorno. Para além da lógica criminal, a instalação da organização, certamente, gerou também repercussões multidimensionais, perceptíveis, sobretudo, no aspecto imobiliário (permitindo a ocupação de prédio de considerável valor rentável e a aquisição de veículos de considerável importe — apreendidos em Bujaru-PA).

O fenômeno passou a se repetir, em escalas menores, nos municípios de Benevides-PA e Santa Izabel do Pará-PA, com a associação de agentes do (B) setor competitivo para transporte e guarda da droga, bem como para o aluguel de imóvel em localização estratégica para estocagem do produto pelo tempo necessário (no centro de Benevides-PA). Obviamente, a rede também passou a gerar vetores de horizontalidade multidimensionais nos locais, certamente afetando as dinâmicas e relações locais.

Essas dinâmicas, ao fim, desembocaram em nítida tensão territorial (Chagas, 2014), no momento da apreensão realizada em Bujaru-PA, quando se registrou nítido conflito entre os órgãos de segurança pública paraenses e membros da organização criminosa (relação conflituosa de poder) (Raffestin, 1993), o que, por sua vez, pode ter repercutido de diversas maneiras nas demais relações locais, sobretudo gerando um sentimento de insegurança em toda região próxima ao fato.

Além das repercussões territoriais em questão, é interessante ressaltar a existência de uma nítida divisão espacial do trabalho da organização criminosa, cujos líderes permaneciam em áreas bem desenvolvidas e valorizadas das capitais, ao passo que a droga e os agentes envolvidos com seu manejo circulavam em regiões com menor presença do estado e estruturas econômicas e sociais mais frágeis (justamente para se manterem em clandestinidade).

O caso, além disso, forneceu elementos que puderam auxiliar na compreensão das constatações já evidenciadas na seção anterior, no tocante à ampliação da TTD em diferentes municípios, possivelmente em função das relações de horizontalidade que decorreram diretamente dos *nós* ali estabelecidos por redes do tráfico, que, por sua vez, passaram a influenciar as dinâmicas territoriais das cidades no entorno.

Ademais, deve-se registrar que, para além do *outlier* em questão, a cidade de Benevides também apresentou um comportamento típico de um mercado de varejo da cocaína, considerando os níveis de interdição não superiores a 2.700 kg, à exceção da grande apreensão analisada nos últimos parágrafos.

Esta constatação, evidenciada por Reis Netto *et al.* (2018) em estudo anterior, induziu à conclusão adicional de que a cocaína que percorre as complexas redes do tráfico na RMB, a exemplo do caso analisado, também parece permanecer, em quantidades menores, para comercialização local, fomentando o surgimento de mercados subalternos, como verificado por Reis Netto e Chagas (2021a). As razões desse fenômeno, no entanto, não puderam ser esclarecidas à luz do caso concreto ora analisado. Contudo, foi possível adquirir algumas constatações adicionais a partir das evidências colhidas no município de Castanhal-PA, à luz de outra relação territorial, discutida na seção seguinte.

5.2.6 Quantitativos e porcentagens relativas ao município de Castanhal, RMB, estado do Pará

Por sua vez, prosseguindo-se com a análise em relação ao município de Castanhal-PA (cujos dados respeitaram a correta divisão legal de bairros da cidade), foram encontrados os quantitativos descritos na tabela a seguir.

Tabela 10 – Quantidade e percentual de apreensão de cocaína (kg) do município de Castanhal-Pará, de 1º janeiro de 2018 a 31 de dezembro de 2021, por bairro

Bairros	2018	%	2019	%	2020	%	2021	%
Apeú	0,072	0,47%	0,017	0,16%	3,934	16,88%	1,984	0,33%
Betânia	0,001	0,01%	0,047	0,43%	0,000	0,00%	0,000	0,00%
Caiçara	0,614	3,99%	0,149	1,37%	3,129	13,43%	0,041	0,01%
Cariri	0,020	0,13%	0,000	0,00%	0,000	0,00%	0,017	0,00%
Centro	4,357	28,29%	0,635	5,82%	1,504	6,46%	578,377	96,65%
Cristo Redentor	0,006	0,04%	1,560	14,29%	0,012	0,05%	1,597	0,27%
Estrela	0,085	0,55%	1,213	11,12%	2,336	10,02%	0,160	0,03%
Fonte Boa	0,250	1,62%	0,520	4,76%	1,003	4,31%	0,606	0,10%
Heliolândia	0,013	0,08%	0,182	1,67%	0,161	0,69%	0,328	0,05%
Ianetama	0,170	1,10%	0,023	0,21%	0,182	0,78%	2,500	0,42%
Imperador	1,345	8,73%	0,723	6,62%	3,749	16,09%	0,542	0,09%
Jaderlândia	2,123	13,78%	1,550	14,20%	2,179	9,35%	7,220	1,21%
Jardim Das Acácias	0,001	0,00%	0,003	0,03%	0,000	0,00%	0,000	0,00%
Nova Olinda	2,928	19,01%	0,748	6,86%	2,087	8,96%	2,630	0,44%
Novo Estrela	2,996	19,45%	0,128	1,17%	0,124	0,53%	0,045	0,01%
Pirapora	0,000	0,00%	0,018	0,16%	0,000	0,00%	0,010	0,00%
Propira	0,012	0,08%	0,000	0,00%	0,000	0,00%	0,000	0,00%
Santa Catarina	0,003	0,02%	0,102	0,93%	0,000	0,00%	0,021	0,00%
Santa Lidia	0,163	1,06%	0,008	0,08%	1,347	5,78%	0,166	0,03%
São José	0,006	0,04%	1,317	12,06%	0,331	1,42%	0,016	0,00%
Saudade I	0,237	1,54%	1,932	17,70%	1,206	5,18%	2,147	0,36%
Saudade II	0,000	0,00%	0,040	0,37%	0,001	0,01%	0,005	0,00%
Titanlândia	0,000	0,00%	0,000	0,00%	0,017	0,07%	0,014	0,00%
Σ	15,403	100,00%	10,914	100,00%	23,302	100,0%	598,427	100,0%

Fonte: Pará (2022), adaptado e com destaques pelo autor

Como visto anteriormente, Castanhal foi a 4.ª colocada no *ranking* das 20 cidades paraenses com maior média de ocorrências envolvendo tráfico de drogas (média percentual de 3,2%, na série histórica), bem como 17.ª no *ranking* das 20 cidades paraenses com maior TTD média (9,82 ocorrências a cada 10 mil habitantes).

De forma semelhante à cidade de Benevides, Castanhal também apresentava uma relativa normalidade quanto aos números de apreensões de cocaína, que, até o ano de 2020, não ultrapassavam um total de 4 kg a cada bairro, demonstrando características próprias da prevalência de um tráfico de varejo.

Contudo, em 2021, evidenciou-se um *outlier* relativo ao bairro Centro, com a apreensão de mais de meia tonelada de óxi (que, por ser um subproduto da cocaína, foi assim capitulado como tal na estatística oficial do estado). Tratou-se de uma apreensão decorrente de operação protagonizada por órgãos de segurança do estado do Pará, que interceptaram o entorpecente ao longo de seu transporte pelo modal rodoviário, em um fundo falso adaptado em um caminhão (*mocó*[48]).

De acordo com informações obtidas pelo pesquisador em suas visitas de campo, o caso, em verdade, estaria diretamente ligado a uma grande operação deflagrada pelo sistema de segurança pública do Pará, que, atualmente, encontra-se em avançada fase processual penal[49]. Nesta, identificou-se que a droga, de origem desconhecida (conforme declarado no processo e inquérito), teria sido carregada no caminhão em local situado entre as cidades de Senador José Porfírio-PA e Porto de Moz-PA, às margens do rio Xingu (supostamente em fazenda pertencente à organização criminosa).

Embora esta informação não tenha sido relatada no relatório e inquérito da operação, há fortes indícios de que a droga seja proveniente da *Rota Solimões*, tendo ingressado no rio Xingu pelo rio Amazonas, aportando, em seguida, na localidade mencionada.

---

[48]   Nome dado a compartimentos secretos adaptados em veículos.

[49]   Contudo, em respeito ao direito ao esquecimento dos envolvidos (Divino; Siqueira, 2017), e trazendo foco somente sobre os fatos e não sobre os envolvidos, em si, não serão mencionados números de processo ou inquérito (a despeito de sua condição de dado aberto, portanto público), bem como dos envolvidos, justamente, de modo que a análise científica ora desenvolvida não seja subvertida em elemento processual a qualquer das partes em litígio.

Figura 31 – Cocaína apreendida em Castanhal-PA, no fundo falso de um caminhão de transporte de *commodities*, em fevereiro de 2021

Fonte: autos processuais

A principal liderança dessa organização criminosa, por sua vez, detinha residência na Região Metropolitana de Belém, especificamente num condomínio de elevado padrão econômico do município de Castanhal-PA. O grupo, por conseguinte, utilizava-se de uma empresa de fachada (para fins de lavagem de dinheiro e depósito da cocaína e subprodutos) localizada no município de Santa Maria do Pará-PA, a partir do qual a droga era, periodicamente, enviada para a cidade de Serra Talhada-PE, pelo modal rodoviário.

A organização se utilizava, para tanto, de caminhões de transporte de *commodities* ou de supostos ônibus turísticos, enquanto disfarces para as remessas de subprodutos da cocaína.

O modal rodoviário entre o local da apreensão realizada em Castanhal-PA e Serra Talhada-PE, poderia envolver um transcurso pela Rodovia BR-316 ou BR-010, com variações por outras estradas nordestinas.

Segundo apurado pelos órgãos de segurança, ao chegar a Serra Talhada-PE, a droga seria sujeita a um processo de *dobragem*, sendo apostas marcas específicas para fins de revenda (supostamente em Recife e na região do Agreste).

Na fazenda da organização, foram apreendidas armas e munições e mais de R$ 47.000,00 (quarenta e sete mil reais) em dinheiro vivo. Conforme apurado na investigação, a partir de movimentações financeiras, as remessas renderiam um faturamento médio de R$ 2.000.000,00 (dois milhões de reais) aos envolvidos.

Também é interessante referir que a empresa, usada como fachada (cuja atividade seria de produção, comercialização e distribuição de uma determinada *commodity* comum às regiões Norte e Nordeste), pagava valores mensais a uma outra empresa, administradora de imóveis, que, supostamente, geriria a sede da primeira, onde funcionaria uma terceira empresa de produção de bens. O local, em verdade, corresponde a um grande loteamento de imóveis, onde a empresa de bens se encontra instalada, conforme evidenciado pelo próprio pesquisador em incursão na área.

As movimentações financeiras, por sua vez, demonstraram um cuidadoso esquema de lavagem de dinheiro, que dissimulava a origem ilícita dos valores do tráfico, mediante o suposto pagamento de comissões e aluguéis à administradora, que, por sua vez, repassava-os a outras empresas, em Santa Maria do Pará-PA, Mãe do Rio-PA, Belém-PA e Ananindeua-PA. Os valores eram dissimulados mediante diversas relações de compra e venda de bens em geral, aquisição de móveis (sobretudo veículos) e imóveis, além de empréstimos ilegais a juros (agiotagem), dentre outros. Até um gerente bancário foi preso por participação no esquema.

Ao longo da deflagração da operação, foram apreendidas quantias em dinheiro consideravelmente altas (R$ 700.000,00 — setecentos mil reais — em espécie, com somente um dos acusados, por exemplo), bens e outras substâncias ilícitas (rebite[50]).

Um dos envolvidos, inclusive, deteria um cargo político (secretário) num dos municípios em questão, diretamente envolvido com a questão viária e de mobilidade (que, como é óbvio, é estratégica ao tráfico).

Novamente, este segundo caso forneceu informações relevantes à compreensão das dinâmicas territoriais do tráfico de drogas e sua relação com as cidades do estado do Pará.

---

[50] O Nobesio, *bolinha* ou *rebite*, é uma espécie de anfetamina (Araújo, 2012), usada como estimulante. Era muito encontrado entre estudantes e, atualmente, é muito comum entre caminhoneiros, que se utilizam da droga para conseguir dirigir por várias horas.

Figura 32 – Relações de territorialidade do tráfico, relativas à apreensão de drogas realizada em Castanhal-PA, em fevereiro de 2021, e suas repercussões espaciais

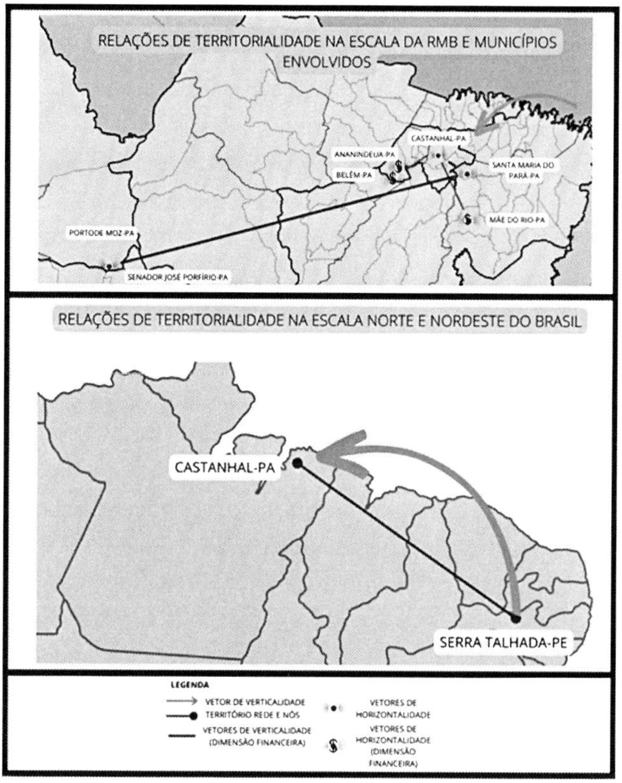

Fonte: elaboração do autor

Primeiramente, tem-se que a RMB, mais uma vez, serviu de *hub*
para a presença dos agentes coordenadores da atividade — novamente,
classificáveis como uma (A.1.2) organização nacional de atravessadores.
O polo de coordenação das atividades, como se pode ver, foi estabelecido
em região bem estruturada da cidade de Castanhal-PA, em condomínio
privado (o que certamente limitaria o livre acesso e a vigilância constante
por órgãos de segurança pública), livre de maiores suspeitas e problemas
sociais inerentes a áreas comuns.

Em segundo lugar, tem-se que a organização se associou a diversos
outros agentes territoriais responsáveis por um complexo esquema de
lavagem de dinheiro, os quais podem ser classificados como (A.2.1) responsáveis pela atividade de lavagem de capitais. Inclusive, o gerente bancário,

referido como elemento estratégico às operações de branqueamento do dinheiro, também pode ser classificado como um (B.2.1) responsável pela lavagem de capital num âmbito local ou regional, haja vista sua limitada capacidade de ação escalar.

Sob vetores de demanda oriundos do Nordeste do estado e de forma vinculada em rede a agentes do Primeiro Comando da Capital (PCC), sem, entretanto, afiliação à facção — que exercia o papel de (A.1.2) organização nacional de distribuidores em Recife-PE e região do Agreste —, constatou-se que a principal liderança da organização movimentava os atores do (B) setor competitivo, para que a droga fosse adquirida na região limítrofe à Porto de Moz-PA e Senador José Porfírio-PA, estocada em Santa Izabel do Pará-PA, para posterior escoamento pelo modal rodoviário.

Assim, a relação de territorialidade estabelecida na escala interestadual acabava por gerar vetores de horizontalidade naqueles municípios, com a aquisição, estruturação e manutenção de bens (veículos, sobretudo) e imóveis, necessários para operacionalizar a atividade do tráfico. Destarte, de forma multidimensional, sobretudo em Santa Izabel do Pará-PA, a organização chegou a instituir empreendimentos utilizados para a lavagem de dinheiro, sendo assente que a territorialidade também ocasionou uma série de repercussões econômicas no município, revertidas em prestígio social dos acusados. Inclusive, um dos agentes territoriais da organização chegou a assumir uma função pública de Secretário Municipal, em área diretamente afeta à questão logística do escoamento do entorpecente pela região, como dito (sendo muito possível que a atividade ilícita tenha contribuído com a participação social e econômica deste agente, permitindo-lhe alçar ao cargo, com o tempo).

À luz das proposições de Dino (2010), bem como conforme sugerido por autores constantes do capítulo literário (Abreu, 2021; McDermott et al., 2021; Guerrero; Espasa, 2021), tem-se que a lavagem de dinheiro e influência econômica certamente ocasionaram níveis tão relevantes de enraizamento social ao grupo, que, ao passo, podem também lhe ter propiciado uma forte influência sobre a política local.

Para além disso, o esquema de lavagem de capitais, no sentido sugerido por Osório (1996, 2017), Guerrero e Espasa (2021) e Reis Netto et al. (2023), gerou todo um conjunto de movimentações atípicas que permitiram, mais adiante, a identificação da organização no espaço. Aliás, as movimentações se tornaram tão relevantes, do ponto de vista espacial, que a atuação da organização, no interior, passou a repercutir em dimensões econômicas que valorizaram empresas envolvidas com o esquema de lavagem em Belém-PA e Ananindeua-PA, na RMB, assim como no município de Mãe do Rio-PA.

Esta evidência revelou que, mesmo em situações nas quais a RMB não se constitua como uma rede direta do tráfico de drogas, ainda assim pode receber vetores de verticalidade oriundos de outras cidades, decorrentes das ações necessárias ao investimento econômico dos lucros da atividade, possivelmente em função de sua centralidade financeira, contingente populacional (e de consumo) e maior facilidade de ocultação de atividades, que, por sua vez, contribuem para que a lavagem de dinheiro possa ser realizada com mais eficiência na capital e arredores.

Quanto ao fluxo material da droga, constatou-se que a logística da organização girava em torno da cidade de Santa Maria do Pará-PA. Embora a investigação não tenha esclarecido o motivo de o caminhão ter sido apreendido em Castanhal-PA, no Centro da cidade (ainda assim, sem ter tido aparente contato direto com o local que servia como polo de coordenação do grupo), tem-se que as rotas mais comuns da organização, para a Região Nordeste, partiriam daquela primeira cidade e envolveriam rodovias como a BR-010 e/ou a BR-316.

De igual maneira, a partir da investigação, se a droga partiu do limite entre os municípios de Porto de Moz-PA e Senador José Porfírio, é muito possível que ela tenha se utilizado, para atingir Castanhal-PA, da rota que compõe a porção final da BR-230 (Transamazônica), até Novo Repartimento-PA. Desse ponto, o transporte voltaria a se deslocar em sentido nordeste, podendo-se optar pelo ingresso na RMB, por meio da já referida PA-140, e, mais à frente, pela Alça-Viária (PA-483, via PA-151). Acaso o modal se direcionasse para Santa Maria do Pará-PA, a possível rota seguiria em direção à BR-010.

Em qualquer dos casos, trata-se de rodovias já referidas no tópico anterior como possíveis rotas que, diante das dinâmicas territoriais do tráfico, estariam influenciando, diretamente, a elevação da TTD de diversos municípios. O caso concreto, portanto, dá mais força àquela hipótese, sobretudo considerando-se que a viagem é longa e pressupõe a existência de pontos de apoio seguro para a carga (ilícita). Inclusive, o debate sobre essa região foi objeto de mais digressões em seções posteriores deste mesmo capítulo.

Outro ponto interessante da investigação, também, disse respeito à situação de um dos responsáveis pelo processo de guarda da droga, já em Serra Talhada-PE, o qual exerceria a função de dobragem e distribuição a varejistas locais, além da arrecadação do dinheiro junto aos últimos. Conforme constou do processo judicial, ao contrário do evidenciado em relação aos demais agentes (que eram pagos com o dinheiro proveniente do esquema de lavagem), esse agente territorial perfazia seus lucros e era recompensado por sua atividade por meio da concessão de parte do carregamento que chegava à Serra Talhada-PE.

A forma de compensação deste agente, por sua vez, pareceu confirmar, com ressalvas, a hipótese do uso de parte das drogas enquanto mercadoria-dinheiro, defendida por Reis Netto e Chagas (2021a), ao menos, no âmbito do setor competitivo da atividade. Pelo que se percebe, a tendência de distanciamento da droga e de valores, diretamente ligados às pessoas, é um aspecto comum aos agentes componentes do setor oligopólico, que lançam mão do uso de laranjas e empresas de fachada para ocultar suas reais movimentações econômicas.

Na investigação, inclusive, mencionou-se que o líder da organização, residente em Castanhal-PA, já teria sofrido anterior bloqueio de seus bens em operação anterior, tendo manifestado em provas produzidas nos autos que, por essa razão, preferia sempre negociar em dinheiro vivo (certamente em razão de ele deixar rastros menos evidentes da ilicitude que o origina).

Porém, como o setor competitivo (B) não detém os mesmos instrumentos e poderes de atuação material e escalar que o setor oligopólico (A), é natural que os agentes que o compõem lancem mão de outras estratégias para ampliar sua taxa de lucro, como, a exemplo do comentado antes, receber parte da carga para *dobragem* e comercialização junto a outros comércios com os quais esteja vinculado.

Neste caso, insere-se um novo elemento endógeno nas relações locais (a droga) como contrapartida dos serviços (ilegais) prestados pelo agente, que se utilizaria daquele para movimentar a economia (do tráfico) em suas redes, obtendo um lucro que, na prática, representa uma reorganização dos valores econômicos ali presentes em seu favor. Não há o ingresso de dinheiro externo, senão de uma mercadoria-dinheiro, que, por sua vez, redirecionará os fluxos financeiros para o agente territorial que dela se utilizar.

Ademais, considerando que o local apontado como receptáculo da cocaína apreendida (uma fazenda da organização) estava situado às margens do rio Xingu, é muito provável que a droga tenha adentrado à região pela Rota Solimões, sem excluir-se à possibilidade, de outro lado, de que tenha advindo pela Rodovia BR-230.

Ademais, deve-se repetir que, excluído o *outlier* analisado, Castanhal--PA também pode ser caracterizada como uma cidade com atividade de varejo de cocaína em atividade, diante dos quantitativos ali encontrados e comportamento semelhante aos demais municípios analisados.

5.2.7 Quantitativos e porcentagens relativas ao município de Belém, RMB, estado do Pará

Por conseguinte, analisando-se os quantitativos de cocaína apreendidos na Capital, Belém-PA (cujos registros, salvo observação adiante, respeitaram a divisão legal de bairros), foram obtidos os seguintes resultados, conforme a tabela a seguir.

Tabela 11 – Quantidade e percentual de apreensão de cocaína (kg) do município de Belém-Pará, de 1º janeiro de 2018 a 31 de dezembro de 2021, por bairro

Bairros	2018	%	2019	%	2020	%	2021	%
Marco	1,260	0,56%	2,181	1,24%	0,564	0,02%	2,343	1,93%
Aeroporto	0,053	0,02%	0,092	0,05%	1,963	0,08%	0,327	0,27%
Água Boa	0,230	0,10%	1,952	1,11%	1,475	0,06%	2,727	2,24%
Águas Negras	0,087	0,04%	0,551	0,31%	0,177	0,01%	2,916	2,40%
Agulha	1,617	0,72%	2,824	1,60%	2,558	0,11%	5,085	4,18%
Ariramba	0,286	0,13%	0,015	0,01%	2,382	0,10%	0,047	0,04%
Aura	0,000	0,00%	0,000	0,00%	0,000	0,00%	0,000	0,00%
Baía do Sol	0,646	0,29%	1,992	1,13%	1.548,256	64,81%	0,017	0,01%
Barreiro	0,436	0,20%	2,312	1,31%	0,872	0,04%	0,995	0,82%
Batista Campos	0,000	0,00%	0,056	0,03%	0,017	0,00%	0,011	0,01%
Benguí	1,501	0,67%	4,619	2,62%	1,624	0,07%	4,027	3,31%
Bonfim	0,000	0,00%	0,000	0,00%	0,000	0,00%	0,001	0,00%

Bairros	2018	%	2019	%	2020	%	2021	%
Brasília	70,144	31,39%	0,523	0,30%	0,423	0,02%	0,413	0,34%
Cabanagem	2,151	0,96%	3,829	2,18%	12,508	0,52%	5,227	4,30%
Campina	0,406	0,18%	0,316	0,18%	0,315	0,01%	0,105	0,09%
Campina de Icoaraci	2,821	1,26%	2,411	1,37%	4,186	0,18%	15,264	12,56%
Canudos	0,026	0,01%	0,417	0,24%	0,102	0,00%	0,225	0,19%
Carananduba	0,733	0,33%	0,675	0,38%	720,548	30,16%	1,707	1,40%
Caruara	0,080	0,04%	0,000	0,00%	0,000	0,00%	0,000	0,00%
Castanheira	0,070	0,03%	0,218	0,12%	3,200	0,13%	0,393	0,32%
Chapéu Virado	0,163	0,07%	3,493	1,98%	2,145	0,09%	0,021	0,02%
Cidade Velha	0,114	0,05%	1,618	0,92%	0,252	0,01%	0,091	0,08%
Condor	42,035	18,81%	1,561	0,89%	0,926	0,04%	1,219	1,00%
Coqueiro Belém	0,164	0,07%	1,830	1,04%	0,553	0,02%	2,238	1,84%
Cotijuba	0,283	0,13%	1,342	0,76%	0,090	0,00%	0,704	0,58%
Cremação	0,145	0,07%	0,669	0,38%	1,322	0,06%	0,840	0,69%
Cruzeiro	0,737	0,33%	2,684	1,52%	2,512	0,11%	0,603	0,50%
Curio-Utinga	0,248	0,11%	1,577	0,90%	0,318	0,01%	0,076	0,06%
Cutijuba	0,000	0,00%	0,000	0,00%	0,166	0,01%	0,000	0,00%
Farol	0,000	0,00%	0,002	0,00%	0,006	0,00%	0,007	0,01%
Fatima	0,318	0,14%	0,597	0,34%	0,064	0,00%	0,018	0,01%
Guamá	0,286	0,13%	4,636	2,63%	1,937	0,08%	2,796	2,30%
Itaiteua	0,021	0,01%	0,019	0,01%	0,050	0,00%	0,000	0,00%
Jurunas	0,621	0,28%	17,206	9,78%	9,230	0,39%	22,417	18,44%
Mangueirão	0,116	0,05%	4,199	2,39%	1,525	0,06%	0,084	0,07%
Mangueiras	0,000	0,00%	0,017	0,01%	0,000	0,00%	0,000	0,00%
Maracacuera	0,849	0,38%	2,479	1,41%	6,049	0,25%	2,947	2,42%
Maracaja	0,019	0,01%	0,085	0,05%	0,369	0,02%	0,000	0,00%
Maracangalha	3,251	1,45%	1,342	0,76%	1,587	0,07%	1,950	1,60%
Marahu	0,000	0,00%	0,000	0,00%	0,000	0,00%	0,000	0,00%

Bairros	2018	%	2019	%	2020	%	2021	%
Marambaia	2,713	1,21%	5,289	3,00%	9,455	0,40%	6,158	5,07%
Miramar	0,000	0,00%	0,000	0,00%	0,005	0,00%	0,000	0,00%
Murubira	0,040	0,02%	0,000	0,00%	0,014	0,00%	0,131	0,11%
Natal do Murubira	0,005	0,00%	0,008	0,00%	0,011	0,00%	0,132	0,11%
Nazaré	0,066	0,03%	0,016	0,01%	0,017	0,00%	0,000	0,00%
Paracuri	3,014	1,35%	1,718	0,98%	3,043	0,13%	1,425	1,17%
Paraíso	0,000	0,00%	0,000	0,00%	0,000	0,00%	0,000	0,00%
Parque Guajará	0,776	0,35%	4,964	2,82%	2,052	0,09%	1,471	1,21%
Parque Verde	0,326	0,15%	1,272	0,72%	6,547	0,27%	1,869	1,54%
Pedreira	0,973	0,44%	2,680	1,52%	4,025	0,17%	0,860	0,71%
Ponta Grossa	0,114	0,05%	2,006	1,14%	0,979	0,04%	0,671	0,55%
Porto Arthur	0,007	0,00%	0,000	0,00%	0,000	0,00%	0,018	0,01%
Praia Grande	0,005	0,00%	0,019	0,01%	0,063	0,00%	0,004	0,00%
Pratinha	2,254	1,01%	0,732	0,42%	11,629	0,49%	3,049	2,51%
Reduto	0,018	0,01%	0,110	0,06%	0,074	0,00%	0,160	0,13%
Sacramenta	1,226	0,55%	6,398	3,63%	2,627	0,11%	1,478	1,22%
São Braz	0,190	0,09%	11,659	6,62%	1,173	0,05%	5,511	4,53%
São Clemente	0,000	0,00%	0,603	0,34%	0,258	0,01%	0,000	0,00%
São Francisco	0,885	0,40%	0,848	0,48%	0,187	0,01%	0,040	0,03%
São Joao do Outeiro	0,177	0,08%	0,716	0,41%	0,986	0,04%	1,923	1,58%
Souza	0,000	0,00%	0,009	0,01%	0,167	0,01%	0,003	0,00%
Sucurijuquara	0,000	0,00%	0,000	0,00%	0,003	0,00%	0,000	0,00%
Tapanã	3,035	1,36%	6,153	3,50%	3,945	0,17%	12,797	10,53%
Telégrafo Sem Fio	66,537	29,78%	51,880	29,47%	4,330	0,18%	1,324	1,09%
Tenoné	0,091	0,04%	2,637	1,50%	2,646	0,11%	1,997	1,64%
Terra Firme	3,435	1,54%	4,538	2,58%	2,386	0,10%	1,913	1,57%

Bairros	2018	%	2019	%	2020	%	2021	%
Umarizal	0,312	0,14%	0,540	0,31%	0,082	0,00%	0,142	0,12%
Una	0,843	0,38%	0,182	0,10%	1,848	0,08%	0,474	0,39%
Val-De-Cans	3,394	1,52%	0,139	0,08%	0,007	0,00%	0,005	0,00%
Vila	1,112	0,50%	0,564	0,32%	0,214	0,01%	0,175	0,14%
Σ		223,466	100,0%	176,019	100,0%	2.389,041	100,0%	121,572	100,0%

Fonte: Pará (2022), adaptado e com destaques pelo autor

Primeiramente, deve-se destacar que Belém-PA foi a cidade que mais apresentou apreensões de drogas no estado (com 21,3% das ocorrências). No entanto, prevaleceu, em seus respectivos bairros, a ocorrência de apreensões de pequenas quantidades, que apontaram para a presença de um tráfico de varejo em amplas áreas da cidade.

Para além disso, alguns locais se destacaram, conforme assinalado na tabela (em cores mais brandas): o bairro da Cabanagem, o da Campina de Icoaraci, o do Jurunas e o da Condor, cujas apreensões, relativamente elevadas, no entanto, após verificação de relatos de ocorrência, revelaram não mais que uma diversidade de casos envolvendo o refino secundário da droga por (B.1.2) agentes utilizados na atividade direta de manufatura secundária da droga, apreensões junto a agentes vinculados a (B.1.3) organizações locais de distribuição e revenda de drogas, cujo entorpecente seria destinado aos (B.1.4) pequenos varejistas de drogas.

Conforme Couto (2018), esses bairros se caracterizariam por uma comprovada presença de grupos criminosos que formariam redes internas do comércio de cocaína (e outras drogas) dentro da cidade de Belém-PA, sendo compreensível, a partir dessa inferência, que eles figurem com altos índices de apreensão de pequenas quantidades da droga.

Em relação aos demais *outliers* constantes da tabela, por sua vez, cumpre uma séria observação em relação aos registros havidos no bairro do Telégrafo Sem Fio, em 2018 e 2019: após análise profunda de ocorrências e notícias, tem-se que os quantitativos apreendidos ao longo desses anos, em verdade, foram inseridos equivocadamente no bairro em questão, pelo fato de envolverem apreensões protagonizadas pela Delegacia Especializada de Narcóticos (Denarc), da Polícia Civil, que se encontra sediada, justamente, neste bairro.

Contudo, os quantitativos mais expressivos (três, ao todo) referiam-se a apreensões havidas no interior do Estado, as quais, por sua vez, são, por ora, destacadas e analisadas, haja vista sua importância ao estudo. Afora essas apreensões, o restante dos números compôs casos de tráfico varejista, como se depreendeu de uma análise dos textos das diversas ocorrências do período.

Deve-se ressaltar, ainda em relação ao problema, que há divergências em relação aos quantitativos lançados nos dados do estado do Pará (2022) e aparentes quantitativos relatados nos autos processuais e notícias dos três casos antes mencionados. Acredita-se que o valor periciado tenha encontrado quantitativos menores do que os inicialmente mencionados ou, ainda, que tenha ocorrido uma possível divergência de informações lançadas em sistema.

Ainda assim, a despeito dos problemas, tomou-se por base a documentação disponível para fins de análise, focando no fenômeno geográfico, em si.

O primeiro caso, disse respeito a uma apreensão de 20 kg de cocaína, transportada em tabletes ocultados em compartimentos secretos de uma caminhonete (*mocó*), interceptada no município de Breu Branco-PA, sudeste do estado (Folha do Bico, 2018).

Conforme consta da ocorrência do caso e autos processuais, a droga se originou do estado do Acre e foi deslocada pelo modal rodoviário, perpassando pelas cidades de Porto Velho-RO e Humaitá-AM, e, a partir desta última, teria ingressado na rodovia BR-230 (Transamazônica), deslocando-se até Novo Repartimento-PA, adentrando Breu Branco-PA.

Os agentes territoriais do tráfico (B.1.2) utilizados na atividade direta de transporte seguiriam em direção à Alça Viária (PA-483), até a cidade de Santa Maria do Pará-PA, onde a droga seria entregue, nada mais sendo mencionado sobre seus destinatários ou mercado consumidor final, no inquérito e processo.

Figura 33 – Apreensão de cerca de 20 kg de cocaína, no município de Breu Branco-PA

Fonte: Folha do Bico (2018)

O segundo caso consubstanciou a apreensão de outra caminhonete, em semelhantes características às do primeiro caso, que conteria 57 tabletes de cocaína. Infelizmente, a ocorrência Policial não trouxe maiores detalhes a respeito da rota percorrida pelos agentes territoriais ou detalhes do caso. Igualmente, não foram encontrados os autos processuais do evento, até encerramento da pesquisa.

Também sob idênticas características, o terceiro caso tratou de uma apreensão de drogas em um veículo que seguia no modal rodoviário, novamente, pelo município de Breu Branco-PA, em fevereiro de 2019, logo após passar pela cidade de Novo Repartimento-PA.

Conforme constou do inquérito e autos do processo, o veículo era conduzido por agentes territoriais (B.1.2) utilizados na atividade direta de transporte e continha de cerca de 55,500 kg de cocaína, em compartimentos secretos (*mocó*).

Figura 34 – Apreensão de cerca de 55,500 kg de cocaína, no município de Breu Branco-PA, que seguiria para a cidade de Marituba-PA

Fonte: autos processuais

Após o flagrante, descobriu-se que a droga teria sido enviada da cidade de Rio Branco-AC, seguindo caminho pela rodovia BR-230. O entorpecente seria entregue para um agente territorial que aguardava a droga em Marituba-PA, num hotel local (de boa qualidade), onde foi preso, ato contínuo. Nenhum dos agentes territoriais mencionou a respeito da destinação da droga ou relações que ela envolveria.

De toda forma, de uma análise conjunta dos três casos, fica evidente que há uma nítida rede de tráfico ligando a região da BR-230 (Transamazônica) e a Região Metropolitana de Belém, perpassando pelas referidas cidades de Novo Repartimento-PA e Breu Branco-PA, que parecem constituir uma bifurcação que deteria Marabá-PA como possível elo central (questão que foi retomada, adiante).

Os casos, igualmente, revelaram um vetor de horizontalidade de uma demanda por cocaína que surgiu na Região Metropolitana de Belém e se direcionou para o Acre, notadamente para a cidade de Rio Branco-AC, que, por sua vez, passou a gerar vetores de horizontalidade que movimentam localidades percorridas pelo transporte rodoviário, que se estenderam pelo norte de Rondônia e o sul do Amazonas, adentrando no Pará no sudoeste, em direção ao sudeste, e, por fim, volveriam à RMB.

Figura 35 – Relações de territorialidade do tráfico, relativas a casos evidenciados no eixo da Rodovia BR-230 (Transamazônica), em 2018 e 2019

Fonte: elaboração do autor

Essa rota foi, em parte, descrita pelos trabalhos de Moura (2020) e Guerrero e Espasa (2021), que apontaram uma rota de ingresso da cocaína peruana via Acre e Rondônia, conforme mencionado no capítulo anterior, e, também em parte, por Couto (2019, 2020a, 2020b), ao descrever o início dessa rede, porém vinculando-a à *Rota Caipira*, via Mato Grosso. Ao que parece, houve uma mudança no comportamento do escoamento da cocaína que ingressaria no Brasil a partir do Acre, que, como se vê das apreensões, seguiria caminho até a RMB.

Em todo caso, essa rede do tráfico pode explicar dinâmicas que têm ocasionado as altas de TTD evidenciadas no sudoeste e sudeste do Pará, bem como ao longo das cidades cortadas pela PA-140, conforme já discutido na seção anterior, sendo assim uma evidência da inserção da RMB enquanto *ponto* numa rede maior ainda de relações do tráfico internacional.

Por conseguinte, retomando a discussão a respeito dos quantitativos específicos da cidade de Belém-PA, cumpre analisar dois *outliers*.

O primeiro, que envolvia um caso de apreensão de cocaína no bairro da Brasília, no distrito de Outeiro, infelizmente foi descartado, por conglobar informações em segredo de justiça, diretamente afetas à proteção da criança e adolescente.

Já quanto às duas grandes apreensões registradas em referência à Ilha de Mosqueiro, constantes dos bairros Carananduba e Baía do Sol, no ano de 2020, apurou-se, em pesquisas de campo e levantamentos documentais, que ambas decorreriam de um mesmo fato: a desarticulação de uma organização criminosa, durante operação especial dos órgãos de segurança pública do estado, naquele local.

Figura 36 – Apreensão de mais de 2.000 kg de cocaína, no distrito de Mosqueiro, município de Belém-PA em fevereiro de 2020

Fonte: autos processuais

Essa organização, que seria composta, inclusive, por um cidadão peruano (preso em flagrante no local e que se encontrava foragido de presídio no qual cumpria pena, em Altamira-PA), guarnecia drogas em um terreno em área erma, próxima ao Furo das Marinhas, no distrito de Mosqueiro, em Belém-PA.

Nesse local foi encontrado um montante de mais de duas toneladas de cocaína. A apreensão foi realizada em duas etapas (o que justificaria o duplo registro em bairros diferentes, considerando tratar-se de área limítrofe a ambos).

Os autos processuais não deixaram claro se os agentes comporiam somente um grupo de (B.1.2) agentes utilizados na atividade direta de transporte e manufatura secundária da droga, ou algum grupo de agentes do setor competitivo (A). Em todo caso, evidenciou-se que os agentes transportavam a droga por meio de lanchas (das quais uma foi apreendida na operação) e barcos pesqueiros (pertencentes a um suposto empreendimento *de fachada* de um dos presos). Na ocasião, também foram apreendidos veículos de considerável valor econômico (picape e SUV), a partir dos quais o entorpecente também seria transportado pelo modal rodoviário.

No local, também era realizado o refino secundário da droga, bem como sua dobragem. Informou-se, ainda, que a organização teria forte atuação no distrito de Icoaraci, Belém-PA, não tendo sido esclarecida, no entanto, a natureza dessa participação (se vinculada, ou não, a alguma facção, ou se destinada, ou não, à mera distribuição da droga ou atividades mais relevantes).

De todo modo, pode-se observar, a partir da imagem da apreensão, que a droga era organizada em tabletes (ou tijolos) com embalagens de colorações diferentes, que, como verificado à luz de caso anterior, é uma estratégia tipicamente utilizada para diferenciação de destinatários finais do entorpecente.

Igualmente, pelo vulto quantitativo e pelo fato de que uma parte da droga já estava alojada em um dos veículos apreendidos (inclusive se encontrava em curso por estrada em município vizinho, Santa Bárbara do Pará-PA), há fortes indícios de que a droga seria destinada a outros mercados externos à RMB.

Em todo caso, a ocorrência forneceu dados interessantes à análise.

Figura 37 – Relações de territorialidade do tráfico, relativas à apreensão de drogas realizada no distrito de Mosqueiro, em Belém-PA, em fevereiro de 2020, e suas repercussões espaciais

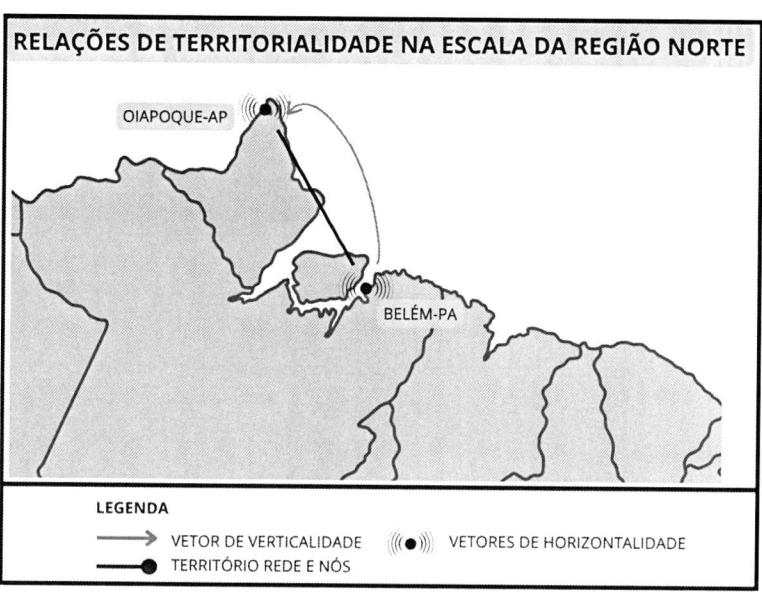

Fonte: elaboração do autor

Primeiramente, ao se pesquisar a origem das embarcações pertencentes a um dos agentes territoriais da organização, verificou-se que elas operariam na região do Oiapoque-AP, o que levou os órgãos de segurança à inferência de que o entorpecente se originaria dessa região. Este fato permite a percepção de vetores de verticalidade, decorrentes de uma demanda que partiria da RMB em direção àquela cidade, movimentando uma rede que, possivelmente, usaria o modal marítimo e se vincularia às Guianas, ao Suriname e/ou à Venezuela, para escoamento de quantidades de cocaína, provavelmente, provenientes da Colômbia.

Na literatura, essa é uma rede apontada de maneira residual por Guerrero e Espasa (2021), que apontaram o escoamento via Venezuela, e por Couto (2020a), que mencionou possíveis saídas de entorpecentes via Manaus-AM para o Suriname, e, a partir daí, para o oceano Atlântico. Embora a investigação não tenha esclarecido a origem do entorpecente, em todo caso, é muito provável que ele advenha dessa região ou, ainda, da já referida *Rota Solimões*, cujo escoamento via Baía do Guajará já restou comprovado em outros casos aqui estudados.

A partir do caso concreto, ainda, foi possível perceber que Belém-PA se encontraria diretamente vinculada a redes territoriais do tráfico internacional de cocaína, constituindo-se como um *nó*, responsável pelo recebimento do entorpecente de sua origem produtiva e/ou pontos intermediários de transporte, para possível redistribuição a outros pontos, a exemplo do evidenciado nos demais casos comentados em relação a Benevides-PA e Castanhal-PA, constituindo, assim, um ponto logístico para o escoamento para outros locais.

A constituição desse *nó*, igualmente, parece ter ocasionado vetores de horizontalidade multidimensionais constatados no local, primeiramente, numa perspectiva econômica, a partir dos bens (veículos e barcos) de significativo valor, detidos pela organização.

E, em segundo lugar, numa perspectiva social, constatam-se consequências multidimensionais sensíveis a partir do reputado *medo* relatado pelos vizinhos do sítio em que ocorreu a apreensão — informação, aliás, que condiz com apontamentos literários formulados por McDermott *et al.* (2021) e Paiva (2019). Os moradores ainda destacaram que a organização deteria armamentos de grosso calibre, utilizados para intimidação e transporte das drogas nas embarcações. Mesmo após a operação, este pesquisador se deparou com o medo e baixa colaboração dos moradores, em visita de campo no local, em 2022.

Para além das grandes apreensões, não resta dúvida, de outro lado, que Belém está consolidada enquanto mercado consumidor relevante de cocaína na região, o qual se manifestou, materialmente, por meio das várias apreensões com pequenos montantes, acumuladas em seus bairros. Esse fenômeno comprova um fluxo significativo de cocaína em pequenas quantidades pelos bairros da capital paraense, característica própria de um tráfico de varejo. A presença dessa droga, por sua vez, conforme já argumentado à luz da literatura, certamente, tem promovido um reequilíbrio das relações territoriais na cidade, no sentido de favorecer agentes vinculados à economia do crime, como sugerido por autores como Couto (2018, 2019, 2020a, 2020b), Reis Netto (2018), Reis Netto e Chagas (2018a, 2018b; 2019a), Reis Netto *et al.* (2021), e, ainda, permitir o estabelecimento de territorialidades concorrentes ao estado e capazes de condicionar a ação dos residentes de diversas comunidades e bairros.

Confirmou-se, ainda, o direcionamento de fluxos da droga argumentados por Viana *et al.* (2019) em direção à metrópole paraense e demais municípios da RMB, que, ao que aparenta, se revelariam sob uma dúplice função de *mercados consumidores* (pelos números de pequenas apreensões acumuladas, caracterizando Belém-PA como o maior mercado do Estado) e como *nós* de ligação de diferentes redes do tráfico internacional.

O processo de *dobragem* (redução da pureza da droga para aumento de sua quantidade), igualmente, foi evidenciado no caso de Mosqueiro e em diversos dos demais casos de pequenas apreensões vinculados aos bairros, conforme se verificou durante as pesquisas de campo, nos municípios da RMB.

Essa evidência, por sua vez, permite o levantamento de uma hipótese (que não pode ser confirmada sem a necessária participação dos órgãos de perícia científica na análise contínua da droga), como apregoam a UNODC e o CDE (2022): embora a RMB seja um receptáculo de *ouro* — ou seja, de uma cocaína e subprodutos de elevado nível de pureza — com qualidade de exportação, de outro lado, é uma mera consumidora de *ouro de tolo* — ou seja, de uma cocaína e subprodutos de qualidade significativamente reduzidos, para obtenção de vantagens na revenda. A análise quantitativa das apreensões, realizada na escala dos municípios da RMB, mostrou-se bastante esclarecedora, no sentido de demonstrar o papel desempenhado por esta em relação às redes do tráfico internacional, além de diversas das características inerentes ao objeto de estudo.

No entanto, considerando a multiescalaridade do fenômeno, mostrou-se de uma importância lançar olhares mais amplos ainda, capazes de permitir a análise das manifestações de presença da droga, para além da escala dos municípios individualmente considerados ou da região em si.

Essa atividade encerrou a análise qualitativa firmada no tópico a seguir.

5.3 AS APREENSÕES DE COCAÍNA NO ESTADO DO PARÁ, À LUZ DE UMA PERSPECTIVA MULTIESCALAR

Ainda sob o fio-guia de uma perspectiva quantitativa, esta seção se ocupou da análise dos números das apreensões realizadas nos demais municípios do estado do Pará, com especial atenção a potenciais redes ligadas à RMB.

No gráfico a seguir, pode-se evidenciar o *ranking* dos 20 municípios que obtiveram os maiores quantitativos (acumulados) de apreensões no Estado, bem como dos 20 municípios que apresentaram as maiores

Taxas de Presença Demográfica (TPD) da Droga (maiores quantidades apreendidas a cada 10 mil habitantes) acumuladas na série histórica, nos termos já propugnados na seção metodológica.

Gráfico 8 – Vinte municípios com maior número (acumulado) de apreensões de cocaína e de taxa de presença populacional de cocaína (TPD) de tráfico de drogas (TTD), no estado do Pará, nos anos de 2018 a 2021

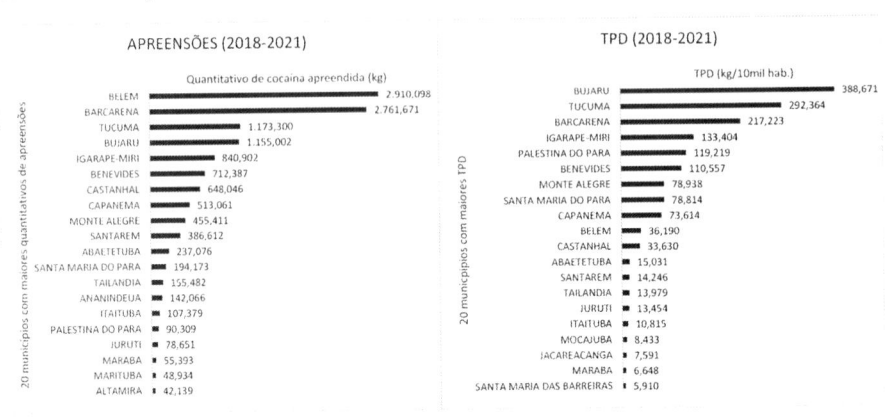

Fonte: Pará (2022), adaptado pelo autor

Como se pode observar em relação ao quantitativo de apreensões acumuladas, de pronto, houve um especial destaque de municípios pertencentes à RBM, quais sejam, Belém-PA, Benevides-PA e Castanhal-PA, por conta das grandes apreensões de cocaína e subprodutos já comentadas na seção anterior.

Registrou-se o destaque, também, dos municípios de Ananindeua-PA e Marituba-PA, que, embora não detenham registros de grandes apreensões na série histórica, ainda assim demonstraram uma significativa quantidade da droga percorrendo suas respectivas redes comerciais varejistas.

Ainda em relação à RMB, porém, analisando-se os resultados de aplicação da Taxa de Presença Demográfica (TPD) de cocaína nos municípios (kg/10 mil hab.), acumulada na série histórica (2018-2021), constatou-se um destaque especial dos municípios de Benevides-PA, Belém-PA e Castanhal-PA, novamente em razão das grandes apreensões registradas no período de análise.

Já nas imediações da RMB, pode-se observar um substancial destaque quanto ao município de Barcarena-PA, que apresentou a segunda maior quantidade de apreensões acumuladas na série histórica, especialmente por ser um município contíguo à cidade de Belém-PA e um TTD igualmente alto (217,223 kg a cada 10 mil hab.) na série histórica.

Essa evidência (entre outras) sugeriu a necessidade uma mudança de escalas de análise do fenômeno inerente à RMB, que, como se verá ao fim da seção, revelou uma verdadeira zona de significativas apreensões e todo um conjunto de redes que vinculavam o estado àquela região. Igualmente, foi possível, a partir de produção cartográfica descritiva dos índices quantitativos mencionados, observar outras áreas de substancial destaque na geografia do estado do Pará, adiante destacadas.

A partir da espacialização dos índices, diversos outros municípios passaram a se apresentar de maneira assente, que permitiu identificar conjuntos de áreas que sofreram uma aparente influência decorrente das dinâmicas das redes internacionais do tráfico de cocaína, que atravessariam o estado do Pará.

A partir desses destaques, expressos pelas altas e variações dos índices, foi possível deduzir, em triangulação com a literatura, os possíveis caminhos percorridos pela droga no Estado, e suas possíveis relações com a RMB.

Ao todo, foram identificadas cinco áreas, dentre as quais quatro já haviam sido percebidas nos tópicos anteriores, à luz da análise de TTD. Nesse sentido, destacam-se os mapas a seguir, que, respectivamente, apresentam a espacialização dos quantitativos de apreensões acumulados, bem como a TPD acumulada, no período de 2018-2021.

Figura 38 – Mapa do quantitativo total (acumulado) de cocaína apreendida nos municípios do estado do Pará, com destaque para a área próxima à RMB e seus municípios

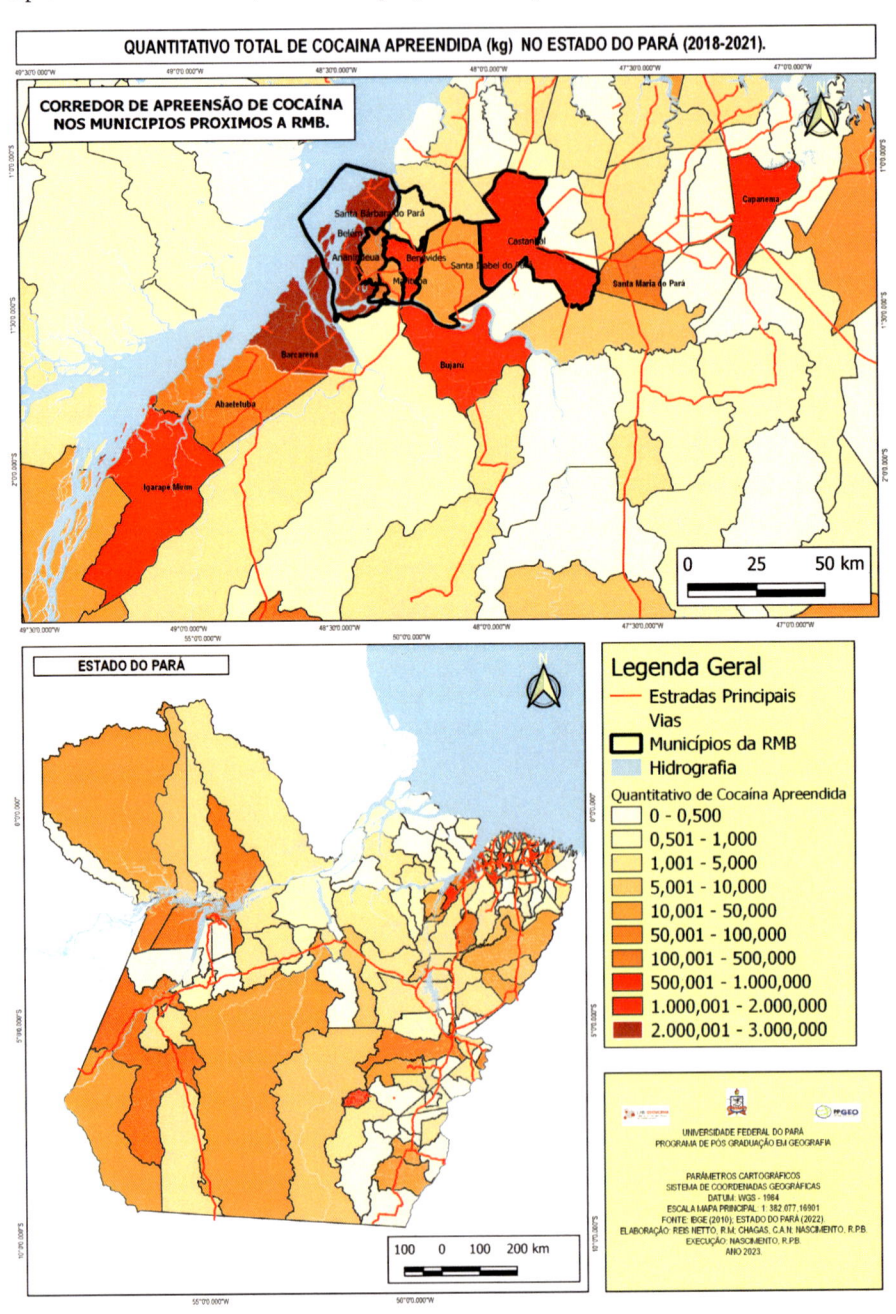

Fonte: Pará (2022), adaptado pelo autor a partir de dados do IBGE (2010) e Fapespa (2022)

Figura 39 – Mapa do quantitativo da TPD (acumulada) de cocaína (kg/10 mil hab.), com destaque para a área próxima à RMB e seus municípios

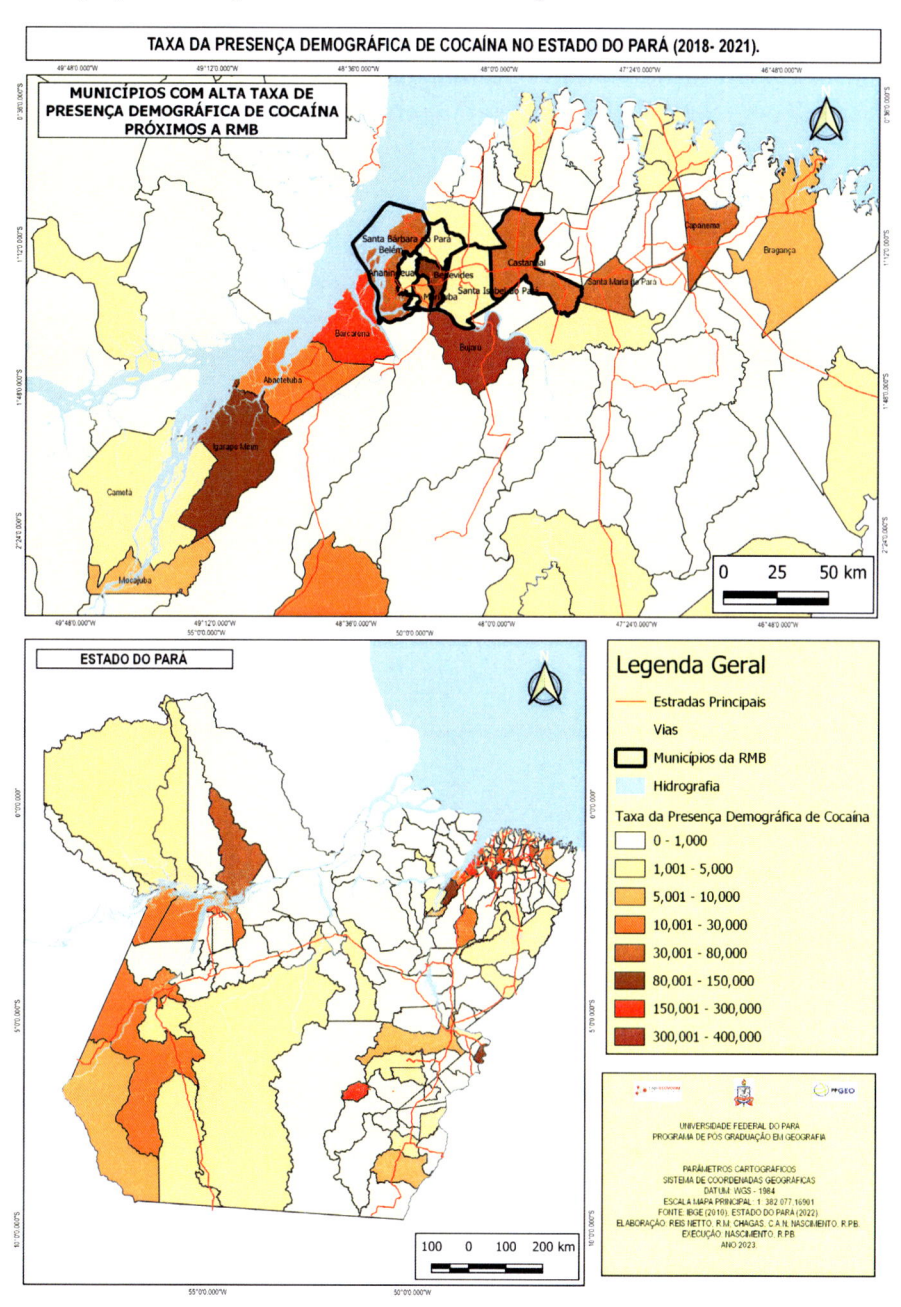

Fonte: Pará (2022), adaptado pelo autor a partir de dados do IBGE (2010) e Fapespa (2022)

Em primeiro lugar, registrou-se o destaque do sudoeste do Pará, notadamente dos municípios de Jacareacanga-PA (com 39,080 kg no quantitativo acumulado e TPD de 7,591 kg de cocaína a cada 10 mil hab.) e Itaituba-PA (com 107,379 kg no quantitativo acumulado e TPD de 10,815 kg/10 mil hab.), já referidos em tópico anterior. Se levada em conta também a TTD, ganham destaque, ainda, os municípios de Novo Progresso-PA e Trairão-PA.

Veja-se a área em questão, isoladamente, na figura a seguir.

Figura 40 – Possíveis fluxos da cocaína na região Sudoeste do estado do Pará

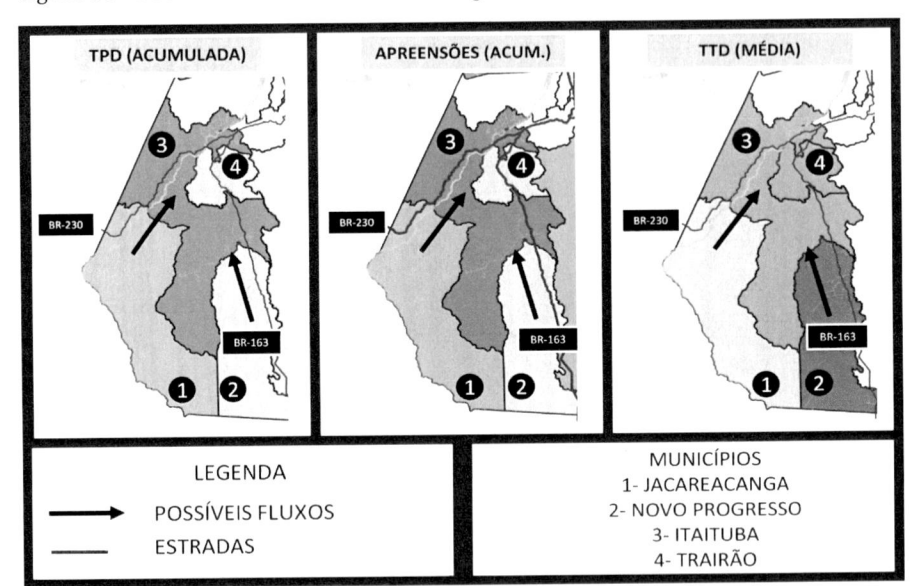

Fonte: Pará (2022), adaptado pelo autor a partir dos mapas de TTD, TPD e apreensões acumuladas e suas respectivas fontes

A partir dos casos já referidos em relação à região, acredita-se que os municípios em questão estejam sofrendo influências decorrentes de dinâmicas territoriais de redes do tráfico internacional de cocaína que se utilizariam das BR-230 (Transamazônica) e da BR-163 (Santarém-Cuiabá), para fluxo de drogas pela área.

Quanto à primeira, evidenciou-se, na seção anterior, casos em que a cocaína, originária de Rio Branco-AC, fora transportada pela mesma, até um possível nó na região de Marabá-PA (questão que se retomará, a seguir), com aparente rumo à RMB (sem se descartarem possíveis fluxos diretos à Região Nordeste, como também se ilustrou a partir de caso descrito adiante).

Além disso, ao longo de visitas realizadas pelo pesquisador a diversos órgãos de segurança, apontou-se que esta área conteria pistas de pouso clandestinas sob investigação naquele momento[51], não obstante a imprensa já tenha relatado o uso de aviões de pequeno porte — nos termos indicados pela literatura (UNODC, 2022d; Couto, 2020a) — para inserção de cocaína na região, justamente nas proximidades da Rodovia Transamazônica (Metrópoles, 2019).

Essa área, ainda, como tratado à frente, se liga a outra região de destaque, relativa ao entorno do município de Santarém-PA.

Em segundo lugar, destacou-se área afeta ao sudeste do Pará. Embora essa região não tenha chamado maior atenção quanto à representação espacial TTD média apurada na série histórica, seu destaque se tornou assente, após a espacialização dos quantitativos de apreensões acumuladas e TPD acumulada.

Veja-se a situação na figura a seguir.

Figura 41 – Possíveis fluxos da cocaína na região Sudeste do estado do Pará

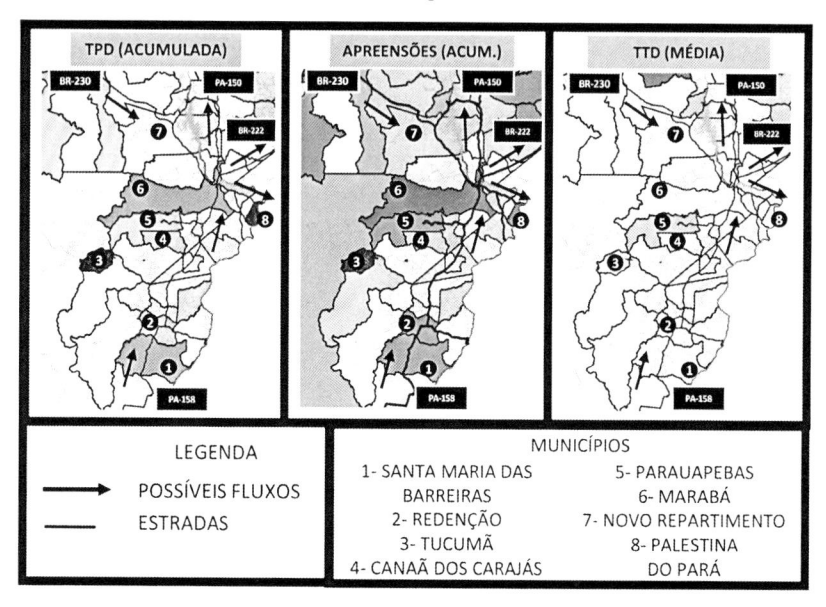

Fonte: Pará (2022), adaptado pelo autor a partir dos mapas de TTD, TPD e apreensões acumuladas e suas respectivas fontes

---

[51] Razão pela qual, neste momento, não se documenta qualquer inquérito ou ocorrência, para evitar a disseminação de informações sensíveis.

Como se pode observar da imagem, a área também pareceu sofrer influências, primeiramente, de fluxos que percorreriam a rodovia Transamazônica (BR-230), oriundos da área analisada há pouco, os quais, como visto a partir dos casos concretos analisados, adentrariam a área via Novo Repartimento-PA, podendo seguir em direção a Tucuruí-PA ou em direção a Marabá-PA, sendo esta última a hipótese mais provável.

Como se verifica da última imagem, a TPD acumulada e as apreensões acumuladas em Marabá-PA (respectivamente, 6,648 kg a cada 10 mil hab. e 55,393 kg, na série histórica analisada) revelaram que a cidade tem apresentado uma grande presença de cocaína em seu território, revelando-a como um possível nó de redes do tráfico, que, ainda, ligariam as cidades na continuação da BR-230, por onde a droga poderia seguir em direção a outros estados da Região Nordeste.

Inclusive, justamente nessa continuação da rodovia, constatou-se o destaque da cidade de Palestina do Pará-PA (com TPD acumulada de 119,219 kg a cada 10 mil hab. e apreensões acumuladas de 90,309 kg, na série histórica), o que, por sua vez, ocorreu em função de uma grande apreensão de crack (e maconha) havida em agosto de 2021, transportada em um veículo que foi abandonado às margens da pista, no momento de uma abordagem por órgãos de segurança pública paraenses (Sá, 2021).

Do caso, pode-se deduzir a existência de redes que prossigam ao longo do trajeto via BR-230, para além do Pará, sem que a droga entre em contato com a Região Metropolitana de Belém, demonstrando que esta não exerceria uma centralidade *exclusiva*, no Estado, diante do que se observa em relação a Marabá e entorno.

Igualmente, seria também possível que fluxos de droga ingressassem no Pará a partir do Mato Grosso, por meio da BR-235, o que pode explicar a alta de TPD observada em relação ao município de Santa Maria das Barreiras (5,910 a cada 10 mil hab., na série histórica).

Por sua vez, a partir de Marabá-PA, os fluxos parecem seguir modificando a dinâmica de vários municípios no curso da BR-222 (Marabá-Fortaleza), em direção ao nordeste paraense, de onde, igualmente, as rotas da cocaína podem seguir diretamente ao Nordeste do País ou se conectar em direção à RMB por meio da BR-010 (Belém-Brasília), cuja relevância ao tráfico já foi destacada em estudos como o de Viana *et al.* (2019). Além disso, também se nota um possível fluxo a partir de Marabá-PA em direção à PA-150, igualmente rumo à região próxima ao rio Tocantins (já destacada em momento anterior deste estudo e que, novamente, será abordada a seguir) ou à RMB (pela PA-140, via PA-256; ou pela Alça Viária, PA-483, via PA-475 e PA-151).

Ademais, um caso merece atenção especial na região: o município de Tucumã (com quantitativo acumulado de 1.173,300 e TPD de 292,364 kg por 10 mil hab.). Cortado por uma única rodovia, a PA-279, que o liga ao município de São Félix do Xingu-PA, a oeste, e a Ourilândia-PA, a leste, o município foi o segundo colocado em termos de TPD e o terceiro em apreensões acumuladas. A cidade foi espaço de grandes apreensões de drogas por órgãos de segurança paraenses, especialmente no ano de 2020, quando uma apreensão de cocaína de mais de 800 kg ganhou destaque na imprensa nacional e lançou novos olhares sobre a região (Paraweb News, 2020).

Após investigações, mais recentemente, descobriu-se que a área estava envolta numa rede de narcotráfico que envolveria remessas de cocaína tanto pelo modal rodoviário quanto pelo modal aéreo, para a Região de Novo Progresso-PA (citada há pouco), que dali seguiria, também de avião, por pistas clandestinas em fazendas pecuaristas situadas nas cidades de São Félix do Xingu-PA, Tucumã-PA e Ourilândia do Norte-PA, vinculadas a supostas redes, inclusive junto ao mais famoso (A.1.1) agente internacional do tráfico de drogas brasileiro, o *capo* Cabeça Branca (A Pública, 2021; Abreu, 2021).

Figura 42 – Apreensão de mais de 800 kg de cocaína, no município de Tucumã-PA, em novembro de 2020

Fonte: Paraweb News (2020)

Conforme informado a este pesquisador em suas visitas de campo e documentos consultados, diversas investigações federais e estaduais sobre a área ainda estariam em curso. Inclusive, teria sido identificado um recente caso que envolveria remessas de cocaína da Colômbia, pelo modal aéreo, que partiriam do oeste da Venezuela e fariam uso de diversas pistas clandestinas nos estados de Roraima e do Amazonas, atingindo Novo Progresso-PA. Dali, parte da droga seguiria para Tucumã-PA ou em direção a Goiânia-GO.

Este caso, embora digno de aprofundamento, não coube nos limites do objetivo do presente trabalho. Porém, como tem sido denunciado por diversos autores na literatura em relação ao Brasil e América Latina (McDermott, 2018; Sampó, 2019; Abreu, 2021; McDermott *et al.*, 2021), e, igualmente, em relação ao estado do Pará (Couto, 2022; FBSP, 2022), o uso de modais aéreos para o transcurso de quantidades de cocaína, mesmo que por percursos curtos, tem aparentado se tornar um fenômeno cada vez mais frequente que, certamente, pode reconfigurar, significativamente, as rotas do tráfico na Amazônia e no Pará, permitindo o uso de caminhos menos óbvios e, portanto, mais seguros, para a realização dos fluxos de cocaína para locais de destino.

O fenômeno material citado, certamente, pode explicar o destaque obtido pelo município de Tucumã-PA, na análise, e, mais ainda, as dinâmicas que envolvem toda a área ora analisada. Igualmente, esse novo fluxo pode se integrar aos demais já existentes, há pouco analisados, rumo ao Nordeste e RMB.

O fluxo em direção a essa região, aliás, fica mais evidente ainda, ao se analisar o quantitativo acumulado de apreensões e de TPD acumulada na área paralela à PA-140 e BR-010, entre o sudeste e o nordeste paraense, que, embora já destacado em momento anterior, merece novas digressões neste estudo.

A imagem a seguir ilustrou a área em destaque.

Figura 43 – Possíveis fluxos da cocaína na região entre o sudeste e o nordeste do estado do Pará

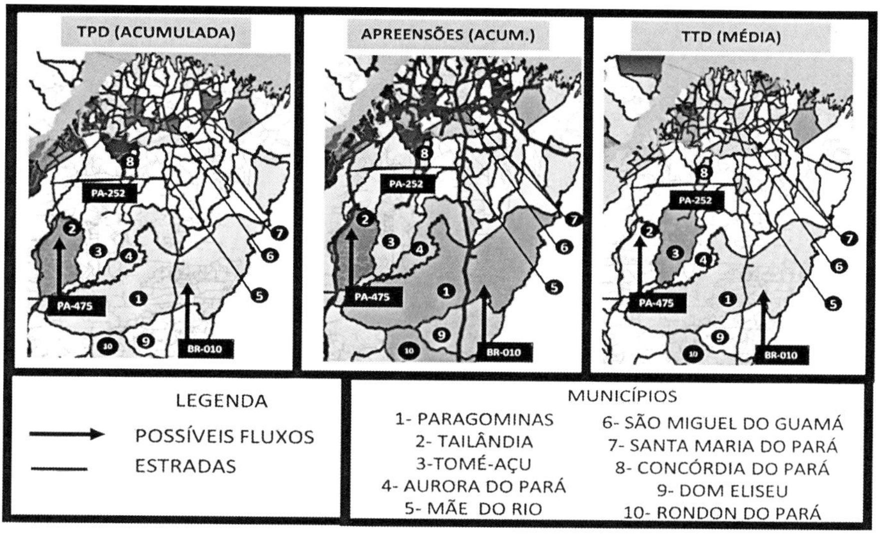

Fonte: Pará (2022), adaptado pelo autor a partir dos mapas de TTD, TPD e apreensões acumuladas e suas respectivas fontes

Nos termos já comentados ao tempo da Análise da TTD, novamente se tem que os quantitativos acumulados de apreensões de cocaína e a TPD, relativas à série histórica analisada, colocam os municípios da faixa paralela entre a BR-010 (Belém-Brasília) e a PA-252 em destaque. Sem repetições a respeito da acessibilidade dessas vias à RMB e região próxima ao rio Tocantins (informadas na primeira seção deste capítulo), tem-se que, para além das já comentadas cidades de Paragominas-PA, Mãe do Rio-PA, Tomé-Açu-PA, Dom Eliseu-PA, Santa Maria do Pará-PA e Concórdia do Pará-PA, ganha especial destaque a cidade de Tailândia-PA (com apreensões acumuladas no importe de 155,482 kg e TPD de 13,979 kg a cada 10 mil hab.).

Como se evidenciou em relação a outros municípios, foi um *outlier* que colocou a cidade em evidência: a apreensão de 139 kg, num compartimento falso (*mocó*) de um caminhão boiadeiro, apreendido na estrada PA-475, enquanto seguia na direção norte (Portal Zedudu, 2021). A investigação comprovou que o (B.1.2) agente utilizado na atividade direta de transporte que se encontrava com a droga, recebeu a carga na cidade de Canaã dos Carajás-PA, com a missão de levá-la para a cidade de Barcarena-PA, sob a promessa de pagamento da quantia de R$ 10.000,00 (dez mil reais), em dinheiro vivo.

Figura 44 – Apreensão de 139 kg de cocaína, no município de Tailândia-PA, em agosto de 2021

Fonte: Portal Zedudu, 2021

Conforme informado ao pesquisador em suas visitas, a droga aparentava alta qualidade (nada se informando sobre testes envolvendo o grau de pureza, entretanto), e, certamente, seria exportada via Porto de Vila do Conde, em Barcarena-PA para o exterior do Brasil.

Como se vê, há nítida ligação entre região Sudeste e Nordeste do estado, cujos fluxos poderiam se originar tanto do sudoeste, via Transamazônica, quanto do sudeste, seja da reputada área ao redor de Tailândia-PA, seja da fronteira com o estado do Mato Grosso (onde flui a *Rota Caipira*).

Figura 45 – Relações de territorialidade do tráfico, relativas à apreensão de drogas realizada no município de Tailândia-PA, em agosto de 2021, e suas repercussões espaciais

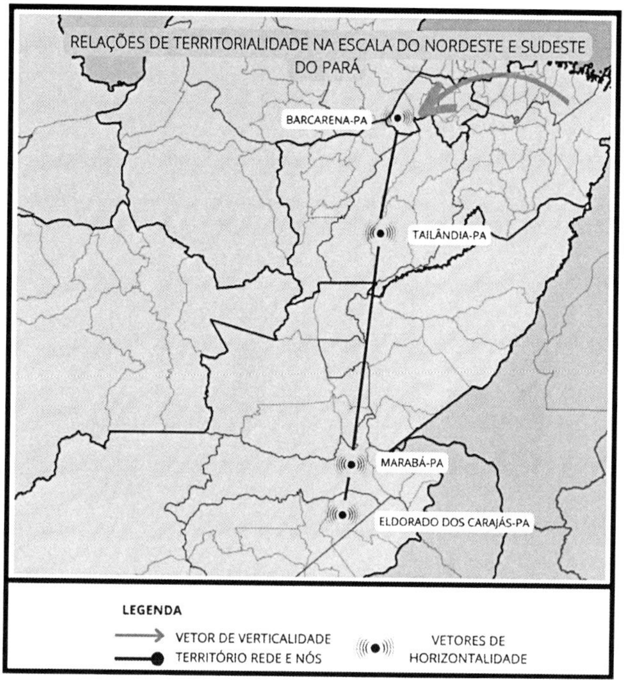

Fonte: elaboração do autor

Em todo caso, como ilustrado, foi nítido que vetores verticais de demanda (externos ao Brasil, destaque-se) teriam atingido a região de Barcarena-PA — enquanto reputado *nó* do tráfico internacional (UNODC, 2022d) —, onde a droga seria recebida, e, diante disso, movimentado as redes do tráfico para permitir o envio da cocaína à cidade, gerando, com isso, vetores de horizontalidade que alteraram as dinâmicas dos municípios envolvidos na rede (que percorreu o mencionado *nó* em Marabá-PA, seguindo pelo rumo da PA-475).

De todo modo, os municípios nesta faixa, como se pode ver dos mapas de TDD e TPD, acabaram sofrendo alterações em suas dinâmicas, o que, por conseguinte, ilustra a passagem da droga pelas mencionadas vias da região.

Em quarto lugar, deve-se citar a região inerente ao município de Santarém-PA e demais municípios próximos, no noroeste do estado, que já haviam adquirido especial destaque quanto à TTD, e, novamente, destacaram-se quanto aos quantitativos acumulados e TPD. Como se pode observar da imagem a seguir, o entorno da cidade de Santarém-PA, que já havia adquirido especial destaque quanto à análise de TTD, novamente se destaca quanto aos quantitativos acumulados de apreensões de cocaína e TPD.

Figura 46 – Possíveis fluxos da cocaína na região Noroeste do estado do Pará

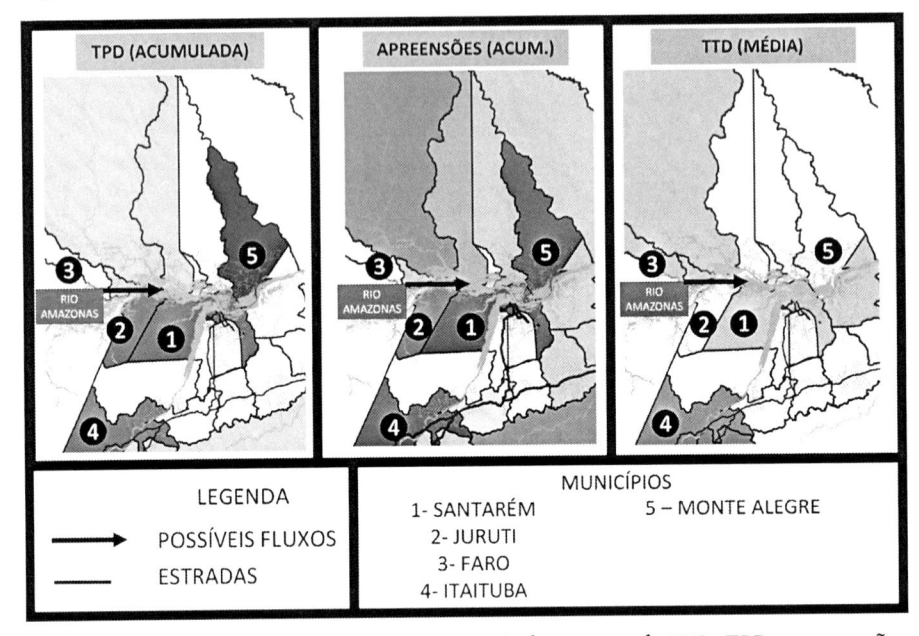

Fonte: Pará (2022), adaptado pelo autor a partir dos mapas de TTD, TPD e apreensões acumuladas e suas respectivas fontes

Destaca-se, nesse sentido, duas cidades em especial: a) Santarém-PA (com 386,612 kg de cocaína acumulados na série histórica e TPD acumulado de 14,246 kg a cada 10 mil hab.); b) Monte Alegre-PA (com quantitativo acumulado de 455,411 kg e TPD de 78,938 kg a cada 10 mil hab.); e c) Juruti-PA (com quantitativo acumulado de 78,651 kg e TPD de 13,454 a cada 10 mil hab.).

Conforme apurado pelo pesquisador em campo e a partir dos registros consultados, as altas apresentadas no entorno de Santarém-PA decorreriam de conjuntos de apreensões que envolveriam três situações: a) fluxos de cocaína que chegariam à área pelo curso do rio Amazonas e aportariam na região, para abastecimento de comércios locais ou curso para outros municípios, pelo modal rodoviário; b) fluxos de cocaína que se depositariam brevemente na região, para continuidade do curso fluvial, até Barcarena-PA ou Belém-PA; e c) fluxos de cocaína que chegavam à região fluvial pelo modal rodoviário foram apreendidos antes ou durante o embarque, que aparentemente seguiria o curso do rio. Em todos os casos, é possível perceber a proeminência do fluxo de cocaína pelo rio Amazonas.

Quanto ao município de Monte Alegre-PA, também destacado na análise, tem-se que o aumento de apreensões decorreu de um *outlier* específico, que preservou as mesmas características já relatadas em relação a Santarém: a apreensão de cerca de 447 kg de cocaína, decorrentes de uma operação de órgãos de segurança pública paraenses, em outubro de 2020. Contudo, o caso é digno de maiores menções.

Conforme informado a este pesquisador em suas pesquisas de campo, a droga compunha um carregamento maior, com cerca de 1.200 kg de cocaína, que fora transportado a partir de um ramal não identificado no município de Tabatinga-AM, numa balsa, empurrada por embarcação menor, utilizada para transporte de bois.

A embarcação se dirigiu ao local com a carga, que fora deixada numa aldeia indígena não identificada, e, em seguida, a droga foi embarcada num igarapé local (também não identificado). Conforme apuração, peruanos, que chegaram ao local por rios da região em uma lancha, realizaram a entrega da carga. Em seguida, o grupo de (B.1.2) agentes utilizados na atividade direta de transporte seguiu para a cidade de Monte Alegre-PA, pelo rio Amazonas.

Do total, cerca de 800 kg foram entregues ainda na cidade de Monte Alegre-PA, em semelhantes circunstâncias: lanchas de grande porte (cerca de 5 metros) e potência encostavam na balsa e deixavam o local portando determinadas quantidades de tabletes. A última entrega ocorreria em município mais adiante, no curso do rio, Almeirim-PA. Porém, a carga foi interceptada pelos órgãos de segurança.

A droga apresentava diferentes marcadores de tipo (conforme informado e já anteriormente verificado noutros casos, para diferenciação de destinatários) e, para além dela, foram apreendidos mais de R$ 100.000,00 (cem mil reais), sendo que o total da negociação corresponderia a mais de R$ 330.000,00 (trezentos e trinta mil reais), dos quais parte seguiria para o agenciador da equipe, que moraria em Santarém e seria detentor de diversas embarcações, atuando como reputado cabeça de uma (A.1.2) organização nacional de atravessadores.

Figura 47 – Relações de territorialidade do tráfico, relativas a caso evidenciado em Monte Alegre-PA, em outubro de 2020

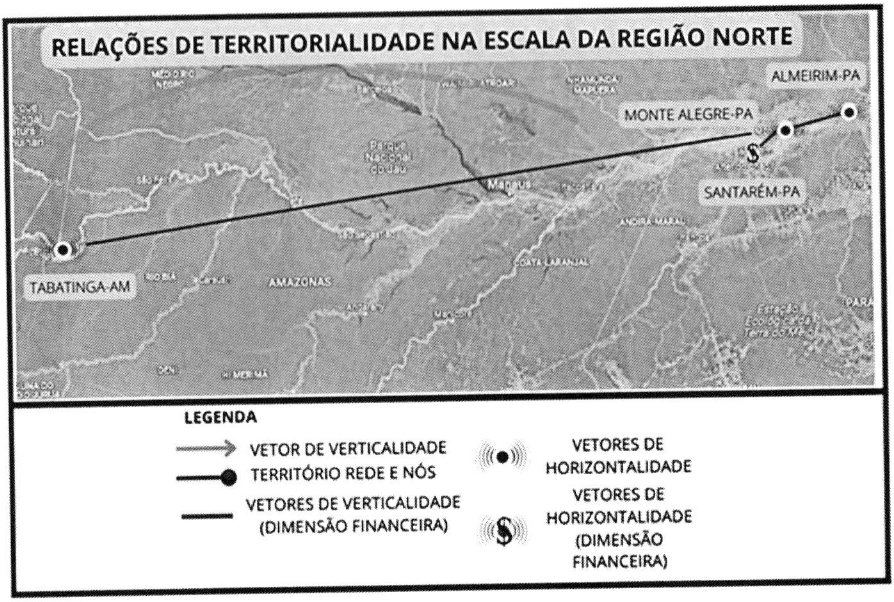

Fonte: elaboração do autor

Como se pode ver, o caso revela informações bastante relevantes a respeito da *Rota Rio Solimões*. Em primeiro lugar, confirma-se o protagonismo atribuído à região da tríplice fronteira, relatado pela literatura, e o fluxo firmado pelo rio Amazonas, via Amazonas e Pará (Rodrigues; Esteves, 2018; Hirata, 2019; Paiva, 2019; Sampó, 2019; Couto, 2019, 2020a; Moura, 2020; Reis Netto *et al.,* 2021; Dias; Paiva, 2022).

Em segundo lugar, a partir das informações do caso (que mencionaram, inclusive, a existência de uma segunda balsa com idênticas funções), foi possível constatar o surgimento de vetores de demanda por cocaína no Pará (cujas origens não foram especificadas), os quais, por sua vez, ocasionaram o surgimento de novos vetores direcionados à fronteira brasileira, em Tabatinga-AM. Esses vetores, finalmente, se direcionaram a pontos não especificados da origem produtiva, notadamente no Peru (em região também não identificada).

Com isso, vetores de horizontalidade passaram a movimentar-se e alterar as dinâmicas das cidades envolvidas, inclusive afetando áreas supostamente vinculadas a aldeias indígenas (onde o carregamento teria sido embarcado).

Igualmente, percebeu-se, na prática, a formação dos aparentes consórcios entre diversos agentes territoriais, para fins de aquisição da droga na origem produtiva e transporte até certos pontos específicos do espaço, a partir dos quais o entorpecente é entregue para cada interessado, e direcionado para diferentes regiões ou redes específicas (McDermott, 2018; Abreu, 2021; UNODC; Europol, 2021).

Para além disso, conforme também se evidenciou no caso relativo ao município de Castanhal-PA, constatou-se que as repercussões econômicas geradas pelo tráfico acabariam por repercutir no município de Santarém-PA (onde o dinheiro se direcionaria à residência do líder e onde as barcas de transporte aportariam), ao passo que toda atividade de transporte teria transcorrido à margem daquele município, nas cidades de Monte Alegre-PA e Almeirim-PA.

Justamente em razão disso, pode-se afirmar que a cidade de Santarém-PA, para além do progressivo estabelecimento de um tráfico de varejo, aparenta figurar na condição de *nó* da já referida Rota Solimões, nos termos referidos por autores como Couto (2022) e FBSP (2022).

Além disso, Santarém-PA e seu entorno se encontram ligados à outra relevante área já analisada, o sudoeste do Pará, por meio da integração propiciada pela rodovia BR-163 (Santarém-Cuiabá). É interessante dizer que as duas regiões podem propiciar condições para que os agentes territoriais do tráfico alternem modais rodoviários e fluviais em seus fluxos, iniciando rotas pela rodovia Transamazônica e continuando pelo rio Amazonas, ou vice-versa, de acordo com as melhores condições de transporte e/ou ocultação de suas ações.

Isso explicaria, por exemplo, a presença de drogas que estavam tanto em fase de embarque quanto de desembarque, na região santarena, ao longo das apreensões evidenciadas na série histórica.

Em todo caso, como se verificou a partir dessa e das demais regiões analisadas, sob os diferentes índices e quantitativos, é assente que grande parte dos fluxos de cocaína tem convergido em direção à RMB, colocando-a em inequívoca evidência dentro do estado do Pará, já trazendo algumas possíveis contribuições ao objetivo geral da pesquisa.

Contudo, evitando os riscos de eventuais reducionismos, faz-se necessário analisar os aspectos da RMB, também para além de sua própria escala, de modo que as dinâmicas ao seu redor também sejam observadas, sobretudo considerando-se os apontamentos literários e evidenciais identificados a partir dos casos ora analisados, que também apontaram para um protagonismo do município de Barcarena-PA, contíguo à região.

Nesses termos, volvendo aos mapas já apresentados ao início, pode-se observar alguns fluxos direcionados, aparentemente, não só à RMB, mas a todos os municípios que compõem sua região mais próxima, como se observa a seguir.

Figura 48 – Possíveis fluxos da cocaína na região Nordeste do estado do Pará

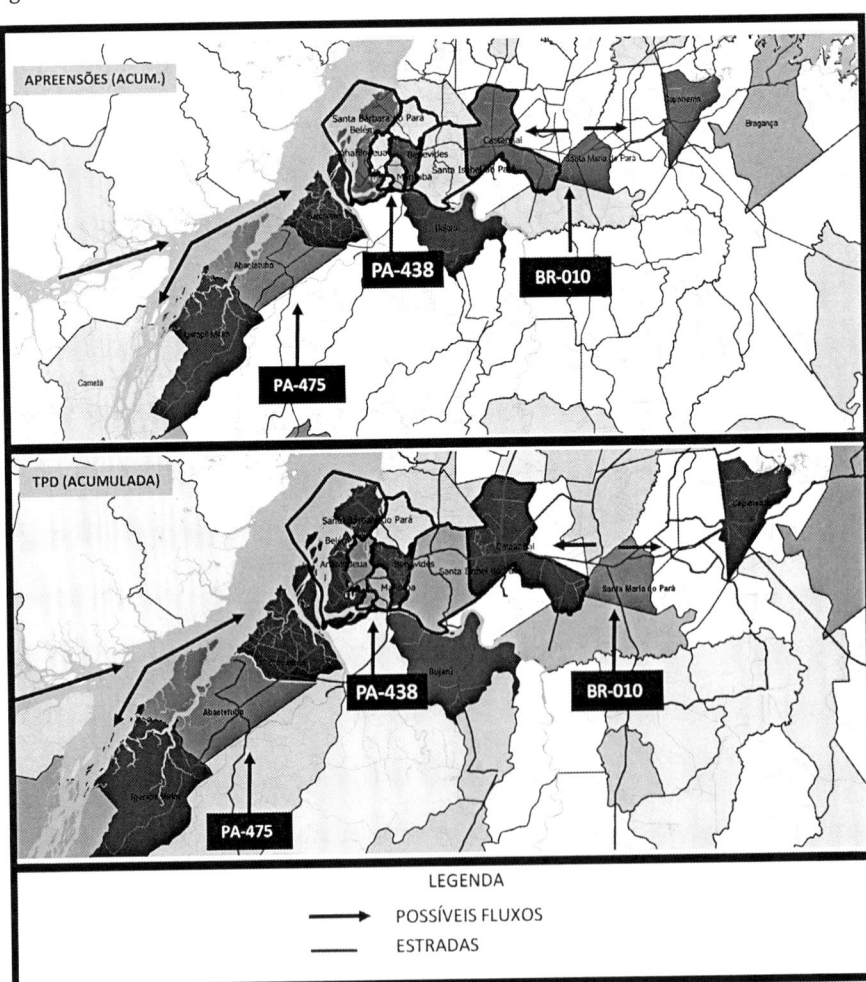

Fonte: Pará (2022), adaptado pelo autor a partir dos mapas de TTD, TPD e apreensões acumuladas e suas respectivas fontes

Numa ampla triangulação entre os dados quantitativos e literários produzidos até aqui, contatou-se que a RMB, de fato, receberia uma convergência de fluxos das redes do tráfico de cocaína do estado inteiro, com poucas exceções (como visto nos casos de transportes que seguiriam diretamente pela rodovia Transamazônica ao Nordeste brasileiro, por exemplo).

Contudo, é de se questionar se sua população residente, de fato, justificaria uma centralidade de fluxos tão intensos de drogas em sua direção, a ponto de conceber a destinação desta cocaína somente ao consumo, ou se, de fato, há fenômenos além, a serem considerados em relação à metrópole paraense.

Desse modo, sugere-se observar, em primeiro lugar, que as grandes apreensões realizadas, na Região Metropolitana de Belém, não apresentavam características de destinação específica da droga à própria Região em si, senão manifestaram caracteres que induzem à possível conclusão por um *escoamento* em direção ao nordeste do Estado, por exemplo.

Ao passo, ao se lançar um olhar para além da escala da RMB, englobando todos os municípios próximos, sobretudo aqueles situados no curso dos rios Tocantins e Pará, pode-se constatar que muitos deles apresentaram evidentes destaques, primeiramente, quanto à TTD, e, igualmente, em relação aos quantitativos acumulados de apreensões de cocaína e de TPD acumulada na série histórica.

Nesse sentido, com atenção à faixa contínua da beira-rio, observa-se destaques quanto às cidades de: a) Barcarena (com quantitativos acumulados de 2.761,671 kg e TPD de 217,223 kg de cocaína a cada 10 mil hab.); b) Abaetetuba (com quantitativos acumulados de 237,076 kg e TPD de 15,031 kg de cocaína a cada 10 mil hab.); c) Igarapé-Miri (com quantitativos acumulados de 840,902 kg e TPD de 133,404 kg de cocaína a cada 10 mil hab.); e d) Mocajuba (com TPD de 8,433 kg de cocaína a cada 10 mil hab.).

Para além disso, tem-se que os *outliers* de apreensões de cocaína realizadas nessa área têm apresentado características bastante semelhantes: a) uma apreensão de cerca de 2.000 kg de cocaína em Barcarena-PA, em maio de 2020, foi realizada em uma casa, a 7 km do Porto de Vila do Conde[52], às margens do rio Tocantins; b) uma apreensão de 700

---

[52] Conforme informado ao pesquisador, em seus levantamentos em campo, além da droga, foi encontrado perfume para cães e pó de café, materiais que seriam possivelmente utilizados para despistar cães farejadores, o que levou os órgãos a levantar suspeitas sobre a possível destinação da droga ao Porto de Vila do Conde, em

kg de cocaína (além de uma arma), em outubro de 2020, foi realizada numa embarcação em curso pelo rio Tocantins, em Igarapé-Miri-PA, escondida em compartimentos falsos; c) uma apreensão de cerca de 200 kg de cocaína, em maio de 2019, foi realizada em um sítio a 12 km do rio Tocantins, nas imediações da localidade de Beja, em Abaetetuba-PA; d) a grande apreensão já relatada no ano de 2021, no distrito de Mosqueiro, em Belém-PA, foi realizada em um sítio localizado às margens do Furo das Marinhas, diretamente acessível pela Baía do Guajará; e e) as apreensões de Benevides-PA e Bujaru-PA, ademais, permitiram a identificação de que a droga ingressara nos municípios pelo rio Guamá, via Baía do Guajará, sendo que parte do entorpecente ainda teria desembarcado na região do Jurunas, em Belém-PA, às margens da mesma baía, conforme levantado pelos órgãos de segurança paraenses.

Quanto ao caso de Igarapé-Miri, aliás, é interessante referir que a embarcação que carregava o entorpecente foi apreendida, em pleno curso, ao longo do rio Tocantins, conforme se levantou do inquérito e autos processuais, e provinha do rio Pará, especificamente da Ilha das Araras, em Curralinho-PA.

A droga, por sua vez, conforme apurado em inquérito, teria sido trazida de Monte Alegre-PA (o que confirma a informação oriunda de caso anteriormente estudado, neste capítulo, que apontou a existência de um *nó* das redes do tráfico, naquele município) e teria como destino a cidade de Moju-PA, para onde seguiria após aportar em Igarapé-Miri (não tendo sido apurados demais detalhes sobre o destino da droga). Novamente, observa-se da imagem o fluxo corriqueiro de vetores de verticalidade e horizontalidade, na relação territorial, e, sobretudo, a presença do elemento *fluvial* no caso.

Barcarena-PA. Iniciaram-se, assim, diversas investigações (muitas em curso), que tem resultado em grandes apreensões posteriores, nesta localidade. Inclusive, este caso gerou uma grande polêmica subsequente, uma vez que policiais componentes do órgão responsável pela apreensão, teriam se apropriado de parte da droga, que, em seguida, teria sido revendida na Região Metropolitana de Belém, em Barcarena-PA e Abaetetuba-PA, o que gerou investigação e ação criminal que corre em segredo de justiça. O dado, ademais, confirma o apontamento literário de Hirata (2019) de que a lucratividade da economia das drogas e a total desvirtuação das relações das cidades atravessadas pelas drogas, em muitos casos, leva muitos agentes da segurança pública à participação direta no tráfico de drogas, numa total subversão da ordem e legalidade.

Figura 49 – Relações de territorialidade do tráfico, relativas a caso evidenciados em Curralinho-PA, em outubro de 2020

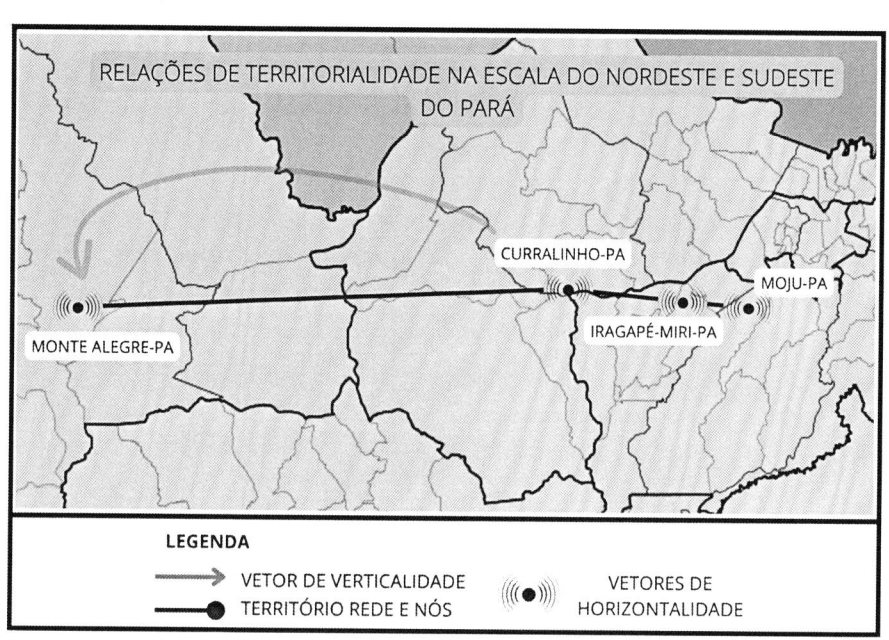

Fonte: elaboração do autor

De toda forma, à luz daqueles cinco casos, verifica-se que houve a apreensão de mais de 5 toneladas de cocaína (e respectivos subprodutos) na região próxima à RMB, num intervalo de dois anos. Em comum, todos os casos detinham a proximidade ou efetiva participação da área *fluvial* local.

Sem se desprezarem os casos em que se constatou o uso do modal rodoviário para acesso à RMB (como no *outlier* registrado em relação à cidade de Castanhal-PA, por exemplo), é nítida a acepção de que a cocaína está se depositando nos municípios às margens da área em destaque, sobretudo nas proximidades da área de encontro entre os rios Pará e Tocantins.

O rio parece ocupar, portanto, uma clara centralidade na territorialização do tráfico no entorno da RMB, parecendo ter um nível de importância às redes da atividade, muito maior do que o da própria metrópole, em si.

Infelizmente, por detalhes que poderiam atrapalhar juridicamente as investigações, tem-se que os inquéritos acabam por não ingressar em maiores méritos sobre os fluxos de entorpecentes (que, se equivocados ou não comprovados, poderiam gerar argumentos favoráveis aos acusados, nos processos penais, custando o sucesso da persecução penal).

Igualmente, deve-se destacar que somente os números de registros e apreensões, *per se*, não se mostram suficientes para a compreensão profunda da territorialidade do tráfico, não obstante forneçam importantes elementos para a análise de sua espacialidade.

Em todo caso, a convergência em direção à RMB se mostra, absolutamente, incompatível, repita-se, com o aparente consumo registrado nos bairros das cidades que a compõem (como se depreende dos valores acumulados analisados neste capítulo, excluídos os *outliers* encontrados), de modo que é mais prudente se concluir que a RMB, embora receba entorpecentes que abastecem seus mercados, muito mais se configuraria como uma região de passagem da cocaína.

Dessas constatações, pode-se extrair algumas confirmações, em relação à hipótese inicial do estudo e, mais ainda, pode-se construir novas hipóteses, dignas de aprofundamento, ainda neste trabalho.

Em primeiro lugar, confirmando parte da hipótese inicial do estudo, é assente que, ao menos a partir dos números, a RMB é o principal mercado consumidor do estado do Pará, com um tráfico de varejo, aparentemente, bem consolidado em diversos dos bairros de seus municípios, como resta capitulado nos registros oficiais.

Contudo, nem de longe esta região se apresenta como um destino final da cocaína que flui pelo estado do Pará, de modo que mais aparenta, em verdade, uma área de absorção de parte dos quantitativos que a atravessam.

Esses resíduos da droga em fluxo, por sua vez, acabariam por reforçar, progressivamente, o consumo interno na região (Reis Netto; Chagas, 2021a). Afinal, como leciona Harvey (2016, 2018), os capitalistas (inclusive os ilegais) fomentariam o surgimento de novas necessidades de consumo, clientes e mercados, para ampliação de suas atividades (e respectiva taxa de lucro).

O tráfico, portanto, à imagem e semelhança dos empreendimentos formais (Chagas, 2014), certamente também acabaria aproveitando parte da droga que acaba ficando na região, para incentivar o surgimento de mais e mais áreas de comercialização na própria RMB ou em regiões próximas as suas redes, propiciando o advento de novos lucros, para além daqueles naturalmente decorrentes da atividade de transporte e estocagem do produto. Essa assertiva, no entanto, ainda necessita de maior investigação, deve-se dizer, a bem da honestidade intelectual.

Em segundo lugar, também no sentido de confirmar a hipótese inicial, há fortes indícios de que a RMB se configure como região de influxo financeiro da atividade ilícita do tráfico, seja por figurar como sede de líderes de organizações criminosas, seja por ser o natural destino dos vetores de dimensão econômica (pela concentração de instituições financeiras, por exemplo), estimulando, em qualquer dos casos, movimentações que aqueceriam a economia desta região.

Essa economia da RMB, aliás, conforme já se concebe em relação a outros países, teria seu produto interno composto, também, por fluxos econômicos que mesclariam licitude e ilicitude, de maneira quase que indissociável (Harvey, 2016).

Por terceiro, e já permitindo apresentar resultados para além da hipótese inicial do estudo, verificou-se que a RMB se mostrou como um importante *nó* ao longo da configuração de diversas redes territoriais do tráfico da cocaína, sobretudo considerando o modal rodoviário com rumo ao Nordeste.

Assim, a RMB se colocaria não necessariamente como um destino final (como já dito), senão como uma das principais plataformas de despacho da droga no território nacional, com destino: a) a outras localidades da região Nordeste, destacadamente para o entorno de cidades como Fortaleza-CE e Recife-PE (Hirata, 2019; Couto, 2019 UNODC, 2022d; Reis Netto; Chagas, 2021a; Siqueira; Nascimento, 2022); b) a mercados internacionais; c) a mercados locais (abastecidos a partir da droga que ficaria retida, como argumentado há pouco).

Isso explicaria, por exemplo, a disseminação de ocorrências de tráfico (TTD), a despeito das pequenas quantidades de cocaína apreendida, na região costeira ao nordeste do estado (em cidades como São Caetano de Odivelas-PA, Salinópolis-PA, Bragança-PA ou cidades intermediárias entre essas últimas e a RMB, como Santo Antônio do Tauá-PA, por exemplo).

Contudo, a RMB não seria a única região a exercer esse papel no Pará.

Outras plataformas de despacho nacional, nesse sentido, poderiam ser igualmente destacadas a partir dos números analisados, em cidades já destacadas nesta seção, notadamente as que compõem o entorno de Santarém-PA, a cidade de Marabá-PA e, por fim, as cidades que compõem o entorno de São Félix do Xingu-PA e Tucumã-PA, por exemplo.

Destaque-se, ainda, a cidade de Capanema-PA (que registrou apreensões acumuladas em 513,061 kg e TPD de 73,614 kg a cada 10 mil hab., na série histórica), em razão de um *outlier*, registrado em outubro de 2021, digno de registros finais.

Após atender a uma ocorrência de invasão de domicílio (e de forma um tanto acidental), órgãos de segurança pública paraenses apreenderam, no imóvel em frente ao que fora atendido, um quantitativo de 509 kg de cocaína ocultados no forro da morada. Segundo apurado em inquérito, a droga era oriunda do Mato Grosso e estava em processo de embalagem (inclusive com a aposição de marcadores e símbolos de diferenciação), para subsequente remessa, supostamente, à Europa, por modais e redes não identificadas na investigação.

Como se pode ver, há diversas cidades e áreas, para além da RMB, que podem se estabelecer como potenciais *nós* nas redes internacionais da atividade, conforme critérios de conveniência e oportunidade dos agentes territoriais do tráfico. Ainda assim, aquela região ainda parece se apresentar como principal plataforma do Estado, ao menos diante do que foi apurado a partir dos números oficiais.

Essa evidência também é reforçada, ressalte-se, diante das constantes tentativas de consolidação de relações de territorialidade firmadas por diversos grupos criminosos, com destaque às facções, em cidades e regiões que se colocaram como potenciais nós das redes do tráfico, como regiões metropolitanas de Manaus-AM e Belém-PA, além das demais cidades já citadas (McDermott, 2018; Viana *et al.*, 2019; Paiva, 2019; Couto, 2020a; Reis Netto, 2018; Reis Netto; Chagas, 2018b, 2021a, 2021b; Reis Netto *et al.*, 2018, 2019).

Nesse sentido, um último destaque deve ser registrado em relação à cidade de Altamira-PA (com apreensões acumuladas em 42,139 kg e TPD de 3,686 kg a cada 10 mil hab., na série histórica), que, como já referido em momento anterior, protagonizou o maior massacre da Região Norte do país (que foi, ainda, o 2.º maior do Brasil em termos de mortos e maior do país considerando-se o número de mortos em função do quantitativo de encarcerados) (Gomes *et al.*, 2021).

A despeito de ter figurado na 20.ª colocação do *ranking* de apreensões, ela detém portos à margem do rio Xingu (que, por sua vez, liga-se ao rio Amazonas, ao norte). Também é atravessada pela BR-230 (Transamazônica) em área próxima ao eixo fluvial, podendo exercer a mesma alternância de modais e redes do tráfico, anteriormente apontada em relação à cidade de Santarém-PA, o que, por si só, demonstra seu caráter estratégico aos agentes territoriais envolvidos[53].

---

[53] Inclusive, conforme informações colhidas nas visitas de campo, essa cidade ainda estaria sob influência da facção denominada Comando Classe A (a despeito de seu enfraquecimento), que também ainda matéria vínculos, por sua vez, com o Primeiro Comando da Capital (PCC).

Por quarto e último, observou-se a existência de uma relação que parece se impor para além dos limites da RMB, envolvendo toda a escala relativa aos municípios próximos, onde a Baía do Guajará se colocaria como uma centralidade. Em torno dessa região fluvial, surgiriam vetores de horizontalidade, os quais atingiriam todos os municípios próximos, tanto na porção continental próxima aos rios Pará e Tocantins, como, igualmente, na porção sul e leste da Ilha do Marajó.

Certamente, suspeita-se do papel desempenhado pelo município de Barcarena-PA nessa dinâmica, embora ainda se dependa de maiores esclarecimentos que os dados quantitativos não foram capazes de fornecer.

Essas, portanto, configuram as conclusões preliminares obtidas a partir da análise quantitativa em questão, as quais, invariavelmente, foram tomadas como ponto de partida da pesquisa e análise desenvolvida no capítulo seguinte: a análise qualitativa de informações obtidas mediante entrevistas.

6

"FAZE COM QUE TUDO AQUILO QUE TOCO SEJA TRANSFORMADO EM OURO": A PERCEPÇÃO DE AGENTES VINCULADOS À SEGURANÇA PÚBLICA SOBRE O PAPEL DA RMB NAS DINÂMICAS DO TRÁFICO INTERNACIONAL DE COCAÍNA

O presente capítulo albergou os resultados do terceiro objetivo específico da pesquisa originária: levantar informações qualitativas, por intermédio de entrevistas direcionadas a macroagentes da segurança pública e pesquisadores de referência que detivessem informações a respeito do contexto das redes do tráfico no estado do Pará, para verificação e triangulação das informações colhidas nos dois primeiros objetivos e obtenção de novos dados a respeito do fenômeno pesquisado.

Novamente, os resultados das entrevistas foram analisados a partir de uma perspectiva multiescalar, considerando que a realidade da RMB se encontra, invariavelmente, vinculada às dinâmicas existentes no estado e na Amazônia.

A análise, igualmente, preservou a característica da multidimensionalidade das relações, considerando que as ações desenvolvidas no *empreendimento* do tráfico, certamente, são capazes de gerar dinâmicas que atingiriam as cidades e agentes em perspectivas que ressoam além da lógica da própria atividade, em si.

Para além disso, propugnou-se, também, pela triangulação dos dados com as evidências já colhidas nos capítulos anteriores, bem como à luz da diversidade de informações colhidas mediante a aplicação das técnicas transversais de pesquisa, nos termos propugnados pelo capítulo metodológico.

Os resultados, por sua vez, encontram-se expostos nas seções a seguir.

6.1 A AMAZÔNIA E SEU CARÁTER ESTRATÉGICO PARA O TRÁFICO INTERNACIONAL DE COCAÍNA

Primeiramente, verificou-se que o conjunto de informações colhidas consolidou um grupo de evidências literárias relativas à escala da Amazônia brasileira e das relações estabelecidas pelos agentes territoriais do tráfico a partir da mesma. Essas verificações preliminares, por sua vez, foram relevantíssimas, mais à frente, para a compreensão das próprias dinâmicas que afetaram (de maneira multiescalar e multidimensional) a RMB.

Nesse sentido, ao serem questionados se a Amazônia seria atravessada, ou não, por redes do tráfico internacional de cocaína (questão introdutória à entrevista), todos os entrevistados foram assentes em responder de maneira positiva. As falas mais relevantes mencionaram que:

> *Sim, com certeza, não somente agora, mas, já há algum tempo* (E1).

> *Sim, sem dúvidas [...] a Amazônia é muito mais integrada em todas essas rotas, onde prevalece as rotas terrestres, hidrovias [...] são esses meios multimodais que são aproveitados por essas redes do narcotráfico* (E4).

> *[...] toda distribuição da cocaína brasileira pra chegar no mercado brasileiro e também pra sair do mercado brasileiro, rumo ao mercado europeu, ele é atravessado pelo região Amazônica* (E8).

> *[...] a Amazônia seria a porta de entrada de parte da droga que é distribuída no mundo e que passa por dentro das redes, nos rios, aviões, e, chegando ao resto do Brasil e daqui é distribuída para alguns países do mundo* (E10).

> *Sim, com certeza principalmente pela da questão fronteiriça, dos próprios estados com outros países, Bolívia, enfim* (E13).

> *Sim, com certeza, ela tem um papel de logística bastante estratégico a nível internacional, tanto na questão da logística das nossas riquezas aqui do estado, assim como, do tráfico de drogas que se utilizam desses meios, desses mecanismos, que nós temos, pra poder escoar seu produto ilícito no caso. Então, certamente a Amazônia tem um papel fundamental na logística do tráfico de droga, principalmente, pelo fato do estado do Pará não ser um produtor, mas, ele está inserido no papel de logística bastante interessante, bastante estratégico pro crime organizado, na questão do tráfico de droga* (E15).

Sim, não só para o tráfico internacional, como o tráfico regional (E17).

Sim, com certeza, essa minha convicção se deve ao fato de que há várias apreensões feitas pela polícia que mostram que drogas apreendidas, pela forma como estavam organizadas, elas se destinavam ou para Europa ou para os Estados Unidos (E20).

Inclusive, a fala de E1 foi mais bem esclarecida a partir dos apontamentos de outros entrevistados, que mencionaram uma longa temporalidade da relação entre a Amazônia e o tráfico de cocaína, nos termos apontados por determinados autores (Paiva, 2019; Abreu, 2021), assim referindo:

Sim, [...] isso não é de agora, isso vem de pelo mesmo quatro décadas. Há várias redes. É interessante de pensar que não é uma rede só, seria simplificar demais o problema. Mas há várias redes na Amazônia, justamente pela localização dela, entre os países produtores no lado ocidental e os grandes portos no lado oriental, pensando aí em Belém, Barcarena. Mas não só esses portos. Fortaleza, Recife, também são importantes no Nordeste. [...] Eu tenho estudado um pouco o narcotráfico pela rota Amazônica, nos anos 80, na época dos grandes quartéis colombianos, e já há relatos de grandes narcotraficantes na região amazônica, nos fins dos anos 70, o início do narcotráfico internacional, e naquele momento toda a cocaína que passava pela Amazônia brasileira tinha como destino o exterior. Naquela época sim, se usava a Amazônia para mandar cocaína para os Estados Unidos, era comum na época, eu me lembro de um traficante americano, de origem grega, radicado em Tabatinga, que depois foi preso por mandar toneladas de cocaína em toras, escondido em toras, para os Estados Unidos. Isso nos anos 80! (E7).

Sim, e faz muito tempo! Até porque a gente sabe que isso é básico. O Brasil não é produtor de droga, ele faz fronteira com países produtores, com Colômbia e Peru. E essas fronteiras que o Brasil faz com esses países produtores coincidem justamente com a região amazônica, com os estados da região amazônica, e são rotas conhecidas de entrada. Então, a Amazônia tem um papel relevantíssimo nessa questão do tráfico de cocaína, porque é, principalmente, através da Amazônia que a cocaína que entra no Brasil, eu diria que em maior quantidade (E12).

Sim, não só agora. Há décadas a Amazônia é passagem do tráfico internacional de cocaína, para regiões da Europa, África e América do Norte, também. Só que parte dessa droga tá ficando aqui na região, de uma maneira geral, aumentando o seu consumo (E22).

Também é interessante destacar que, de pronto, muitos dos entrevistados já ingressaram, mesmo sem provocações nesse sentido, em explicações do *porquê* de a Amazônia se configurar com uma região tão estratégica à atividade em questão, a exemplo da fala de E12.

Como primeiro e, certamente, mais importante dos fatores destacados pelos entrevistados, evidenciou-se o fato de o Brasil deter fronteiras diretas com os três principais países produtores do entorpecente (Colômbia, Peru e Bolívia), confirmando menções literárias anteriores em igual sentido (Viana *et al.*, 2019; Couto, 2020b; Guerrero; Espasa, 2021; Pfrimer; Motta, 2021; Reis Netto *et al.*, 2021; UNODC 2022d; UNODC; CDE, 2022; FBSP, 2022). Veja-se as falas, a seguir.

[...] *principalmente, pela sua formação geográfica,* [...] *nós temos ali a tríplice fronteira, onde nós temos a Bolívia, o Peru e a Colômbia e isso permite que essa droga circule, seja nacionalmente ou que vá para o exterior, usando a Amazônia, como esse caminho* (E2).

Quando eu penso na região amazônica, diferentemente de outras áreas, primeiro, tem uma proximidade relativa com as áreas de produção. Então você tem uma questão logística né, a necessidade de distribuição desses entorpecentes. E a região amazônica se torna uma área de transbordo dessa produção (E8).

[...] *É a fronteira com países como Colômbia, Venezuela, Peru. Acho que é o principal* (E9).

[...] *o tráfico de droga envolve uma questão até internacional. Quando Nixon diz que o grande mal da sociedade americana é a questão das drogas e aí os Estados Unidos começam a desenvolver essa ação que vai desencadear de forma mais intensa (pelo presidente Ronald Reagan, se não me falhe a memória) o fortalecimento do departamento de antidrogas dos Estados Unidos, eles passaram desenvolver ações nos países produtores de drogas. Especificamente na América do Sul, nós temos a Colômbia como grande fornecedor, juntamente com Peru e Bolívia e Paraguai na maconha. Mas sobretudo, Colômbia, Peru e Bolívia, como os grandes produtores de cocaína, sendo que a cocaína colombiana é considerada a melhor. Mas houve um avanço, digamos assim, do cultivo da cocaína tanto do Peru, quando da Bolívia - sobretudo do Peru* [...]. *Assim, a América do Sul realmente passa a ter os grandes países exportadores, aí* [...] *o Brasil que não tem plantação de cocaína passa a ser, além de consumidor, rota pra exportar essa droga, sobretudo, para Europa. Inclusive nós já verificamos casos aqui: o submarino que foi pego em Vigia, vamos mostrar daqui a pouco* (E11).

> *Eu te digo assim, são as fronteiras. Principal, principal aqui são as fronteiras, se tu observar* (E14).

> *[...] É o papel que a região amazônica desenvolve, não apenas para o contexto regional, mas, pro contexto nacional e internacional para o tráfico de drogas, não só pela localização estratégica, que é uma coisa que eu acho que todos os pesquisadores estão sabendo, mas, pela dimensão territorial que acaba dando também uma conotação transfronteiriça, que acaba envolvendo os países produtores de cocaína, produtores de Skank, e, que estão dentro dessa rede bem complexa e dinâmica do tráfico de drogas* (E16).

> *O Brasil, de uma maneira geral, faz fronteira com países produtores e aqui a Amazônia faz fronteira com a Colômbia, então boa parte da droga passa pela região amazônica* (E21).

> *A Amazônia tem função estratégica, funcionando como corredor e entreposto na distribuição de drogas, pois é importante elo de ligação entre os países produtores de substâncias ilícitas (andinos) e a Europa, África, além de ter um forte mercado consumidor. Além disso há o fato de ter suas fronteiras com três grandes produtores de cocaína e maconha, e a própria geografia e imensidão das fronteiras terrestres, fluviais e marítimas são fatores que contribuem para ingresso e trânsito das drogas em território nacional* (E23).

Por sua vez, o final dessa fala de E23 já apontou o segundo principal fator destacado pelos entrevistados em relação ao caráter estratégico desempenhado pela região amazônica às redes do tráfico internacional de cocaína: a vastidão das fronteiras (Moura, 2020; Reis Netto *et al.*, 2021; UNODC, 2022d; UNODC; CDE, 2022), a ampla navegabilidade de rios e, sobretudo, as dificuldades de fiscalização (Rodrigues; Esteves, 2018; Couto, 2019, 2020a, 2020b; Moura, 2020; Guerrero; Espasa, 2021; Pfrimer; Motta, 2021; Reis Netto *et al.*, 2021; UNODC, 2022d), que tornariam mais fácil a ocultação dos agentes territoriais envolvidos. Veja-se, a seguir, as principais falas nesse sentido:

> *É por causa da extensão territorial. É uma área muito grande, uma área de difícil fiscalização, facilitando o transbordo dessas drogas pelos responsáveis. É uma área de fácil cooptação da população, principalmente, de jovens, para que façam esse transbordo em alguns locais. E, basicamente, é por causa da extensão e da fiscalização que se torna difícil para os órgãos de segurança pública, facilitando para os grupos criminosos* (E1).

Por conta da posição geográfica, a questão dos rios, e eu até diria da própria fiscalização. A fiscalização nos rios é muito incipiente, isso facilita com que a droga chegue aqui na Amazônia em si, nos estados na região amazônica como um todo. E, o Pará não deixa de ser, de estar nesse caminho (E2).

O principal fato, o acesso né, as dificuldades de acesso aos locais e principalmente a forma como você não consegue, como eu diria, identificar mais facilmente as rotas, elas mudam, elas migram [...]. A gente se encontra em uma posição estratégica para a rota do narcotráfico, numa posição que é de difícil acesso, onde eles mudam os caminhos constantemente. As rotas mudam constantemente. A gente tem uma dificuldade muito grande de identificar, [...] não sei você já teve uma experiência de entrar numa rota como essa, tanto terrestre, tanto por dentro da água. Então, nas minhas pesquisas eu tive uma coletânea de mais de oito mil fotos, que tinha registro dessas rotas, tanto terrestre, tanto por dentro da água, isso a gente fala de uma foto de um arquivo de cinco anos, então você imagina como estaria isso, quem sabe especificamente dessas rotas? (E4).

[...] um dos principais pontos seria a vasta densidade da floresta, a pouca fiscalização, principalmente no rio Solimões, no rio Amazonas. É uma extensão muito grande, dificulta a fiscalização pelos órgãos da segurança pública. Então, na minha opinião é um dos principais motivos de [...] o tráfico de drogas cortar o rio Amazonas e atingir vários estados (E5).

[...] tem duas razões principais, eu creio. A primeira delas é que é uma região muito grande. Em razão da grandeza da região, dificulta a verificação dessa rede. Então é meio complicado você ter a questão da polícia nessa área tão grande, então isso é um facilitador (E6).

Por causa da fronteira extremamente extensa e de difícil fiscalização. Em virtude do próprio ambiente da floresta amazônica, a infinidade de rios que entram de outros países no Amazonas e, a partir daí, cada vez fica mais difícil a fiscalização nessa localidade (E10).

[...] pela facilidade que a droga tem de fluir nessas rotas. A dificuldade: estamos falando dois dos maiores estados do Brasil. Estado do Amazonas e estado do Pará. O Pará, especificamente, seria o 22.º maior estado do mundo e 13.ª entidade subnacional do mundo. Então, estamos falando de dois entes gigantescos. O Pará é maior que a França. O Amazonas é maior que o Pará. Outra coisa, nós temos uma condição favorável que é a bacia

hidrográfica amazônica, que permite realmente, com bastante rios, a diversificação de rotas. Além disso, as estradas que começam realmente a ter diversos acessos, inclusive via terrestre, tem sido bastante intenso. E, muitas vezes, há a ausência de fiscalização ou dificuldade de fiscalização. Não só ausência: às vezes você tem a fiscalização, mas você tem dificuldade de fiscalização nesses pontos, e os traficantes sabe desses pontos. Isso sem falar do modal aéreo. Então nós temos os três modais aqui: o modal aéreo, modal terrestre e o modal fluvial, este favorecido por essa condição excelência que a bacia hidrográfica permite (E11).

As características geográficas. [...] historicamente a gente tem constatado uma dificuldade do estado brasileiro em ter o controle, se é que é possível, dessas fronteiras e aí nós temos tanto a questão de floresta e aí permeando isso, o principal fator é hídrico, os rios [...] (E12).

Pelo tamanho da Amazônia, ausência de controle, pelas rotas fluviais que permitem que se cheguem até portos internacionais, no restante do país (E13).

Uma fiscalização muitas das vezes precárias. A gente não culpa as instituições. Não adianta culpar as instituições por falhas, mas, sim, observarmos um problema que existe em todos os ramos das profissões, que é a falta de efetivo para o real cumprimento de sua missão principal. Qual é a sua missão principal? Seria fiscalizar as fronteiras. Cabe quem? O Exército, as forças armadas. A estrada: a Polícia Rodoviária Federal. Então as instituições, elas fazem! Mas há falta de efetivo e a região é muito grande. Todos os dias, se a gente reparar, existe um braço de rio: olha tem um braço de rio novo, existe uma estrada nova, uma viela de estrada nova, que chega a determinado ponto. Então assim, são rios e estradas que facilitam a entrada da cocaína aqui no estado (E14).

Bem, como eu falei, apesar da gente não ser um produtor de droga, a gente tem os nossos rios que são bastante diversificados, a gente tem uma malha fluvial gigantesca, pouca fiscalização, em razão, da imensidão que existe na nossa Amazônia. No Estado do Pará, nós temos aí a maior bacia hidrográfica do mundo: a bacia amazônica, que passa pelo estado do Pará. Então, além dessa imensidão de rios e da pouca fiscalização, ela tem também o papel fundamental de transportar grandes quantidades de drogas. Então tudo isso somado, claro que atrai, assim como os produtos, por exemplo, a soja que a gente transporta em grandes quantidades, o tráfico de drogas também se utiliza desse modal fluvial, que comporta uma quantidade muito grande de entorpecentes, pra ser levado pro exterior (E15).

Aqui no Norte, a rota é menos explorada por conta da dificuldade em si: você imagina um frete em barco, demora muito tempo, demora 15 dias pra chegar em Manaus, mais 15 dias pra chegar em Belém, nós temos aí um delay de 30 dias, e um delay pra eles à cego, porque não pode se comunicar. Uma vez se comunicando, aumenta a chance de confisco da carga. Quando você pega uma rota por via terrestre, esse delay diminui, porque é uma via rápida como a Rota Caipira, que é através dos aviões e das aeronaves. É praticamente muito rápida e pouco fiscalizada. E tem também a questão das rodovias: quantos quilômetros nós temos, tornando-se mais rápido. O problema é que também fica mais fácil de fiscalizar na rodovia do que fiscalizar na rota marítima. O tráfego de balsas é gigantesco e a gente não tem tanta notícia de apreensão nessa rota, comparativamente, essa é a minha percepção (E17).

Existe [...] um outro elemento, que pra gente não é uma surpresa, [...] que é a relação de segurança institucional ou a governança. Quando a gente fala de segurança institucional ou governança, a gente observa, por exemplo, a capacidade gerencial das forças de segurança pública, no que diz respeito à combate a essas redes. Porque, a gente vai ver uma limitação, por exemplo, em relação ao serviço de segurança pública nessa dimensão territorial da região amazônica. Então há uma concentração em certas áreas e uma carência em outras áreas, e as fronteiras são aéreas vulneráveis, onde há ainda essa vasta extensão territorial, muita limitação, que acaba fazendo com o que o papel da governança, na segurança pública, seja comprometido, então os ajustes institucionais da segurança pública, eles são ineficientes diante, não apenas da dimensão territorial da região, mas, também, da capacidade de concentração dos diversos tipos de fluxos criminosos que atravessam a fronteira ou que sai de dentro do território brasileiro. E aí acaba, de certa forma, sendo uma das características que acabam dando uma importância central pra Amazônia, não só agora ao tráfico de drogas, mas, também as outras atividades criminosas (E16).

Essa rota terrestre, a Rota Caipira, justamente por ser uma rota terrestre, uma rota que com o tempo se tornou muito habitada, já não tem uma área tão desabitada, e isso traz mais fiscalização, traz mais olhos, enfim, traz mais perigo pra quem tá fazendo esse transporte. Justamente por essa região da Amazônia estar bem menos habitada, ter bem menos fiscalização, apesar da dificuldade geográfica, esse isolamento traz uma facilidade de segurança, mas traz uma dificuldade de transporte, de infraestrutura, tudo isso. Mas aí, é o ônus do negócio né, é o risco do negócio, então eu acho que isso trouxe essa facilidade, coisa que na rota Caipira já não estava rendendo. Sul-Sudeste: população muito maior, concentração demográfica, naturalmente fiscalização e vigilância vai ser muito maior também (E18).

A meu ver aqui, a questão dos rios, a facilidade e a vazão do escoamento do tráfico são os pontos mais atrativos (E19).

Eu entendendo pela falta de fiscalização. A região é muito grande. Nós temos um índice demográfico pequeno em relação ao tamanho da região, o estado não tem, pelo menos até o momento, condições de fiscalizar e nós temos muitos rios e locais de pouso de pequenas aeronaves. Isso tudo facilita o tráfico de drogas e a possibilidade de chegar em grandes portos, que daí a droga pode ser levada para os principais consumidores (E20).

Predomina em relação a grandes carregamentos, vias fluviais, tendo e vista a grande quantidade de rios e a pouca fiscalização e até mesmo o preço de navegação que é mais barato que o transporte rodoviário e até mesmo aéreo (E21).

Como se pode observar, trata-se de uma região substancialmente extensa para ser fiscalizada por órgãos de segurança com quantitativos de pessoas e recursos limitados. Para além disso, os entrevistados deixaram claro que a tônica dos agentes territoriais do tráfico é sempre buscar uma relativa diversificação de rotas e meios, justamente para explorar as limitações inerentes aos órgãos de segurança.

Afinal, como bem referiu Bauman (1998, 2001), os estados atualmente combateriam problemas de natureza global com os recursos regionais e locais, que, muitas vezes, não conseguem fazer frente aos desafios e fluxos dos primeiros. A assertiva teórica, como se vê, explica a realidade exposta a partir das falas.

É interessante frisar, ainda nesse sentido, que E14 e E16 destacaram o problema da governança em segurança pública, que concentraria as forças e recursos em locais predeterminados e de maneira constante, gerando uma ineficiência do serviço público em questão, do mesmo modo já apontado no capítulo literário a partir das assertivas de Hirata (2019).

Em larga medida, como já visto no capítulo anterior, a concentração das forças no combate a um tráfico varejista no ambiente urbano, certamente, também expressa essa mesma ideia de falha de governança que, no mesmo sentido de Hirata (2019) e da fala de E16, resultaria num contexto de repetidas apreensões de baixas quantidades de cocaína, inaptas ao desabastecimento do varejo e redução da oferta. Ao passo, essas falhas também resultariam na superlotação do sistema carcerário, com interdição de um grande contingente de agentes pertencentes ao setor competitivo (B) da atividade, sem macular significativamente o mercado da cocaína como um todo (Cardoso *et al.*, 2020).

A cooptação de comunidades pobres pelo tráfico, aliás, é bem resumida pela segunda parte da última fala citada de E1 e converge com apontamentos literários de autores como D'Élia Filho (2014), que defendeu que tráfico de drogas perfaria uma verdadeira exploração de populações em contexto de vulnerabilidade social.

Esse contingente populacional, justamente, se constituiria como a principal mão de obra utilizável no setor competitivo da atividade, e cujas áreas de moradia, por sua vez, seriam marcadas pela ínfima presença do estado e de outras instituições, permitindo, assim, a tranquila implantação do (oculto) empreendimento (criminoso) do tráfico de drogas, como bem afirmaram Viana *et al.* (2019), Couto (2018, 2019, 2020a), Abreu (2021) Reis Netto (2018), Reis Netto e Chagas (2018a; 2021a, 2021b) e Reis Netto *et al.* (2022).

Do conjunto de falas, confirmou-se também a assertiva de Reis Netto e Chagas (2023) de que a deficiência de políticas de desenvolvimento das cidades de fronteira brasileira seria um dos fatores fundamentais à proliferação do tráfico de entorpecentes nesses locais.

Justamente, a partir dessa proliferação dos agentes territoriais do tráfico e de organizações formadas a partir das parcelas cooptadas entre as populações locais em situação de vulnerabilidade, é que surgiriam as diversas organizações conflitantes pelo *domínio dos espaços* (Lefebvre, 2000), ocasionando o surgimento de *zonas de tensão* (Chagas, 2014), mencionadas na literatura e tratadas no tópico a seguir.

6.2 OS CONFLITOS TERRITORIAIS VOLTADOS À CONSTITUIÇÃO E À MANUTENÇÃO DE REDES TERRITORIAIS DO TRÁFICO NA AMAZÔNIA

Por sua vez, diante das potencialidades representadas pelo espaço amazônico ao crime, tem-se que os entrevistados revelaram a existência de efetivas relações territoriais de tensão na Amazônia brasileira, sobretudo envolvendo as facções criminosas, anteriormente mencionadas no referencial e ao longo do capítulo literário deste estudo.

Assim, confirmando inferências literárias que referiram o protagonismo das facções na busca pelo estabelecimento de territórios-zona e territórios-rede em diversos pontos da região (Manso; Dias, 2018; Couto, 2018, 2019, 2020a, 2020b; Paiva, 2019; Dias; Paiva, 2022; Sampó; Ferreira, 2020; Teixeira, 2020; Reis Netto; Chagas 2018a; 2021a, 2021b), assim referiram os entrevistados:

> *A grande briga entre as facções é justamente pra dominar essas rotas do tráfico. Elas se guerreiam entre elas justamente pra fazer o domínio das rotas, umas pelos rios que vem ali por Manaus, Santarém e acaba entrando aqui no Pará, e, outras por vias terrestres amazônica. Então, tem algumas rotas do PCC, outras do CCA, que é mais ali a parte de Altamira. E os rios que estamos vendo, são do Comando Vermelho. Mas, agora nós temos algum indicativo que eles estão fazendo até uma trégua entre eles, porque eles viram que essa briga entre rotas não é melhor, e que agora cada um ficaria com a sua, porque tá dando muito prejuízo* (E3).

> *Sim, porque o PCC [...] empurrou o CV pra parte mais do eixo Centro-Norte, do Brasil, nessa parte da Amazônia que é permeada por vários rios, faz fronteira com Peru, Bolívia, Venezuela e tudo mais. O que aconteceu ali embaixo [o entrevistado se referia à rota caipira], na minha visão, empurrou o pessoal do CV, que passou a controlar esse eixo, Centro-Norte do Brasil, depois de aquela toda a situação que houve, principalmente, na fronteira com o Paraguai. Essa guerra aí, onde o PCC se instalou de uma forma bem contundente no Centro-Sul, fez com que se dividisse o Brasil. O Centro-Sul dominado mais pelo PCC e o Centro-Norte mais pelo CV. [...] Tudo isso reconfigurou essa intensidade do tráfico de drogas para o Centro-Norte do Brasil, pegando essa parte da Amazônia* (E5).

> *Com certeza há um processo de reestruturação do tráfico de drogas brasileiro principalmente, na virada do século XX para o século XXI. Então, nós temos a expansão de determinados grupos criminais, como por exemplo, os mais clássicos que nós conhecemos, em busca da tentativa de romper com a cadeia produtiva, chegando cada vez mais próximo da produção. Eles deixam de ser efetivamente atravessadores, para tentar se aproximar desses atravessadores e tentar transformá-los em muitas vezes em um novo elo de toda a cadeia de produção, atacado e varejo. Eles transformam-se em atacadistas, e, para isso acontecer, torna-se necessário que eles tenham contatos e a inserção desses atores nesses territórios. A expansão para as fronteiras, não o domínio das fronteiras, necessariamente, mas a expansão desses atores*

> *para essas regiões, tende efetivamente a criar novos conflitos e arranjos territoriais derivados da inserção de agentes exógenos [...]. A expansão desses grupos organizados, facções, coletivos, ou seja, como nós quisermos chamar, tem um impacto muito grande em diversas regiões brasileiras. Eu acho que o norte, frente a todas as suas características, se transforma em uma fronteira de tentativa, de controle das rotas, dos corredores efetivamente e das rotas existentes dentro desses corredores* (E8).

Ainda, houve entrevistados que, de maneira mais profunda e detalhista, perfizeram efetivos relatos sobre a história recente dos conflitos envolvendo as facções criminosas na Amazônia, não só confirmando as principais fontes literárias (Couto, 2019; 2020a, 2020b; Manso; Dias, 2018; Teixeira, 2020; Reis Netto; Chagas, 2018a; 2021a, 2021b; Abreu, 2021), como trazendo informações inéditas:

> *Desde a morte do Jorge Rafaat, que foi em 2016, podemos dizer assim, que tem um momento, um antes e depois, do narcotráfico na Região Norte, sobretudo nessa parte que compreende o Acre e o Amazonas. Com a morte dele veio a tentativa de tomar o território pra cá e aí você constantemente vê as outras organizações criminosas, que são as locais, que tem conexões com o Comando Vermelho, o PCC e tem as outras que não tem conexão com nenhuma [em conflito]* (E4).

> *Certamente, um ponto fulcral aí: dos anos 90 até 2016, sobretudo, as facções criminosas maiores do país, Primeiro Comando da Capital e Comando Vermelho, atuavam juntas no narcotráfico. Há vários exemplos, há vários relatos de operações policiais de atuações conjuntas, desses dois grupos criminosos que buscavam drogas nos países produtores e traziam via rota caipira, sobre até os eixos Rio-São Paulo. Em 2016, acontece um fenômeno, um marco histórico muito importante para o tráfico no exterior e tráfico do brasil inteiro, que é a morte do Jorge Rafaat Toumani, conhecido como rei da fronteira, em Pedro Juan Caballero. O PCC estava invadindo aquela região, junto com o CV. O Rafaat era radicalmente contra a entrada do PCC naquela região. O Rafaat era representante dos primeiros capos, dos grandes criminosos daquela área, e, aquela área fundamental para se controlar a rota caipira do tráfico, porque boa parte da cocaína passa por aquela região antes de entrar no Brasil. Então ele foi assassinado numa articulação do PCC com um também representante do CV. Mas logo depois disso, o PCC trai o CV, até onde eu sei, e toma aquela região para si sem participação dele. E o CV se vê de uma hora para outra sem um ponto de apoio nos países de origem*

das drogas. A partir daí o CV expande algo que já havia, um processo que já havia começado antes disso: buscar rotas alternativas pra buscar cocaína nesses países produtores. E, por isso, o CV vai para o Norte, e aí encontra outros interesses sobretudo do FDN, que é a principal facção, entre outras menores. Mas a FDN era a principal facção criminosa em atuação na região Norte. Logo depois que o CV chega na região amazônica, vem o PCC tentando expandir seus contatos para o Norte e Nordeste. Aí começam grandes conflitos que vão desaguar na matança no presídio de Manaus, em janeiro de 2017, e depois Boa Vista. E o PCC, desde então, ao que me consta, perde força na região Norte, talvez no Pará. O PCC fica muito enfraquecido. Naquela época o CV se aliou com a FDN, mas depois essa aliança foi rompida. Se não me engano, é essa a relação que se estabelece hoje, de rompimento. Então hoje temos um conflito mais sério entre CV e FND, sobretudo na região amazônica, com alguma presença do PCC, mais na região Sul do Pará (E7).

[...] o CV, Comando Vermelho, e o PCC, o Primeiro Comando da Capital, se uniram naquele momento pra tirar o Rafaat dali, porque o Rafaat vinha tentando tirar um proveito muito maior, colocando preços abusivos para que os outros pudessem trabalhar ali ou mesmo pra comprar a droga que vinha dele e aí eles deci-diram acabar com aquilo. E se juntaram também com traficantes ali do Paraguai. E deram cabo ao Rafaat, para dominar aquela área, só que aí naquele domínio o PCC acabou tomando posição de comando da área, deixando o Comando Vermelho um pouco de lado ou totalmente de lado. Mas, isso é uma resposta ao que ocorreu em 2012, ao advento da criação da Família do Norte em que essa última [...] se aliou ao Comando Vermelho com o intuito de impedir a entrada do Primeiro Comando da Capital, na rota do Solimões. Foi isso que trouxe o primeiro tremor na relação do Comando Vermelho com o Primeiro Comando da Capital, que até então conviviam bem dentro do território brasileiro. Eles vieram a rachar. Começaram a se enfrentar, mesmo, em 2015. Vieram a rachar em 2016. Rachar completamente. Apesar de que a cúpula dessas facções ainda conversa [...] (E9).

A partir desse conflito entre facções, essa disputa pelo domínio do tráfico na área de fronteira, a Amazônia começou a ganhar uma nova importância, não só pela questão de uma maior facilidade de transporte de drogas. Eu vejo, assim, o conflito surgir com relação também a novos portos internacionais que se chegaram na Amazônia, que vem pro Pará e depois para o Nordeste. Eu acho que essa questão de conflito por rota, fez com que quem tivesse a rota melhor procurasse assegurar essa entrada maior de droga (E13).

Dados empíricos apontam que esse início do conflito mais potente, direcionado a questão das rotas, inicia a partir desse controle da Rota Caipira, por parte do PCC, que força então aí uma reestruturação das redes e ao mesmo tempo uma reorganização dessas facções, sobretudo, a partir do Comando Vermelho, em procurar rotas alternativas, para poder dar conta então dessa dimensão econômica do tráfico de droga (E16).

O grande objetivo do PCC, aqui nessa rota, nada mais é que escoar. Tanto lá onde ele já detém a rota caipira, como buscar a nova rota tão lucrativa, que a gente chama de tríplice fronteira. E essa rota aqui, pela questão do rio, tanto subir, tanto baixar em períodos tão concretos, tão delimitados, proporciona uma planejamento, uma execução bem planejada. Então, como a vazão dessa droga pela fronteira aqui é muito grande, isso aí traz a importância, a vontade de domínio por várias facções. Hoje, atualmente é o CV. Mas, o PCC, desde 2015 sempre vem ali, em alguns períodos de forma mais incisiva, em outros períodos de forma mais discreta. Tenta sempre dá a sua mordidinha e tentando crescer um pouco, pra tentar o domínio dessa rota. Eu vou citar até o fato que às vezes passa desapercebido, ou caiu no esquecimento, que foi a morte do Rafaat, do Rei da Fronteira. A partir da morte dele lá, onde o PCC começou a ter hegemonia, não tem mais o atravessador, o dono da fronteira, então os lucros começaram a aumentar e eles puderam realmente exercer de fato o monopólio do tráfico, como se já é estratégia do PCC, de querer o domínio de tudo. Eles começaram, voltaram a ser incisivos, ali em 2015, 2016. Culminou ali, também, o fortalecimento deles aqui no Amazonas, naquela chacina em 2017, após aquele racha nacional, CV e PCC. Ali em 2016, julho, agosto, setembro, o PCC começou a focar mais pra cá, mais aqui pra cima, que a gente chama né, nessa rota, mas, foi a partir da hegemonia do que a gente chama Rota Caipira (E19).

A gente tem notícia que na Rota Caipira houve maior fiscalização e está tendo muito conflito entre as facções, mortes entre as famílias. E o tráfico de drogas é um negócio como outro qualquer, só que criminoso, ele quer vender, ele quer lucro. Então, se por acaso tá mais difícil, deu problema, ele vai procurar outros caminhos. E quem é que tem a fronteira com os principais países que produzem a cocaína especial? É justamente a Amazônia (E20).

Bem, as organizações criminosas, como o PCC, se expandiram por todo o país. Algo que era de São Paulo, algo que era do Rio de Janeiro, como o Comando Vermelho, se expandiu por todo o Brasil. Então você já vê vários braços dessas organizações

> *criminosas, não só aqui no Pará, mas, fortemente em Roraima,
> em Amapá, e tantos outros. Então não dá mais pra desvincular
> as atividades criminosas com essas organizações criminosas de
> Norte a Sul do Brasil. Não é só vinculado a essas organizações
> criminosas, mas, essas organizações criminosas estão tendo
> influencia sim, no tráfico, que ocorre na Região Norte do Brasil,
> na região amazônica e aqui no Pará, sim* (E22).

Como se vê, as mudanças nas dinâmicas relativas às rotas do Corredor do *Eixo Sul* do Brasil, a chamada *Rota Caipira*, foram determinantes
para a ocorrência de processos de ressignificação da importância e da
utilização do *Corredor Amazônico*, no *eixo norte* do país. Confirmaram-se,
desse modo, as assertivas literárias propugnadas por diversos autores
(Sampó; Ferreira, 2020; Teixeira, 2020; Gomes *et al.*, 2021; Pfrimer; Motta,
2021; Reis Netto *et al.*, 2021; Nascimento; Siqueira, 2022; Dias; Paiva, 2022;
FBSP, 2022), nesse sentido.

Inclusive, E16 explicou, com detalhes, como o reputado conflito entre
facções nacionais na Amazônia teria afetado, de maneira mais específica,
o estado do Pará, aprofundando menção firmada por E7, ao fim de sua
fala anterior. Veja-se:

> *Mas existe uma observação importante que a gente precisa fazer
> em relação a isso, porque, esse conflito marca 2016, e muito antes
> dele, em 2014 nós já tínhamos tido uma tentativa do PCC se
> implementar no estado do Pará, via PCN, Primeiro Comando
> do Norte. Em 2017, nessa tentativa, o PCN fracassou e depois
> lá na frente, surge uma espécie de PGN, Primeira Guerrilha do
> Norte, que seria uma espécie de facção local, que seria o grande
> braço de aproximação do PCC na região. Porém, o que que
> aconteceu, e tu deve saber muito bem disso, quando o sistema
> carcerário brasileiro começou a trabalhar com essa concepção
> de transferência de alguns presos de alta periculosidade pra
> presídios em outros estados, acabou tendo o contato de traficantes
> de estados diferentes e de facções diferentes e que passam a ter
> contato com agentes do PCC e do Comando Vermelho. Então por
> dentro do presidio ocorreram essas alianças, entre o Comando
> Vermelho e alguns grupos, por exemplo, aqui da região ama-
> zônica, [...] onde a Equipe Rex, por dentro do presídio, fez essa
> aliança com o Comando Vermelho, e aí, todo mundo passou a
> ser Comando Vermelho, independente do cara ser carioca ou
> não. Isso acontece não só aqui no Para, mas, em outros esta-
> dos como Amazonas, Roraima, Rondônia e outros estados que
> contam com a presença [das facções]. E a partir daí, passa a se*

observar a importância de ter o controle dessas rotas de cocaína, com destaque, naquele momento, para a rota do Solimões, que durante algum tempo se tornou a principal rota de destaque de cocaína, de origem peruana, no Brasil, a partir da Amazônia. E isso aí acaba polarizando muito os conflitos, tanto é que a partir daí que praticamente todas as facções locais, dos estados, começam a levantar ou uma bandeira ou outra bandeira, tu pode perceber, por exemplo, que o PCC e o Comando Vermelho passam a se espalhar em quase todos os estados, com exceção do Rio Grande do Sul. O PCC e o Comando Vermelho não estão lá. Lá eu acho que são Os manos e o Bala na Cara, as duas facções. E, há uma exceção ainda na Amazônia, que eu diria que seria um estado de resistência, que é o estado do Amapá, que tem a União Criminosa do Amapá e tem o Trem [...] não vou lembrar a sigla do meio [...] é da antiga FTA [...][54]. Então isso mostra, por exemplo, que até as facções locais passaram a se reorganizar a partir desse conflito, não foi só o PCC e o Comando Vermelho que passaram a buscar alianças em outros estados, mas, as próprias facções dos estados, passaram a se aliar a essas facções locais, como uma ferramenta de proteção dos seus, dentro do sistema penitenciário, e ao mesmo tempo também de uma aliança voltada para poder ter acesso a essa cocaína em um preço mais justo. E a FDN é a grande surpresa, porque, porque a FDN controlava a rota Solimões, e isso daí, acabou levando a uma aliança com o Comando Vermelho. [...] E depois, dessa aliança com o Comando Vermelho, há um rompimento da aliança, que se dá, quando dentro da própria FDN surge um outro braço do Comando Vermelho, dentro do Amazonas. Então começa a estourar os conflitos não só em Manaus, mas, também, em outras regiões também... praticamente nem existe mais. Surgiu lá os Revolucionários do Amazonas, Cartel do Norte, tem mais um outro que anunciaram recentemente agora [...] (E16).

Em semelhante sentido, o conflito foi explicado por E18, como se vê:

Na verdade, o seguinte, a predominância sempre foi a Família do Norte, certo? Só que em 2017, a Família do Norte teve um racha. O que antes era FDN-CV, rachou. E aí houve uma primeira ruptura, primeiro racha, então deixou de ser a sigla FDN-CV e passou a ser FDN de um lado e CV do outro. Isso, com PCC também correndo paralelo, mas muito fraco. Em 2019, a

---

[54] Ao longo das pesquisas de campo, verificou-se que o entrevistado se referiria ao TCA (Terceiro Comando do Amapá), que adviria da fusão entre a FTA (Família Terror Amapá) e a APS (Amigos Para Sempre). Contudo, às proximidades do encerramento destas pesquisas, teria ocorrido um aparente racha entre os grupos, que estava em processo de confirmação junto ao sistema de inteligência local.

FDN sofreu um novo racha interno, que culminou em fevereiro de 2019. Em 2020 o CV assumiu a cidade e a FDN se acabou. Em 2020, o CV se tornou hegemônico dentro do Amazonas e a FDN ficou respirando por aparelhos e eu acredito que no final de 2020, ou uns 3, 4 meses depois a FDN ressurge como CDN, que é o Cartel do Norte. Mas, nada tão representativo. Quem era o CDN? Eram pessoas ligadas não foram aceitas pelo CV, que não foram absorvidas pelo CV. Todos os outros, quando por ocasião lá, da cidade toda virar CV, foram absorvidos: "todo mundo agora é CV, a cidade inteira é CV. você quer virar CV? quer trabalhar pra gente, continuar aqui com a tua boca trabalhando só que agora pra gente? ou tu quer morrer ou ir embora?". Aí claro que o cara "não, eu prefiro ficar". Então todo mundo foi absorvido, exceto, algumas pessoas que não puderam, pois já tinham derramado sangue de irmão, então, não podia entrar pro CV. Bem, esse pessoal criou o CDN [Cartel do Norte] e ficou ali no cantinho deles. Quando foi em 2021, o CV sofre um novo racha. Esse racha dentro do CV, foi ali em torno de setembro ou outubro de 2021. Algumas lideranças voltaram do presidio federal, lideranças muito fortes, que já estavam muito tempo em presídios federais. Os locais não queriam se submeter a essas lideranças que voltaram, então ficou assim: os dois polos. Os três conselheiros que foram responsáveis por virar tudo do CV, se achavam legitimados pra manter o controle da facção e as outras lideranças do CV que retornaram do presidio federal, que eram lideranças muito fortes, de muito dinheiro e muita representatividade, se achavam acima do conselho. E aí isso criou um embate, criou um racha, e desse racha criaram uma nova facção. Saíram todos do CV [os líderes do novo grupo] e criaram dentro do Presídio Instituto Penal Antonio Trindade, a RDA, que é Revolucionário do Amazonas, que hoje tá muito fraca. Hoje o CV é a facção que tem a predominância no Amazonas. O PCC absorveu grande parte do CDN. O CDN acabou, teoricamente acabou, se esfacelou e aqueles que antes não eram aceitos pelo CV, foram pro PCC. E a RDA tá ali, respirando por aparelhos, tá muito fraca, tá na dela. Enquanto isso, o PCC agora tá indo pra frente, pra cima do CV. O PCC tá ganhando, tá encorpando, tá ganhando força de novo, isso aí até acendeu a luz pra gente aqui, do PCC se fortalecer. Então nós temos aqui, CV como facção hegemônica, o PCC se fortalecendo, RDA ali respirando por aparelhos (E19).

É interessante destacar que, para além das facções criminosas, outros grupos com atuação transnacional ingressariam em determinados conflitos e disputas para estabelecimento e manutenção de redes territoriais do tráfico de cocaína no país, situação em que a *violência* das relações surgiria como um marcador da presença territorial desses agentes e grupos, no sentido apontado pela literatura consultada (Dias; Manso, 2018; Neumann, 2018; Reis Netto, 2018; Reis Netto; Chagas, 2018a, 2022; 2018b; Adorno, 2019; Guerrero; Espasa, 2021; Pfrimer; Motta, 2021; Couto, 2018, 2020a; Reis Netto *et al.*, 2021).

No entanto, também houve registros de falas no sentido de frisar a existência de relações de *cooperação* entre aqueles mesmos agentes, que, para diminuir riscos e custos, atuariam mediante uma espécie de *consórcio*, para aquisição e transporte da cocaína junto aos países produtores, no sentido destacado por autores como Adorno (2019), a exemplo do que se verificou a seguir:

> A gente está percebendo, das últimas apreensões, é que eles negociam a droga entregue aqui. Ou seja, o comprador tem uma despesa e eles pagam mais um transportador. Então já virou um intermediário que tá participando dessa ação. Então o traficante mesmo, o fim, ele já não corre esse risco de pegar a droga, ele já paga um pouco mais caro pela droga, mas pra droga chegar na porta da casa dele. E isso aí, criou uma dificuldade de chegar nos grandes traficantes, porque é mais uma pessoa no meio do novelo todo, existe essa modalidade agora do transportador (E3).

> [...] a minha opinião é que existem grandes clãs de traficantes estrangeiros, erradicados aqui no país e nos países vizinhos. E o PCC ainda não conseguiu ainda a hegemonia. O PCC tenta de toda maneira, até utilizando a violência, ter hegemonia dessas rotas, mas assim, existe uma concorrência muito grande e às vezes o PCC nem tem interesse muito grande em entrar em conflito contra esses clãs, seja dos nigerianos, dos sérvios, que são muito fortes no país. Inclusive, recentemente, não sei se você viu a apreensão de 2.700 quilos. Isso aí, estão estudando que seja um clã sérvio. Então esses clãs eles existem aqui, como existe também a máfia nigeriana em São Paulo, que também utiliza essas rotas (E7).

> Exato, pra [droga] sair daqui e ir para outros países, principalmente, pra Europa. O Comando Vermelho é uma coisa pequena, o Comando Vermelho é uma porcaria perto dos grandes fornecedores, entende (E9).

> Há vários [agentes territoriais que traficam na Amazônia]. No caso dos grandes cartéis, eles funcionam como uma verdadeiras empresas, que tem seus contatos no exterior. Já as

facções estão muito mais a atender o consumo interno. O primeiros aos mercados sobretudo Holanda, Espanha, Portugal, os países ali (E11).

São grandes associações criminosas ou mesmo membros de organizações criminosas, ou, apoiados por organizações criminosas, que já tem uma rede estabelecida de atravessadores com relação a essa droga, que visam basicamente o lucro. Conjuntamente considerados, eles constituem uma organização, em si própria, com objetivo de transportar e vender essa droga, às vezes até por grupos criminosos antagônicos (E13).

Mas existem os empresários do crime organizado, do tráfico, que vem de outras regiões do estado e de outros locais do mundo, todos os dias tentar contratar, vamos colocar assim entre aspas, pessoas para que façam esse transporte e façam aqui o papel às vezes de gerente do tráfico na região (E14).

Olha, a gente vê que existem conexões fora, de gente que era daqui do Brasil. Algumas pessoas que eram, inclusive, tem prisões preventivas e tudo. Esses caras estão na Bolívia, no Peru, então, eles conseguem articular a base de onde vai sair e fazem as conexões, muitas vezes são consórcios. Não é um cara, a gente chegou até cogitar isso algumas vezes. Há é a mesma organização criminosas: são organizações criminosas diferentes, que se associam, fazem um consórcio, pra trazer em conjunto, pra diminuir custos, diminuir riscos, enfim, como qualquer consórcio seria. E aí chega aqui, se distribuem e aí tá tudo certo. As facções são alimentadas por isso também, principalmente no Amazonas. Aí já sai um pouco do Pará, o que a gente percebe é que aqui no Pará, a facção se alimenta dessa droga, mas não é a facção que traz essa droga muitas vezes. Os caras que trazem são os empresários do tráfico. Eles não trabalham para facção, mas pra ela também, caso ela vá adquirir o produto que eles tão trazendo (E18).

Chegava em um determinado ponto do rio lá em cima, dividia. Chegava em um ponto, a droga ficava em um porto. De 5 a 10 toneladas. A partir desse ponto cada um ia lá e levava a sua fatia do consórcio (E19).

A facção criminosa Comando Vermelho, ela é sim, com certeza, agente importante do tráfico de drogas. O PCC também, na parte mais internacional. Mas existem também os traficantes que são independentes, os grandes traficantes, eles não estão ligados ao PCC, nem o Comando Vermelho e nem a Família do Norte (E20).

> *Geralmente, tem o traficante que reside nos países produtores, Bolívia, Peru e Colômbia e lá ele adquire a droga. Aí tem os compradores que muitas vezes são até empresários do setor produtivo, em atividades lícitas, mas, que acabam investindo nesses grandes esquemas, esses grandes carregamentos, por exemplo, pra Europa. A gente detectou um consórcio de empresários, que se articulam com traficantes. Aí tem o que adquire a droga nos países produtores, outro é responsável pelo transporte da droga até o Pará, por via fluvial ou aérea, e, quando chega, tem um outro responsável ou o mesmo responsável pela distribuição pro destino final, que pode ser no território brasileiro ou em outro país* (E21).

Por sua vez, tem-se que os agentes genericamente referidos como *empresários do tráfico* também representariam importantes agentes territoriais a serem levados em conta nas disputas pelas redes de territorialidade do tráfico de cocaína. Nos termos apontados por Abreu (2021), McDermott (2018), Reis Netto e Chagas (2021a) e McDermott *et al.* (2021), tem-se que o comércio de cocaína no Brasil seria marcado pelo fenômeno da multiterritorialidade (Haesbaert, 2014), apresentando uma diversidade de *brokers*, que, por sua vez, seriam os responsáveis pelo agenciamento de distribuidores e atravessadores em franca atuação, estes últimos mais visíveis, pela necessidade de contato direto com o entorpecente em transporte e comercialização.

No entanto, vários entrevistados referiram que, a despeito da existência desses outros agentes territoriais do tráfico, que atuariam em níveis diferentes de contato com as rotas pesquisadas, haveria, na atualidade, uma certa hegemonia (que não significaria, ressalte-se, exclusividade de domínio) do Comando Vermelho sobre os fluxos existentes na Amazônia, sobretudo na chamada *Rota Solimões*. Vejam-se as falas a seguir:

> *Assim, a hegemonia, ela é realmente do Comando Vermelho. Aqui, principalmente na região Norte, após ao que chamamos de* franqueamento[55] *do Comando Vermelho à pequenos grupos*

---

[55] Conforme informado nas visitas de campo e documentos cuja verificação foi autorizada a este pesquisador, o processo mencionado funcionaria à semelhança do regime de *franchising*, pelo qual um *franqueador* concede ao *franqueado* o direito de uso da marca ou patente, mediante regimes comerciais de exclusividade. No mundo da ilegalidade, para que regiões inteiras não escapassem à influência do Comando Vermelho, a facção permitiu grupos locais se utilizassem do nome da facção, mesmo sem vínculos originários ou sem a adoção de toda a ritualística inerente à mesma, conforme é largamente exposto em trabalhos como os de Reis Netto e Chagas (2018b; 2019c) e Manso e Dias (2018). De outro lado, os grupos locais só passaram a assumir a obrigação de somente realizar negócios envolvendo entorpecentes (seja para aquisição e revenda local, ou para atravessamento de grandes carregamentos, conforme cada caso) ou outras atividades criminais com a facção ou terceiros indicados por ela.

*criminosos da região Norte. Então o que o Comando Vermelho
vinha fazer pessoalmente aqui, após o* franqueamento, *esses
grupos criminosos da região Norte já fazem, como intermédio
pra a droga chegue até eles. Mas não somente eles. Outros grupos criminosos, outras facções criminosas também trabalham
nessa região* (E1).

*Hoje, com o advento do domínio total do Comando Vermelho,
no estado do Pará, alguns fornecedores já estão se vinculando ao
Comando Vermelho, se cadastrando com o comando do Comando
Vermelho, pagando inclusive algumas taxas pra poder fazer esses
negócios, ou negociando exclusivo com o Comando Vermelho.
Mas tem muitos traficantes internacionais aqui, muita gente
camuflado, gente grande. Você sabe que o estado do Pará, a cidade
de Belém, pra falar a verdade, ela cresceu e se desenvolveu com
agentes de contrabando e do tráfico, pessoas que hoje fazem parte
da nata da sociedade paraense, são pessoas que trabalharam
com isso, mexiam com essas atividades. Hoje, também, a gente
vê muitos contrabandistas, que apesar de serem conhecidos como
contrabandistas, também são grandes traficantes internacionais.
Caras que transportam a droga. e aí a gente vai ver caras como
[nome de um acusado], que é um contrabandista, que transporta
bastante droga, bastante cocaína e o cara com ligações dentro do
governo, dentro da segurança pública, especificamente. E temos
outros aí também: temos os chineses, eu não estou falando nome
nenhum aí, eu estou falando a realidade dos fatos. Aí temos
os chineses que são contrabandistas, mas, que fatalmente vão
transportar drogas. E, assim, principalmente, ali na região de
Santarém, tem muitos fornecedores de drogas. Como eles são
conhecidos? Caras que têm o contato com o Amazonas, que
trazem de lá pra cá, que trazem a droga até Santarém e de lá ela
se redistribui. Mas, eu não conheço os nomes deles. Tem alguns
como [nome], que também é um traficante internacional, grande
distribuidor de drogas* (E9).

*[Na Amazônia há] os grandes traficantes, os cartéis, quem tem
seus intermediários no Brasil. O Cartel Colombiano, os empresários do tráfico do Peru, da Bolívia, que são essas pessoas que
estão envolvida nisso aí, são várias. Agora, existem as facções.
Comando Vermelho, sobretudo, na rota colombiana [Rota Solimões]. O Comando Vermelho tá muito envolvido com a questão
do tráfico de droga, com essa ligação do Pará com Fortaleza, do
Amazonas com Fortaleza, Tabatinga. Tem outros também, mas
eu digo: o que a gente tem identificado, no escoamento de tráfico
de droga aqui, é o CV, como destaque* (E11).

Inclusive, E11 prossegue relevando um contexto mais grave:

> *Olha, dentro do Pará, tem o Comando Vermelho, que atua na Rota Solimões. Inclusive, a gente percebe nitidamente hoje, e foi identificado pela polícia do Rio uma ligação com o Comando Vermelho do Rio. Desde 2018, vários líderes do Comando Vermelho foram para o estado do Rio. Estão sob proteção do CVRL, Comando Vermelho Rogério Lemgruber, no Rio. O líder, inclusive, o líder do Pará, o L41, o Leonardo, está com essa proteção. Haveria uma espécie de troca, uma permuta, nós te damos apoio e queremos algo em troca disso, seria mais ou menos isso. O que acontece: o Pará leva droga para eles, de alguma forma, pela rota Solimões. Isso foi identificado pela Polícia do Rio. E, além da segurança que eles dão lá, eles também dão armamento pro Comando Vermelho daqui. Inclusive, uma mulher de um dos traficantes do Comando Vermelho do Pará foi presa, em março, se não me falhe a memória, ou em abril, deste ano, com uma .50[56] desmontada na bagagem, na rodoviária que viria pra Belém. Então isso caracteriza bem essa relação que existe (E11).*

Com a consolidação desses poderes territoriais pelas facções, nos termos apontados por autores como Reis Netto e Chagas (2018a), Manso e Dias (2018) e Adorno (2019), tem-se que os níveis de controle sobre os territórios passaria a atingir outros patamares, alastrando-se sobre outros conjuntos de agentes territoriais difusos, de modo a subverter totalmente relações de *apropriação* que estes deteriam com seus respectivos espaços *vividos* (Lefebvre, 2000). Vejam-se os exemplos diretamente colhidos das falas:

> *Aí já entra a parte humana, da cooptação de ribeirinhos, indígenas na atualidade que eu digo até uma atualidade recente, que é um dado desse mês, de setembro de 2022, nós temos a confirmação de indígenas que foram cooptados para as duas facções principais, que é o Comando Vermelho e o PCC. A gente não vê os especialistas de uma rede do narcotráfico. A gente já vê agora, na atualidade, outros personagens: os ribeirinhos, os indígenas auxiliando nessas rotas e aí pensar essa rota na atualidade (E4).*
>
> *Aconteceu com a época das chuvas, isso no Acre. Vários bairros periféricos alagavam, então as casas ficavam submersas. Já existia projetos de transferir as famílias para outro lugar. E aí ele sendo transferidos, houve uma concentração em um local*

---

[56] Um fuzil, armamento de grosso calibre e alta capacidade de dano.

*só: se chama Cidade do Povo. É um bairro periférico. Isso aqui
nem é um bairro periférico, mas ele tem uma estrutura gigante.
Tem até um Unidade do Pronto Atendimento, tem escolas, tem
creches, tem centro de gastronomia, tem cursos técnicos. É o
local onde tá concentrado, tanto as famílias em situações de
vulnerabilidade na questão alagadiça quanto tem a divisão lá
das três organizações criminosas, PCC, Comando Vermelho e o
Bonde dos Treze* (E4).

*É por conta que as facções criminosas, sobretudo na pandemia,
eles se utilizaram da benevolência das facções pra angariar
apoio da população, para se infiltrar nas comunidades e aos
poucos dominar. Eu estou acompanhado um processo de
ideologização das comunidades pelas facções. Percebi que isso
estava acontecendo em alguns estados da Região Norte. Deu
a pandemia, fecha tudo! Todo mundo dentro da sua casa, as
facções começaram a distribuir cestas básicas em comunidades
e antes não tinha essa repulsa pela polícia. Vários vídeos foram
gravados, a gente tem esses vídeos gravados, as comunidades
pegando. As senhoras, senhores agradecendo a facção A, por nos
ter ajudado. O Governo não nos deixa trabalhar, a polícia nos
bate, como vamos vender nosso churrasquinho? Então isso daí,
a pandemia, manchou a imagem da instituição Policial, por
conta que as facções utilizaram isso. A polícia cumpria as ordens.
Quais foram os ordens? Não deixar as pessoas trabalharem.
Tem vários vídeos né? Do cara resistindo, da polícia levando o
cara preso e tudo mais, isso tudo causou uma indignação em
certos setores da sociedade e as facções vendo essa situação, se
aproveitaram dessa circunstância, desse contexto. É agora que
a gente vai entrar, e eles entraram dando apoio, cestas básicas,
gravando vídeo e ainda dizendo nos vídeos, olha tá vendo os
policiais não deixam vocês trabalharem* (E6).

*Primeiro porque eles conseguem cooptar pessoas dessas localida-
des, pra dar suporte, pra dar apoio, pra dizer se existe fiscalização ou não. Então eles tem esse apoio, eles sabem como chegar.
É tipo as fiscalizações nas estradas também, eles sabem onde
estão os postos de fiscalizações das polícias rodoviárias, Federal
e Estadual, sabe os pontos possíveis de fiscalizações pontuais,
digamos assim, permanentes e pontuais, então eles contam com
seus informantes nesse sentido também* (E11).

*Aí eles começaram a mudar a logística. Teve uma época que
eles compravam rabetas, pra doar para o ribeirinho, passar
nos pontos de fiscalização como morador comum e o morador
ficava com o motor* (E12).

As cidades ribeirinhas elas são fundamentais, na verdade, porque, o ribeirinho, mais do que ninguém, ele conhece da navegação, ele sabe quem é que tá do lado dele, o vizinho dele conhece, ele conhece o barulho do motor do vizinho, ele sabe quais são as embarcações que passam diariamente, ele sabe quais são as embarcações que passam semanalmente, e acabam tendo esse contato com a tripulação. Dependendo do tipo de embarcação, isso acaba aproximando o ribeirinho do próprio tripulante que navega, muitas vezes, essa relação acaba se aproximando e daí fluindo tanto a parte positiva, como a parte negativa. Muitas vezes pode se aproximar e aí vamos fazer um desvio de carga, vamos aí colocar uma droga [...]. Então as comunidades ribeirinhas elas são fundamentais nesse papel aí, na questão do tráfico de drogas e aí sabendo trabalhar nessas comunidades, sabendo trabalhar as informações, elas tem uma grande relevância pra fiscalização e também pra criminalidade. Então, muitas vezes, essas populações elas são influenciadas pelo ganho de dinheiro, muitas vezes não tem perspectiva, estrutura, enfim, e acabam sendo trazidas para esse mundo da criminalidade (E15).

O poderio econômico dos traficantes nessas regiões, são tão grandes, pelas pessoas que são esquecidas pelo estado, a única pessoa que dá a mão para essas pessoas são os traficantes, é uma via de mão dupla, vamos dizer assim, essas cidades ribeirinhas, não que essas pessoas estejam dentro da rede do narcotráfico, não entenda assim, mas, assim, elas acabam se corrompendo para isso, por conta dessa questão que é a única pessoa que tá dando apoio para elas é a pessoa que tá praticando o tráfico, não é nem um agente estatal, não é nem um prefeito com a sua doação social relevante (E17).

A gente tem notícia também de comunidades ribeirinhas que já são associadas ao tráfico, não no sentido de praticar o tráfico, mas no sentido de não denunciar e até mesmo de proteger, recebem benefícios, dinheiro ou outras vantagens e dessa forma eles meio que acobertam essas atividades ali na comunidade (E21).

Deve-se registrar, no entanto, fala em sentido divergente, proferida por um dos entrevistados, no sentido de afirmar que os outros agentes, menos visíveis, os *empresários do tráfico*, é que seriam os reais responsáveis pelos fluxos de cocaína no estado do Pará, a despeito da apontada hegemonia do Comando Vermelho, referida pelos demais, como se vê a seguir:

Diferentemente do Amazonas, onde nós tivemos recentemente uma guerra entre facções pelo domínio da rota, onde a facção anterior [FDN] foi sobrepujada pelo Comando Vermelho e aca-

> *bou se transformando em Comando Vermelho, e, então, somente Comando Vermelho há lá, acabando com Família do Norte, aqui não! Aqui a gente percebeu que já era mais o empresariado do tráfico, onde, é claro, a facção bebia da fonte também. Mas aí são traficantes autônomos, que já têm um grande poder econômico, que estão inseridos dentro de algumas empresas. A investigação [...] do ano passado [...] de meia tonelada[57], o cara tinha uma empresa de [commodity], no interior do Pará. Era através dessa empresa que ele tentava maquiar a movimentação financeira [...], muitas vezes até armazenava dentro do depósito, mas era tudo uma fachada e aos olhos de quem via era um empresário da cidade, relativamente respeitado, sucedido.*

Em todo caso, apesar da divergência, tem-se que os apontamentos consolidaram informação sobre a existência de múltiplos atores, que exerceriam diferentes níveis de territorialidade, em diferentes escalas, na região amazônica. Coincidem, em larga medida, com os apontamento do CDE (2022) e da UNODC (2022), de que o mundo estaria registrando uma diversificação de agentes territoriais do tráfico, neste início de século XXI, ampliando, mais ainda, a multiplicidade de redes, anteriormente concentradas nas mãos de máfias e cartéis mais tradicionais.

Inclusive, tem-se que as falas também revelaram dados inéditos em relação aos agentes territoriais atuantes na origem produtiva, como se passa a explicar.

Embora a literatura recente tenha referido a franca ocorrência de um processo de fragmentação e diversificação dos agentes territoriais do tráfico atuantes nos países produtores de cocaína — a exemplo de autores como McDermott (2018), UNODC e Europol (2021) —, de outro lado, houve referência de um entrevistado no sentido de que esses mesmos agentes, atualmente, buscariam a formação de uma espécie de *coligação*, que surgiria como forma de se proteger de tentativas de dominação de seus territórios e ataques protagonizados por facções brasileiras, como se vê a seguir:

> *E, na fronteira, temos os CRIAS. Assim, só para fazer um breve comentário sobre os CRIAS. Teve um período que a FDN junto, já naquela briga com o CV, tinha uma modalidade de atacar os seus fornecedores. Tipo assim: estou te devendo 2, 3 milhões, é mais fácil mandar te matar como fornecedor do que tentar*

---

[57] O entrevistado faz menção direta à operação analisada no capítulo anterior, referente a *outlier* registrado na cidade de Castanhal-PA.

te pagar, entendeu? Então, muito fornecedor, colombiano, principalmente, peruano, venezuelano, estava morrendo. O que foi que eles fizeram: "vamos nos fortalecer". Se uniram os fornecedores, lá na fronteira, depois de Tabatinga, em Letícia. Se uniram e formaram, não um cartel, é tipo um grupo, nós não vamos chamar de facção, mas é um grupo tipo: "vamos se fortalecer aqui, pra ninguém vim pra cima, porque tá morrendo só do nosso lado, só do nosso lado". E, de vez em quando, lá em Tabatinga, tem esses embates dos CRIAS, principalmente, agora contra o CV. Teve um agora, deve tá com uns 10 dias, 15 dias, morreu um pessoal lá, que veio da Colômbia, atacou aqui e voltou. Lá em Tabatinga. Mas é justamente isso, dando resposta, aos ataques que o CV dá nos fornecedores. Eles não têm interesse em área, como o CV tem aqui em bairros, em locais. O interesse deles é não morrer, se protegerem frente as investidas de algum devedor, de algum traficante daqui. Uma observação: essa prática aí resultou porque antes os consórcios eram muito na confiança. Tipo assim: "manda pra mim 5 de Skank" – mas 5 que eu falo é de toneladas, o que eles chamam de feijão – "manda 5 de feijão pra mim". Antigamente, quando a droga chegava, o fretista pagava. Hoje não! Hoje eu tenho que pagar antes. Por isso que os consórcios se consolidaram mais. Antes era difícil ter um consórcio. Hoje é só através de consórcio, porque ninguém tem o dinheiro pra dá todo de uma vez, antecipado! Então junta todo mundo aqui, 4, 5 caboco. Cada um pede uma tonelada e paga, entendeu? (E19).

Sob um olhar divergente em relação ao de E19, porém, ainda assim, expressando a existência de uma *união*, enquanto resistência territorial protagonizada pelos agentes pertencentes aos países produtores, diante das investidas das facções criminosas brasileiras, E9 destacou em sua fala o seguinte:

A questão dos negócios da FDN e alguns colombianos que vinham pra negociar: acabou que um colombiano foi morto, aqui no Pará. E aí os colombianos foram no Amazonas e perguntaram ao pessoal do CV como seria as negociações, se eles não eram livres pra trabalhar porque se voltasse a acontecer aquilo era guerra. E com eles guerra é guerra mesmo. E aí o pessoal do CV do Amazonas recuou. Vieram até aqui, o pessoal daqui já tinha até matado dois conselheiros do Comando Vermelho aqui. O próprio Comando Vermelho matou, porque negociavam com a FDN. Mas o Comando Vermelho não teve êxito, nesse domínio de área, nesse domínio de fronteira, eles tentam ter o controle

> *de algumas, só os mais medrosos que servem realmente aos
> menores, os grandes distribuidores de droga não sentem medo,
> e eles tem um esquema muito forte, e com muita força, inclusive
> bélica, coisa que é difícil de ver, porque tem muita gente grande
> envolvida no meio, fica difícil, até pra gente ver.*

Em todo caso, constata-se que se trata de visões diferentes (que, por sua vez, são guiadas e formuladas de acordo com o nível de informação disponibilizado, às vezes de maneira fragmentária, a cada agente de segurança, o que explica as divergências), porém que apontam para a ocorrência de um mesmo fenômeno: há uma multiplicidade de agentes territoriais do tráfico, para além da fronteira brasileira, cuja territorialidade estabelecida em suas respectivas regiões ocasiona o surgimento de zonas de tensão com grupos de agentes territoriais brasileiros, o que, certamente, pode explicar uma série de problemas de segurança, atualmente referidos em relação às fronteiras brasileiras.

Esta tensão, por sua vez, seria ocasionada por intentos de dominação de zonas produtoras por grupos brasileiros (e a *resistência* de estrangeiros), que, cada vez mais, realizariam um movimento de expansão em direção aos países produtores (Abreu, 2021), o que, obviamente, também ocorreria na região amazônica.

Assim, nota-se uma oscilação clara entre relações isotrópicas (de cooperação comercial no tráfico, de respeito territorial) e anisotrópicas (de conflito, de disputa territorial, de troca de agentes de cooperação em detrimento de vínculos anteriores) (Raffestin, 1993), que, repita-se, explicaria a instabilidade relatada nas fronteiras, por autores como Paiva (2019), Hirata (2019), Dias e Paiva (2022).

A multiplicidade de interesses divergentes, por conseguinte, revela a existência de múltiplas relações de territorialidade nas fronteiras e na Amazônia brasileira. Desta multiplicidade de relações (ora concorrentes, ora convergentes entre si, como evidenciado por algumas falas anteriores) surge uma multiplicidade de rotas do tráfico de cocaína (além de outros entorpecentes ou produtos ilícitos em geral) no espaço correspondente à Amazônia brasileira.

Essas rotas, por sua vez, foram o objeto de análise da seção a seguir, que, certamente, demonstrou como a RMB e o Pará se encontram, diretamente, envolvidos numa lógica multiescalar dentro do fenômeno do comércio internacional de cocaína.

6.3 PERCEPÇÕES SOBRE O CORREDOR AMAZÔNICO, SUAS ROTAS E AS REDES QUE ATRAVESSARIAM O ESTADO DO PARÁ

Por sua vez, os relatos foram substancialmente ricos em apresentar detalhes a respeito das rotas do tráfico de cocaína que, na atualidade, estariam em plena atividade e fluxo na Amazônia e ao longo do território legal do estado do Pará.

Preliminarmente à exposição dos achados, no entanto, é importante que se diga que os entrevistados foram assentes em destacar a ideia de *fluidez* das rotas do tráfico de drogas enquanto característica indissociável às mesmas, da mesma forma apontada por diversos autores brasileiros e estrangeiros (Couto, 2019; Viana *et al.*, 2019; Steinko, 2019; Magliocaa *et al.*, 2019).

Assim, as rotas variariam dentro de determinados territórios-rede, conforme o maior/menor grau de fiscalização realizada pelos órgãos de segurança pública, maior/menor permissividade do sistema jurídico-legal, disponibilidade de agentes, meios de transporte e estocagem, oferta/demanda e, até mesmo, variações climáticas ou fenômenos geográficos (Neumann, 2018; Adorno, 2019; Magliocaa *et al.*, 2019; Couto, 2019, 2020; Reis Netto; Chagas, 2021a; Reis Netto *et al.*, 2021; Guerrero; Espasa, 2021; CDE, 2022).

Nesse sentido, afirmou-se que:

> Mas assim, o que acontece: ele [o agente do tráfico] migra, constantemente. Ele é pego em um lugar e na outra semana ele já vai mudando, então você as rodovias principais, então você articula tudo isso e tenta pensar numa questão lógica, o que é nas rodovias principais e o que é ali, o que tem mais água para transportar? (E3).

> A rota de fluxo é difícil identificar, porque eu caminho numa lógica de pensamento muito relacionada ao que a Lia Osório[58] traz pelo seu entendimento de rota. Tentamos identificar as rotas. Nós estamos com grande dificuldades de identificar as rotas, porque a rota te dá uma dimensão de fácil deslocamento. Então normalmente nos tentamos identificar os corredores, que são grandes áreas em que nós conseguimos observar o escoamento da produção e dentro desses corredores inúmeras rotas se formam. Então, a meu ver, mais importante do que identificar as rotas é identificar o corredor, nesse momento. Porque a rota é muito maleável né, ela é maleável, porque ela vai sendo produzida à

---

[58] Segundo o entrevistado, ele faria referência à investigação de Machado (1996) que tratou dos fluxos financeiros em face das possíveis redes de tráfico, também já amplamente utilizado neste trabalho.

> *medida que a própria mercadoria estar se deslocando, então a mercadoria se desloca. Só que diferente de uma mercadoria comum né, ela vai sofrer uma série de barreiras que vão sendo produzidas, como por exemplo, num conflito com outro grupo, um policiamento mais ostensivo em determinada área. O conhecimento vai implicar em novos caminhos dessa rota, mas a gente consegue identificar efetivamente, tenta identificar os corredores, ou seja, a área maior por onde escoa essa produção* (E8).

> *Quando se aperta muita a fiscalização em um local, eles procuram encontrar uma outra forma, uma outra rota. Aqui mesmo no Pará, quando a gente fiscaliza muito uma rota, eles procuram encontrar uma outra forma de mudar, pra continuar com essa comercialização, sem que a polícia consiga fiscalizar* (E2).

Portanto, dentro do *Corredor Amazônico*, observa-se uma alternância de possíveis caminhos entre as cidades ou grupos de cidades que se estabelecem como *nós* do território-rede, o que deve ser, cuidadosamente, considerado dentro da ideia de rota. Assim, o fenômeno deve sempre ser encarado sob a perspectiva da fluidez, justamente porque a mobilidade é uma das principais características do setor oligopólico do tráfico e de seu *movimento espacial* (Santos, 2017), à imagem e semelhança dos capitalistas empreendedores do século XXI (Bauman, 1998, 2001).

Em segundo lugar, diante da já referida vastidão do território amazônico e da multiplicidade de fluxos que podem se estabelecer em seu interior, tem-se que a alternância de modais também surge como um pressuposto das rotas (que será analisado, também, nos tópicos a seguir). Isso, inclusive, fica claro na fala de um dos entrevistados, que, comparando *eixo norte* e *eixo sul*, assim referiu:

> *Então, quando a gente pensa em deslocamento de produção do Norte para os grandes centros, como por exemplo, até Belém, tu tem efetivamente múltiplos modais. Ela pode ser transportada via rios, via modal fluvial, em alguns momentos, deve ter integração com o modal rodoviário, até por aerovias. Isso é distinto do Sul. No Sul nós não temos um modal hidroviário tão integrado assim. Quando nós temos deslocamento da cocaína, quando tu cita a Rota Caipira, quando a gente fala de uma possível rota gaúcha, de uma rota do sul, nós estamos falando de um modal muito mais rodoviário. E o transporte aí, por exemplo, no Norte deve ter uma característica talvez semelhante à do Sul, e, talvez você saiba disso, que é o uso de pequenas aeronaves que tentam voar. Nós pegamos aqui alguns casos de formações de cocaína*

> *para abastecer regiões metropolitanas, aqui do Sul, por pequenos aeroportos clandestinos. Isso é uma forma de transporte também, mas o Norte, quando eu penso no Norte, eu penso numa multiplicidade de modais que torna cada vez mais difícil de estabelecer a própria produção de uma rota, por causa do fácil deslocamento e a fácil movimentação desses modais* (E8).

Ademais, como último dado preliminar sobre o *Corredor Amazônico*, deve-se ressaltar a relevância que ele tem apresentado em relação ao tráfico internacional de cocaína, que fica muito assente do teor da fala de um dos entrevistados:

> *Fica como observação interessante: em 2020, eu fui para um encontro [omitido para evitar identificações], só Região Norte. Foi no Acre, Rio Branco. E a [autoridade omitida para evitar identificações] do Amazonas disse que eles tinham batido em 2020, o recorde de apreensão de droga. Disseram o mesmo o do Acre, de Roraima, de Rondônia, Amapá e Pará, eu fui o último a falar eu falei: "eu não sei se eu comemoro ou se eu me preocupo, porque todos nós [...]", e isso era em setembro, "[...] já batemos o recorde de apreensão. Sinal que estamos trabalhando muito bem, melhoramos e estamos evoluindo nesse combate, mas se a gente apreendeu tudo isso, quanto que já não passou?" e isso foi em 2020* (E18).

Como se vê, o corredor em questão aparenta plena atividade, o que se confirma, inclusive, pelos dados de apreensões estudados no capítulo anterior, referendando, de pronto, a relevância já declarada quanto a este estudo e a preocupação quanto às consequências oriundas dessa convergência de diversos dos fluxos estudados em relação à Região Metropolitana de Belém.

Nesse intento, as seções a seguir se debruçam sobre as rotas identificadas a partir das falas dos entrevistados.

6.3.1 A *Rota Solimões*: *nós*, modais, características

Como também foi previamente afirmado pela literatura (Rodrigues; Esteves, 2018; Hirata, 2019; Paiva, 2019; Sampó, 2019; Couto, 2019, 2020a; Moura, 2020; Reis Netto *et al.*, 2021; Dias; Paiva, 2022), constatou-se que muitos dos entrevistados apontaram para um forte protagonismo da *Rota Solimões*, enquanto um dos fluxos mais relevantes de cocaína na Amazônia e no estado do Pará. Veja-se, a partir das próprias falas:

Pelo pouco que a gente viveu, trabalhando na região Oeste do Pará e outras regiões do interior do Pará, essa rota se fazia, principalmente, indo de Manaus, do Amazonas, passando pela região Oeste, pegando a Santarém-Cuiabá pra ir chegar no Mato Grosso e Mato Grosso do Sul; ou seguir, pra chegar nos grandes portos (E1).

Aqui na Amazônia eu vejo Letícia. Porque ela vem por ali, entra no Amazonas, vem ali pelo Amazonas, e no caso do Pará vem praticamente pra Santarém. E de Santarém, isso via hidroviária, ela vai descendo até o Nordeste. Essa rota vai pro Nordeste, passa muito pelo Nordeste e do Nordeste ela vai sendo distribuída (E2).

Nós temos dois pontos importantes aqui, o Amazonas como porta de entrada e o Pará como rota de trânsito (E4).

Olha, a principal rota que todo mundo tem conhecimento, não só pelo próprio trabalho Policial, mas também em razão de várias apreensões que foram feitas, que saem na televisão e por aí vai, é na calha do rio Solimões, no Amazonas. Então a gente sabe que tem ali uma tríplice fronteira do rio Solimões, que é Brasil – Peru – Colômbia, a droga entra principalmente aí por essas cidades. Então você pode pegar as cidades principais aí do rio Amazonas, que você vai ter essas cidades enumeradas, a começar lá pela primeira, Benjamim Constant e você pode ter cidade de dentro do Amazonas, por exemplo a cidade de Tefé. É uma cidade por onde essa rota gira, entrando no Pará você tem ali Santarém. Depois você tem um pouco mais pra cá Breves, então são várias cidades, pro lado de baixo, pra margem direita, você teria cidades menores, mas que também existem para esse tráfico por lá. Cametá, São Sebastião da Boa Vista, própria Altamira, com rio Xingu pra percorrer e pode ser vista como uma cidade por onde a droga passeia (E6).

As principais portas são rio Solimões em Tabatinga, aquele eixo Tabatinga, Benjamin Constant no oeste do estado do Amazonas, aquela rota é importante (E7).

Lá no estado do Amazonas, eu conheço Tabatinga, que eu sei, mas obviamente tem outras cidades, isso aí não tem limite, ninguém ficaria limitado a apenas um município, seria fácil demais para as forças policiais, a fronteira é muito grande, mas o principal é Tabatinga (E9).

Pelo conhecimento que eu tenho da região e das inúmeras investigações que nós já fizemos, aqui no Pará, eu posso te afirmar que a cidade de Benjamim Constant e Tabatinga, no Amazonas, são as principais cidades, porque elas ficam próximas da tríplice fronteira, Peru – Colômbia – Brasil, e são vários canais de rios que dão acesso a região amazônica naquele local (E10).

A questão especificamente do Pará, a porta de entrada, sempre acaba entrando ali pelos rios, principalmente na área de Santarém, município de Almeirim que passa droga ali no rio até chegar no estado do Pará (E13).

Cara, eu vejo Manaus. O principal ali é Manaus. Fica ali na fronteira com a Colômbia (E14).

Nós temos ali, Itacoatiara, no Amazonas, ali na tríplice fronteira. Na divisa ali do estado do Pará. Principalmente do Peru e Colômbia. Nessa divisa aí, nós temos a principal rota de escoamento, que vem pelo Brasil. Ela [a cocaína] entra na tríplice fronteira e é escoada até os portos de Santarém e Vila do Conde (E15).

Algumas cidades são estratégicas. Então, tem Benjamin Constant, Cruzeiro do Sul, Tabatinga, cidades de Manaus [...]. As capitais sempre terão papel fundamental, porque é lá que se dá está o canal de comunicação. Então essas cidades que são historicamente rotas do tráfico, elas são rotas porque a passagem se dá por lá. Obrigatoriamente, há uma inserção. Agora tem algumas que são muito mais estratégicas. Por que muito mais estratégicas? Porque elas podem conectar diversas outras regiões, a partir de suas interações. E aí, por exemplo, é impossível tu não destacar Belém como uma rota. Tanto que se tu for pegar as apreensões, nos últimos anos, no aeroporto, tu vai pegar. Barcarena, principal rota hoje de cocaína para a Europa, a principal rota na Amazônia. Nenhuma cidade hoje, nenhum porto hoje na Amazônia, exporta mais cocaína na Europa, que o Porto de Vila do Conde, em Barcarena. Não só cocaína, mas manganês contrabandeado, madeira contrabandeada, e as mais diversas formas de contrabando que tu possa imaginar (E16).

Aquela tríplice fronteira, que é Tabatinga, Letícia e Santa Rosa, no Peru. Os grandes fornecedores de cocaína, utilizam aquela fronteira, via marítima, até o estreito de Breves, ou seja, pra Belém ou indo para Macapá, pro tráfico internacional. E de lá existe uma questão, isso eu tô falando do cloridrato de cocaína, que é o material exportado. E de lá a gente percebe ou já percebeu pela experiência que já tive com essa matéria, que eles utilizam o ponto estratégico, que é o país Suriname, não sei se é pela falta de fiscalização, pela deficiência de fiscalização ou o comprometimento dos agentes políticos de estado lá, com a rede internacional de tráfico e de lá pra Europa. Quanto a questão

*do tráfico regional, a gente via muito essa interligação, Taba-
tinga-Manaus ou Tabatinga-Manaus-Santarém. Seria como
um ponto de apoio. Quando eu falo de Santarém, eu não falo
só da cidade de Santarém em si, mas as cidades próximas como
Prainha, Monte Alegre, Faro, Terra Santa. Todas essas cidades
são escolhidas pela falta de fiscalização, pelo policiamento. E,
vamos dizer assim, a rota principal é o corredor amazônico, o
rio Solimões. O tráfego de balsas é gigantesco e a gente não tem
notícia de apreensão nessa rota, essa é a minha percepção. (E17).*

*Olha, falando de Pará, a gente tem aí a entrada pelos rios. Tem
Tabatinga né?! Tabatinga é um local que a gente sempre identifica como uma rota de entrada. Muitas das vezes essa droga
chega até primeiro no Amazonas e depois chega no Pará. Quando
ela não vem nesse transporte direto, por exemplo, do Suriname,
da Colômbia, direto de barco, ela aporta no Amazonas e depois
vem pra cá. A gente já fez apreensões aqui em que chegava no
Amazonas, eles acondicionavam em móveis, fundo falso de
armário, cama e mandavam como se fosse um caminhão de
mudança fechado na balsa ordinária, balsa normal. Vinha de
Manaus chegava aqui, 80 quilos e aqui se distribuía muitas
vezes pro Nordeste e tal (E18).*

*Eu cito ali, principalmente Tabatinga. Também, outros municípios
da calha do rio, o que a gente chama lá em cima. Vem por São
Gabriel e Tabatinga, principalmente. Os rios ali – agora eu não
sou conhecedor dessas rotas específicas – mas principalmente vindo
de Letícia, descendo por Tabatinga, que escoa muita droga (E19).*

*A gente vê que todas aquelas cidades do rio Madeira, do Amazo-
nas, ele tem a maior fronteira do Brasil, em termos de cidades. O
maior número de cidades que fazem fronteira com outros países,
são do Amazonas. Então aquelas pequenas cidades pobres são
portas de entrada essenciais do tráfico de drogas (E20).*

*Então, a gente tinha algumas investigações relativas a esquemas
de transporte de grandes carregamentos que eram adquiridas
nessas fronteiras, mais especificamente, em Tabatinga, e eram
trazidos para o Pará, com mais frequência para a região de
Abaetetuba e Barcarena, mas também tendo como desembarque, em Mosqueiro. Tivemos também casos no rio Maguari, em
Ananindeua, então essas rotas eram usadas por esses traficantes
que trabalham com grandes carregamentos (E21).*

*A principal no Brasil, na Região Norte do Brasil, é Tabatinga,
que faz fronteira com Letícia. Talvez ainda a principal rota de
entrada. Entra no país, na fronteira do Amazonas com a Colôm-*

> bia, no caso, do município de Letícia, no lado colombiano, e entra boa parte dela pelos rios, que aqui são extremamente navegáveis, principalmente pelo Amazonas. Disseminado depois por várias rotas, seja marítima, seja aérea, ou mesmo rodoviária, visando, boa parte dela o tráfico internacional ou uma parte dela para o consumo interno (E22).

> Pelo rio Amazonas existem várias rotas [...]. Santarém, como ponto de apoio/descarregamento, e seguindo o fluxo do rio Amazonas em direção ao rio Xingu, passando por Porto do Moz, em que já houve apreensão vultuosa em 2020; Vitória do Xingu, para desembocar em terra, pela Rodovia Transamazônica, abastecendo a região e seguindo em direção à outras partes do estado (E23).

Percebe-se, assim, que as falas de E11 e de E23 são bem detalhistas quanto à especificação de *nós* componentes da rede territorial vinculada à Rota Solimões, albergando, complementando e sendo consolidadas pelas falas anteriores. Veja-se:

> Nós temos a rota colombiana. A droga ingressa no Brasil, pelo estado do Amazonas, pelo município de Tabatinga, seguido de Manacapuru, em Manaus, da capital amazonense segue pro Pará, a região do Baixo Amazonas, área de divisa entre o Pará e o Amazonas, e ingressa no Pará, por Juruti e as proximidades do município de Óbidos, grande parte da mercadoria, da cocaína, é repassada por pequenas embarcações, que aproveitam as cheias do rio Amazonas, pra percorrer alguns furos e fugir de possíveis fiscalizações até chegar em Santarém, quando falo aqui da cocaína. Nós temos vistos também, a questão do Skank, o Skank colombiano, a supermaconha vinda da Colômbia. Outro ponto que precisa destacar é depois, essas drogas seguem pra Monte Alegre, descem pelo rio Amazonas, pra desembarcar as proximidades de Belém, normalmente nos municípios de Barcarena e Abaetetuba (E11).

> Pela via fluvial, a droga entra pelo rio Amazonas, passando pelas cidades Juruti, Santarém, prosseguindo pelos rios afluentes [...] (E23).

A partir das falas, por sua vez, pode-se constatar que a tríplice fronteira, na cidade de Tabatinga-AM, se destacaria enquanto uma espécie de região centralizadora dos fluxos de cocaína que ingressam na Amazônia brasileira, a partir da Colômbia e Peru. Justamente por esse motivo, a rota é, popularmente, nominada de *Rota Solimões*, nome empiricamente adotado pela literatura e pela imprensa, como *homenagem* ao rio que se coloca como principal porta de entrada local.

No entanto, os fluxos de entrada da cocaína não podem ser resumidos somente ao rio Solimões, como foi muito bem destacado na fala de E9, E19 e E20. Analisando-se a potencialidade dos rios da região a fundo, nos termos destacados por alguns entrevistados, percebe-se que a via marítima parece ser explorada ao longo de todo o noroeste do Amazonas (na área popularmente nominada como *Cabeça do Cachorro*, pelo formato a que o polígono remete) e, em possíveis pontos, a partir da cidade de Boa Vista-RR. Veja-se das falas:

> *Foca na cidade. Vamos pensar em Boa Vista (Roraima), primeira cidade Santa Helena do Uiarén [na Venezuela], então esse é o foco ali [...] pra Pacaraima. Quando você fala ali no Amazonas pensa em Tabatinga e Letícia, isso então fica ali, Tabatinga e Letícia pra Colômbia [...].* (E4, com adaptações, para melhor entendimento).

> *Uma zona mais acima, teve uma operação que conseguimos pegar duas toneladas e meio de droga, que foi no rio Japurá. É um rio muito acima lá, que não é citado, perto da chamada cabeça do cachorro. Essa zona tem muitos rios permeáveis, tá entendendo. Então, se você mesmo jogar no mapa, rio Japurá é bem lá pra cima. Mas existem rios que vão desencadear no rio Amazonas, no final das contas, todas as entradas que têm aí na questão de fronteira vão desencadear no rio Amazonas. Não tem jeito, houve situações de apreensões, por exemplo, em Pernambuco, que foi preso lá no Nordeste, mas que passou pela rota do rio Amazonas, tá entendendo? Então, muitas apreensões são feitas em outros estados, inclusive, que teve como destino, droga saindo daqui da fronteira. Ali [Tabatinga] é um ponto forte, mas não dá pra se concentrar só ali. [...] da tríplice fronteira ali pra cima. Existem outras rotas que não se dão muito destaque, mas que pode ter certeza de que passa muito tráfico de droga de outros países, como da Colômbia, da própria Venezuela [...]. Eu vejo quanto tem operações, dessas grandes quantidades que são apreendidas são no rio Amazonas, mas as entradas realmente são em vários rios, que muitas vezes não são citados em reportagens, quando vão pegar essas drogas, essas drogas são apreendidas já em Belém, já em Santarém, no Amazonas. Mas a entrada mesmo, fica em outros rios que não citados, então isso daí já é uma consequência dá entrada lá de cima* (E5).

> *[...] um pouco pelo rio Negro. Ao que me consta, menos que o rio Negro que no rio Solimões* (E7).

> *Na Amazônia, creio eu, que deve ser as áreas de contato fronteiriço com os países produtores, que por consequência disso, áreas de fortes transbordos, penso eu, deve ser relacionados as*

capitais e as cidades médias, que é que a gente identifica um pouco aqui na região Sul, que é um pouco a ideia de passar, talvez Rio Branco, Manaus, Belém do Pará, ou seja, essas áreas prioritárias de escoamento, de formações de corredores, e dentro desses corredores inúmeras rotas se formam derivadas de intempéries, que muitas vezes nem temos conhecimentos (E8).

Após ingresso no Brasil, essa rota seguiria o curso do rio Amazonas até a região compreendida entre os estados do Pará e Amapá, guinando em direção ao estreito de Breves-PA rumo à Baía do Guajará (que margeia a RMB), perpassando, ao longo do trajeto, por diversas cidades componentes dos estados do Amazonas e do Pará, que, por sua vez, se constituiriam como nós de uma grande rede.

Durante sua passagem, por conseguinte, é natural que a mercadoria em transporte apresente fragmentações da carga ao longo daqueles nós, tanto para abastecimento local quanto para destinação a redes secundárias que se formariam de acordo com os interesses e destinações vinculadas aos propósitos de cada agente envolvido no processo de aquisição do entorpecente.

Como visto nos capítulos anteriores e como também restou discutido no tópico anterior, é comum, na atualidade, a formação de consórcios entre diferentes (A.1.1) agentes territoriais do tráfico internacional de cocaína e (A.1.2) organizações nacionais ou internacionais de atravessadores e distribuidores, para aquisição de cocaína junto aos países produtores. Diante disso, também se torna natural a fragmentação da mercadoria adquirida, a partir do atingimento de pontos de desembarque da droga, para entrega a cada agente consorciado (como visto no caso da apreensão havida em Monte Alegre-PA, anteriormente).

Além disso, para redução de apreensões, tem-se que os agentes territoriais do tráfico costumariam promover uma alternância de modais e de métodos de transporte ao longo da *Rota Solimões*, sempre levando em conta critérios de segurança, conveniência e oportunidade de suas ações. Um primeiro exemplo do fenômeno, apresentado por E1, mostrou a alternância de modais como técnica utilizada pelos traficantes para se ocultarem de fiscalizações realizadas por órgãos de segurança nas imediações de Óbidos-PA, como se vê:

Vindo pelo Amazonas e desembarcando ali em Parintins, por causa da base Candiru, da Polícia Federal, que faz a fiscalização dos navios que entram no estado do Pará. Depois, passando por uma estrada, uma região chamada de Arapixuna e essa estrada ela sai, exatamente, em frente ao município de Santarém. E essas

> *drogas são atravessadas, em pequenas embarcações ribeirinhas,
> chamadas rabetas, feita justamente na questão que eu falei de
> importação, por pescadores. Chegam até Santarém e depois elas
> são reunidas e seguem a rota da Santarém-Cuiabá, e também
> aqui, já pra região do Marajó (E1).*

A evidência em questão parece explicar achado discutido no capítulo anterior, quanto à característica de algumas apreensões registradas pelos órgãos de segurança pública paraenses em relação à cidade de Santarém-PA e entorno: apreensões de drogas seguindo pelo modal rodoviário com características de que seriam embarcadas, logo em seguida. A partir da fala, admite-se a possibilidade de que o modal rodoviário em questão apenas representasse uma curta etapa do transporte marítimo na *Rota Solimões*, para evitar a fiscalização realizada às proximidades da Base Candiru, da Polícia Federal, em Óbidos-PA.

Outros exemplos, mencionados por E3 e E19, também destacaram o uso de múltiplos modais marítimos nessa mesma rota. Veja-se:

> *Eles usam, como eu falei, o que a gente mais percebe, via rio, são
> barcos. Foi agora em Bujaru ou um interior aqui próximo, pega-
> ram uma lancha que deu prego, uma lancha com três motores de
> duzentos, não, quatro motores de duzentos cilindradas! Não temos
> lanchas que pega uma dessas. Foi Prainha, que foi abandonada.
> E, nessa lancha, tinha dois fuzis; 6, 7 quilos de droga e foi aban-
> donada. Quando foram revistar a área, encontram mais duzentos
> quilos lá, e a gente já tinha informado que essa lancha fazia esse
> transporte. Então o que a gente percebe é que vem um barco grande
> de fora e param num certo ponto, essas lanchas rápidas pegam e
> vão desovando em lugares que tem que desovar (E3).*

> *Dependendo da época do ano, quando o rio tá cheio, o modal
> é através dos barcos. A gente já tomou conhecimento de balsa
> trazendo droga. Quatro, cinco, seis toneladas. A gente já tomou
> conhecimento de canoão, porque assim, a balsa estava começando
> a chamar bastante atenção e eles preferiam fazer através do con-
> sórcio. Chegava em um determinado ponto do rio lá em cima,
> dividia. Chegava em um ponto, a droga ficava em um porto. De
> 5 a 10 toneladas. A partir desse ponto cada um ia lá e levava a
> sua fatia do consórcio. E aí a responsabilidade era de cada um.
> Tinha muitos que levavam em embarcação, dependendo pelo rio
> que descia, era por uma embarcação que a gente chama de metal,
> com dois motores de 300hp, o que é um potência absurda, mas
> pra puxar 1,5 toneladas, 2 toneladas em um barco só... Aí a gente
> começou a entender que também chamava muita atenção. Então
> a gente já soube de informações, que os caras iam no canoão, de*

> *8 metros de madeira. Ele vem reforçado por dentro, com droga até o talo e o caboco vem com motor de 15hp, bem devagarzinho, como se fosse ribeirinho, que ninguém aborda. O cara vem na maciota. Então, assim, tudo vai depender do nível do rio* (E19).

Além disso, tem-se que E19 e outros entrevistados também referiram o uso do modal aeroviário na Amazônia, que, embora tenha sido apontado como residual pela literatura, conforme mencionado no capítulo anterior, atualmente se apresenta como algo mais assertivo na realidade amazônica, como se vê a seguir:

> *Agora, também, tem o transporte aéreo. Vários aviões pela grande extensão da Amazônia, e, pistas de pousos ilegais que são inúmeras. Também aviões trazem esse tipo de droga, só que, com menos quantidade de peso, o barco é a maneira que eles trazem mais droga e de uma maneira mais segura* (E3).

> *Também mais recentemente eu soube que tem muito tráfico aéreo, aviões que têm descido em áreas já desbravadas, pistas de áreas já desbravadas, sobretudo no Pará, para em seguida levar essa droga até os portos e escoar, exportar a droga* (E7).

> *O transporte aéreo é feito pelas pistas de pousos clandestinas, que são utilizadas no tráfico, inclusive em áreas de garimpos* (E11).

> *Tem também o modal que aí vai muito pro Pará [...] que eles saíam daqui e iam de avião para aí e daí era transportado por caminhões, que fazem aqueles transportes de cavalo. [...] Vinha de avião da Colômbia até o Pará, eles voam bem abaixo. Chegava no Pará, eles paravam por várias pistas clandestinas, paravam, deixavam uma parte. Seguia deixava outra, entendeu? Então assim, são tudo pistas clandestinas, não é voo direto. Pouso em pistas clandestinas aconteceu muito, acontece até hoje. A gente estava monitorando a rota, ela ia pra Santarém, de avião, era escoada, o que a gente chama calentado, nos caminhões de cavalo, fazendo o transporte de cavalo* (E19).

> *Olha, o que chega pra nós enquanto profissionais, é que chegam pelos rios, pelos rios e também por aeronaves pequenas, hoje existiria no Pará em torno 2.000 pequenos aeroportos em propriedades, alguns clandestinos, outros até mesmo registrados* (E20).

> *Costumam pousar em pistas clandestinas, usam as pistas inclusive lá no Peru ou na Colômbia. Geralmente, quem faz esse tipo de tráfico de carregamento são pessoas que já tem poder aquisitivo maior, proprietário de fazendas, de grandes proprie-*

> *dades, e, dentro de suas próprias propriedades eles fazem essas pistas. Por via aérea também. Os aviões adquirem a droga na fazenda ou em outros países e fazem pousos baixos, abaixo da detecção do radar e jogam essas drogas em fazendas. E aí, já ficam outros traficantes embaixo, pra poder recolher essa droga e dar o destino delas por via rodoviária. Não chegam a pousar, esse modus operandi do avião, já foi detectado nos municípios do Acará, Tailândia, Cametá e Paragominas (E21).*

Assim, confirmou-se a literatura consultada (Couto, 2019, 2020a, 2020B; McDermott, 2018; Sampó, 2019; Abreu, 2021; McDermott *et al.*, 2021; FBSP, 2022), no que se refere à utilização de aviões de pequeno porte. A partir da fala, constata-se que esses aviões cruzariam relativas distâncias mediante o pouso, reabastecimento e descarga em pistas clandestinas – ou, até mesmo, em pistas regularizadas – da região, bem como que poderiam perfazer a simples *derrubada* da droga, diretamente do ar ao solo.

Quanto à observação de E20, aliás, sobre a massiva presença de aeroportos clandestinos e oficiais, passíveis de utilização para o tráfico, destaca-se a imagem a seguir, a título ilustrativo, extraída diretamente da base de dados do Departamento Nacional de Infraestrutura e Transportes (DNIT) (Brasil, 2023).

Figura 50 – Aeródromos, heliportos e aeroportos registrados na base de dados do DNIT, com foco sobre a região amazônica

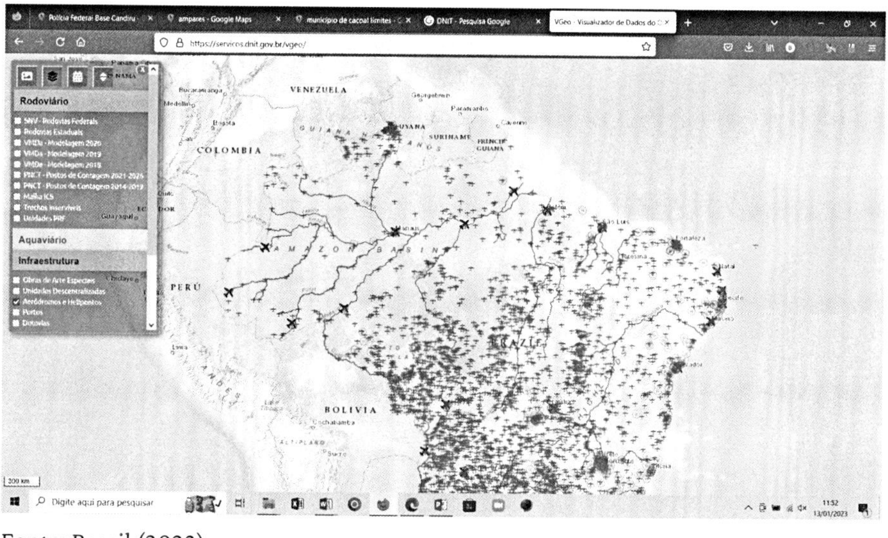

Fonte: Brasil (2023)

Como se pode observar, o quantitativo de aeródromos (registrados) é assente nas fronteiras com as Guianas e com a Bolívia, o que, além de representar uma série de pontos potencialmente utilizáveis para o tráfico, propicia o advento de um intenso fluxo de aeronaves que pode auxiliar na ocultação daquelas, eventualmente, utilizadas para a atividade ilegal.

Ainda, quanto aos modais marítimos, tem-se que E5 referiu o uso da figura dos submarinos, por parte de possíveis (A.1.1) agentes internacionais do tráfico de cocaína na Amazônia, como se depreende de sua fala:

> Quando se trata em tráfico internacional, eles estão utilizando de outro artifício: a fabricação de submarinos caseiros, tá entendendo?! A gente já teve situações de submarinos que foram presos lá do outro lado do Oceano. Teve uma ocorrência que aconteceu uns três anos atrás, que foi preso um submarino com várias toneladas de droga, na costa de Portugal com a Espanha, onde esses personagens estiveram em Macapá. Vieram pelo rio Amazonas e pararam em Macapá, e conseguiram atravessar o Oceano. [...] Dentre as coisas que acharam lá, acharam alguns pertencentes, algumas sacolas, de algumas lojas específicas, que só tem aqui em Macapá. Realmente esse submarino parou aqui em Macapá antes de chegar lá do outro lado do Oceano. Tem até uma reportagem inclusive sobre isso aí, se eu achar essa reportagem eu te mando. Teve outro achado de submarino aqui no Amapá-Pará, na cidade Vigia, uns 4, 5 anos atrás. Acharam somente o submarino (E5).

O caso referido pelo entrevistado diz respeito a uma apreensão de cerca de três toneladas de cocaína transportadas pelo submersível da imagem a seguir, que, antes de ingressar em mar aberto, teria cruzado a Amazônia brasileira por seus respectivos rios, como restou apurado pelas autoridades espanholas (Velasco, 2022).

Figura 51 – Submarino utilizado para o transporte de mais de três toneladas de cocaína
à Europa, apreendido em terras espanholas e que teria partido da Amazônia brasileira

Fonte: Velasco (2022)

O mesmo entrevistado, ainda, prosseguiu sua explicação tratando a respeito do modal fluvial, que seria o mais comum utilizado na *Rota Solimões* por parte de traficantes brasileiros, em sentido semelhante ao exposto por E19. Veja-se a fala:

> *Mas para o abastecimento interno aqui, eu creio que a prática é a utilização de embarcações, utilização de transportes de mercadorias, onde que a droga é dissimulada na parte interna. Vou te dar um exemplo: um ou dois anos atrás, teve uma operação em Macapá, em que fizeram uma grande apreensão de drogas dentro de motores de barcos, que vieram de Manaus. Eles dissimulam dentro de motores de barcos. E também tem um outro modus operandi que eles tão utilizando bastante, que eles amarram a droga em casco de navios, de balsas, de embarcações e essa droga é vinda arrastada na parte de baixo do barco. Ou, ainda, pela parte de baixo da embarcação. Então tem essa dinâmica e essa flexibilidade do modus operandi (E5).*

Sua fala, portanto, condiz com a de outros entrevistados, que, de igual maneira, também referiram que:

> *Bom eu posso citar pelo menos duas formas: a primeira delas, é a mais óbvia, uma vez que é pela calha do rio, que são as embarcações. Às vezes são embarcações menores, às vezes são*

embarcações um pouco maiores e aí essas drogas, geralmente, entram em via de regra, por embarcações, pode ser navios, barcos menores ou navios. Mas também pode ser em balsa, nos casos da balsas, principalmente, no transporte de madeira, é a forma que eles usam pra adentrar com essa droga (E6).

A maioria da cocaína que chega no Pará é transportado em embarcações, principalmente pelo estado do Amazonas, quando não vem em grandes embarcações a cocaína é transportada em pequenas rabetas, geralmente a noite, durante as cheias dos rios, à época das cheias facilita o acesso a vários canais que facilita (E11).

Olha, meu amigo, eles geralmente, quando vem por Manaus, pelos rios, eles utilizam embarcações, já foram pegas várias embarcações pelas instituições da segurança pública, utilizando partes de navios, até balsas (E14).

São barcos de médio porte, disfarçados de barcos de pesca, eles têm uma espécie de porão, em que eles fazem fundos falsos, e ali eles armazenam drogas, muitas vezes escondidas ou outras vezes até expostas nesse porão (E21).

Por conseguinte, tem-se que E1 (com a vênia da repetição), E2 e E23, apontaram para a possibilidade de mudança de modais na área de Santarém-PA, aonde a droga chegaria pelo modal fluvial e, em seguida, se valeria da BR-163 (Cuiabá-Santarém) para ingressar na BR-230 (Rodovia Transamazônica) ou se direcionar ao Centro-Oeste (via Mato Grosso), onde, possivelmente, se integraria aos fluxos do eixo sul (possivelmente via Rota Caipira), conforme se vê a seguir:

[...] essa rota se fazia, principalmente, indo de Manaus, do Amazonas, passando pela região Oeste, pegando a Santarém-Cuiabá pra ir chegar no Mato Grosso e Mato Grosso do Sul; [...] (E1).

Porque depois que ela chega em Santarém, ela vem fluvial. Mas depois ela continua o trânsito dela, normalmente, por rodovia. Pega a 163 e depois entra na 230 (E2).

Em Santarém, parte da droga é transportada pela BR-163, considerando várias apreensões realizadas pela PRF na rodovia. Ingressando no estado pelo rio Amazonas, a droga consegue alcançar uma grande quantidade de cidades, que são próximas a rodovias federais e facilitam o escoamento, como a BR-163, Rodovia Transamazônica e Rodovia Belém-Brasília, composta de 11 (onze) rodovias federais, que interligam Belém ao centro do país e ao Nordeste (vide BR-222), outra rota de escoamento (E23).

Confirmou-se, diante das falas, a hipótese levantada no capítulo anterior, de que, diante dos destaques evidenciados nos municípios situados tanto às proximidades de Santarém-PA quanto no Sudoeste do Pará, haveria uma possível vinculação entre as duas regiões por meio da BR-163.

Destarte, para além da confirmação da hipótese, pode-se observar, ao menos *a priori*, que o aparente sentido daquele fluxo seguiria da região santarena e até a região da Transamazônica ou em direção ao Centro-Oeste do Brasil. No entanto, deve-se repetir que a hipótese contrária (fluxos advindos da Rodovia Transamazônica em direção a Santarém-PA e entorno), conforme mencionado no capítulo anterior, também é plenamente possível, como se discutiu, inclusive, nos próximos tópicos.

O fluxo de embarques/desembarques referido antes também encontrou menções específicas relativas à região do rio Xingu, onde se evidenciaria um fluxo de drogas, sobretudo na cidade de Altamira-PA (destacada no capítulo anterior), em relação à rodovia BR-230 (rodovia destacada mais à frente, noutra seção).

Por conseguinte, informou-se que muitos traficantes vinculados à Rota Solimões, ainda, se utilizariam da técnica de mulas para envio do entorpecente, sobretudo a partir do aeroporto internacional de Manaus-AM, para a região Sudeste do país (destacadamente o Rio de Janeiro):

> *Outro modal, que vai mais direto, não pro Pará, mas direto pro Rio de Janeiro, são as mulas. Tanto é, que eles calculam o risco desse modal. Por exemplo, eu coloco 20 mulas, cada uma recebendo 2 mil reais, gasto mais a passagem. Perfeito, então eu coloco 20 pessoas, em vários voos, durante o dia, e aí eu calculo que vou perder ali entre 3 e 4 mulas que vão cair. Já tá calculado no preço a questão dessa perda que vai acontecer com a queda dessas mulas. Isso daí já reflete também no preço, quando ele perde mais do que isso, essa droga chega lá no Rio de Janeiro, principalmente, no preço mais elevado, quando ela chega lá ao invés de ser 22 mil, 23 mil, ela vai pra 28 mil, certo? Dependendo do que o cara perdeu, se saiu muito ali do planejamento dele* (E19).

Novamente, verifica-se uma troca de modais, que, certamente, exploraria contextos e vantagens ínsitos a um determinado momento, dentro das várias possibilidades assinaladas.

Ainda assim, pode-se dizer, a partir da maior parte das falas analisadas, que a *essência*, ou seja, a principal característica da *Rota Solimões* é o uso dos rios da Região Norte, ou seja, o uso de modais fluviais, para fluxo de entorpecentes.

Mais adiante, a questão foi retomada, analisando-se as dinâmicas decorrentes dessa rota, especificamente quanto às convergências dentro do estado do Pará e em relação à Região Metropolitana de Belém, conforme objetivo deste estudo.

6.3.2 A *Rota Acreano-Rondoniense*: *nós*, modais, características

Por conseguinte, os entrevistados também referiram uma segunda rede interligada por diferentes *nós* de característica predominantemente rodoviária (ao contrário da fluvial, antes referida, em relação à *Rota Solimões*), por meio da qual também se evidenciaria o ingresso da cocaína na Amazônia pelas fronteiras dos estados do Acre e Rondônia.

Embora, como se pode ver a seguir, E11 a chame de Rota Peruana, tomou-se por bem chamá-la, neste estudo, de *Rota Acreano-Rondoniense*[59]. Observe-se sua configuração, a partir das falas a seguir:

> *Essa droga também chega até o estado [...] por rodovias. Nós temos ali a [BR] 163 e a [BR] 230, que são as duas entradas muito grandes que a gente tem de droga* (E2).

> *E aí, já pro Acre, [...] a porta de entrada ali fica em Assis Brasil e Brasiléia. A gente falando dessas cidades, que tem ali a fronteira mesmo, que faz ali a cidade gêmea, conforme informação da Polícia Rodoviária [...], nesse meio é onde você vê a rota específica ali, que tem Madre de Dios [Peru]. Você vê aqui, onde vai chegar em Ampares com Assis Brasil, ali do Peru* (E4).

> *A rota peruana a droga ingressa pelo estado do Acre, município de Cruzeiro do Sul. Passa por Rio Branco e Porto Velho, e, se infiltra no Pará pela região Sudoeste, via os municípios de Jacareacanga, Itaituba, Novo Progresso e São Félix do Xingu e Altamira, pega ali a bacia do Xingu. Ou seja, muita droga sendo apreendida ali na [BR] 230, na Transamazônica, próximo de Jacareacanga, pode observar. Então na próxima vai chegar em Itaituba, já que a ideia é chegar também em Santarém. Nós temos um porto em Santarém. Bom destacar que foi pego no*

---

[59] Assim se optou, em primeiro lugar, para preservação de características mais brasileiras do que estrangeiras, na descrição das rotas. Além disso, é bom lembrar que a cocaína peruana também ingressa pela Rota Solimões, e, como visto no capítulo literário, pelo sul do país, após manufatura na Bolívia, pelo que se poderia cair em reducionismos ao chamá-la simplesmente de *peruana*, a despeito de um entrevistado assim nominá-la. Portanto, sem perder o respeito à literalidade propugnada pelo método do estudo, ainda assim, para melhores efeitos didáticos, perfez-se a opção ora relatada, que faz menções aos estados que convergem fluxos em uma mesma direção.

casco do navio, houve uma apreensão. Foi necessário a Polícia Federal requisitar os mergulhadores do Corpo de Bombeiros de Santarém, pra identificar no casco do navio a cocaína. Então, Santarém é um ponto importante. Há uma ação muito intensa da Polícia Rodoviária Federal, muita maconha sendo apreendida na bagagem de passageiros por lá. Essa é a rota peruana! (E11).

Outra rota importante é a fronteira Rondônia-Bolívia, também historicamente Cacoal, Guajará-Mirim, são cidades que, isso vem dos anos 80, já entrava muita cocaína naquela região, eu digo que essas são as duas principais que eu me recordo, claro Rio Branco também, aí pouco no eixo Rondônia (E7).

No Acre, nós temos o Cruzeiro do Sul, que é extremamente movimentado, e Brasiléia que é a cidade que fica na fronteira. Mas Cruzeiro do Sul é o ponto. Epitaciolândia, parece, é ponto muito forte, e lá parece que não tem escritório da Polícia Federal. Essas cidades assim ficaram muito fortes no nosso radar [...]. Quando a gente vê carro com essas placa, é quase 80% de chance de ser transporte de cocaína (E17).

Bem, tem uma rota que chega pelo município de Pimenta Bueno, em Rondônia, só que aí já não seria por rio. Seguiria por via rodoviária pra cá. Nos casos que eu trabalhei, a gente só tem conhecimento desses dois pontos que são regiões fronteiriças: o município de Pimenta Bueno e o município de Tabatinga (E21).

A origem dessa rota, por sua vez, apresentaria variados pontos iniciais e possíveis *nós* de interseção que a interligariam. As inferências citadas, deve-se frisar, dialogam bastante com as rotas apontadas por Gomes e Cantanhede (2018), Viana *et al.* (2019), Couto (2020a, 2020b), FBSP (2022), além de explicarem e confirmarem hipóteses levantadas a partir das evidências colhidas no capítulo anterior.

Além disso, deve-se deixar claro que os caminhos traçados entre cada cidade/*nó*, colocam-se apenas como um *caminho ideal*, uma vez que podem ser registradas diversas variações em relação às rotas propostas, em razão do possível desvio por estradas estaduais e vicinais existentes entre cada ponto.

O primeiro ponto de entrada desta rota adviria de possíveis abastecimentos fluviais na cidade de Cruzeiro do Sul-AC (conforme informado ao pesquisador, em visitas de campo), os quais fluiriam pela Rodovia BR-364 (que se estende até Cordeirópolis-SP e, em muitos locais, é referida como *Rodovia da Morte*) em direção a Rio Branco-AC e Porto Velho-RO. A partir dessa última cidade, se abriria um leque de possibilidades de fluxo, como se vê a seguir.

A rota poderia seguir, a partir de Porto Velho-RO: a) em direção a Humaitá-AM, ao norte e daí seguir pela BR-230, diretamente ao Nordeste (como mencionado no capítulo anterior); ou b) seguir, mais ao norte, pela BR-163 (Santarém-Cuiabá) em direção à região santarena (integrando-se à Rota Solimões); ou c) seguir pela BR-230, até a Região do Xingu, onde poderia seguir, por exemplo, para Altamira-PA (e aí se integrar à Rota Solimões); ou, ainda, d) seguir até Marabá-PA, de onde poderia se integrar, mais ao norte, tanto com a região às margens do rio Tocantins quanto à Região Metropolitana de Belém, ambas no Pará, como destacado no capítulo anterior.

Ainda a partir de Porto Velho-RO, a rota poderia seguir até Cuiabá-MT, de onde poderia: a) integrar-se à Rota Caipira, ao sul e sudeste, por diversas rodovias; ou b) seguir ao norte, em direção à BR-163, integrando-se às rotas antes mencionadas em relação à BR-230, na região santarena ou no nó em Marabá-PA; ou c) seguir ao norte, por diversas estradas após a cidade de Cuiabá-MT, até BR-158, e, daí, integrar-se às possíveis rotas antes descritas em relação ao nó em Marabá-PA[60]; ou d) seguir, diretamente, até Brasília-DF — apontada pela literatura como uma plataforma de distribuição nacional de entorpecentes (CDE, 2021).

O segundo ponto de entrada de entorpecentes seria representado pelas cidades de Assis Brasil-AC, Brasiléia-AC e Epitaciolândia-AC, todas no sul do Acre – a primeira, na tríplice fronteira Peru-Brasil-Bolívia, e as duas últimas, na fronteira Brasil-Bolívia. As cidades são ligadas, entre si, pela Rodovia BR-317 (a Rodovia Interoceânica, que inicia no Peru e se encerra, em terras brasileiras, em Boca do Acre-AM, nascedouro da BR-230), e, a partir delas, é possível que surjam fluxos, ao norte, em direção a cidade de Rio Branco-AC, integrando-se às rotas antes expostas.

Por terceiro, no estado de Rondônia, observou-se um ponto de entrada na cidade de Guajará-Mirim-RO, que, ao norte, poderia se integrar ao fluxo em direção a Porto Velho-RO, e, dali, em direção às rotas já descritas.

Assim, conforme evidenciado da fala de E7 e E21, elencou-se como um ponto de entrada as cidades de Cacoal-RO e Pimenta Bueno-RO. No entanto, pela geografia local e pela interligação desses municípios (que são localizados na região central do estado de Rondônia), é muito mais provável que eles sejam pontos de conexão entre diversas outras possíveis cidades de entrada, conectadas por estradas com a Bolívia, ao sul e sudoeste do Estado.

---

[60] É interessante referir que, ao espacializar as rotas, há forte possibilidade de existência de um nó em Confresa-MS.

A partir dessas cidades, então, surgiriam os seguintes fluxos: a) ao norte, pela BR-364 em direção a Porto Velho-RO, daí se integrando às rotas descritas; ou b) a sudeste, também pela BR-364, em convergência aos fluxos Pontes de Lacerda-MT, Cáceres-MT e Cuiabá-MT, cujas rotas já foram, parcialmente, analisadas antes (e serão objeto de mais descrições no próximo tópico).

Pela característica das falas dos entrevistados, repita-se, percebeu--se que essa região detém uma rota predominantemente rodoviária, não se descartando, no entanto, a possibilidade do uso de aviões de pequeno porte, prática muito comum do tráfico oriundo da região boliviana (Manso; Dias, 2018; Abreu, 2021).

6.3.3 A *Rota Caipira* em relação com o *eixo norte*: *nós*, modais, características

Por conseguinte, verificou-se que alguns entrevistados apontaram a existência fluxos percorrendo *nós* originários de cidades tipicamente inseridas na *Rota Caipira*, em direção à Amazônia.

Esse comportamento, aliás, já havia sido evidenciado também em relação à *Rota Acreano-Rondoniense*, como foi discutido no capítulo anterior, e, nesta seção, também o foi em relação à cocaína que ingressaria pelos estados do Mato Grosso e Mato Grosso do Sul.

Historicamente, o entorpecente originário dessa região seguiria em direção ao Sul e Sudeste do país (Couto, 2019, 2020a, 2020B; Abreu, 2021), porém, como se observa das falas, parte dele agora parece fluir em direção à Região Norte:

> Pela [BR] 010, pra gente, boa parte da droga que a gente pegou, tem uma rota por ali, mas, normalmente é nesse sentido, é vindo de lá pra cá. A cocaína normalmente ela vem lá de cima, dali da Bolívia, Colômbia. No ponto geral, a gente pega muito em carro, carro pequeno e caminhão, pega às vezes em ônibus, porque tem linha de ônibus que chega em Santarém que sai do Mato Grosso, chegando até o Norte do estado (E2).

> A rota boliviana: a droga ingressa pelo estado do Mato Grosso, em Pontes e Lacerda e Corumbá. A cocaína chega pelo extremo Sul do Pará, por meio dos municípios de Santa Maria das Bar-reiras, Redenção, Conceição do Araguaia e Marabá. É uma rota essencialmente terrestre. [...] A rota boliviana é terrestre, praticamente terrestre (E11).

> *Em direção ao norte, do Mato Grosso, a gente identificou muito ponto vermelho. Pontes e Lacerda e Cáceres. Essas duas cidades são pontos vermelhos, muito preocupantes, e eu acho que a Polícia Federal tem escritório nessas cidades, exatamente pelo arremesso de drogas. Na última vez, até algum documento apontando indícios de voos curtos, seja de helicóptero, seja de avião. São muito grandes naquela região. E a gente percebe que é arremesso. Ali também tem em Dourados (E17).*

Como se vê, são apontados dois pontos de entrada que podem se estratificar em diversas rotas em direção à Amazônia, que, por sinal, são bem conhecidos pela literatura debruçada sobre a rota caipira (Manso; Dias, 2018; Couto, 2020; Gomes; Cantanhede, 2018; Abreu, 2021).

Primeiramente, no Mato Grosso, referiu-se, expressamente, às cidades de Pontes e Lacerda-MT e Cáceres-MT, ambas na região Sudoeste do Estado, na fronteira direta com a Bolívia, e ligadas entre si pela BR-174 (Rodovia Manaus-Boa Vista). Os fluxos mais prováveis da cocaína que ingressaria nesta rota, em direção à Amazônia, seriam: a) rumar na direção sul até Cuiabá para seguir, por conseguinte, ao norte, para a região de integração da BR-163 com a BR-230, já mencionada no tópico anterior; ou b) rumar em direção ao Nordeste e, por várias estradas, acessar a BR-158 até a Região Sudeste do estado do Pará (com novas possíveis rotas, também já apresentadas).

Em relação ao Mato Grosso do Sul, por sua vez, apontou-se as cidades de Corumbá-MS (a noroeste do Estado) e Dourados-MS (sul do Estado), ambas conectadas por rodovias (respectivamente, BR-262 e porção sul da BR-163) à capital Cuiabá-MS. A partir da capital, por sua vez, ambas podem permitir fluxos em direção à porção Norte da BR-163, por meio da BR-364, e, assim, permitir que a cocaína em curso pela rota siga ao Norte, pelas rotas já discutidas antes (quanto ao Mato Grosso), em direção ao sudeste ou sul do Pará.

Por conseguinte, conforme mencionado, essa rota receberia aportes aéreos advindos da Bolívia, em diversas pistas da região, a partir da qual predominaria o modal rodoviário até o estado do Pará.

> *A boliviana é praticamente terrestre, coisa pequena ali é fluvial. Talvez algum lugar na Bolívia. E o transporte aéreo! As pistas de garimpo, só que muitas vezes o dono do garimpo não quer se envolver com o tráfico de drogas. Ele sabe do problema que existe, então, ele não quer misturar a atividade garimpeira com o tráfico de drogas. Então, muitas vezes, ele não permite outros*

> *não. Grande parte dos garimpeiros não querem se envolver com o tráfico de drogas* (E11).

> *Mato Grosso e Goiás: a questão ali da Bolívia é pelas estradas, são ali os principais que de lá passando por essas duas fronteiras, por esses dois estados, ela entra ali e distribui para o Brasil* (E14).

Essa rota, aliás, é o possível caminho tomado pela cocaína estudada, no tópico anterior, em relação a *outlier* registrado no município de Capanema-PA, cuja investigação mencionou que a origem da droga seria o estado do Mato Grosso.

Como já mencionado alhures, não se trata de uma rota corriqueiramente direcionada ao Norte do país. Em todo caso, o aumento de fiscalizações referidos ao início deste capítulo, em relação à *Rota Caipira*, certamente pode ter provocado mudanças comportamentais dos fluxos em questão.

6.3.4 A *Rota Suriname-Amapá-Pará*: *nós*, modais, características

Por fim, a fala de três dos entrevistados apontou a existência de fluxos por via de um território-rede internacional, que se consolidaria via oceano Atlântico e, adiante, se conectaria com o Brasil, justamente nos estados do Amapá e do Pará.

Como mencionado no capítulo anterior, trata-se de uma rota reportada de maneira residual na literatura por autores como Guerrero e Espasa (2021), que informam um possível o escoamento via Venezuela, bem como por Couto (2020a), que mencionou possíveis saídas de entorpecentes via Manaus-AM para o Suriname. Em ambos os casos, os fluxos seguiriam pelo oceano Atlântico, retornando ao Brasil.

Veja-se das falas:

> *Então, principalmente, nesse ponto aí e da rota vinda do Suriname, pelas informações que chegam até nós, essas são as principais rotas de abastecimento, de entrada no estado, com o destino aos portos* (E15).

> *Essas embarcações que atravessam as águas territoriais brasileiras entravam na Guiana e chegava muitas vezes no Suriname. O peixe, que era uma atividade de pesca ilegal, de repente ganhou a prática do contrabando, que vinha do Suriname. Cigarros contrabandeados, roupas, brinquedos que começaram a entrar por Abaetetuba. Então tivemos várias operações, seja do Pará, seja do Amapá, que visavam esse contrabando, esse contrabando. Quem*

> *já tá com o peixe legal, de repente migrou pro contrabando, quem traz o cigarro contrabandeado, começou a trazer drogas. Também aí começa a origem desse tráfico, desse tráfico de origem marítima, que vem do Suriname, da união da Venezuela/Colômbia. E aí começou a inundar as cidades ribeirinhas* (E22).

> *A rota que vem marítima, partindo do Suriname, a partir da Guiana Francesa, entrando por rota marítima, até os portos brasileiros, no Amapá, no Pará* (E23).

A rigor, o caráter residual das falas, três num universo de diversos entrevistados, se mostraria digno de desconfiança inicial. Contudo, deve-se lembrar do *outlier* estudado no capítulo anterior, relativo à grande apreensão havida no distrito de Mosqueiro, em Belém-PA, onde a investigação suscitou o uso de embarcações no Oiapoque-AP, para transporte de cocaína para a RMB.

Possivelmente, por envolver uma região costeira e águas internacionais, a rota não tenha sido objeto de tanta atenção por órgãos mais focados nos fluxos amplamente conhecidos (abordados nos tópicos anteriores). Porém, não se deve olvidar que a região é marcada por outras atividades ilegais, conforme informado a este pesquisador em suas visitas em campo, como o contrabando e a pesca ilegal, cujas redes, obviamente, podem facilmente ser destinadas ao tráfico de drogas, ante a já esposada ideia de *politráfico* (Labrousse, 2010).

À luz dos quatro tópicos, percebe-se a existência de quatro conjuntos de fluxos, que, por intermédio de *nós* constituídos em cidades e aparentes regiões, permitem que a cocaína escoe de países produtores ao longo da Amazônia.

Resta claro, assim, que esse fluxo, embora de forma não exclusiva, porém, ainda assim, massiva, parece se direcionar à Região Metropolitana de Belém, de modo que, como concluído ao fim do capítulo anterior, esta parece desempenhar um papel relevante ao tráfico internacional de cocaína.

O esclarecimento sobre esse papel, no entanto, como também constatado ao fim do capítulo anterior, dependeu de um olhar mais amplo que a própria RMB, de modo a permitir a verificação de seu relacionamento não só com os demais municípios próximos, que manifestaram comportamentos assemelhados, mas com o próprio destino objetivado pelas redes que convergiam em sua direção.

A questão será objeto de esclarecimentos, a partir das próximas seções.

6.5 A CONVERGÊNCIA DOS TERRITÓRIOS-REDE E SUAS ROTAS PARA O ESTADO DO PARÁ

Como se observou da seção anterior, pelo menos quatro rotas ativas, identificadas nas entrevistas, promoveriam o ingresso de fluxos de cocaína no interior do estado do Pará.

Por sua vez, deve-se lembrar de que:

> *O Pará é central né? O Pará é central porque praticamente é uma rota obrigatória. Eu sempre destaco isso, o tamanho do território do Pará, a dimensão geográfica e essa travessia que se dá pela transamazônica, pela BR-163, e, a conexão com os rios. Eu já te destaquei aí o Porto de Vila do Conde. Então assim, o que que acontece, tu tem várias rotas secundárias dentro do Estado, que pega Pará-Maranhão, por exemplo, se tu pegar o registro, pode pegar a quantidade de droga que é apreendida na rodovia Pará-Maranhão, saindo do Pará e indo em direção ao Nordeste. Tu tem a Transcametá, inclusive é uma das principais rotas não só da cocaína, mas, hoje também do skank. [...] Então o Pará, hoje, não é apenas uma área de travessia, de distribuição, mas, ele também é um mercado. Aí tu vai pegar outro ponto estratégico, olha só, tu fala da saída do Porto de Vila do Conde, mas, na entrada tu tem a Alça Viária, já tem a Alça Viária, que já abastece toda a região metropolitana, isso sem falar da histórica participação de Belém, a partir da Baía do Guajará, que se dá pelo rio que envolve todos esses trapiches e portos que tu encontra na orla, os portos que funcionam de forma irregular e os trapiches que funcionam de forma irregular (E16).*

> *O Pará serve como rota de transbordo, armazenamento, distribuição e comércio da cocaína, sendo que, o que se destina aos outros centros, poderá ter a finalidade de abastecimento, comércio e remessa ao exterior, através dos portos e aeroportos da região nordeste e sudeste (E23).*

Nesses termos, pode-se afirmar que, a partir daqueles fluxos, uma parte abasteceria o mercado consumidor de cocaína consolidado no estado e outra parte seguiria adiante, para outros centros específicos.

Em relação aos *nós*, destacados no estado do Pará, assim referiram os entrevistados, primeiramente, em relação à *Rota Solimões* (com o perdão da repetição de algumas falas, haja vista sua importância):

Manaus, entrou no Amazonas. O paradeiro, ponto um, Manaus! Ponto dois, descendo Manaus, ali, Santarém e aquelas cidades adjacentes. Ali próximo de Santarém, pra depois chegar, ser distribuído para Belém, Macapá. Então, Belém e Macapá já é ponto final. Antes vai passar por essas cidades, antes de chegar em Belém, por exemplo, Santarém e Manaus é claro. Manaus é o principal ponto onde essa droga para, e é redistribuída para Belém, Santarém, Macapá. Ganhando Belém, Santarém daí pra frente e só rodovia. Há distribuição geral dessa droga (E5).

É uma cidade por onde essa rota gira, entrando no Pará: você tem ali Santarém. Depois você tem um pouco mais pra cá Breves. Então são várias cidades, pro lado de baixo, pra margem direita. Você teria cidades menores, mas que também existem para esse tráfico por lá. Cametá, São Sebastião da Boa Vista. A própria Altamira, com rio Xingu pra percorrer, e, pode ser vista como uma cidade por onde a droga passeia (E6, REPETINDO).

Pra entrar no Pará, é Santarém, a região de Santarém. Ali Juruti, Santarém. Eles vem descendo, entrando, procurando chegar até os municípios de Barcarena, Abaetetuba, que é onde acaba rolando, qual o termo eu posso usar, descarrego da droga. Aí já vai pra parte de transporte via terrestre (E9).

Sim, o Porto de Vila do Conde é um ponto estratégico para o tráfico de cocaína... Santarém, de Santarém, nós temos dois portos importantes aqui, Vila do Conde e de Santarém. O de Santarém já foi (eu estou falando com base em ocorrência, em fatos, digamos assim, não em suposições) mais estratégico. Teve apreensão no casco de navio, inclusive. E o de Vila do Conde tem inúmeras ocorrências. Receita Federal faz um trabalho permanente, constante nesse sentido, não só pra droga, mas pro minério ilegal, sobretudo o manganês (E11).

Na parte de cocaína em si, entrada de Santarém, Almeirim. Aí você tem às vezes o transporte por avião na área de Itaituba. Porta de entrada também é Altamira, entrada de droga mais pesada (E13).

Não tem portos definidos assim, porque como eu disse, muitas vezes eles pegam essa beira de rio, não é exatamente um porto, eles abrem uma clareira, estudam um pouco ali e isso não precisa de muita coisa. O nível do rio, da maré, quando é apropriado abarcar ali já faz o transbordo pra pequenos caminhões baús e dali pega a rota terrestre e distribui, então pra entrada é muito diversificado. Aí a gente entra na questão dos consórcios, aí

*quando um vai pro seu, aí dissemina aqui dentro, tem 4, 5 caras
que tão trazendo duas toneladas, cada um vai ficar com meia
tonelada, cada um vai providenciar um consórcio até a entrada,
a partir daí cada um assume o seu (E18).*

*Em 2020, a cidade de Porto de Moz também foi palco de uma
grande apreensão de cocaína (1 tonelada) pela PF, que possivelmente seria transportada até o Porto de Vitória do Xingu, e
posteriormente, levada de carro pela Rodovia Transamazônica,
passando por Altamira, outro polo de distribuição. No mesmo
ano, outras duas grandes apreensões de cocaína, 01 (uma) e 02
(duas) toneladas, foram apreendidas, respectivamente, no Distrito de Mosqueiro e na cidade de Barcarena, assim como também
em Curuçá foi apreendido, em 2022, cerca de 01 (uma) tonelada
o que indica armazenamento para posterior distribuição (E23).*

Como já analisado no tópico anterior e, novamente, restou evidenciado na seção anterior deste capítulo, e, agora, verificou-se das falas,
tem-se que a cocaína pode desembarcar nos municípios próximos a Santarém-PA ou nos municípios situados às margens do rio Xingu, a partir
dos quais podem seguir em direção ao Centro-Oeste, Sul e Sudeste do país
ou, até mesmo, retornar pelo modal rodoviário à Região Metropolitana
de Belém ou nordeste do Pará (como evidenciado no *outlier* relativo ao
município de Castanhal-PA, no capítulo passado).

Afora essas hipóteses, tem-se que a droga segue, como dito, o fluxo
do rio Amazonas, adentrando o Estreito de Breves-PA, a partir do qual
passa a se depositar (como verificado na análise quantitativa desenvolvida
no capítulo anterior) nos vários municípios situados às margens dos rios
Pará e Tocantins.

Contudo, como já se pode ver da fala dos entrevistados e, mais ainda,
se verá no tópico a seguir, a centralidade desse fluxo não é exercida pela
RMB. Como se suspeitou ao fim do capítulo anterior, confirmou-se, logo a
seguir, que os fluxos se direcionam de maneira mais massiva ao município
de Barcarena-PA, em função do papel exercido pelo porto internacional
de Vila do Conde.

Em relação aos fluxos rodoviários, como visto, pela convergência
de fluxos na BR-230 e BR-163, é notório que Itaituba-PA, que se encontra
no cruzamento das rodovias, erige-se como uma relevante cidade nó. O
mesmo se diga, mais adiante, das cidades de Marabá-PA e Redenção-PA.
Nesse sentido, veja-se a informação a seguir:

Ali no Sul do Pará, aquela região de Marabá, hoje, se eu não me engano, nós temos as nossas maiores apreensões. Estão [as apreensões] em Altamira e Marabá, por conta deles estarem dentro dessa rota, e essa droga chega e ela é distribuída localmente, naquela região ali de Altamira, Anapu, Medicilândia, aquela região e tem aquela droga que chega até Marabá e depois ela é redistribuída naquela região também (E2).

Mas existem casos pela Transamazônica pelo grande volume de caminhões e a facilidade de que não tem scanner de caminhões aqui na nossa área. Inclusive, a última apreensão foi da Rodoviária Federal acho que três dias atrás, foi de 400 quilos de droga dentro de um caminhão de ferro velho. Então a rota de caminhão pela BR-316 é muito grande que pega a Belém--Brasília e isso facilita muito. Como não tem fiscalização ou é muito pequena, por amostra, passa muita droga também (E3).

Desse conjunto de evidências, pode-se formular a cartografia a seguir (figura adiante), que sintetizou as rotas analisadas na seção anterior e, a partir de suas interseções internas, no estado do Pará, permitiu a espacialização das evidências colhidas nesta etapa da pesquisa, em triangulação com dados obtidos nos capítulos anteriores. Assim, surgem as rotas que estariam atualmente funcionais, na Amazônia brasileira.

Nessas interseções, os fluxos se cruzariam em direção a diferentes destinos: fluxos que saem da Rota Solimões em direção ao Centro-Oeste, Sul e Sudeste; fluxos que advêm da *Rota Acreano-Rondoniense* e da *Rota Caipira* em direção ao norte do país; e, por fim, fluxos que simplesmente atravessariam o Pará em direção ao Nordeste. Contudo, é nítido que muitos dos fluxos que seguem pela *Rota Solimões* e pelas rotas que convergem entre si em direção ao norte, acabam se dirigindo ao nordeste do estado do Pará, convergindo (por diversas rotas já mencionadas em relação à Rodovia BR-010 e sua paralela, a PA-475) até às proximidades da RMB.

Como verificado ao final do capítulo anterior, parece haver um vetor de horizontalidade centrípeto, que atrai os diversos fluxos que cortam o estado do Pará, até as proximidades da RMB.

Nesse sentido, veja-se a figura a seguir, que consolida as rotas em estudo.

Figura 52 – Mapa da rede de escoamento da produção de cocaína pela Amazônia Legal: uma análise a partir da perspectiva das entrevistas

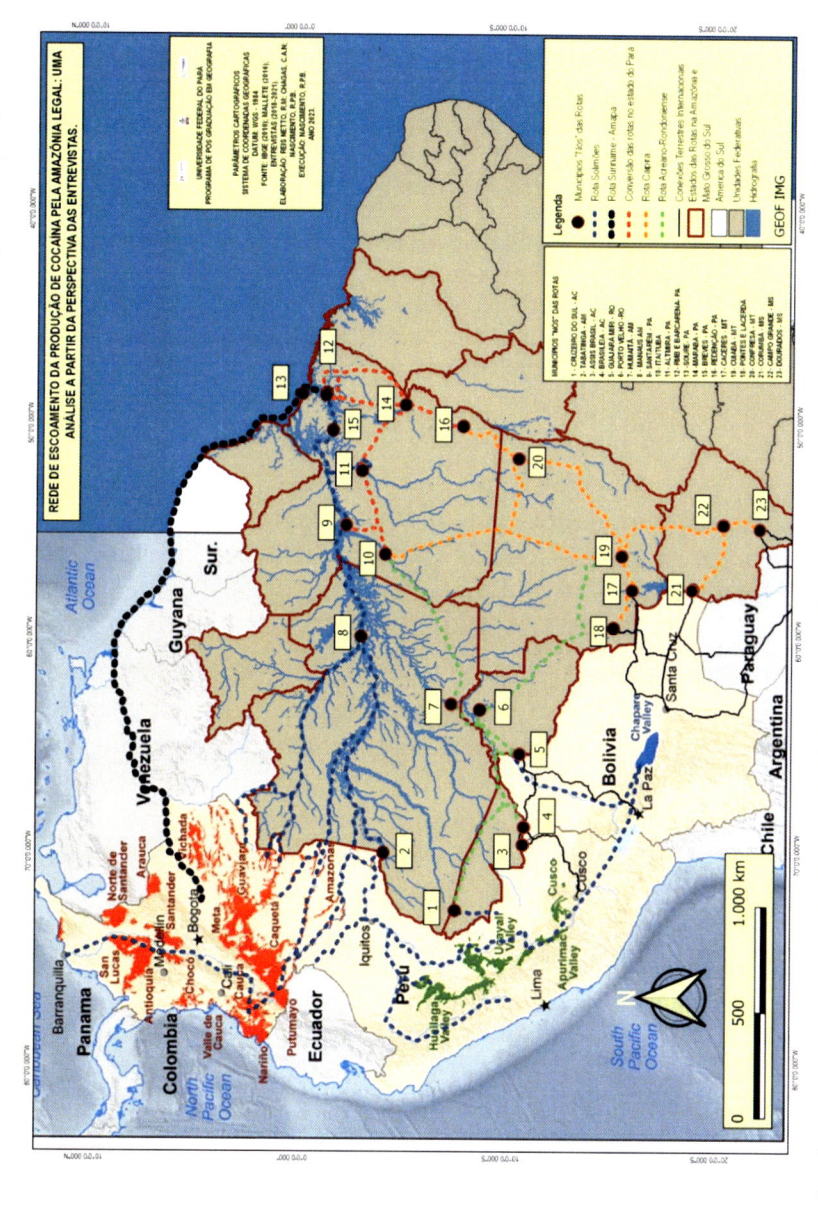

Fonte: dados da pesquisa, em triangulação com IBGE (2010) e Mallete *et al.* (2016)

Logo, embora a RMB exerça o reconhecido papel de mercado consumidor consolidado de entorpecentes (inclusive de cocaína), ainda assim, os quantitativos de drogas, atraídos para a área próxima, nem de longe se mostraram compatíveis com o eventual consumo representado pelos bairros deste comércio. Aliás, a fala de E3 propõe uma interessante reflexão no mesmo sentido.

> *Comprei aqui 10 toneladas. [...] E onde pega o dinheiro pra comprar? Um ponto estratégico pra liberar esse volume grande que tu vê aqui é em Belém! Tu acha que tem mercado para dez toneladas de cocaína pra ser vendida? E eu estou te falando das puras, que vai ser pra 50 [reis o grama]. Não existe esse mercado. Isso é pro mundo que sai! Da Europa espalha pra Europa, Estados Unidos [...]. Por essa quantidade não é um mercado paraense, não existe tudo isso de drogado em Belém, é uma quantidade muito grande! Isso eu estou te falando que é uma coisa que a gente pega, que não é 10%.*

Como mencionado há pouco, é muito mais provável que a força de atração em questão não esteja sendo desempenhada, na atualidade, pela Região Metropolitana de Belém e seus municípios, a despeito, também, de seu já apontado papel de plataforma de despacho da droga para outras localidades, sobretudo cidades da região Nordeste do país (nos termos analisados, sobretudo dos *outliers* estudados no capítulo anterior).

Assim, embora a RMB se mostre como uma região estratégica ao fluxo do ouro branco, tem-se que, pelo papel desempenhado, o rio Tocantins e a Baía do Guajará, certamente, colocam-se como os principais pontos de atração dos fluxos àquela região, de modo que a concentração das apreensões da cocaína, como num verdadeiro *garimpo*, dá-se junto aos rios, e não na RMB, como se verá da seção a seguir.

6.6 A REGIÃO METROPOLITANA DE BELÉM E BARCARENA-PA: O VINHEDO DE TÍMOLO AO LADO DO AURÍFERO PACTOLO.

No conto de Midas (Ovídio, 1983), a história se inicia com a chegada do deus Baco à Frígia (terra do rei), onde ele se deparou com o rio Pactolo e os vinhedos de Tímolo. Ao início, o rio não tinha areias auríferas (de cor dourada). Mas, após ter sido utilizado para lavar o *corpo* e a *culpa* de Midas (uma metáfora representativa da retirada de seu *maldito dom*, pleiteado ao deus), as areias do curso do rio teriam adquirido a cor em questão, à medida que levavam embora do corpo do rei seu dom de transformar o que tocasse em ouro.

De igual modo, apesar de um apontado protagonismo histórico dos portos de Santarém-PA e de Abaetetuba-PA (indicados pelos entrevistados como pontos de chegada da cocaína, que, por sua vez, transcorreria pela Amazônia em direção aos grandes portos internacionais do *eixo sul* e do Nordeste do país), tem-se que, em momentos idos, os rios Pará e Tocantins, bem como a Baía do Guajará, não detinham suas areias significativamente marcadas pelo *branco* da cocaína.

Mas, ao longo das mudanças apontadas em relação à Amazônia, desde o início deste capítulo, tornou-se cada vez mais comum constatar a presença do tráfico naquela região específica, bem como se tornou mais assente a realização de apreensões (observadas a partir dos *outliers* do capítulo anterior) que se destacavam pela relação direta com seus respectivos rios. Dessa forma, tem-se que o rio Pará, o rio Tocantins e, mais adiante, a Baía do Guajará, à imagem e semelhança da alegoria criada em relação ao rio Pactolo e suas areias douradas, poderiam ser chamados, atualmente, de *os rios do ouro no Pará*, justamente em razão da forte presença do *ouro branco*, a cocaína pura, em suas respectivas águas.

Por sua vez, como também evidenciado ao fim do capítulo passado, a despeito da considerável importância da RMB em relação às dinâmicas do tráfico internacional de cocaína, a exemplo dos números e casos analisados, ainda assim, verificou-se que a centralidade dos fluxos de cocaína identificados em seu entorno parecia apontar para outra direção. Nesse sentido, em busca de um *Rei Midas que se banhasse às margens do rio transmutando-o em ouro*, a análise acabou por guiar a pesquisa para uma figura que, também à margem daqueles rios em estudo, mostrou-se a responsável por entranhar as águas da região com o aurífero produto da *Erythroxylum*: o Porto de Vila do Conde, em Barcarena-PA.

Embora esse porto já existisse desde outubro de 1985 (CDP, 2023), provavelmente, a importância que ele passou a representar ao tráfico de cocaína acompanhou as mesmas mudanças históricas apontadas pelos entrevistados, ao início do capítulo, em relação à região amazônica como um todo.

Historicamente, esse porto foi concebido sob o intento de propiciar o escoamento de matéria-prima mineral para diversos países que realizam sua aquisição para fins de manufatura secundária em outros produtos. Porém, na atualidade, o porto também passou a deter um protagonismo quanto à exportação de cargas vivas (como o *boi em pé*[61]), produtos alimentícios e diversas *commodities*, além do minério a granel (Barbosa *et al.*, 2018).

Certamente, essa ressignificação da utilização do escoadouro ao longo da história, aliada ao processo de ampliação das fiscalizações nos portos do *eixo sul* do país – tradicionalmente utilizados para exportação de cocaína para países da Europa, África e Ásia (UNODC, 2022d; UNODC; Europol, 2021; UNODC; CDE, 2022; CDE, 2022) –, pode explicar a mais recente atração dos olhares dos (A.1.1) agentes internacionais do tráfico de cocaína quanto às viabilidades dele.

Com isso, progressivamente, o número de apreensões em suas dependências específicas tem se ampliado e reforçado essa sua relevância (Diário do Pará, 2022). Nesse sentido, a fala de E1 mencionou que:

> *Assim, antigamente nós não tínhamos grandes portos no Pará de interesse do tráfico internacional. Não é à toa que o interesse da entrada do tráfico doméstico seria em Abaetetuba. Mas, para o tráfico internacional agora é a Vila do Conde, aquela região de Vila do Conde. [...] Antes, até um determinado tempo, as drogas que chegavam até Abaetetuba e elas escoavam normal, elas chegavam em grandes portos. Porém, já foi verificado a apreensão e a movimentação de grande número de drogas ao redor de Abaetetuba, em Barcarena, Vila do Conde, Itupanema. Já pensando no Porto de Vila do Conde, o porto está sendo muito utilizado para rotas europeias e já se identifica até a utilização desse porto para o envio da droga para fora* (E1).

Num rápido comparativo, pode-se perceber que boa parte dos fluxos e rotas de cocaína, analisados desde o capítulo anterior até a última seção, em muito, coincidem, justamente, com as áreas de acesso (por vários modais) ao porto em questão, como se vê das informações publicamente fornecidas pela própria CDP[62]:

> Acessos Rodoviários: A ligação de Belém ao Porto de Vila do Conde pode ser feita pela BR-316 até o Município de Marituba, seguindo após pela Alça Viária até entroncamento com a PA-151 e daí para a Vila do Conde no km 2 da PA-481. Todo o trajeto tem 120 km.

---

[61] Cargas vivas de bois para abate no estrangeiro.

[62] Companhia Docas do Pará: empresa pública responsável pela gestão dos portos paraenses.

> Acesso Rodo-fluvial: É realizada através da travessia em balsas, serviço 24 horas, até o Terminal do Arapari (10km~1h). Desse local tomando a rodovia PA-151 até o entroncamento com a PA-483, (~22km), prosseguindo até o km 2 da PA-481 (~20km).
> Acesso Fluvio-marítimo: através da barra do rio Pará, que deságua no Atlântico, com 500 m de largura e 170km de extensão (CDP, 2023).

O que, a princípio, parecia um forte indicativo de que a droga seguiria um transcurso em direção à RMB, em verdade, revela um fluxo em direção ao Porto de Vila do Conde, em Barcarena-PA, como se ele exercesse uma verdadeira força atrativa centrípeta para sua região.

Decerto, o porto apresenta uma infraestrutura atraente a qualquer atividade (lícita ou não): funcionamento em 24 horas, com uma área territorial de 3.748.891,74 m², e oito berços de atracação destinados ao embarque e desembarque de cargas (CDP, 2023), em relações comerciais que envolvem países e continentes como os "Estados Unidos, Europa, China, Japão, América Central e Oriente Médio (Líbano). O *hinterland*, ou, área de influência no sentido do continente, compreende a região Norte, Nordeste e Centro-Oeste" (Barbosa *et al.,* 2018, p. 7), demonstrando que ele pode abranger fluxos oriundos de todas essas regiões (o que, em larga medida, coincide com os fluxos do mapa apresentado na seção anterior).

À luz da teoria analisada no capítulo literário deste estudo, dos destaques decorrentes dos dados analisados no capítulo quantitativo, e, agora, das confirmações oriundas das falas dos entrevistados, constata-se que o Porto de Vila do Conde, em Barcarena-PA, constituiu-se como um potencial nó nas redes internacionais do tráfico de cocaína, que, exercendo um novo protagonismo quanto aos fluxos de cocaína para o exterior, passou a representar um caminho mais curto ao escoamento da produção ilícita, considerando sua posição estratégica em comparação ao Nordeste, Sul e Sudeste do Brasil. Veja-se, nesse sentido, as falas dos entrevistados:

> [...] *como eu falei agora a pouco, a questão do Porto de Vila do Conde, dali ela [a cocaína] já segue pra Europa, a maior parte* (E1).

> [...] *principalmente, aquele de Barcarena, que é o principal deles. É uma porta de entrada muito grande, porque também chega droga via fluvial ali, não é só terrestre, mas, também*

chega via fluvial. Então ali é um ponto muito estratégico, eu lembro que teve uma apreensão na Holanda, se eu não estou enganado, que a droga estava na madeira. Teve a do açaí, agora recentemente, que saiu por lá. [...] eles enxertam a droga na madeira e essa madeira é exportada, vai como se fosse madeira, mas, que na verdade o principal ali é a droga que vai ali dentro (E2).

Pois é, o Norte, principalmente Pará, é a rota mais próxima da Europa e dos Estados Unidos, se você pegar o ponto Belém-Miami é ponto mais próximo Miami, você pega o avião e é daqui a 5 horas, pra Europa você pega, tem os portos aqui de Barcarena, que é o navio internacional transatlântico com contêineres, que é onde vai a droga, e vão tudo via porto internacional, então como aqui a fiscalização também não é esta toda coisa, eles aproveitam o útil ao agradável, ou seja, a menor distância para jogar para na Europa e Estados Unidos, se você vem lá Sul vai ter que atravessar o Brasil, então aqui você tem o acesso fácil, que a segurança pública aqui infelizmente nós não temos ainda muito avanço da tecnologia e plano antidroga, eles ver a facilidade, com justamente com essa logística que é mais fácil pra eles com a região de difícil acesso (E3).

Sim, exatamente para questão internacional. Essas drogas geralmente são escondidas dentro de contêineres e aí os portos grandes eles entram de fato no local adequado ou propício pra que a droga seja enviada para a Europa. A gente tem apreensões feitas e investigações que levam ali a Barcarena, principalmente (E6).

Vila do Conde, aquele lugar ali é terra de ninguém! Não, eu não acho que seja porque é exatamente o fim da rota de Solimões. Eu considero continuação dela (E9).

O Porto de Vila do Conde, ele é o principal porto aqui porque ele embarca minério e embarca toda a produção da Zona Franca de Manaus. Que vem pra cá pra embarcar pra fazer tanto a navegação de cabotagem, que é de porto a porto no litoral brasileiro e a navegação de grandes distâncias que vai para a Europa e Estados Unidos. Então é um porto que, se conseguirem embarcar aqui, a droga vai para onde o pro- prietário quiser (E10).

Em Barcarena [...] o pessoal fica com navios fundeados, lá na baía, com acesso em embarcações. Eu posso levar com embarca- ções pequenas, não necessita ele participa da logística portuária.

*Porque esses navios ficam fundeados na Baía lá, e é muito fácil
eu chegar e depois dele fazer o processos de carga no porto, eu
colocar! Então, é uma área muito grande, de difícil fiscalização.
Hoje Barcarena vem ganhando uma importância muito grande,
porque, no modal marítimo, navio, a quantidade fica muito
maior e aumenta a lucratividade* (E12).

*Vila do Conde, inclusive, tem um papel fundamental nessa logís-
tica de transporte pra Europa e pra África. [...]. Principalmente
de Santarém, Vila do Conde, que é pra onde são escoadas essas
cocaínas, temos visto a concentração de grandes toneladas de
cocaína. Tanto em Vila do Conde, como nas imediações, nas
cidades ribeirinhas que a cercam. Eu fui em um congresso em
[omitido para evitar identificação], e foi citado lá que o estado
do Pará, pelas apreensões feitas no exterior, o estado do Pará
fica em segundo lugar. Tipo assim, é apreendido cocaína lá
na Europa, no Porto de Rotterdam, e aí em primeiro lugar a
cocaína vem de Porto de Santos, o maior porto, é gigantesco. E
o segundo lugar é Vila do Conde, então por aí a gente consegue
tirar essa dimensão da importância estratégica que o estado
do Pará tem para esse tráfico internacional, juntando aí as
apreensões de toneladas que são pegas, do submarino que foi
apreendido etc.* (E15).

*Por que Barcarena? porque hoje é o grande porto: Vila do
Conde! Um ponto estratégico na fronteira norte do Brasil, pra
fazer esse escoamento da droga. Então, por exemplo, antes
a droga vinha e ela tinha que passa por todo o território do
Amazonas e do Pará, pra tentar chegar em Fortaleza e ir
para o exterior. Agora já tem um atalho: Vila do Conde.
Então, houve uma redução drástica dessa rota. Sim, o Porto
de Fortaleza também. Não sei exatamente o Porto de Fortaleza, era um porto deles, que fazia embarque e desembarque
para o exterior. Então a ideia deles era essa. Veja que Vila
do Conde estrategicamente para o tráfico favoreceu muito, e
aí já vimos várias ocorrências da droga. Até misturado com
argamassa. Agora, recentemente pegaram, inclusive, até um
Policial [omitido em respeito à instituição]. Açaí congelado
lá! Ele foi preso juntamente com o empresário de Barcarena,
em Lisboa. A polícia de Lisboa, encontrou nesse sentido, no
porto, tudo saindo daqui, saindo como carga de cerveja e ia
pro porto. Então, muita droga no Porto de Vila do Conde, que
tem sido um escoamento não só da droga ilegal, da cocaína,
mas também do minério manganês, transportado ilegalmente,
do Sul e Sudeste do Pará, em Vila do Conde* (E16).

Ela vai daqui pelo ambiente internacional, através do porto, principalmente por Vila do Conde, [...] Ela vai pro Ceará também buscando alguns pontos a ser arremetida para o mercado internacional. [...] Claro que há uma demanda interna. Então, isso faz com que a droga aqui também chegue com uma quantidade mais barata. Mas a demanda pesada da cocaína é o mercado internacional, tanto que o Pará hoje, quando se acompanham as organizações criminosas, se houve uma tentativa de estabelecer Belém como um ponto central nessa rede de abastecimento, tirando um pouco da carga ali do Sul e Sudeste (E13).

Ela [a cocaína] entra na tríplice fronteira e é escoada até os portos de Santarém e Vila do Conde (E15).

Agora tem algumas que são muito mais estratégicas. Por que muito mais estratégicas? Porque elas podem conectar diversas outras regiões, a partir de suas interações. E aí, por exemplo, é impossível tu não destacar Belém como uma rota. Tanto que se tu for pegar as apreensões, nos últimos anos, no aeroporto, tu vai pegar. [...] Mas Barcarena é principal rota hoje de cocaína para a Europa, a principal rota na Amazônia. Nenhuma cidade hoje, nenhum porto hoje na Amazônia, exporta mais cocaína na Europa, que o Porto de Vila do Conde, em Barcarena. Não só cocaína, mas manganês contrabandeado, madeira contrabandeada, e as mais diversas formas de contrabando que tu possa imaginar (E16).

O movimento que se dá a partir de Vila do Conde é uma interação que ela é muito mais hoje regional-global, do que regional-local. Então, até mesmo a questão que envolve outros tipos de produtos contrabandeados, de origem ilícita, envolve o Porto de Vila do Conde. Tanto é que se tu pegar as apreensões, nunca eles apreenderam só a cocaína, sempre é cocaína com madeira contrabandeada, ou cocaína com minério contrabandeado, pega os dados dos últimos 2 anos, 3 anos, que tu vai ver isso. E pra onde vai? que é uma outra coisa que deve ser estudada: pra Bélgica, ou seja, a maioria vai pra Bélgica, ou pra Noruega ou aquela regiões dos Países Baixos. Então tem uma conexão que ela até reproduz uma ideia de neocolonialismo, dentro de uma estrutura perversa do crime, porque é um mercado que alimenta essa atividade criminosa aqui na região amazônica. Que parte da Europa, e que envolve aí, não só esses pequenos traficantes que a polícia adora prender e fazer manchete de jornal, mas, grandes corporações de empresas com CNPJ, com todo um nome

> *no mercado, que quando acontece essas confusões, eles se apresentam como vítimas, mas, que na verdade são financiadores dessa rede* (E16).

> *[...] a gente tem um porto internacional que tem uma ligação muito forte aqui, sai todo tipo de material, madeira, minério: Vila do Conde. Madeira, minério, açaí, a gente viu apreensões recentes de açaí que ganharam notoriedade. Enfim, e muitas vezes essas cargas são enxertadas, e aí que é interessante, porque a gente pensa: "ah, então a empresa de bauxita está ou não está necessariamente envolvida? Muitas vezes eles estão aproveitando daquela carga? E é a transportadora, ou nem é a transportadora? Mas são caras que estão inseridos dentro da transportadora, que também pode estar de boa-fé. E aí, pra individualizar essas condutadas, tem que ser muito cuidadoso, uma investigação muito minuciosa, pra separar o famoso joio do trigo. Porque muitas vezes é um grupo que está inserido ali dentro, ou, às vezes dentro do porto, ou dentro da transportadora, ou dentro da empresa. Então, tem que saber exatamente, pra individualizar quem é que tá. E aí os caras, claro, tem um poderio financeiro muito grande e vão enxertando aonde tem interesse e possa ter maior facilidade pra colocar esse enxerto* (E18).

> *Mais expressivo é Vila do Conde, não há dúvida, perdão, as apreensões feitas tanto pela Polícia Federal, tanto Polícia Civil, quanto algumas ações da PM, remete a Vila do Conde, o grande vértice de saída de grande quantidade de drogas, a maior quantidade, as maiores quantidades de drogas com destino internacional sai de Vila do Conde, isso é inegável* (E22).

Como se pode observar, por conta dessa funcionalidade do Porto de Vila do Conde ao tráfico internacional de cocaína, tem-se que o município de Barcarena-PA passou a apresentar diversos destaques em relação ao quantitativo de apreensões de cocaína e à taxa de presença demográfica (TPD) da droga, que, por sua vez, também passaram a repercutir nos municípios próximos àquela cidade, seja quanto aos mesmos índices ou quanto à TTD, também verificada no capítulo anterior. A questão, aliás, pode ser ilustrada pela imagem a seguir.

Figura 53 – Relações de territorialidade relativas ao Porto de Vila do Conde, em Barcarena-PA

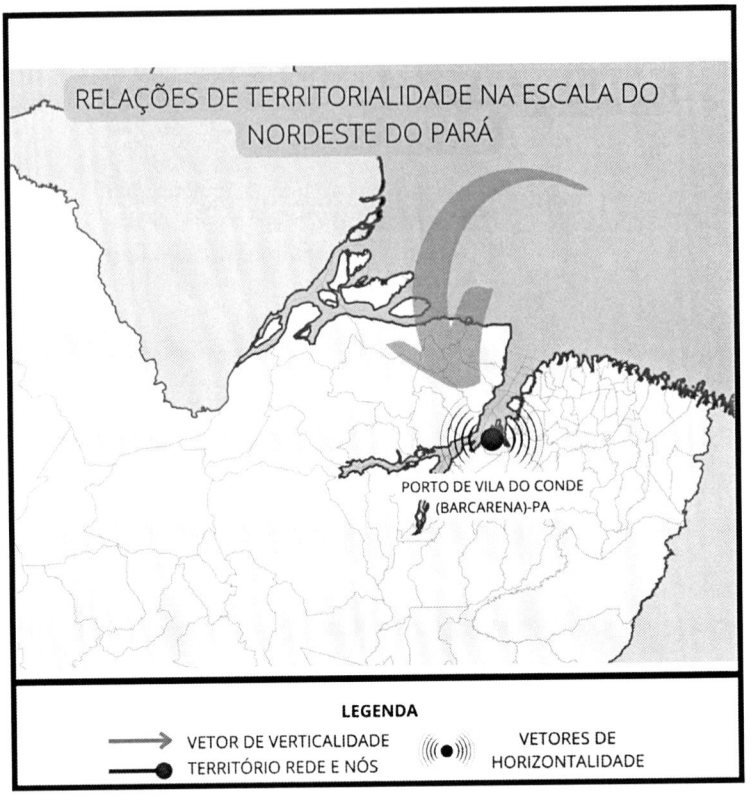

Fonte: elaboração do autor

A cidade de Barcarena-PA passou a ser progressivamente atingida por vetores de verticalidade de demanda por cocaína, provenientes dos grandes centros consumidores internacionais e seus respectivos *brokers*. Como consequência, esses vetores de verticalidade teriam resultado no surgimento de outros vetores de horizontalidade, que passariam a percorrer as redes estaduais e regionais no sentido de atrair cocaína para essa região.

Mais ainda, esses vetores também teriam influenciado, sensivelmente, as relações territoriais de toda a região que se vincula às proximidades do Porto de Vila do Conde, inclusive da própria RMB, pelo caráter estratégico que elas representariam ao tráfico, como se passa a discutir.

Em primeiro lugar, como a logística de envio de entorpecentes pelo modal marítimo demanda tempo (por mais constante que seja esse envio), se tornaria necessário o advento progressivo de pontos de desembarque e estocagem da cocaína pela região. Por certo, esta função passou a ser exercida por áreas vulneráveis (com mão de obra barata disponível e longe da presença do estado), de fácil vinculação espacial ao ponto principal de despacho (o Porto de Vila do Conde), e, sobretudo, que permitissem um seguro armazenamento e ocultação da droga, como é de praxe no mundo do tráfico.

Presumiu-se esse movimento, igualmente, diante da informação literária de que tem se tornado cada vez mais comum o armazenamento de entorpecentes em quantidades que são abastecidas aos poucos, em cidades pequenas e médias, as quais, num segundo momento, seriam reunidas para despacho ao exterior (Manso; Dias, 2018). Sob essa lógica, afigurou-se extremamente provável que as regiões ribeirinhas tenham representado esse potencial território, cujo domínio passou a ser implementado, aos poucos, pelos agentes territoriais do tráfico na região.

Nesse sentido, viu-se que, ao início deste capítulo, as relações de territorialidade, instituídas pelas organizações criminosas na Amazônia, como relatado pelos entrevistados, têm subvertido, substancialmente, as relações dos ribeirinhos com seus respectivos espaços de vida, promovendo sua inserção direta na economia do tráfico internacional de cocaína (vide o final do item 6.2).

Igualmente, os dados verificados no teor do capítulo passado, aliás, apontaram para a plausibilidade daquela hipótese, considerando o quantitativo variado de cocaína apreendida em fluxo nos rios próximos ao Porto de Vila do Conde e, por sua vez, os massivos quantitativos encontrados em armazenamento, na região.

Além disso, a partir da hipótese levantada por Reis Netto e Chagas (2021b), de que a presença da droga fomentaria o surgimento de mercados nos locais em que circulariam suas redes, encontrou-se também outro indicativo da presença da cocaína em praticamente todos os municípios às margens dos rios Pará e Tocantins e da Baía do Guajará: os destaques evidenciados quanto à TTD na região, vistos no capítulo anterior, ao longo da análise quantitativa.

Ademais, deve-se considerar que, para além do Porto de Vila do Conde, em si, onde se estabeleceria a simulação ou efetiva realização de uma relação oficial de comércio (necessária para a ocultação da real relação de tráfico no local), é plenamente plausível que o embarque das drogas para o mercado internacional se dê, não só no interior do porto, mas, também, mediante a aplicação da técnica de *rip-on* (UNODC, 2022d), pela qual a droga seria alçada diretamente de embarcações menores para os cargueiros ao longo de sua permanência na área.

Isso, inclusive, foi referido como técnica do *içamento* (nas entrevistas) e objeto de atual suspeita de órgãos estaduais e federais, conforme se apurou ao longo das visitas em campo. As possibilidades em questão, em muito, foram avençadas e confirmadas pelas falas dos entrevistados, que, inclusive, deram efetivos detalhes das formas de atuação dos agentes territoriais do tráfico na região:

> *Vila do Conde: o que eu percebo aí é o seguinte, o que a gente viu em estudos, em até mesmo nesse curso que fizemos agora. O navio quando chega no estado do Pará ele não vem direto aportar no porto. Ele para na baía e vai um prático buscar o navio pra chegar no porto. Porque só o prático conhece essa região. É uma diferença aqui da bacia amazônica e esse processo também é na volta. Então, quando o navio sai do porto a alfandega faz a revista, só quando o prático leva até a baía, a gente entende que neste ponto que já foi verificado pela alfandega e pela fiscalização. Aí é que é enxertada a droga. Navios, barcos pequenos que levam até ele. Você vai levando de pouquinho em pouquinho. Já está acertado com a tripulação, vai enchendo, porque os contêineres já foram revistado. É uma possibilidade que a gente enxerga, isso muito perfeito. Porque tem esse freio do navio, ele não sai direto e nem chega direto. Mesma coisa que se ele trouxer alguma coisa de lá, ele para na baía e passa lá horas, dias, esperando a vez dele entrar. Então nessa vez dele sair e de entrar ali ele está no lugar neutro, aí, lá existe essa possibilidade de fazer esse tipo de coisa* (E3).

> *Barcarena sobretudo, que é o maior porto, me corrige se tiver errado, que é o maior porto da região Norte do país, com especialidade em transporte por exemplo de madeira, muito transporte de madeira por Barcarena e outros produtos, evidentemente a droga corre solta aí nessas importações, toras recheadas de cocaína e outras estratégias assim, Barcarena é vital* (E7).

> *Sim, Marajó. Sim, cara! Porque essas ilhas são utilizadas como grandes esconderijos. Esses ribeirinhos recebem alguma coisa entendeu, pra enterrar. Então os caras recebem em casa, eu já vi em Abaetetuba uma ilha que tem um bar, que é tipo uma arena, com campo, com pátio lá pra show e tal, e, é nesse lugar que se enterra, entendeu? e se enterra no lugar mais improvável, você não espera naquela quadra, que se tem um trabalho de quebrar*

*a quadra, entendeu e enterrar, bota tudo lá dentro, lona de
plástica e depois só fecha, cimento e ponto! E aqui o pessoal é
especializado nisso* (E9).

[...] *uma parte dessa droga vem aqui para o Pará, porque tem
um porto muito grande aqui, que faz navegação de grandes
distancias, que é o Porto de Vila do Conde. A principal rota é
essa: parte dessa droga vem até aqui, vem até o Porto de Vila
do Conde. Apesar de ter uma fiscalização pela polícia federal, pela receita federal, tem o scanner por onde passa todo o
carregamento que entra no porto. No entanto, mesmo assim,
entra droga dentro de container, junto com minério de ferro,
junto de móveis, qualquer outro tipo de artigo essa droga pode
entrar. E foram feitas várias operações, inclusive pela polícia
federal, de alguns outros carregamentos que foram encontrados
na região próxima ao porto, que comprovam que em tese que
essa droga estaria de acordo com as mesmas apreensões que já
foram feitas no porto. Essa droga iria para a Europa, entrando
no Porto de Roterdã, na Holanda, a gente tem relatos inclusive
de grandes carregamentos que foram apreendidos lá, com droga
que embarcou aqui, no Porto de Vila do Conde. A gente tinha
relatos de drogas que embarcavam não só por dentro do porto,
mas fazendo içamento depois do barco, navio saia do porto,
depois que o navio chega no alto mar. A técnica dos piolhos já
é quando vem daqui do Suriname que o barco fica parado e vai
vários barcos pequenos encostar lá pra tirar e dividir dificultando a fiscalização. O içamento é diferente vem um barco com
carregamento de duas toneladas encosta no navio em alto mar
e faz o içamento na lateral do navio, não tem como fazer como
fazer fiscalização* (E10).

*Essa daí, geralmente, vai pra Vila do Conde, porque é a maior
rota de saída, é onde tem o grande porto internacional do Pará,
com grandes carregamentos. E eles geralmente introduzem por
diversas formas dentro de cargas lícitas, seja pela modalidade
de alçar a droga, quando a embarcação já saiu do porto, já
está navegando. Seja introduzindo dentro de contêineres, já
no meio da carga, sob a esperança de não passar pelo raio x da
alfandega, da Receita Federal. [...] Uma rota bastante conhecida,
com bastante apreensão de cocaína, geralmente é a que vem por
via marítima. Passam, ou, são entocadas[63], digamos assim, por
algumas cidades aqui da região do Pará, como Vigia, Abaetetuba,
até mesmo Belém. Aqui na região de Mosqueiro, já houve muita
apreensão de droga pela Polícia Federal. Ali, fica entocado até*

---

[63] Termo comum no coloquial nortista para definir *escondido*.

> *ter uma oportunidade de levar uma grande quantidade, mais de uma tonelada, para o Porto de Vila do Conde, que tá sendo a grande saída (E22).*

> *A RMB exerce papel estratégico, pois além de armazenar a droga, também funciona como exportador, já que através do Porto de Vila do Conde, a droga chega a Europa e África pela rota marítima. [...] No caso dos Portos, citando Vila do Conde, já foi encontrado cocaína em disfarçada em carga de açaí, destinada à Europa; contêineres de Manganês destinados à Holanda; Contêiner com 7 mil garrafas de cerveja e que tinha como destino a cidade de Porto, em Portugal, inclusive com o uso de técnicas de "rip-on modality", inserindo drogas em cargas de conteúdo lícito (E23).*

Aliás, a centralidade exercida pelo Porto de Vila do Conde parece atingir e alterar as dinâmicas das áreas ribeirinhas vinculadas ao próprio município de Belém-PA, que é diretamente contíguo a Barcarena-PA e, igualmente, apresenta uma grande região de ilhas subfiscalizadas sob diversas perspectivas e, portanto, facilmente passíveis de destinação ao empreendimento ilegal.

Mais adiante, inclusive, será descrita a situação específica do distrito de Icoaraci, em Belém-PA, que seria um dos pontos onde as consequências dessas dinâmicas do tráfico estariam se tornando cada vez mais sensíveis.

Alguns entrevistados, adicionalmente, perfizeram significativas críticas às próprias condições de fiscalização e trabalho no Porto de Vila do Conde, o que, certamente, o tornaria passível de diversas espécies de fraudes em carregamentos, para fins de tráfico e contrabando.

> *Em um determinado tempo da minha vida, eu trabalhei ali no Porto de Barcarena, e a fiscalização, vou ser sincero, vamos dizer assim, é uma empresa estatal, de péssima qualidade. Então o Porto de Barcarena ele é fundamental, a gente viu a maior apreensão do Brasil recentemente, tem uma semana, no porto, e fora outras apreensões em minérios, o minério tá vindo ali da região de Marabá, eles estão colocando dentro, eu não sei qual é o artifício que eles colocam dentro do miné-rio, e, tentando exportar aqui pelo Porto de Barcarena. Quer dizer o Porto de Barcarena é fundamental, não só pela pouca estrutura da Receita Federal, como a própria estrutura da Polícia Federal na fiscalização, até então na minha época tinha dois agentes da Polícia Federal na fiscalização, então, praticamente é nula! (E17).*

> *O Porto de Vila do Conde é um dos únicos três portos do Brasil que exportam, então ele vem sendo usado pra transporte de grandes carregamentos pra Europa. Houve várias apreensões nos últimos dois anos lá e em uma investigação nossa, ela ia dentro de contêineres misturados com minério. A gente chegou a entrevistar o gerente do porto e ele relatou como é a forma de fiscalização da carga de contêineres, que é através de um aparelho, uma espécie de raio-X, em que é uma pessoa. A fiscalização é humana, uma pessoa assiste essa radiografia que é tirada, e ele mencionou que portos de Santos ou Itajaí, não me recordo, possuem um sistema que diferencia inclusive matéria orgânica de matéria inorgânica. Que é um sistema mais avançado, ele acha por exemplo uma carga de cocaína misturada no carregamento de carga de sal. Então, como é um sistema baseado na fiscalização humana, ele é facilmente corruptível, ele pode ser corrompido, e a gente acredita que até tenha facilitação nessa fiscalização nos portos e eles envolvem esquema na obtenção de lacres, que são controlados, lacres de contêineres. Então, tem muitos detalhes envolvidos nesse sistema de envio de drogas pra exportação através de navios oficiais (E21).*

> *Nos últimos anos a rotina de fiscalização de Vila do Conde tem sido intensificado, tanto pela alfandega, tanto pela Polícia Federal, e isso gerou maiores apreensões. Mas não vai, não resolve o problema, não adianta. É muita carga pra se fiscalizar e muita criatividade dos criminosos, a última apreensão grande que eu peguei em Vila do Conde, foi uma tonelada e meia, uma tonelada e oitocentos. Estava misturada com argamassa, que tem praticamente a mesma densidade da cocaína, eles colocavam dentro, tentando camuflar o raio X da fiscalização e pegamos uma, depois passaram outra (E22).*

Certamente, independentemente das fragilidades apontadas, acredita-se que os agentes internacionais do tráfico sempre buscarão a exploração de diversas oportunidades e redes de corrupção, como forma de permitir o transcurso de suas cargas em direção aos principais mercados consumidores. Isso tudo em função do já elencado caráter estratégico desse porto à atividade ilegal.

É, portanto, inquestionável que a principal centralidade — atualmente exercida em relação às redes do tráfico internacional de cocaína no Pará e, certamente, em grande parte da Amazônia — é desempenhada pelo Porto de Vila do Conde, em Barcarena-PA (ao menos, dentro do que é, efetivamente, conhecido pela segurança pública e denotado a partir dos dados analisados).

Como mencionado, as forças vetoriais horizontais centrípetas, constantemente emanadas pela centralidade do porto, demonstram uma ampla influência sobre diversas cidades nas proximidades, que, sob a nova lógica, passaram a ser condicionadas em diversas de suas relações, para o atendimento das demandas e necessidades das redes de tráfico internacional, ali implementadas dia a dia — o que passou a gerar repercussões em todas as demais redes que já se conectavam, de alguma forma, dentro do estado do Pará.

Isso, inclusive, pode explicar a mudança de fluxos de drogas percebida quanto à Rota Caipira, que, como visto, alterando seu histórico curso direcionado ao Sul e Sudeste do país (Manso; Dias, 2018; Abreu, 2021), passou a permitir uma integração maior de suas rotas ao estado do Pará, como evidenciado a partir das falas dos entrevistados (nas seções anteriores).

Volvendo ao objeto do presente estudo, que, imprescindivelmente, necessitava dessa análise multiescalar para seu devido prosseguimento, ante as dúvidas suscitadas ao fim do capítulo passado, tem-se que, se o Porto de Vila do Conde, em Barcarena-PA, está mais propenso a se configurar como um aurífero Pactolo, do conto de Midas, deve-se questionar: o que representaria o vinhedo, em sua contiguidade, à Região Metropolitana de Belém?

Como se pode observar, os fluxos do entorpecente, que se dirigem ao nordeste do Pará, tendem a ser captados e distribuídos para as redes internacionais propiciadas pelo mencionado porto. Ainda assim, nem toda cocaína abandonaria o Brasil por intermédio do local. Afinal, há um consolidado mercado interno a ser abastecido e, ainda, há notados fluxos que, a despeito do porto, ainda atravessam o Brasil rumo ao Nordeste, notadamente a partir da Região Metropolitana de Belém (como visto em diversos *outliers* do capítulo anterior).

Portanto, apesar de sua força atrativa, tem-se que os fluxos do tráfico de cocaína não se encerram, totalmente, no Porto de Vila do Conde, devendo-se esclarecer a respeito do que ocorre com a cocaína que, por várias razões, não embarca a partir do mesmo e, sequencialmente, envolve-se com a RMB, de alguma forma, o que, por sua vez, importa no próprio esclarecimento do papel desta última neste contexto de estudo.

Assim, a próxima seção buscou sintetizar as conclusões havidas nos capítulos passados, integrando-as às evidências sobre o tráfico no Pará colhidas junto aos entrevistados, para, assim, chegar a conclusões assertivas sobre o papel da RMB em relação às dinâmicas do tráfico internacional de cocaína.

6.7 O PAPEL DA REGIÃO METROPOLITANA DE BELÉM EM FACE DAS DINÂMICAS TERRITORIAIS DO TRÁFICO INTERNACIONAL DE COCAÍNA

Como verificado ao final do capítulo anterior, a partir das informações levantadas junto à literatura, da aplicação conjunta da análise quantitativa e técnicas transversais propugnadas pelo método, foram evidenciadas as seguintes conclusões e hipóteses a respeito da RMB.

Em primeiro lugar, confirmou-se que a RMB se mostraria como o principal mercado consumidor do estado do Pará, com um tráfico de varejo, aparentemente bem consolidado, em diversos dos bairros de seus municípios.

Em segundo lugar, levantou-se uma forte hipótese de que a RMB representaria uma região de influxo financeiro da atividade ilícita do tráfico, seja por figurar como sede de líderes de organizações criminosas, seja por ser o natural destino dos vetores de dimensão econômica, ou seja, um *hub* de coordenação da atividade.

Por terceiro, verificou-se que a RMB se mostrou como um importante nó inerente às redes do tráfico de cocaína, as quais atravessariam o Pará, sobretudo em direção ao Nordeste do país.

Ademais, na seção anterior, confirmou-se e explicou-se a quarta hipótese, de que haveria uma relação de centralidade nas redes do tráfico, para além da RMB, a qual, por sua vez, influenciaria, diretamente, suas dinâmicas. Quanto a este ponto, referiu-se à centralidade e forças vetoriais emanadas do Porto de Vila do Conde, cuja importância como nó nas redes do tráfico internacional se impôs acima da RMB, condicionando-a às suas demandas, a despeito de seu caráter de metrópole política e econômica do estado do Pará.

Ainda assim, nem de longe se pode desconsiderar que a RMB represente um significativo nó às redes internacionais do tráfico, como se rediscutiu, mais adiante.

Por sua vez, tem-se que, a partir das técnicas qualitativas aplicadas a partir do último objetivo específico do estudo, foram obtidas informações relevantes que não só confirmaram, como também aprofundaram o conjunto de informações apresentado.

Logo, as seções seguintes correspondem à síntese das informações colhidas quanto a cada um dos pontos trazidos, realizando a triangulação propugnada e expondo os resultados encontrados.

6.7.1 A Região Metropolitana de Belém enquanto principal mercado consumidor do estado: o varejo local, suas características atuais e o *ouro de tolo*

Quanto à primeira conclusão havida a respeito do papel da RMB diante das dinâmicas do tráfico internacional de cocaína, constatou-se, para além dos números, que a percepção dos sujeitos da pesquisa também a confirmou, à unanimidade, como um mercado consumidor consolidado — possivelmente o mais relevante do Estado.

Vejam-se as falas mais representativas, selecionadas a seguir:

> *Ela é um mercado consumidor, não de grande excesso, tem grande um consumo, tem, mas, o grosso mesmo não fica na região metropolitana* (E1).

> [...] *essa aérea metropolitana, ela é muito importante nessa comercialização.* [...] *Eu acho que basicamente, teria três que seriam principais, que seria Belém, Ananindeua e Castanhal. Castanhal também é muito importante, são pelo menos os três municípios mais desenvolvidos aqui da região metropolitana* (E2).

> *Belém tem muito consumo! você vai em qualquer festa em Belém é difícil você ver alguém que não estar esteja se drogando. Qualquer show desse que tu vá, basta tu ir no banheiro e observar que com certeza você vai encontrar. Então é um mercado forte muito, a droga infelizmente está se ampliando de uma maneira exponencial que se a segurança pública não fizer um plano, isso não é só no Pará, mas no Brasil todo, não vai ter como parar mais* (E3).

> *A Grande Belém, aí talvez seja a região mais consumidora que nós temos* (E4).

> *Sobretudo Manaus e Belém são representativos do mercado consumidor de cocaína brasileiro, claro, que não na mesma escala de Rio-São Paulo, pelo tamanho, pelo histórico tem um corte diferente, mas são mercados importantes sim. Não há dúvida nenhuma que as facções brigam por esses mercados inclusive* (E7).

> *Sim né, numa escala muito menor, sim, numa escala muito maior, não, mas, numa escala menor, com certeza, tendo em vista, que esses grupos também eles polarizam o varejo da cocaína nesses pequenos mercados, das regiões metropolitanas, tanto região metropolitana do Norte quanto do Sul, no Sudeste, existe um consumo de cocaína, não podemos negar que não existe isso, mas também não podemos chegar ao ponto de dizer, não, a produção de cocaína tem como foco principal as regiões metropolitanas,*

porque isso não é certo, o foco principal, o foco desses grupos é efetivamente a exportação, mas, sim, as regiões metropolitanas tem um papel de atratividade também (E8).

A região metropolitana de Belém, assim como todas regiões muito habitadas, há um consumo e venda de tráfico grande, muito grande e aqui a gente vê participação de organizações criminosas (E10).

Belém é o maior público consumidor. Belém, Ananindeua, Marituba, Benevides, todos! Onde você tem mercado, tem pessoas, você tem o consumo (E11).

E como todo grande centro metropolitano, tem um grande mercado consumidor. Antigamente era raro, ouvir falar que um cara usou cocaína aqui no Norte, uma droga cara. Hoje é notícia que bares, festas e pessoal tá usando cocaína como se, mais que cigarro. Prova é que não tem ninguém mais fumando. Usa mais cocaína nessa questão de entretenimento. Então é um grande mercado consumidor como toda região metropolitana do Brasil, infelizmente. Belém até porque tem uma vida noturna mais pujante, mais ativa, é o principal. Mas, eu acho que essa questão obedece a proporcionalidade, eu digo do município, quanto maior ele é, maior ele vai ser mercado (E12).

A região metropolitana de Belém tem um grande mercado de consumo de cocaína. Essas festas aí regadas à droga tem ganhado uma relevância muito acentuada, em relação, ao consumo, principalmente, na capital e na região metropolitana. E gente sabe que há um grande mercado consumidor nesse sentido (E15).

Sim, de consumo! acredito que a Região Metropolitana. Belém, porque é onde você tem a maior concentração demográfica, você tem o maior mercado consumidor. Mas, por exemplo, você tem no sudeste do Pará, Marabá, que tem um mercado consumidor de crack, que é um derivado da cocaína, muito forte, só que é o mais barato. Já é o misturado. Belém a gente já ver muito pasta base, ela é um pouco menos misturada que o crack, um pouco mais pura, apesar de já ter muita mistura também. Então, a maior concentração demográfica, o maior poder econômico, vai ter aquela cocaína mais pura, aquela do cheiro e não do fumado e aí é interessante, é abastecido por isso também (E18).

Sim, difundiu muito o consumo, a cocaína no Brasil todo e não seria diferente na região metropolitana, as duas drogas mais consumidas, não só na região metropolitana, provavelmente em todo o território nacional, ainda são a maconha e a cocaína é o que é mais difundido nas bocas de fumo (E21).

Como se vê, não há dúvida a respeito da caracterização da RMB enquanto mercado consumidor. No entanto, deve-se referir que, embora haja um consumo considerável na região, ele ainda aparenta ser inferior ao registrado noutras regiões metropolitanas do Brasil, a exemplo da fala de E7.

Por sua vez, esse consumo sobressairia em cada município, de acordo com fatores populacionais, o que colocaria as cidades de Belém-PA, Ananindeua-PA e Castanhal-PA (conforme alguns entrevistados) numa situação de protagonismo de mercados, justamente por deterem a maior população da RMB, conforme, de fato, evidenciou-se ao longo da análise qualitativa do estudo.

Em segundo lugar, as falas apontaram para uma espécie de divisão territorial do trabalho e do consumo de cocaína. Conforme se depreendeu das falas a seguir, os mercados de cocaína se estratificariam de acordo com os níveis de poder aquisitivo dos consumidores em cada cidade. Ao mesmo tempo, como já mencionado a partir da literatura, a divisão do trabalho do tráfico no espaço também se daria de acordo com fatores socioeconômicos e estratégicos de cada bairro e área dos municípios (como sua posição e acessibilidade territorial dentro da cidade e região).

Assim, essas condições, somadas, determinariam o próprio comportamento (de maior ou menor ostensividade dos agentes, por exemplo, nas ruas e pontos). Veja-se, diretamente do teor das falas mais representativas:

> Assim, os bairros mais pobres são, como eu posso falar, o local onde a droga fica armazenada e onde a droga de menor qualidade é vendida. Mas, os bairros ricos é onde tem os maiores consumidores, onde eles vem trazer (E1).

> Agora já dentro da região metropolitana não existe essas bocas, existe algumas, existe é claro! Mas vai ser mais no subúrbio. Aqui vai vim, o cara é que vai trazer pra ti. A média e a população alta pede pro cara trazer. Mas no subúrbio você vai lá e compra. Você para o carro na frente vai lá e compra. Você vai lá dá uma batida na casa, o cara tem três petecas que é "o meu consumo". O resto está escondido nas garrafas no quintal. Eles não deixam tudo amostra, ele coloca de 5 em 5 e o resto está escondida dentro do mato. Tem casas na beira do mato: "pera que eu vou pegar ali". Então, hoje eles aprenderam que infelizmente a justiça considera que na maioria das vezes, se não tiver uma investigação mais a fundo, que demonstre aquilo ali com filmagem, ela entende que é consumo. Só pegou 5 gramas. Agora quando a gente faz a investigação, onde a gente consegue demonstrar que a gente

está investigando essa pessoa há alguns meses, que a gente tem filmagens, que a gente tá vendo movimentação, que a gente já tem a passagem do cara, que a gente sabe que a conta bancária dela, aí nós conseguimos demonstrar um tráfico de droga. Mas, isso também é uma prática que poucas investigações ainda fazem (E3).

Então como eles vão utilizar metodologias específicas se não é uma coisa muito complexa deles distribuírem? O bairro é dominado e o estado não é presente! Então, pelo próprio contexto, pelas próprias circunstâncias não tem necessidade de ter uma metodologia mais específica e tão complexa pra distribuição do consumo interno para esses bairros que já são dominados. Talvez aja e não foi identificado ainda, nesses bairros que ainda não são, mas nos bairros que já são dominados, a distribuição é básica mesmo, de boca de fumo, de aviãozinho e tudo mais (E5).

[...] tem a ver justamente com o público alvo, em determinado bairro vai ter um público alvo diferente de outro, mas no geral, pensando amplamente, você tem o grupo de pequenos traficantes, você tem ali as trouxinhas que são vendidas e aí tem o local ali, um bar ou outro local onde a pessoa vai lá passa e pega a sua trouxinha, não muda muito na verdade, mas as estratégias são diferentes em razão da fiscalização Policial, há locais em que são mais policiáveis e locais que são menos e isso vai fazer que haja pequenas diferenças de venda (E6).

Costuma variar, costuma variar, vai ter locais aqui em que os traficantes andam na rua com arma na mão, até durante o dia, a uma digamos que, ficam mais à vontade, justamente por isso porque não tem como manter policiamento em todos os locais e todas as horas, você vê na região mais movimentada da cidade, como a região do comércio, existe tráfico mas não acontece dessa maneira (E10).

Bem, tem essa boca de fumo tradicional, nós temos aqui algumas situações de boca de fumo, a maioria na verdade. Mas tem situações em que são vendidas aí em lojas próprias, estabelecimentos que você nem imagina, os caras estão vendendo entorpecentes! Para uma classe de consumidores, já me referindo a essa questão da pureza, que já é uma classe mais elevada (E15).

A gente já cai para aquelas pequenas apreensões de delegacias de bairros. É sempre aquela mesma coisa. Uma casa, já é ponto, a boca, a biqueira. 40, 50, 60, 100 cabeças, isso daí nem é próximo de meio quilo. Chega daquele tijolo, então, realmente já vem com a mistura, já tá pronta pro consumo e é aquele perfil, renda muito baixa, área periférica. E já tem aqueles outros tipos de drogas, as sintéticas, que já são em situações de festas, a cocaína pouco mais refinada pro consumo via inalação nasal (E18).

Olha, se você for pensar em termos de prisões, você vai falar de Guamá, Jurunas, Terra Firme. Mas, o que chega pra nós e que os bairros que seria de classe média alta, que seria Batista Campos e Nazaré, eles tem muita venda, só que essas pessoas não são paradas pela polícia. Não são revistadas. Então esses bairros que aparecem com baixos índices. Mas só por conta daquela situação que a gente sabe do preconceito, não é um preconceito Policial, é que a polícia é voltada a abordar mesmo mais nos bairros periféricos. Mas, se fosse abordar o garoto bonito, bem vestido do bairro de Nazaré, provavelmente encontraria com ele essas drogas que são encontradas na periferia (E20).

Todo ambiente urbano, quanto mais populoso, é um ambiente propício para a venda de droga. Aqui, por exemplo, eu traba-lho em Castanhal. Aqui o tráfico é muito forte. São 200.000 mil habitantes e é muito forte. O Comando Vermelho é muito forte. Aqui tem uma Cracolândia na feira da CEASA. Então, quanto maior a concentração urbana, a tendência é que seja um ambiente propício para a venda de drogas (E21).

A esse respeito, é interessante destacar, ainda, que E20 menciona a seletividade penal, encontrada em autores como D'Élia Filho (2014), como um dos fatores concorrentes a uma maior percepção do tráfico em determinadas áreas da cidade em detrimento de outras, o que, aliás, parece fazer sentido na realidade de Belém, que concentra altas apreensões em áreas consideradas vulneráveis.

Para além disso, duas falas em especial mencionaram que a cocaína (e até a própria maconha) já estaria se tornando uma droga de menor presença em ambientes mais favorecidos da sociedade paraense, ao passo que, cada vez mais, as drogas sintéticas estariam ganhando a preferência desse público, como se vê a seguir:

Minha preocupação no momento são as drogas sintéticas. A droga que é feita em laboratórios que são muito mais difíceis de identi-ficar, elas passam em aeroporto, passam no teu bolso, tem uma chamada gota que o pessoal anda dentro de um colírio Moura Brasil [...]. MDA que é tipo um sal grosso, uma pedrinha que você coloca de baixo da língua. LSD é uns adesivos foguetinhos que você prega na costa do cara. Então essas metanfetaminas, que é um risco porque é muito mais fácil eu oferecer pra ti um

> *bombom que é uma metanfetamina. A gente tem uma cultura que
> a droga é cocaína e maconha, e a meu ver, o risco para crianças
> e adolescentes hoje são as metanfetaminas. As drogas sintéticas
> que já tomaram conta da classe média e alta de Belém, hoje a
> maconha é classe média alta rara, por causa do cheiro, incomoda,
> a gente sabe onde está. Tem uma droga hoje, que é até absurdo
> eu te dizer, que é anestésico de cavalo, que o médico te receita
> pra te passar, pode ser inalado, spray, pode ser transformado
> em pó ou injetável e ela tem o mesmo efeito da cocaína, o cara
> fica drogado igual cocaína, é crime vender sem prescrição, mas
> se eu te pegar, nem sequer é consumo porque foi receitado pelo
> médico. E as drogas sintéticas que as festas lá em Belém, você
> vai em qualquer uma aí (E3).*

> *[...] a gente entrou [batida numa festa] e 'bingo'! Aquela história:
> o cara tá com 20 comprimidos daquele, cada um é 150, então,
> aí o poder econômico já é! Consequentemente, até advogado foi
> preso, foi bater no STJ, o flagrante dele foi mantido. Mas já é um
> poder econômico, tanto do consumidor, quanto do fornecedor
> bem diferentes (E18).*

Embora isoladas ante o conjunto, as falas podem apontar para possíveis mudanças comportamentais em andamento no mercado consumidor da RMB, especialmente quanto às classes mais elevadas. Para além, os registros demonstram que determinados agentes territoriais do tráfico andam experimentando a aceitação de outras substâncias que necessitam de um grande deslocamento para atingir a RMB, ao contrário da cocaína, que atravessa o Pará enquanto rota de passagem. Disso, mais uma vez, mostra-se a existência de nichos de consumo bem consolidados no mercado paraense.

Quanto às metodologias de venda, por conseguinte, a maior parte dos entrevistados referiu a velha prática das bocas de fumo. Contudo, algumas novas práticas surgiram residualmente da fala de alguns dos sujeitos da pesquisa, como se pode ver a seguir.

> *Antigamente era só boca de fumo. Mas, hoje, devido a era da
> informação, os aplicativos de mensagens, de conversa, é só
> entrar em um aplicativo e é entregue onde a pessoa quiser.
> Sim, delivery (E1).*

> *É o varejo, como eu te falei. O cara compra ou a facção compra
> uma quantidade grande e distribui para os seus líderes. Os líderes
> têm os seus padrinhos que são as suas minis quadrilhas. E eles
> com as bocas de fumo. É esse o mercado da cocaína e pouco mais*

da maconha, e, mais o resto da droga, o lixo da cocaína que a gente acabou de falar, que é o óxi. É o que mais eles vendem, porque a cocaína é mais lucrativa eles venderem para fora, agora o resto vende bastante aqui no Pará, o volume é grande mais no subúrbio. A gente percebe que as facções criminosas, elas são setorizadas dentro do próprio estado do Pará. Se for município, dentro dos municípios por bairros. Ou seja, tem pessoas que tomam conta daquele bairro, as pessoas que tomam conta daquele bairro tomam conta das bocas de fumo da venda de droga. Então você não pode chegar lá e vender a sua droga, você tem que pagar uma taxa para o Comando Vermelho para que aquela droga seja possível de vender. Então eles tem cadastradas as biqueiras, e quem vender por fora tem as penalidades (E3).

Isso é basicamente o mesmo no Brasil inteiro. Essas bocas de fumo, eu não sei se denomina boca de fumo também no Pará. Essas bocas de fumo se organizam em pequenos pontos. No Rio, por exemplo, sempre é associada a um bar, uma birosca. Uma rede de olheiros envolta, protegendo esse ponto de venda, de qualquer infiltração, qualquer presença Policial, do surgimento da polícia de alguma blitz. Eu acho que esse esquema se repete no Brasil inteiro (E7).

É a mesma metodologia de boca de fumo. O grande traficante pega, distribui ali, o camarada já faz os papelotes, já vende a porção, uma porção às vezes é de 10, 20, 50 reais, mais ou menos (E14).

Não, teve mudança sim! Mudança significativa, porque, aquele esquema antigo de boca de fumo, ele não se mantém como no passado. Porque é muito fácil de se descobrirem. Então, hoje tem variadas estratégias de se comercializarem drogas, desde uma ligação telefônica a um contato com o avião, ele vai te deixar em um determinado local te esperando, se dirige até a boca pra poder te entregar a droga. É assim que funciona hoje. Geralmente, sabe o que tão fazendo também? O cara não vai até a boca pegar a droga, ele pega 20 petecas de cocaína, coloca em um saco, vai pra determinado local, deixa escondido em um determinado local, vai lá e tal e vende. Eu conheci uns caras que vendem droga no Guamá: um moleque, novo, [apelido omitido], ele fazia isso. Uns até disfarçados de mototáxi. Esse ficava disfarçado de mototáxi, ele vendia droga no ponto de mototáxi, ele ficava lá com a roupa de mototáxi, o pessoal vinha lá com ele, chegava lá, até que o pessoal descobriu e pediu pra ele se retirar de lá, pra ele não queimar o ponto. Hoje os caras criam uma estratégia pra não serem extorquidos, porque quando ele é extorquido ela [a polícia] leva o lucro da boca (E16).

*Não enxergo a diferença de varejista. Até porque depois que fui
Policial e vi a realidade desses varejistas, eles são dominados pelo
Comando Vermelho. Essas biqueiras são padronizadas. Parece que
eles foram dominando território de tal maneira nos município.
Então, assim, acaba que eu vejo uma certa, não só, nos vários
municípios do interior, em vários municípios daqui, nos bairros
daqui, esses domínios das biqueiras se uniformizou de certa
maneira, esse comercio varejista de pequena quantidade* (E17).

*Olha, os traficantes encontraram um meio de inviabilizar o
combate às drogas, por meio do fracionamento. Então hoje em
dia, não é uma boca de fumo, existem bocas de fumo, é claro. Mas,
são pessoas vendendo numa praça, vendendo. Como eu disse,
um cadeirante olhando, apreciando a praça, em frente à igreja,
está vendendo. Então a polícia pode fazer prisões, e faz, mas,
ela faz centenas de prisões de pequenos vendedores e aí centenas
de flagrantes, centenas de inquéritos, centenas de denúncias,
centenas de processos, eu digo que eles fazem as mesmas coisas
que os políticos fazem na época de eleição, os políticos fazem o
que, eles denunciam 5.000 questões de propaganda irregular,
que é pro juiz eleitoral ficar tão ocupado, a promotora ficar tão
ocupado com coisas que não tem nem relevância, que as coisas
grandes ninguém consegue fiscalizar. Então a mesma coisa que
o traficante de droga, existem aqueles pequenos vendedores, às
vezes ele ganha um lucro pro próprio consumo dele, não é pra
outra coisa. Mas, eles estão de tal forma multiplicados, que pode
ter centenas de prisões que não vai abalar em nada o grande
traficante, ele vai continuar. Sem falar que se substitui imediatamente, no momento que você prender o pequeno vendedor. Logo,
você vai ter um outro no mesmo local, vendendo do mesmo jeito.
Então, aí tem as bocas de fumo, aquelas casas onde as pessoas
vão comprar, elas já ficam na periferia, não ficam nos bairros.
Não que me conste, nos bairros de classe média alta: Batista
Campos, Nazaré, até São Braz. Pode até ser que tenha, mas a
polícia não investiga esses lugares, não tem aparecido* (E20).

*Cada vez mais eles vão criando mecanismos pra dificultar a
abordagem Policial. Por exemplo, hoje em dia os traficantes ficam
com pouquíssimas quantidades de porções na boca. Digamos,
5 papelotes de cocaína ou 5 limõezinhos como eles chamam
né, no caso da maconha. Porque a tendência é que o Policial,
na abordagem ou eles não sejam apresentados na delegacia ou
caso sejam, provavelmente, vão ser autuados só através de TCO
de consumo. Esse é exemplo de estratégia para evitar a prisão,
então tu tem uma pessoa que vai abastece frequentemente a
boca com pequenas quantidades pra evitar a prisão e é sempre*

> *assim: a droga fica armazenada em um lugar. E no lugar onde ele fica armazenada não se faz movimento. O movimento de embalagem, ou de distribuição e venda. Cada etapa, é feita em um lugar, tem o lugar onde ela fica armazenada, tem um que ela é embalada e no outro ela é vendida* (E21).

Das falas, podem ser extraídas algumas informações relevantes.

Em primeiro lugar, tem-se que os traficantes estariam se atualizando, no que toca à venda no varejo, inclusive com o uso de Tecnologias da Informação e Comunicação (TICs), o que é verdade, como esse pesquisador pôde constatar.

Em algumas visitas de campo, inclusive, foi-lhe franqueado acesso a grupos de redes sociais públicos e abertos, que, naquele momento, eram objeto de operações por parte de órgãos de segurança pública para levantamento de nomes, individualização de condutas e posterior deflagração de flagrantes. Em suas pesquisas individuais, inclusive, este pesquisador conseguiu acesso a um desses grupos (o que, obviamente, foi objeto de comunicação às autoridades competentes, em seguida, por razões legais).

A seguir, apresenta-se uma imagem relativa a essa informação.

Figura 54 – Grupo do aplicativo *Telegram* utilizado para fins de venda de entorpecentes, objeto de infiltração pelo autor da pesquisa em suas observações diretas

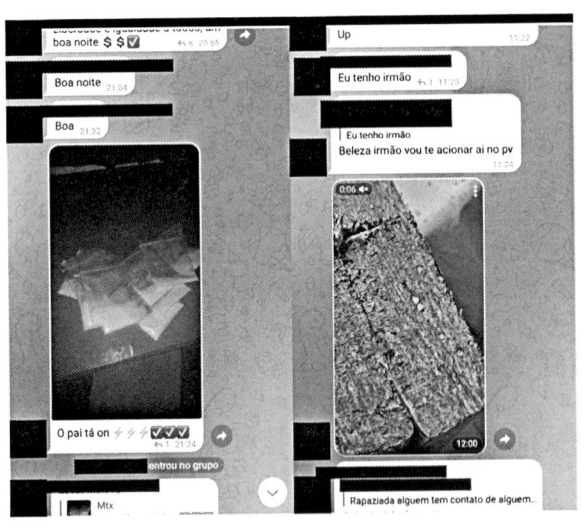

Fonte: acervo pessoal do autor
Obs.: O grupo foi objeto de comunicação, ato contínuo, às autoridades policiais competentes. Na imagem os dados dos participantes foram omitidos em respeito ao direito ao esquecimento e para evitar comprometer eventuais investigações (Divino; Siqueira, 2017).

Por segundo, um dos entrevistados, E16, nitidamente, tratou a respeito da corrupção de agentes e da extorsão de donos de bocas de fumo. A questão chama a atenção, de pronto, pela ilegalidade da ação e por demonstrar o quanto o *ouro branco* pode se tornar sedutor. O tema, por sua vez, foi retomado à frente.

Destarte, novamente, observa-se que, sobretudo em áreas dominadas, ou seja, que já estariam sob relações de territorialidade bem consolidadas por grupos criminosos, a comercialização da droga já se daria de maneiras mais tranquilas e sem muitos artifícios, haja vista a ausência do Estado e a influência exercida sobre as comunidades, no sentido apontado por Reis Netto e Chagas (2018a).

Inclusive, no que se refere ao nível de consolidação do poder dos comerciantes destes mercados, tem-se que, para além do que os números mostraram até então, a pesquisa qualitativa revelou um contexto consideravelmente preocupante em relação à RMB e outras cidades: muitos dos entrevistados referiram, diretamente, que a maior parte dos mercados das cidades paraenses estaria dominada pela facção Comando Vermelho (CV), com poucas exceções (que, por sua vez, seriam dominados por outras facções criminosas).

Esta territorialização, na forma já descrita no referencial teórico e no capítulo literário (Reis Netto, 2018a; Reis Netto; Chagas, 2019c; Gomes *et al.*, 2021), foi, inicialmente, referida em relação às redes do tráfico estadual (como consta da segunda seção deste capítulo) e, agora, denota nítida reprodução também na escala dos bairros da RMB.

A territorialização se instituiria, por conseguinte, no sentido de permitir às facções um efetivo controle de preços e de metodologias de venda, que, mais adiante, repercutiriam numa verdadeira relação de *dominação dos espaços* (Lefebvre, 2000), o que, numa escala mais aproximada das relações, revelaria a violência como técnica de atuação (Reis Netto; Chagas, 2018a), denotando a ideia de *territorialização perversa* mencionada por Couto (2019). A seguir, constam as falas mais representativas nesse sentido:

> *A Boca de fumo, conhecida do Comando Vermelho como biqueira e do PCC como FM, é boca de fumo comum. Você vai lá, nem tem tão aviãozinho, entende? A não ser que ele esteja querendo vender na rua mesmo. Mas geralmente é uma casa. Os caras vão lá, pegam a droga lá na boca. Eles têm o cadastro e tal, e, tem o dono do cadastro. Tem o vendedor já pré-estabelecido.*

Morreu? Recadastra! Tem os esquemas muito consolidado aqui, até mesmo como eles fazem pra vender, pra saber que a droga é deles: eles marcam, por exemplo, na segunda-feira o saco é branco com o cordão vermelho, isso fica pré-estabelecido no final de semana. Como vai ser a semana inteira, nunca é igual. Na terça-feira o saco é azul e o cordão é preto, na quarta-feira o saco é branco e o cordão é amarelo. E aí, se alguém estiver vendendo por fora eles ficam sabendo, eles mandam alguém lá, o cara vai lá, compra, não é da cor deles. Eles vão lá e pegam o cara e levam, vocês estão vendendo aqui! Isso já era usado antes do Comando Vermelho. E, matavam as pessoas por isso. [...] Hoje em dia é difícil esse domínio absurdo do Comando Vermelho dentro do estado do Pará. É difícil hoje. Tudo passa por eles: pra você ter uma biqueira hoje, você vai ter que pagar pra eles, pra você vender na área deles você vai ter que pagar. Tudo é cobrado por eles, eles dominaram mesmo, com exceção de algumas cidades com predominância do PCC e do CCA. Mais especificamente: Marabá, Parauapebas tem o PCC. Altamira tem o CCA. O resto tem o comando do Comando Vermelho, e aqui a região metropolitana é totalmente dominada. A região metropolitana e o Nordeste paraense é do Comando Vermelho de ponta a ponta, completamente dominada (E9).

Olha o tráfico aqui em Belém, ele tá muito vinculado aquelas regiões digamos que mais periféricas da cidade, onde tem a menor presença do estado, onde pessoas mais carentes, não é que pessoas pobres traficam, mas é a falta de oportunidades que faz com que as organizações criminosas dominem o local [...]. As facções criminosas que dominam esse comércio. No caso aqui da região metropolitana de Belém é o comando vermelho que mantém o controle, cobrando taxas dos vendedores, inclusive (E10).

Sim, em regra quando chega nos bairros, você tem um responsável por traficar que faz a contabilidade, tem a caixinha do bairro, aquela pessoa naquela área específica tem que passar uma contabilidade pra quem tá em cima, repassar o dinheiro todo mês pra dali comprar a droga, através da organização. É a organização que faz esse comércio maior, ela que tem os fornecedores cadastrados, ela te indica de onde comprar, a quantidade pra comprar até que seja repassado os bairros menores (E13).

E no aspecto da região metropolitana, pra consumo interno, essas redes de venda e distribuição já são dominadas por organizações criminosas. Então essa pulverização do mercado interno para consumidores, já são redes dominadas por organização criminosa. Comando Vermelho ou PCC, mas na região metropolitana, especificamente, Belém, é o Comando Vermelho (E15).

Interpretado o fenômeno a partir da teoria de autores como Raffestin (1993) e Haesbaert (2014), e, num aspecto mais específico relativo às facções e ao tráfico paraense, a partir das digressões de Reis Netto (2018), Reis Netto e Chagas (2018b, 2021b), Reis Netto *et al.* (2021) e Couto (2018), constata-se que a constituição de territórios-rede e territórios-zona sobre a RMB demonstra a clara intenção das organizações criminosas de dominar espaços, certamente, em busca da obtenção e manutenção de determinados recursos que, de alguma forma, ali estariam disponíveis, passíveis de controle.

Nesse sentido, tem-se que o domínio de espaços estratégicos ao comércio e, consequentemente, a construção de territórios vinculados a mercados consumidores, certamente, seria uma primeira hipótese que poderia revelar o intento das facções.

No entanto, há algo além. Afinal, muitos dos entrevistados mencionaram que o mercado consumidor paraense não seria tão lucrativo assim, se comparado aos demais mercados existentes no Brasil. Isso é tão verdade, que, como analisado no tópico anterior, o grande montante da cocaína, que se dirige à região, parece ser encaminhado para as redes internacionais, e outra grande parte, como visto no capítulo anterior, parece seguir adiante da RMB, em direção ao Nordeste do país.

O mais plausível, portanto, seria considerar que as facções, sobretudo o Comando Vermelho (CV), na atualidade, não buscariam dominar a RMB em função de um recurso em especial que ali estaria, mas que, de outro lado, esse espaço se configuraria como um trunfo de poder às mesmas, que, aí, sim, lhes permitiria acesso a determinados recursos ligados ao mesmo. As razões dessa hipótese, por sua vez, foram objeto de discussão no tópico seguinte.

Por ora, cabe uma última observação importante a respeito da RMB enquanto mercado consumidor: a qualidade da cocaína que aqui seria comercializada.

Ao início deste trabalho, de maneira muito conveniente, a explicação lançou mão de uma alegoria construída por Saviano (2011), para demonstrar o valor de mercado atribuído à cocaína numa escala mundial: a cocaína é, por muitos, chamada de *o ouro branco*.

Contudo, esse ouro, de altos níveis de pureza, que atiçaria febres incautas como a do Rei Midas, fazendo com que cidadãos, à imagem e semelhança do primeiro, atirassem-se (por vezes, desesperadamente) em sua busca (nem sempre sopesando consequências), não é objeto de qualquer critério efetivo de controle de qualidade mercadológica, a não ser a experiência e o tino daquele que o consome ou o conhece a fundo como comerciante.

Portanto, como o tráfico se configura enquanto um comércio ilegal, que explora os desejos e necessidades de entorpecimento humano (cujas causas nem sempre são explicáveis de maneira simples ou direta) (Araújo, 2012; Weigert, 2010), certamente a ética nem de longe pode ser afirmada como uma virtude que lhe seria inerente (aliás, nem sequer, nos mercados lícitos, pode-se falar numa onipresença da ética e boa-fé relacional, diga-se de passagem). Como o consumidor não detém qualquer instância à qual reclamar, por eventuais defeitos inerentes ao produto adquirido (ilegalmente), no comércio do tráfico, certamente, não há nada que possa nivelar a cocaína comercializada a não ser a própria vontade (por vezes submissa) dos adquirentes.

Diante disso, tem-se que uma das principais características apontadas pelos entrevistados em relação ao comércio de cocaína na RMB, referida ao longo das entrevistas e já destacada ao fim do capítulo anterior, é o fato de que essa região recebe um grande fluxo de cocaína pura, o *ouro branco*, que transpassa suas redes em busca de grandes mercados.

Porém, ao menos de forma predominante (excepcionados eventuais círculos de consumo mais abastados), tem-se que essa região consumiria uma cocaína de questionáveis níveis de pureza, adulterada e substancialmente perigosa ao usuário: um verdadeiro *ouro de tolo*. Vejam-se, a seguir, as falas mais expressivas dos entrevistados nesse sentido:

> *O que fica mais por aqui é batizado pelos químicos. É trabalhado e transformado da pasta de cocaína, em óxi, em pedra, dentre outros, mas, a grande quantidade mesmo segue. [...] Nos grandes centros urbanos tem aquele refino mais bruto, do crack e de outros. Mas, o refino inicial, não, na Amazônia não. Já vem o produto e são retirados nas grandes capitais os subprodutos. Tanto que todas as facções, todos os grupos criminosos têm os chamados químicos. E, os químicos, eles são difíceis de se encontrar, normalmente tem um conhecimento mais elevado e por isso eles recebem um valor mais alto que os demais e normalmente pulam de um estado para o outro esses químicos. [...] Como eu falei ainda pouco, é como eles chamam, já é uma cocaína batizada, eles trabalham com os químicos e misturam com barrilhas e outras coisas mais, pra poder dá uma maior quantidade e um lucro maior. Pode até chegar com uma pureza boa, mas, ela é muito batizada* (E1).

Vem a cocaína pura e vem o óxi já separado. Ou seja, o grosso já vem separado. Então, o que eles fazem aqui na verdade é uma mistura para aumentar essa cocaína. Porque aí qualquer cara faz na casa dele. Não é um laboratório de refinamento que tem, ela já está chegando aqui separada, o óxi da cocaína. O que tá acontecendo aqui ele só aumenta a cocaína, ele bota o pó de mármore, o bicabornato de sódio [...]. O pino é vendido por grama, depende muito do estado da pureza. Ele sabe pra quem vende, por exemplo, tu vai vender para aqueles viciados da Presidente Vargas, morando na rua, aquilo ali quer tudo o que não presta. Agora tu vai vender para uma classe mais alta, já é uma qualidade maior, mistura mais refinada e menor. Aí o preço aumenta. Não existe um preço fixo. Depende aonde tu vai comprar e que produto tu vai comprar, apesar de ser cocaína, a variação de cocaína é muito grande (E3).

A cocaína pura, ela é exportada! A cocaína que fica aqui você pega 1 quilo, e dependendo do cara que você vai entregar, você faz até 30. Mistura tudo aquilo que é branco, talco, pó de mármore, bicabornato de sódio. Você mistura tudo aquilo pra aumentar o volume do pó branco. Agora eles colocam no nível que vai depender do preço que vai vender, existe peteca de cocaína que vai vender por 50 e existe por 100. Mas evitam de vender a pura justamente porque o lucro deles está na diluição dela, ou seja, você pega 50 gramas de cocaína, na hora da venda ele já pergunta para o comprador, vem cá mas essa 50 gramas eu faço quantas? Aí o cara divide em 10 partes, divide em 20 partes, divide em 30 partes dependendo. Quanto mais pura, mais partes divide e aí você faz o preço dela (E5).

Para o mercado nacional, mercado daqui, geralmente o que se pode dizer é que essa cocaína ela já é mexida. Produzida. O que eles chamam de duplicar ou triplicar a quantidade de droga que é comprada e que é vendida. E aí já é vendida dessa forma um pouco mais no varejo. Então, vamos imaginar o traficante compra um quilo de cocaína e transforma essa cocaína em dois três, quatro quilos (E6).

Reduzir o nível de pureza, eu creio que sim, porque tu aumenta o lucro. Mas eu volto novamente à reflexão de que mercado nós estamos falando, porque reduzir o nível de pureza para um mercado com poder de compra menor pode aumentar o lucro né, mas o mercado de consumo mais elitizado, ele não tá tanto preocupado. Ele está mais preocupado com a questão da pureza, então depende de qual mercado estamos falando.

Quando a gente fala de mercado a gente tende a generalizar, mas o mercado é particularizado, o mercado de consumo de drogas é particularizado (E8).

Acontece é que essa droga que vem pura, ela segue pura para a Europa, entende? Ela não segue misturada, porque eles precisam de um produto de qualidade e eles vão exigir isso. Acho difícil eles mexerem nisso aqui, pra tirar essa qualidade, senão você perde, você deixa de ser um fornecedor. Agora a droga que vai ficar aqui, porque aqui fica só porcaria, aí sim. Inclusive aqui no Pará você tem esse refino, isso já era feito por um cara chamado [nome omitido], que era até recentemente presidente do Comando Vermelho, [...], e esse cara já fazia refino ali no Buraco Fundo. E, hoje, a gente tem informação que ele faz esse refino secundário no Marajó, ele tem terras em Salvaterra e ali nas regiões que fazem cercania em Salvaterra (E9).

Muitas vezes ela [a cocaína] é transportada em pasta base para o exterior. Algumas situações tá? Rara, mais rara. Não sei. Talvez para fazer em outro lugar o refino. No caso daqui, se faz o refino em laboratórios de fundos de quintal. Esses pequenos laboratórios, pega a pasta e ela se expande muito. São pessoas que são contratadas pra fazer isso. Pessoas de confiança deles, e às vezes envolve químicos (E11).

Não, geralmente essa droga, pra ser distribuída no território interno, o refino já fica bem mais na ponta, quando você já chega com aquela cocaína ou aquela pedra de óxi que chamam já pra revendedor final, aí já chega na ponta e ele faz essa merla ou o óxi já pra poder diluir e conseguir maior parte do lucro. Mas, já na ponta, já próximo do usuário. A droga em si ela é toda, principalmente a questão da cocaína, ela é trabalhada fora (E13).

Cara, é misturada. Misturada com várias porcarias, que infelizmente as pessoas ainda consomem e tentam todos os dias aí. A Polícia Militar tenta coibir todos os dias que famílias se destruam com o consumo dessa cocaína aqui na região metropolitana (E14).

[...] vamos dizer de segunda classe, de segunda classe pra baixo. De primeira classe é um material pouco utilizado. A gente pouco vê. É de pouca qualidade, que é a pasta base, o óxi, a merla, a cocaína sem o cloridrato de cocaína, até então. Até pelo valor dela, eu acho que pelo valor dela, você ver pessoas de até maior poder aquisitivo utilizando, então assim, a gente vê mais a utilização da pasta e da merla, isso na minha opinião (E17).

Não, ele chega pra cá tudo pronto, certo? E eles fazem aquele, vão desdobrar. E aí eles misturam aquela pasta base com pó de xadrez, com solução de bateria, fazem outras misturas pra poder render. Não seria nem tanto a questão do laboratório aqui, mas, seria mais essa mistura pra poder ter um lucro maior, pra poder render mais (E19).

O [refino] primário eu realmente não tenho nem uma notícia. Da folha da coca pra fazer todas aquelas misturas e sair a cocaína pura. Não me consta que nós tenhamos isso. Agora o secundário sim! Isso aí, em Belém. Mesmo nós tivemos grandes apreensões de drogas, locais que estava sendo feito o refino secundário. [...] Então nós temos um mercado consumidor de elite importante. Nós temos também, aquele mercado consumidor que já vai consumir aquele subproduto, que também é muito grande. Claro que como sendo uma cidade que não tem muitas posses, a maior parte da droga que chega aqui, se for a cocaína pura ou as sintéticas, que não é só cocaína, porque tem outros tipos de drogas, elas vão pra fora (E20).

A cocaína chega pura. Mas, só que, à medida que ela passa, quanto mais traficantes que atravessam até a chegada do consumidor, é comum eles adicionarem outras substâncias pra poder aumentar a lucratividade (E21).

O que fica geralmente tem baixa qualidade. O que chega na Europa, Estados Unidos, Ásia ou até mesmo pela África, até porque uma das rotas passa pelo continente africano, pra depois chegar na Europa, é de um nível de pureza muito alto, seja de cloridrato, seja pasta base cocaína. De pureza acima de 95%, 98%. Já o que é consumido aqui é aquela droga batizada, misturada, ou resíduo, o crack, que é um resíduo do resíduo do resíduo, e, é mais barato do que comprar um cloridrato. Crack tem alto poder viciante e num curto período, então ele vai buscar cada vez mais consumir. Na região metropolitana, a droga que chega aqui é misturada, algumas vezes com outras drogas, restos de algum refino, então aquela droga que é consumida pelo usuário, é de uma qualidade muito baixa. O batismo da droga é uma forma de multiplicação da droga. [...] E, obviamente, um traficante que tem 100 gramas e batiza, consegue transformar essas 100 gramas em 200 gramas, vai lucrar duas vezes mais. O traficante não é alguém honesto, vamos dizer assim, o traficante vai querer sempre enganar o usuário pra querer lucrar mais, não tenho a menor dúvida (E22).

Como se viu em momento anterior, afora a cocaína que é comercializada junto à alta sociedade (onde essa droga já começaria a se colocar como exceção, lembre-se), o natural é que o *ouro* encontrado seja de baixa qualidade e misturado a uma série de substâncias que lhe retiram proprie-dades entorpecentes e que, acima de tudo, poderiam oferecer riscos maio-res ainda ao consumidor do que a própria droga já ocasionaria, por si só.

Para além disso, é interessante referir que os entrevistados afirma-ram a excepcionalidade da ocorrência do refino primário na Amazônia e, menos ainda, no estado do Pará. Assim, a droga ou seria transportada na qualidade de pasta-base, ou já refinada em cloridrato de cocaína de altos níveis de pureza.

De outro lado, também referiram que seria comum encontrar na RMB modalidades de refino secundário da droga, para redução de seu grau de pureza (a popular dobragem) ou extração de seus subprodutos mais baratos (e, portanto, mais vendáveis junto às parcelas vulneráveis da população).

Sob essas informações, pode-se compreender o porquê da presença e circulação de uma droga de valores tão nobres, em áreas que, compa-rativamente aos grandes mercados consumidores, não representariam um grande conjunto de *leads* (potenciais interessados) assediáveis. O ouro que circula na RMB e outros municípios do interior do Pará, apesar de aparentar um brilho áureo e atraente, em verdade, seria um *ouro de tolo*, que, quase em sua totalidade, é tão fraudulento quanto ilícito, tão perigoso quanto lucrativo ao seu vendedor.

Analisada a questão, retoma-se o debate sobre o espaço de RMB como trunfo de poder, na seção a seguir.

6.7.2 A Região Metropolitana de Belém enquanto *nó* nas redes do tráfico internacional (e nacional) de cocaína: características, valores e a cocaína *de origem muito ilícita*

Como se viu ao longo deste capítulo, a principal centralidade de atração dos fluxos da cocaína destinada ao mercado internacional é exer-cida pelo Porto de Vila do Conde em Barcarena-PA, e não pela RMB.

Igualmente, há outras cidades, para além da metrópole paraense, que se mostraram como importantes *nós* componentes das redes de tráfico de cocaína no estado do Pará, a exemplo das cidades no entorno de San-tarém-PA, Itaituba-PA, Marabá-PA e Altamira-PA, conforme evidenciado nas falas dos entrevistados e analisado ao longo do capítulo quantitativo deste estudo.

Ainda assim não se pode refutar o fato de que a RMB representa, de fato, um importante *nó* componente dos territórios-rede do tráfico internacional de cocaína na Amazônia, conforme se evidenciou nos *outliers* do capítulo anterior e conforme também se verá a seguir, da fala dos entrevistados. O principal motivo que explicaria essa condição diz respeito, justamente, a sua posição geográfica favorável à atividade, além de outros fatores que se somariam àquela primeira situação.

Nesses termos, pode-se afirmar que a RMB: a) configuraria uma região que serviria como rota secundária a eventuais remessas que, por qualquer motivo, não conseguissem embarcar pelo Porto de Vila do Conde, em Barcarena-PA, considerando sua contiguidade com esse município; b) configuraria uma região que absorveria, facilmente, eventuais resíduos de cocaína que, utilizados como mercadoria-dinheiro (Reis Netto; Chagas, 2021b), possam permanecer para oferta noutros comércios regionais ou locais (questão que foi melhor explorada adiante); c) configuraria uma plataforma privilegiada para remessas de cocaína que transcorressem a Rota Solimões, porém com destinação a adquirentes noutras regiões do país (como o Nordeste, que foi especialmente referido pelos entrevistados), haja vista sua conexão com estas por diversas estradas, normalmente utilizadas para fluxo de mercadorias em geral.

Nesse sentido, vejam-se as falas:

> *Ela é um mercado consumidor, não de grande excesso, tem grande um consumo, tem, mas o grosso mesmo não fica na região metropolitana [...] a Metropolitana, metropolitana de Belém é mais passagem no meu ponto de vista, é mais uma área de passagem pra seguir rumos diferentes* (E1).

> *Sim, eu não diria que fosse tão expressiva. Mas, como eu falei, parte dessa droga chega aqui no estado, e ela fica, e aqui na região de Belém, essa área metropolitana ela é muito importante nessa comercialização. Além da gente ter, eu não tinha dito, falado antes, mas, por exemplo, tem gente que sai do Nordeste e vem buscar droga em Belém. Ou seja, a droga chega até Belém, ela é armazenada e posteriormente ela é levada para o Nordeste, então, não necessariamente ela passa direto, veio lá da origem e passa até o Nordeste. E, ela também fica aqui. Belém fica sendo entreposto, depois ela segue, e nisso aqui tem a questão da droga que fica aqui pra consumo próprio mesmo, até pra manter os grupos organizados aqui, os grupos criminosos aqui, as ORCRIM* (E2).

Dá pra dizer que você tem um mercado consumidor muito grande [na RMB], por ser um centro urbano. Em razão da presença da droga estar ali, e ela também é esse local de passagem, em razão dos portos, na liberação dessa droga para outros estados ou até países. Também passa por aí, a menos que ele encontre outro caminho diferente. Falando um pouco de Barcarena, que tem um grande porto lá, então se essa droga chega por exemplo em Belém, em barcos menores. Tem uma investigação que a gente fez, que a droga chegava por aí, mas ela entrava por Santa Izabel, você tem ali, os rios que vão por ali, aquele rio de Bujaru. Então, a droga estava entrando por ali, então você tem na verdade essa questão os rios como grande influenciador tanto do uso na capital, região metropolitana, como também como rota, aí eu já não sei medir o que tem mais em um ou o que tem mais no outro (E6).

Quando eu penso no Pará, de maneira geral, eu acredito que o Pará ele deve ser, logisticamente, tendo em vista Belém né? O Pará deve possuir uma relação de polarização de poder né, nesses grupos, que tem uma relação direta com essas áreas de contatos com outros estados, até pelo poder econômico e logístico que a cidade de Belém tem. Acredito que o Pará deve ter uma relação não de hierarquia, eu não penso em uma hierarquia funcional, mas acredito que a sim relações horizontais, que tem preponderância de grupos do Pará com outros estados (E8).

A região metropolitana é um lugar de passagem. O que fica aqui, fica só pra abastecer esses criminosos, que hoje não são nada, perto da realidade desse tráfico internacional. Mas o principal aqui é passagem, passagem! Passa por aqui pra abastecer os grandes mercados aí fora (E9).

A região metropolitana de Belém é o ponto de passagem da droga que vem, como já falei do Amazonas. É ponto consumidor também. É ponto de passagem tanto da droga que vem e é distribuída pra outros locais do Brasil, que pega estradas locais aqui, BR-010, BR-316, Alça Viária, levando para o Sul do Pará, quanto a droga que é distribuída aqui mesmo, na região (E10).

Ela é um ponto de passagem, na verdade o Pará é um ponto de passagem. Não necessariamente a região metropolitana, a passagem, ela passa por fora. Se tiver que passar por aqui, ela chega no Porto de Outeiro e ela entra e já sai pro Nordeste. Ela pode entrar pela metropolitana, pelo Porto de Outeiro, que já vimos aí, ela é abastecida e já sai numa carreta, saí alguma coisa aí pro Nordeste (E11).

*Se a gente for trabalhar a quantidade de droga que chega aqui
(e pudesse fazer, que é tudo clandestino) com o que fica e o que
é consumido, ela seria mais um ponto de passagem, a maior
parte passa* (E12).

*Sim, eu vejo que é mais uma passagem [...], você não vê grandes
apreensões aqui na região. Você vê mais nas estradas, mais
nos rios. Então, assim, é transição, é transitório, eu passo, há
transição. Não é efetivo, não é todo dia que você pega* (E14).

*Eu diria que hoje o papel da região metropolitana se divide em
duas situações. A primeira que é o abastecimento do mercado
da região metropolitana. Então, a região metropolitana precisa
ser abastecida. Então tem um mercado muito bem consolidado
aí. A outra é essa demanda que existe em função, sobretudo, ali
na região Alça Viária, que é pra conectar com o Porto de Vila
do Conde. Pode reparar que existe uma parte vai direto e depois
entra, então sai daqui e depois dobra na Alça Viária, porto, vai
direto abastecer mercado. Não tem todo esse transporte que sai
de Belém e vai até Marabá, não. Não existe isso, não tem droga
que sai de Belém até Marabá. Se não, não daria certo. Tem droga
que sai de Belém e abastece o mercado da região metropolitana
e tem droga que sai de Belém e dobra na Alça Viária, pra ir pro
Porto de Vila do Conde, então hoje eu diria que em relação a
rota na região metropolitana, ela cumpre essas duas funções.
Mas é mais interessante destacar aí a dinâmica do mercado
intraurbano no qual a região metropolitana faz parte* (E16).

*O destino final da droga, do principal não é aqui. Mas essa rota
alimenta o mercado interno e esses caras que aqui estão e muitas
vezes são originários do interior do estado e se associam, eles fazem
a roda girar do tráfico internacional, do que entra e do que sai e
do que alimenta o mercado interno paraense e do que alimenta o
mercado interno a nível Brasil, principalmente Nordeste etc.* (E18).

*O papel da região metropolitana nos últimos anos. Se verificou
que vários locais na região metropolitana estão armazenando
os entorpecentes, até conseguir uma determinada quantidade,
que seja viável por transporte pra fora. Então, nos últimos anos,
tivemos apreensões grandes, de centenas de quilos, na região, em
Mosqueiro ou em municípios próximos que já não fazem parte
da região metropolitana [...]. Então essa Região Metropolitana
de Belém já tá inserida de alguma maneira, não só no consumo
local, mas também como um entreposto do envio da droga pra
fora. Fora que o pequeno tráfico, o tráfico formiguinha, o tráfico
internacional sai pelo aeroporto internacional de Belém, por
ser o único aeroporto internacional do estado do Pará* (E22).

Para além das razões já destacadas, tem-se que E22 acrescentou mais um elemento relevante: a presença do Aeroporto Internacional de Belém, o aeroporto de *Val-de-Cães – Júlio Cezar Ribeiro*.

O projeto desse aeroporto, iniciado ainda no ano de 1934, propugnou que ele fosse utilizado por anos como base militar. Contudo, nas décadas seguintes, a unidade passou a conglobar importantes pontes aéreas da aviação civil.

Já na década de 1990, o aeroporto foi sujeito a uma grande reforma, para adotar padrões internacionais (Infraero, 2023), a partir do que passou a englobar diversas pontes aéreas de voos nacionais e internacionais, de forma direta e/ou em escala, para países da Europa e para os Estados Unidos da América.

Como se analisa a seguir, esse aeroporto foi referido por alguns entrevistados como responsável por um tráfico de cocaína na modalidade denominada *formiguinha*[64], por envolver ocorrências contendo menores quantitativos de cocaína transportada, normalmente por intermédio de mulas que carregariam o entorpecente em malas, pertences ou dentro do próprio corpo (técnica referida como *engolidos*), para outros estados ou para o exterior.

Confirmou-se, com essa evidência, várias referências literárias quanto ao uso dessa modalidade de tráfico na Amazônia (McDermott, 2018; Sampó, 2019; Abreu, 2021; McDermott *et al.*, 2021). Aliás, o mesmo tipo de tráfico já foi referido, neste capítulo, em relação ao Aeroporto Internacional de Manaus, conforme verificado de fala consignada ao início deste capítulo.

Inclusive, o Aeroporto Internacional de Belém não se configuraria somente como uma rota de saída da RMB em direção a outros *nós*, mas, igualmente, como um ponto de chegada de drogas advindas do estrangeiro, as quais seriam consumidas, sobretudo, pela alta sociedade paraense (notadamente as drogas sintéticas).

Contudo, por ser viabilizado normalmente por voos comerciais, esse modal foi referido como de *importância diminuta*, diante das quantidades passíveis de ser transportadas pelo modal marítimo, bem como em função do custo que a modalidade representaria em termos de gastos *por*

---

[64] A referência *tráfico formiguinha* é mantida, a despeito de sua aparente ludicidade, em razão de sua ostensiva utilização por agentes de segurança pública, conforme apurado em campo e referido, por exemplo, por E22, logo a seguir.

mula e, sobretudo, em razão dos altos riscos de interdição das remessas (considerando que a sua fiscalização seria mais *fácil* de ser realizada nos aeroportos, em tese). Vejam-se as principais falas:

> *Nós já pegamos drogas, inclusive, que chegaram até o aeroporto. De alguma forma a pessoa conseguiu vim de Manaus, de Manaus ela chegou em Belém e de Belém ela ia pro Nordeste. E nós conseguimos pegar, justamente, no caminho para o Nordeste, quer dizer, ela conseguiu trazer a droga muito bem escondida, que não foi detectada. Então é importante sim os nossos aeroportos, principalmente, nosso aeroporto aqui é internacional né? (E2).*

> *O que a gente tem de notícias aqui, que é uma coisa que eu considero até mais grave, que batem muito aqui a cocaína e maconha, que são as drogas sintéticas que tão acontecendo no mundo. Belém está se enchendo disso e ninguém fala nada. São as metanfetaminas, MD, MDA, êxtase, esse tipo de coisa. Ou seja, são drogas produzidas em laboratórios. Teve apreensão em Belém já, não vou falar o nome aqui, uma moça que trazia garrafas de vinho, e dentro da água do vinho estava diluída a metanfetamina, que é o produto principal pra fazer essas drogas sintéticas. Então esse tipo de droga, das drogas sintéticas, que precisam de matéria-prima específica, se não tiver a metanfeta-mina, elas vem geralmente por esse voos internacionais. Como é pouca quantidade, você traz numa garrafa de vinho, numa garrafa de perfume e aqui você faz o preparo químico para diluir. E, esses geralmente vem via aeroporto. São drogas que ninguém fala. Cocaína e maconha virou uma coisa para subúrbio (E3).*

> *O aeroporto tem, mas o aeroporto é bem básico, conhecidos de todos, que são essas apreensões que são feitas ou embaladas na própria mala ou as pessoas levam no próprio corpo, enrolada no próprio corpo, então é aquele formato já bem conhecido e aí você não tem na verdade uma grande quantidade de droga passando a cada vez, porque eles precisam das chamadas mulas para fazer o transporte (E6).*

> *Agora mesmo ocorreu uma apreensão de 10 quilos de cocaína. Estava vindo em um voo de Manaus, tinham vindo de Rondônia, a origem foi em Rondônia. [...] não tem grande relevância, devido a fiscalização. Hoje os scanner estão muito mais sofisticados, a fiscalização tá muito mais intensa. Esses voos desses lugares, estão muito mais fiscalizados. As polícias federais e Receita Federal elas criaram modus operandi nesse sentido, eles tem uma expertise maior nesse sentido. Eles já sabem dos voos onde há possíveis envolvimentos, que são objetos utilizados pelo tráfico*

> *de droga. Então esses voos que vem de Manaus, que tem origem em Rondônia, Roraima, normalmente são mais fiscalizados nesse sentido (E11).*

> *Olha, a princípio, no aeroporto normal, tradicional. No aeroporto internacional de Belém não há uma quantidade expressiva de drogas apreendidas, pela questão alfandegária, pela questão do controle maior. Então há, em regra, sempre há tentativa de transporte, mas, assim, grandes quantidades são pelos portos (E13).*

> *A gente sabe que Belém é a rota internacional, não só pelos portos né. No aeroporto já foi encontrado drogas inclusive dentro de mala, disfarçado dentro de terno. As mais variadas estratégias são utilizadas para os aeroportos do Brasil, e Belém não tá atrás disso. Mas, geralmente, andando pelo aeroporto tu percebe que a apreensão é menor, pode reparar, aparece mais porto, rodovia e menos do aeroporto, e quase todos os aeroportos tu vai ver uma apreensão menor, porque, porque são estratégias muito bem montadas pra poder atravessar (E16).*

> *Toda rota internacional, todo novo voo internacional, principalmente para Europa, acaba sendo testado pelos grandes traficantes e é uma outra modalidade: formiguinhas. Pequenas quantidades, 1 quilo, um quilo e meio, que é quanto uma pessoa consegue ingerir. As drogas estão em cápsulas de 10 a 15 gramas que eles engolem muitas vezes a seco, porque não podem tomar água, pra não ocupar o local do estomago e só vão retirar 10, 12 horas depois no destino deles na Europa, pela maneira obviamente tradicional, pela defecação. E aí acaba não sendo tão lucrativo como colocar 1 tonelada, mas, é algo que é testado também. Uma das maneiras de colocar droga para fora (E22).*

Ainda assim, trata-se de uma relevante ponte ao tráfico, que parte, justamente, da Região Metropolitana de Belém.

Portanto, deve-se repetir: a RMB se encontra em posição geográfica privilegiada para atender às necessidades de agentes territoriais do tráfico de cocaína que desejem o despacho de mercadorias para além do estado do Pará, como já se suspeitava desde a análise dos dados qualitativos, no capítulo anterior.

Some-se às condições elencadas, ainda, o fato de que grande parte da Região Metropolitana de Belém é composta por áreas rurais, ilhas e localidades marcadas por consideráveis níveis de vulnerabilidade social, que, como já dito diversas vezes neste estudo, constituem-se como áreas favoráveis à implantação das atividades vinculadas ao tráfico ilícito de entorpecentes.

Nesse sentido, registram-se duas falas bem expressivas:

> Olha como a maior cidade do Norte do país, Belém é vital!
> Com certeza, os *grandes grupos se arregimentam todos em
> Belém. Boa parte das lideranças dessas grandes quadrilhas que
> cuidam do tráfico atacadista de cocaína elas estão em Belém.
> Belém é ponto final dessa saga amazônica da droga, é onde ela
> chega e depois ela segue em navios. Então, certamente, é ponto
> de existência de lideranças, é ponto de cooptação de membros
> dessas quadrilhas, que a maioria delas são cooptados em Belém.
> E como eu falei é a parte final de uma logística muito extensa e
> muito complexa que passa a Amazônia inteira, então Belém é
> a capital do tráfico amazônico* (E7).

> *Tendo em vista Belém, o Pará deve possuir uma relação de
> polarização de poder né? Nesses grupos, que tem uma relação
> direta com esses áreas de contatos com outros estados, até pelo
> poder econômico e logístico e econômico que a cidade de Belém
> detém* (E8).

Sob essa ótica, inclusive, poderia se explicar o *porquê* do interesse da dominação de diversas áreas da RMB por organizações criminosas (notadamente as facções), a despeito de seu mercado consumidor interno não se revelar tão relevante em comparação aos de outras regiões metropolitanas e cidades do Brasil: a posição geográfica estratégica da RMB a coloca como um *trunfo de poder* interessante àquelas organizações, como se passa a explicar, reforçando, mais ainda, a conclusão de que a mesma representa um relevante nó nas redes de tráfico.

Em primeiro lugar, tem-se que a dominação de determinadas áreas estratégicas da RMB colocaria as organizações criminosas numa posição que lhes permitiria uma participação mais ativa nas negociações da cocaína em fluxo, seja como negociantes diretas (que poderiam transportar a cocaína a Barcarena-PA ou outras regiões), seja como intermediárias (atravessadoras ou responsáveis pelo armazenamento temporário da droga) em negociatas promovidas por outros *brokers*.

Inclusive, isso explicaria também os conflitos tratados ao início deste capítulo: eliminar concorrentes, certamente, significaria a consagração de uma posição privilegiada quanto ao acesso àqueles fluxos, de modo a instituir-se uma situação facilitadora do acesso ao entorpecente e aos valores decorrentes do seu atravessamento ou comercialização, senão um efetivo monopólio sobre estes.

Em segundo lugar, partindo-se do pressuposto (a seguir discutido) de que *resíduos* da droga acabariam permanecendo ao longo dos *nós* da rede do tráfico, tem-se que a dominação de determinadas áreas da RMB colocaria as organizações criminosas numa situação privilegiada de acesso a um importante *recurso*, a cocaína de qualidade, que, após eventual sujeição a um processo de *dobragem* (redução de pureza para aumento quantitativo), representaria um relevante ativo passível de comercialização local, mesmo que a preços mais baratos.

A droga, em linhas mais simples, seria adquirida de maneira mais *simples* (como parte da negociação relativa ao seu atravessamento ou armazenagem) e, em seguida, seria adulterada para uma vendagem mais lucrativa às facções. Não haveria a necessidade de gastos para obtenção de cocaína para comercialização específica em mercados de baixa expressão (como no interior), nem, tampouco, haveria qualquer prejuízo às negociações envolvendo agentes internacionais.

Reter uma parte da droga, nesse caso, representaria um potencial de lucro decorrente da exploração de uma ampla faixa de consumidores de menor potencial aquisitivo, mediante a comercialização de uma cocaína extremamente adulterada. Essa hipótese, aliás, condiz perfeitamente com a já evidenciada realidade do mercado paraense, em sua maior parte (como visto no tópico anterior).

Assim, seria interessante às facções a consagração de níveis de territorialização sobre determinados espaços das cidades e da RMB, que se relevem enquanto *trunfos de poder* (Raffestin, 1993). Essa territorialização, por sua vez, se imporia por meio da consagração de relações simultâneas de simbiose e de violência (Reis Netto; Chagas, 2018b), que se imporiam, justamente, em função da vulnerabilidade dos habitantes dessas áreas (Couto, 2018).

Justamente em razão disso, alguns bairros da RMB já espelhariam contextos destas territorialidades *perversas* (Couto, 2019), nas quais se poderia perceber uma verdadeira subversão da ordem pública em prol do estabelecimento de relações que facilitassem o tráfico e o controle biopolítico da população (Reis Netto; Chagas, 2018a), condicionando as ações das pessoas, empresas e, até mesmo, do próprio Estado, de maneira favorável aos interesses daqueles agentes.

Embora não possam confirmar as hipóteses levantadas de maneira direta, as falas, de outro lado, foram assentes em demonstrar a efetiva dominação de diversas áreas estratégicas na RMB por facções criminosas e sua nítida vinculação ao tráfico de drogas:

*Olha, grande parte fica pro mercado nacional, mas, o objetivo
principal é o mercado internacional, é onde gera o maior lucro
para as organizações criminosas. Mas, ainda se falando do
Pará, com a entrada das drogas, agora, via Mato Grosso e Mato
Grosso do Sul, o que tá chegando no Pará, às vezes tá fazendo
o sentido contrário. A gente pode identificar, inclusive durante
a construção da barragem de Belo Monte, que um grupo criminoso de Altamira foi até Campo Grande, pra fazer aliança
e trazer droga de lá mais barata. O Comando Classe A – CCA.
Inicialmente do comercio local, por causa do grande boom, que
teve, o crescimento demográfico foi triplicado no município de
Altamira. Então a demanda era alta, mas não tinha produto.
O que vinha de Santarém não estava alimentando suficiente.
Assim, esse grupo criminoso foi até Campo Grande, onde fez
alianças com uma organização criminosa pra trazer inicialmente a Altamira. Mas, depois espalhou para o resto do Brasil,
ela criou uma força muito grande, por causa do caixa que ela
movimentou, começou a ter ramificações, não só no estado do
Pará, mas pelo resto da região Norte* (E1).

*Esses dois últimos anos, a filosofia do Comando Vermelho está
mudando muito. Agora eles já estão exigindo propina do jogo
do bicho, que não tinha isso aqui. Quem não pagar, taca fogo,
fecha a banca. Então essa filosofia era Rio de Janeiro. Internet:
se você não pagar uma taxa vamos cortar tua fibra óptica. Rio
de Janeiro, tv a cabo! Se você não pagar uma taxa vamos cortar sua tv a cabo. E assim vai, gás, tv a cabo, como é no Rio de
Janeiro. E eles estão querendo implementar isso em Belém, e
graças a Deus esse ano a gente conseguiu até dar uma resposta
muito positiva que deu uma freada nisso aí. O estado do Pará,
tem suas limitações públicas, mas a polícia do estado do Pará,
ela é muito incisiva nesse ponto. Até o momento nós estamos
conseguindo botar uma barreira nisso aí, mas eles não estão
parando, porque se nós deixarmos isso aí avançar a gente perdeu.
Como o Rio está perdido nos morros* (E3).

*Sim, porque a droga, cara, eu vejo assim: a gente tem que levar
em consideração a situação social, orgânica. Não quer dizer
que a droga vai chegar em determinada cidade no interior,
fica lá durante alguns dias para ir pra outro local e não vai ser
consumida lá. Isso daí vai levar mal também da droga para
o interior, que nem a facção. Eu vejo assim: que as facções e o
tráfico de droga andam muito junto, é aquilo que eu te falei,
antes tinha, um negócio de facção A ou B a gente via muito na
capital. [...] Mas agora tá acontecendo um fenômeno que a gente
está vendo isso no interior cara. No interior, meninas, jovens*

faccionados com cadastro e tudo nos interiores. Isso daí é um fenômeno que está acontecendo nos últimos anos, tá tomando conta sim, dos interiores (E5).

Cara, eu vejo aqui o Distrito de Icoaraci, acho que é o coração... um coração do Comando Vermelho, onde ele foi criado, os maiores líderes do Comando Vermelho, são de lá e a gente vê também o distrito de Mosqueiro, pela questão do rio, também muito. Vigia, município. Agora com relação aos bairros aqui, eu só vejo o distrito de Icoaraci e Mosqueiro, aqui em Ananindeua tem também uns bairros com entradas pro rio, os bairros eles utilizam bastante aqui, os bairros daqui (E9).

Mas é a falta de oportunidades que faz com que as organiza-ções criminosas dominem o local, principalmente o comando vermelho, e, aumente o tráfico de droga que é uma forma de movimentar dinheiro naquele local. Posso citar aqui Icoaraci, região de Icoaraci, parte de Ananindeua, Aurá, Águas Brancas, Icuí em Ananindeua. No entanto, você vai ter pontos de vendas de drogas dominadas pela organização criminosa comando vermelho em todos os bairros da cidade. Algumas regiões de Icoaraci, as coisas ficam mais as claras, a população vê esses traficantes na rua, a população os conhece, a população sabe quem domina o local, quem é o líder ali. E agora, além disso, eles não dominam só o tráfico, dominam outras situações também até ameaçando pessoas que prestam serviços, pessoas que tem comércio. Muitos deles tem que pagar uma taxa, entendeu, mas tudo gira, a grande fonte de renda das organizações criminosas, facções criminosas é a venda de droga" (E10).

Você tem bairros onde a insegurança é muito maior e o controle da organização é maior. Bairros como Icoaraci por exemplo, Águas Lindas, então pode ser que ali haja uma tendência maior de concentrar alguma parte da droga pelo risco de ser menor de uma ação Policial (E13).

Olha, eu vejo dois [bairros estratégicos ao tráfico]: eu vejo aqui Icoaraci, Distrito de Icoaraci. Até pela questão estratégica e a questão geográfica de Icoaraci. Os rios, como eu sempre falo, tem muito rio, tem muito porto. E eu digo assim: a região ali do Guamá, Guamá fronteira com a Terra Firme, então ali já teve, então são esses dois pontos ali. São esses dois pontos de locais de consumo e venda de entorpecentes muito alta (E14).

Olha, a gente tem tido atualmente, o bairro de Icoaraci, distrito de Icoaraci, como bairro bem problemático. Mas aí já entra um pouco das atuações das facções criminosas, tentando fazer aquele

> *modelo carioca de criminalidade, de doutrinação desde moleque,
> de entrar ali, participar da comunidade ativamente, arregimentar
> essa molecada desde cedo pro crime. Aí vai ter contato com tudo
> isso, e aí se torna uma cultura de droga, de consumo de droga,
> então na região ali de Icoaraci, eu acho que hoje é o nosso ponto
> focal, principal. [...] A geografia de Icoaraci é muito interessante
> pra eles: perto do rio, a gente não tem morro aqui, mas a gente
> tem uma área de mata muito grande, com várias alternativas
> de fuga, onde eles podem se estabelecer e muito próximos dessas
> áreas, tentar criar barricadas, aquelas coisas. Aquele modelo, só
> que em menor escala, porque a geografia aqui não vai favorecer
> tanto, como tem aquelas vielas e tudo. Mas Icoaraci, com aquela
> parte de rio e de mata, de certa forma a geografia favorece um
> ponto de rota, um bunker, algo que possa regimentar seguidores.
> Um ponto de consumo e de venda, que quando o cara queira
> comprar ele já sabe que ali ele vai ter a garantia que ali vai ser
> vendido. É como no Rio. No Rio, a briga hoje é por território, você
> consegue comprar em qualquer lugar, o importante é você ter o
> mercado consumidor. Então, pra você ter o mercado consumidor,
> você precisa estabelecer esse mercado consumidor, então isso aqui
> ainda tá começando, o que lá já tá certo, o que eles tão brigando
> pra ficar, aqui eles tão começando a querer construir (E18).

Especial destaque, aliás, se deu à situação vivenciada no seio do distrito de Icoaraci, em Belém-PA, que fica situado ao norte da cidade.

Constatou-se que áreas desse distrito, atualmente, estariam sob uma forte presença e territorialidade do Comando Vermelho (CV), que, inclusive, já teria instituído modelos violentos e comparáveis aos de cidades como o Rio de Janeiro, como se evidenciou das falas. Analisando-se a geografia da área, tornou-se possível levantar algumas hipóteses explicativas das razões pelas quais a facção conferiria especial interesse ao local.

Em primeiro lugar, tem-se que o distrito em questão corresponde a uma área diretamente vinculada à Baía do Guajará e, igualmente, com possíveis acessos ao centro de Belém e seu distrito de Outeiro (igualmente com forte vinculação aos rios), bem como ao município de Ananindeua--PA e, via rio ou estradas, à cidade de Barcarena-PA e seu entorno. Além disso, o bairro é atravessado por diversas vias terrestres, bem como detém braços de rio e igarapés acessíveis por lanchas e pequenas embarcações.

A literatura, inclusive, já havia apontado a presença de facções em diversas áreas precarizadas do distrito, como se pode verificar em estudos, como o de Couto (2018) e de Reis Netto e Chagas (2019b), que denotaram que o domínio relatado nas falas não advém de um processo histórico recente, mas sim aparenta uma consolidação progressiva ao longo dos últimos anos.

Figura 55 – Distrito de Icoaraci, em Belém-PA, e as relações de territorialidade instituídas na escala de suas localidades

Fonte: elaboração do autor, a partir do Google Earth (2022)

Em função desses apontamentos, como um dos últimos movimentos empíricos da pesquisa e valendo-se da técnica de observação direta, o pesquisador perfez uma visita de campo no distrito, constatando que as áreas apontadas como dominadas pelo Comando Vermelho (CV) coincidem com algumas já indicadas por Couto (2018): a localidade do Buraco Fundo, a região do Paracurí I. Some-se à lista, atualmente, a Vila Irmã Dulce, no bairro Parque Guajará, contíguo ao distrito em análise.

De imediato, constatou-se com bastante clareza que a localização dessas comunidades apresentaria uma relação direta com o Igarapé Redenção, que se divide em pequenos braços, os quais acabam por tocar todas as três comunidades relatadas como áreas de forte territorialização e domínio do Comando Vermelho. O Igarapé, por sua vez, liga-se, diretamente, à Baía do Guajará, como se pode evidenciar na imagem, podendo configurar com um fácil acesso, para entrada ou saída de armas e entorpecentes das mencionadas áreas.

Os moradores, inclusive, informaram que o ingresso da polícia na região só tem ocorrido mediante a presença de um considerável efetivo Policial, com pelo menos duas viaturas (tendo sido referida a presença constante da Ronda Tática Metropolitana – ROTAM, batalhão especializado), bem armados, em razão da atual condição de risco nos locais. Conforme informado por moradores das redondezas, as antigas pichações de *proibição de roubo na comunidade* foram retiradas de, praticamente, toda a região do distrito, uma vez que chamariam a atenção da polícia sobre a presença da facção no local (apesar da plena ciência dos órgãos de segurança a respeito da situação do distrito, como se viu nas falas anteriores).

Como se observa na foto a seguir, a ausência de qualquer pichação (situação incomum em regiões periféricas da cidade de Belém-PA) foi um fato que saltou aos olhos do pesquisador de imediato. Segundo apurado em campo, haveria proibições das facções, nesse sentido. Ao passo, o pesquisador só verificou pichações com a sigla "CV" no interior da localidade do Buraco Fundo (porém não foi possível perfazer registros fotográficos, por razões de segurança pessoal, por motivo relatado a seguir).

Percebeu-se uma mudança relativa aos signos e códigos relativos à territorialidade das facções criminosas, ao menos, ao longo de grande parte da região, mas que, ainda assim, pelo comportamento já condicionado de moradores e comerciantes, permitia sentir a presença de uma ordenação territorial específica.

Figura 56 – Fotografias registradas durante visita de campo, firmada pelo pesquisador, na Região de Icoaraci, em 7/1/2023. À esquerda, área mais central do Conjunto Eduardo Angelim (Rua 17 de Abril, Bairro Parque Guajará, Belém-PA). À direita, um dos acessos à área da Vila Irmã Dulce, identificada como de domínio do Comando Vermelho (CV), com vínculos (não acessíveis de carro) com a localidade do Buraco Fundo[65]

Fonte: acervo pessoal do pesquisador

Aliás, confirmou-se a ocorrência da cobrança de taxas a comerciantes locais, para que esses pudessem trabalhar normalmente. Inclusive, já adentrando as proximidades da região do Buraco Fundo, este pesquisador foi orientado a transitar de vidros baixos, sendo que, num determinado momento, ele se percebeu observado por mototaxistas locais e, logo após, foi, efetivamente, seguido, por um deles, até sua efetiva saída do local (registrada na imagem a seguir, à direita).

Figura 57 – Fotografias registradas durante visita de campo, firmada pelo pesquisador, na Região de Icoaraci, em 7/1/2023. À esquerda, fios de fibra ótica recentemente cortados, conforme moradores, por ordem do Comando Vermelho (CV). À direita, um dos acessos à área identificada como de domínio do Comando Vermelho (CV), que promove acesso ao Buraco Fundo, via Travessa da Soledade[66]

Fonte: acervo pessoal do pesquisador

---

[65] Para que as pesquisas não importem em depreciação imobiliária e agruras maiores ainda (além das que já ocorrem) aos moradores locais, optou-se por omitir o nome da rua.

[66] Para que as pesquisas não importem em depreciação imobiliária e agruras maiores ainda (além das que já ocorrem) aos moradores locais, optou-se por omitir o nome da rua.

Ainda, constatou-se a veracidade das informações a respeito do corte de fibras óticas (como se vê da imagem anterior), relatada por E3 em sua fala, como meio de extorsão para que empresas de telefonia pudessem funcionar em diversos pontos de Icoaraci e da localidade do Conjunto Eduardo Angelim, no bairro do Parque Guajará.

Inclusive, este pesquisador foi advertido, após sua saída, de que corria riscos reais e iminentes em campo: recentemente, o 10.º Batalhão de Polícia Militar, responsável pela área, havia confirmado informações sobre a recente aquisição de armas de grosso calibre por criminosos no local, que seriam utilizáveis contra agentes do Estado (condição também ostentada pelo pesquisador) que, eventualmente, adentrassem a área do Buraco Fundo e imediações.

Ainda ao longo da visita de campo, este pesquisador verificou o fácil acesso à região da Baía do Guajará, bem como às ilhas próximas, como se pode observar nas fotos a seguir, que, igualmente, demonstram o uso da região como ponto estacionário dos navios de grande porte (nacionais e internacionais), previamente ao ingresso na região das docas, em Belém-PA, por exemplo.

Figura 58 – Fotografias registradas durante visita de campo, firmada pelo pesquisador, na Região de Icoaraci, em 7/1/2023, que apresentam a orla do distrito de Icoaraci, Belém--PA, em frente à Baía do Guajará, e a fácil acessibilidade das embarcações em aguardo

Fonte: acervo pessoal do pesquisador

Uma constatação, que também chamou a atenção, diz respeito ao quantitativo de barcos de pequeno porte presentes na região em trânsito constante, utilizados para comércio e transportes em geral. Em paralelo, viu-se a presença de um único barco de fiscalização da Capitania dos Portos.

Conforme mencionado ao pesquisador, seria comum que determinados barcos menores se aproximassem dos maiores, ao longo do período estacionário, para embarques de mercadorias em geral para os tripulantes (e até mesmo prostituição), sobretudo ao fim da tarde e início da noite (ocasiões em que a fiscalização se tornaria mais difícil).

Embora isso não tenha sido confirmado materialmente, há uma forte potencialidade da área para a prática do tráfico mediante *rip-on* (embarque direto, a partir de embarcações menores ou lanchas, no período estacionário dos grandes navios), como mencionado por um dos entrevistados em momento anterior e conforme foi insinuado ao pesquisador em sua visita de campo, inclusive por policiais. Com o perdão da repetição, destaca-se novamente a fala:

> *Eu posso levar com embarcações pequenas, não necessita ele participa da logística portuária. Porque esses navios ficam fundeados na Baía lá, e é muito fácil eu chegar e depois dele fazer o processos de carga no porto, eu colocar! Então, é uma área muito grande, de difícil fiscalização* (E12).

De toda forma, pelo que se apurou, é notório que a facção Comando Vermelho (CV) conseguiu estabelecer uma relação de territorialidade forte e bem consolidada com o distrito de Icoaraci e bairros próximos, o que, certamente, deixa claro que a região detém uma significativa importância à organização.

Embora seja um fato dependente de aprofundamentos, acredita-se que a área se configure, como explicado, enquanto um *trunfo de poder* (Raffestin, 1993), representado, repita-se, pela facilidade de acesso às redes da cocaína traficada pela região e respectivos pontos de transbordo e embarque, seja para fins de comercialização na cidade, seja para participação no tráfico internacional, nalguma das etapas da circulação da droga.

Em todo caso, os entrevistados forneceram evidências relativas à hipótese de permanência de resíduos da cocaína nos *nós* dos territórios--rede, o que, como dito, seria também uma das razões determinantes à dominação protagonizada pelas facções em locais como Icoaraci. Afinal, deter o entorpecente igualmente significaria deter uma *mercadoria-di-*

nheiro (Reis Netto; Chagas, 2021b) facilmente negociável, sobretudo após redução de seus níveis de pureza ou conversão em uma infinidade de subprodutos mais baratos.

Veja-se, a seguir, nas falas:

> [...] *uma parte da droga passa e vai embora, fica aquele quinhão aqui, mas, boa parte dela vai embora* (E2).

> *O grande traficante dá um quilo de cocaína para ele [o distribuidor local], ele transforma isso, mexe e transforma em 2, 3, 4, 5 quilos de cocaína, fazendo aí as misturas que tem que fazer. Consegue o dinheiro que tem pra pagar o que comprou e o resto dele é o lucro. Então tem muito isso, como é que chamamos isso, a compra consignada, venda consignada, você compra e só depois de vender é que você paga relativo a que você comprou* (E6).

> *O mercado brasileiro como um todo, esse mercado de grande massa de cocaína, ele vai acabar pegando uma sobra de uma cocaína mais refinada, que vai pro Norte, que vai pra Europa* (E8).

> *Esses caras, para os grandes caras, o que eles vendem aqui é mixaria perto do que eles vendem pra fora, mixaria mesmo, mixaria, o que fica aqui é porque o pessoal que tá comprando vai lucrar aqui* (E9).

Por certo, é justamente esse permanecer da cocaína que se tornaria um bom negócio àqueles envolvidos nalgumas etapas do atravessamento e estocagem da droga, como também mencionaram os entrevistados. Veja-se a seguir:

> *Eu diria que a cocaína é muito parecida com a madeira, porque a gente tem até algum, existe essa, que são as mesmas rotas da madeira está sendo a rota da droga, mesmo caminho, principalmente na Amazônia, e assim como eles pagam determinado serviços com madeira, eu, também é possível que isso aconteça sim, que a cocaína passa a ser uma moeda de troca também* (E2).

> *A cocaína tem uma alta liquidez. Não chega, não é como dinheiro, como moeda, mas ela tem uma liquidez alta! E ela sim ela é usada, em alguns casos sim, eu já encontrei casos sim. Pagamento, essencialmente, pagamento pelo piloto do avião, ou, enfim, motorista, geralmente ligada a questão logística* (E7).

> *Com certeza, não somente a cocaína, mas outros entorpecentes entram nessa logística de troca de mercadorias. De modo grosseiro, quase um escambo. O entorpecente se transforma*

em uma moeda de troca por outra mercadoria. [...] A troca de entorpecentes por armas, por exemplo. Então, mando X de droga e recebo armas que vai abastecer o conflito (E8).

É dinheiro! Ela [a droga] é dinheiro. Agora realmente, ela é sim, ela é usada sim, se a gente for olhar aqui, já vi [pagar] crime, voto (E9).

Mas você vê a questão da cocaína como forma de levantar dinheiro. "Ah, vamos fazer uma rifa de um ou dois quilos de cocaína a um preço mais barato", mas você rifa pra tentar levantar um dinheiro pra aquela área, para aquele bairro onde a organização tá precisando se estruturar mais. Então ela serve como isso. "Olha vou te dá essa força vou mandar um dinheiro, mas vou te mandar essa droga pra tu trabalhar, vou te mandar no fiado. Está precisando de um apoio pra fortalecer o comando? está precisando de um apoio pra fortalecer a tua família? então vou te mandar um quilo de cocaína no fiado pra tu vender e depois tu pagar ela com parte do lucro que tu vendeu". Então ela também funciona como moeda de troca pra fortalecer grupos criminosos (E13).

Chegava em boca de fumo, quando trabalhei ali no Guamá. Guamá com fronteira com Terra Firme, tinha muito ali a clínica. Chegava lá e o cara estava lá, pegava celular, televisão na boca de fumo que o cara trocava. E, também, a questão dos homicídios! O que que acontece: às vezes o traficante, o usuário tá devendo não consegue pagar e o crime tá cobrando do traficante, o crime tá cobrando do traficante do bairro. Então ele já determina "olha executa um servidor, um agente público", aí o camarada vai e executa um agente público, tudo atrelado ao tráfico de drogas. Aí ele não quer saber se ele é da ativa, se ele é da reserva, se ele é Guarda Municipal, se ele é Policial Militar, se ele é Polícia Civil, se ele é ex-PM, se ele é ex-Policial Civil. Todos ligados a segurança pública, existe essa história de troca (E14).

Ela é muito utilizado inclusive no frete, o frete, "olha você carrega 100 quilos, e 10 fica pra você", nesses distribuidores também utilizam isso, até pela rapidez do comercio, "ah eu vou esperar vender, pra receber" é uma segurança maior você receber a mercadoria (E17).

Assim, acontece, também! Já foram presos atravessadores com uns residuais, por exemplo, a gente foi pra pegar a carga toda e pegou 5 quilos, porque a carga já tinha passado. Mas com o atravessador ficou. Teve uma apreensão que nós fizemos, em 2020, foi depois das duas toneladas e meias de Mosqueiro,

> *foi entre Bujaru e Santa Izabel. Mas, se bem que eu acho que*
> *atravessando o rio, já é Bujaru. Mas, não recordo se ainda era*
> *Santa Izabel, mesma metodologia, beira de rio, bem beira de rio*
> *mesmo. Tonéis enterrados. Só que vazios e aí na casa do cara*
> *tinha 1 quilo. Provavelmente foi pagamento que ele recebeu,*
> *porque aquilo custa 20 mil reais, se ele vender por 15 mil reais,*
> *pra ele já é uma maravilha* (E18).

Em todo caso, é prudente que se ressalve que a utilização da droga enquanto mercadoria-dinheiro (Reis Netto; Chagas, 2019b), a partir do que as falas demonstraram, se reservaria a um conjunto de relações estabelecidas, no nível dos agentes que deteriam contato direto com este recurso, e, assim, já estariam sob os naturais riscos decorrentes da detenção da mesma e contato direto com as redes de tráfico.

A lógica não se aplicaria, pelo menos a uma primeira vista, nos níveis oligopolistas do tráfico, junto aos grandes (A.1.1) agentes internacionais do tráfico e das (A.1.2) organizações nacionais ou internacionais de atravessadores e distribuidores, que, por questões estratégicas, buscariam um maior distanciamento em relação ao contato com a droga propriamente dita, preferenciando negociações em dinheiro ou outras formas expressivas de valor.

Em todo caso, tem-se que dominar o território de fluxo, portanto, significa a obtenção mais fácil de cocaína. Obter a cocaína, como se pode observar da fala de E18, importa no acesso a um *recurso* de significativo valor de troca no mercado.

Aliás, tem-se que muitos entrevistados mencionaram, de forma direta e ostensiva, um conjunto de dados relevantes a respeito do *valor* que a cocaína atingiria em diversos pontos ao longo de sua rede comercial, inclusive na RMB. Vejam-se, nesse sentido, os registros mais significativos a seguir:

> *O valor da pedra de cocaína, do tijolo: Peru 7 mil, Bolívia 8 mil,*
> *Colômbia estava 10 mil. Mais ou menos essa faixa, só que era*
> *mais barato pagar o transporte da Bolívia e do Peru. Então, o*
> *preço final da Bolívia era mais barato. Agora pra tu ir lá buscar, do Peru era mais barato. Então, tem essa variação. Como*
> *eles estão trabalhando agora recebendo no local, a variação do*
> *transporte afeta o preço. Tu escolhe, tu pode mandar buscar,*
> *tem o transportador, chega aqui nessa faixa de 12, 10, 11 [mil].*
> *Na verdade chega pra facção-cabeça, e a facção cabeça diz, olha*
> *eu comprei por 10, então eu vou vender por chefe de Belém por*

12, porque 2 fica pra fortalecer a facção. Então tem a parcela para fortalecer a facção. O do 12 vai passar para as bocas por 15. Então se tu botar no final da boca de fumo chega por 15, 16, até 17 o tijolo puro e que desse tijolo ele faz 50 (E3).

Eu lembro que a cocaína barata, assim, entre 12 mil e 15 mil reais o quilo. Mas era muito ruim. E a de boa qualidade aqui, era 20 mil reais. E o que ia sair daqui, entre 40 e 50 mil. [...] Na verdade essa de 12 não era nem cocaína, eu acho que tá mais aproximado ao óxi, que é um subproduto. A cocaína, ela consome bastante. Se mistura com tudo, se pega o pó do óxi, se mistura com pó de qualidade e joga mais com bicabornato e o [palavra de baixo calão] e faz uma farinha muito doida lá pra maluco meter o nariz e derreter a cabeça (E9).

Um quilo de cocaína está mais ou menos entre 17 e 22 mil dependendo da origem exatamente. Não a origem internacional, mas a origem ilícita ou muito ilícita da droga. Se for direto do fornecedor o preço médio tá entre 20 e 22 mil, se for em outras situações em que a droga já vem de uma apreensão anterior alguma coisa, gira em torno de 17 e 18 mil, não sei se tu entendeu? (E13).

Varia muito isso, porque depende muito do contexto, por exemplo, já chegou a ficar em 30 mil reais. Há 4 meses atrás, estava 18 mil reais o quilo. E aí eu lembro que foi até um debate que a gente fez, uma conversa, porque estava 18 mil, se chegou a ficar em 30 mil reais? Chegou até 50 no passado. Eu estava tentando encontrar uma explicação: se tá em 18 mil reais, é porque, vai ver estava misturada ou não. Porque como aumentou, é uma questão de demanda, se aumenta a quantidade de droga entre os países, tá entrando grandes quantidades, então significa dizer que tá entrando uma demanda muito alta, que acaba sendo até muitas vezes muito superior à demanda de mercado, em alguns locais, então acaba barateando (E16).

Como visto, os valores são, substancialmente, altos para o padrão de vida de muitos, constituindo-se como um forte motivo pelo qual muitos cidadãos sucumbiriam à *febre do ouro* e se envolveriam com o tráfico de drogas. Inclusive, um dos entrevistados referiu que, sabendo-se dessa situação:

A gente não deve, muitas das vezes, falar valores em relação a isso, porque tu incentiva. Tu incentiva nesse sentido, do cara: "[palavra de baixo calão] olha só, o cara pegou aquilo ali vendia e vou vender também". "Ah, o cara foi preso e saiu de rota, mas, olha eu tenho consumidor, eu vou tomar aquela boca". É mais ou menos isso, eu geralmente oriento as forças a não falar valores de quanto eles vendem, porque isso aí gera mercado (E14).

Mas, certamente, o elemento que mais chama a atenção, a partir das falas, foi o uso do termo *"cocaína [...] de origem muito ilícita"*, referido por E13, em menção a uma droga comercializada de maneira *mais barata*, justamente por decorrer de desvios de apreensões protagonizados, infelizmente, por agentes desonestos e ímprobos dos próprios órgãos de segurança pública.

Ao ser desviada e destinada à comercialização pelos agentes públicos junto a traficantes comuns, a droga obteria um valor mais baixo, justamente por não conglobar os *custos* do transporte e armazenamento, que seriam integralmente arcados por quem *perdeu* a droga (e, eventualmente, a liberdade).

Eis a corrupção, aqui compreendida em seu sentido mais amplo (e não somente enquanto um tipo penal específico), tão denunciada em análises citadas na literatura consultada ao longo deste estudo (Reis Netto; Chagas, 2019a; Abreu, 2021, UNODC, 2022d). Juridicamente, verifica-se um fato típico: *tráfico de drogas*, porém praticado por agentes públicos indignos de seu cargo/emprego/função. Trata-se da total desvirtuação da ação de agentes públicos que, abandonando missões e juramentos, bem como sob total desapreço às normas legais regentes de suas ações, ignoram, totalmente, seus *ministérios* e realizam atividades que permitem seu efetivo enquadramento enquanto verdadeiros traficantes.

Diferentemente daqueles agentes que (de forma não tão menos grave assim) somente perfariam um afrouxamento de fiscalizações ou a popular *vista grossa*, tem-se que estes promoveriam verdadeiras extorsões (*rectius*: concussão) ou esbulhos por meio de seus cargos e poderes públicos, para uma efetiva inserção de suas figuras no mercado ilegal em menção. Veja-se, nas falas proferidas:

> Não sei se tu lembra. Mas eu acho que foi no ano de 2019, que foi a público aí, uma grande apreensão de cocaína que aconteceu, se não me engano foi cocaína, nesse porto que eu falei agora pouco, Barcarena. A equipe que apreendeu a droga tinha nos avisado [do possível desvio], e se tornou público[67]. Isso eu acredito que seja comum, a gente ouve muito falar, desse envolvimento das forças de segurança, eu diria, de alguns segmentos do serviço público, que de alguma forma se envolverem com essa droga, até mesmo pra facilitar (E2).

---

[67] O entrevistado se referiu, expressamente, ao já destacado *outlier* havido na cidade de Abaetetuba, o qual, inclusive, foi objeto de rápidos comentários no capítulo anterior (em decorrência de limitações legais à análise mais profunda do caso, ainda em andamento).

Porque [a corrupção] é o que de fato, eu acho, alimenta fortemente essa possibilidade que o tráfico ocorra e continue ocorrendo. A gente tem, recentemente, inclusive, a prisão de um traficante na Europa que fazia essa rota aqui. Que a droga chegava a Europa, e lá estava, junto com ele pessoas do governo envolvidas com isso. No caso lá era um Policial [corporação ou órgão omitido] que estava envolvido com isso. Então é só um exemplo da quantidade de coisas que pode tá por de baixo do pano (E6).

O que mais tem né cara, o que mais tem é corrupção. Polícia [omitido, para não comprometimento de investigações] completamente corrompida hoje com em relação ao tráfico. Até mesmo unidades [qualidade omitida] que não são de combate estão correndo atrás de droga. Eles já entenderam que se negociam com droga, se rouba a droga e vende a droga, o que na verdade não é nem corrupção em si, aquela coisa dependo de quem quer que seja o traficante até se rouba a droga do traficante pra vender e outro até se negocia. Mas aí a oferta tem que ser grande, porque quando você está vendendo a droga o lucro é absurdo. E imagina, você vender uma droga que você roubou e protegido pelo Estado. Eu não sei neste momento, nesta realidade do crime hoje, diante da evolução do crime, esses policiais corruptos não vão ter a resposta à altura do que eles estão fazendo no mundo do crime. Criminosos que roubam droga de criminosos pra vender, são executados de forma sumária, não tem conversa, é crime capital no mundo do crime! Mas policiais que abusam do poder pra isso, hoje, aqui, conseguem escapar ilesos porque ainda existe esse respeito. Apesar do que a gente ver mortes de policiais [omitido]. Mas, nesses novos contextos, com essas novas condutas, acredito que isso vai começar a acontecer, porque eu acredito que o crime, na verdade assim, (claro, que tem as suas peculiaridades, cada lugar), mas eu acredito que os caminhos são sempre similares, que a evolução é natural. A regressão do estado e a evolução do crime. E nessa evolução do crime a gente acaba chegando em lugares em contextos outros, que outros lugares chegaram antes. Então, uma hora vamos chegar no nível do México, da Colômbia, da Itália, do Japão, e assim por diante (E9).

Olha, a corrupção, quando envolve dinheiro, e, o tráfico movimenta muito dinheiro, você vai ouvir muitas histórias de casos de corrupção, principalmente de agentes policiais que facilitam de alguma maneira, o comércio de droga. Comércio, transporte, armazenamento de droga. No entanto, eu não vejo investigação mais apurada nesse sentido. Eu nunca vi! Parece que agora, recentemente, teve investigação que conseguiu prender polícias até fora do Brasil. Então, quem faz é a Polícia Federal! (E10)

*Nós temos detectado problemas sérios na [nome da polícia]. É um
local que tá muito complicado, se você notar tu vai ter registros
de grandes apreensões feitas pela [órgão omitido] mas a polícia
[órgão omitido] não tem (E12).*

*Olha, o que a gente sabe. Atualmente, é a questão infelizmente
envolvendo aí um [cargo] da Polícia [omisso], que tá preso em
Portugal, tá sendo apurado pela Polícia Federal com relação a
esse possível envolvimento dele com o crime de tráfico, internacional de drogas (E14).*

*Várias! várias, aqui no estado do Pará! Já teve agentes presos,
por conta da não só da liberação de traficantes, como também
da própria carga em si sendo desviada. Então assim, eu vejo isso
muito como culpa nossa, do Ministério Público, do judiciário,
porque infelizmente quando o sistema é seletivo, ele não tem uma
estrutura pra combater o tráfico de drogas como esse que existe
aqui na nossa região, tão complexo e tão poderoso economicamente. E, quando a gente vê isso aí, a gente vê determinados
agentes sucumbindo, porque "hora eu trabalho tanto tempo
nisso, não dá em nada, não dá em nada, vamos logo resolver
por aqui, pra ver se acaba logo". Infelizmente esse sentimento
não foi se construindo da noite pro dia, esse sentimento já foi
construído há muito tempo. Então, quando se vê vários processos
e investigações sendo desconstruídos, no judiciário, vendo um
traficante saindo pela porta da frente, isso acaba influenciando,
isso daí pra mim é uma força motriz pra esse tipo de prática na
frente da corrupção (E17).*

*Muitos policiais aqui, muitos, mas mais no sentido de extorsão
da droga, não de fazer o tráfico. A não de ser o que a gente chama
aqui de frentista, que é o cara que traz a droga de lá, certo?
Digamos que a gente tá dando aquela engatinhada naquela
formação de milícias, certo? Que isso daí a gente sabe onde vai
chegar. Mas, assim, já tem um combate sério nisso, muitos policiais já foram presos. Mas eles estão, é mais assim, o transporte
realmente é mais na droga, mais na droga mesmo, quando
chega aqui ou na calha dos rios de fazer aquela atividade de
pirataria, de ir lá, tomar a droga, matar os caras e pegar essa
droga e passar para outra pessoa. Não no sentido de fazer o
trânsito, de fazer o frete (E19).*

Como se vê, a cocaína representa um recurso em comércio, cujos
valores se mostram tão expressivos, que, para além da dominação
protagonizada por agentes territoriais, cuja atividade já é naturalmente

ilegal (a exemplo das facções), constatou-se na RMB, ainda, a existência de agentes da segurança pública que se deixaram corromper pela atrativa economia do tráfico.

A sedução do *ouro branco*, decerto, não discrimina suas vítimas por funções ou hierarquias sociais ou legais, ao fim e ao cabo. Se o ouro foi capaz de corromper a Midas, um rei, o que não poderia fazer a simples (não tão simples, em verdade) servidores públicos?

Inclusive, deve-se conferir destaque à fala de E9, que demonstrou clara preocupação quanto ao *que será do futuro* da RMB, neste contexto corruptivo. Atualmente, os criminosos ainda não teriam poderes suficientes para um enfrentamento direto aos agentes públicos corruptos, situação que, no entanto, poderia mudar mais à frente.

Nesse sentido, deve-se refletir que a referida venda da cocaína a valores diminutos, em comparação aos praticados pelos *reais traficantes*, ou a referida subversão do serviço das forças em verdadeiros grupos paramilitares a cargo de criminosos (como referido por E9), com o tempo, pode gerar um desequilíbrio extremamente incômodo e indesejado, por parte dos agentes territoriais do tráfico de drogas, internacionais ou locais.

Certamente, a venda de uma cocaína mais barata pela polícia (como referido por E13) pode ter causado a queda de preços relatada por E16, na seção anterior, ao referir-se a uma recente baixa dos valores de mercado da cocaína, o que, por sua vez, certamente traz prejuízos à *taxa de lucro* das organizações criminosas envolvidas, sob a conhecida ótica da *oferta e demanda*. Quando as organizações se conscientizarem dessa situação, ou, ainda, começarem a sentir um efetivo estrangulamento de suas *taxas de lucro* locais em função do problema em questão, como bem insinuou E9, não se pode olvidar a possibilidade de que elas consolidem recursos e promovam um verdadeiro enfrentamento direto aos agentes públicos, como já se observou em momentos anteriores, em relação ao contexto carcerário paraense, nos termos elencados por Reis Netto e Chagas (2019a).

Assim, a *concorrência, no tráfico,* por parte de agentes de segurança, poderia gerar o surgimento de zonas de tensão (Chagas, 2014) inicialmente comerciais, que, mais adiante, podem vir a se converter em efetivas disputas territoriais aptas a desembocar num contexto de violência maior ainda, como já se pode observar, por exemplo, no distrito de Icoaraci, em Belém-PA, onde a facção prevalente, o Comando Vermelho (CV), já consolida armamentos aptos a impor severas restrições à entrada de agentes públicos e à própria presença do Estado (por seus demais órgãos).

Infelizmente, talvez o problema possa explicar o porquê da própria permanência do tráfico em determinadas regiões: se agentes públicos que deveriam combater o problema, de alguma forma, também *se alimentam* dele, certamente seu combater será ínfimo, no sentido de não eliminar a rede de fluxo da mercadoria da qual também podem usufruir. Uma hipótese, certamente, *mais perversa ainda* de territorialidade.

A óbvia conclusão, diante de todas as evidências ora colhidas, é a de que a *droga corre nas veias da RMB*. Não tanto quanto nos rios às proximidades (em busca do Porto de Vila do Conde), mas em quantidades suficientes para gerar disputas pela territorialização de áreas e acesso à cocaína, enquanto recurso de alto valor. Assim, conclui-se mais uma vez: a RMB é um representativo *nó* nos territórios-rede do tráfico internacional de cocaína.

6.7.3 A Região Metropolitana de Belém enquanto *hub* (polo) econômico e de coordenação das redes do tráfico internacional (e nacional) de cocaína: o comando das organizações, a lavagem de capitais e o enraizamento social

Por fim, a partir das evidências colhidas nos capítulos anteriores e nas entrevistas, verificou-se que a RMB também desempenharia o papel de *hub* (polo) econômico e de coordenação de atividades de agentes nacionais e internacionais do tráfico de cocaína.

Essa condição, primeiramente, decorreria do fato de a RMB se constituir como uma espécie de *base* ou como *efetivo domicílio* daqueles agentes, cuja presença espraiaria, na região, uma série de repercussões econômicas (ou seja, repercussões multidimensionais das ações do tráfico de drogas) oriundas dos lucros obtidos, que seriam, ao menos minimamente, investidos neste local, em atendimento à própria sobrevivência e ao bem-estar daqueles agentes (questão sobre a qual se comentou à frente).

A escolha, possivelmente, decorreria do fato de que a RMB congloba, em tese, as áreas habitacionais e condomínios de melhor qualidade dentro do estado do Pará, bem como as principais redes de serviços e *commodities*. Esses fatores, além de proporcionarem determinados *luxos* aos agentes (especialmente aos menos cautelosos), de outro lado, podem lhes fornecer, ainda, um conjunto de condições necessárias à garantia da discrição de sua vida e atividade. Afinal, como bem afirma Haesbaert

(2014), a ostensividade dos órgãos de segurança encontra nítidas restrições em relação aos espaços fechados das cidades, representados pelos condomínios e loteamentos, o que, inclusive, se ampliaria mais ainda, de forma proporcional, à medida que também aumentassem os níveis econômicos apresentados por cada um deles.

Ainda, considerando a condição de *nó*, desempenhada pela RMB nos territórios-rede do tráfico de cocaína (conforme se discutiu na seção anterior), tem-se que mesmo a presença dos agentes de maior capacidade de atuação escalar do tráfico deste entorpecente (que residam noutras cidades ou países), ainda que de forma eventual, se colocaria como condição necessária ao regular funcionamento do empreendimento ilegal e respectivas negociações.

Diante desse fato, seja de forma permanente (quando do efetivo estabelecimento de residência pelos agentes), seja de forma efêmera (quando da realização de meras visitas eventuais por partes daqueles), tem-se que a RMB exerceria um nítido papel de *hub* de coordenação das atividades do tráfico internacional de cocaína.

Assim, esse polo seria o responsável por receber os vetores de demanda externos ao Pará (e, em muitos casos, ao Brasil), para os converter em novos vetores, que se espraiariam sobre os territórios-rede consolidados do tráfico, no sentido de ativar os fluxos em direção aos destinos pretendidos pelos agentes. Seria desse *hub*, portanto, que partiriam as ações de coordenação do tráfico em boa parte das redes que se movimentam pelo Estado.

Nesse sentido, veja-se a fala dos entrevistados, a seguir.

> *Eu defino hoje a região metropolitana como um hub, que recebe essa cocaína dos países produtores e daqui a droga é distribuída pro mercado nacional e internacional e em tornos os modais logísticos, rodoviários, aéreos e marítimos, e na questão do consumo como qualquer região metropolitana, que consome muita cocaína, mas a gente hoje, acima de tudo, é hub logístico de distribuição dessa cocaína, oriunda de países produtores que entram principalmente a partir do estado do Amazonas (E12).*

> *A região metropolitana é a área mais estruturada do estado, onde se concentra boa parte das lideranças das organizações criminosas. Então ela nessa parte de apoio, de organização, de fornecimento de pessoas para a segurança da rota de escoamento,*

até mesmo do retorno de usufruir desse dinheiro, ela fornece uma estrutura muito melhor. A região metropolitana acaba servindo como escritório, mesmo, dessas grandes rotas. Ainda que por vezes a droga em si não tangencie por Belém, especificamente, mas ela serve como escritório para o funcionamento da organização, para abertura de empresas que vão lavar o dinheiro, fornecimento de suporte de veículos, com pessoas. Então ela é a questão da cidade, a região metropolitana é a área mais estruturada que vai permitir o fornecimento de pessoas, bens para assegurar essa rota do tráfico internacional e usufruir o dinheiro de onde é possível (E13).

Bem, eu acredito que a região metropolitana funciona como um ponto de articulação, onde ficam aí as cabeças intermediárias desse sistema. Para poder fazer essa articulação entre, principalmente, a legalização (não vamos dizer a legalização, mas, a questão de esconder as drogas nos produtos), fazer articulação entre as associações criminosas, tentar dá um ar de legalidade para as ações de exportações. Então, a região metropolitana de Belém tem muito isso, onde se concentram esses agentes que estão nesse papel de intermediar, articular, esses produtos aí, dando encaminhamento para o exterior (E15).

Eu diria que a Região Metropolitana de Belém ela fica como ponto base. Talvez seja o papel de ponto base, onde esses caras que eu disse, que são empresários do tráfico, acabam não residindo em definitivo, mas tendo um pouso. Então em determinado momento todos passam por aqui, o destino final da droga, do principal não é aqui, mas essa rota alimenta o mercado interno e esses caras que aqui estão e muitas vezes são originários do interior do estado e se associam, eles fazem a roda girar do tráfico internacional, do que entra e do que sai e do que alimenta o mercado interno paraense e do que alimenta o mercado interno a nível Brasil, principalmente, Nordeste e et (E18).

Ela serve como base para alguns dos chefes do tráfico. Na região amazônica, como é caso, serve de base para seus principais agentes que na região metropolitana, conseguem fazer uma parte dessa lavagem do dinheiro. Ali são tomadas, por eles residirem ali, ali são tomadas decisões, dali é gerido o esquema, e ali também em alguma medida serve também como mercado consumidor desse produto que é trazido (E21).

Ademais, é importante registrar que a cidade torna-se propícia à prática de condutas que possibilitam a lavagem de capitais, decorrente do "lucro" do tráfico internacional (E23).

Em tempo, é interessante frisar, a partir do teor dessas falas, que a RMB normalmente se constituiria como um *hub* de coordenação da atividade, "Ainda que por vezes a droga em si não tangencie por Belém, especificamente" (E13), deixando claro que não é a coincidência com as rotas ou com um nó específico do território-rede, necessariamente, que geraria a constituição de polos logísticos, senão fatores muito mais voltados à infraestrutura necessária a receber os agentes do setor oligopolista do tráfico e fornecer-lhes "uma estrutura muito melhor" (E13).

Portanto, ao se observar a situação da RMB enquanto um *hub*, torna-se muito mais interessante concebê-la sob a lógica de um *centro econômico e de serviços especiais*, do que, ao revés, sob a concepção de um ponto importante aos fluxos do tráfico, *per se*.

Em outras palavras, pode-se admitir, sem maiores dificuldades, que diversos fluxos de cocaína, que perpassem por quaisquer regiões do estado, simplesmente sejam coordenados a partir de ações e decisões tomadas no seio da RMB, como ocorreria em relação a outros empreendimentos econômicos que, por questões de comodidade negocial, estabelecessem escritórios na capital, por exemplo.

Acima de tudo, a questão se coloca sob a perspectiva de uma divisão (espacial) do trabalho, que, inclusive, revela uma lógica que transcenderia a própria atividade e a ilegalidade em si, inserindo-se numa perspectiva maior: a de uma hierarquia financeira e funcional entre os lugares (Santos, 2017).

É em direção às metrópoles, como afirmou Santos (2017), que as diferentes formas de dinheiro correriam (ironicamente, como visto há pouco, até mesmo a cocaína enquanto mercadoria-dinheiro corre em direção à metrópole, no caso específico da RMB), para serem metamorfoseadas e tratadas, sob diversas perspectivas. Esse fenômeno ocorreria, por conseguinte, em função da concentração de estruturas financeiras, de serviços e de comunicação que se impõem de maneira hierárquica e funcional sobre as existentes noutras regiões e cidades.

Além disso, como os polos logísticos, muitas vezes utilizados para *ocultar* os empreendimentos ilegais, são geridos a partir das metrópoles, torna-se natural que os agentes territoriais realizem a inauguração e manutenção de negócios ilícitos paralelos, também, a partir desses mesmos lugares. Nesse aspecto, tem-se que o tráfico de drogas, cujos lucros precisariam, de alguma forma, ser (re)integrados ao sistema financeiro oficial, encontrará nas metrópoles (ou cidades economicamente desenvolvidas) as possibilidades essenciais principais à realização da atividade de *lavagem de capitais.*

As falas de E5 e E12, aliás, foram enfáticas nesse sentido:

> [...] *quando a gente fala em regiões metropolitanas, eu associo muito, com a quantidade de pessoas. É um volume muito grande de pessoas. Então, o dinamismo é muito grande. Tudo que fala em economia é muito pujante. Então, não tem como dissociar a lavagem de dinheiro desses grandes centros, não tem como dissociar* (E5).

> *Mas onde tu tem a maior atividade econômica do estado? Tá aqui! Onde tu vai ter economia mais forte, tu vai ter mais oportunidades de lavagem, é uma regra de três simples* (E12).

Inclusive, no que toca à lavagem de capitais, os entrevistados trouxeram informações que ajudam a compreender determinadas metodologias e o papel inerente à RMB, como se vê a seguir:

> *Isso é uma coisa que a gente começou a trabalhar aqui agora, porque é uma coisa complexa, nós estamos tentando batalhar um laboratório de lavagem de dinheiro pra cá pra dentro, porque tem que ser uma coisa específica. Não tem como você trabalhar no narcotráfico ou o próprio traficante ser forte sem ter uma lavagem de dinheiro. E essa lavagem de dinheiro, hoje, infelizmente, são empresas dentro do estado [do Pará], algumas fictícias, outras valendo, reais, onde esse dinheiro é colocado lá pra ser lavado. Tu vês em Belém, uma coisa que assusta é os preços dos imóveis. Em Belém, o cara compra na planta por X, depois de dois anos vende por 2X, o dinheiro aí dobra de valor. Você pega um apartamento em Belém de um quarto, demora dois anos pra ser vendido. Se fosse apartamento de um por andar vende em dois dias. Toda lavagem de dinheiro é colocada em empresas onde você não pode mensurar o valor do produto. É o que a gente percebe. Por exemplo, um restaurante, eu posso vender o meu bife a 10 reais aqui na esquina, mas eu posso dizer que o meu outro na outra esquina é 100, porque eu fiz um tempero melhor. Como você não mensura o valor do produto, eu posso lavar o quanto eu quero. Mas o que a gente mais vê nos pequenos traficantes, são lojas de roupas. A loja de roupa porque você vai ali em Fortaleza, você compra uma calcinha com nota fiscal a 10 reais, você chega aqui borda um coração e diz que é uma arte. Aí essa calcinha vale 100 reais, então, você já lavou 90 reais. Você estipula o preço que você quer! Então o que a gente viu nas últimas investigações que a gente tá vendo*

aí é que as lojas de roupas estão se destacando bastante nesse mercado. Até no transporte nacional de sacoleiros, há uma certa facilidade também (E3).

Agora é o seguinte, isso acontece e há uma variabilidade de estados para estados [...]. De lavagem, por exemplo, a gente detectou [...] que há essa prática em redes hoteleiras e postos de combustíveis. É uma marca dessa ponta da Região Norte. A atuação, principalmente dos colombianos, em empréstimos. Isso acontece muito, no Amapá, no Amazonas, no Acre. Eu entendo que tenha alguns pontos do Pará (E5).

A gente começou a investigar um esquema de contrabando de madeira no exterior, para os Estados Unidos, para Baltimore, e essa madeira foi extraída de um ponto ilegal da flora de Jamanxi, no Sudoeste do Pará. Foi exportada de Vila do Conde até Baltimore. A gente seguiu, rastreou um carregamento de Ipê, que fez exatamente esse trajeto e durante, esse trânsito da madeira passando por serralherias a gente notava que a madeira não mudava, não era beneficiada, mas saía da madeireira com valor duas, três vezes maior do que entrou, sem beneficiamento algum que justificasse esse acréscimo. E aí seguindo na investigação a gente chegou à informação, naquela época, começo de 2019, quem estava manuseando o sistema de concessão de créditos florestais do Pará era um traficante do PCC, era o [nome omitido]. Eu tenho certeza que o PCC lava dinheiro com contrabando de madeira no Pará. Essa confluência de crimes ambientais e crimes comuns acho que é cada vez mais presentes no Norte do país. É um exemplo eloquente de como é que se lava dinheiro com crimes ambientais, que o narcotráfico lava dinheiro com crimes ambientais na Amazônia (E7).

Além disso, nós também tivemos alguns relatos aqui de lavagem de dinheiro por meio da agricultura, uma coisa meio que maluca, os caras comprando propriedades, produzindo e superfaturando essa produção, pra conseguir lavar esse dinheiro da cocaína (E8).

Cara, tem cara! Tem lavagem de dinheiro sim! Cara, loja de roupa, postos de gasolina. No passado, grandes redes de supermercado, farmácias entendeu? Mas hoje eu vejo muito distribuidora de alimentos entendeu? muita coisa nesse sentido (E9).

Participei de investigações em que as pessoas que trabalhavam com o tráfico, elas montam empresas com aspectos lícitos e utilizam essas empresas para o comércio. Para lavar o dinheiro do tráfico. Você vai ver padarias, você vai ver fábrica de farinha. Em alguns casos são empresas que até trabalham com logística,

*porque ela são utilizadas não só para lavar dinheiro mas para
fazer transporte. Transporte mascarado, digamos assim. Você vai
ter empresas que fazem logística de minério que são utilizadas
para colocar a droga dentro do minério para ter um caminhão
e trazer essa droga até um certo ponto para embarcar no porto.
Você vai te uma empresa de farinha que compra produto no
Nordeste brasileiro e traz pra cá, ou então, manda farinha já
beneficiada daqui pro Nordeste, mas, utilizam isso tanto para
lavar dinheiro quanto pra fazer transporte. Você vai ter empresas
de importação e exportação que vai trazer produtos do Suriname
pra cá e aqui vai distribuir. E dentro desses produtos vai vim
tanto cocaína, quanto droga sintética, entendeu? Então assim,
é muito diversificada a forma de lavagem de dinheiro, muito
diversificado. Você vai ter empresa aqui de compra e venda de
veículo, vendendo veículo com preço relativamente baixo, ou
dentro do mercado. Mas empresas que crescem em um mês,
utilizando-se desse dinheiro do comércio de droga, lavando
naquelas empresas. Você vai empresas, às vezes, que trabalham
com coisas tão simples com faturamento grande, muito elevando.
Empresa de acessórios de veículos, rodas, acessórios internos, que
tem faturamento de milhões mensais. A gente sabe que isso não
é da atividade lícita, mas de outras fontes de renda que entram
ali. [...] Eu sei de muitos, casos que foram citados empresários
da região metropolitana em que participavam da lavagem de
dinheiro do tráfico (E10).*

*A droga gera muito dinheiro. Então você precisa ter redes também
de lavagem de dinheiro pra poder mascarar e poder aproveitar
esse lucro. Então, tem várias investigações. Surgem essas redes
de lavagem, em regra, mais clássicas, com montagem de estabelecimentos próprios que não vendem nada, mas que, no papel,
aparecem com vendas. Lojas de roupas, restaurantes, aluguéis.
Vai se constituindo patrimônio em empresas especializadas
a serviço de terceiros, onde você pode colocar de cinco a vinte
clientes ou de cem a duzentos clientes, que nunca existem. Então
já existem redes estruturadas para lavagem, pra lavagem desse
dinheiro oriundo do tráfico, sim (E13).*

*Nos últimos anos, cresceu muito o número de condomínios em
Belém. Tanto verticais, quanto horizontais. Mas muito apartamento de luxo na capital e, no caso, em relação a esses apartamentos de luxo, nós tivemos vendas recorde de apartamentos, que
até hoje estão sendo ocupados. Tu vai ver o pessoal que compra:
são pessoas de fora do estado do Pará, são pessoas de Recife, de
São Paulo, Ceará. Então a pergunta é: porque essas pessoas estão
comprando imóveis de 1 milhão, 1,5 milhão, 2 milhões em Belém?*

O que que atrai essas pessoas a comprarem imóveis em Belém? É pra especular? É pra lavar? Acho que isso é um termômetro que a gente tem que considerar. A outra questão é a quantidade de mercadinhos, de meio a meio, que surgiu. Às vezes, um na frente do outro, um lado do outro em grandes quantidades. Às vezes tu imagina: como esses caras vão se manter aqui? Se já tem três aqui do lado, como é que eles vão vender? Enfim, são hipóteses que te levam a procurar entender de que forma esse recurso está sendo lavado, não só na região metropolitana, mas, também, no estado do Pará (E15).

Utilizando as empresas. Eu vejo assim, não diretamente criando empresas. Mas misturando dinheiro do tráfico com dinheiro lícito sim. Tem até informes de honorários de advogados. Vamos dizer assim: existem, mas, nunca se provou, nunca se viu, não tem nenhum advogado sendo processado por causa disso. Mas, existe essa suspeita, da lavagem através dos advogados. Mas, assim, a questão da lavagem de dinheiro montando empresas aqui, existem sim (E17).

[...] muitos! Principalmente em shopping. Lojas de grife, restaurantes. Tinha um lá, só que era de advogados, que estavam lavando dinheiro para os caras, tipo uma rede de fast food, de comida, só entrega sabe? O dinheiro é muito fácil, rola muito fácil, eles começam a investir em várias coisas. Há aqui também, não sei se aí é forte, lancha. Aqui é muita lancha, lancha de 2, 3 milhões. Eles compram fácil, dinheiro à vista. Mas, lancha de luxo, não é pra fazer transporte, é pra uso particular. Porque, assim, para o transporte são aqueles barcos rápidos, aqueles de 8, 10 metros, canoão que chamam, canoão, aí o cara coloca estrutura de metal pra aguentar porrada, às vezes blindada e colocam dois motor de 300 (E19).

O traficante adquire empresas. Ele começa a atuar no ramo empresarial, prestação de serviços. Concessionaria de carro é muito comum. Investem em imóveis, fazendas. São os meios mais comuns: empresas, fazendas e imóveis. Tem um caso de um grande traficante que ele tem mais de 15 carros de luxo na casa dele, no condomínio. É uma situação de fácil comprovação que se trata de lavagem de dinheiro, em Belém. Os grandes traficantes que moram no Pará, a maioria, reside na região metropolitana, então eles acabam desenvolvendo ali a atividade de lavagem de dinheiro, com relação a empresas, imóveis, fazendas nem tanto. Fazenda é mais no interior. Mas, a questão de imóveis, carros e empresas acontecem muito na região metropolitana (E21).

Inclusive, E22 foi muito enfático em explicar as engrenagens de funcionamento da compra e venda de bens para fins de lavagem de dinheiro, conforme se pode evidenciar da transcrição abaixo:

> Nas investigações grandes, [...] uma das coisas que a gente mira é na lavagem de dinheiro. Porque uma das estratégias [...] é descapitalizar os grupos criminosos, em qualquer crime. E no tráfico de drogas verifica-se que a negociação muitas vezes se dá em dinheiro vivo e esse dinheiro vivo volta de alguma maneira ao mercado. Depois de passar camuflado, depois de ser oculto de alguma maneira. Então dentre as práticas, muitas vezes de senso comum, existem livros e mais livros falando, muitos artigos, muitas atividades de lavagem de dinheiro, como por exemplo: compra e vendas de carros, investimentos em fazendas. Muitas vezes atribuídos a outras atividades como o garimpo ilegal, que, muitas vezes, busca outras formas de lavar aquele ouro ilegal e também acaba lavando o dinheiro do tráfico. Da mesma maneira, pra depois voltar ao mercado, ao patrimônio daquela pessoa, por uma atividade lícita: compra de imóveis, compra de bens, automóveis de maneira geral. Às vezes, criar empresas de ramos diversos. Uma das empresas utilizadas muito na lavagem é de ramo de diversão. Então bares, boates que são atividades que movimentam muito dinheiro vivo e que é difícil de se controlar. Porque, qual é o valor de um carro? Um carro pode ter um valor. Um mesmo carro pode ser vendido por um valor X, ou por um valor de 50 mil, 60 mil um carro usado, há conservação, todo esse negócio. Então toda essa diferença é usada na lavagem de dinheiro. É aquela velha negociação, vou te vender um carro por 50 e você vai falar que pagou 60, aqueles 10 mil a mais, é os 10 mil que eu peguei da atividade ilegal. Você vai ficar feliz da vida, o carro digamos tá valendo 55, você está ganhando 50. Mas, vai dizer que vendeu por 60. Aquele pacto em que os dois tão cometendo crime. Mas, só o cara que não é da atividade do tráfico, que quer comprar um carro no melhor negócio possível, tá levando uma vantagem também e lavando 10 mil reais por uma atividade legal. É esse tipo de negociação que é comumente feita em fazendas. Quanto vale um boi premiado? Um boi premiado pode ser vendido por 100 mil ou 1 milhão. [...] E essas modalidades de lavagem de dinheiro não é só feito no tráfico, são feitas em diversas, desde desvio de dinheiro a contrabando. Esse tipo de coisa e acaba se reiterando nas modalidades criminosas de lavagem. Outra, ramo de diversão: quanto você lucra em um restaurante? Quem garante que você em um determinado restaurante você serviu

> *100 pratos, em um dia? O restaurante pode tá vazio, você teve*
> *10 clientes, você jogou lá no seu faturamento que vendeu 90.*
> *Aqueles 90 pratos a mais você vai introduzir o dinheiro que*
> *captou ilicitamente. [...] Quando eu fui removido pra [nome*
> *da cidade omitida], assim que eu cheguei lá, tinha acabado de*
> *sair uma operação de entorpecentes grande, onde simplesmente*
> *se pegou a concessionária toda de veículos e pediu-se o uso, deu*
> *carro pra gente, deu carro pra [nome da polícia omitido], deu*
> *carro pra [nome da polícia omitido], deu carro pra todo mundo*
> *porque era uma concessionária toda de negociações de carros*
> *usados, que era usada pra esquentar dinheiro. E eram carros*
> *desde populares como um gol até um carro de grande luxo* (E22).

Como se pode evidenciar, em primeiro lugar, tem-se que as falas confirmam, em muito, determinadas inferências literárias mencionadas, tanto ao longo do referencial teórico deste estudo, por autores como Anselmo (2013), Saviano (2011) e Naím (2018), quanto analisadas ao longo do capítulo literário deste estudo, a exemplo de autores como Abreu (2017, 2021), Neumann (2018), McDermott (2018), McDermott *et al.* (2021), Guerrero e Espasa (2021).

Em segundo lugar, pode-se constatar que os entrevistados demonstram que, embora as metrópoles figurem como principais locais de ocorrência da lavagem de capitais (sobretudo pela grande movimentação econômica e de pessoas que facilitaria a ocultação desta atividade), não se pode falar numa exclusividade da ocorrência desta modalidade criminosa naqueles locais.

Por exemplo, quando a compra de bens móveis ou imóveis envolve objetos tipicamente destinados ao ambiente rural (como a aquisição de fazendas ou cabeças de gado), é natural que isso não ocorra na RMB, pela óbvia incompatibilidade de ambientes (salvo algumas possíveis exceções específicas, afinal, há fazendas com criação de gado em zonas rurais da RMB, embora em proporções menos comuns do que no interior do Estado).

Do mesmo modo, quando há uma destinação das empresas e/ou bens para facilitação ou melhor ocultação de atividades executivas do tráfico, propriamente ditas, como o uso de veículos adquiridos na lavagem para transporte de drogas, aquisição de imóveis para ocultação de entorpecentes, dentre outros, também se torna natural que a atividade de lavagem ocorra em cidades vinculadas aos *nós* componentes do território-rede, e não necessariamente na RMB. Inclusive, em relação a essa última possibilidade, tem-se que alguns dos entrevistados referiram, expressamente, ao caso identificado no *outlier* relativo ao município de Castanhal-PA, no capítulo anterior, que, claramente, envolveu a atividade de lavagem de capitais atrelados ao tráfico, não só na RMB, mas em diversas cidades do Pará, ilustrando a afirmação.

No entanto, como regra geral, a lavagem de dinheiro costumaria envolver contextos de intensa movimentação econômica, o que, em condições normais, é um fenômeno mais comum às capitais e regiões metropolitanas, como, inclusive, restou bem referido nas falas e, em especial, foi destacado por E9 na transcrição a seguir.

> *É mais negócio colocar aqui, do que colocar no interior. Porque chamaria atenção a movimentação muito grande de caixa lá, quando você sabe que não tinha como ter lá. Então se coloca aqui, mesmo que não ocorra de verdade isso, eles podem disfarçar né?!* (E9).

Ademais, como as regiões metropolitanas também tendem a consolidar os polos de coordenação das atividades (como discutido ao início deste tópico), igualmente, é natural presumir que os valores obtidos sejam lavados ou, ao menos, efetivamente (re)investidos (após lavagem) junto aos comércios legais pertencentes às mesmas, como se pode novamente verificar, na fala dos entrevistados, a seguir:

> *Ele é reinvestido na própria atividade criminosa, no próprio tráfico, mas também uma parte dele, sim, ele traz benefícios a economia cresce por conta do tráfico. Óbvio, o tráfico faz crescimento econômico, ainda que um crescimento muito mal distribuído. Não se deseja que um local cresça por tráfico de drogas, esse crescimento é desigual, ele traz consequências muito severas para o princípio social* (E7).

> *O dinheiro não desaparece, não evapora, como diz na cadeia. O dinheiro que é lavado, influencia diretamente na economia regional. Eu estou pensando assim, em lógica no varejo. Não estou pensando no atacado. Quando a gente fala em atacado, a lavagem é em outra escala. Nós estamos falando em uma lavagem em uma escala muito maior: estamos falando de offshore. Mas quando tu pensa em mercado regional, aí sim, estamos entrelaçando atacado e varejo nacional em regiões metropolitanas, cidades médias. Com certeza algo que você não vai chegar e dizer assim: "esse dinheiro gera desenvolvimento territorial do município". Dá pra pensar nisso em alguns momentos, mas, assim há um reinvestimento, uma circulação maior de moeda nessa escala* (E8).

Quando o grande traficante é daqui, ele [o dinheiro lavado] é reinvestido aqui sim. Comprando propriedades, comprando terrenos, comprando imóveis de toda forma, comprando veículos. E gastam, com certeza, uma parte aqui. Até mesmo montando novas empresas, prestação de serviços [...] (E10).

A ideia é fazer exatamente esse dinheiro ser retornado de forma legal, ele acaba entrando na economia de forma legal (E11).

O dinheiro exige preparo. [...] Então o cara de repente começa a ostentar fora da curva, comprar bens de luxos supérfluos, que ele tem a necessidade de aparecer, de postar em rede social, e aí é, na maioria das vezes, investigado assim. Agora quando se trata de organizações mais estruturadas e complexas aí tu não vai ver sinais mais aparentes. A lavagem vai ficar muito mais dissimulada. Depende muito da personalidade do agente que tá se beneficiando com essa lucratividade, toda que a droga trás. Se for um agente sem preparo tu vai ver aparecer. Como por exemplo, a gente tem observado uma explosão do mercado náutico de luxo em Belém, com o uso de Jet Ski e lanchas caras. Várias marinas subindo, tá modinha agora. Um Jet Ski custando 60 mil reais. E é um valor que vai ficar parado, enfim, o dinheiro tem que ter uma destinação (E12).

Há uma concentração aqui, pela questão do dinamismo do comércio. Como eu falei, uma das grandes coisas com que se lava dinheiro é a abertura de empresas. De serviço e comércio. Então, é mais fácil você estabelecer empresas onde há um fluxo de comércio maior. Onde você possa mascarar essa atividade e como o centro do comando da organização criminosa por vezes fica em Belém, então é mais fácil. Mas nada impede que outras empresas sejam abertas como em casos de investigações que a gente teve, de empresas abertas no Nordeste, de empresas abertas em outros municípios do interior que não chame tanta atenção da existência de empresas fantasmas. Mas assim, pela quantidade, pelo volume de dinheiro que passa e pelo comando de organização do tráfico ser mais intenso na região metropo-litana, é natural que as redes de lavagem também fiquem um pouco direcionados mais aqui na região metropolitana (E13).

Tu pode ter esse reinvestimento na economia local. Mas, tu pode ter uma transferência. Por exemplo, a galera que tá comprando apartamento pra especular aqui, desde que o apartamento não se ocupe, passe anos, esse dinheiro não volta. No caso desse comércio local, desse negócio mais local, de investir em mer-cadinho, em açougue [...]. Tem a questão que é envolta ali do

*mercado e da formação de um mercado de trabalho, porque tu
tem um grupo de pessoas que começa a depender daquela renda
e aquele dinheiro é reinvestido no local porque circula. É tu
imaginar, por exemplo, que a economia da borracha não gerava
uma situação interna de dinheiro porque não tinha dinheiro,
o cara era endividado. E tu vê então agora, por exemplo, uma
perspectiva que o cara investe no bairro, com esses serviços e
gera internamente uma circulação desse dinheiro, então acaba
tendo uma relação importante. [...] Se acabasse com a cocaína
do Guamá, acabava com a metade da economia do bairro, ou
até mais. Porque traficante tinha academia, traficante tinha
mercadinho, tinha meio a meio, tinha açougue. Então, traficante
estava gerando emprego no bairro. Então, se tu acaba com o
traficante, tu acaba com metade da economia do bairro. Eu
diria isso, porque eu vi essa mistura. É muito presente, não só no
Guamá, mas, também, na Terra Firme. Hoje, a Cabanagem tem
até controle nos pontos de táxi, de mototáxi. Tem bairro como o
Jurunas que tem controle de pontos de van, não só de comercio,
mas, também, pontos de van* (E16).

*Então assim, imagina que quem mais movimenta dinheiro no
mundo é o tráfico de drogas, se você retirar ele de qualquer lugar,
se tem um impacto econômico muito grande* (E17).

*Todos eles têm capilaridade na capital, através de pessoas. Por
exemplo, na [nome da operação], a sobrinha do principal alvo,
que era umas das sócias da empresa de [commodity], residia
em Belém. Então, por ser na capital, oferecer oportunidades,
qualidade de vida pros filhos e etc. Aí o pessoal acaba vindo pra
cá. E aí, já é conjectura, a gente conversando, trocando ideia,
[...] talvez a gente explique os preços das coisas em Belém, que é
uma capital em que o custo de vida é um absurdo. Enfim, e aí a
gente vê que esse dinheiro que muitas vezes vem do tráfico, onde
a base é interior, acaba circulando em Belém, invariavelmente,
por esses atrativos todos. Belém, acaba atraindo. Reinvestem
com o intuito de manter a lavagem* (E18).

*É aqui que rola sempre o dinheiro. Ele se concentra aqui na
capital, tanto em móveis, tanto em carros e mais barcos, iate,
jet ski. É esse que é o principal investimento* (E19).

*Eles reinvestem no comércio local, jogos de azar, compra e venda
de veículos, promoção de eventos e shows, e no mercado Imobiliário na capital. Onde chama atenção prédios com valores vul-
tuosos "esgotarem" suas vendas em um curto período de tempo,
o que provoca, de certa forma, especulação imobiliária* (E23).

Por óbvio, não se pode ignorar a possibilidade de que os agentes do tráfico promovam investimentos noutros locais ou regiões, se isso se afigurar mais benéfico à ocultação dos valores ou vantajoso aos seus propósitos específicos.

No entanto, a sustentação de seu disfarce depende de uma circulação de valor no local onde o agente territorial se encontrar domiciliado civil e/ou comercialmente, sustentando sua *falsa identidade*, de modo a justificar, minimamente, os lucros obtidos. Esse fato, de pronto, já caracterizaria as metrópoles enquanto polos econômicos da atividade, para qual fluiriam os valores (já sujeitos ao branqueamento, ou não) decorrentes do tráfico de drogas.

Porém, a dimensão econômica do tráfico envolve questões ainda maiores em relação às metrópoles: tem-se que o agente do tráfico, a partir do investimento de valores no local onde vive e/ou coordena suas atividades, ou, simplesmente, adota como polo eventual, acabaria por promover a movimentação da economia daquele, de diferentes formas, como foi sugerido por E16. Desse modo, tem-se que os agentes territoriais acabariam por se *enraizar,* progressivamente, naqueles locais (Dino, 2010), sob uma dimensão social, econômica e, a depender de seus níveis de envolvimento, até mesmo política.

Com isso, esses agentes passariam a deter diferentes níveis de influência sob estas perspectivas multidimensionais, tornando-se, desse modo, pessoas respeitadas, benquistas e, até mesmo, com permanência desejada nos diferentes lugares em que passassem a investir.

Assim, as metrópoles, enquanto *locus* para o qual fluem as diferentes formas de dinheiro (Santos, 2017), passam a ser instâncias que incitam, favorecem, de diversas formas, a presença e ocultação dos agentes territoriais do tráfico, sobretudo diante da concentração econômica e fluxos lucrativos que suas atividades podem ocasionar àqueles que *fechem os olhos* à ilicitude do empreendimento.

Deve-se lembrar, nesse sentido, da advertência de Harvey (2016), de que o sistema financeiro integra, sem maiores discriminações, os diferentes capitais (valores em circulação), pouco se importando com sua origem. Logo, sem dúvidas, os fluxos do capital encontrarão rumos em direção, no caso do Pará a sua metrópole, à RMB. O valor que corre pelo sistema financeiro da RMB, presumidamente, detém uma certa medida de ouro branco em suas veias, decorrente da exploração ilícita do mercado.

Para além disso, e ainda tratando sobre a questão do enraizamento social, deve-se afirmar que o mesmo se dá sob metodologias diferentes, em comparação com as relações de simbiose promovidas pelas facções criminosas junto às comunidades, por meio de diversas medidas assistenciais já relatadas, por exemplo, por Reis Netto e Chagas (2018a).

Enquanto, nesse último caso, o dinheiro do tráfico é diretamente revertido em prol de benefícios voltados aos membros das comunidades como forma de domínio territorial, sem qualquer ocultação da ilicitude da origem dos valores, nas situações de enraizamento social, de outro lado, o capital investido é, primeiramente, lavado e, posteriormente, reinserido sob um aspecto de aparente legalidade, levando a comunidade a acreditar na licitude e higidez dos empreendimentos de fachada. Nesse sentido, veja-se a fala de E3 e de E7:

> *Tem traficantes que agradam a comunidade, justamente, pra comunidade defender eles. Quando tu vai no morro do Rio, a população está toda do lado do traficante, porque o traficante, no Natal, dá cestas básicas, ele dá nas mãos das crianças brinquedos, faz coisas que a própria política pública não faz. Vai lá: "o meu filho quebrou o dente", "eu pago o dentista". Está passando fome? Vai e compra cesta básica! Então ele acaba comprando o respeito da população em volta. Onde o próprio cidadão de bem estiver, vai ver que é melhor estar do lado desse cara aqui que me protege. Você vai hoje, já deve ter visto em Icoaraci os muros, aqui não pode roubar – CV, Belém tá inundada disso, aí no subúrbio um monte de muro, aqui não se rouba – CV, se roubar os caras dão tiro na tua mão, no pé. Então eles estão criando um poder paralelo, onde se não houver uma política séria de segurança, a população vai ficar do lado deles, como alguns lugares já existe isso (E3)[68].*

> *Ele é o dono né? Toda atividade criminosa, no Rio isso é muito presente, mas a gente pode expandir essa teoria para outros locais também, todo grupo criminoso armado ele procura dominar um território. Ele procura ter um controle total de um território, que pode ser um bairro, um conjunto de bairros ou uma parte de um bairro. E, em cima desse controle armado de um território, ele estabelece monopólios econômicos. Então ele domina complemente a região, a droga é dele. Mas não só a droga é dele: o*

---

[68] Uma observação em relação à fala. Como visto na seção anterior, em visita de campo ao distrito de Icoaraci, em Belém-PA, este pesquisador não mais encontrou as pichações mencionadas. Mas a ordem de proibição de roubo e as sanções biopolíticas aplicáveis, de outro lado, foram mencionadas nas informações perpassadas tanto por civis quanto por policiais da área.

> *transporte público é dele ou muitas vezes a venda de botijão de gás. A milícia do Rio é muito isso, o botijão de gás, a tv a cabo é tudo de um mesmo grupo, porque eles dominam. O domínio armado é transformado em monopólio econômico. O tráfico, ele faz um pouco isso, essa é uma tendência do tráfico, inclusive no Rio, e, me corrija se eu tiver enganado, em relação a Belém! Mas no Rio cada vez mais as facções criminosas estão usando táticas econômicas da milícia, essa questão de cobrança de taxa de segurança, essas questões assim. Então o chefe do bairro entre aspas, quase sempre um traficante, ele é enaltecido, porque tudo passa por ele, todo poder emana dessa pessoa. Então, geralmente esse chefe sabe usar esse domínio deles pra fazer benemerências pra pagar cestas básicas, pra trazer apoio para ele, pra população ficar a favor dele e contra a polícia. Quer dizer uma relação invertida: a população normalmente apoia o traficante na luta contra a polícia, porque a polícia só vem trazer violência pra aquele local, e o traficante apoia. Ele dá cestas básicas, dá dinheiro, ele compra roupa para as pessoas, enfim (E7).*

Mediante o enraizamento social, os agentes territoriais do tráfico passariam a sustentar uma falsa imagem de empreendedores lícitos, pela qual se tornariam pessoas de aparente sucesso e que desenvolveriam inúmeras relações econômicas supostamente comuns e corriqueiras que, nessa perspectiva, fariam com que o capital circulasse e movimentasse a roda das economias locais.

Destarte, considerando o natural funcionamento da sociedade de consumo — consumo exacerbado, diria Bauman (2001) —, tem-se que esse dinheiro à disposição, para compra, para investimento, para financiamento etc., torna-se um bem desejado por muitos capitalistas tradicionais ou financeiros — repita-se, pouco preocupados em analisar as origens dos valores (Harvey, 2016), já escondidos sob o fetiche do dinheiro (Marx, 2020). Afinal, embora a cocaína detenha um forte cheiro, de outro lado, o dinheiro, lembre-se, não fede.

Nesse sentido, os entrevistados explicaram que:

> *Transforma-se em agentes públicos famosos na região e que tem princípio de articulação. Não sei como é isso no Norte, mas essas cidades mais fronteiras, no Sul brasileiro, perto do Uruguai, que hoje vem se transformando numa lógica de articulação de passagem de droga, tem atores públicos, que tem grandes pro-priedades que facilitam a entrada de droga e armas, por meio de propriedades. [...] Tem uma propriedade grande que passa*

a fronteira, então a pessoa tem terra dos dois lados dos estados, entre Brasil e Uruguai. Então, por conta disso é um facilitador. É um agente público conhecido na cidade, enfim, então com certeza há uma influência simbólica muito forte (E8).

Essas pessoas são interessantes sim para aquela cidade, movimentando muito dinheiro a partir do tráfico. [...] eu sei de muitos, casos que foram citados empresários da região metropolitana em que participavam da lavagem de dinheiro do tráfico (E10).

A sociedade é capitalista né? Você vale muito pelo que tu aparenta ter, aí as pessoas querem ostentar (E12).

Ele acaba adquirindo patrimônio. Abrindo, talvez, outros negócios que não só servem para lavar dinheiro mas para gerar renda lícita que ele possa declarar. Você usa parte daquele lucro para comprar droga e, então, fortalecer as redes locais de tráfico. De maneira bem indireta, não é como "ah esse dinheiro eu vou investir na minha cidade". Mas se a pessoa obtém um lucro e mora naquela cidade é provável que o dinheiro oriundo do lucro do tráfico ele vá se investindo ali com aquisição de bens e utilização de serviços.

Qualquer 3 ou 4 lojas que você abre ou o dinheiro que você começa a despejar numa cidade, aquilo gera emprego, gera renda. Então a pessoa passa a ser vista com um benfeitor daquele município, benfeitor daquela sociedade, que tá gerando emprego, renda e comércio pra aquela população que muitas vezes vivem às vezes de só um auxílio do estado ou de empregos públicos fornecidos por prefeitos etc. (E13).

Acaba se tornando [influente]. O cara movimenta muito dinheiro, mora numa casa boa, um carro bom, tem loja, tem isso, tem aquilo, vai oferecendo facilidades, vai gerando emprego aqui, ali. Nada tão substancial, mas encanta né, principalmente no interior, encanta né (E18).

Tem um alvo nosso, que ele mora no prédio, aliás, embaixo do [autoridade de cúpula de um órgão do sistema judicial, omitido por cautela] de um bairro nobre aqui. Um apartamento por andar. Então, aos olhos de muitas pessoas, é um empresário de muito sucesso, que sempre procura morar em locais de difícil acesso, com segurança privada. São muitos discretos e eles acabam fomentando ali atividades lícitas, mas, que no fundo a gente sabe que dá vazão ali para outras coisas. Não que lá no local lá vai ter o tráfico. Vai ter outra coisa. Mas ali queira ou não a gente tem uma parcela colaborativa com o sucesso do cara (E19).

> *Porque a partir do momento que eles são considerados empresários, eles passam a dá empregos, conviver com pessoas de bem, então eles acabam se infiltrando ali e passando por pessoas da sociedade com algum papel positivo né (E21).*

> *O criminoso, principalmente aquele que já está com uma estrutura organizada, procura investir em determinados setores da sociedade pra aumentar sua influência e poder. Muitas vezes financiando políticos, financiando estudantes de direito que vão obter a ordem, muitas vezes financiando quem vai alcançar o poder judiciário, Ministério Público. As instituições policiais, já como uma forma de blindar sua atividade, bem como muitas vezes acaba sendo financiador de políticos, sendo investidor de grupos econômicos, e acabam tendo, essas relações. Acabam gerando poder de influência em determinados setores da sociedade, essenciais ao estado. É amarrar. Uma tentativa de amarrar o estado para o atendimento de seus interesses criminosos (E22).*

> *Quanto à estabilidade, creio que sim. Investindo no mercado local, os agentes passam a ter penetração social e política em vários nichos da sociedade, inclusive mais restritivos (E23).*

Em relação às falas e aos mecanismos de enraizamento social dos traficantes, dois pontos mereceram uma atenção mais dedicada.

Em primeiro lugar, a fala de E22 demonstrou que os criminosos buscariam o uso de sua influência para consagrar, para muito além de meios meramente corruptivos, um poder, uma influência sobre o Estado, por meio do financiamento da formação de pessoas em condição de compor, mais adiante, o quadro de funções estratégicas dentro do sistema jurídico-penal brasileiro.

Embora o fenômeno já fosse conhecido a partir de menções existentes na literatura, nas discussões de autores como Manso e Dias (2018), Reis Netto (2018), Reis Netto e Chagas (2018a) e Abreu (2021), notadamente quanto a práticas das facções criminosas e o financiamento de células compostas por advogados, tem-se, de outro lado, que esta espécie de enraizamento social se daria em níveis ainda mais elevados: o financiamento propiciaria a inserção de atores acima de qualquer suspeita, distantes da atividade criminosa em sua materialidade e seus agentes, em estratos sociais elevados do próprio sistema judiciário.

Ou seja, algo muito próximo das práticas familiares ou consuetudinárias típicas das máfias italianas, por exemplo.

Infelizmente, não foi encontrada nenhuma evidência concreta que sustentasse, passo a passo, a hipótese em questão. Porém, um dos entrevistados forneceu um caso relativo ao financiamento propugnado pelas facções criminosas, que, ao fim, permite algumas reflexões adicionais. Veja-se:

> As facções estão financiando estudos de parentes de faccionados. Vou te dá um exemplo: passou simplesmente a irmã do segundo maior, do segundo cara, da segunda maior liderança da facção do estado [omitido para evitar identificações]. O 02! A irmã dele passou no concurso público do estado [omitido para evitar identificações] pra Policial militar. Como é que a gente vai tirar uma menina dessa que tá limpa? Tá limpa! não tem nenhuma ocorrência em relação a ela! Então é muito complicado: só pelo fato de ser parente é muito complicado! Algumas vezes a gente consegue, consegue detectar uma situação ou outra ilegal das pessoas que consegue tirar. Então eles estão utilizando pra entrar dentro do Estado, tanto do meio político, tanto de concurso público, mesmo. Financiando o estudo pro personagem passar na caneta. Não é falsificando! Isso daí, o pessoal: "há tá tentando colocar". Pensa que tá comprando gabarito. Não, não é isso não! É pegando, pagando a faculdade pro cara ser advogado da facção, é pagando pro cara passar no concurso público da polícia, é pra isso. Então já tá tendo esse fenômeno em vários estados da Região Norte. [...] Nas últimas investigações sociais da Política Militar, nós tiramos várias pessoas que estavam sendo financiadas, em seus estudos pelas facções criminosas, tiramos uma advogada. Teve uma advogada que conseguimos tirar na investigação social! Hoje ela é advogada da facção (E5).

No caso referido, tem-se que, pela *visibilidade* dos agentes territoriais envolvidos, obviamente pertencentes a um estrato mais sensível do mundo do crime (uma facção), foi possível a identificação de uma pessoa que, devidamente financiada, garantiu o ingresso num concurso (gerando o temor de que, quando empossada, venha a atender aos desígnios da organização criminosa — mérito em que este pesquisador não pretende ingressar). Mas note-se: se o fenômeno já foi observado em relação a um grupo *visível*, há quanto tempo os *invisíveis* (McDermott, 2018) do tráfico não viriam se utilizando de uma tática semelhante e, com isso, financiando pessoas *acima de qualquer suspeita* para ingresso em funções públicas estratégicas ao tráfico? Certamente, é uma hipótese que pode ser tomada no futuro, como continuidade do presente estudo.

Em segundo lugar, tem-se que as falas anteriores também insinuaram claramente a ocorrência de níveis de enraizamento social que, numa perspectiva mais profunda, poderiam atingir o âmbito da política, como bem apregoaram autores como Dino (2010) e Maierovitch (2010). Trata-se, em linhas mais diretas, da possibilidade de o dinheiro do tráfico permitir níveis de influência tão grandes junto aos locais, que propiciariam a própria inserção do traficante ou, ao menos, de pessoas diretamente financiadas ou indicadas por ele, em cargos políticos eletivos ou de confiança.

Novamente, percebe-se uma diferença entre a influência política que seria propugnada pelos agentes do tráfico que exercem territorialidades mais zonais — como as facções criminosas, a exemplo de situações descritas na pesquisa de Reis Netto e Chagas (2018a) — e a influência gerada por aqueles agentes que, de forma mais discreta e profunda, atingiriam outros níveis de relações políticas, em função do sucesso de seu enraizamento social.

Nesse sentido, tem-se que as falas a seguir destacam a influência política exercida, por exemplo, por facções e outros agentes com territorialidade mais zonal. Inclusive, destaca-se a fala de E16, que descreve um caso no qual um agente do tráfico teria assumido um mandato político no município de Ananindeua-PA. Vejam-se as falas:

Já nas últimas eleições, a gente já tinha detectado, em vários estados, a tentativa, na verdade, [...] a tentativa de infiltração dentro da máquina do estado, pelas organizações criminosas. [...] Então isso daí já vem acontecendo há uns 4, 5 anos. Mais de 4 anos atrás, nas últimas eleições já tinha detectado isso, situações onde o traficante tá fechando a porta, não tá deixando determinados candidatos entrarem em comunidades pra fazer pedido de votos, e tudo mais. A não ser se o traficante permitir. Aí permite de várias formas, dando dinheiro, fazendo parceria e apoio, financiando. Então há, já desde as últimas eleições, se tem detectado, em vários pontos da Região Norte, financiamento de traficantes, de personagens nas eleições municipais. Já foi detectado já que as facções criminosas tentaram colocar no meio político, financiando campanhas nas eleições municipais de 2020. E tá sendo detectado em 2022, nas eleições em estaduais e federais, candidatos em grupos de mídias sociais fechados, fechados com parentes de traficantes, abraçados com traficantes de drogas, personagens das facções criminosas (E5).

Politicamente é interessante, porque em épocas eleitorais, sobretudo, esses líderes do tráfico costumam fechar parcerias com determinados candidatos. Só fazem propaganda para aquele

*candidato naquele território. Eles usam novamente do controle
armado do território, não agora para fins econômicos, mas para
fins políticos. Candidatos adversários daquele não conseguem
entrar naquele território. Isso, no Guamá acontece muito isso,
em Belém. Você me corrija se eu tiver enganado, mas o Guamá
tem um problema muito sério, dessas questões milícia e tráfico.
Olha, o dinheiro do tráfico é investido em campanhas políticas,
eu acredito nisso! É um modo de lavar dinheiro, mas não acredito
que seja algo muito serial como, por exemplo, países vizinhos,
como Paraguai, na Bolívia onde o narcotráfico investe claramente
na autoridade política. O Brasil é incipiente em relação a isso.
Tirando um ou dois casos, não há relatos de políticos de alto
escalão no Brasil e no Pará, envolvido diretamente na atividade
de tráfico de cocaína. Mas que existe, existe! Resta saber o grau de
penetração dessas forças criminosas na política partidária* (E7).

*Bora pegar o exemplo, olha só: porque houve tanta comoção no
Aurá, com a morte do [nome omitido]? Isso é uma pergunta
aí, porque pessoas caminharam 2 km e meio, no sol, na BR.
Porque no bairro do Aurá, hoje, tem um comercio que rola no
caminho e tem toda uma onda. Então, o [nome omitido], ele
tinha uma dinâmica interessante: ele tinha uma influência
nos comerciantes. Qual era essa influência? Não tinha assalto
a comerciantes. Os comerciantes se sentiam apadrinhados,
mas, tinham que fazer todo mês doação de cestas básicas pra
ele. Ele guardava cesta básica. Tinha mapeado onde tinha
pessoas carentes e mandava distribuir. No final do ano, agora,
no Natal, ele pegava dinheiro dos comerciantes que foram todos
doados, pra comprar brinquedo e mandar fazer cesta básica.
E no final do ano e então ele fazia uma grande festa, dando
café da manhã para as mães, para as crianças, distribuindo
cesta básica, distribuindo brinquedo. Aí eu te pergunto como
é que as pessoas poderiam ter raiva dele? Foi o que aconteceu.
Tanto é que ele teve 2 mandatos de vereador. Dois mandatos
de vereador! Ananindeua eu não sei te falar exatidão com isso,
mas, na penúltima eleição, eu me lembro que alguém falou,
"Pô, Ananindeua conseguiu se superar, elegeu 3 traficantes"
um eu sei que é o [nome omitido]. Os outros dois, o cara não
quis dizer quem era, não falou quem era os outros dois* (E16).

*Não digo assim, uma pessoa que se lançaria politicamente. Mas
diria que é uma pessoa que influencia o político. O político, não!
Vamos dizer assim: um líder de uma determinada comunidade
sim, entendeu? Não, existe toda aquela questão de jogo político,
"ah aquele político tal é traficante". A não ser aquele vereador
[nome omitido]. Mas assim, influência política é muito grande.*

Até no Comando Vermelho é muito grande. Nessas regiões de baixada, pra fechar em um determinado candidato que, vamos dizer assim, não vai fortalecer as agências do estado de fiscalização. Então quer dizer, a gente sabe disso, a gente sabe que existe essa força do submundo do crime na eleição de determinados políticos, a gente sabe disso (E17).

De outro lado, as falas a seguir já sugerem práticas de influência política firmadas numa dimensão econômica legal, de forma mais discreta, onde há a difícil correlação entre um determinado agente político e o tráfico de drogas:

Eu não vou entrar nos nomes mais clássicos, conhecidos na fronteira Brasil e Uruguai, porque a gente sabe politicamente que há uma sinergia muito significativa entre grupos de organizações criminosas e agentes públicos efetivos, mas, com certeza há uma lógica a partir do tráfico, desse incremento que estávamos comentando na cadeia regional, tu transforma esses atores em atores públicos, de reconhecimento muitas vezes local e que pode gerar candidaturas, acessos a candidatos, defesas de pautas, é possível com certeza, é possível não, isso acontece (E8).

Ela [a pessoa envolvida com o tráfico] *se torna conhecida, e a partir disso ela é procurada por agentes políticos, econômicos e com certeza ela vai ter influência sobre a política local* (E10).

Nós tivemos vários casos. Mas, interessante é o seguinte: muitas vezes você não consegue detectar e pelo fato de você não conseguir detectar, você nem imagina que um político tá sendo bancado pelo tráfico de droga, e o fruto desse apoio ser feito de uma lavagem (E11).

Mas, que vamos recitar um ditado bem popular: "não há política sem dinheiro". O dinheiro pode enveredar para a política, é possível (E12).

Eles precisam de uma rede de proteção. E a rede de proteção passa não só pela segurança dos transportes, mas, a segurança de ações públicas. Então, é natural que estes, visando preservar o lucro, visando preservar a rota bem estabelecida, comecem a procurar agente políticos e agentes públicos para manter e preservar essas rotas. Aí passam de policiais até pessoas com poderes políticos, prefeitos, enfim outros cargos eletivos (E15).

Financiadores de campanha! Já que estamos em época eleitoral, quem desses políticos hoje quer se eleger e não quer ter dinheiro à disposição pra fazer campanha? Então o cara chega, "ah, eu sou empresário, sou dono de uma loja e vou investir na tua campanha". Aí ele vai fazendo a entrada dele, mas, olha prefeito: "ganhando, a secretaria de não sei o quê". Ele vai e coloca a sogra, entendeu? Na operação [nome omitido] aconteceu isso: a mãe da menina que foi presa aqui, a sogra do cara, estava dentro de uma secretaria do município. E aí ele vai ganhando capilaridade, vai ganhando respeito, o encanto que eu falei dentro da cidade, com os políticos. E ele, quem sabe não é o próximo candidato. É o projeto! A gente sabe que política é poder, então ele vai se embrenhando onde ele tiver possibilidade. É claro que a gente não pode tapar o sol com a peneira. Existe inclusive corrupção de agentes da segurança pública: o cara se aproxima ali da equipe local, pra fazer a segurança dele, porque ele é empresário, ele é empresário um dos caras que mais movimenta valor econômico ali do município. E aí o cara também não faz muita questão de enxergar qual é o objeto desse empresariado dele, e aí vai se criando essa relação promíscua. O cara vai ganhando cada vez mais força, uma proteção local, seja de agentes da segurança pública, seja da política. Ele vai se embrenhando ali. Ele vai botando gente dele ali, o sobrinho. Muitas vezes ele não coloca a cara, ele tá só nos bastidores. Mas já tem um sobrinho que é vereador. A sogra dentro de uma secretaria de município ou da prefeitura. E aí ele vai se estabelecendo, toda sua rede de proteção, pra que não chegue nele e se chegar, seja o mínimo possível (E18).

Isso é inclusive uma coisa que eles buscam. A sua inserção, no meio político, seja diretamente por meio de candidatura deles ou de familiares, ou, de financiamento de políticos, que vão por sua vez depois protegê-los depois de alguma forma. Isso é comum. Acontece de forma constatada muito forte no estado do Pará, essa inserção no meio político (E21).

Sim, infelizmente é um fato! Há uma cultura de corrupção no Brasil. Não é só o político corrupto. [...] Obviamente, as atividades econômicas mais lucrativas têm um poder de corrupção maior em decorrência de sua alta lucratividade. O tráfico é uma das atividades criminosas muito rentáveis e isso gera reflexos em corrupção não só nas atividades policiais, como muitas vezes no judiciário, Ministério Público. Financiamento muito às vezes ilegal de caixa 2. Por não poder o traficante não aparecer como político ele alimenta uma máquina de corrupção (E22).

O patrocínio e apoio a campanhas políticas nas eleições é de suma importância para aumentar a capilaridade, network e acesso a informações pelos agentes do tráfico, propiciando retorno estratégico do investimento (E23).

Note-se que, no segundo caso, ao se tratar de níveis mais profundos de *enraizamento social*, a postura dos entrevistados é conduzida, claramente, ou pela negação de conhecimento de qualquer caso, ou pela afirmação de sua ocorrência, mas acompanhada da reserva em não fornecer maiores detalhes.

Durante as pesquisas de campo, entretanto, informou-se que o interesse político seria capaz de interferir, substancialmente, na qualidade de investigações e/ou operações contra agentes do tráfico com grandes níveis de enraizamento social.

Com o aprofundamento das ações de enfrentamento ao tráfico, seria comum o surgimento repentino de entraves orçamentários e administrativos aos órgãos de segurança, ou, ainda, entraves jurídicos como a superveniente troca de postos, remoção de agentes, dentre outros fenômenos *legais*, porém que estariam voltados a refrear o atingimento de certas *pessoas benquistas*.

Mas, infelizmente, tem-se que a pesquisa encontrou grande resistência quanto à produção de dados efetivamente registrados sobre o fenômeno. Porém, três falas (muito corajosas, ressalte-se) demonstraram como ocorreriam os referidos entraves, a partir de experiências vividas:

> *Corrupção: há três dias atrás, a prisão do delegado* [nome omitido], *que é o 01 da delegacia de Tóxicos e Entorpecentes do* [omitido para evitar identificação]. *Tinha relação direta com o 01 da* [facção omitida para evitar identificação]. *A prisão de duas advogadas, também. A prisão de dois agentes penitenciários, também envolvidos no esquema. Esquema interno e externo do* [unidade prisional]. *Há dois dias atrás, aqui! Então, autoridades envolvidas com facções criminosas, tá entendendo? Antes disso já havia sido presa uma psicóloga, uma nutricionista do* [unidade prisional], *por associação ao tráfico de droga. Haverá, provavelmente, outros desdobramentos que possivelmente atingirão outras autoridades. Quando digo autoridades é bem além de advogado, bem além do delegado 01 da delegacia de Tóxicos e Entorpecentes. Inclusive, o delegado preso, era candidato a deputado estadual* (E3).

> *Infelizmente aqui no* [local omitido para evitar identificação] *o Judiciário tá corrompido demais, demais! Só pra você ter ideia, eu prendi 5 conselheiros, certo ano. Prendi 5 conselheiros! Pergunta quantos estão presos? Nenhum! O cara saiu pela porta da frente do presídio federal, tu acredita? Com a decisão*

> *da desembargadora. E é um cara que tem muito dinheiro. É um absurdo, absurdo! É até um desabafo. Mais um absurdo: um cara conseguiu o alinhamento dos planetas. Ele conseguiu receber 3 alvarás, no mesmo dia, de 3 juízes diferentes. Olha o absurdo, 3 juízes diferentes! Um no* [local omitido por segurança], *1 juiz aqui e uma desembargadora aqui decidiram os 3 processos do cara no mesmo dia! Tu acredita? Você que conhece o judiciário, imagina, qual é a probabilidade de 3 juízes decidirem o mesmo processo do cara no mesmo dia? Me ajuda! Se tu tiver curiosidade, vou te dá o nome dele:* [nome do agente do tráfico]. *Um dos traficantes mais ricos. Rico, não! Porque faz tempo que ele deixou de ser rico. Milionário! Prenderam ele lá no* [cidade omitida por segurança]. *Tinha em casa por volta de 250 mil, 6 carros de luxo e 1 casa no condomínio de R$ 1.900.000,00 que ele pagou a vista, no dinheiro. Conselheiro do CV* (E18).

> *Assim, o que a gente fica um pouco frustrado é de saber qual é o meio adequado pra investigar e inibir essa prática. Investigar, punir e inibir essa prática, a gente sabe qual é o meio correto, mas, a gente não vê ele sendo feito. Não vê essa forma correta de trabalhar ser implementada e mesmo quando a gente tentou fazer, isso não foi bem recebido e foi interrompido o trabalho. Então, a gente percebe que isso é resultado justamente dessa inserção do tráfico no meio político, e como o meio político acaba influenciando nas instituições públicas, notadamente na segurança pública. Acaba sendo um sistema viciado que dá suporte a toda essa atividade de tráfico, o próprio sistema que deveria investigar, punir e inibir. Esse sistema é manipulado pela atividade criminosa. Então, é uma dinâmica que a gente não vê em curto e médio prazo uma solução, pelo contrário a tendência é que esses esquemas sejam cada vez mais lucrativos, que o meio político seja cada vez mais corrompido* [...] (E21).

Como se percebe das falas e, ainda, de acordo com o que lecionou Dino (2010), os agentes territoriais do tráfico de maior experiência parecem ter compreendido que a sua sobrevivência pressupunha uma inserção dentro de um complexo sistema que integrasse as atividades ilícitas à economia e à política, tornando nebulosa a fronteira entre o lícito e o ilícito. Logo, a partir da inserção no meio político, seria possível um controle relacional de atividades que, facilmente, poderia subverter o interesse público dentro da própria ideia de legalidade.

No campo jurídico, isso se chama de ato *legal*, porém sem *moralidade*. Como um simples exemplo: com o poder de influência política, tem-se a possibilidade de direcionar investigações ou recursos em direção a um campo de combate da segurança pública, relegando outros a um segundo plano (justamente aqueles interessantes aos interesses financeiros do mandatário e seus agentes territoriais criminosos associados).

Porém, deve-se acrescer a essa assertiva que não seria em qualquer local ou região que essa integração seria possível, senão, efetivamente, onde o sistema financeiro, seus mecanismos e tecnologias e, ainda, os centros de poder (jurídico e político) detivessem porosidades, conexões, aberturas a serem exploradas por aqueles agentes, de modo a permitir seu enraizamento social.

O próprio exemplo de E3 ocorreu na capital de um estado da Região Norte.

Certamente, os locais mais apropriados para essa finalidade são representados pelas metrópoles e, no caso do estado do Pará, pela Região Metropolitana de Belém, sem, obviamente, cogitar-se a exclusão de outras cidades que também apresentem desenvolvimento econômico significativo, como, por exemplo, Santarém-PA.

No mais, deve-se ressaltar que essa integração com o sistema legal (Dino, 2010) não é algo simplesmente fácil e automático, assim como também não o é a lavagem de dinheiro decorrente do tráfico, sobretudo em razão do substancial volume de valores propiciados por essa economia.

Diante disso e das demais evidências colhidas até então, pode-se afirmar que a RMB representa, sem dúvidas, um polo de coordenação das atividades de agentes envolvidos nas redes internacionais do tráfico de cocaína, bem como um polo econômico para onde os valores desta atividade acabam por fluir de maneira intencional ou em decorrência da centralidade financeira exercida pela região.

Para além disso, a depender dos níveis de *enraizamento* consolidados por determinados agentes do tráfico no espaço-tempo, pode-se, ainda, levantar a hipótese de que a capital poderia consolidar um *hub político*, que exerceria uma zona onde o poder de agentes e organizações poderia se transmutar em um verdadeiro sistema de relações capazes de influenciar o rumo de políticas públicas de maneira mais favorável ao fluxo material de entorpecentes ou dos valores oriundos desse comércio.

Ademais, cumpre fazer referência a alguns achados adicionais.

Em primeiro lugar, revelou-se que, em muitas ocasiões, o dinheiro, em espécie, seria simplesmente ocultado, à imagem e semelhança da própria droga em armazenamento (como referido no tópico anterior), tanto diante de dificuldades práticas enfrentadas por agentes territoriais para sua lavagem, como para a constituição de um *fundo de reserva*, utilizável para fins de corrupção ou capital de giro da economia ilegal. Veja-se na fala a seguir.

> *Dinheiro vivo! Eu descobri que os caras guardam esse dinheiro enterrado. Eles fazem lá o que chama de empacotar à vácuo. Empacotam o dinheiro, até pra criar um volume menor pra guardar esse dinheiro, porque o cara não consegue justificar uma compra, não consegue investir, tendo em vista a própria questão da lavagem de capitais. Ele tem que primeiro fazer uma transição. Ter esse dinheiro em mãos também, e isso eu descobri esses dias, pra capital de giro. Eu tenho que ter ali pelo menos meio milhão, um milhão guardado, pra no dia que eu for preso ou os meus meninos (E18).*

De fato, não se deve olvidar que os valores, ilegalmente obtidos no tráfico, funcionam como capital de giro para movimentação das próprias engrenagens das redes internacionais, retroalimentando a atividade e fortalecendo os poderes territoriais, já instituídos sobre os locais, e permitindo simbioses cada vez mais complexas, conforme fica claro na fala de E3, a respeito do Primeiro Comando da Capital (PCC), e da fala de E8, sobre a relação licitude/ilicitude, a seguir. Justamente por esse motivo é que E18, também transcrito a seguir, afirmou que a parte financeira é essencial ao funcionamento do tráfico e deve ser objeto de especial atenção pelos órgãos de segurança pública:

> *Se reinveste no tráfico! Porque quando você tem dinheiro na mão, você consegue um produto mais barato, você negocia o produto. Se você conseguir uma droga barata, você ganha mais. Então, vira um círculo vicioso em que você quer ganhar cada vez mais. [...] Essa é a diferença do PCC para o CV. O PCC investe, ele cria indústrias, ele trabalha dentro de empresas grandes que tu não consegue nem perceber ali. Agora o CV está começando com esses pequenos negócios. [...] Quando você aumenta esse poder de venda de droga, você aumenta o lucro dos bandidos. Com o lucro eles, primeiramente, compram armamentos. Os armamentos aumentam o crime. Então, se não tivesse a venda de droga, o volume de lucro, não tinha dinheiro para comprar arma e diminuiria o crime. [...] Se nos cortássemos o lucro, o cara não tem dinheiro nem pra comprar um estilingue (E3).*

> *Uma coisa que é sempre importante destacar é a questão da linha tênue entre a legalidade e a ilegalidade. Acho que é uma coisa sempre importante de relevar quando a gente fala de crime organizado, organizações criminosas, enfim. Porque quando a gente pensa no crime organizado a gente tenta unir as pontas do sistema, que é isso que tu tá fazendo. Quando a gente pensa em crime organizado a gente pensa no varejo local de Belém e não entende o atacado e tudo que está por trás dessa grande rede. Eu acho que isso é ponto importante e que tu está querendo abordar um pouco na tua pesquisa. De falar, tem um varejo aqui, mas Belém tem uma importância no sentido de deslocamento financeiro na Região Norte e como ela vem se estruturando (E8).*

> *Então não tem como você quebrar o tráfico se você não avançar na parte patrimonial, porque o poder dele vem do dinheiro (E18).*

Enfim, as consequências práticas dessa circulação de valores em dinheiro vivo ou em investimentos, essa consolidação de capitais em bens (sobretudo imóveis e veículos de luxo) ou em empresas e negócios, ao fim e ao cabo, fazem com que a RMB sofra a progressiva injeção de capitais cujas repercussões práticas não podem ser, matematicamente, mensuradas de maneira inequívoca. Como mencionado por alguns entrevistados, até que ponto, por exemplo, o setor imobiliário não seria influenciado em seu mercado, por meio de uma *demanda artificial* pela aquisição de imóveis que, sequencialmente, pode ocasionar uma superprodução de unidades cujo preço acabaria, também, por ser supervalorizado (afinal, percebe-se que haverá quem os adquira à vista, mesmo que a preços altos, para uma revenda posterior sob valores também já deturpados pelo próprio mercado)?

Surge um custo social premente em função do tráfico, que, de outro lado, não parece ser diretamente visível ou sensível. Embora este fato não tenha sido objeto específico do estudo, percebe-se, ainda assim, o quanto a RMB pode estar sendo diretamente afetada pela circulação dos capitais decorrentes de atividades ilícitas que transpassariam a sua economia (e suas estradas e rios, igualmente).

Como a *mão de Midas*, que se tornou incontrolável após seu frustrado desejo por ouro, tem-se que, talvez, as ações do tráfico, da mesma forma, gerem repercussões multidimensionais indiscriminadas, capazes de atingir a RMB (e outras cidades) em diversos setores da política, da economia, do mercado e da sociedade.

6.8 "LAVA, AO MESMO TEMPO, O TEU CORPO E A TUA CULPA": PERCEPÇÕES ADICIONAIS SOBRE PROBLEMAS E CAMINHOS RELATIVOS AO TRÁFICO INTERNACIONAL DE DROGAS, EM RELAÇÃO À RMB, AO ESTADO DO PARÁ E À AMAZÔNIA

A presente seção traz à baila um conjunto específico de reflexões pelos entrevistados, de maneira relativamente espontânea, em torno de problemas enfrentados e possíveis caminhos relativos às dinâmicas internacionais do tráfico de cocaína na Amazônia.

Muitas dessas falas, inclusive, surgiram de maneira espontânea e em tom de aparente desabafo, à imagem e semelhança das falas de E18 e E21, destacadas no teor do tópico anterior, e, por sua vez, são apresentadas em absoluto respeito à abertura e confiança manifestada pelos entrevistados em relação a este pesquisador.

Para além, as falas também indicaram, tanto de forma provocada quanto espontânea, *possíveis caminhos*, ou seja, *pistas,* evidências ou, como denominado no tópico anterior, *marcas espaciais* que acabam surgindo enquanto repercussão multidimensional do tráfico de drogas que atinge os espaços, e que, nessa qualidade, podem ser utilizadas como pontos a serem considerados em futuras metodologias de enfrentamento deste grave problema social.

Considerando esses diferentes tons das falas, os *momentos* foram organizados de acordo com os dois tópicos a seguir.

6.8.1 Críticas e sugestões a respeito do fenômeno do tráfico de drogas, a partir das percepções dos entrevistados

Nestes termos, tem-se que um primeiro conjunto de falas fez severas críticas ao atual modelo de enfrentamento ao tráfico de drogas, seguindo a linha manifestada por autores como Rodrigues (2004), Araújo (2012), D'Élia Filho (2014) e Cardoso *et al.* (2019), entre outros, ao acusarem a falência do clássico modelo de *Guerra às Drogas*.

No geral, verifica-se que os entrevistados destacaram uma ineficácia do modelo de enfrentamento ao tráfico, mesmo diante do aumento do número de apreensões na Região Norte (conforme relatado em fala anterior e evidenciado dos números do capítulo passado) acompanhado por uma nítida reclamação relativa a *limitações* que os órgãos de segurança enfrentariam, para atingimento de seu *mister.*

Essas limitações, por sua vez, se originariam de diferentes pontos destacados: a existência de *várias polícias*, com competências diferentes e pouco colaborativas entre si; a compartimentação de informações entre as agências e órgãos de segurança pública e a ausência de uma integração entre órgãos comuns e de inteligência; problemas relativos à *governança* (como já destacado ao início deste capítulo), especialmente quanto às áreas de fronteira; a falta de políticas voltadas a um melhor preparo dos órgãos e agentes de segurança, entre outros. Veja-se nas falas a seguir:

A grande questão mesmo são as formas de fiscalização! A fiscalização não deve ser única e exclusivamente em portos e aeroportos e não pode também funcionar simplesmente com denúncias anônimas. Tem que haver fiscalização de forma mais real. E aí a gente tem que parar um pouco pra pensar na questão: "ah, fala em tráfico de droga, lembra logo em repressão armada, em guerra ao tráfico". A gente tem que ver que nós não estamos em guerra! Foi utilizado esse linguajar "guerra ao tráfico", mas, nós estamos no nosso território nacional. Então, nós temos que trabalhar a prevenção à entrada. Nós temos que trabalhar as nossas fronteiras, as rotas e não ser algo tão somente inopinado e ao combate ao tráfico regional caseiro doméstico, que é o que acontece muito. Vamos pegar só aquela cidade, aquela boca. Pô! Se tem estudos e estudos, apreensões e apreensões, mostrando onde estão as rotas, por que não se trabalhar aquela rota de uma forma mais abrangente? Então, eu acho que falta um pouco mais de investimento na fiscalização e na prevenção a entrada dessas drogas no nosso território (E1).

Eu acho assim: deveria, em relação a nossa extensão territorial, haver uma integração maior entre as forças de segurança, com o objetivo de tentar desvendar, vamos dizer assim, ou de coibir esse tráfico de droga. E eu acredito que isso seja muito até da nossa característica, do nossos tipos de polícia, do modelo de polícia que se usa no Brasil. Isso faz com que cada um tenha seu quinhão e ninguém quer abrir pro outro, ao invés de ser uma coisa que poderia todo mundo compartilhar. Ou, de alguma forma, compartilhar. De uma forma que fosse mais efetivo o combate. A gente ainda tem a questão da polícia que faz apreensão, apreende leva pra outra e a outra começa a investigar. Então, acho que isso quebra muito. Talvez se nós tivéssemos uma polícia de ciclo único, eu acho que seria muito mais produtivo o combate, uma pena que uma ideia meio pessoal (E2).

Fala-se muito em integração. Mas você vê uma certa soberba em alguns órgãos. Alguns órgãos querem dizer "não, eu que fiz isso", "eu que conduzi isso", "eu que investiguei isso" ou "eu que descobri isso", né? Mas sendo que, você tem que pensar [...] numa integração de órgãos. A gente não tá falando do Tribunal de Justiça, do Ministério Público, da Polícia Civil, da Polícia Militar, da Receita Federal, da Polícia Federal. Assim como acho [...] que poderia ser estudado políticas públicas para segurança pública. Eu estou aqui nesse esforço! Aí pra você já vai dá dez horas da noite, você tá com muita informação, vai ter que fazer um tratamento dessa informação do que pode e não pode falar, daquilo que vai ser descartado e não vai. Você está com uma esperança: de difundir um estudo geográfico que possa instigar os diversos segmentos responsáveis pela diminuição dos níveis considerados da criminalidade! (E4).

O tráfico continua chegando! Você tem o combate armados na cidades, que tem perda dos dois lados. Você vê que aqui, no estado do Pará, devido a presença da facção criminosa Comando Vermelho você tem perda constante de agentes públicos que morrem tanto em combate, quanto são assassinados simplesmente por serem agentes públicos. Você vê conflitos em outros estados da federação, que tantas vidas que se perdem e você vê que não há uma política de estado que mostre para a população o real efeito da droga. Que a droga faz mal, que a droga destrói a saúde da pessoa! Ações educativas você não vê, você só vê ações de combate direto, de combate armado. E eu acho que deveria ser feito uma outra frente, o Estado entra em regiões mais periféricas pra que o comércio muitas vezes, o comércio de drogas é muitas vezes, a única opção de sobrevivência! Deixar de ser a única opção de sobrevivência de jovens ali. E, também, educar. Ações educativas pra, no futuro, não sei de agora, descriminalizar. Descriminalizar porque eu acho que o Estado teria muito mais a ganhar tribu-tando, porque é um dinheiro, muito dinheiro que movimenta. E o Estado não ganha com isso, não tributa e tem que investir em policiamento. Investir em materiais pra polícia, em viaturas, armamento, munição e você vê o resultado disso é praticamente insignificante: a droga continua chegando em todos os locais. A droga continua sendo vendida, se você uma grande apreensão de droga, no dia seguinte, tem droga do mesmo jeito naquela cidade. O que pode mudar um pouco é em relação ao preço, mais baixo, mais caro. Eu não posso te dizer números, porque eu não tenho conhecimento de estatísticas, sobre isso, até isso, acho que deveria ter mais pesquisa nesse sentido! Tanto qualitativa, tanto quantitativa, que pudesse identificar o tanto de droga apreen-dida em relação ao quanto de droga que é distribuída. Porque eu acredito que é insignificante, coisa de 1% ou 2% só do que entra é apreendida. E o estado perde muito com isso. Combate totalmente falido! O modelo de combate que é problema. Falido! Que continua sendo feito da mesma maneira que era feito a 30, 40 anos atrás, que não tem resultado algum (E10).

Essa questão do tráfico de drogas precisa ser repensada. O que que a sociedade brasileira quer? o que que se pretende? Nesse sentido, será que a repreensão é a única solução? a gente vê o modelo português que trabalha com clínica de recuperação. Então, será que ela deve ser tratada como caso de polícia ou de caso de saúde pública? Então, eu acho que tudo isso deve ser repensado, nesse sentido, porque a política de antidroga não tem funcionado no mundo inteiro. Nos próprios Estados Unidos você não consegue reduzir o tráfico de droga. Então, essa política que foi desenvolvida pelo próprio Estados Unidos, não tem conseguido realmente reduzir. Então até que ponto, não deve se pensar na história da descriminalização da droga? Então, de que forma deve ser feito um balanço, realmente, do qual a efetividade e a eficiência das ações das políticas de antidroga? A política repressiva antidroga, o que que conseguiu fazer? Reduziu a droga na Amazônia? Conseguiu reduzir a droga no Brasil? Você quer continuar com a repressão? Primeiro o Brasil não produz droga, então, essa droga entra no Brasil. Como ela entra no Brasil? Ela entra nas fronteiras, então tem que reforçar as fronteiras! Para que isso não fique só no discurso, discurso político de reforço de fronteira! Eu costumo dizer que o Brasil não conhece a Amazônia. O restante do Brasil não conhece a Amazônia. Fala da Amazônia, mas, é uma coisa muito distante. Então, precisa conhecer todas essas particularidades da questão Amazônia, da questão do tráfico. Nós temos hoje na Amazônia a questão do tráfico de drogas, nós temos o problema do desmatamento seríssimo da Amazônia Legal, com crescimento constante, sobretudo nos últimos três anos, nós temos a exploração ilegal de minérios, sobretudo, do ouro. Então, o que se pretende realmente fazer? A questão da exploração ilegal, do desmatamento, é um problema nosso! Evidentemente nosso! Ele é daqui, nasce aqui. Mas a questão do tráfico de drogas, sobretudo, da cocaína? Ela entra no Brasil, ela não é produzida no Brasil, ela vem pro Brasil. Então, de que forma vamos impedir essa entrada no Brasil? Se a questão é repreensiva, como é que vamos entrar nessa repreensão? Então, não adianta ficar na desculpa. Precisamos melhorar nossa questão da fronteira, de fiscalização fronteiriça, porque se não fica no discurso e as coisas ficam da mesma forma. Precisamos reforçar os lugares por onde mapearam todas essas rotas, por onde elas estão entrando, seja fluvial, seja terrestre, seja até área. Quais são as pistas clandestinas que existem? Mapear as

*pistas clandestinas, mapear tudo isso aí. E, poder impedir, se é
a opção da repressão. Acho que é necessário se criar um plano,
digamos assim, que envolva inteligência. Envolva todos os entes
federativos e todos os órgãos responsáveis pelo trabalho, nesse
sentido. Porque se não fica muito difícil* (E11).

Eu digo assim, que o estado [...] *tem que reinventar todos os dias
nesse combate, fortalecendo as forças de segurança púbica no
quesito de efetivo, de criação de combate nas fronteiras. A gente
não pode esperar. O grande erro do gestor, que eu vejo, é você
dizer assim 'que isso é competência do federal'. Não* [palavra
de baixo calão]*! Isso é competência de todos! Se o Federal não
tem como fazer essa fiscalização nas fronteiras, eu vou criar aqui
uma força tarefa para esse combate nas fronteiras que possa
migrar. É imensurável o que o tráfico de droga pode ocasionar em
uma região, no estado, no município, é imensurável. Vou trazer
homicídio, vou trazer corrupção, vou trazer morte, vou trazer
roubos, usuários. Então o gestor ele quer isso pro seu município?
Não. Então pra não ocasionar isso, eu vou fortalecer as forças
de segurança, nesse combate, nas principais fronteiras, trabalhando especificamente nos rios e nas estradas do nosso estado
do Pará. Além do incentivo na questão de fortalecer as unidades
de segurança dos seus estados, no estado do Pará, fortalecer
também o setor de inteligência das polícias. Fazer com que os
setores de inteligência de todos os órgãos que envolvem o sistema
de segurança pública se interliguem para que possam chegar aos
autores, aos traficantes, àquelas pessoas que tentam burlar todos
os dias para a venda, para o tráfico, para o consumo, para dar
as ordens para os crimes dentro da região. Então, fortalecendo
o sistema de inteligência da Polícia Militar, da Polícia Civil, da
Polícia Federal, da própria SEGUP, interligando com o serviço
de inteligência que algumas Guardas Municipais, que já fazem
esse serviço também, se interligando esses setores para o bem
comum, que é combater o crime* (E14).

*Recentemente, (já vou falar algo polemico) teve uma discussão
das forças policiais (e eu vou refletir muito sobre isso, eu já até
participei) da readequação da maconha. Não sei se você tem
notícias. Poxa, o custo que existe sobre isso. Será que o custo que
se emprega nessas operações, com aeronaves e tudo, dentro do
mercado, vamos dizer assim, numa concepção de comércio que
existe no tráfico de drogas, será que é a maneira mais inteligente?
O custo que o Estado tá utilizando pra aquilo ali, pra erradicar,
será que é a maneira mais inteligente? será que se empregar
todo aquele custo daquela operação numa forma de inteligência
e perseguição patrimonial é maneira mais inteligente?* (E17).

> *A gente deveria se debruçar mais sobre o problema e ver outras formas de combate, que não seja só a atuação Policial. Porque só a atuação Policial, ela não tem dado resultado em relação a isso. O resultado é pífio: há uma apreensão aqui, outra apreensão ali. Mas, o que a gente vê é só o crescimento. Então a forma: se nós sociedade, primeiro chegarmos à conclusão se a solução é o combate? Nós temos que combater! Mas, então, vamos pensar como combater, porque a forma que estar sendo feita, ela não tem resultado nenhum, ao contrário, ela só tem gerado, provavelmente, mais corrupção. Provavelmente mais mortes. Provavelmente mais degradação da nossa sociedade, é isso que eu penso (E20).*

A verossimilhança das falas, por sinal, é confirmada pelos dados apresentados no capítulo quantitativo deste estudo: 96,47% das apreensões registradas pela SIAC (Pará, 2022) não resultaram na apreensão de mais de 0,500 kg de cocaína ou respectivos subprodutos. Ou seja, há um grande esforço que, no entanto, resulta na apreensão de quantidades rapidamente passíveis de serem repostas no mercado.

Por conseguinte, é interessante registrar que, para além das reclamações e críticas, alguns entrevistados buscaram apontar possíveis caminhos para superação dos problemas relatados, como: a elaboração de políticas públicas especificamente voltadas ao atingimento de necessidades dos órgãos de segurança; uma maior atenção e foco sobre as rotas e *nós* dos territórios-rede do tráfico; a elaboração de planos e ações que propiciem uma maior atenção e proteção sobre as calhas da fronteira brasileiro.

É interessante destacar, ainda, a partir da fala de E10 e E11, o surgimento de uma questão que ainda é tratada como um substancial tabu diante de muitos órgãos e profissionais de segurança pública no Brasil: a possibilidade de mudanças quanto ao tratamento jurídico punitivo em relação aos entorpecentes. Tanto é verdade que muitos dos entrevistados preferiram comentar a respeito da questão com o pesquisador, após o encerramento das gravações da entrevista, durante a continuidade de muitas das visitas ou comentários sobre casos ou reportagens (adicionados ao caderno de campo, nessa qualidade).

A parte inicial da fala de E10, nesse sentido, aproxima-se, relativamente, do modelo de políticas de *redução de danos* proposto, por exemplo, por autores como Weigert (2010), no sentido de encarar o problema do consumo de drogas enquanto uma política sanitária, ao invés de questão meramente afeta ao campo da segurança. Indo além e aproximando-se de bandeiras como a de Rodrigues (2004), a segunda parte da fala de E10 e E11 faz referência à legalização de entorpecentes como outra possibilidade de tratamento do problema, levando em conta necessidades genuinamente brasileiras.

Sem juízos de valor sobre a questão da legalização (que não é o foco desta pesquisa, como já dito anteriormente), tem-se que talvez as falas apontem para necessidades complementares: de fato, é necessário que se compreenda a questão do consumo de entorpecentes como um problema sanitário, dentre vários outros problemas que redundam em *consumos exagerados,* nas sociedades do século XXI (Bauman, 2001; Weigert, 2010). No entanto, deve-se lembrar de que o território legal brasileiro tem correspondido a uma série de outras funções, para além de um mercado de consumo de entorpecentes, nas engrenagens do tráfico internacional de cocaína, de modo que a questão também deve perpassar por uma série de outras políticas, não só no campo da defesa e fiscalização de fronteiras, redes e cidades, mas relativas ao campo financeiro e econômico, igualmente.

Observa-se, em todo caso, que a percepção dos entrevistados é uníssona em referir a necessidade de *superação* do modelo em voga, no sentido de abandonar-se às políticas de Guerra às Drogas, inspiradas pelo bloco norte-americano – como bem referiram Rodrigues (2004) e Reis Netto e Chagas (2021a) –, em direção a uma solução mais adequada à realidade brasileira, propriamente dita.

Em segundo lugar, referiu-se à necessidade de uma maior integração quanto às ações dos órgãos de segurança, questão que comungou com informação já consignada no referencial deste estudo, a partir de ideias como a de Pereira (2006). De fato, as falas são assentes em expor como a fragmentação de agências e competências gera ruídos de comunicação entre os órgãos e, mais ainda, a fragmentação de orçamentos e planejamentos, que, apontando para *diferentes direções*, não conseguem uma maior objetividade e concordância quanto ao modo de atingimento dos propósitos comuns (Pereira, 2006).

Por terceiro, tem-se que a fala de E11 e E14 apontaram para: a) a necessidade de uma maior adequação das práticas a um modelo de policiamento orientado pela inteligência (Azevedo *et al.*, 2011), ou seja, pugnaram por planejamentos e ações orientados por dados concretos a respeito do tráfico e seus agentes; b) a necessidade de um maior investimento e fortalecimento, bem como integração dentre as várias agências de inteligência dos diferentes órgãos de segurança, inclusive com compartilhamento mais ativo de informações.

Quanto à primeira menção, tem-se que os autores fazem referência a argumentos já encontrados na literatura aberta, em autores como Azevedo *et al.* (2011), por exemplo, que referem que a mensuração das intervenções desenvolvidas pelos órgãos de segurança, assim como seu registro e análise permitiriam a aplicação de métodos e técnicas científicas, passíveis de revelar detalhes mais precisos em torno da realidade encontrada, permitindo, assim, não só um planejamento e uma execução mais assertiva de suas funções, mas, também, uma melhor integração a outros órgãos do sistema e, inclusive, externos à segurança pública, para solução dos problemas concretos de cada local.

Quanto à segunda afirmativa, tem-se que a atividade de inteligência[69], de fato, pode se constituir como um importante *trunfo de poder* ao assessoramento dos órgãos responsáveis pelo enfrentamento da criminalidade em geral (Miranda, 2018), sobretudo do tráfico de drogas, justamente por permitir, através de suas técnicas especializadas, uma relativização do sucesso de todas as medidas voltadas à *invisibilidade* buscada por seus respectivos agentes territoriais. Contudo, parece que o investimento numa cultura que propugne pela efetividade dessas duas formas de tratamento dos problemas em segurança tem esbarrado, historicamente, numa série de limitações que redundam nos mesmos problemas antes tratados, quanto ao isolacionismo dos órgãos e pouca integração entre agências, e, até mesmo, inerentes ao desconhecimento dessas ferramentas e suas potencialidades por muitos gestores (Gonçalves, 2009; Miranda, 2018).

Essas questões, aliás, foram frontalmente tratadas pela fala de E5, como se pode observar a seguir:

> *A gente poderia conseguir, através de análises de ocorrências, um trabalho de levantamento de informação e produção de conhecimento que apontasse uma forma efetiva. Só que eu vejo*

---

[69] Nos termos propugnados por Miranda (2018) e Nascimento *et al.* (2018), deve-se deixar clara a diferença entre o modelo de policiamento orientado pela inteligência e a *atividade de inteligência*, propriamente dita. Embora ambos se utilizem de técnicas e métodos científicos de análise de fenômenos inerentes a ameaças públicas, o segundo, decerto, lança mão de técnicas e metodologias próprias (Gonçalves, 2009), que, sem entrelinhas, atuam no limite da legalidade e dos direitos fundamentais no sentido de permitir ao Estado a obtenção de *dados negados*, ou seja, informações privilegiadas em torno de situações que são deliberadamente ocultadas pelos agentes ativos de diversas modalidades criminais. Justamente em função disso, tem-se como pressuposto da mesma o *sigilo* e a *proteção* do conhecimento produzido e a realização de uma atividade de caráter *acessório* aos gestores, e não executiva, *per se*.

*que não há um investimento. Eu sempre bato nessa situação, na
atividade de inteligência, de uma forma organizada, de uma
forma profissional, tá entendendo? Que possa acompanhar esses
fenômenos. Quando eu falo desse acompanhamento, algumas
vezes são dados que eu estou te trazendo, por um perito ou profissional de inteligência que analisou essa situação. Mas são situações de análises muitas vezes isoladas, não tem um conjunto de
análise que era pra ser feita na Região Norte, por vários motivos.
Porque as inteligências dos estados têm pouco investimento, tanto
em profissional, quanto em organização. Vou dar um exemplo:
eu estava na situação da criação do sistema de inteligência, eu
entreguei pronto. O Sistema de Inteligência da Polícia Militar do
[omitido para evitar identificação], entreguei recentemente aí
para o [omitido para evitar identificação]. Eu quero te dizer:
fazendo isso daí a gente tá tentando organizar. O que que é o
sistema que eu entreguei lá? Não é o software, é a estrutura, a
organização, o funcionamento, como é que se faz a busca de
coleta de dado, a produção, a organização e a plena atividade
de inteligência de uma forma profissional. Então olha só: a gente
tá no ano de 2022, a gente não tem isso! Se não tem uma lei que
rege a própria atividade de inteligência dentro do estado, como
é que a gente pode ter a produção de conhecimento efetivo, pra
responder certas perguntas? Então, resumindo de uma forma
bem chula até: tá bagunçado! Olha eu tiro o chapéu pra tentativa do Governo Federal de fazer o CISSP, que são os Centros
Integrados de Inteligência de Segurança Pública Região Norte
e Nordeste. Só que eu entendo que isso deveria vim de baixo pra
cima. Não tem problema em vim de cima pra baixo. Mas se vier
só de cima pra baixo, esses centros vão ser coletores e fariam a
análise regional de produção de conhecimento, de tráfico de
droga, de organizações criminosas e outros tipos de criminalidade, no âmbito regional. Só que a coleta desses conhecimentos
nos estados, vai sair machucada, não vai sair perfeita, porque
há essa deficiência de estruturação, de organização dentro de
cada estado. Então, a produção de conhecimento vem magoada,
não vem sólida, não vem cristalizada, porque dentro dos estados
não tem uma legislação que proteja atividade de inteligência, a
estruturação, a organização. Inclusive eu estava até fazendo um
trabalho de escrever um livro sobre essa situação, dessa falta de
olhar do gestor de segurança pública pra essa ferramenta. Que
muitas vezes, a gente vê muito secretário de segurança pública
falar de inteligência, mas porque falar é muito bonito! Falar é
muito bacana! Isso dá mídia: "pô estão utilizando da atividade
de inteligência". Mas pra gente que é operador da atividade*

de inteligência, a gente que trata, a gente que vai lá, o agente de campo que fez a coleta de busca de dados, o analista que fez a produção de conhecimento, sabe que não é desse jeito que funciona. Tanto é que muitas situações que a inteligência não tem resposta, não é por falta de operadores, é falta organização, estruturação, uma legislação que proteja o próprio agente de inteligência, pra que tenha essa produção mais efetiva. E outra coisa, a atividade de inteligência pra fazer essa análise do tráfico de droga regional ela tem que ser entendida pelos juristas, pelos advogados, pelo judiciário como uma ferramenta desigual mesmo! Olha só: todos os órgãos de segurança pública vão atuar dentro da legalidade, observando a legalidade. O criminoso, as organizações criminosas não vão observar isso! Então o combate, essa luta entre a segurança pública e as organizações criminosas ela é desigual. Então a balança vai cair, tá entendendo? Vai pender pro lado deles, porque sempre a Polícia Militar, Polícia Civil, a PRF, os órgão de combate à criminalidade, eles vão ter que observar à legalidade, o devido processo legal e o pessoal tem que olhar a inteligência como uma ferramenta desigual mesmo, tá entendendo? Para que esse combate entre a criminalidade e o estado, seja equilibrado, torne isso mais equilibrado, porque tá desequilibrado! (E5).

Outro ponto de significativa relevância, apontado como um possível caminho pelos entrevistados, disse respeito a já comentada necessidade de atingimento do patrimônio adquirido pelos agentes territoriais do tráfico de drogas.

Atingir remessas e prender agentes do (B) setor competitivo, em termos práticos, em nada resulta se o tráfico não for atingido em seu próprio capital de giro, que, certamente, já inclui uma previsão de perdas — como mencionado por Magliocaa *et al.* (2019) — em sua análise de custos. Seria necessário ir além das *apreensões em si*, buscando mecanismos mais eficientes de identificação das técnicas de lavagem de capitais e buscando, igualmente, instrumentos jurídicos para bloqueio (*rectius*: sequestro) de bens e expropriação para composição de ativos do estado e efetivo enfraquecimento dos agentes do setor oligopólico (A) do tráfico. Nesse sentido, veja-se a fala dos entrevistados:

A questão da perseguição patrimonial é muito incipiente. Sempre se discutiu, que é a maneira mais inteligente de se combater o tráfico de droga a perseguição da lavagem de dinheiro. E eu vejo assim: no estado do Pará, é praticamente zero! Ou, quando se tem a investigação, não se tem uma receptividade no sistema

> *judiciário, a gente vê os processos se arrastando. As normas estão lá! A ideia é boa, mas, quem estraga é o homem! "Ah, é assim, a estrutura da nossa polícia não está voltada pra questão da lavagem de dinheiro em si, os laboratório de lavagem de dinheiro são pequenos diante do problema". Nós temos excelente profissionais na área, diga-se de passagem, inclusive na Polícia Civil. Delegado [nome omitido, por segurança] é uma excelência, referência no Brasil! Porém, é tipo assim: É muito pequeno, vamos dizer assim, é 300 diante do império turco. Vamos dizer assim, é muito pequeno para o problema que estar se enfrentando. Eu acho que no futuro de 10 anos pra frente, tem que se mudar a mentalidade na questão do combate ao tráfico de drogas e verificando apenas a questão da perseguição patrimonial. Eu acho que assim: teve um momento que era 'ah vamos caçar o carregamento de cocaína' e era uma competição das agências dos estados. quantos quilos? Isso eu vivi isso! Depois: vamos caçar os traficantes, como se depois que você prendesse o traficante ele não fosse imediatamente substituído. E vamos ver se a gente entra na terceira fase, que é a perseguição patrimonial. A Polícia Federal já vem, em torno de 8 anos atuando nessa fase, é uma maneira muito mais inteligente, muito mais barata (E17).*

> *Essa parte final que a gente tocou agora é uma questão interessante em que envolve a parte de lavagem e as novas metodologias do mercado financeiro de criptomoedas e etc. Isso é algo que a gente vai se deparar muito fortemente: o tráfico gera um poder econômico muito grande e eles estão sempre avançando naquela metodologias de ocultar o patrimônio e ocultar os bens que eles adquiriram através dessa atividade ilícita. Então, como eu falei, era com gado, abrindo pequenas lojas pra justificar uma fábrica de [commodity], uma compra e venda de carro. Daqui a pouco a realidade vai ser essa: vai ser criptomoedas e etc. (E18).*

Como se vê, uma maior atenção à interdição patrimonial se coloca como um dos possíveis caminhos de mudança, no que toca às políticas de tratamento do problema do tráfico de drogas. Inclusive, é de se destacar que, da mesma forma mencionada em relação às rotas, a fluidez das técnicas de tratamento dos fluxos econômicos também busca constantes transformações e migrações, como fica evidente da fala de E18, ao referir o uso de criptoativos para fins de ocultação patrimonial.

Longe de se pretender ingressar, por ora, em qualquer debate sobre a natureza jurídica ou geográfica do fenômeno dos *criptoativos*, tem-se que a fala do entrevistado apontou para o mesmo sentido tratado por autores como Paraná (2020), que informa que a utilização massiva de criptomoedas, na atualidade, para além de uma liberdade relacional em relação às amarras jurídicas dos Estados-nação, representaria, também, uma forma de vazão de riquezas concentradas que, por qualquer motivo (inclusive escusos), não poderiam ser dirigidas a investimentos financeiros (oficiais).

Mediante uma negociação supostamente livre, embora sujeita aos mecanismos de controle estabelecidos pelas plataformas *p2p (peer-to--peer)*[70] (Paraná, 2020), tem-se que, ainda assim, é substancialmente fácil a realização de simulacros de relações formais e legais para disfarçar negociações (nacionais ou internacionais) envolvendo capitais de origem ilícita. Além disso, Paraná (2020) destaca que as criptomoedas são sensíveis a mecanismos especulativos, o que, de outro lado, facilita em muito atividades ilícitas como a lavagem de dinheiro. Inclusive, muitos *sítios* que se utilizam de criptoativos em geral sequer fazem questão de esconder sua natureza ilícita, como se pode verificar de simples incursões na *darknet*[71]. A venda de drogas, armas, dinheiro e cartões falsificados é uma realidade muito premente neste meio, inclusive.

Aliás, atualmente, sequer é necessário acesso à *darknet* (de manejo e navegação mais complexa que o comum) para efetiva integração a essas atividades ilícitas. Aplicativos ordinários, como o Telegram, por exemplo, em razão do frágil controle de postagens e grupos, permitem que qualquer pessoa tenha contato com diversos agentes ou até mesmo *boots* (robôs digitais, que ocultam os reais usuários responsáveis por sua atividade), que realizam desde investimentos e especulação financeira com criptomoedas a, até mesmo, venda de cartões de crédito falsificados para fraudes em geral.

Em suas incursões em campo, o pesquisador pode observar algumas dessas atividades, como se vê a seguir (novamente perfazendo a devida comunicação às autoridades competentes).

---

[70] As criptomoedas não detêm uma autoridade central regulamentadora, a exemplo das moedas nacionais ou aceitas em determinados blocos econômicos. São geridas por uma materialidade representada por um sistema descentralizado, composto por diversas máquinas com significativas estruturas funcionais, espalhadas pelo mundo. Portanto, trata-se de uma gestão supraestatal não sujeita a qualquer mecanismo normativo de regulação, senão aos registros feitos em cada *peer* (ponto de ancoragem, ponto de funcionamento do sistema), que o perfaz sob uma técnica denominada *blockchain*, onde há o registro simultâneo de movimentações em diversos ancoradouros, com identificadores dos participantes e do espaço-tempo de realização das negociações.

[71] A internet obscura, como assim é chamada, compreende uma série de endereços existentes na rede mundial de computadores que não são indexados, ou seja, não são facilmente acessados mediante o uso de navegadores comuns. É necessário ter acesso direto ao *link* do sítio para poder acessá-lo e navegadores específicos que permitam acessos livres de certos cuidados (defesas, em verdade) propiciados por navegadores comuns.

Figura 59 – Grupos do aplicativo Telegram usados por *boots* para compra e venda de criptoativos (e especulação *on-line*), bem como para fins de venda de cartões de crédito fraudulentos

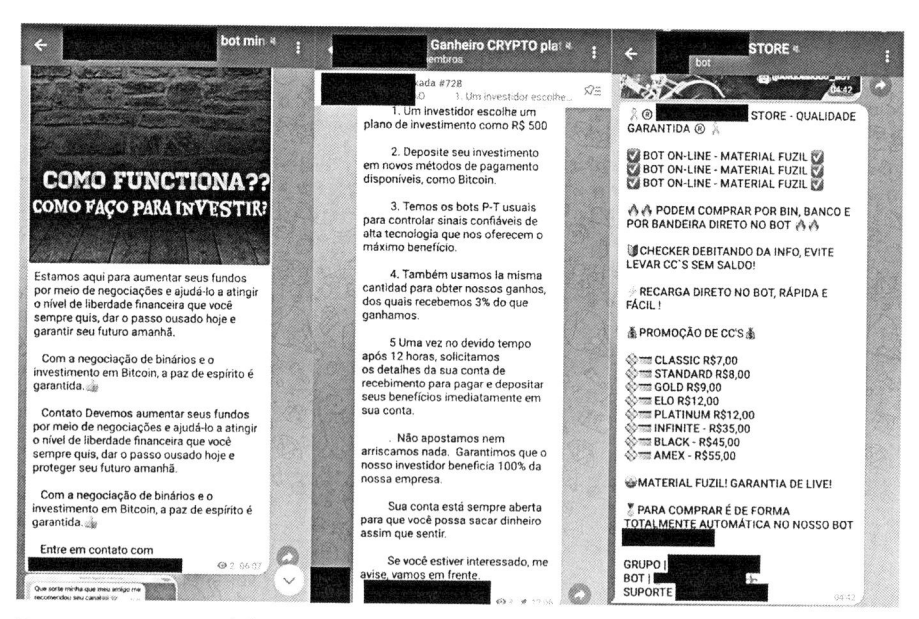

Fonte: acervo pessoal do autor

Obs.: Os grupos foram objeto de comunicação, ato contínuo, às autoridades policiais competentes. Na imagem os dados dos participantes foram omitidos em respeito ao direito ao esquecimento e para evitar comprometer eventuais investigações (Divino; Siqueira, 2017).

Como se observa, a ideia de liberdade, que é princípio tanto das crip-tomoedas (que carregam, consigo, um discurso de liberdade em relação aos *entraves* dos Estados às economias) quanto das redes sociais (que pregam uma *liberdade de expressão*), acaba se tornando um mecanismo eficiente para a prática de uma diversidade de condutas criminosas, afinal, ainda representam campos não sujeitos a maiores regulamentações estatais e, de igual forma, pouco fiscalizados.

Assim, permite-se a construção de novas redes de territorialidade que interconectam diferentes pontos no mundo, tornando possível o fluxo de energia e informação (Raffestin, 1993), e, com isso, o direcionamento de vetores interdimensionais (Santos, 2017) capazes de mudar, totalmente, as dinâmicas dos diferentes locais, afetando diretamente as relações de vida em cada um deles.

Isso fica claro, certamente, pelos custos adicionais que as empresas de cartão de crédito (a partir do exemplo citado) acabam impondo aos consumidores comuns em razão da necessidade de ampliação de mecanismos antifraude ou mesmo para compensação de prejuízos decorrentes das investidas ilícitas.

Não difere, em termos práticos, dos valores que os comerciantes locais, a exemplo dos pequenos comerciantes de Icoaraci, em Belém-PA, acabam por ter que acrescer aos produtos de vida mais comuns, em função das cobranças de mensalidades e taxas impostas pelas facções nas áreas em que sua territorialidade é mais consolidada.

No sentido proposto por Neumann (2018), tem-se que a ilicitude gera custos sociais graves, que, em última instância, acabam sendo arcados (por impostos ou preços altos), pelos cidadãos comuns. Ousa-se discordar desta autora, no entanto, enquanto defensora do livre mercado, quanto à ideia de que a liberdade afastaria as práticas ilícitas. Como se vê, o excesso de liberdade também é um campo fértil para a prática de ilícitos em geral, que permitem um amplo espectro de *inovação* no mundo do crime (e, certamente, do tráfico de drogas e atividades correlatas). Justamente por isso, revolvendo as falas, compreendem-se as necessidades apontadas pelos entrevistados no sentido de se modificar a atual forma de enfrentamento ao problema do tráfico de drogas, com maiores investimentos em metodologias capazes de *captar* essas mudanças.

Novamente, conforme um movimento propugnado pelo método do estudo, valorizando informações literárias prévias e, sobretudo, valorizando informações relevantes confiadas pelos entrevistados ao pesquisador, encerra-se o presente capítulo a partir de uma análise das *marcas* que poderiam indicar a presença do tráfico e suas relações de territorialidade.

6.8.2 As marcas e sinais espaciais do tráfico de cocaína, a partir da percepção dos entrevistados

Ademais, tem-se que, de forma espontânea ou provocada, os entrevistados informaram, a partir de suas percepções e experiências relacionais com o espaço e territórios do tráfico em estudo, possíveis marcas, indicadores, sinais, que poderiam denotar a presença de agentes territoriais do tráfico e suas respectivas redes, diante da realidade concreta.

A consignação desta informação, além de servir como um importante mecanismo de testagem das informações já assinaladas em relação à RMB, certamente pode representar um primeiro passo para a elaboração de novas metodologias e técnicas de detecção da presença e ação de agentes territoriais, no espaço, e, com isso, fornecer subsídios para algumas das mudanças pleiteadas pelos próprios agentes da segurança pública, como evidenciado a partir das falas apresentadas no tópico anterior.

Essa necessidade se dá, sobretudo, diante da já (largamente) mencionada busca desses agentes por diferentes níveis de invisibilidade e enraizamento social, que, por sua vez, tornam suas ações, progressivamente, mais difíceis de serem acompanhadas e detectadas por técnicas e práticas comuns, como destaca o teor da fala de E7, logo a seguir:

> *O atacado muito mais sutil! Ele não é nada ostensivo como é o varejista. Os marcadores são muito mais difíceis de se perceber. Onde o tráfico se expõem mais, o atacadista, é na hora de exportar. Nos portos a presença dessas quadrilhas, ela pode ser facilmente verificada. Mas nem tanto, também, porque eles agem muito nas sombras. É algo muito difícil. Se não for uma investigação muito bem-feita da polícia judiciária, acho dificilmente se chega, se descobre. Um leigo dificilmente notaria a presença de uma grande quadrilha atacadista em qualquer lugar, porque realmente a sutileza é o que marca esses grupos (E7).*

Nesse sentido, partindo do pressuposto de que a multidimensionalidade das ações praticadas nos espaços, ao longo das relações de territorialidade, promove consequências nem sempre desejadas pelos respectivos agentes, tem-se que o tráfico de drogas pode deixar marcas, sinais, mais ou menos óbvios, porém, de alguma forma, mensuráveis e possíveis de indicar caminhos para o enfrentamento das consequências gravosas decorrentes de sua presença.

Assim, em primeiro lugar, como já constatado no capítulo literário a partir de diversos autores (Dias; Manso, 2018; Neumann, 2018; Reis Netto, 2018; Reis Netto; Chagas, 2018a, 2022; 2018b; Adorno, 2019; Guerrero; Espasa, 2021; Pfrimer; Motta, 2021; Couto, 2018, 2020a; Reis Netto *et al.*, 2021), tem-se que a violência (e instrumentos respectivos, como armas) sempre surgiria como um importante marcador da presença do tráfico de drogas, como se pode observar das falas a seguir:

Bem, isso vai muito do tirocínio do Policial: [...] a quantidade de crimes aumenta. Determinados crimes, que são crimes ligados à droga ou para alimentar os viciados em droga. Então, tudo isso corrobora para o Policial ou o agente de segurança pública, de forma geral, que está na rua, que trabalha na rua, tenha um conhecimento do que tá acontecendo. O tirocínio dele, ali, já vai de imediato apontar que tá acontecendo algo. E, posteriormente, tem que ser trabalhado (E1).

Olha, a presença de armamento, é um óbvio sinal! (E7).

Olha, esse tirocínio que a gente observa é a mudança e o medo da região. Quando você vê uma comunidade, determinado bairro, comunidade, onde existe um crime, existe ali as ocorrências polícias e as pessoas temem em fazer a denúncia. Em fazer o registro. Há de se observar que existe algo estrando naquela comunidade. Que algo estranho? Alguém que tem medo de falar a verdade, que tem medo de fazer a denúncia, alguém que tem medo de fazer boletim de ocorrência por represália a sua vida. Se eu levo, possivelmente, uma pessoa que tem um local, em um determinado bairro, ela é vítima de um crime, seja um homicídio, um furto ou roubo, você faz o registro em uma determinada delegacia. Isso chega pra Polícia Militar, a Polícia Militar faz uma análise, e diz olha "tá tendo ocorrência, então a gente vai levar as forças de segurança pública para lá". O traficante quer isso? Ele não quer! Se a pessoa não faz a denúncia, há de se observar, que tá tendo a venda, o consumo ou algo muito estranho naquele bairro. Então, em cima disso, a gente observa que as comunidades, algumas comunidades por onde nós passamos, elas sempre se omitiam. Então quando elas se omitiam a gente observava que existia alguém por traz que ameaçava aquelas famílias ali com relação a se entrasse Policial, algo da segurança pública em determinado local. Então, a gente vai por esse lado. Além do que, eu digo assim, um local que a gente não cita, que não citamos muitas das vezes, deixamos em segundo plano, são as escolas, as escolas devem ser fiscalizadas 24 horas pelas instituições, porque lá dentro tem um comércio a vender, consumir e verificar quem tem potencial a entrar no crime, então é um trabalho que digo assim, que tem que ser efetivado dentro das escolas, esse combate diário (E14).

O comportamento social. Se tu tem uma mudança de comportamento social, já começa a perceber que tem alguma coisa estranha acontecendo. Eu vou te dá um relato de um trabalho no Barreiro, e, interessante que eu cheguei lá e a moça disse "abaixa os 4 vidros do carro". Eu disse "por quê?". Aí ela disse "porque essa é a regra aqui, é a ordem, não tem assalto, mas, o carro que entra tem que abaixar os 4 vidros". Aí eu disse: "mas como é que tá aqui? porque a ideia que temos é que é muito violento". Ela: "não, acabou isso aqui, só é violento pra quem comete crime aqui dentro e as pessoas ficam até tarde na frente de casa". Ou seja, o cara passa a sentir seguro não por causa da polícia, mas, por causa do traficante. Interessante como áreas que tem esse contato direto com o tráfico, eu percebo, essa certa segurança da população em poder se sentir segura ali. Em áreas que não tem! Um isolamento total, as pessoas se recolhem cedo, temem pelo medo de serem assaltadas e tal. Isso nas periferias é a primeira coisa que eu consigo observar quando eu me deparo com essas situações, como se o estado estivessem perdendo a capacidade de mostrar que o indivíduo estar seguro ali e o tráfico fizesse esse papel (E17).

A marca principalmente da destruição e da morte! A grande marca do tráfico de droga na nossa região é o homicídio, porque você vê, neste ano o resultado do Fórum Brasileiro de Segurança Pública, em termos de homicídio, qual foi a região que mais aumentou. Aliás, o Brasil inteiro teve um decréscimo, e numa região houve ampliação, justamente na Amazônia. E esse é um resultado do tráfico de droga. São facções, brigas dentro da própria facção, porque não é só eles de facção, mas, entre os poderosos da facção. Às vezes eles brigam. Um exemplo, rapidamente, o patrão, importante da facção, achou que tinha um segundo, que seria um subalterno, mas, que estava querendo alçar na facção, esse sujeito foi morto, torturado inclusive, altamente, por conta de uma briga interna. Existem as brigas externas e internas. Aí atingem também os índios! Quantos índios hoje estão sendo mortos? Às vezes chega lá, a notícia nacional, que o índio foi morto por conta preservação ambiental. Não! não vou dizer que não há tá. Mas, muitos, porque eles já estão nas facções e foram mortos por facções rivais. Então pra mim, a grande marca do tráfico de drogas na Amazônia, como um todo, é o homicídio, a execução, a violência (E20).

Uma maior mazela que o tráfico traz é a violência. O tráfico de drogas é criminógeno, então, além de ter aumento do consumo local, que traz todas as mazelas ligadas a saúde pública, aumento da demanda de tratamentos, também, traz junto um aumento da criminalidade, seja um aumento da criminalidade direta do tráfico, a disputa por territórios, disputas por controle de presídios e por aí vai, seja a violência indireta gerada por seus consumidores, que já estão num grau de dependência química e precisam cometer violências, crimes patrimoniais, furtos para poder comprar sua própria droga. Seja externamente, ou seja, no seio da família, aquele jovem que está tirando dinheiro do seu pai, dinheiro da sua mãe, dinheiro do seu irmão pra alimentar o seu vício. Seja a violência destinada a alteração do estado mental da pessoa, aquela pessoa que em determinada, estado mental, fruto do uso do entorpecente, vai criar uma briga, no local de eventos, uma casa de espetáculo, em um determinado show, em decorrência da sua alteração de estado mental e isso daí em qualquer local. Aumenta o tráfico de drogas, [...] se vê esses aumentos de indicadores de violência (E22).

Como se pode observar das falas, a mesma dicotomia destacada por Adorno (2019) veio à tona, novamente, na fala dos entrevistados. Em áreas de consumo ou desvinculadas daquelas onde o tráfico *dominaria* (ou seja, detém fortes relações de territorialidade), a violência decorrente da presença de relações comerciais e do consumo desmedido de drogas, certamente, desembocaria em violência, originando outras espécies criminais como furtos e roubos (crimes patrimoniais voltados, nessa perspectiva, à aquisição de valores em prol da aquisição de drogas), e em situações mais graves, lesões corporais e homicídios.

Contudo, nas áreas sob domínio de grupos criminosos (notadamente as facções), as relações de violência já seriam exercidas em prol de um controle biopolítico das comunidades, nos termos propugnados por Reis Netto e Chagas (2018a, 2022) e Reis Netto *et al.* (2021b, 2021). Nessa perspectiva, as organizações criminosas usariam da violência para coibir a ocorrência de modalidades criminais que atraíssem a presença do Estado (sobretudo, por órgãos de segurança pública) para os locais.

Para tanto, instituiriam normas *paralelas* ao ordenamento jurídico oficial, no sentido de controlar as ações dos moradores para compatibilizá-las com o comércio dos grupos criminosos. A violência seria utilizada, neste caso, como punição aos transgressores, justamente para que a ordem artificial gerada pelos criminosos impeça a aproximação do Estado, o que, conforme já visto, funcionaria em paralelo a uma série de medidas assistenciais.

Esse entendimento, por exemplo, pode ser aplicado ao contexto relativo ao distrito de Icoaraci, em Belém-PA, analisado em seção anterior deste capítulo, no qual a proibição de pichações ordenada pela facção criminosa territorializada no local, o Comando Vermelho (CV), em verdade, parece ter sido objeto de sujeição e aceitação social, gerando visíveis repercussões nas dinâmicas dos imóveis da área, como evidenciado em campo pelo pesquisador.

Por sua vez, a violência também surgiria como um marcador de zonas de tensão territorial, nos termos propugnados por Chagas (2014), de modo que relações territoriais de conflito, em busca da dominação de determinados territórios, ocasionariam o surgimento de crimes com maior aspecto de brutalidade, normalmente representada por homicídios.

Nalguns casos, como se vê das falas a seguir, as mortes seriam associadas ao aumento de apreensões em determinados locais, assim como surgiriam em paralelo com a detecção da presença de *associados* a grupos criminosos, indicadores que, em correlação, se colocariam como marcadores de áreas em disputa. Vejam-se as falas:

> *O primeiro é a quantidade apreendida em rodovia. Aqui no* [omitido para evitar identificações] *nós temos essa característica, quando tem apreensões significativas com alguma presença de cocaína em determinados municípios que não são grandes mercados consumidores dessa cocaína, então tu tem efetivamente uma característica de que tem alguma coisa passando. Então essa é uma das formas. Uma segunda forma que nós viemos identificando, foi uma característica da fronteira aqui que foi o aumento de homicídios dolosos, que tem como características a execução. Então, nós temos essa ideia, porque quando tu tem a entrada de agentes exógenos em determinados municípios, que são estratégicos, na logística do tráfico, na logística da produção do corredor da rede, isso serve muitas vezes como entreposto. Nós temos muito isso né? Área de escoamento, área de entrepostos, municípios que servem como áreas de estoque. Então tenho que estocar aqui, porque não vou conseguir passar, porque tem uma operação do exército na fronteira. Eu não vou conseguir passar porque tem mais policiamento, porque vazou a operação. Então, tem que ter essas logísticas, não pra ter um domínio da fronteira. Mas eu tenho que ter agentes locais que consigam dinamizar isso, nós vamos identificando assim. Em conjunto com isso, tem municípios que apresentam altos números de homicídios, principalmente a partir de entradas de grupos, vindos da região metropolitana. Quando tu tem um município de 5 mil habitantes e tu tem uma alta apreensão de maconha e cocaína naquele município e tu entrevistas agentes policiais, a indicação é que se tem agentes da região metropolitana e até mesmo sujeitos presos na fronteira, que representam muitas vezes organizações criminais. Tu tem ali um interesse em uma rota, então nós vamos ali tentando enquadrar essa forma metodológica para identificar esses corredores* (E8).

> *No local onde o tráfico impera, aí você tem mais apreensões de armas, a própria apreensão de droga, os conflitos entre as facções, principalmente. Pra identificar no local que tem tráfico, é só verificar a quantidade de mortes, por conta desse conflito, pela aquela aérea. Então, a gente consegue identificar, fora outros sinais, até no muro pichado, CV, PCC, você consegue identificar ali sinais que o tráfico tá presente, que a violência tá presente naquele local (E19).*

> *Transitando em alguns bairros mais afastados das zonas centrais, e até mesmo periféricos, é possível identificar marcações nos muros com "siglas" das organizações criminosas que atuam na área, a título de exemplo, o tradicional "CV", o que demonstraria presença, ostensividade e/ou limite territorial da organização (E23).*

Como se observa, as tensões e manifestações materiais da violência poderiam indicar a presença de redes e agentes do tráfico, sobretudo se associadas a outras variáveis em correlação. O aspecto simbólico dessa violência (as relatadas pichações), por sua vez, apontada como um indicativo de uma territorialidade simbólica por autores como Couto (2018), Reis Netto e Chagas (2018a), aparentou demonstrar contextos não de uma relação consolidada, senão em consolidação. Ao contrário do evidenciado em Icoaraci, conforme comentado há pouco, a presença de pichações seria um marcador de áreas ainda em conflito, onde as facções ainda buscariam a consagração de níveis mais elevados de territorialidade, tornando necessária, dessa forma, a aposição de símbolos mais ostensivos de sua presença, de modo a demarcar o território vivido por meio dos códigos de um domínio em consagração, e que, portanto, ainda depende de conhecimento por todos.

Assim, ingressando numa hipótese para além dos autores referidos, tem-se que as pichações também poderiam ser indicadores de territorialidades exercidas por agentes do tráfico – porém, ao menos na atualidade, em sede de territórios *em consolidação*, nos quais o conflito ainda tornaria necessária a *declaração pública* da presença dos agentes. Uma vez consolidada a territorialidade, porém, sua presença falaria por si só, tornando desnecessária a aposição de símbolos públicos. O poder exercido falaria por outros meios, de outras formas.

Nesse mesmo sentido, um dos entrevistados proferiu uma fala contendo uma informação bastante interessante: a consolidação do tráfico promoveria a migração de agentes cometedores de determinadas condutas criminosas mais arriscadas (como o roubo, por exemplo) para o tráfico em si. Desse modo, observar a relação entre o *aumento/diminuição* dessas modalidades criminais em determinadas áreas, igualmente, poderia exsurgir como um identificador da presença do tráfico.

> *A renda deles 90% é em cima do tráfico. Há quanto tempo não tem assalto a banco no estado do Pará? Há pouco tempo eles tacavam fósforo no cofre. Há dois anos não se rouba um real de banco. Então, não tem outra renda: o tráfico! A facção não ganha dinheiro roubando uma moto, não ganha dinheiro roubando um carro, o que eles vendem ali, uma moto por 200 reais, um carro por 1.000 reais, aquilo ali é pra eles se manterem. Mas o lucro onde fortalece a facção é em cima do tráfico de droga* (E3).

Por conseguinte, prosseguindo com a análise das falas, alguns entrevistados apontaram, no mesmo sentido já identificado junto à literatura (Dias; Manso, 2018; Neumann, 2018; Reis Netto, 2018; Reis Netto; Chagas, 2018a, 2022; 2018b; Adorno, 2019; Guerrero; Espasa, 2021; Pfrimer; Motta, 2021; Couto, 2018, 2020a; Reis Netto *et al.*, 2021), que o tráfico buscaria a imposição de suas relações de territorialidade, justamente diante de áreas menos favorecidas das cidades e, obviamente, menos servidas da presença do Estado e suas instituições.

Seria justamente nesses locais, portanto, que o tráfico arregimentaria os componentes do setor oligopólico e os contextos ideais para instituição de *nós* dos respectivos territórios-rede, utilizáveis como pontos de passagem, armazenamento, coleta de informações privilegiadas, dentre outros necessários para o sucesso do empreendimento ilegal. A droga surge como uma opção de vida, de inclusão social numa sociedade e num mercado cuja característica principal é a exclusão dos menos preparados, dos consumidores falhos (Bauman, 1998). Vejam-se as falas:

> *No fim, a droga, hoje, ela junta com a miséria, com a falta de políticas públicas e tudo isso, que é o que traz a pobreza, o crime, a revolta, a procura, o cara quer obter material de alguma forma. Mas eu acho que a droga na questão social ela é um potencializador: a droga entra, ela alimenta isso. As pessoas que não têm como sobreviver vão vender droga e você vai ver o povo lutando contra o próprio povo. Porque é povo viciando o próprio povo e o viciado indo roubar. E, às vezes, quando o cara entra no nível de vício muito grande, ela rouba dentro da própria comunidade dele e o próprio vendedor de droga, que viciou aquele cara, vai matar aquele cara, punindo ele pela má atitude dele, entendeu?*

Na verdade, é porque ela [a droga] potencializa esses conflitos, ela potencializa. Ela traz a desgraça na família, desgraça na sociedade, aumenta o índice de crime. Ela potencializa tudo isso! Isso tudo já existiria de alguma forma, porque a gente vive em um país corrupto, onde as coisas não são divididas da forma como deveria ser dividida. Aí a droga vem e acaba tornando isso bem maior, com relação a outros pontos (E9).

É uma pergunta bem científica, eu ainda não tinha pensado nisso, mas eu acho que talvez pelo próprio contexto socioeconômico em que vivemos, talvez pra muita gente essa droga represente uma opção de vida, e isso com a passagem dela trazer rendimento para aquela localidade (E7).

A hipótese parece se confirmar, diante de diversos dados apresentados nesta pesquisa, no capítulo quantitativo: a) a forte presença de bairros precarizados enquanto áreas de consumo consolidado; b) a identificação, nos *outliers* estudados, do uso de áreas vulneráveis para fins de armazenamento de cocaína para distribuição ou destinação a outros locais. Ao revés, as áreas mais favorecidas das cidades, e sobretudo a RMB, se colocariam enquanto *hubs* de coordenação e financeiros da atividade.

Como já se mencionou na seção anterior, o marcador econômico exsurgiria como principal indicador da presença dos verdadeiros agentes territoriais responsáveis pela coordenação das atividades principais do tráfico: os componentes do setor oligopólico da atividade. Certamente, é o indicador que consignaria a principal mudança de paradigmas no enfrentamento ao tráfico de entorpecentes, como já dito na seção passada, e, novamente, é colocado como uma das principais marcas da presença do tráfico nos espaços em que se dá sua territorialidade. Vejam-se as falas:

É necessário [...] conhecer o ambiente em que estamos trabalhando, verificar que a circulação financeira, se ela está aumentando (E1).

Sinais de enriquecimento de pessoas, que não tinham justificativa pra de repente aparecer com dinheiro. Esse é o principal: o econômico! O principal rastro deixado, fatalmente, vão ser os sinais econômicos (E12).

Surgimento de pessoas poderes aquisitivos fora do comum, com crescimento rápido de patrimônio. Por vezes, pessoas que não tinham emprego ou que você não sabia de uma ocupação disto. De repente, aparecendo com um patrimônio muito grande, abrindo lojas, adquirindo veículos zero, às vezes até veículos

*blindados. Então os marcadores de riquezas, eu aponto. Maior
é o marcador de riqueza. Então você começa a perceber pessoas
diferentes, sem o histórico de trabalho, que começam a surgir
com muito dinheiro e sempre envolvidos com comércio ou outras
coisas que não se sabe explicar diretamente. Então, assim, o
marcador de riqueza ela é muito grande. Uma pessoa se desponta
com muito dinheiro fazendo diversas aquisições para uma área
que ninguém conhecia ou não se sabe a origem daquilo isso é
um marcador importante (E13).*

*A evolução patrimonial. Eu acho que é um ponto que merece
destaque. Acho que isso aí em cidades, principalmente, que a
gente não vê a economia do município em si, de se ter uma justificativa relevante e a gente vê determinadas pessoas evoluindo
significativamente. Sem uma justificativa. Isso é um fato que
a gente pode observar que é bastante latente. A lavagem de
dinheiro, dessas empresas aí, que não tem certas justificativas, a
gente ver que é muito dinheiro, então é basicamente isso (E15).*

*O principal meio que, fatalmente, nos leva até o chefe do esquema
é o rastreio de patrimônio e o rastreio de dinheiro. Então, é a
parte de movimentação financeira e patrimonial que é capaz
de levar até os chefes desses esquemas e que podem possibilitar
a constrição desses patrimônios e desse dinheiro. E dessa forma,
é a única forma que é capaz de levar ao estrangulamento dessa
atividade (E21).*

Como se vê, um dos principais caminhos para detecção dos agentes, verdadeiramente responsáveis pela consolidação do empreendimento do tráfico nos espaços, a contrassenso das práticas das últimas
décadas, não estaria nas medidas de enfrentamento direto à atividade
varejista nas ruas, senão na análise cuidadosa das oscilações patrimoniais, dos fluxos financeiros e da evolução de capitais vinculados aos
agentes que desempenhem as funções de coordenação e controle desta
atividade criminosa.

A partir do que a experiência dos entrevistados indica, seria necessária uma reversão de planejamentos e investimentos em prol do desenvolvimento de setores estratégicos de inteligência fiscal e financeira, não
só junto a órgãos de segurança pública, mas, também, junto a instituições
componentes do setor financeiro – apesar da possível resistência a ser
encontrada em relação a este último, afinal, como afirma Harvey (2016),
estes ainda seriam alguns dos principais favorecidos pelo *sucesso* dos
empreendimentos em geral, mesmo que ilícitos.

Na mesma senda, as falas também apontaram para a necessidade de lançar olhares sobre a *tecnologia* enquanto uma forma cada vez mais assente de possibilitar o transcurso de informações entre os diferentes territórios. Dessa forma, a territorialidade do tráfico se serviria, em sua busca por uma invisibilidade, justamente, das diversas inovações do meio técnico disponível nos espaços (Santos, 2017), sobretudo as encontradas nos locais em que o mesmo estivesse mais desenvolvido, como nas regiões metropolitanas.

Como já destacado a partir de Raffestin (1993), quanto maior é o fluxo de informações, menor será a necessidade de dispêndio de energia. Certamente, um menor gasto energético poderá importar num menor custo à atividade criminosa em estudo e, com isso, a preservação de maiores taxas de lucro aos *empreendedores do tráfico de entorpecentes*. Vejam-se as falas:

> *Como eles sabem que são monitorados, muitas das vezes, eles compram aqueles jogos que eu falo lá com o cara do Japão. Eu falo daqui e tal. Aqueles jogos de videogame! E o cara não tá jogando [palavra de baixo calão] nenhuma. O cara está conversando sobre o crime ali! Como é que vai pegar o tráfico, como é que eu vou entrar?* (E14).

> *Então, interceptação telefônica, como tradicionalmente conhecemos, se torna hoje um meio. Mas, em contrapartida, um smartphone tem toda a tua vida, tem as tuas contas bancárias, tem aplicativos que vão pedir teu endereço, como iFood, Uber, vão te dá teus trajetos. Então, a gente tem avançado muito nisso. A gente tá avançando. Como eles também estão avançando! Em algumas partes de banco digitais, criptomoedas. É algo que a gente tem que começar a correr atrás! Então tudo isso vai ser comumente utilizado, cada vez mais, vai ficar mais frequente para eles e vai ficar cada vez mais ficar frequente pra gente. As metodologias de investigação, pra chegar e detectar esses sinais. Eu te digo que talvez já esteja sendo e a gente não tem a dimensão de que já está sendo. Mas já é um dos trabalhos que a gente tá dando maior enfoque dentro do laboratório de lavagem de dinheiro. Tem um investigador aí que tá debruçado a estudar isso* (E18).

Como afirmou Santos (2017, p. 187), os "[...] imperativos da vida urbana estão cada vez mais invadindo o campo modernizado, onde as consequências da globalização impõem práticas ritmadas [...]", de modo que as transformações, a racionalidade do mundo atual não "[...] é apenas social e econômica [...]", mas invadiriam todos os campos da vida.

As transformações não seriam diferentes, por óbvio, no mundo do crime, no qual, cada vez mais, as transformações do meio técnico-científico-informacional (Santos, 2017) permitiriam a projeção, sobre diferentes espaços, das necessidades e intencionalidades da vida (inclusive, as ilícitas).

Assim, como bem mencionado por E18, tem-se que os agentes do tráfico sempre buscarão aperfeiçoar suas formas de interagir com os espaços em busca da sua dominação em prol de seus respectivos propósitos (territorialidade), sobretudo se isso representar uma melhor forma de garantir a invisibilidade de suas ações e planos econômicos.

Sem dúvidas, a simbiose propiciada pelo mundo financeiro e a tecnologia, a exemplo dos crimes cibernéticos atualmente em voga, pode representar uma nova fronteira a ser considerada pelos órgãos de segurança pública em seu intento de enfrentamento à criminalidade. Tem-se que a tecnologia surge como um importante marcador que, se devidamente monitorado (apesar disso ainda se constituir como um desafio, do ponto de vista legal e técnico, no Brasil), poderá representar um ponto relevante à detecção da presença e territorialidade do tráfico.

Inclusive, a despeito de as metrópoles ainda figurarem como os principais locais de concentração dos mecanismos mais propícios ao uso da tecnologia, com o aperfeiçoamento cada vez mais voraz de tecnologias e da logística do comércio de bens tecnológicos, esse papel pode mudar, com o tempo, ressignificando, até mesmo, papéis inerentes à RMB identificados neste estudo.

Em todo caso, a conclusão desta seção é assente. É necessária uma mudança de paradigmas para uma coerente compreensão da extensão e níveis de enraizamento dos agentes do tráfico em nossas cidades e sociedade, e, sobretudo, para eliminação dos males sociais prementes. É findo o tempo da *Guerra às Drogas* e do combate direto, meramente trincheiro, ao tráfico de entorpecentes.

7

CONSIDERAÇÕES FINAIS

Esta pesquisa teve como objetivo compreender o papel desempenhado pela Região Metropolitana de Belém, estado do Pará, em face das dinâmicas territoriais do tráfico internacional de cocaína. Para tanto, o estudo acabou por lançar um olhar multiescalar em torno do objeto geográfico de análise, que não só permitiu o atingimento das conclusões inicialmente intentadas, como também propiciou a obtenção de resultados para além daqueles inicialmente concebidos pela hipótese enunciada ao início da pesquisa.

Conforme propugnado pelo método adotado e buscando uma análise multiescalar e multidimensional, tem-se que a pesquisa levantou suas evidências iniciais a partir da literatura previamente produzida em torno do tráfico de cocaína no Brasil, Amazônia, estado do Pará e Região Metropolitana de Belém, junto à qual já havia alegações e estudos sustentando a existência de mercados varejistas e a territorialidade de grupos criminosos em algumas áreas dos municípios da Região.

Igualmente, contatou-se a existência de assertivas literárias que referiam a configuração da RMB enquanto ponto de passagem (nó dos territórios-rede) da cocaína que fluía pela Amazônia e, igualmente, enquanto *hub* da atividade. Essas afirmativas, no entanto, ainda partiam de impressões sobre casos relativamente isolados, bem como de afirmativas ainda dependentes de evidências concretas e de um conjunto de dados mais consolidado que explicasse o porquê das conclusões.

Ainda assim, todo esse conjunto de informações literárias direcionou o levantamento de dados realizado na etapa quantitativa do estudo, que, por sua vez, permitiu uma ampla verificação dos registros de tráfico de drogas (com especial enfoque sobre o tráfico de cocaína e suas apreensões) compreendidos entre os anos de 2018 e 2021, com a extração e espacialização de índices demonstrativos desses dados nos municípios do Pará, especialmente na metrópole paraense.

Com isso, constatou-se notória a presença de cocaína (e subprodutos) comercializada na maior parte dos bairros das cidades que compreendem a RMB (a despeito dos problemas de classificação observados quanto aos registros, conforme crítica oportunamente formulada), o que permitiu concluir, concretamente, que a região compreendia um consolidado mercado consumidor de cocaína no período de análise do estudo (contexto que, certamente, mantém-se até então). Além disso, constatou-se a prevalência de um tráfico essencialmente varejista na RMB, perante o qual 88,28% das ocorrências não correspondiam a apreensões maiores do que 100 g de cocaína (e/ou subprodutos), índice que atingiu 96,47%, considerando as apreensões entre 101 g e 500 g.

Mais ainda, tem-se que os dados quantitativos permitiram verificar a existência de diversos *outliers* (pontos fora da curva), representativos de apreensões de grandes quantitativos de cocaína, que, por sua vez, induziram a realização de pesquisas documentais, enquanto técnica transversal, para melhor aprofundamento em torno do objeto geográfico de estudo. Da análise desses casos específicos, verificou-se a existência de fluxos atacadistas da cocaína, dos locais de sua apreensão e de seus conectores dentro do estado e, nalguns casos, até mesmo, do comportamento das rotas e redes envolvidas, além de características inerentes aos agentes territoriais e seus respectivos *modi operandi*. Assim, diante dos registros, confirmou-se o papel desempenhado pela RMB enquanto nó nos territórios-rede do tráfico de cocaína.

Contudo, também se verificou que o principal direcionamento dos fluxos não coincidia necessariamente com aquela região, senão com as imediações compreendidas por esta e a área de encontro entre os rios Pará e Tocantins, o que, adiante, revelou-se enquanto uma centralidade exercida pelo Porto de Vila do Conde, em Barcarena-PA, conforme fora residualmente apontado pela literatura consultada. O papel da RMB em relação a esse local, portanto, seria mais secundário, como se conclui logo adiante.

Além disso, a partir de alguns dos *outliers* em que as investigações conseguiram atingir níveis mais profundos de concatenação da hierarquia das organizações criminosas, também se evidenciou uma tendência de utilização da RMB enquanto ponto de residência ou de estadia eventual dos agentes territoriais que desempenhavam uma função de comando dos demais agentes territoriais (nível oligopólico), levantando a suspeita de utilização da RMB enquanto *hub* de coordenação da atividade.

De maneira também residual, verificou-se que a RMB também se mostrou enquanto uma área utilizada para aquisição de bens por agentes territoriais do tráfico e, explicitamente, para fins de lavagem de dinheiro, levantando a suspeita, também, de que a região seria um *hub* econômico da atividade.

Sob as evidências colhidas até aquele momento, a pesquisa prosseguiu com a análise qualitativa de dados levantados por meio de entrevistas e técnicas transversais, que, de pronto, confirmaram que a Amazônia e o Pará seriam atravessados por pelo menos quatro grandes fluxos, que se configurariam a partir das possíveis rotas apresentadas pelos entrevistados no Capítulo 6. Estas rotas comporiam o chamado Corredor Amazônico do tráfico de cocaína, que, inclusive, apresentou uma parcela de fluxos oriunda da Rota Caipira, que, por sua vez, compõe, historicamente, o Corredor do eixo sul do país.

Estes fluxos, por sua vez, convergiriam dentro do estado do Pará em direção à principal força centrípeta local ali exercida: o Porto de Vila do Conde, em Barcarena-PA. Dali a cocaína de alto nível de pureza, enviada pelas diferentes rotas identificadas, pode fluir para o estrangeiro em direção aos principais mercados consumidores internacionais do entorpecente.

Em todo caso, tem-se que os fluxos internacionais de demanda pelo entorpecente ocasionariam o surgimento de forças centrípetas junto ao porto em destaque ou outros portos, sobretudo do Nordeste do país, para os quais passariam a se direcionar os fluxos comerciais de cocaína destinados ao abastecimento do mercado internacional.

Nesse contexto, tem-se que a demanda ativaria o funcionamento dos territórios-rede a partir de consequentes ações comerciais perpetradas pelos agentes do tráfico internacional de cocaína na Amazônia, que atrairiam os fluxos da droga ao longo de cada uma das cidades ou regiões configuradas como *nó*, ocasionando, em cada uma, o surgimento de vetores de horizontalidade multidimensionais, capazes de reorganizar, em muito, as dinâmicas locais.

Contudo, verificou-se que muitos destes fluxos também perpassariam a região de Barcarena-PA em direção à RMB, como referido ao longo das entrevistas e dados levantados mediante técnicas transversais — o que, por sua vez, confirmou seu papel de *nó* nos territórios-rede do tráfico internacional, a despeito de sua importância secundária em relação ao porto antes mencionado.

Isso, por sua vez, se daria em razão de ela se apresentar como: a) uma região que serviria como rota secundária a eventuais remessas que, por qualquer motivo, não conseguissem embarcar pelo Porto de Vila do Conde, em Barcarena-PA, considerando sua contiguidade com esse município; b) uma região que absorveria, facilmente, eventuais resíduos de cocaína que, utilizados como *mercadoria-dinheiro,* podem permanecer para oferta noutros comércios regionais; e c) uma plataforma privilegiada para remessas de cocaína que transcorrem pela *Rota Solimões,* porém com destinação a adquirentes noutras regiões do país (como o Nordeste, que foi especialmente referido pelos entrevistados), haja vista sua conexão com estas por meio de diversas estradas normalmente utilizadas para fluxo de mercadorias em geral.

Esse papel também se confirmou, inclusive, pelas constatadas investidas de grupos criminosos em busca da territorialização de (ou manutenção da territorialidade já estabelecida em) diversas de suas áreas, que, por sua vez, constituiu-se como um forte indício de que as áreas sob dominação representariam um trunfo de poder àqueles grupos, que lhes conferiria especial acesso geográfico e logístico a entorpecentes e ao comércio interno.

Para além disso, a etapa qualitativa da pesquisa permitiu a confirmação de que a RMB exerce a função de *hub* de coordenação e financeiro da atividade ilícita em estudo, justamente por conta da concentração de serviços, patrimônio, redes financeiras, dentre outros elementos encontrados em seu espaço.

Novamente, observou-se que esta concentração logística em torno da metrópole paraense geraria uma série de consequências multidimensionais, que ocasionariam uma alteração das naturais dinâmicas econômicas locais, em favor de grupos envolvidos com a atividade criminosa. Inclusive, como brevemente discutido, podem gerar um *custo* econômico que acaba por ser repassado ao cidadão, de modo que a economia criminosa aparenta prejudicar (em muito) o cidadão comum.

Em resumo, foram atingidas as conclusões a seguir, a partir dos conjuntos de dados e evidências concretas e inéditas colhidas em torno do objeto geográfico de análise, que confirmaram assertivas preliminares da literatura e apresentaram inferências absolutamente novas a respeito do tema.

Primeiramente, de acordo com a hipótese, constatou-se que a RMB, de fato, apresenta-se como uma área que detém, em diversos dos bairros de seus respectivos municípios, um mercado consumidor de cocaína (e subprodutos) bem consolidado, conforme se pode observar a partir dos dados quantitativos colhidos, bem como a partir das falas apresentadas pelos entrevistados ao longo do capítulo qualitativo.

No entanto, deve-se dizer que este mercado consumidor não seria comparável, em termos proporcionais, a outros existentes em metrópoles maiores, sobretudo das regiões Nordeste e Sudeste do país.

Igualmente, verificou-se que, embora a RMB seja diretamente atravessada por redes do tráfico internacional de uma cocaína de alto nível de qualidade (o *ouro branco puro*), voltadas, sobretudo, ao mercado exterior, de outro lado, o entorpecente que nela é comercializado se apresentaria, como regra, enquanto um produto de baixa qualidade e de níveis de pureza bastante reduzidos (excetuada a cocaína comercializada em círculos sociais mais abastados). Assim, sobretudo a partir dos dados qualitativos, apontou-se que a cocaína presente no mercado da metrópole paraense corresponderia ao que aqui se nominou como *ouro de tolo*.

Em segundo lugar, e ainda de acordo com a hipótese, contatou-se que a RMB, embora não se configure como o principal destino dos fluxos de transporte de cocaína que atravessam o estado do Pará (cuja principal centralidade é, atualmente, desempenhada pelo Porto de Vila do Conde, em Barcarena-PA), ainda assim, apresenta-se enquanto um importante *nó* dos territórios-rede do tráfico internacional de cocaína no estado do Pará.

E repita-se, como consequência desta importância logística e geográfica, constatou-se, ainda, que grupos criminosos promoveriam, na atualidade, uma ostensiva luta pela territorialização da RMB enquanto ponto estratégico de acesso à cocaína, que, obviamente, representa um relevante recurso territorial e comercial.

Essa condição, aliás, foi empiricamente constatada em relação ao distrito de Icoaraci, em Belém-PA, junto ao qual se comprovou uma forte relação de territorialidade estabelecida pela facção Comando Vermelho (CV), em determinadas áreas que aparentam uma importância estratégica à atividade.

Por terceiro, e consolidando conclusões para além da hipótese inicial, tem-se que a RMB representa um importante *hub* de coordenação do tráfico, onde os agentes territoriais pertencentes ao setor oligopólico da atividade efetivamente residiriam ou, eventualmente, estabeleceriam estadia, para tratamento das negociatas inerentes à atividade ilegal.

Isso, por sua vez, ocorreria em razão de a RMB conglobar, em tese, as áreas habitacionais e condomínios fechados de melhor qualidade dentro do estado do Pará, bem como as principais redes de serviços e *commodities*. Esses fatores, além de proporcionarem determinados *luxos* aos agentes (especialmente aos menos cautelosos), de outro lado, podem lhes fornecer, ainda, um conjunto de condições necessárias à garantia da discrição de sua vida e atividade, além de oferecer dificuldades ao acesso e investigação por parte dos órgãos de segurança, conforme foi, largamente, debatido no capítulo qualitativo do estudo.

Por certo, de igual maneira, a RMB foi compreendida como um *hub financeiro* da atividade ilícita em estudo, o que ocorreria, conforme apontado pelos entrevistados, em função da concentração de estruturas financeiras, de serviços e de comunicação que se impõem de maneira hierárquica e funcional sobre as existentes noutras regiões e cidades, que, por sua vez, facilitariam atividades de lavagem de capitais ilícitos e reinvestimento do dinheiro decorrente da economia do tráfico.

Como consequência, evidenciou-se que o sucesso das medidas de lavagem de dinheiro e reinserção de capitais, na economia legal, poderia proporcionar diferentes níveis de enraizamento social dos agentes territoriais do tráfico, que, por sua vez, passariam a manifestar, também, variados níveis de influência social e, até mesmo, política, de maneira favorável a sua atividade ilegal em diversas perspectivas.

Consolida-se, como dito, um conjunto de dados novo e relevante, que, ainda, contribui e corrobora afirmações literárias anteriores (porém relativamente limitadas), fornecendo-lhes dados que subsidiam suspeitas científicas que ainda dependiam de confirmação.

A pesquisa, ainda, esclareceu dados consolidados por órgãos de segurança em torno do tema, e, sobretudo, deixou substancialmente claro o papel da RMB em face das redes internacionais do tráfico de cocaína no espaço-tempo específico do estudo, tornando possível o lançamento de novos olhares científicos e pragmáticos sobre o problema do tráfico de drogas na região.

No entanto, como a RMB se insere num inafastável contexto de múltiplas relações havidas, em diferentes escalas no espaço-tempo, que, por sua vez, manifestam-se em variados contextos (amazônico, nacional, estadual, regional e local), tem-se que a necessidade de lançamento de um olhar multiescalar e multidimensional sobre o objeto geográfico de estudo, certamente, proporcionou o atingimento de um conjunto muito mais amplo de evidências a respeito das dinâmicas do tráfico internacional de cocaína.

Embora muitos desses dados tenham sido, relativamente, aprofundados em diversos momentos, sempre, sob o objetivo de melhor compreender o contexto inerente à RMB, é óbvio que seu maior esclarecimento ainda dependeria de pesquisas próprias e diretamente debruçadas sobre suas características, o que, certamente, não foi possível neste estudo, não só em função dos limites objetivos eleitos para o mesmo, mas, sobretudo, em função da necessidade de aprofundamentos teóricos, aplicação de técnicas adaptadas aos respectivos imperativos e da realização de *mergulhos* empíricos voltados, especificamente, a cada fenômeno.

Em todo caso, os achados em questão são ora consignados nestas considerações finais como elementos a partir dos quais é possível extrair sugestões de continuidade deste estudo, bem como propostas para a prática do enfrentamento ao tráfico por parte dos órgãos de segurança pública.

Nesses termos, em primeiro lugar, constatou-se a ocorrência de uma mudança quanto ao comportamento de organizações criminosas estrangeiras, atuantes na faixa de fronteira. Embora a literatura recente tenha apontado para um processo de fragmentação desses grupos, tem-se que os dados colhidos, no capítulo qualitativo, apontaram para a ocorrência de um movimento de *cooperação* ou *associação*, mais recente, tomado enquanto medida de resistência a possíveis investidas e tentativas de territorialização por grupos criminosos brasileiros.

Por conseguinte, também se evidenciou uma possível inserção de grupos autóctones e/ou tradicionais nas atuais dinâmicas do tráfico de cocaína na Amazônia, com a cooptação de indígenas e comunidades tradicionais de ribeirinhos, por exemplo, nas estruturas funcionais do tráfico, sobretudo nos quadros correspondentes ao setor competitivo, o que, por sua vez, pode representar novas formas de territorialização da atividade e exploração de fragilidades de cada local ou região, bem como novas formas de manifestação da exploração de vulnerabilidades sociais.

Quanto às redes do tráfico, por sua vez, tem-se que o estudo apontou para quatro possíveis rotas convergentes em direção ao estado do Pará, que se valeriam de diferentes modais para garantia do fluxo de cocaína, compondo o que a literatura convencionou enquanto *Corredor Amazônico*: a) a Rota *Rio Solimões*; b) a Rota *Acreano-Rondoniense*; c) a Rota *Caipira*, que, contrariando sua histórica relação com o eixo sul do país, apresentaria fluxos em direção ao *eixo norte*, na atualidade; e d) a Rota *Suriname-Amapá*, cujas origens seriam na Venezuela (embora não se tenha total esclarecimento deste fato), que ingressaria por modais marítimos via oceano Atlântico.

Obviamente, embora as cidades e regiões que se caracterizam como nós dessas redes tendam a manifestar certos níveis de permanência no espaço-tempo (ao menos, enquanto não ocorrer qualquer medida de fiscalização mais severa ou o surgimento de um ponto com maiores vantagens), em razão da infraestrutura necessária à logística do tráfico, de outro lado, é importante um estudo e monitoramento constante das mudanças dos seus respectivos fluxos, não só como relevante objeto científico, porém, sobretudo, como conhecimento apto a subsidiar ações e planejamentos no campo político e executivo da segurança pública.

O monitoramento daquelas regiões e cidades, igualmente, poderia permitir a compreensão de *como* a territorialidade do tráfico e suas repercussões multiescalares e multidimensionais podem ocasionar influências no território *usado*, no espaço vivido pelas populações locais, recondicionando economias e forças políticas a partir da inserção do elemento endógeno, que é a droga (enquanto capital, ou seja, valor em movimento, engrenagem de uma economia global).

Igualmente, esse monitoramento também poderia permitir a compreensão em torno dos recursos e dinâmicas que tornam aqueles locais interessantes à territorialização progressivamente propugnada por diversas organizações criminosas no Brasil, notadamente as facções, como evidenciado no capítulo qualitativo, fenômeno que tem promovido o surgimento de zonas de tensão que, com o tempo, desembocam em contextos de grave violência. A partir disso, por sua vez, poderiam ser extraídos dados indutivos, capazes de direcionar o olhar a outras áreas com mesmas potencialidades de uso pelo tráfico, para efetiva identificação de sua presença ou prevenção quanto a futuras investidas.

Ainda, tem-se que a observação das rotas permitiria importantes levantamentos em sede de inteligência, que, por sua vez, auxiliariam na identificação dos modais e técnicas comumente utilizados pelos agentes, também enquanto dado indutivo, capaz de servir como subsídio para o assessoramento dos órgãos de segurança não só na Amazônia, mas no Brasil e América Latina.

No mesmo sentido, também se compreende como relevante a continuidade do estudo no sentido de buscar um maior aprofundamento em torno dos impactos causados pela centralidade desempenhada pelo Porto de Vila do Conde, em Barcarena-PA, em toda região contígua e próxima, que, como analisado sob óticas quantitativas, parece sofrer substancial influência decorrente das redes que cruzam a região, sobretudo nas imediações dos rios Pará e Tocantins, como mencionado, exaustivamente, até então.

Como recém-explicado e em momento anterior, tem-se que a relação estabelecida entre a região e as redes internacionais espraia uma série de vetores de horizontalidade que, numa perspectiva multidimensional, parece influenciar a região e recondicionar as relações comerciais e de vida, junto aos espaços locais.

E, como mecanismo que pode auxiliar os órgãos de segurança quanto aos acompanhamentos sugeridos, recomenda-se a criação de painéis de acompanhamento constante de taxas envolvendo ocorrências e quantitativos de entorpecentes, à imagem da TTD e TPD propugnadas por este estudo, que, ainda, podem dar origem à *dashboards* (painéis de interface gráfica) atualizáveis de forma progressiva, assim como mapas coropléticos com informações ordenadas, que, certamente, seriam uma interessante fonte de informações aos órgãos do sistema de segurança e inteligência.

Contudo, para o real sucesso destas recomendações, urge que o sistema de segurança pública e o subsistema de inteligência do estado do Pará busquem, com relativa urgência, uma maior aproximação dos municípios paraenses, para adequação dos registros públicos sobre o tráfico (o que, obviamente, se estenderá em práticas e benefícios a todas as demais espécies criminais) a uma fiel divisão dos bairros e comunidades.

Como foi objeto de crítica anterior, muitos municípios não detêm uma divisão oficial de seus bairros, distritos e localidades. Isso, além de impedir a implementação das próprias políticas públicas corriqueiras nas mais diversas áreas, certamente frustra a possibilidade do lançamento de olhares mais qualificados a respeito dos fenômenos criminais, correlações com espaços e a identificação de possíveis territorialidades.

Assim, uma correta divisão de bairros, que deveria ser levada em conta, também, nos registros oficiais, poderia contribuir para comparativos relevantes (por exemplo, entre a ocorrência do tráfico de drogas e as Unidades de Desenvolvimento Humano de cada local), permitindo uma espacialização de índices mais precisa e passível de comparação com inúmeras outras variáveis. Essa medida, certamente, seria interessante a todas as unidades federativas envolvidas.

Sob a mesma perspectiva, afigura-se interessante a realização de estudos em torno da variação de preços do entorpecente no varejo e atacado nos estados da Região Norte, a exemplo de iniciativas já realizadas noutros estados do Brasil. Essa análise, inclusive, poderia subsidiar a elaboração de metodologias e indicadores de maior/menor presença de entorpecente no varejo, bem como em circulação pelos territórios-redes do atacado do tráfico de cocaína, os quais poderiam fornecer sinais a partir das variações de preço progressivamente detectadas.

Ainda, conforme uma perspectiva econômica, urge o estabelecimento de metodologias aptas a subsidiar o sistema de segurança pública quanto ao comportamento dos agentes territoriais do setor oligopólico, que, por sua vez, detém uma atuação mais distanciada da droga que normalmente é apreendida nas operações. Nesse sentido, tem-se que a elaboração de inventários quanto às técnicas de lavagem de capitais e formas de circulação de valores no mundo do tráfico, aliada à elaboração de indicadores de *atitudes econômicas e movimentações suspeitas*, se coloca como um possível caminho à ciência e aos órgãos de segurança e inteligência.

Inclusive, a partir das falas dos entrevistados, tem-se que a identificação e óbice à circulação do capital, decorrente das atividades ilícitas, se constituiriam numa relevante medida de enfrentamento ao tráfico de entorpecentes, que, como foi demonstrado no capítulo quantitativo, ainda recai, substancialmente, sobre o varejo, ou seja, sobre o setor competitivo do tráfico de drogas.

O fortalecimento desta linha de enfrentamento, inclusive, depende de um nítido investimento e aparelhamento de delegacias especializadas e laboratórios de lavagem de capitais, o que, certamente, auxiliaria, em cadeia, as atividades desenvolvidas por uma série de outras unidades especializadas, como as delegacias especializadas em narcóticos, as delegacias de enfrentamento às facções, os GAECOS – Grupos de Atuação Especial de Repressão ao Crime Organizado – do Ministério Público, além de diversos órgãos responsáveis pela atividade de inteligência.

Aliás, nunca é demais referir a necessidade de aparelhamento e investimento contínuo nos órgãos e agentes vinculados à atividade de inteligência, na qualidade de responsáveis pelo assessoramento de diversos outros órgãos especializados e autoridades competentes pelo processo decisório de políticas do enfrentamento ao tráfico de drogas. Deve-se referir, também, na esteira das falas dos entrevistados, a necessidade de discutir e fortalecer o processo de integração entre as diversas agências que compõem o sistema e os subsistemas de inteligência junto à União e demais membros componentes da federação brasileira.

Como verificado, a cultura de compartilhamento de informações ainda é bastante relegada a um segundo plano, ao passo que, como referido por alguns entrevistados, ainda parece subsistir um contexto de disputa entre determinadas agências de segurança pública brasileiras. Isso, em termos práticos, apenas importaria na fragmentação de ações e investigações que abandonam a possibilidade de ser *completas e efetivas* em relação ao enfrentamento ao tráfico, tornando as ações apenas pontuais e restritas a determinados limites.

Para além disso, afigura-se imprescindível o fortalecimento das corregedorias e órgãos de controle interno das forças de segurança, diante das evidências de corrupção e envolvimento de alguns agentes e órgãos com o tráfico de drogas, que, como visto no Capítulo 6, se afigurou como um achado (tão) relevante (quanto assustador) ao final desta pesquisa.

O estabelecimento de medidas de controle de ações e acompanhamento de evolução patrimonial de agentes, nesses termos, poderia se configurar como uma metodologia inicial de enfrentamento ao problema, permitindo um olhar mais especializado por parte dos próprios órgãos de segurança sobre sua realidade e como a *febre do ouro* poderia afetar seus agentes.

Inclusive, a efetivação de novos mecanismos de controle no âmbito interno dos órgãos de segurança, certamente, poderia contribuir para o surgimento de mecanismos igualmente eficientes para o acompanhamento e detecção do envolvimento de outros agentes (políticos, inclusive) com a economia do tráfico de entorpecentes.

Numa esfera prática, considerando a referida *sensibilidade* do mercado aos comportamentos do tráfico, decorrente, como já mencionado no Capítulo 6, da especulação realizada na lavagem de dinheiro, na movimentação do mercado para reinvestimento dos valores do tráfico, das oscilações decorrentes da venda de uma droga *mais ilícita ainda* (advinda da revenda de droga apreendida por agentes da segurança), da extorsão de comerciantes pelas facções, dentre outros possíveis exemplos, considera-se a possibilidade de realização de estudos envolvendo o impacto do crime nas relações comerciais, demonstrando como o *custo criminal (custos criminis)* atinge frontalmente o cidadão comum.

A partir das falas dos entrevistados, por exemplo, pode-se pensar na realização de análises exploratórias a respeito de como o tráfico poderia influenciar o mercado imobiliário ou mercado de criptomoedas no sentido de facilitar e favorecer o empreendimento criminoso e, com isso, influenciar também a variação de preços comuns ao consumidor (bem como os respectivos índices governamentais que orientam diversos outros setores legais, inclusive). Ou, em perspectivas mais locais, de como a presença de organizações criminosas poderia afetar o mercado imobiliário ou a qualidade e lucratividade dos comércios desempenhados nestas áreas.

Enfim, nos termos propugnados no referencial teórico do estudo, tem-se que o tráfico, de fato, configura-se como uma atividade ilícita existente numa simbiose inseparável com o sistema político, financeiro e social, afetando diretamente suas dinâmicas e todo o conjunto de relações territoriais preestabelecidas em cada local.

Enquanto fenômeno geográfico, tem-se que as diversas ações realizadas pelos diferentes setores do tráfico se materializam enquanto um conjunto de vetores ou forças de considerável influência nas relações espaciais em geral, justamente por se materializarem enquanto forças multidimensionais e multiescalares imensuráveis, que se realizam sob um intento de domínio dos espaços, em prol do sucesso de suas atividades, que discrimina e ignora totalmente os ideais paralelos de *apropriação* dos mesmos como *bem de vida*.

A atividade ganha força, sobretudo, nos locais mais fragilizados e precarizados das cidades, junto aos quais, como visto à luz da materialidade dos dados, a atividade busca arregimentar os componentes de seu setor competitivo, sob uma *corrida do ouro*, uma disputa econômica que insere cidadãos comuns numa sociedade de consumo que ignora consumidores falhos, mas os admite enquanto adeptos do tráfico, agentes ativos de uma engrenagem do consumo desmedido e ilegal, sob uma condição mais precária ainda à sua vida e integridade: a de necessários marginais, de acionistas do nada (D'Élia Filho, 2014). Ao passo, os reais empreendedores do setor oligopólico acabam por concentrar seus lucros e patrimônio (em suma, seu capital) noutras cidades e regiões não necessariamente vinculadas às redes, enraizando-se e, com isso, passando a exercer diferentes níveis de influência.

Por conseguinte, fato é que a economia do tráfico de drogas se apresenta como um fenômeno que interfere diretamente nas diversas dinâmicas e dimensões da realidade por onde suas respectivas redes perpassam ou onde se estabelecem seus agentes oligopolistas, inserindo variáveis caóticas em uma equação de (des)equilíbrio social, já naturalmente frágil (em função das preexistentes desigualdades materiais e das lógicas econômicas predatórias, em geral).

O tráfico também contribui como um ingrediente a mais na receita da desigual divisão espacial do trabalho, enquanto elemento que agrava fragmentações e, mais ainda, ocasiona o surgimento de zonas de tensão que acabam por gerar fronteiras prejudiciais ao *espaço vivido* do cidadão, ao verdadeiro *território usado*, (res)significando-o a partir da violência e de lógicas de (auto)exploração que, diariamente, atraem milhares para as fileiras (precarizadas e arriscadas) do mundo do comércio (e, talvez, consumo) de entorpecentes.

Porém, esse ainda é somente o lado sensível do mundo do tráfico. A parcela da atividade percebida por seus riscos, pela possibilidade de morte, pelas apreensões, pelas notícias, pelos estigmas. Enfim, tão mal compreendida quanto o espaço *meramente percebido por um turista* (Lefebvre, 2000), que, no entanto, ainda não se apercebeu do *vivido* em sua totalidade, que não ultrapassou, em verdade, a *linha* que separa o *meramente notado* do *real*.

À frente dessa linha, a economia do tráfico se revela uma complexa e densa estrutura. Algo alegoricamente comparável a um rizoma, que, numa relação de parasitismo com uma planta (a sociedade), extrai seus nutrientes (lucros) de um solo representado pelos espaços fragmentados, pela parcela explorável de trabalhadores do tráfico em seu setor competitivo, pelos locais de conflito, pelos mercados de consumo etc. Solo esse, aliás, também explorado pela planta (a sociedade de consumo desenfreado deste início de século XXI).

Essa estrutura rizomática, em seguida, como que por meio de *xilemas,* transfere esses nutrientes (os capitais) para os âmbitos *mais altos* da planta hospedeiro (a sociedade), onde o alimento em movimento, a seiva bruta (o capital), é lavado, exposto à luz do sol, fotossintetizado e, assim, ganha um novo aspecto e significado ao organismo (como uma seiva elaborada). Em seguida, o nutriente é redistribuído por todo o restante do sistema, da estrutura societária, alimentando a planta hospedeira e o próprio parasita em seu funcionamento simbiótico cotidiano[72].

As raízes do rizoma se sacrificam, afundam-se na terra, estendem-se em relação à obscura profundidade dos espaços para permitir que os estratos mais altos da planta e do rizoma se enraízem e sustentem, ao longo do tempo, sua pujança e beleza à luz do sol, para admiração de

---

[72] Os *xilemas* são os responsáveis pelo transporte dos nutrientes captados pelas raízes de um vegetal (a seiva bruta) para as folhas, onde serão retrabalhados e redistribuídos (como seiva elaborada) por meio dos *floemas,* para o restante da estrutura das plantas.

quem quer que seja. Mesmo que pereçam em sua exploração pelo necessário à sobrevivência da estrutura, as raízes são muitas – o que permite a eficiente manutenção e estabilidade dos estratos mais altos da planta e de seu parasita, mesmo diante de tempestades que, impiedosamente, perturbem a estrutura como um todo.

Destarte, ao que parece, os esforços de combate ao rizoma têm se concentrado em mergulhar, diariamente, no solo, sob as mesmas dificuldades das (exploradas) raízes, em busca de sua ineficiente eliminação. Corta-se uma raiz, mas as potencialidades do solo fértil (as amplas possibilidades de exploração propiciadas por um mundo global predatório) permitem sua multiplicação incessante.

A solução seria cortar o rizoma em sua totalidade, certamente diriam alguns.

A questão é que, a essa altura, é difícil diferenciar planta e rizoma. Mais ainda, é praticamente impossível efetivamente diferenciar de onde advém a seiva (o capital) de que ambos se alimentam. A essa altura, a planta se alimenta da seiva do rizoma, certamente.

Em simbiose, o rizoma cresceu de forma tão assente em torno da planta (a sociedade), décadas por décadas, que foi capaz de desenvolver uma relação de parasitismo tão intensa, que o matar significaria sangrar mortalmente seu hospedeiro, uma vez que são inimagináveis os setores por onde se expandiram suas estruturas.

Outros diriam que a solução seria eliminar o nutriente (a cocaína, não obstante, a ideia seja válida para qualquer outro entorpecente). Porém, há tempos não parece haver qualquer possibilidade de controle sobre a vontade de captá-lo (enquanto bem de consumo ou produto gerador de capitais), ainda que a droga se tornasse controlável, de alguma forma, pelo Estado.

Ainda, deve-se advertir: por essas linhas, tem-se que ao menos um *xiloma* desse rizoma se instalou sobre o nordeste do Pará, relacionando-se com Barcarena-PA e com a Região Metropolitana de Belém. O que quer que atinja o rizoma, invariavelmente, atingirá de forma multidimensional esta região.

Afora a alegoria, muitos afirmam que a legalização seria a solução.

Contudo, a mudança do estatuto legal (que, como anteriormente dito, é a ilegalidade) jamais solucionará o problema sem um acompanhamento preparatório de diversos setores da sociedade. Grandes empresas, por exemplo, se envolverão, imediatamente, com o novo nicho legal de produtos a explorar (ou, somente, continuarão aplicando sua expertise, dali em diante, num campo da legalidade), em detrimento de grandes contingentes populacionais em situação de precariedade, mas que, diante da falência do estado-providência, encontraram no tráfico sua opção de inserção social.

Logo, com esse movimento pós-legalização, tem-se que esses contingentes ao serem excluídos do jogo do comércio de cocaína, certamente, se recolocarão dentro da economia da ilegalidade, passando a se dedicar a outras atividades dentro da lógica do politráfico ou contrabando. A sociedade de consumo (sobretudo o consumo necessário à vida) não pode esperar! Portanto, nem de longe a solução seria clara ou automática, embora possa representar um caminho a ser potencialmente estudado, como as diversas sugestões propugnadas nas linhas anteriores.

Em todo caso, tem-se que a *febre do ouro* não cessa.

Ela continua impelindo muitos *incautos Reis Midas* em direção a um mundo comercial não aparente, que se conecta com a sociedade, a economia e, certamente, a política em diferentes níveis. Um mundo não óbvio, em que o prazer do ouro conduz seus aficionados em direção a uma "[...] calamidade inusitada [...]" que torna o mundo do tráfico de cocaína "[...] rico e miserável" (Ovídio, 1983, p. 203).

A grande questão, talvez, seja perceber que *Midas* não deteria o poder de transformar as coisas comuns em ouro (como se transforma a *Erythroxylum* em ouro branco e este, por sua vez, em mercadoria ou mercadoria-dinheiro) se, para além dele, não existisse o *deus Baco*, insigne responsável pela concessão do "tão nocivo dom" a *Midas* (Ovídio, 1983, p. 203).

A questão final que se coloca é: quem seria *Baco*? Quem seria essa entidade que figura entre reis e deuses, e que concede o dom, ao mesmo tempo, favorecendo-se dos mortais que rogaram tamanha maldição? A solução desta questão talvez seja a própria solução ao problema social decorrente do tráfico de drogas.

Noutras palavras: se a cocaína é, como bem afirma Saviano (2011, p. 43), "a resposta exaustiva à necessidade mais imperativa da época atual: a falta de limites", quem seria, de outro lado, o implícito beneficiário da circulação do *ouro branco*?

Ao fim, há um grande perigo em olhar para dentro "[...] do abismo do narcotráfico [...]" enquanto "[...] um mundo que funciona, que é eficiente, que tem regras. Um mundo dotado de sentido" (Saviano, 2011, p. 388).

Um perigo de enxergar as reais engrenagens que parecem reger âmbitos políticos e econômicos, um mundo para além daquilo que o cidadão comum é capaz de observar. O perigo de não retornar desta busca!

Ao fim, talvez não exista o rizoma. Somente a própria planta.

8

SONS QUE AINDA ECOOAM PELAS ORELHAS DO INCAUTO MIDAS: UM *POST SCRIPTUM* SOBRE O TRÁFICO DE COCAÍNA E UMA HISTÓRIA RECENTE DA AMAZÔNIA NAS REDES DO TRÁFICO DE COCAÍNA

A tese de doutorado que deu origem a este livro foi defendida e aprovada no dia 20/3/2023, e, após mais de um ano deste fato, cumpre o necessário registro de algumas breves linhas sobre transformações dignas de notas, para os leitores e estudiosos mais atentos.

O conjunto de resultados obtidos pelo trabalho original foi imediatamente comunicado a agentes do sistema de segurança pública estadual e federal, que, acredita-se, lançou olhares específicos sobre determinados pontos do território paraense e amazônida (muitos que já eram objeto de investigação ao longo das visitas técnicas realizadas pelo primeiro pesquisador), gerando operações e políticas que alteraram algumas das dinâmicas originariamente discutidas nas linhas dos capítulos anteriores. Além disso, algumas transformações políticas e sociais relevantes também ocorreram no período, sendo dignas de nota.

Como se destacou anteriormente, a atuação do tráfico é bastante volátil, sobretudo em razão das possibilidades que advêm do significativo lucro desta atividade e seu forte potencial de enraizamento social e cooptação de agentes da esfera pública e privada. Daí se destacar um novo apanhado de informações, umas relativas a fenômenos que referendam os achados do trabalho, outras que demonstram algumas modificações no espaço-tempo presente que, certamente, importam em possíveis modificações das dinâmicas do tráfico.

8.1 A NOVA REGIÃO METROPOLITANA DE BELÉM

Uma primeira transformação ocorrida no interstício destacado, certamente, foi a transformação relativa à extensão dos municípios que compõem a atual Região Metropolitana de Belém-PA, acrescendo-se, por meio da Lei Complementar n.º 164/2023 (Pará, 2023), o município de Barcarena-PA, ao rol anteriormente existente.

A justificativa da inovação jurídica corresponderia ao atingimento de novos níveis de densidade demográfica e funções urbanas assumidas pelo município (Pará, 2023), mesmo estando este conectado diretamente à anterior RMB somente pela via fluvial (já que o deslocamento via estrada necessariamente envolve o município de Abaetetuba, não incluso na atual configuração da região, por razões não explicadas pelo documento oficial).

Obviamente, não se pode olvidar que o alcance potencial, político e econômico do município de Barcarena, nos últimos anos – sobretudo diante de sua relevância internacional –, passou a atingir interesses econômicos assentes e resultar em números expressivos que *valorizariam*, economicamente, o mercado da RMB. Isso, certamente, foi uma razão implícita desta integração ocorrida em 2023.

O valor de uma região, afinal, é determinante para os investimentos (vetores econômicos nacionais ou internacionais) que ela pode atrair, potencialmente. Assim, é natural se concluir que a integração para fins administrativos, certamente, também (re)orienta fluxos de múltiplas dimensões (econômicos, financeiros, políticos etc.) em direção a Belém, que corresponde ao centro político-econômico do Pará (e, em larga medida, da própria Amazônia), garantindo uma centralidade da capital (e a não centralidade de outros locais).

Em todo caso, tem-se que, com a inclusão de Barcarena-PA, a RMB também passou a absorver a centralidade desempenhada por aquela cidade diante das dinâmicas do tráfico internacional de cocaína, conforme discutido ao longo desta obra. Portanto, pode-se falar que desde o ano de 2023, certamente, a RMB adquiriu o *status* de plataforma internacional de despacho de cocaína pelo modal marítimo internacional.

Para além disso, certamente, a transformação também pode representar um reforço do papel de *hub* de coordenação e *hub* financeiro da atividade do tráfico, consolidando o papel da *metrópole*, agora, sem divisões ou limitações, diante do (agora ex-) município vizinho.

Figura 60 – A atual Região Metropolitana de Belém, Pará, após alteração política do
ano de 2023

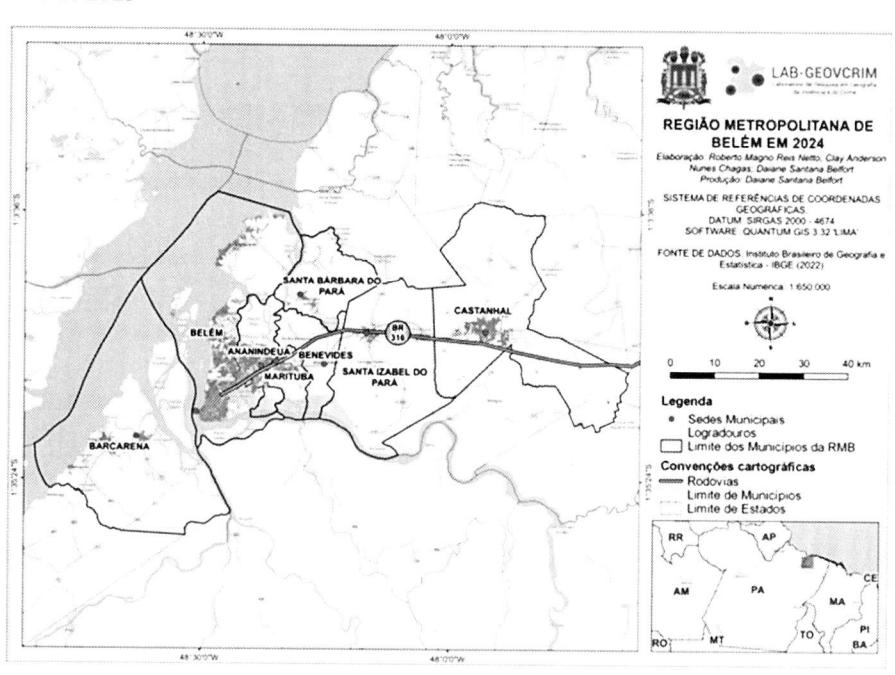

Fonte: elaboração dos autores a partir dos dados da Lei Complementar n.º 164/2023
(Pará, 2023)

Enquanto região integrada, a metrópole paraense também passou
a consolidar, em níveis mais profundos, as (des)vantagens econômicas
do tráfico internacional. Afinal, o PIB conjunto dos municípios da RMB,
doravante, também será composto pelas redes econômicas ilícitas que,
como visto, atravessam a cidade de Barcarena-PA e ampliam seus *números*. E, certamente, isso interferirá (mais ainda) nos *custos* sociais gerados
pela integração dessa economia ilícita à RMB, possivelmente ampliando
os efeitos negativos amplamente discutidos no Capítulo 6 desta obra.

8.2 ALTERAÇÕES VIVENCIADAS NO CORREDOR AMAZÔNICO DO TRÁFICO INTERNACIONAL DE COCAÍNA

Ao longo de um ano, algumas transformações relevantes também
ocorreram na escala amazônica, que, certamente, são dignas de registro,
por conta das influências que passaram a gerar em relação ao *Corredor
Amazônico* do tráfico de cocaína.

Primeiramente, deve-se consignar que os estados do Pará e do Amazonas (ainda ao longo do desenvolvimento do trabalho originário desta obra) adotaram a estratégia de instalação de bases fluviais em importantes pontos de fluxo daquele corredor.

O estado do Amazonas, atualmente, detém quatro bases móveis com significativa estrutura integrada voltada à segurança pública e defesa social, denominadas de *Arpão 1*, *Arpão 2* (esta inaugurada em janeiro de 2024), *Tiradentes* e *Paulo Pinto Nery*, que passaram a ser destinadas à cobertura de cursos de rio onde se mostrou comum a ocorrência do narcotráfico e de outras atividades ilícitas (como a biopirataria e o garimpo ilegal) (Portal O Poder, 2024). Essas localizações estratégicas, para além da tríplice fronteira, conglobam também pontos específicos próximos à divisa com o estado do Pará e a área (aqui apontada como relevante à atividade) concernente à chamada *Cabeça do Cachorro*, no noroeste do estado do Amazonas.

Em contato com profissionais da segurança da região (mantendo vivo o movimento de alimentação do diário de campo), inclusive, identificou-se que a presença das bases gerou modificações nos fluxos de entorpecentes em rios do Amazonas, ocasionando, por exemplo, um fenômeno de deslocamento do entorpecente por intermédio de *picadas* na mata densa, transportado a pé, por intermédio de grandes contingentes de pessoas que carregavam as drogas em estruturas semelhantes a coletes náuticos (adaptados para receber os tijolos de drogas e acoplá-los ao corpo).

Estes indivíduos, literalmente, caminhavam em filas indianas compostas por dezenas de pessoas, para escapar das fiscalizações das bases fluviais, alternando modais fluviais e o tráfego a pé, numa clara mudança que desafia os órgãos de segurança e os meios de fiscalização das ações ilícitas.

Já no Pará, registrou-se a inauguração da base fluvial Antônio Lemos (Agência Pará, 2022a), situada no Estreito de Breves, especificamente na região do rio Tajapuru, com uma estrutura integrada que registrou uma intensa atuação na região, com significativa redução de ocorrências de roubo, violência contra a mulher e tráfico na Região (Braga, 2023), entre outras espécies criminosas. A presença e a capacidade de resposta mais eficiente propugnada pela base (Agência Pará, 2022a), certamente, também estão ocasionando (neste exato momento) modificações nas dinâmicas do tráfico, conforme informações levantadas em campo junto a agentes da segurança.

Primeiramente, relatou-se a este pesquisador em suas incursões mais recentes que o movimento de lanchas e embarcações de grande capacidade de carga e velocidade adquiriu um comportamento *mais cuidadoso*. Agora que o estado do Pará possui maior capacidade de perseguição e neutralização desses veículos, os agentes territoriais do tráfico passaram a adotar rotas alternativas ao longo do emaranhado de rios da região.

Ainda assim, como observado em apreensão ocorrida no ano de 2022, no município de Prainha-PA (comentada a seguir), e, mais recentemente, em confrontos registrados em agosto de 2024, os atravessadores não renunciaram ao uso das lanchas de alta velocidade. Embora seu comportamento esteja mais cuidadoso, como dito antes, observou-se uma possível intensificação do poder de fogo disponibilizado aos traficantes, para defesa das mercadorias e enfrentamento ao estado.

Figura 61 – Apreensão de drogas e armas, ocorrida em setembro de 2022, no município de Prainha-PA, na Rota Rio Solimões

Fonte: O Liberal (2022)

Nesse caso, além da droga (que se encontrava em boa parte submersa), os órgãos de segurança pública estaduais localizaram armamento de grosso calibre, certamente destinado ao enfrentamento de eventuais agentes eventualmente contrapostos ao atravessamento do produto ilícito. Além disso, localizaram-se mais de vinte mil reais em dinheiro vivo, certamente utilizado como paga pela relação (demonstrando que, neste caso, o entorpecente não deve ter sido utilizado como mercadoria-dinheiro).

Para além disso, os agentes responsáveis pelo atravessamento dos produtos ilícitos mantiveram (e possivelmente ampliaram) o movimento de cooptação de agentes locais para armazenamento do entorpecente em períodos estacionários e, em paralelo a isso, passaram a monitorar os movimentos dos veículos (aéreos e fluviais) das forças de segurança pública. Igualmente, manteve-se o disfarce das cargas em embarcações comuns, como balsas e barcos pesqueiros, conforme verificado em recente apreensão protagonizada pelas forças estaduais de segurança durante a operação *Guardião do Norte*, em abril de 2024.

Figura 62 – Apreensão de cerca de 3,2 toneladas de drogas (*skunk* e cocaína) ocorrida em abril de 2024 em Abaetetuba-PA. À esquerda, tablete com imagem que mescla as bandeiras do Brasil e da Colômbia. À direita embarcação utilizada para o transporte do entorpecente.

Fonte: embarcação: G1 (2024a); tablete: imagem concedida ao pesquisador em campo

Também no sentido de buscar burlar a ação do Estado, agentes de segurança referiram que os agentes do tráfico estariam fazendo uso da tecnologia Starlink[73] (cujos equipamentos teriam sido parcialmente encontrados em ocorrências mais recentes, ainda tramitando sob sigilo de inquérito). Com o uso de uma internet funcional nas áreas em questão (o que foi apontado como uma carência, inclusive, de certas unidades da segurança pública), os agentes do tráfico conseguiriam economizar energia

---

[73] Trata-se de uma tecnologia de fornecimento de internet mediada por satélites da empresa SpaceX, que, atualmente, se disseminou no Brasil, sendo, inclusive, a provedora de aplicações que mais cresceu na região amazônica, sobretudo em áreas de difícil acesso e sem infraestrutura das provedoras brasileiras mais comuns, detendo antenas em cerca de 90% dos municípios da Amazônia legal e todos os municípios da faixa de fronteira da Calha Norte. No entanto, muitos questionamentos têm sido tecidos sobre a empresa, diante da localização de seus aparelhos e antenas em áreas de garimpo ilegal, por exemplo (BBC News, 2024).

e recursos para transporte da droga mediante a obtenção de informações privilegiadas sobre o deslocamento dos órgãos de segurança na região (mediado por olheiros) e sobre rotas potencialmente utilizáveis por GPS.

Como se pode observar, a ação do estado do Pará já ocasionou substancial alteração na dinâmica de transporte, o que, certamente, também ocorrerá mais adiante, com o funcionamento da já mencionada base *Candiru* (que, agora, passará a funcionar sob competência do estado do Pará), no município de Óbidos-PA. Há uma tendência para intensificação da alternância de modais (conforme já se apontou em relação à região noroeste do estado), justamente como forma de burlar a fiscalização que ali se intensificará.

Inclusive, já há registro específico sobre a utilização deste modal, bem recente.

Figura 63 – Apreensão de 301 kg de cocaína, no município de Pacajá-PA, em julho de 2024

Fonte: Pará (2024)

Trata-se da apreensão de 301 kg de cocaína (cocaína e óxi), em área rural próxima à vila *Moça Bonita*, no município de Pacajá-PA, relativamente perto de Tucuruí-PA e da já apontada confluência entre a BR-230 (Rodovia Transamazônica) e a PA-422. A droga era transportada em aeronave de pequeno porte que, conforme as investigações, teria apresentado problemas técnicos e caído em área de mata, na região.

Conforme informações disponibilizadas ao pesquisador, a aeronave estaria registrada em nome de um pré-candidato a um cargo público municipal no Pará, porém teria sido vendida anteriormente a um terceiro (conforme documentos apresentados na investigação) que, em verdade, exerceria o papel de *laranja* de um traficante brasileiro, com reconhecidos vínculos no estado de Goiás e com histórico de envolvimento com a *Rota Caipira*.

Embora qualquer afirmação sobre o caso ainda seja precoce e não permita qualquer conclusão, o fato, em si, permite algumas observações: a) constata-se a adoção de práticas comumente utilizadas na *Rota Caipira*, especialmente quanto à ocultação/adulteração de registros de aeronaves e o uso deste meio de transporte para o tráfico de cocaína, certamente advinda da origem andina já apresentada nesta obra; e b) o revolvimento da atenção de agentes territoriais tipicamente envolvidos com o *eixo sul* do tráfico internacional de cocaína para o *eixo norte*, conforme hipóteses mencionadas nos capítulos anteriores.

Mais ainda, o caso denota que, com a intensificação da fiscalização e incremento de estruturas policiais nos rios da Amazônia, a nova fronteira a ser explorada pelo tráfico corresponde ao espaço aéreo, à imagem e semelhança do comportamento já adotado na Rota Caipira. A quantidade de pistas aéreas identificadas no estado, em pesquisa desenvolvida pelo Mapbiomas (2023), sobretudo na região sudoeste, se coloca como um forte indicativo da hipótese ora levantada.

Figura 64 – Pistas de pouso identificadas em áreas indígenas ou de garimpo, no estado do Pará, até março de 2023

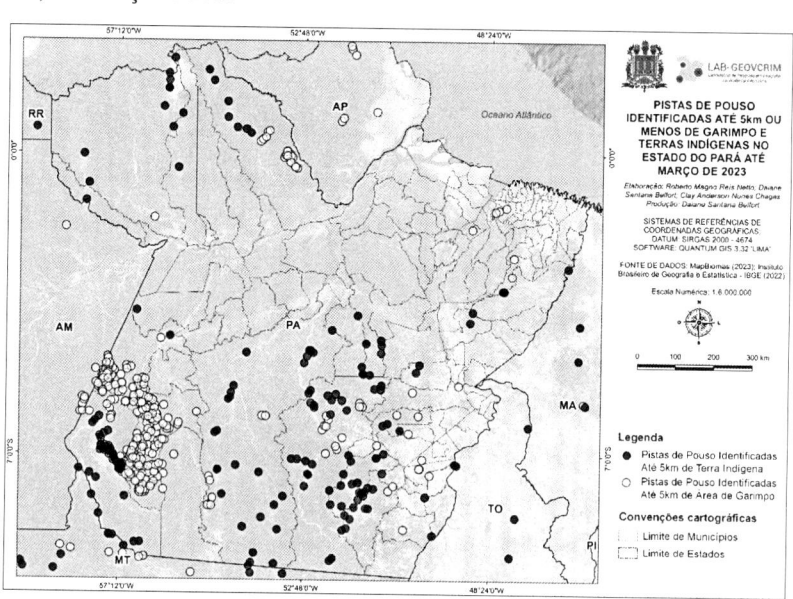

Fonte: elaboração dos autores a partir de dados do Mapbiomas (2023)

Por óbvio, para que o modal funcione de forma consistente, será necessário, acaso mantido o padrão histórico do eixo sul, a ocultação das pistas de pouso em empreendimentos como fazendas, empresas rurais ou outras atividades que justifiquem a *existência* da estrutura no local. No caso do Pará, pelas dificuldades de fiscalização já apontadas ao longo do trabalho, tem-se que o papel de ocultação das estruturas ainda pode ser desenvolvido por garimpos ilegais e áreas indígenas, o que, com a intensificação dos meios e tecnologias de controle, num futuro próximo, deve migrar para os empreendimentos com *aparência legal*, apontados antes. Apenas o futuro confirmará, ou não, esta hipótese.

Por conseguinte, em relação aos destaques evidenciados na análise quantitativa (Capítulo 5) do estudo, tem-se que algumas operações confirmaram alguns municípios destacados, como se passa a descrever, a seguir.

Primeiramente, destaca-se (novamente) a ocorrência da grande apreensão em Abaetetuba-PA (antes tratada), que revelou um importante *outlier* digno de estudo e que demonstrou mais uma vez a relevância do baixo Tocantins para a atividade do tráfico internacional de cocaína, além de referendar as afirmações já tratadas sobre a região.

Do mesmo modo, tem-se que a cidade de Barcarena-PA também protagonizou mais uma grande apreensão: cerca de 2,7 toneladas de cocaína, ocorrida no interior do Porto de Vila do Conde, em novembro de 2022, ocultada em meio a uma carga de grãos, inclusive em sacos com a logomarca de uma das principais exportadoras (e mineradoras) do estado do Pará (Agência Pará, 2022b), após ação conjunta da Polícia Federal e Receita Federal.

O caso, novamente, apenas confirmou a centralidade exercida pelo município (agora, já pertencente à RMB) em relação à exportação internacional de cocaína, bem como as informações já consignadas a respeito de seu papel na economia internacional em apreço.

Igualmente, a ocorrência ressaltou a relevância da região compreendida entre os rios Pará e Tocantins, sobretudo no que toca à porção continental do baixo Tocantins, conforme já foi amplamente discutido ao longo dos capítulos anteriores.

Figura 65 – Apreensão de 2,7 toneladas de cocaína, no município de Barcarena-PA, em novembro de 2022

Fonte: Agência Pará (2022b)

Além disso, os apontados municípios de Abaetetuba-PA, Moju-PA e Igarapé-Miri-PA, localizados na faixa do rio Tocantins (baixo Tocantins), que tiveram especiais destaques analisados no capítulo quantitativo deste livro, foram alvo de operação protagonizada pelas forças de segurança pública estaduais: a operação *Lua Nova*.

Deflagrada em 2020, esta operação (na qual foi obtida lista de membros da facção criminosa Comando Vermelho – CV) estendeu seus efeitos até o ano de 2024, com a recente prisão de diversas lideranças da facção em Bragança-PA, Santa Izabel-PA, São João de Pirabas-PA, Salinópolis-PA e, em ligações para além dos limites do estado, em São José-SC, na operação *Cara Crachá*. Os diversos membros da organização foram presos, sob a acusação de realização de crimes que, para além do tráfico, envolviam extorsão e sequestro de comerciantes e empresários (G1pará, 2024b).

Constatou-se na operação (disponibilizada ao pesquisador em incursões em campo) que a facção havia se instalado no município de Igarapé-Açu-PA, apresentando-se uma série de vínculos com diversos outros municípios paraenses (inclusive o campeão de TTD, Salinópolis-PA) e uma rede direta com o então presidente do Comando Vermelho no Pará e diversos orientadores e torres da facção (G1pará, 2024b).

Para além das constatações relativas à região, reforçou-se, por meio do caso, o interesse das facções em se instalarem em áreas próximas às redes do fluxo internacional do cocaína, conforme hipótese levantada no Capítulo 6, o que se mostrou assente em relação à região do Baixo Tocantins.

Contudo, as operações mais recentes também acenderam um alerta sobre a região do Salgado, no nordeste do Pará, não só em decorrência das prisões efetuadas na referida operação *Cara Crachá* (DOL, 2024), mas também pela prisão, em 2022, de uma mulher que exercia a função de torre do Comando Vermelho em Salinópolis-PA, sob acusações de homicídio e de exercer o controle do tráfico na Região, inclusive com participação de advogados em sua cadeia de comando (Amazônia, 2022).

Como mencionado, a instalação das facções em determinadas regiões, certamente, envolve a presença de recursos territoriais interessantes a seus negócios, o que pode gerar a interpretação de que a região se tornou atrativa para fins de tráfico no varejo, o que é reforçado pelos dados já apresentados em relação a Salinópolis (a cidade com maior TDD do estado do Pará, no período analisado). Contudo, não se pode olvidar que a região também pode figurar noutros papéis dentro da dinâmica do tráfico internacional.

Uma evidência, nesse sentido, foi a apreensão, por órgão de segurança do estado do Pará de um semissubmersível, em abril de 2024, no município de São Caetano de Odivelas, componente da referida região do Salgado (Poder Naval, 2024).

Como discutido, a presença de facções (sobretudo com a constatação de níveis mais elevados de lideranças) tem-se mostrado comum em pontos próximos às redes internacionais de escoamento de cocaína. E o aparato de transporte apresentado, de outro lado, demonstra que, às proximidades da região, alguma atividade de transporte de entorpecentes restou desenvolvida por agentes territoriais do tráfico.

Figura 66 – Semissubmersível apreendido no município de São Caetano de Odivelas-PA, em abril de 2024

Fonte: Poder Naval (2024)

A exemplo do que já foi apontado em relação a Icoaraci — distrito da cidade de Belém-PA —, não se pode olvidar que a região do Salgado, de alguma maneira, possa se constituir como um ponto de utilização da *técnica de piolhos* (içamento direto das mercadorias ilícitas nos navios) — referida ao longo das entrevistas —, o que, atualmente, depende de técnicas mais sofisticadas diante do funcionamento do sistema de monitoramento de satélites usado pela Marinha do Brasil, o Sistema de Gerenciamento da Amazônia Azul (SisGAAz), que inclusive estaria implantando novas tecnologias para melhoria das atividades de polícia costeira e fiscalização dos mares (Padilha, 2023).

Afora isso, não se deve esquecer que há diversos eixos de rodovias estaduais que se ligam diretamente à Região, a partir da BR-316, para o norte, de modo a se admitir que, não só pela via oceânica (possível modal utilizado no caso do semissubmersível, obviamente), mas também pela via rodoviária, a região poderia ser utilizada para escoamento de produtos ilícitos no Pará.

Inclusive, nos termos apontados por Neumann (2018), a partir de exemplos do tráfico em outros países, as rotas poderiam aproveitar o retorno de navios comuns que, como identificado por órgãos de segurança paraenses, aportariam na região para desembarque de produtos contra-bandeados, como constatado no ano de 2011 (DOL, 2011), naquela cidade, e, mais recentemente, em 2024, no município de Abaetetuba (Momento MT, 2024), na região de encontro do rio Pará com o rio Tocantins – repetidamente apontada nesta obra –, e no município de Benevides, distrito do Murinim, na Região Metropolitana de Belém-PA (Meireles, 2024).

No mais, ficou assente que o comando das facções atualmente tem sido exercido de maneira externa ao cárcere nos últimos anos, diferentemente do que se observava no período anterior à intervenção no sistema penitenciário em 2019 (referida ao longo da obra).

Inclusive, em diversas operações elencadas pelos órgãos de segurança do Estado, constatou-se que faccionados paraenses simplesmente buscaram em cidades de outros estados (como Santa Catarina e Rio de Janeiro) guarida em relação a investigações e mandados de prisão expedidos em seu desfavor, se utilizando, sobretudo, de aplicativos de mensagens para organização do tráfico e demais atividades criminosas no Pará, por intermédio de subordinados (Torres e coordenadores).

Foi o caso assente da maior liderança do Comando Vermelho no Pará, que, foragido do estado desde o ano de 2019, se encontrava refugiado em área dominada pela facção no Rio de Janeiro, de onde promovia o comando de diversas atividades comerciais do tráfico na cidade de Belém-PA (UOL, 2023).

O agente em questão foi morto após operação conjunta das polícias do Pará e Rio de Janeiro, em 23/3/2023, sendo sua companheira, também integrante da organização, presa somente ao final do mesmo ano (Portal Debate, 2023). O líder, conforme se aponta (a partir de investigações cujo conteúdo era sensível demais para ser comentado, até o encerramento destas linhas), foi sucedido pelo então segundo líder na escala de comando, ainda procurado pelas forças de segurança públicas brasileiras.

Como se pode observar, mesmo diante de substanciais investidas e, até mesmo, após uma forte intervenção estatal no sistema penitenciário do estado do Pará, persistem as redes internacionais do tráfico e seus agentes mais *visíveis* na escala da Amazônia. Como antes comentado, as facções são apenas uma das parcelas ainda visíveis desse empreendimento criminoso, havendo níveis mais elevados nessa economia, que, infelizmente, ainda restam distantes da maior parte das operações realizadas nos diferentes níveis federativos.

Para além disso, tem-se que a já referida intensificação da ações no estado do Amazonas, vizinho do Pará, já promoveu, até o mês de julho de 2024, a apreensão de mais de 17 toneladas de drogas, o que representa mais que o dobro dos entorpecentes apreendidos pelos demais estados, até o momento (Amazonas, 2024). Isso se deve, certamente, não só ao esforço dos órgãos de segurança do estado, mas, também, à abundância de entorpecentes que circulam pela região.

Deixa-se o questionamento: para além do apreendido, quanto de entorpecente, de fato, *não foi apreendido* diante do contexto estrutural anterior? E quanto ainda passa ileso pelas barreiras de segurança? Quanto tempo levará para a mudança de modais fluviais (diante do aumento da fiscalização nos rios do Amazonas e Pará) para modais aéreos, conforme a hipótese levantada há pouco? São questionamentos a serem considerados, seriamente, em futuras pesquisas científicas e análises de cenário no campo da segurança.

Em todo caso, na realidade da escala da Região Metropolitana de Belém-PA, tem-se que o recente aprisionamento e morte de lideranças dos setores visíveis, não parece ter fulminado as atividades da parcela visível do empreendimento do tráfico, exercido pelas facções, com o já referido destaque do Comando Vermelho (CV).

O sistema penitenciário, mais uma vez, começa a dar sinais de oscilação quanto ao controle de determinadas casas penais, conforme amplamente relatado por agentes de segurança a este pesquisador, em suas recentes incursões em campo. Nota-se a difícil dicotomia de um trabalho que deve se preocupar com a *reinserção social* e com o *controle*, diante do qual afrouxamentos do uso seletivo da força, para realização do primeiro, podem significar a perda do segundo para as lideranças das facções.

Em todo caso, o enfrentamento ao tráfico no estado do Pará ainda depende de olhares constantes e compromissados com o sistema penitenciário que, embora tenha adquirido uma polícia própria (Polícia Penal do Estado do Pará) e tenha sido alçado, ainda em 2019, ao nível de secretaria de estado, depende de atenção e muitos investimentos e treinamentos, para ter maior sucesso no combate às facções e realização do intento de reinserção.

Além disso, não se pode olvidar que o corpo técnico do sistema penitenciário paraense (o contingente de psicólogos, médicos, enfermeiros, técnicos de enfermagem, dentistas, nutrólogos, assistentes sociais, agentes administrativos etc.), essencial à reinserção social para além do simples aprisionamento, ainda é bastante secundarizado em diversas perspectivas, e, até então, só foi provido mediante a realização de ínfimos *dois concursos públicos*.

Isso, historicamente, tem permitido a ampla ocupação de cargos públicos de alta responsabilidade por servidores meramente temporários (cujos cargos são providos por simplificados *processos seletivos*) e cuja *fragilidade de vínculos* já foi apontada em trabalho anterior, elaborado pelos autores deste livro (Reis Netto; Chagas, 2019a).

Este contexto, somado à ausência de políticas de valorização salarial e profissional dos servidores (técnicos e policiais penais), e, mais ainda, à ausência da construção de indicadores de ações e serviços (afinal, desde 2019, não há mais relatórios públicos de qualidade, a respeito dos números do sistema e sobre variáveis profundas de sua ação e seu público, os internos), certamente, torna remota a possibilidade de uma gestão científica e profissional do sistema penitenciário, que redunda em funções de mero aprisionamento.

Ademais, tem-se que muitas das funções de direção e assessoramento ainda são ocupadas por indicações de ocupantes externos ao próprio sistema penitenciário e que, em muitos casos, acabam por recair sobre autoridades policiais que esvaziam suas cadeiras de origem, obstando a formação de níveis de liderança entre seus próprios agentes efetivos e o acúmulo de experiências e conhecimento entre servidores do órgão.

Se, de um lado, o estado do Pará tem apresentado um excelente avanço quanto à redução dos índices de violência em geral, uma significativa ação contra a violência e o crime no campo social — por meio dos programas TerPaz, anteriormente referidos — e grandes avanços no seio das polícias civil e militar, de outro, ainda há um caminho longo a se trilhar em termos de evolução do sistema penitenciário paraense.

Com isso, em paralelo, por mais que o nível de liderança das facções tenha se deslocado para fora dos muros das prisões paraenses, ainda é inegável a persistência da cooptação de novos faccionados no âmbito carcerário, o que, inevitavelmente, se reflete nas ruas, com constatada presença das organizações em bairros e áreas estratégicas das cidades, como, por exemplo, no já apontado distrito de Icoaraci, em Belém-PA.

Aliás, um exemplo final deve ser relatado nestas linhas, como fruto da aplicação da técnica de *observação direta* pelos pesquisadores. Inclusive, talvez este exemplo represente algo muito mais próximo de uma *vivência etnográfica*, que atingiu os pesquisadores, mesmo não estando eles no exercício direto de uma atividade de campo, como se relata a seguir.

Após a morte do já referido líder do Comando Vermelho no Pará, no ano de 2023, de imediato, diversos avisos advindos de posições de liderança na escala da facção (os *Salves*) passaram a circular e foram interceptados pelos órgãos e agentes de segurança.

Os avisos passaram, de imediato, a ser objeto de monitoramento por todos (inclusive o primeiro pesquisador deste livro e sua esposa, também pesquisadora e componente do sistema de segurança paraense). O *salve* determinava uma *homenagem* ao falecido líder, mediante uma queima de fogos, na noite seguinte.

Eis que, às 20h do dia seguinte à morte, um irromper de fogos de artifício interrompeu o jantar familiar. Da sacada de seu apartamento, o primeiro pesquisador e sua família puderam observar, num misto de curiosidade e apreensão, as luzes que explodiam em diversos locais da RMB (difíceis de serem precisados exatamente, pela distância): em Ananindeua-PA, bairros como Distrito Industrial, Águas Lindas, Aurá; áreas de Marituba-PA, entre outros. Houve relatos, também, de fogos no Guamá, Tapanã e Icoaraci, entre outros locais da cidade de Belém-PA.

O fato escreveu nos corpos daqueles seres-no-espaço, que *sentiam* uma mensagem: os vetores ou ondas decorrentes daqueles fogos – enquanto *signos, sinais, códigos*, para além das *luzes* no céu – transmitiam a persistência do tráfico na RMB.

Muito do que foi discutido neste livro foi sentido, vivido, independentemente da vontade dos viventes, naquela noite.

Primeiramente, viu-se que muitas das afirmativas sobre a existência das facções — que, até a virada de 2019, era objeto de uma política de negação no Pará — haviam se tornado um fenômeno sensível, inteligível no espaço, visível e, sobretudo, ameaçador. As linhas desta e outras pesquisas sobre o tema sempre falaram sobre um mundo real. Mas, naquele momento, o mundo real falava por si próprio.

E, em segundo, o fato demonstrou que Santos (2017) estava correto ao afirmar a *impossibilidade de fragmentação do ser em relação ao espaço*. Mais ainda, que Lefebvre (2000) também estava correto ao afirmar que cada um é *ser-no-espaço*, indissociável do mesmo, atingível por qualquer transformação no mundo real.

A capacidade de atuação escalar do crime, em cada casa, em cada condomínio, aberto ou fechado, por meio dos *flashes* do estourar dos fogos, fez com que a mensagem chegasse a diferentes locais, manifestando seus efeitos, mesmo sobre aqueles que sequer faziam ideia do que se tratava o acontecimento que irrompia os céus.

O fenômeno estava lá, deixando seu recado sobre os céus da grande Belém.

Neste momento, mais do que em qualquer outro, fez sentido a frase de Saviano (2011) em torno de um *abismo* inerente ao mundo do tráfico — já referido ao fim do capítulo anterior: o autor advertia, em sua obra, que *olhar muito tempo para o abismo* permitiria que o *abismo olhasse de volta até você*.

Ocorre que, mais uma vez, aquele *abismo* voltou a plasmar suas imagens sobre os muros das casas da grande Belém, não obstante a atual tendência fosse o ocorrência de pichações de facções somente em áreas mais restritas, os núcleos do domínio territorial. Mas as pichações, atualmente, voltaram a se apresentar em locais comuns.

Figura 67 – Pichação sinalizando área do Comando Vermelho, em Ananindeua-PA, registrada em julho de 2024

Fonte: acervo dos pesquisadores

Como nessa foto, os fogos da fatídica noite deixaram claro o *olhar do abismo* sobre todos. Não eram direcionados ao pesquisador, ou sua família – especificamente. Tampouco a qualquer outro policial ou membro do sistema de segurança em especial. Eram os olhos do abismo, lançando-se sobre a cidade e deixando claro que qualquer avanço, naquele momento, nem de longe significaria uma vitória em definitivo.

Os fogos simplesmente atingiam a todos, como seres-no-espaço. Mostravam que ainda havia fontes que alimentavam o tráfico e a violência, em meio a uma desigualdade social que insiste em empurrar milhares em direção ao abismo. Deixavam um recado sensível, claro, obviamente, a quem detivesse capacidade de o compreender ou simplesmente não o negasse: *Nós (o crime) ainda estamos aqui! Vivos.*

REFERÊNCIAS

A PROVÍNCIA DO PARÁ. Suspeita de integrar facção criminosa é presa por tráfico de drogas em Marituba. **A província do Pará**, 19 set. 2021. Disponível em: https://aprovinciadopara.com.br/suspeita-de-integrar-faccao-criminosa-e-presa-por--trafico-de-drogas-em-marituba/. Acesso em: 15 dez. 2022.

ABREU, Allan de. **Cabeça branca**: a caçada ao maior narcotraficante do Brasil. Rio de Janeiro: Record, 2021.

ABREU, Allan de. **Cocaína** – A rota caipira: o narcotráfico no principal corredor de drogas do Brasil. Rio de Janeiro: Record, 2017.

ADORNO, Sérgio. Fluxo de operações do crime organizado: questões conceituais e metodológicas. **Revista Brasileira de Sociologia**, SBS, v. 7, n. 17, p. 33-54, 2019.

AGÊNCIA PARÁ. Força Nacional chegará ao Pará dia 25 de março. **Agência Pará**, 20 mar. 2019. Disponível em: https://agenciapara.com.br/noticia/11814/forca-nacional-chegara-ao-para-dia-25-de-marco. Acesso em: 15 dez. 2022.

AGÊNCIA PARÁ. Marajó recebe a primeira base integrada fluvial de segurança pública. **Agência Pará**, 22 jun. 2022a. Disponível em: https://www.agenciapara.com.br/noticia/38069/marajo-recebe-a-primeira-base-integrada-fluvial-de-seguranca-publica. Acesso em: 1º maio 2024.

AGÊNCIA PARÁ. PM apreende mais de 100 petecas de cocaína em Abel Figueiredo. **Agência Pará**, 13 maio 2015. Disponível em: https://agenciapara.com.br/noticia/10452/. Acesso em: 1º dez. 2020.

AGÊNCIA PARÁ. Polícia Federal e Receita Federal apreendem quase 3 toneladas cocaína em Barcarena/PA. **Agência Pará**, 5 nov. 2022b. Disponível em: https://agenciapara.com.br/noticia/10452/. Acesso em: 15 abr. 2024.

ALENCAR, Tatiane de Oliveira Silva; NASCIMENTO, Maria Ângela Alves do; ALENCAR, Bruno Rodrigues. Hermenêutica Dialética: uma experiência enquanto método de análise na pesquisa sobre o acesso do usuário à assistência farmacêutica. **Revista Brasileira de Promoção da Saúde**, v. 25, n. 2, p. 243-250, 2012.

ALVES, Rubens. **Filosofia da Ciência**: introdução ao jogo e a suas regras. 18. ed. São Paulo: Edições Loyola, 2013.

AMORIM, Carlos. **Comando Vermelho**: a história do crime organizado. Rio de Janeiro: BestBolso, 2011.

AMORIM, Carlos. **CV-PCC**: A Irmandade do Crime. 13. ed. Rio de Janeiro: Record, 2013.

ANJOS, Anna Beatriz *et al*. Gado de fazendas ligadas a "narcopecuarista" foi vendido à JBS e Frigol. **A pública**, 14 jun. 2021. Disponível em: https://apublica.org/2021/06/gado-de-fazendas-ligadas-a-narcopecuarista-foi-vendido-a-jbs--e-frigol/. Acesso em: 1º jan. 2022.

ANSELMO, Márcio Adriano. **Lavagem de dinheiro e cooperação jurídica internacional**. São Paulo: Saraiva, 2013.

AQUINO, Thiago. Tradição histórica e reflexão crítica: notas sobre o debate entre Habermas e Gadamer. **Veritas**, v. 57, n. 3, p. 53-73, 2012.

ARAÚJO, Tarso. **Almanaque das drogas**. São Paulo: Leya, 2012.

AZEVEDO, Ana Luísa Vieira de; RICCIO, Vicente; RUEDIGER, Marco Aurélio. A utilização das estatísticas criminais no planejamento da ação Policial: cultura e contexto organizacional como elementos centrais à sua compreensão. **Ciência da Informação**, v. 40, n. 1, p. 9-21. 2011.

BAÍA, Daiane. Após um ano, Força-Tarefa de Intervenção Penitenciária deixa o Pará. **Agência Pará**, 23 ago. 2020. Disponível em: https://agenciapara.com.br/noticia/21663/apos-um-ano-forca-tarefa-de-intervencao-penitenciaria-deixa--o-para. Acesso em: 15 dez. 2022.

BARBOSA, Antônio Carlos Rafael. **Um abraço para todos os amigos**: algumas considerações sobre o tráfico de drogas no Rio de Janeiro. Niterói: EDUFF, 1998.

BARBOSA, Felipe Gunnar Pantoja; FERREIRA FILHO, Hélio Raymundo; SOUZA, Fábia Maria de. Porto de Vila do Conde/PA: Um panorama dos seus principais modais de acesso. **Revista Contribuciones a las Ciencias Sociales**, v. 1, n. 1, p. 1-12, 2018.

BARDIN, Laurence. **Análise de Conteúdo**. São Paulo: Edições 70, 2011.

BARRETO, Ivan Farias. O uso da folha de coca em comunidades tradicionais: perspectivas em saúde, sociedade e cultura. **História, Ciências, Saúde,** v. 20, n. 2, p. 627-641, 2013.

BASTOS, Francisco Inácio Pinkusfeld Monteiro *et al.* (org.). **III Levantamento Nacional sobre o uso de drogas pela população brasileira**. Rio de Janeiro: FIOCRUZ/ICICT, 2017.

BATISTA, Vera Malagutti. **Difíceis ganhos fáceis**: droga e juventude pobre no Rio de Janeiro: Revan, 2003.

BAUMAN, Zygmunt. **Modernidade líquida**. Rio de Janeiro: Zahar, 2001.

BAUMAN, Zygmunt. **O mal-estar na pós-modernidade**. Rio de Janeiro: Zahar, 1988.

BELÉM. **Lei Complementar n.º 164, de 5 de abril de 2023**. Altera a Lei Complementar nº 27, de 19 de outubro de 1995, que Instituiu a Região Metropolitana de Belém. Belém: Assembleia Legislativa, 2003.

BELÉM. **Lei Complementar n.º 27, de 19 de outubro de 1995**. Institui a Região Metropolitana de Belém e dá outras providências. Belém: Assembleia Legislativa, 1995.

BELÉM. **Lei Complementar n.º 76, de 28 de dezembro de 2011**. Altera a Lei Complementar nº 027/95 e dá outras providências. Belém: Assembleia Legislativa, 2011.

BERTAGNOLI, Enrico. Mulher passa mal após ingerir cocaína líquida no aeroporto de Guarulhos. **R7**, 28 set. 2020. Disponível em: https://noticias.r7.com/sao-paulo/mulher-passa-mal-apos-ingerir-cocaina-no-aeroporto-de-guarulhos-28092020. Acesso em: 29 dez. 2020.

BRAGA, Arthur do Rosário. **A "Pirataria Fluvial" na Amazônia**: a formação dos policiais civis lotados na Delegacia de Polícia Fluvial do Pará. 2023. Dissertação (Mestrado em Segurança Pública) – Universidade Federal do Pará, Belém, 2023.

BRANDÃO, Helena Hatsue Nagamine. **Introdução à análise de discurso**. 3. ed. Campinas: Unicamp, 2012.

BRASIL. [Constituição (1988)]. **Constituição da República Federativa do Brasil de 1988.** Brasília, DF: Presidência da República, [2016]. Disponível em: https://www.planalto.gov.br/ccivil_03/constituicao/constituicao.htm. Acesso em: 16 jun. 2022.

BRASIL. **Casos e casos**: coletânea de casos brasileiros de lavagem de dinheiro. Brasília: COAF, 2016.

BRASIL. Lei Complementar n.º 105, de 10 de janeiro de 2001. **Diário Oficial da União**, Poder Executivo, Brasília, DF, 11 jan. 2001. Disponível em: https://www.planalto.gov.br/ccivil_03/leis/lcp/lcp105.htm. Acesso em: 16 jun. 2022.

BRASIL. Lei n.º 11.343, de 23 de agosto de 2006. **Diário Oficial da União**, Poder Legislativo, Brasília, DF, 24 ago. 2006. Disponível em: https://www.planalto.gov.br/ccivil_03/_ato2004-2006/2006/lei/l11343.htm. Acesso em: 16 jun. 2022.

BRASIL. Lei n.º 13.675, de 11 de junho de 2018. **Diário Oficial da União**, Poder Legislativo, Brasília, DF, 12 jun. 2018. Disponível em: https://www.planalto.gov.br/ccivil_03/_ato2015-2018/2018/lei/L13675.htm. Acesso em: 16 jun. 2022.

BRASIL. Ministério da Justiça e Segurança Pública. Gabinete do Ministro. Portaria MJSP n.º 516, de 30 de novembro de 2021. **Diário Oficial da União**, Seção 1, p. 43, Brasília, DF, 6 dez. 2021. Disponível em: https://dspace.mj.gov.br/bitstream/1/5912/1/PRT_GM_2021_516.pdf. Acesso em: 16 jun. 2022.

BRASIL. Receita Federal do Brasil. Instrução Normativa RFB n.º 1888, de 3 de maio de 2019. **Diário Oficial da União**, Seção 1, p. 14, Brasília, DF, 7 maio 2019. Disponível em: http://normas.receita.fazenda.gov.br/sijut2consulta/link.action?visao=anotado&idAto=100592. Acesso em: 16 jun. 2022.

BRASIL. **Relatório brasileiro sobre drogas**. Brasília: Senad, 2009.

BURKEMAN, Oliver. **Quatro mil semanas**: gestão de tempo para mortais. Rio de Janeiro: Objetiva, 2022.

BUSSAB, Wilton de O.; MORETIN, Pedro A. **Estatística b**ásica. 9. ed. São Paulo: Saraiva, 2017.

CALDAS, Alberto Lins. Dialética e Hermenêutica: uma questão de método. **GEOUSP Espaço e Tempo,** v. 1, n. 1, p. 23-29, 1997.

CÂMARA NETO, Hamilton Calazans; BRAGA, Romulo Rhemo Palitot. A tecnologia a serviço da criminalidade: meios de combate à lavagem de dinheiro em criptomoedas. *In*: CONGRESSO NACIONAL DO CONPEDI, 27., 2018, Porto Alegre. **Anais** [...]. Porto Alegre: CONPEDI, 2018.

CAMPOS, Rui Ribeiro de. **Geografia Política das Drogas Ilegais**. Leme: J. H. Mizuno, 2014.

CARDOSO, Luis Fernando Cardoso; REIS NETTO, Roberto Magno; GOMES, Herick Wendell Antônio José. Estado penal e política carcerária no Pará. **Planeta**

Amazônia: Revista Internacional de Direito Ambiental e Políticas Públicas, v. 11, n. 11, p. 69-78, 2019.

CARDOSO, Monique Fonseca; SANTOS, Ana Cristina Batista dos; ALLOUFA, Jomária Mata de Lima. Sujeito, Linguagem, Ideologia, Mundo: Técnica Hermenêutico-dialética para Análise de Dados Qualitativos de Estudos Críticos em Administração. *In*: ENCONTRO DA ANPAD, 37., 2013, Rio de Janeiro. **Anais** [...]. Rio de Janeiro: ANPAD, 2013.

CARVALHO, Salo de. **A política criminal de drogas no Brasil**: estudo criminológico e dogmático da Lei 11.343/06. 8. ed. São Paulo: Saraiva, 2016.

CASAS, Frank. La infraestructura productiva de la economía de la cocaína en el Perú: una mirada local a la participación social en la cadena económica. *In*: MEJÍAS, Sonia Alda. **Los actores implicados en la gobernanza criminal en América Latina**. Madrid: Freiheit, Real Instituto Elcano, 2021.

CASTRO, Helena Salim de. O combate ao tráfico de drogas na fronteira Brasil-Bolívia (2008-2012). **Rev. Carta Inter.**, v. 14, n. 2, p. 196-220, 2019.

CASTRO, Iná Elias de. Escala e pesquisa na geografia. **Espaço Aberto**, v. 4, n. 1, p. 84-100, 2014.

CASTRO, Jacqueline Espindola *et al*. Fatores motivacionais ao tratamento de usuários de cocaína/crack em um hospital terciário em Porto Alegre/RS. **Ciência em Movimento**, v. 21, n. 42, p. 55-61, 2019.

CAVALCANTE, Clarina de Cássia da Silva; REIS NETTO, Roberto Magno; CHAGAS, Clay Anderson Nunes. O papel da mulher no contexto das facções criminosas: apontamentos bibliográficos e a reprodução de estigmas sociais. *In*: SEMINÁRIO INTERNACIONAL SEGURANÇA PÚBLICA E CONFLITOS SOCIAIS, 6., 2020, Fortaleza. **Anais** [...]. Fortaleza: LEV/UFC, 2020.

CAVALCANTE, Inara Mariela da Silva; NOGUEIRA, Laura Maria Vidal. Práticas sociais coletivas para a saúde no assentamento Mártires de Abril na Ilha de Mosqueiro - Belém, Pará. **Esc. Anna Nery**, Rio de Janeiro, v. 12, n. 3, p. 492-499, 2008.

CDE – Centro de Excelência para a Redução da Oferta de Drogas Ilícitas. **Covid-19 e tráfico de drogas no Brasil**: a adaptação do crime organizado e a atuação das forças policiais na pandemia. Brasília: Senad, 2021.

CDE – Centro de Excelência para a Redução da Oferta de Drogas Ilícitas. **Dinâmicas do mercado de drogas ilícitas no Brasil**: análise comparativa dos preços de maconha, cocaína e outras drogas em quatro estados. Brasília: Senad, 2022.

CDP – Companhia Docas do Pará. Porto de Vila do Conde. **CDP**, 2023. Disponível em: https://cdp.com.br/porto-de-vila-do-conde/. Acesso em: 3 jan. 2023.

CHAGAS, Clay Anderson Nunes. Geografia, segurança pública e a cartografia dos homicídios na região metropolitana de Belém. **Boletim Amazônico de Geografia,** v. 1, n. 1, p. 186-204, 2014.

COCAÍNA. *In:* DROGAS – Oferta e Demanda. Direção: Jesse Sweet. EUA: Netflix, 2020. Episódio 1 (45 min.).

COELHO NETO, Agripino Souza. Componentes definidores do conceito de território: a multiescalaridade, a multidimensionalidade e a relação espaço-poder. **GEOgraphia**, v. 15, n. 29, p. 23-52, 2013.

COELHO NETO, Agripino Souza. Redes sociais, participação social e a territorialidade como componentes de democratização do ordenamento territorial. *In:* SILVA, Onildo Araújo; SANTOS, Edinusia Moreira Carneiro; COELHO NETO, Agripino Souza. **Identidade, território e resistência**. Rio de Janeiro: Consequência, 2014.

COELHO, Flavia Adine Feitosa. Em que consiste o princípio do *non olet?* **Rede de Ensino Luiz Flávio Gomes**, 12 mar. 2010. Disponível em: https://lfg.jusbrasil.com.br/noticias/2062498/em-que-consiste-o-principio-do-non-olet-flavia-adine-feitosa-coelho. Acesso em: 14 abr. 2022.

CONSEJO CIUDADANO PARA LA SEGURIDAD PÚBLICA Y LA JUSTICIA PENAL. **Metodología del ranking (2017) de las 50 ciudades más violentas del mundo.** Ciudad de México: Seguridad, Justicia e Paz, 2017.

COSTA, Jeanny Farias; SILVA, Mauro Emilio Costa. Os Circuitos Superior e Superior Marginal da Economia Urbana: um estudo de caso sobre o papel dos grandes e médios comércios na produção espacial na cidade de Castanhal (PA). *In*: ENCONTRO NACIONAL DE PÓS-GRADUAÇÃO E PESQUISA EM GEOGRAFIA, 13., 2019, São Paulo. **Anais** [...]. São Paulo: Anpege, 2019.

COUTO, Aiala Colares. Ameaça e caráter transnacional do narcotráfico na Amazônia brasileira. **Confins**, v. 44, n. 44, p. 1-10, 2020a.

COUTO, Aiala Colares. Conectividade e territórios em rede do narcotráfico na Amazônia Brasileira. **GeoTextos**, vol. 15, n. 2, p. 123-147, 2019.

COUTO, Aiala Colares. Fronteiras e estrutura espacial do narcotráfico na Amazônia. **Boletim Gaúcho de Geografia**, v. 47, n. 1, p. 365-388, 2020b.

COUTO, Aiala Colares. Redes criminosas e organização local do tráfico de drogas na periferia de BELÉM. **REBESP**, Goiânia, v. 5, n. 1, p. 2-13, 2013.

COUTO, Aiala Colares. Territórios-rede e territórios-zona do narcotráfico na metrópole de Belém. **GeoTextos**, v. 14, n. 1, p. 61-82, 2018.

D'ALAMA, Luna. Brasil é o 2º consumidor mundial de cocaína e derivados, diz estudo. **G1**, 2012. Disponível em: http://g1.globo.com/ciencia-e-saude/noticia/2012/09/brasil-e-o-segundo-maior-consumidor-de-cocaina-e-derivados--diz-estudo.html. Acesso em: 7 nov. 2020.

D'ÉLIA FILHO, Orlando Zaccone. **Acionistas do nada**: quem são os traficantes de drogas. Rio de Janeiro: Revan, 2014.

DANTAS, João Marcelo Barbosa Ribeiro. Entre a hermenêutica e a crítica: o debate entre Gadamer e Habermas. **Revista Cadernos de Direito**, v. 1, n. 1, p. 212-143, 2019.

DIÁRIO DO PARÁ. Urgente: PF e Receita apreendem quase 3 toneladas de cocaína em Vila do Conde. **Diário do Pará**, 5 nov. 2022. Disponível em: https://diariodopara.dol.com.br/Polícia/urgente-pf-e-receita-apreendem-quase-3-toneladas--de-cocaina-em-vila-do-conde-22078/. Acesso em: 3 jan. 2023.

DIAS, Camila Nunes; PAIVA, Luis Fábio S. Facções prisionais em dois territórios fronteiriços, **Tempo Social, revista de sociologia da USP**, v. 34, n. 2, p. 217-238, 2022.

DINO, Alessandra. Introdução: O crime dos poderosos e os riscos para a democracia. *In:* DINO, Alessandra; MAIEROWITCH, Walter Fanganiello (org.). **Novas tendências da criminalidade transnacional mafiosa**. São Paulo: UNESP, 2010.

DIVINO, Sthéfano Bruno Santos; SIQUEIRA Lucas André Viegas Carvalho de. O direito ao esquecimento como tutela dos direitos da personalidade na sociedade da informação: uma análise sob a ótica do direito civil contemporâneo. **Revista eletrônica do curso de direito da UFSM**, v. 12, n. 1, p. 218-237, 2017.

DNIT – Departamento Nacional de Infraestrutura e Transportes. Visualizador de dados do DNITGeo. **DNIT**, 2023. Disponível em: https://servicos.dnit.gov.br/vgeo/. Acesso em: 2023.

DOL. Cinco toneladas de contrabando são apreendidas. **DOL**, 25 maio 2011. Disponível em: https://dol.com.br/noticias/Polícia/noticia-149656-cinco-to-neladas-de-contrabando-sao-apreendidas.html?d=1. Acesso em: 12 jun. 2024.

DOL. Presos membros de facção que extorquiam comerciantes no Pará. **DOL**, 16 maio 2024. Disponível em: https://dol.com.br/noticias/Polícia/859843/pre-sos-membros-de-faccao-que-extorquiam-comerciantes-no-para?d=1. Acesso em: 12 jun. 2024.

DOUGLASS, Joseph D. **Cocaína vermelha**: viciando a América e o Ocidente. 2. ed. [*S. l.*]: edição do autor, 1992.

ESTADO DO PARÁ ONLINE. Mulher do chefe do tráfico no Pará é presa enquanto saia de festa no RJ. **Estado do Pará online**, 5 dez. 2023. Disponível em: https://estadodoparaonline.com/mulher-do-chefe-do-trafico-no-para-e-presa-en-quanto-saia-de-festa-no-rj/. Acesso em: 3 jan. 2024.

FAPESPA – Fundação Amazônia de Amparo a Estudos e Pesquisas. Anuário esta-tístico do Pará – 2022. **Fapespa**, 2022. Disponível em: https://fapespa.pa.gov.br/sistemas/anuario2022/index.html. Acesso em: 1º dez. 2022. 2021.

FARIAS, Antônio Cláudio Fernandes. **Atividade de inteligência**: o ciclo da pro-dução do conhecimento – um instrumento de gestão para o assessoramento do processo decisório. Belém: Sagrada Família, 2017.

FAU ENCONTROS | Pandemia e território usado: o espaço banal em questão | Maria Adélia de Souza. 2020. 1 vídeo (2h 37min.). Publicado pelo canal FAUUSP. Disponível em: https://www.youtube.com/watch?v=1p2XUpMLbts&featu-re=youtu.be. Acesso em: 1º jan. 2021.

FBSP – Fórum Brasileiro de Segurança Pública. **Cartografias das violências na região amazônica**: relatório final. Brasília, DF: FBSP, 2022.

FELTRAN, Gabriel. **Irmãos**: uma história do PCC. São Paulo: Companhia das Letras, 2018.

FERREIRA, Aurélio Buarque de Holanda. **Minidicionário da língua portuguesa**. 8. ed. Curitiba: Positivo, 2010.

FITZ, Paulo Roberto. **Cartografia Básica**. São Paulo: Oficina dos Textos, 2008.

FLECK, Amaro. O que é teoria crítica. **Princípios: Revista de Filosofia**, v. 24, n. 44, p. 98-127, 2017.

FLICK, Uwe. **Introdução à pesquisa qualitativa**. 3. ed. Porto Alegre: Artmed, 2009.

FOUCAULT, Michel. **A microfísica do poder**. 2. ed. Rio de Janeiro: Paz e Terra, 2015.

FOUCAULT, Michel. **História da Sexualidade I:** A vontade de Saber. 13. Ed. São Paulo: Graal, 1999.

FUINI, Lucas Labigalini. Território e territórios na leitura geográfica de Milton Santos. **Brazilian Geographical Journal: Geosciences and Humanities research medium**, v. 6, n. 1, p. 253-271, 2015.

G1 PARÁ. 'Maior apreensão da história': Polícia apreende 3 toneladas de drogas escondidas em barco com peixes no Pará. **G1**, 14 abr. 2024a. Disponível em: https://g1.globo.com/pa/para/noticia/2024/04/14/Polícia-apreende-3-tonela-das-de-drogas-escondidas-em-barco-com-peixes-no-para.ghtml. Acesso em: 20 abr. 2024.

G1 PARÁ. Chefe da facção criminosa Comando Vermelho é preso em apartamento de luxo de Belém. **G1**, 16 fev. 2021. Disponível em: https://g1.globo.com/pa/para/noticia/2021/02/16/policias-civil-e-militar-realizam-apreensao-de-drogas-na--rmb-e-sudeste-do-pa.ghtml. Acesso em: 30 dez. 2022.

G1 PARÁ. Polícia prende em SC mulher chefe de facção criminosa que atuava no PA. **G1**, 10 abr. 2024. Disponível em: https://g1.globo.com/pa/para/noticia/2024/04/10/Polícia-prende-em-sc-lideranca-de-faccao-criminosa-que-atuava-no-pa.ghtml. Acesso em: 20 jun. 2024c.

G1 PARÁ. Seis integrantes de facção criminosa acusados de extorsão de moradores e empresários são condenados pela Justiça do Pará. **G1**, 19 mar. 2024b. Disponível em: https://g1.globo.com/pa/para/noticia/2024/03/19/cinco-integrantes-de-fac-cao-criminosa-acusados-de-extorsao-de-moradores-e-empresarios-sao-con-denados-pela-justica-do-para.ghtml. Acesso em: 20 abr. 2024.

GADAMER, Hans-Georg. **Verdade e método**. Traços fundamentais de uma hermenêutica filosófica. Petrópolis: Vozes, 2005.

GOMES, Herick Wendell Antônio José *et al*. Public safety intelligence activity: Advice in the fight against criminal organizations. **Research, Society and Development**, v. 10, n. 9, p. 1-13, 2021.

GOMES, Lana Caroline Amorim; CANTANHEDE, Jéssica Peixoto. Tráfico de drogas na fronteira do Brasil com a Bolívia no estado de Rondônia. **JusFARO**, v. 1, n.1, 2018.

GOMES, Romeu *et al.* Organização, Processamento, Análise e Interpretação de dados: o desafio da triangulação. *In:* MINAYO, Maria Cecília de Souza; ASSIS, Simone Gonçalves de; SOUZA, Edinilsa Ramos de. **Avaliação por triangulação de métodos**: abordagem de programas sociais. 20. ed. Rio de Janeiro: Fiocruz, 2005.

GONÇALVES, Joanisval Brito. **Atividade de inteligência e legislação correlata**. Niterói: Impetus, 2009.

GOOTENBERG, Paul. **Entre la coca y la cocaína**: un siglo o más de las paradojas de la droga entre Estados Unidos y el Perú, 1860-1980 - documento de trabajo n. 131. Lima: Instituto de Estudios Peruanos, 2003.

GUBA, Egon; LINCOLN, Yvonna. **Fourth generation evaluation**. Newbury Park: Sage, 1989.

GUERRERO, Ana Lía; ESPASA, Lorena C. La problemática del tráfico ilegal de cocaína desde un enfoque multiescalar y multiterritorial. **An. geogr. Univ. Complut**, v. 42, n. 2, p. 343-364, 2021.

HABERMAS, Jürgen. **Dialética e hermenêutica**: para a crítica da hermenêutica de Gadamer. Porto Alegre: LP&M, 1987.

HARVEY, David. **17 contradições e o fim do capitalismo**. São Paulo: Boitempo, 2016.

HARVEY, David. **A loucura da razão econômica**: Marx e o capital no século XXI. São Paulo: Boitempo, 2018.

HARVEY, David. **Os limites do capital**. São Paulo: Boitempo, 2013a.

HARVEY, David. **Para entender o capital**. São Paulo: Boitempo, 2013b.

HERNÁNDEZ, Edwar Alexander Sarmiento; ROJAS-GUEVARA, Jorge Ulises; GUEVARA, Pedro Javier Rojas. Incidencia del proceso de paz con las FARC en la política antidrogas de Colombia. **Revista Científica General José María Córdova,** v. 18, n. 32, p. 817-837, 2020.

HIRATA, Daniel Veloso. Letalidade e ilegalismos de negócios em uma tríplice fronteira sul-americana: Primeira aproximação. **Dilemas: Revista de Estudos de Conflito e Controle Social,** v. Especial, n. Especial 3, p. 173-190, 2019.

IBGE – Instituto Brasileiro de Geografia e Estatística. **Censo Brasileiro de 2010**. Rio de Janeiro: IBGE, 2010.

IBGE – Instituto Brasileiro de Geografia e Estatística. **IBGE Cidades**. Rio de Janeiro: IBGE, 2022.

INFRAERO. Aeroporto Internacional Val-de-Cães – Júlio Cezar. **Infraero**, 2023. Disponível em: https://www4.infraero.gov.br/aeroporto-val-de-cans-historico/. Acesso em: 4 jan. 2023.

ISTOÉ. Conheça o oxi, a nova droga que se alastra pelo Brasil. **Istoé**, 21 jan. 2016. Disponível em: https://istoe.com.br/137673_CONHECA+O+OXI+A+NOVA+DRO-GA+QUE+SE+ALASTRA+PELO+BRASIL/. Acesso em: 21 dez. 2020.

KROEFF, Renata Fischer da Silveira; GAVILLON, Póti Quartiero; RAMM, Laís Vargas. Diário de Campo e a Relação do(a) Pesquisador(a) com o Campo-Tema na Pesquisa-Intervenção. **Estudos e Pesquisas em Psicologia**, v. 20, n. 2, p. 464-480, 2020.

LABROUSSE, Alain. **Geopolítica das Drogas**. São Paulo: Desatino, 2010.

LARANJEIRA, Ronaldo *et al.* **II Levantamento Nacional de Álcool e Drogas**. São Paulo: INPAD/Unifesp, 2012.

LEFEBVRE, Henry. **A produção do espaço**. Tradução Doralice Barros Pereira e Sérgio Martins. 4. ed. Paris: Anthropos, 2000.

MACHADO, Lia Osório. O comércio ilícito de drogas e a geografia da integração financeira: uma simbiose? *In:* CASTRO, Iná Elias; GOMES, Paulo César da Costa; CORRÊA, Roberto Lobato. **Brasil**: questões atuais da reorganização do território. Rio de Janeiro: Bertrand Brasil, 1996.

MACHADO, Lia Osório. O comércio ilícito de drogas e a geografia da integração financeira: uma simbiose? *In:* CASTRO, Iná Elias de; CORRÊA, Roberto Lobato; GOMES, Paulo César da Costa. **Brasil**: questões atuais de reorganização do território. Rio de Janeiro: Bertrand Brasil, 1996.

MACHADO, Lia Osório. O visível e o invisível: o sistema financeiro-corporativo mundial sob o prisma da extraterritorialidade e do binômio legal/ilegal. **GEOUSP Espaço e Tempo**, v. 21, n. 2, p. 325-340, 2017.

MAGLIOCAA, Nicholas R.; MCSWEENEYB, Kendra; SESNIEC, Steven E; TELL-MANE, Elizabeth; DEVINEF, Jennifer A.; NIELSEND, Erik A.; PEARSONG, Zoe; WRATHALLH, David J. Modeling cocaine traffickers and counterdrug interdiction forces as a complex adaptive system. **PNAS**, v. 116, n. 16, p. 7784–7792, 2019.

MAIEROWITCH, Walter Fanganiello. Prefácio. *In:* DINO, Alessandra; MAIE-ROWITCH, Walter Fanganiello (org.). **Novas tendências da criminalidade transnacional mafiosa.** São Paulo: UNESP, 2010.

MALLETTE, Jennifer R. *et al.* Geographically Sourcing Cocaine's Origin – delineation of the Nineteen Major Coca Growing Regions in South America. **Scientific Reports (Nature),** v. 6, n. 23520, p. 1-10, 2016.

MANRIQUE-LÓPEZ, Hernán; PASTOR-ARMAS, Néstor Álvaro. Cocaína peruana: análisis bibliográfico de la investigación sobre el tráfico ilícito de drogas cocaínicas en Perú. **Revista Cultura y Droga,** v. 24, n. 27, p. 15-38, 2019.

MANSO, Bruno Paes; DIAS, Camila Nunes. **Guerra:** a ascensão do PCC e o mundo do crime no Brasil. Todavia: São Paulo, 2018.

MAPBIOMAS. Mapeamento das pistas de pouso e garimpo na Amazônia. **MapBiomas,** 20 fev. 2023. Disponível em: https://brasil.mapbiomas.org/wp-content/uploads/sites/4/2023/08/MapBiomas_Pistas_de_Pouso_06.02.2023_1.pdf. Acesso em: 7 maio 2024.

MARCONI, Marina de Andrade; LAKATOS, Eva Maria. **Fundamentos de metodologia científica.** 7. ed. São Paulo: Atlas, 2016.

MARTINS, Gilberto de Andrade; THEÓPHILO, Carlos Renato. **Metodologia da investigação científica para Ciências Sociais Aplicadas.** 3. ed. São Paulo: Atlas, 2016.

MARX, Karl. **O capital:** crítica da economia política. 37. ed. Rio de Janeiro: Civilização Brasileira, 2020. Livro 1.

MCDERMOTT, Jeremy *et al.* **The cocaine pipeline to Europe.** Genebra: Global Initiative Against Transnational Organized Crime, 2021.

MCDERMOTT. Jeremy. La nueva generación de narcotraficantes colombianos post-FARC: "Los Invisibles". **InSight Crime,** 2018. Disponível em: https://es.insightcrime.org. Acesso em: 15 set. 2019.

MEIRELES, Roberta. Forças de segurança do Estado apreendem carga de cigarros contrabandeados em Benevides. **Agência Pará,** 17 jan. 2024. Disponível em: https://agenciapara.com.br/noticia/50766/forcas-de-seguranca-do-estado--apreendem-carga-de-cigarros-contrabandeados-em-benevides. Acesso em: 15 fev. 2024.

MELAZZO, Everaldo Santos; CASTRO, Carlos Alexandre. A escala geográfica: noção, conceito ou teoria? **Terra Livre**, v. 2, n. 29, p. 133-142, 2007.

METRÓPOLES. PF apreende 583kg de cocaína em fazenda de prefeito de Itaituba (PA). **Metrópoles**, 9 jul. 2019. Disponível em: https://www.metropoles.com/brasil/pf-apreende-583kg-de-cocaina-em-fazenda-de-prefeito-de-itaituba-pa. Acesso em: 1 jan. 2022.

MINAYO, Maria Cecília de Souza *et al*. Métodos, técnicas e relações em triangulação. *In:* MINAYO, Maria Cecília de Souza; ASSIS, Simone Gonçalves de; SOUZA, Edinilsa Ramos de. **Avaliação por triangulação de métodos**: abordagem de programas sociais. 20. ed. Rio de Janeiro: Editora Fiocruz, 2005.

MINAYO, Maria Cecília de Souza. Hermenêutica-Dialética como Caminho do Pensamento Social. *In:* MINAYO, Maria Cecília de Souza. **Caminhos do pensamento**: epistemologia e método. Rio de Janeiro: Editora Fiocruz, 2002.

MINAYO, Maria Cecília de Souza. Introdução: conceito de avaliação por triangulação de Métodos. *In:* MINAYO, Maria Cecília de Souza; ASSIS, Simone Gonçalves de; SOUZA, Edinilsa Ramos de. **Avaliação por triangulação de métodos**: abordagem de programas sociais. 20. ed. Rio de Janeiro: Editora Fiocruz, 2005.

MIRANDA, Wando Dias. **O controle parlamentar da atividade de inteligência no Brasil**: um estudo sobre a produção legislativa da CCAI e da CREDN entre os anos de 2003 e 2010. Tese (Doutorado em Desenvolvimento Socioambiental) – Núcleo de Altos Estudos Amazônicos, Universidade Federal do Pará, Belém, 2018.

MOMENTO MT. Operação Maré Segura: PF e Receita Federal desarticulam organizações criminosas. **R7**, 14 jun. 2024. Disponível em: https://noticias.r7.com/cidades/momento-mt/operacao-mare-segura-pf-e-receita-federal-desarticulam-organizacoes-criminosas-14062024/. Acesso em: 20 jun. 2024.

MONEZI, Carlos A. A visita técnica como recurso metodológico aplicado ao curso de engenharia. *In*: CONGRESSO BRASILEIRO DE EDUCAÇÃO EM ENGENHARIA, 33., 2005, Campina Grande, PB. **Anais [...]**. Campina Grande, PB: Abeng, 2005.

MORAIS, Rômulo Fonseca. **O extermínio da juventude negra**: uma análise sobre os "discursos que matam". Rio de Janeiro: Revan, 2019.

MOURA, Marcos Alexander Valle de. **Dinâmicas da securitização do tráfico de drogas no arco de instabilidade andino-amazônico**: o caso da Tríplice Fronteira

Norte (Brasil – Colômbia – Peru). Monografia (Especialização em Altos Estudos em Defesa) – Escola Superior de Guerra, Brasília, DF, 2020.

MUGNATTO, Sílvia. Receita diz que brasileiros movimentaram R$ 127 bilhões em criptomoedas em 2020. **Câmara dos Deputados**, 27 out. 2021a. Disponível em: https://www.camara.leg.br/noticias/821381-receita-diz-que-brasileiros-movi-mentaram-r-127-bilhoes-em-criptomoedas-em-2020/. Acesso em: 16 jun. 2022.

NAÍM, Moisés. **Ilícito:** o ataque da pirataria, lavagem de dinheiro e do tráfico à economia global. Rio de Janeiro: Jorge Zahar Ed., 2006.

NASCIMENTO, Durbens Martins; REIS NETTO, Roberto Magno; MIRANDA, Wando Dias. Controle de legalidade do ato jurídico-administrativo praticado na atividade de inteligência: o caso do Estado Democrático de Direito brasileiro. **Pensar** – Revista de Ciências Jurídicas, v. 23, n. 4, p. 1-17, 2018.

NASCIMENTO; Francisco Elionardo de Melo; SIQUEIRA, Ítalo Barbosa Lima. Dinâmicas "faccionais" e políticas estatais entre o dentro e o fora das prisões do Ceará. **Tomo**, n. 40, p. 124-164, 2022.

NELLEMANN, Christian *et al.* **World atlas of illicit flows**. Vienna: Interpol: Global Initiative Against Transnational Organized Crime, 2018.

NEUMANN, Vanessa. **Lucros de sangue**: como o consumidor financia o terro-rismo. São Paulo: Matrix, 2018.

NIÑO, César. Diplomacia catalitica. Gobernanza criminal regional. *In:* MEJÍAS, Sonia Alda. **Los actores implicados en la gobernanza criminal en América Latina**. Madrid: Freiheit: Real Instituto Elcano, 2021.

O LIBERAL. Mais de 200 kg de cocaína são apreendidos pela polícia em Prainha, no oeste do Pará. **O Liberal**, 21 set. 2022a. Disponível em: https://www.oliberal.com/para/mais-de-200-kg-de-cocaina-sao-apreendidos-pela-Polícia-em-prai-nha-no-oeste-do-para-1.589820. Acesso em: 9 jun. 2024.

O LIBERAL. Operação da PC prende integrante importante de facção criminosa no Pará. **O Liberal**, 3 fev. 2022b. Disponível em: https://www.oliberal.com/Polícia/operacao-da-pc-prende-integrante-importante-de-faccao-criminosa--no-para-1.491849. Acesso em: 20 jun. 2024.

ODILIA, Fernanda; ALEGRETTI, Laís. PIB 2019: Por que o tráfico de drogas entra no cálculo do indicador europeu e como essa conta poderia inflar o indicador

brasileiro. **BBC**, 26 maio 2019. Disponível em: https://www.bbc.com/portuguese/
brasil-48340243. Acesso em: 3 out. 2020.

OLIVEIRA, Claudio Luciano Monteiro de; MIRANDA, Wando Dias; REIS NETTO,
Roberto Magno. Territórios de pacificação - TerPaz: uma nova estratégia de
enfrentamento da violência urbana. *In:* SEMINÁRIO INTERNACIONAL SEGU-
RANÇA PÚBLICA E CONFLITOS SOCIAIS, 6., 2020, Fortaleza. **Anais** [...]. Fortaleza: LEV/UFC, 2020.

OLIVEIRA, Giovanni França; KRÜGER, Caroline. As relações de reciprocidade
e dívidas morais entre o presídio e a rua: A expansão e transnacionalização do
Primeiro Comando da Capital (PCC) na fronteira Brasil-Bolívia. **Dilemas: Revista
de Estudos de Conflito e Controle Social**, v. 11, n. 1, p. 28-52, 2018.

OLIVEIRA, Maria Marly de. **Como fazer pesquisa qualitativa**. 6. ed. Petrópolis:
Vozes, 2014.

OLIVEIRA, Maria Marly de. Metodologia interativa: um processo hermenêutico
dialético. **Interfaces Brasil/Canadá**, v. 1, n. 1, p. 67-78, 2001.

OLSEN, Wendy. **Coleta de dados**: debates e métodos fundamentais em pesquisa
social. Porto Alegre: Penso, 2015.

ONU NEWS. Área de cultivo de coca no Peru aumentou 14% em 2017. **ONU**,
2018. Disponível em: https://news.un.org/pt/story/2018/12/1653381. Acesso
em: 1 jan. 2021.

OPAS. Dependência e efeitos do crack. **Opas**, 28 set. 2017. Disponível em: https://
opas.org.br/dependencia-e-efeitos-do-crack/. Acesso em: 12 dez. 2020.

OPOLSKI, Carolina Albertoni. O visível e o invisível: o sistema financeiro cor-
porativo mundial sob o prisma da extraterritorialidade e binômio legal/ilegal.
GeoUSP Espaço Tempo, v. 21, n. 2, p. 325-340, 2017.

OPOLSKI, Carolina Albertoni; LEME, Rosana Cristina Biral. O método materialista histórico e dialético e a relação com a diretriz curricular orientadora de
Geografia no Paraná. **Geografia, ensino e pesquisa**, v. 20, n. 2, p. 103-111, 2016.

OVÍDIO. **As metamorfoses**. Rio de Janeiro: Ediouro, 1983.

PADILHA, Luiz. Empresa brasileira ligada ao Grupo EDGE vence concorrência para
apoiar projeto 'Amazonia Azul'. **Defesa Aérea e Naval.** 26 nov. 2023. Disponível
em: https://www.defesaaereanaval.com.br/divulgacao/empresa-brasileira-liga-

da-ao-grupo-edge-vence-concorrencia-para-apoiar-projeto-amazonia-azul. Acesso em: 20 maio 2024.

PAIVA, Luiz Fábio S. As dinâmicas do mercado ilegal de cocaína na tríplice fronteira entre Brasil, Peru e Colômbia. **RBCS**, v. 34, n. 99, p. 1-19, 2019.

PARÁ. **Dados relativos às apreensões e quantitativos de cocaína no Estado do Pará, entre os anos de 2018 e 2021 (relatório sob demanda)**. Belém: SIAC/SEGUP, 2022.

PARANÁ, Edenilson. **Bitcoin:** A utopia tecnocrática do dinheiro apolítico. São Paulo: Autonomia Literária, 2020.

PARAWEB NEWS. PM apreende mais de 800 quilos de cocaína em Tucumã e mata suspeito. **Paraweb News**, 5 nov. 2020. Disponível em: https://parawebnews.com/pm-apreende-mais-de-800-quilos-de-cocaina-em-tucuma-e-mata-suspeito/. Acesso em: 1 jan. 2023.

PCCE – Polícia Civil do Estado do Ceará. Veículos apreendidos junto com drogas no Pará mantêm relação com alvos cearenses presos pela Draco. **PCCE**, 22 fev. 2021. Disponível em: https://www.Políciacivil.ce.gov.br/2021/02/22/veiculos--apreendidos-junto-com-drogas-no-para-mantem-relacao-com-alvos-cearenses-presos-pela-draco/. Acesso em: 1º dez. 2022.

PEREIRA, Emmanoel Campelo de Souza. **Lavagem de dinheiro e crime organizado transnacional**. São Paulo: LTr, 2016.

PERU. Ministério do Interior. **Análisis de pureza de las drogas cocaínicas em Perú**. Lima: ONICTID PNP, 2019.

PERU. Ministério do Interior. **Impacto económico a las redes criminales del tráfico ilícito de drogas en Perú**. Lima: ONICTID PNP, 2020a.

PERU. Ministério do Interior. **Tendências de las redes criminales del tráfico ilícito de drogas en Perú**. Lima: ONICTID PNP, 2020b.

PFRIMER, Matheus Hoffmann; MOTTA, André Luiz Cançado. Ameaças em rede à segurança nacional: dos ambientes urbanos à circulação transnacional de ilícitos. **Rev. Esc. Guerra Nav.**, v. 27, n. 1, p. 161-180, 2021.

PIRES, Hindenburgo Francisco. Bitcoin: a moeda do ciberespaço. **GeoUSP -Espaço Tempo**, v. 21, n. 2, p. 407-424, 2017.

PMPA – Polícia Militar do Estado do Pará. Ação conjunta: em Pacajá, PM e PC apreendem 301kg de drogas em aeronave. **PMPA**, 23 jul. 2024. Disponível em: https://www.pm.pa.gov.br/component/content/article/80-blog/news/6983-a-cao-conjunta-em-pacaja-pm-e-pc-apreendem-301kg-de-drogas-em-aeronave.html?Itemid=437. Acesso em: 24 jul. 2024.

PNUD – Programa das Nações Unidas para o desenvolvimento. Atlas do desenvolvimento humano no Brasil (on-line). **PNUD**, 2020. Disponível em: https://www.undp.org/pt/brazil/desenvolvimento-humano/atlas-do-desenvolvimento-humano-no-brasil. Acesso em: 20 dez. 2022.

PODER NAVAL. Submarino artesanal encontrado em São Caetano de Odivelas (PA). **Poder Naval**, 3 abr. 2024. Disponível em: https://www.naval.com.br/blog/2024/04/03/submarino-artesanal-encontrado-em-sao-caetano-de-odivelas-pa/. Acesso em: 20 jun. 2024.

PORTAL O PODER. Base Arpão 2 é entregue para combater narcotráfico e crimes ambientais na calha do Rio Negro. **Portal O Poder**, 4 jan. 2024. Disponível em: https://portalopoder.com.br/2024/01/04/base-arpao-2-e-entregue-para-combater-narcotrafico-e-crimes-ambientais-na-calha-do-rio-negro/. Acesso em: 6 maio 2024.

PORTAL ZEDUDU. Tailândia: quase 140 quilos de cocaína pura são apreendidos em caminhão boiadeiro. **Portal Zedudu**, 30 dez. 2022. Disponível em: https://www.zedudu.com.br/tailandia-quase-140-quilos-de-cocaina-pura-sao-apreendidos-em-caminhao-boiadeiro/. Acesso em: 31 jan. 2022.

RAFFESTIN, Claude. **Por uma Geografia do Poder**. São Paulo: Ática, 1993.

REIS NETTO, Roberto Magno *et al.* Aspectos biopolíticos das sanções aplicadas pelas facções criminosas no Brasil. *In:* RAMOS, Edson Marcos Leal Soares *et al.* (org.). **Segurança e Defesa**: cidades, criminalidades, tecnologias e diversidades. Curitiba: Edições Uni-CV, 2019.

REIS NETTO, Roberto Magno *et al.* Territorialidade e biopolítica: as relações territoriais das facções criminosas e as mortes nos presídios da Região Metropolitana de Belém (PA) entre 2016 e 2018. *In:* SILVA, Christian Nunes da *et al.* (org.). **Uso dos recursos naturais da Amazônia Paraense.** Belém: GAPTA/UFPA, 2021.

REIS NETTO, Roberto Magno. **Além das grades**: A integração dos presídios às redes territoriais do tráfico drogas (dissertação). Belém: PPGSP/UFPA, 2018.

REIS NETTO, Roberto Magno; CHAGAS, Clay Anderson Nunes. A associação externa como forma de integração dos presídios às redes externas do tráfico: a percepção dos agentes territoriais da segurança pública no Pará. **Estudos Geográficos**, v. 16, n. 2, p. 157-173, 2018a.

REIS NETTO, Roberto Magno; CHAGAS, Clay Anderson Nunes. A cocaína como mercadoria-dinheiro: notas sobre uma geografia econômica do tráfico de drogas. *In:* MELO, Silas Nogueira; YATA, Anderson Gonzaga; CARVALHO, Dionatan Silva. **Crime e território:** estudos e experiências em políticas de segurança pública e análise criminal. São Luís: IMESC, 2021a.

REIS NETTO, Roberto Magno; CHAGAS, Clay Anderson Nunes. A percepção dos agentes da segurança pública a respeito enfrentamento ao poder público como estratégia de integração dos presídios às redes externas do tráfico de drogas. *In:* TRINDADE, C. M. *et al.* **Segurança Pública**: Ética e Cidadania. Curitiba: CRV, 2019a.

REIS NETTO, Roberto Magno; CHAGAS, Clay Anderson Nunes. A utilização de mediatos de comunicação como forma de integração dos presídios às redes externas do tráfico: a percepção dos agentes territoriais da segurança pública no Estado do Pará *In:* RIBEIRO, Willame de Oliveira; BRASIL, Antônio de Pádua de Mesquita dos Santos; COSTA, Francisco Emerson do Vale. **Cidades Amazônicas**: formas, processos e dinâmicas recentes na região de influência de Belém. Belém: EDUEPA, 2020.

REIS NETTO, Roberto Magno; CHAGAS, Clay Anderson Nunes. Além das grades: um estudo de caso sobre as estratégias utilizadas para integração dos presídios às redes territoriais externas do tráfico de drogas. **Geosul**, v. 34, n. 73, p. 1-20, 2019b.

REIS NETTO, Roberto Magno; CHAGAS, Clay Anderson Nunes. Associação interna como forma de integração dos presídios às redes externas do tráfico: a percepção dos agentes territoriais da segurança pública no estado do Pará. **Rev. Direito GV**, v. 15, n. 2, P. 1-20, 2019c.

REIS NETTO, Roberto Magno; CHAGAS, Clay Anderson Nunes. Estratégias e mediatos utilizados pelo tráfico de drogas para integração dos presídios às redes territoriais externas: uma revisão da literatura. **Revista Opinião Jurídica**, v. 16, n. 23, 2018b.

REIS NETTO, Roberto Magno; CHAGAS, Clay Anderson Nunes. O Método Hermenêutico-Dialético aplicado às Ciências Sociais: uma análise sobre sua utilização para o estudo do tráfico de drogas. **Textos & Contextos,** v. 18, n. 2, p. 1-20, 2019d.

REIS NETTO, Roberto Magno; CHAGAS, Clay Anderson Nunes. Por uma geografia do tráfico de drogas: reinterpretando o tráfico de drogas a partir da teoria de Claude Raffestin. *In:* REIS NETTO, Roberto Magno; MIRANDA, Wando Dias; REIS, João Francisco Garcia. **Segurança Pública e Atividade de Inteligência**: debates e perspectivas. Ananindeua: CROM, 2021b.

REIS NETTO, Roberto Magno; CHAGAS, Clay Anderson Nunes. Social reinsertion to adverses and thebiopower of factions in the state of Pará - Brazil. **Academia Letters**, artigo 4749, 2022.

REIS NETTO, Roberto Magno; CHAGAS, Clay Anderson Nunes. Tráfico de drogas e século XXI: uma reconstrução genealógica. *In:* MIRANDA, Wando Dias *et al*. **Atividade de inteligência e segurança pública**: O Brasil e as trincheiras do século XXI. Ananindeua: Edições dos Autores, 2018c.

REIS NETTO, Roberto Magno; CHAGAS, Clay Anderson Nunes; ALMEIDA, Leidiene Souza. A cooptação de agentes do sistema penitenciário como forma de integração dos presídios às redes territoriais externas do tráfico de drogas no estado do Pará. **Ateliê Geográfico**, v. 13, n. 3, p. 157-174, 2019.

REIS NETTO, Roberto Magno; CHAGAS, Clay Anderson Nunes; CAVALCANTE, Clarina de Cássia da Silva. O estabelecimento de redes comerciais internas como estratégia de integração dos presídios às redes do tráfico: A percepção dos agentes territoriais da Segurança Pública no Estado do Pará. *In:* SEMINÁRIO INTERNACIONAL VIOLÊNCIA E CONFLITOS SOCIAIS: FACÇÕES, CRIMES E SEGURANÇA PÚBLICA, 6., 2020, Fortaleza. **Anais** [...]. Fortaleza: UFC/LEV, 2020.

REIS NETTO, Roberto Magno; CHAGAS, Clay Anderson Nunes; CAVALCANTE, Clarina de Cássia da Silva. O Estranho Nas Sombras: Reflexões Sobre O espaço, O território E As Paisagens Do Medo. **Terra Livre**, v. 2, n. 57, p. 10-38, 2022.

REIS NETTO, Roberto Magno; CHAGAS, Clay Anderson Nunes; MIRANDA, Wando Dias. Reflexões sobre o (fracasso no) combate ao tráfico de drogas nas regiões de fronteira legal. *In:* SILVA NETO, Antonio Sabino; SÁ, Leonardo Damasceno de. **Olhares sobre fronteiras:** questões de pesquisa. Rio Branco: Nepan, 2023.

REIS NETTO; Roberto Magno *et al*. Perfil dos crimes de tráfico de drogas denunciados pelo Ministério Público no Município de Benevides-PA no ano de 2015: uma análise crítica. *In:* MIRANDA, Wando Dias *et al*. **Atividade de inteligência e segurança pública**: o Brasil e as trincheiras do século XXI. Ananindeua: Edições dos Autores, 2018.

RIZZO, Maria Balbina Martins de. **Prevenção à lavagem de dinheiro nas instituições do mercado financeiro**. São Paulo: Trevisan, 2013.

RODRIGUES, Letícia Fernanda de Souza; ESTEVES, Érico Duarte. Tráfico de drogas nos Portos brasileiros: uma nova dinâmica dos carteis latino-americanos. *In*: ENCONTRO NACIONAL DA ASSOCIAÇÃO BRASILEIRA DE ESTUDOS DE DEFESA – ENABED, 10., 2018, São Paulo. **Anais** [...]. São Paulo: ABED, 2018.

RODRIGUES, Thiago. **Política e drogas nas Américas**. São Paulo: EDUC/ FAPESP, 2004.

ROMANEWS. Jovem é preso com 15 petecas de entorpecente no Conjunto Eduardo Angelim. **Roma News**, 2019. Disponível em: https://www.romanews. com.br/cidade/jovem-e-preso-com-15-petecas-de-entorpecente-no-conjunto- -eduardo/32688/. Acesso em: 15 set. 2020.

SÁ, Barbara. Quilo da cocaína custa R$ 5 mil em Cáceres. **Jornal do Oeste**, 1 abr. 2018. Disponível em: http://www.jornaloeste.com.br/noticias/exibir.asp?i- d=44566&noticia=quilo_da_cocaina_custa_r_5_mil_em_caceres. Acesso em: 31 mar. 2022.

SÁ, Marina. 235 kg de crack e maconha são apreendidos em Palestina do Pará. **Portal Tailândia**, 20 ago. 2021. Disponível em: https://portaltailandia.com/ para/235-kg-de-crack-e-maconha-sao-apreendidos-em-palestina-do-para/. Acesso em: 31 jan. 2022.

SAAVEDRA, Aline. Em 2020, órgãos de segurança do estado bateram recorde de apreensão de drogas no Pará. **Agência Pará**, 13 maio 2020. Disponível em: https://agenciapara.com.br/noticia/19509/. Acesso em: 15 dez. 2023.

SAAVEDRA, Aline. Operação Cristo Redentor invade área dominada por facção criminosa. **Rede Pará**, 29 out. 2018. Disponível em: https://redepara.com.br/ Noticia/174496/operacao-cristo-redentor-invade-area-dominada-por-faccao- -criminosa. Acesso em: 15 dez. 2022.

SAMPÓ, Carolina. El tráfico de cocaína entre América Latina y África Occidental. **URVIO, Revista Latinoamericana de Estudios de Seguridad**, n. 24, p. 187-203, 2019.

SAMPÓ, Carolina; FERREIRA, Marcos Alan. De la fragmentación de las estructuras criminales a una proto-mafia: un análisis del Primeiro Comando da Capital

(PCC) en Sudamérica. **Revista de Estudios en Seguridad Internacional**, v. 6, v. 2, p. 101-115, 2020.

SAMPÓ, Carolina; TRONCOSO, Valeska. Cocaine trafficking from non-traditional ports: examining the cases of Argentina, Chile and Uruguay. **Trends in organized crime**, p. 1-23, 2022.

SANTOS, Mayara Maria Alonge dos. A política de guerra às drogas e o encarceramento no Brasil: trabalhadores do tráfico. *In*: ENCONTRO NACIONAL DE PESQUISADORES EM SERVIÇO SOCIAL, 16., 2018, Vitória, ES. **Anais** [...]. Vitória: Enpess, 2018.

SANTOS, Milton. **A natureza do espaço**: técnica e tempo, razão e emoção. 4. ed. São Paulo: EDUSP, 2017.

SANTOS, Milton. O dinheiro e o território. *In:* SANTOS, Milton *et al*. **Território, territórios**: ensaios sobre o ordenamento territorial. 3. ed. Rio de Janeiro: Lamparina, 2011.

SANTOS, Milton. **O espaço dividido**: os dois circuitos da economia urbana dos países desenvolvidos. 2. ed. São Paulo: EDUSP, 2008.

SANTOS, Milton. O retorno do território. *In:* OSAL. Observatorio social de América latina. **Território y movimientos sociales**. Buenos Aires: CLACSO, 2005.

SANTOS, Milton; SILVEIRA, Maria Laura. **O Brasil:** território e sociedade no início do século XXI. 18. ed. São Paulo: Record, 2014.

SANTOS, Nido; CARVALHO, Ada Rízia Barbosa de; NASCIMENTO, Rangel Ferreira Fideles do. Entre terreiros, unidades de internação e grupos de internet: etnografando mobilidades nas fronteiras do (i)lícito e do (in)formal em Alagoas, **Tomo**, n. 40, p. 124-164, 2022.

SAVIANO, Roberto. **Zero, zero, zero**. São Paulo: Companhia das Letras, 2014.

SICHEL, Ricardo Luiz; CALIXTO, Sidney Rodrigues. Criptomoedas: impactos na economia global. Perspectivas. **Revista Direito da Cidade**, v. 10, n. 3, p. 1622-1641. 2018.

SIERRA-ZAMORA, Paola Alexandra *et al*. El papel de las Fuerzas Militares en el control y erradicación de los cultivos ilícitos en Colombia y Perú ante los desplazamientos forzados. *In:* BERMUDEZ-TAPIA; Manuel; SIERRA-ZAMORA, Paola

Alexandra; FERNÁNDEZ-OSORIO, Andrés Eduardo. **El Estado ante emergencias sociales**. Bogotá: ESMIC, 2020.

SILVA, Adriano José Siqueira da; OLIVEIRA, Maria Carolina Castro; REZENDE, Itamar Pereira. Uma pesquisa bibliográfica acerca de conceitos, opiniões e cenários para as criptomoedas. **Revista Gestão em Foco**, n. 10, p. 430-442, 2018.

SILVA, Christiane Pimentel e. O método em Marx: a determinação ontológica da realidade social. **Serv. Soc. Soc.,** n. 134, p. 34-51, 2019.

SILVA, Luiza Lopes da. **A questão das drogas nas relações internacionais**: uma perspectiva brasileira. Brasília: FUNAG, 2013.

SILVA, Suzane Meriely da *et al*. A confiabilidade do teste de scott frente a interferência dos adulterantes na detecção da cocaína. **Braz. J. of Develop.**, v. 5, n. 8, p. 12391-12397, 2019.

SILVEIRA, Maria Laura. Da pobreza estrutural à resistência: pensando os circuitos da economia urbana. **Ciência geográfica**, v. 17, n. 1, p. 64-71, 2013.

SILVEIRA, Maria Laura. Escala geográfica: da ação ao império? **Terra livre**, v. 2, n. 23, p. 87-96, 2004.

SILVEIRA, Maria Laura. Finanças, consumo e circuitos da economia urbana na cidade de São Paulo. **Cadernos CRH**, v. 55, n. 22, p. 65-76. 2009.

SILVEIRA, Maria Laura. Modernização contemporânea e nova constituição dos circuitos da economia urbana. **Geousp – espaço e tempo**, v. 19, n. 2, p. 246-262, 2015.

SILVEIRA, Maria Laura. Território usado: dinâmicas de especialização, dinâmicas de diversidade. **Ciência Geográfica**, v. 15, n. 1, 2011.

SIMON, Henrique. Constitucionalismo e abertura constitucional: o debate Habermas-Gadamer e as limitações da tradição como modelo para pensar o direito. **Direito, estado e sociedade**, n. 36, p. 74-101. 2010.

SIQUEIRA, Louise Pinhati; FABRI, Angélica da Conceição Oliveira Coelho; FABRI, Rodrigo Luiz. Aspectos gerais, farmacológicos e toxicológicos da Cocaína e seus efeitos na gestação. **Revista Eletrônica de Farmácia**, v. 8, n. 2, p. 75-87, 2011.

SMITH, Neil. **Desenvolvimento desigual**. Natureza, capital e a reprodução do espaço. Rio de Janeiro: Bertrand Brasil, 1988.

SOUZA, Liliete Canes *et al.* Óbitos relacionados ao uso de cocaína e Cannabis no estado de Santa Catarina no ano de 2016. **Rev. Bras. Crimin.**, v. 9, n. 1, p. 48-59, 2020.

SOUZA, Marcelo Lopes de. **Conceitos fundamentais da pesquisa sócio-espacial**. 4. Ed. Rio de Janeiro: Bertrand Brasil, 2018.

SOUZA, Maria Adélia Aparecida. Apresentação: Milton Santos, um revolucionário. *In:* OSAL. Observatorio social de América latina. **Território y movimientos sociales**. Buenos Aires: CLACSO, 2005.

SOUZA, Maria Adélia Aparecida. Território usado, rugosidades e patrimônio cultural: ensaio geográfico sobre o espaço banal. **PatryTer**, v. 2, n. 4, 2019.

SSP – Secretaria de Segurança Pública do Estado do Amazonas. Amazonas lidera ranking de apreensões de drogas na região Norte, apontam dados do Ministério da Justiça e Segurança Pública. **SSP**, 4 jul. 2024. Disponível em: https://www. ssp.am.gov.br/amazonas-lidera-ranking-de-apreensoes-de-drogas-na-regiao--norte-apontam-dados-do-ministerio-da-justica-e-seguranca-publica/. Acesso em: 22 jul. 2024.

STEIN, Ernildo. Dialética e Hermenêutica: Uma controvérsia sobre o método em filosofia. **Síntese,** n. 29, p. 21-48, 1983.

STEINKO, Armando Fernández. **La economía del narcotráfico en España**: cantidades y destinos. Publicado em: 7 jul. 2019. Disponível em: https://www. researchgate.net/publication/335570851_La_economia_del_narcotrafico_en_ Espana_cantidades_y_destinos. Acesso em: 15 jul. 2022.

UFPA – Universidade Federal do Pará. Sistema Integrado de Gestão de Atividades Acadêmicas. **UFPA**, 2020. Disponível em: https://www.sigaa.ufpa.br/sigaa/ portais/discente/discente.jsf.7. Acesso em: 1º dez. 2020.

UNODC – United Nations Office for Drug and Crime. **World Drug Report 2020** – 1 – Executive Summary. Viena: UNODC, 2020a.

UNODC – United Nations Office for Drug and Crime. **World Drug Report 2020** – 2 – Drugs Use and Health Consequences. Viena: UNODC, 2020b.

UNODC – United Nations Office for Drug and Crime. **World Drug Report 2020** – 3 – Drug Supply. Viena: UNODC, 2020c.

UNODC – United Nations Office for Drug and Crime. **World Drug Report 2020** – 4 – Cross-Cutting Issues: Envolving Trands and New Challenges. Viena: UNODC, 2020d.

UNODC – United Nations Office for Drug and Crime. **World Drug Report 2020** – 5 – Socioeconomic characteristics and drug use disorders. Viena: UNODC, 2020e.

UNODC – United Nations Office for Drug and Crime. **World Drug Report 2020** – 6 – Other Drug policy issues. Viena: UNODC, 2020f.

UNODC – United Nations Office for Drug and Crime. **World Drug Report 2022** – 1 – Executive Summary: Policy Implications. Viena: UNODC, 2022a.

UNODC – United Nations Office for Drug and Crime. **World Drug Report 2022** – 2 – Drugs demand / drug supply. Viena: UNODC, 2022b.

UNODC – United Nations Office for Drug and Crime. **World Drug Report 2022** – 3 – Drug market trends: Cocaine / Opioids. Viena: UNODC, 2022c.

UNODC – United Nations Office for Drug and Crime. **World Drug Report 2022** – 4 – Drug market trends: Cocaine/ Amphetamine type stimulants / New psichoative substances. Viena: UNODC, 2022d.

UNODC – United Nations Office for Drug and Crime. **World Drug Report 2020** – 5 – Drugs and the enviroment. Viena: UNODC, 2022e.

UNODC – United Nations Office for Drug and Crime; EUROPOL. **The illicit trade of cocaine from Latin America to Europe** – from oligopolies to free for-all? Cocaine Insights 1. Viena: UNODC, 2021.

UNODC; CDE BRAZIL. **Brazil in the regional and transatlantic cocaine supply chain**: The impact of COVID-19 - Cocaine Insights 4. Viena: UNODC, 2022.

UOL. Morto no Rio, Leo 41 era líder do CV e um dos mais procurados do país. **UOL**, 24 mar. 2023. Disponível em: https://noticias.uol.com.br/cotidiano/ulti-mas-noticias/2023/03/24/leo-41-chefe-trafico-para-quem-e.htm. Acesso em: 28 dez. 2023.

VALERY, Nicolás Newman. **Criminalidad y violencia en Venezuela**: análisis de los efectos del narcotráfico en la gobernabilidad del Estado y la seguridad humana (2005-2015). Bogotá: Universidad Colegio Mayor de Nuestra Señora del Rosario, 2017.

VARGAS, Rogério Matheus. DNA da cocaína. **Perícia Criminal**, v. 3, n. 6, 16-21, 2020.

VEJA. Brasil tem a cocaína mais forte e barata do mundo diz estudo. **Veja**, 26 jan. 2016. Disponível em: https://veja.abril.com.br/saude/brasil-tem-a-cocaina--mais-forte-e-barata-do-mundo-diz-estudo/. Acesso: 29.12.2020. 2016.

VELASCO, Irene Hernández. A incrível saga do primeiro narcossubmarino apreendido na Europa. **BBC**, 22 fev. 2022. Disponível em: https://www.bbc.com/portuguese/internacional-60097718. Acesso em: 2 jan. 2023.

VIANA, Samara Costa; REIS NETTO, Roberto Magno; RAMOS, Edson Marcos Leal Soares. Mapeamento espacial do tráfico de drogas no Estado do Pará. *In:* RIBEIRO JUNIOR, Humberto *et al.* (org.). **Segurança pública**: informação, justiça, conflitos e cidadania – volume 6. Curitiba: CRV, 2019.

VIEIRA, Danilo Jorge. Estado nacional e escalas geográficas: uma abordagem exploratória a partir de Neil Smith. **Revista paranaense de desenvolvimento**, n. 123, p. 161-178, 2012.

WEBINÁRIO "O uso de criptomoedas em crimes de lavagem de dinheiro". 2021. 1 vídeo (1h25min). Publicado pelo canal Ministério Público de Sergipe. Disponível em: https://www.youtube.com/watch?v=eZ2fO-sF1YA. Acesso em: 16 jun. 2022.

WEIGERT, Mariana de Assis. **Brasil e uso de drogas e o sistema penal**: Entre o Proibicionismo e a Redução de Danos. Rio de Janeiro: Lumen Juris, 2010.

YIN, Robert. **Pesquisa qualitativa**: do início ao fim. Porto Alegre: Penso, 2016.

ZANETTI, Luca. Na "cozinha" as folhas são transformadas em pasta de coca (fotografia). *In:* SWISSINFO. **Produção e rotas da cocaína.** 17 ago. 2012a. Disponível em: https://www.swissinfo.ch/por/droga_produ%C3%A7%C3%A3o-e--rotas-da-coca%C3%ADna/33309804. Acesso em: 10 jan. 2021.

ZANETTI, Luca. O produto final do camponês é a pasta base de coca (fotografia). *In:* SWISSINFO. **Produção e rotas da cocaína.** 17 ago. 2012b. Disponível em: https://www.swissinfo.ch/por/droga_produ%C3%A7%C3%A3o-e-rotas-da-coca%C3%ADna/33309804. Acesso em: 10 jan. 2021.

ZÚÑIGA, Joaquín Alva. **Las relaciones de cooperación y los vínculos entre el tráfico ilícito de cocaína y el terrorismo yihadista**: Un análisis de las relaciones de cooperación entre narcotraficantes y terroristas centrado en la franja del Sahel. 2021. Dissertação (Mestrado em Altos Estudos Europeus e Internacionais) – Universidad de Granada, Granada, 2021.